Comentários à Convenção das Nações Unidas sobre Direito do Mar

Comentários à Convenção das Nações Unidas sobre Direito do Mar

2022

Wladimir Brito
Fátima Castro Moreira
Coordenadores

ALMEDINA

COMENTÁRIOS À CONVENÇÃO DAS NAÇÕES UNIDAS SOBRE DIREITO DO MAR

COORDENADORES
Wladimir Brito
Fátima Castro Moreira

EDITOR
EDIÇÕES ALMEDINA, S.A.
Avenida Emídio Navarro, 81, 3D
3000-151 Coimbra
Tel.: 239 851 904 · Fax: 239 851 901
www.almedina.net · editora@almedina.net

DESIGN DE CAPA
EDIÇÕES ALMEDINA, S.A.

PRÉ-IMPRESSÃO
João Jegundo

IMPRESSÃO E ACABAMENTO

Setembro, 2022

DEPÓSITO LEGAL

ALMEDINA | GRUPOALMEDINA

BIBLIOTECA NACIONAL DE PORTUGAL – CATALOGAÇÃO NA PUBLICAÇÃO

COMENTÁRIOS À CONVENÇÃO DAS NAÇÕES UNIDAS
SOBRE DIREITO DO MAR

Comentários à convenção das Nações Unidas sobre direito do mar / coord. Wladimir Brito,
Fátima Castro Moreira. – (Universidade Portucalense)
ISBN 978-989-40-0690-9

I – BRITO, Wladimir
II – MOREIRA, Fátima Castro

CDU 341

PREFÁCIO

Os Comentários à Convenção das Nações Unidas sobre Direito do Mar, que agora se apresenta ao público interessado no estudo desse importante ramo do Direito Internacional Público, é o resultado de um projecto de investigação concebido e coordenado cientificamente por investigadores do Instituto Jurídico Portucalense da Universidade Portucalense Infante D. Henrique, com o apoio da FCT, e realizado por eles e por um conjunto de investigadores de outras instituições de ensino superior e por estudiosos do Direito do Mar com outras afiliações, que estão devidamente identificados nesta obra.

Nestes Comentários a investigação levada a cabo por cada um dos investigadores incide sobre cada uma das Partes da Convenção da ONU sobre o Direito do Mar com vista a oferecer uma visão global da Parte estudada. Não se trata, portanto, de uma anotação aos artigos dessa Convenção, tarefa que exigiria outro fôlego atenta a dimensão do seu articulado normativo.

Com estes Comentários, ao que sabemos, o primeiro com essa natureza a ser publicado em língua portuguesa, pretendemos oferecer nesse idioma aos estudiosos do Direito do Mar um instrumento teórico que permite, aos mais novos, iniciar o estudo desse direito através de um conjunto articulado de estudos sobre cada uma das Partes da Convenção, e aos mais versados nessa ramo do Direito Internacional Público, o aprofundamento dos seus conhecimento através da visão crítica e holística que cada um dos autores apresenta no respectivo comentário sobre a Parte desse instrumento internacional.

Assim, estamos perante uma obra que interessa e se destina quer aos estudantes do Direito Internacional quer aos investigadores e estudiosos já versados no Direito do Mar. Mais, trata-se de obra que, por ser em língua portuguesa, terá certamente acolhimento nos países de língua portuguesa, por todos sem excepção serem banhados pelo mar e por todos não poderem deixar de estar interessados no conhecimento do direito que regula a utilização do Mar pelos Estados costeiros ou ribeirinhos, o que é tanto mais importante quanto hoje a economia do Mar é essencial para o próprio desenvolvimento desses países e reclama esse conhecimento e o sector do Mar passou a ser, pelo menos, para Portugal plenamente assumida em 2006 como desígnio nacional com a Estratégia Nacional para o Mar.

Para se evitar repetições sempre indesejáveis, remetemos para "Autores" onde poderá ver quem são e as respectivas afiliações institucionais, para o Plano da Obra onde poderá ver os autores de cada uma das Partes da Convenção e para os resumos constantes de cada Comentário onde poderá ficar com uma ideia da matéria objecto de cada Comentário.

Não é despiciendo informar que deste projecto de investigação resultou a criação de uma associação denominada IPDM – Instituto Português de Direito do Mar, o que revela o seu impacto na comunidade de cultores do Direito do Mar.

Esperamos que este trabalho, que envolve dezasseis investigadores nacionais e estrangeiros - Brasil, Cabo Verde e Espanha - e que preenche uma lacuna na doutrina de língua portuguesa, venha a servir para incentivar a investigação e o estudo do Direito do Mar.

WLADIMIR BRITO
FÁTIMA CASTRO MOREIRA
Coordenadores Científicos

PLANO DA OBRA

AUTORES

Carla Amado Gomes Professora Auxiliar da Faculdade de Direito da Universidade de Lisboa, Investigadora do Centro de Investigação de Direito Público da FDUL

Fátima Castro Moreira Professora Auxiliar do Departamento de Direito da Universidade Portucalense, Investigadora do IJP – Instituto Jurídico Portucalense e Coordenadora do Grupo de Investigação FCM-Fórum de Consciência Marítima

Fernando Loureiro Bastos Professor Associado da Faculdade de Direito da Universidade de Lisboa e Coordenador do Grupo de Investigação de Direito Internacional e Europeu do CIDP – Centro de Investigação de Direito Público

J. Jorge Urbina Professor Titular de Direito Internacional Público, Facultad de Derecho, Universidad de Santiago de Compostela.

José Luís Jesus Juiz do Tribunal Internacional sobre Direito do Mar

Manuel de Almeida Ribeiro, Professor do Instituto Superior de Ciências Sociais e Políticas da Universidade de Lisboa e Presidente da Sociedade Portuguesa de Direito Internacional.

Mariano Aznar Professor catedrático de Direito Internacional Público. Universitat Jaume I

Marta Chantal Ribeiro Professora Auxiliar, com nomeação definitiva, da Faculdade de Direito da Universidade do Porto; Investigadora Principal do *Centro Interdisciplinar de Investigação Marinha e Ambiental* (CIIMAR).

Nuno Marques Antunes, M.A., Ph.D. (Universidade de Durham, Reino Unido), Sócio da 'Miranda & Associados – Sociedade de Advogados, SP, RL'

Paulo Neves Coelho, Oficial da Marinha (capitão-de-mar-e-guerra), na Reforma, Doutor em Direito e consultor internacional no âmbito do Direito do Mar.

Rodrigo More Professor do Instituto do Mar da Universidade Federal de São Paulo

Teresa Ponte Iglésias Professora Catedrática de Direito Internacional Público e Relações Internacionais, Universidade de Santiago de Compostela

Tiago V. Zanella Pós-Doutor pela Escola de Guerra Naval (EGN). Doutor em Ciências Jurídico-Internacionais e Europeias pela Faculdade de Direito da Universidade de Lisboa (FDL); Mestre em Direito Internacional e Relações Internacionais pela FDL; graduado em Direito pela Faculdade de Direito de Curitiba; graduado em Relações Internacionais pelo UNICURITIBA; Presidente do IBDMar (Instituto Brasileiro de Direito do Mar); Professor da Escola de Guerra Naval (EGN)

Vasco Becker-Weinberg Professor Auxiliar na Faculdade de Direito da Universidade Lusófona, Professor Auxiliar Convidado da Nova Lisbon School of Law, Assessor no Tribunal Constitucional

Wagner Menezes, Professor Associado da Faculdade de Direito da USP e Diretor do Centro de Estudos em Direito do Mar da Universidade de São Paulo – USP; Presidente da Academia Brasileira de Direito Internacional e membro da Association Internationale du Droit de la Mer – AssIDMer

Wladimir Brito, Professor Catedrático da Universidade Portucalense, Diretor do IJP – Instituto Jurídico Portucalense, Professor Catedrático Jubilado da Faculdade de Direito da Universidade do Minho

ABREVIATURAS

AIFM – Autoridade Internacional dos Fundos Marinhos
CDI – Comissão de Direito Internacional
CLPC – Comissão de Limites da Plataforma Continental
CNUDM – Convenção das Nações Unidas sobre o Direito do Mar
CMTZC – Convenção de Genebra sobre o Mar Territorial e a Zona Contígua, de 1958
CPC – Convenção de Genebra sobre a Plataforma Continental, de 1958
CTJ – Comissão Técnica e Jurídica
DENA – Departamento de Estado Norte Americano
DIP – Direito Internacional Público
DOALOS – Division for Ocean Affairs and the Law of the Sea
EC – Estado costeiro
ESLGD – Estados sem litoral ou geograficamente desfavorecidos
FONR – Freedom of Navigation Regime
icm – investigação científica marinha
III CNUDM – Terceira Conferência das Nações Unidas sobre Direito do Mar
ILA – International Law Association, Associação de Direito Internacional
LBR – Linhas de base rectas
M – Milhas náuticas ou milhas marítimas
Margineer – Estados com amplas margens continentais
OI – Organização Internacional
OIs – Organizações Internacionais
OHI – Organização Hidrográfica Internacional
ONU – Organização das Nações Unidas
p. – página
pp. – páginas
Presidential Decision Directive (PDD)
REMP – Planos regionais de ordenamento ambiental
s. – seguinte
ss. – seguintes

SdN	–	Sociedade das Nações
SGNU	–	Secretário Geral das Nações Unidas
TALOS	–	Manual sobre os Aspetos Técnicos da Convenção das Nações Unidas sobre Direito do Mar
TIDM	–	Tribunal Internacional para o Direito do Mar
TIJ	–	Tribunal Internacional de Justiça
UNESCO	–	Organização das Nações Unidas para a Educação, Ciência e Cultura
USFONR	–	United States Freedom of Navigation Regime
ZEE	–	Zona Económica Exclusiva
ZEEs	–	Zonas Económicas Exclusivas

COMENTÁRIO À CONVENÇÃO DAS NAÇÕES UNIDAS SOBRE DIREITO DO MAR

1
EVOLUÇÃO HISTÓRICA DO DIREITO DO MAR BREVE DESCRIÇÃO

WLADIMIR BRITO[1]

Resumo: Este capítulo tem por objecto uma breve descrição da evolução histórica do Direito do Mar em que se assinalam as principais etapas dessa evolução desde a antiguidade até à época contemporânea com as três decisivas Conferências de que resultará a Convenção da ONU sobre o Direito do Mar. Essa descrição é guiada pela ideia segundo a qual a liberdade dos mares foi desde sempre um princípio fundamental respeitado por todas as comunidades políticas organizadas, mesmo quando reclamavam para si o domínio de mar. Nela também se defende a tese segundo a qual a delimitação da parcela do mar onde se pretende exercer domínio – mar territorial – e a questão da passagem inofensiva são o resultado do célebre debate entre os defensores do *mare clausum* e os do *mare liberum.*

Assinala-se a importância histórica do tratado das Tordesilhas e que os conceitos de Zona Contígua, de plataforma continental, de Zona Económica Exclusiva e de Área só são elaborados e tratados a partir dos anos 50 do século XX, nas duas últimas conferências acima referidas e ainda que, juntamente com o "velho" conceito de mar territorial, vão ser regulados na Convenção da ONU sobre o Direito do Mar.

Palavras-Chave: Etapas da evolução histórica do Direito do Mar; *Mare Clausum*; *Mare Liberum*; Tratado de Tordesilhas; áreas de jurisdição do mar. Conferências sobre o Direito do Mar.

[1] Professor Catedrático da Universidade Portucalense, Diretor do IJP – Instituto Jurídico Portucalense, Professor Catedrático Jubilado da Faculdade de Direito da Universidade do Minho

Abstract: The purpose of this chapter is to provide a brief description of the historical development of the Law of the Sea, marking the main stages of that development from antiquity to the contemporary era with the three decisive Conferences that have resulted in the UN Convention on the Law of the Sea. This description is guided by the idea that the freedom of the seas has always been a fundamental principle respected by all organised political communities, even when they claimed control of the sea for themselves. It also defends the thesis that the delimitation of the part of the sea where domination is sought – territorial sea – and the question of inoffensive passage are the result of the famous debate between the advocates of mare clausum and those of mare liberum.

It should be noted the historical importance of the Treaty of Tordesillas and that the concepts of the contiguous zone, continental shelf and exclusive economic zone and Area are only elaborated and dealt with from the 1950s onwards, in the last two conferences mentioned above and that, together with the "old" concept of the territorial sea, they will be regulated in the UN Convention on the Law of the Sea.

Keywords: Stages in the historical evolution of the Law of the Sea; Mare Clausum; Mare Liberum; Treaty of Tordesillas; areas of jurisdiction of the sea. Conferences on the Law of the Sea.

1. Introdução

Pese embora a codificação do Direito do Mar seja produto do esforço das duas Organizações Internacionais de natureza universal, a Sociedade das Nações e as Nações Unidas, iniciado a partir do momento em que aquela Sociedade se apercebeu da dispersão e da falta de uniformidade das leis relativas a esse Direito, em especial as relativas à soberania dos Estados sobre o mar e o risco que isso representava para a paz e a segurança internacionais, não será seguramente novidade para ninguém dizer que o Direito do Mar não é o produto dessa constatação. Na verdade, desde a mais remota antiguidade o mar é objecto de atenção das comunidades humanas politicamente organizadas em reinos e impérios, que sempre se preocuparam em criar regras jurídicas para a sua utilização.

É claro que para o pensamento ocidental e para a sua ideação da origem do Direito Internacional moderno tudo começa no século XV/XVI e tudo se desenvolve a partir da aventura lusitana de desafiar *o ignotus* mar para alcançar novas terras, o que contribui para abrir à Europa as portas para a ocupação colonial, e para a construção da grociana doutrina do *mare liberum*. É certo que nessa ideação não podia deixar de estar presente a relação da antiga Grécia e do Império Romano com os mares que banham as suas costas, com especial relevo para o mar Mediterrâneo e os mares Egeu, Jónico, Adriático, Tirreno que com ele se relacionam e na Idade Média a relação da República de Veneza com o mar Adriático, e de Génova com o mar da Ligúria.

Contudo, e seguramente, no Oriente outros povos ou comunidades humanas politicamente organizadas também deverão ter sentido a necessidade de disciplinar juridicamente as suas relações com o mar.

No ocidente e no oriente, o mar representava para as comunidades humanas ribeirinhas a grande via de comunicação que utilizavam para a pesca, fins comerciais e militares, pelo que o seu uso desde cedo reclamou a necessidade de normas disciplinadoras mesmo que rudimentares, mas adequadas para o momento histórico em que foram produzidas.

Bem vistas as coisas, o mar historicamente foi sempre objecto do Direito Internacional, assumindo-se sempre como um ramo especial desse Direito, o Direito do Mar.

Posto isto, podemos agora, de forma muito sumária, descrever os principais momentos históricos que contribuíram para criar a consciência da necessidade de disciplinar o uso do mar através de Tratados e para, nesse quadro, se partir para a negociação e celebração de Convenções Internacionais sobre o Direito do Mar, de entre elas a Convenção é objecto destes comentários.

2. As origens do Direito do Mar

2.1. É quase consensual dizer-se que o Direito do Mar nasce com o *De Jure Praede,* de Hugo Grócio, onde no capítulo XII este autor elabora a doutrina do *Mare Liberum,* que lhe dá a fama que hoje reconhecemos.

Se esta é a doutrina oficial do nascimento do Direito do Mar, o ponto é que, em bom rigor, a origem do Direito do Mar e a própria ideia da liberdade dos mares é mais antiga do que a obra de Grotius, na exacta medida em que desde sempre os povos com acesso ao mar usaram-no para navegar e comerciar, para pesca e extracção do sal para a sua alimentação e negócio e para combaterem a pirataria, o que lhes impunha a necessidade de estabeleceram regras disciplinadoras dessas diversas actividades, em especial, da navegação comercial, regras que eram comummente aceites e que, na maior parte dos casos, pressupunham ou determinavam a plena liberdade dos mares, embora, aqui ou ali, pudesse haver restrições mais ou menos severas a essa liberdade, como acontecia, por exemplo, com os Romanos, que assumiam ser o Mediterrâneo um lago seu, logo, sob absoluto domínio de Roma.

2.2. Com efeito, muito antes de Grotius, o mar tinha sido já objecto não só de doutrina, como de legislação. Assim acontecia em Rodes com as leis sobre a navegação marítima, que asseguravam a liberdade dos mares com bastante clareza e, para o efeito, garantiam a protecção da navegação contra a pirataria[2]; na antiga Índia, o livro de Kautilya, *Arthashastra*, escrito entre os séculos IV e III antes de Cristo, em que era Imperador Chandragupta Maurya, pese embora (ou, talvez, por isso mesmo) seja *"esencialy a treatise on the art of government and is, by naturem instructional"*, diz-nos L.N. Rangarajan[3], onde são tratados vários temas de interesse para o reino ou império, nomeadamente política externa, navegabilidade dos navios, viagens, extracção e preço para venda de sal, instrumento para contrariar os efeitos da fome, vias de transacções comerciais, rota marítima, pesca, limite territorial, etc.[4]

Por essa época – que é também a de Alexandre, o Grande – não só Chandragupta Maurya criou um Conselho do Almirantado "Board of Admilralty" para a guerra marítima e um Departamento Naval chefiado por um "Superintendente dos Navios" (Superintendent of Boats) que, de acordo com Alexandrowicks[5], "*had control over seagoing ships within the area to which his jurisdiction extended"*, controlo que, na opinião deste autor, *"included the harbour as well as a certain maritime zone outside the inland waters"*.

Poderíamos também assinalar as intensas relações comerciais entre os Romanos, após a ocupação do Egipto (30 a. C), e a Índia que implicava a livre navegação para esta nação e para a China e a livre utilização dos mares – o Mediterrâneo, o Índico e o Pacífico. Mesmo depois dessa época histórica, havia uma intensa relação comercial entre a China, a Pérsia e os Árabes em todo o sudoeste da Ásia, com a total liberdade de utilização do mar para o efeito, o que até ao século XVII não é contrariado por nenhum poder. Sobre

[2] Na verdade, Anand explica que "Rhodes not only believed in the practice of the freedom of the seas but acted as the ''protector of those who follow the sea. It acted as a policeman of both the Mediterranean and of international trade, which implied a constant battle against pirates. In the third or second century B.C., Rhodes codified the commercial practices of the time in the form of Rhodian sea law which, it is some- times said, laid the foundation of the modern maritime jurisprudence. Because of its intellectual eminence, Rhodian sea law, which gave rise to several maritime codes and assumed a binding character freely recognized by the seafaring states of the Mediterranean, is said to have taken precedence in the Mediterranean". Anand, R.P., *Origin and Development of the Law of the Sea* (Haia: The Hague, 1983), p. 11.

[3] Introdução à *Arthashastra*, de Kautilya. Cfr. Kautilya, *The Arthashastra* (New Dheli, India: Penguin Books, 1987), p. 37, http://www.cliohworld.net/onlread/5/01.pdf.

[4] Kautilya, passim.

[5] Citado por Anand. Cfr. Anand, *Origin and Development of the Law of the Sea*, p. 12.

essa liberdade de utilização do mar para o comércio entre os povos, diz-nos Anand que

> *"But although Sri Vijaya kings remained the strongest power in the area and more or less lords of the ocean, freedom of the seas and navigation of all ships were never interfered, controlled, or monopolized by anybody. Persians and Arabs, Indians and Ceylonese, Chinese and peoples of Southeast Asian states all used the seas for trade and enjoyed its bounties in perfect peace, disturbed only casually by pirates who were considered enemies of all and sought to be suppressed by the powerful kings near their coasts. Several trade centres and entrepots had developed where foreign traders engaged in peaceful business according to well-recognized customs protected by local laws."*[6].

2.3. Não podemos aqui aprofundar a análise histórica da evolução do Direito do Mar, mas sempre poderemos e deveremos relembrar que sete ou oito séculos antes da nossa era, já em Rodes tinha sido elaborada legislação sobre o uso do mar que ficou conhecida por Direito do Mar de Rodes, cuja importância foi reconhecida pelos imperadores romanos como, por exemplo, Justiniano e Antoninus[7] (89-191 AC), que reinou entre AD 138 a 161, tendo sido referido no Digesto, por ser a maior fonte do direito marítimo da época. Poder-se-á dizer que Rodes foi o berço da legislação marítima e da jurisprudência sobre o Direito do Mar em sentido amplo.

Na Idade Média, no século XII, o mar é tratado nos *Roles d'Oleron*, também conhecido por direito marítimo de Oleron, e no *Black Book of Admiralty*; na transição da Idade Média para a Moderna o mar é de novo objecto de legislação sob o ponto de vista do seu uso para a navegação marítima, como acontece com o *Consolato del Mare* nas suas duas versões, a italiana e a de Barcelona, bem como no direito marítimo de Wishy. Na verdade, estes verdadeiros códigos do Direito do Mar tiveram decisiva influência na versão moderna desse direito[8].

No que se refere ao *Roles d'Oleron* ou *Jugemens de la Mer*, sinteticamente, diremos que é uma compilação jurídica de origem normanda reconhecida e

[6] Anand, p. 20.

[7] Antoninus de seu nome complete Titus Aurelius Fulvius Boionius Arrius Antoninus nasceu em 89AC em Lanuvium, Latium e morreu em 191 AC. em Lorium, Etruria, tendo reinado entre 138 e 161. A importância da Lei Marítima de Rodes era tão grande que este imperador afirmou a propósito de um caso de pilhagem de um navio naufragado que: "I am indeed lord of the world, but the Law is the lord of the sea. This matter must be decided by the maritime law of the Rhodians, provided that no law of ours is opposed to it".

[8] Para maior desenvolvimento, embora numa perspectiva de direito marítimo, veja-se Healy, Nicholas Joseph. "Maritime law," *Encyclopedia Britannica | Britannica*, accessed March 28, 2021, https://www.britannica.com/topic/maritime-law#ref39237.

aceite pela França Espanha e Holanda e acolhida no Atlântico e no Báltico. Verdadeiramente, é uma colecção das decisões judiciais – sentenças – proferidas pelo tribunal de mercadorias da ilha de Oleron, no Golfo da Biscaia, com base Lei do Mar Rodiano (século VIII).

Por seu lado, o *Black Book of Admiralty* acolhe e nele integra os *Roles d'Oleron*, do século XII, e é também um código de direito marítimo, o mais extenso de toda a Idade Média, ou melhor, da transição dessa época histórica para a Idade Moderna. No *Black Book of Admiralty* são criados tribunais que, nessa época, substituíram os tribunais mercantis locais dos portos ingleses. Na opinião de Georg Stadtmüller[9], o *Black Book* serviu de base para o desenvolvimento do direito marítimo inglês e, por isso, veio a ser o fundamento do direito marítimo da Idade Moderna.

Já no que se refere às Leis de Wisby – *The Laws of Wisby* – produzida no século XVI pela Liga Hanseática do Báltico, formada por cerca de 80/90 cidades mercantis costeiras e interiores, que dominava todo o comércio do Báltico, cujo centro começou por ser Wisby, mas cedo passou para Lubeck. Essa mudança de centro deu causa à formação de um direito marítimo de Lubeck, que é um verdadeiro código do direito costumeiro marítimo, que reconhecia força vinculativa a esse direito. Interessa referir que antes de Wisby, já em Lubeck e Hamburgo tinha havido legislação marítima no século XIII, e que na opinião de Edda Frankot, as leis de Wisby mais não só do que um manuscrito dinamarquês da segunda metade do século XV em que foram acrescentadas algumas leis de Lubeck e outras da *Ordnung für Schiffer und Schiffsleute* e um outro de origem desconhecida. De acordo com esta autora

> *"In the colophon he wrote: "Here ends the Gotlandic water law which the common merchant and skippers have statuted and made at Wisby, so that all men may conform to this"* e que o *"name of Gotlandic or Wisby water recht has been the cause of much confusion since and still clings to the compilation"*[10].

De qualquer forma, Wisby ou Lubeck não deixam de ser compilações desse direito que no Norte da Europa vê a luz do dia na segunda metade do século XIII e vai ser usada até ao século XVI.

[9] Stadtmüller, Georg. *Historia del Derecho Internacional Publico. Hasta el Congreso de Viena (1815)* (Madrid: Aguilar, 1961), p. 87.

[10] Frankot, Edda. "Medieval Maritime Law from Oléron to Wisby: Jurisdictions in the Law of the Sea," in *Communities in European history : representations, jurisdictions, conflicts, Juan Pan-Montojo and Frederik Pedersen (Eds.)* (Lugarno, Pacinott: Pisa University Press, 2007), p. 154. Pode ser consultado em http://www.cliohworld.net/onlread/5/01.pdf .

A esta legislação acresce uma das mais importantes compilações de direito marítimo, que é o *Consolato del Mar* que surge em Barcelona nos meados do século XIV e que, na opinião de Arthur Nussbaum "*became the recognized law of the littorals of the Mediterranean and won authory far beyond this area*"[11]. Essa compilação, embora tivesse na sua base os costumes marítimos de Barcelona, reuniu normas do direito costumeiro marítimo grego, rodesiano, romano, bizantino, francês italiano e espanhol, o que lhe conferiu a importância que lhe foi reconhecida em todo o Mediterrâneo e em toda a Europa do norte e ocidental e, no século XVIII, pelas autoridades inglesas como direito costumeiro. Devido a esse reconhecimento o *Consolato del Mar* foi traduzido para várias línguas.

Pese embora o facto de esta compilação dizer respeito ao direito privado relativo à construção e venda de navios, aos direitos e deveres dos proprietários, marinheiros e passageiros, o *Consolato del Mar* também trata o direito de presa e a protecção do proprie-tário neutral o que "*became dominant in the maritime wars of the Midlle Age and remained influential during the modern times*"[12].

As relações entre as repúblicas marítimas italianas, Veneza, Amalfi, Génova e Piza, deram origem a um direito marítimo, sendo que Veneza cedo se converteu numa potência marítima que dominava o mar Adriático e o Mediterrâneo oriental e controlava a rota marítima daquele mar. No quadro das suas relações comerciais com outros povos nomeadamente com o os bizantinos, Veneza criou um direito marítimo de natureza não só comercial, proibindo o comércio de certas mercadorias, nomeadamente armas, mas também sobre o direito de presa e a jurisdição sobre aqueles mares. Nas suas relações com Bizâncio celebrou no século XIII tratados que consagravam direito marítimo de natureza comercial e a perseguição e punição de corsários não venezianos. Sob a autoridade do Governo bizantino, no século XIII, foi consagrada a neutralidade dos estreitos, nomeadamente o de Dardanelos onde tinha havido

[11] Nussbaum, Arthur. *A Concise History of the Law of Nations* (New York: Macmillan Cpmpany, 1950), p. 31.

[12] Nussbaum, p. 32. Para se ter uma ideia aproximada do que era regulado pelo Consolato del Mar, vale a pena dizer com Nussbaum que "The Consolato aims the protection of neutral property: neutral goods on enemy ships and neutral ships carrying enemy goods should not be subject to capture by a belligerent. The respect for neutral rights carried so far that the neutral shipowner must be reimbursed for the freight charges on enemy cargoes, and the neutral owner of cargo is held entitled to redeem the enemy ship at a reasonable price. The belligerent, on the other hand, is accorded the right of inspecting the ship's papers, a provision fore shadowing the belligerent's later right of "visit and search.". Nussbaum, p. 32.

conflito entre venezianos e genoveses. Interessante ainda é saber que no século XIV Veneza reclamava soberania plena sobre o mar Adriático, proibindo a entrada nele de barcos de guerra estrangeiros. A intensa relação de Veneza com o mar e a ideação do seu domínio sobre este, levou a que, após a vitória sobre a Dalmácia no ano 1000, fosse instituída uma cerimónia (simbólica, é certo) para assinalar esse domínio denominada *Sposalizio del Mare* em que, de acordo com a enciclopédia italiana, o doge lançava ao mar um vaso de água benta e o anel abençoado do patriarca, ao mesmo tempo em que dizia "*Desponsamus te, mare nostrum, in signum veri perpetuique dominii*"[13].

Pensamos não errar se afirmarmos que desde a mais antiga idade até à transição da Idade Média para a Moderna o regime dominante de utilização dos mares para comércio e navegação pacífica era o da liberdade dos mares, mesmo que junto à costa pudesse haver alguma restrição de navegação, para a protecção da pesca, e perseguição, defesa territorial e punição de piratas, comummente aceite por todos os reinos e impérios.

3. Mare Clausum: Grécia, Roma, Repúblicas Italianas, Inglaterra. Portugal e Espanha e o Tratado das Tordesilhas

Não constituirá novidade dizer que desde a mais remota antiguidade a questão do domínio dos mares e da sua apropriação tem sido tratada e defendida. Assim, só para dar alguns exemplos mais antigos podemos citar algumas passagens da Bíblia onde o mar é doado por Deus a certas entidades, tal como a Noé como se conta no Pentateuco, no livro Genesis – 9-2[14], ou à posteridade de Moisés, como diz no livro de Deuteronómio 34-2-3. Por outro lado, o domínio dos mares aparece também no livro dos Números – 34-2 a 12 –, em nossa opinião, como limite territorial[15].

[13] Na Enciclopédia Italiana de 1936, Mario Brunetti, na entrada Sposalizio del Mare, escreve "Qui giunto, il doge versava un vaso d'acqua benedetta, quindi gettava in mare il simbolico anello benedetto dal patriarca, pronunciando le parole *Desponsamus te, mare nostrum, in signum veri perpetuique dominii.*

[14] Nesse livro, Deus diz a Noé "Temam e tremam na vossa presença todos os animais da terra, todas as aves do céu, e tudo o que se move sobre a terra; todos os peixes do mar estão sujeitos ao vosso poder. Tudo o que se move e vive será vosso alimento; eu vos dou todas estas coisas (...)" e no Deuteronómio a propósito da morte de Moisés – 341 – se diz "O Senhor mostrou-lhe toda a terra de Gallaad até Dan, todo o Neftali, a terra de Efraim, de Manasés, toda a terra de Judá até ao mar extremo (...) Esta é a terra pela qual jurei a Abraão, Isaac e a Jacó dizendo: Eu a darei à tua posteridade (..)"

[15] O senhor falou a Moisés dizendo: "Manda aos filhos de Israel, e lhes dirás: Quando tiverdes entrado na terra de Canaã, e cada um de vós possuir nela o que lhe tiver caído por sorte, serão estes os seus limites. A parte meridional começará no deserto de Sin, que é perto de Edon, e terá

Podemos assim dizer que o mar começa por ser objecto de divina doação, que constituía o donatário em seu proprietário e possuidor e era ideado também como fronteira ou limite territorial, como mar territorial, diríamos hoje, propriedade daqueles a quem era doado.

3.1. O Mar na Antiguidade clássica

3.1.1. De acordo com Tucídides, na sua obra Histórias das Guerra do Peloponeso[16], Minos, filho de Júpiter, rei de Creta, e de Europa, é

> *"a primeira pessoa que sabemos, por tradição, ter sido capaz de organizar uma marinha foi Minos. Fez-se senhor do que é hoje designado por Mar Helénico e estendeu o seu poder as Ciclades, para a maioria das quais enviou as primeiras colónias expulsando os Cariano e nomeando os seus próprios governadores. Deste modo, fez tudo o que esteve ao alcance para acabar com a pirataria naquelas águas, um passo indispensável para garantir os lucros para seu próprio proveito"*[17].

As cidades gregas junto do mar dispunham de pequenas frotas de birremes e de trirremes que, até ao século VIII e VII, ainda não eram forças navais de relevo. Mas, após a derrota infligida pela armada Dario aos Gregos em Lade, estes, partir do século VI, começaram a construir grandes navios de guerra cobertos, com arquibancadas e com uma tripulação considerável. No século V, em que ocorreu a primeira Guerra Medo-Persa, que teve por objectivo ao domínio do mar Egeu, os Gregos derrotaram os Persas, mas estes continuaram a dominar esse mar. Contudo, para os Gregos e para os povos que habitavam território junto do Mediterrâneo e dos outros mares, o controlo desses mares tinha como objectivo essencial assegurar o comércio e, em bom rigor, só ocupavam e controlavam o mar junto das costas, onde se davam os grandes

por limite o oriente e o mar salgadíssimo. E estes limites irão rodeando a parte austral pela subida do Escorpião (...) e irão girando desde Asemona até à torrente do Egito, e terminarão na praia do mar grande (...). A parte ocidental começará no mar grande e no mesmo mar terminará. Os limites pela parte setentrional começarão desde o mar grande, e chegarão ao monte altíssimo. (...) . Os limites para o oriente medir-se-ão desde a aldeia de Enan até Sefama, e de Sefama descerão a Rebla em frente à fonte de Dafnim; de lá se estenderão para o oriente até ao mar de Ceneret e chegarão até ao Jordão, e finalmente terminarão no mar salgado. Vós possuireis esta terra segundo os seus limites em toda a volta(...)"

[16] Sobre essas Guerras veja-se o relato delas feita por Heródoto. Cfr. Heródoto, *Histórias. Livro* 5 (Lisboa: Ed. 70, n.d.), passim.

[17] Tucídides, *História da Guerra do Peloponeso* (Lisboa: Edições Sílabo, 2008), p. 54. Sobre o domínio dos mares pelos Gregos e Minos e o seu domínio do mar, veja-se, Selden, John. *Of the Dominion Or Onership of the Sea. Mare Claisum* (London: Marchamont, 1652), pp. 55 e ss.

combates marítimos, nomeadamente com os Persas[18]. Mas, como explica Jean Hatzfeld, *"[N]a Ásia Menor os Gregos ocupavam, nesta época, como nos nossos dias, somente as costas* (...)"[19] . Mesmo tendo em conta as batalhas navais entre Gregos e Persas nas guerras Medo-Persa, bem descritas, entre outros, por Heródoto (historiador das guerras Médicas), verificamos que, em bom rigor, não há uma verdadeira preocupação de se assenhorear e de fechar o mar – Mediterrâneo, Egeu, Jónio e outros – mas sim de defender a terra grega, quer na parte continental quer nas ilhas, tudo como pode ver-se da descrição histórica das batalhas de Late, Maratona, Salamina[20]. Poderemos assim concluir dizendo que a questão da ocupação, domínio e controlo do mar pelos Gregos estava circunscrita à costa e visava a defesa do território terrestre de invasões pelos "bárbaros"[21] e da pesca, sendo entendimento desse povo, bem como dos Persas e dos Cartaginenses que o mar estava aberto à navegação comercial.

3.1.2. Os romanos elaboraram o conceito de *mare clausum*, sob a forma de *mare nostrum*, para fundamentar o seu domínio sobre o Mediterrâneo, cuja regulação do regime jurídico estava feita no Digesto, com manifesto desprezo por qualquer regra internacional sobre o mar. Na verdade, até às guerras púnicas os Romanos não se tinham preocupado com o mar. Nesse período, Cartago, com a sua esquadra de velozes quinquerremes, dominava o mar Mediterrâneo, que conhecia em pormenor e que controlava entre a Sardenha e Gibraltar[22]. O Mediterrâneo era nessa época um lago cartaginês, por Cartago ser a potência marítima dominante. Só após as guerras púnicas em que venceram os cartaginenses, é que os romanos passaram a dominar o Mediterrâneo[23].

[18] Sobre esta importante batalha naval entre os gregos e os persas entre outros, considerado por Ribeiro Ferreira, José; e Ferreira Leão, Delfim – na Introdução ao Histórias, de Heródoto, Livro 6, p. 18 – como a o maior combate naval antes da batalha de Salamina. Para maior desenvolvimento, veja-se, entre outros, Hatzfeld, Jean. *História da Grécia Antiga* (Lisboa: Europa-América, 1965), p. 109 e segs. e, ainda, a discrição dessa batalha feita por Herodotus, *Histórias 6. 6.* (Lisboa: Ed. 70, 2000), caps. 6 a 17.

[19] Hatzfeld, *História da Grécia Antiga*, p. 109.

[20] Para maior desenvolvimento, veja-se, van Effenterre, Henri. *A Idade Grega. 550 a 270 a.C.* (Lisboa: Dom quixote, 1979), pp. 95 a 110.

[21] De acordo com os Gregos chamavam bárbaros aos "homens de fala incompreensível", expressão que passa a ter um sentido pejorativo. O bárbaro passa a ser aquele que se venceu e que se despreza, é o inimigo. Numa palavra é o outro que não se entende. Cfr. Effenterre, p. 109.

[22] Sobre o domínio dos mares pelo Cartagineses para maior desenvolvimento, veja-se, Selden, *Of the Dominion Or Ownership of the Sea. Mare Claisum*, pp. 74 e ss.

[23] Para maior desenvolvimento veja-se Montanelli, Indro. *História de Roma. Da Fundação à Queda do Império* (Lisboa: Ed. 70, 2017), pp. 98 e ss.

"A derrota de Cartago deixou um grande vazio no Ocidente mediterrânico. E os Romanos, naturalmente, preencheram-no, sentindo-se na obrigação de pacificar a Ibéria e, implicitamente, de forçar as populações dessa área ao respeito pelas regras que regiam os aliados", explicam Pierre Grimal Jacques-Pierre Millote, Marcel Pacaut e René Raynal[24].

Começa a impor-se, diz-nos Daniela Dantas, a ideia de "*terra marique*" e a de "*imperium mare*" por se entender que sendo Roma um império em terra, também terá de ser um "*imperium maris*"[25].

Podemos dizer que a partir do momento em que Roma passa a dispor de uma força naval e a disputar o controlo do mar Mediterrâneo, depois da primeira Guerra Púnica, e a assumir esse controlo, este mar passa a ser para os Romanos o "*Mare Nostrum*" – "our Sea" [26] –, um mar que é não é apenas nosso, mas é parte integrante de Roma[27], mar este que é fechado e sobre o qual tem hegemonia e que domina completamente. Será que Roma terá efectivado uma talassocracia romana sobre o Mediterrâneo? Esta é a questão para a qual a historiadora Daniela Dantas não nos oferece uma resposta.

Apesar desse domínio, os Romanos também aceitavam que o mar não adjacente à costa era um bem comum e que comum é o uso do mar, como pode ver-se em Ulpiano[28].

[24] Grimal, Pierre et al., *História Geral da Europa. A Euroap das Origens ao Começo do Século XIV*, vol. 1 (Lisboa: Europa-América, 1986), p.ª 181. Em sentido próximo Daniela Dantas quando afirma que "after Rome's first victory against Carthage, Rome turns to the Iberian Peninsula, and from this moment onwards will work to incorporate all remainder provinces of the Mediterreanean" e, mais à frente, quando diz "the period during which one finds a grater prevalence of Naval Triumphsis that of the first Punic War (...)" e "T[h]e larger proportion [of vitories] is cleary for the period of the first Punic War, a moment of significant growth of the Roman navy and the city's expansion outside of the Italian Peninsula". Daniela Dantas, *Mare Nostrum – Military History and Naval Power in Rome* (Lisboa: Faculdade de Letras da Universidade de Lisboa, 2020), pp. 521 e 523, https://www.academia.edu/43037034/Mare_Nostrum_Military_History_and_Naval_Power_in_Rome_2nd_c_BCE_1st_c_CE_2020_PhD_thesis_.523.

[25] Esta expressão – "*imperium maris*" –, na opinião desta historiadora, "seems to imply a relation of power between the Roman and the sea, as it is clearly non-geographic". Dantas, *Mare Nostrum*, p. 525.

[26] De acordo com John Selden, a expressão "Our Sea" significa para "Tiberius Nero (who was one of Pompey'es Lievtenants) blockt up the Sreights of Cadiz , at the first entrance of our Sea. Hee beeing a Romane rightly call's it our Sea (as also salust doth more then once) because it was so wholy subdued under the Romane power"; para "Dio Cassius scoured the whole Sea which "Was under the Romane obedience". Selden, *Of the Dominion Or Ownership of the Sea. Mare Claisum*, p.51.

[27] Sobre o significado de Mare Nostrum veja-se por todos Dantas, *Mare Nostrum*, p. 498.

[28] A propósito do debate entre Grócio e Serafim de Freitas e da interpretação que Grócio faz de um texto do Digesto (XLVII, 10,13,7) sobre a concessão ou locação de parcelas do mar pelo Povo a uma pessoa, de acordo com a qual defende que não se pode aplicar ao mar esses institutos do direito

3.2. O mar na Idade Média[29]

Nessa época vamos encontrar vários povos a reclamarem o domínio dos mares, por se considerarem seus donos e possuidores. Assim e muito sumariamente:

Os Genoveses, no século XIII, reclamaram sempre a propriedade do mar Ligurian, que protegiam com uma frota permanente de trirremes contra os "bárbaros" da África. Com isto também pretendiam defender o seu território terrestre, o seu comércio com outros povos e afirmar o seu poderio naval.

Os Venezianos consideravam-se donos do mar Adriático e a intensa relação de Veneza com o mar e a ideação do seu domínio sobre este, levou a que, após a vitória sobre a Dalmácia no ano 1000 fosse instituída a acima referida cerimónia (simbólica, é certo) denominada Sposalizio del Mare para assinalar esse domínio[30]. No século XIV, Veneza, por considerar que tinha soberania plena sobre o mar Adriático, controlava-o com a sua força naval, proibindo a entrada nele de barcos de guerra estrangeiros e, por vezes, a navegação de barcos mercantis, força que utilizava para defender o comércio e a pesca e para combater a pirataria. Também cobrava tributo aos barcos que navegavam nesse mar.

Por seu lado, a Dinamarca, a Suécia e, mais tarde, a Polónia, cada um a seu tempo, reclamavam o direito de se apropriarem do Báltico, a Suécia reivindicava igual direito e o domínio do golfo da Bótnia, a Noruega, o mar do Norte, tudo com vista a controlar a pesca e o comércio e cobrar tributo aos barcos que navegavam, nesses mares.

A Inglaterra, para a defesa da sua costa e do seu território, bem como da pesca e o combate à pirataria, entendia ser a dona do Canal e do estreito de Dover, e do denominado "Sea of England" sobre o qual, de acordo com Fulton, exer-

privado por não ser *res publica* mas sim *res communis*, Paulo Merêa defende que "As concessões em questão, como a intervenção do Estado na tutela do uso público do mar têm a sua base jurídica no *imperium* que o Estado romano exercia sobre o mar. Este *imperium* restringir-se-ia a princípio aos mares onde o povo romano tinha afirmado o poder das suas armas, mas mais tarde estendeu-se a todos os mares, porque o poder das armas romanas firmou-se sobre todo o mar conhecido – o que explica talvez, em parte o facto de os Romanos às vezes chamarem «público» ao mar", mas na nota de roda-pé a este excerto Merêa defende que "Pampaloni observa até, com agudeza, que não há diferença substancial entre este ponto de vista e o moderno princípio da soberania sobre o «mar territorial» , visto que, na concepção dos romanos, o seu Estado era «o único» ao passo que o direito internacional moderno assenta sobre a coexistência dos Estados soberanos". Merêa, Paulo. *Estudos de História do Universitaria. 1: Direito português* (Lisboa: Imprensa Nacional-Casa da Moeda, 2007), pp. 227, 229 e 230.

[29] Sobre o Direito do Mar na Idade Média para maior desenvolvimento veja-se o estudo de Frankot, "Medieval Maritime Law from Oléron to Wisby: Jurisdictions in the Law of the Sea.", Pisa University Press, 2007

[30] Ver nota 12.

cia a soberania, o que levava a que os reis da Inglaterra fossem cognominados como "Lord of the Sea". No *Black Book of the Admiralty* há referência aos mares que pertencem à Inglaterra, mas a delimitação é sempre imprecisa.[31] Não era seguro que esse mar se *"extended far from the coast"* e, como defende Fulton, "Sea of England", também conhecido por "British Sea", era uma designação imprecisa por ter distintos significados. No século XVII de acordo com esse autor,

> "[R]easons have been given above for supposing that the Sea of England prior to the accession of the Stuarts included the waters of the King's Chambers as defined by James, and perhaps also at times the Straits of Dover and it may be the Channel, though precise evidence is lacking. In the seventeenth century, when the term the British Seas was commonly used, it is clear that the boundaries assigned to them were as vague and fluctuating as the sovereignty exercised over them. They expanded and contracted according to the naval power at the time and the condition of international affairs. Sometimes the whole sea up to the continental coasts was claimed as British; at other times the claim was restricted to the Channel or the Straits of Dover, and to a more or less narrow but undefined belt along the coast; not unfrequently it seemed to vanish altogether, at least as a thing to be regarded in international affairs"[32].

4. O Debate Doutrinal. Frei Serafim de Freitas em 1625 e John Selden. A Doutrina do *Mare Clausum*

4.1. Introdução

Para justificar teoricamente o direito dos Estados de se apropriarem dos mares e sobre eles exercerem poder soberano e o consequente domínio, Frei Serafim de Freitas em 1625 e John Selden, em 1652 apresentaram, respectivamente, em

[31] Para maior desenvolvimento, veja-se Selden, *Of the Dominion Or Ownership of the Sea. Mare Clausum*, Livro 2,pp. 181 e ss. e Fulton, Thomas Wemyss, *The Sovereignity of the Sea* (Edinburgh: William Blackwood and Sons, 1911), pp. 4 e ss. e passim.

[32] Fulton, *The Sovereignity of the Sea*, p. 16. Mais à frente este autor fala-nos de Four Sea of England ou simplesmente Four Seas, designação que foi utilizada no século XIII nas leis, nos livros e nos estatutos (statutes) e nos documentos oficiais para se referir às que "boundaries of the realm in connection with legal proceedings. Within the four seas (infra or intra quatuor maria; dedeinz les quaters meers) was to be within the realm; and without the four seas (extra quatuor 'maria, oultre les quaters meers) was to be without the realm." Fulton, Thomas, *The Sovereignity of the Sea* (Edinburgh: William Blackwood and Sons, 1911), pp. 16 e 17.
Para John Selden, Four Seas recobre "the Southern, Western, Eastern, and that Northen Sea wich Northen Sea wich washeth both the sides of that neck of Land, whereby Scotland is united to England" mares estes que na opinião deste autor estão sob o doinio da Inglaterra. Selden, *Of the Dominion Or Onership of the Sea. Mare Claisum*, p. 387.

De Iusto Imperio Lusitanorum Asiatico e em *Mare Clausum seu De Dominio Maris*, teses que visam justificar o domínio dos mares pelos reinos de Portugal e da Great Britain e rebater a tese grociana do *Mare Liberum*.

Entendiam estes dois autores que qualquer reino poderia *jure civili*[33] *apropriar-se de uma parte do mar e sobre ele exercer, com exclusão de outros, direito de jurisdição e de protecção ou, como dizem, "quod jurisdictinem et protectionem"*. Não se tratava propriamente de direito de propriedade sobre a parte ocupada, nem verdadeiramente de direitos soberanos, pois esse conceito ainda não se aplicava ao território marítimo. Verdadeiramente, o que entendiam que deveria ser reconhecido aos reinos era o direito de jurisdição (*jurisdictionem*)e de protecção (*protectionem*).

4.2. A Doutrina do Mare Clausum de Serafim de Freitas

Muito resumidamente poderemos dizer que Serafim de Freitas, apoiando-se numa vastíssima doutrina, nomeadamente colhida do Digesto em Ulpinus, Paulus, Baldo e Caius, nos Institutas, em Donello e nas teses de Bártolo, de Vitoria, Suarez, Menchaca e Molina, defendia que "nos termos do direito das gentes, o mar é comum a todos, mas, se for ocupado pelo príncipe, este pode impor-lhe servidão e proibir a livre navegação aos outros, pois estes princípios são ambos reconhecidos por Paulo (....)"[34] , posição que também se ancora na tese de Donello sobre esta questão. Reconhece, contudo, invocando Baldo, Suarez e Cabedo, que "a propriedade do mar a ninguém pertence, todavia a sua protecção e jurisdição cabem ao imperador ou rei (...)"[35], dando de seguida o exemplo da ocupação do mar pelos dos Venezianos e o

[33] De acordo com Paulo Merêa "segundo Baldo (....), o direito das gentes criara a distinção tanto das terras como dos mares, e qualquer Estado podia iure civili – por privilégio ou costume inveterado – apropriar-se de uma parte do mar e exercer direitos sobre ela com exclusão dos outros Estados ", tese esta que é em larga medida abraçada por Serafim de Freitas para combater a tese do mare Liberum de Grócio. Cfr.Merêa, Paulo. "Os Jurisconsulto portugueses e a doutrina do 'Mare clausum,'" in *Novos Estudos de História do Direito* (Barcelos: Companhia Editora do Minho, 1937), p. 24.

[34] Frei Serafim Freitas, *Do Justo Império Asiático dos Portugueses*, vol. 1 (Lisboa: Instituto de Alta Cultura, 1952), Cap. XI, 4. p. 266. A versão latina desta passagem é a seguinte: "(...) mare omnibus est commune in, terminis iuris gentium, si vero a Principe occupetur, et seruitus imponi potest, et libera nauigatio alijs, prohiberi, vtrumque enim agnoscit Paulus, et ita retorquetur contra Incognitum (...)" Freitas, Frei Serafim de. *De Iusto Imperio Lusitanorum Asiatico*, vol. 2 (Lisboa: Instituto de Alta Cultura, 1952), Cap. XI, 4. p. 135.

[35] Freitas, *Do Justo Império Asiático dos Portugueses*, 1:Cap. X, 30, p. 256. O texto em latim é o seguinte: "Quartum nostre assertionis fundamentum sit, quod quamuis maris proprietatem nullius esse concedamus; attamen quoad protectionem, et iurisdictionem Cesaris est, vel Regis (..)"Freitas, *De Iusto Imperio Lusitanorum Asiatico*, 2: Cap. X, 30. p. 126.

casamento do doge com o mar logo que é eleito e inicia o seu mandato. Serafim de Freitas entende assim – e esta é a tese fundamental por ele defendida ao longo dessa obra – que "replicamos que é verdade que, antes da ocupação prévia, a protecção do mar compete a todos, mas sem dúvida alguma que depois, será daquele que tomou sobre si o encargo de defender, à sua custa, o mar das investidas dos piratas ou então daquele a quem pertence o império das províncias adjacentes a esse mar, conforme consta da decisão cesárea da dita lei única do Código (...)"[36].

Para fundamentar juridicamente essa sua tese, Serafim de Freitas lança mão do instituto da prescrição imemorial e, com base nela, diz que, por efeito dessa prescrição aquisitiva (usucapião) ou pelo costume, os príncipes podem adquirir as partes do mar por eles ocupados[37].

Com base nessa tese, apoiada na doutrina de variadíssimos Doutores da época, em textos legais romanos e, até mesmo, em poetas, Serafim de Freitas advoga o direito do monarca português sobre os mares da Índia Orientais e os outros mares por eles já ocupados[38], contestando assim a tese de Grócio em que este defende a liberdade dos mares ou o *Mare Liberum.*

4.3. A Doutrina do Mare Clausum de John Selden

Por seu lado, John Selden, numa tese muito próxima da de Serafim de Freitas, defende que é possível, sob o ponto de vista da lei natural, a apropriação dos mares, ou seja, que um reino ou império possa reivindicar como sua propriedade um mar ou uma parcela de um mar. Para tanto, socorre-se da história para demonstrar que ao longo dos tempos vários reinos e impérios reclamaram a propriedade de espaços marítimos e o exercício de poderes soberanos sobre mares, domínio esse que Selden justifica socorrendo-se da teoria civilista do domínio de acordo com a qual diz ele

[36] Freitas, *Do Justo Império Asiático dos Portugueses,* 1:Cap. X, 36. p. 258. A versão texto citado em latim é a seguinte: "Nos autem replicamus id verum esse ante preoccupationem omnibus competere, poste ea vero illius proculdubio erit, qui suis sumptibus mare tutum a piratis reddendi onus in se suscepit, vel cui Prouirciarum adiacentium lmperium pertinet, vt constat ex Cresarea decis. (...)". Freitas, *De Iusto Imperio Lusitanorum Asiatico,* 2:Cap-X. 36. p. 128.

[37] Cfr. Freitas, *Do Justo Império Asiático dos Portugueses,* 1: Cap. XIII, passim.

[38] De facto, depois de falar das conquistas de Ceuta, Serra Leoa e as ilhas atlânticas e da missão de cristianização dos povos selvagens levada a cabo por Infante D. Henrique, Serafim de Freitas para justificar a jurisdição do rei português sobre o mar diz que "para que tamanha empresa não interrompesse, nem fosse de outros estorvada, Martinho V concedeu-lhe, a ele e aos Reis de Portugal, sob condição de propagarem a fé, o direito privativo de exercerem a navegação e comércio com África e a Ásia, concessão depois confirmada por outros Pontífices (...)". Freitas, 1: Cap. I, 2 ec3. p. 103.

> "Dominion , which is a Right of Using, Enjoying, Alienating, and free Disposing, is either Common to all men as Possessors without Distinction nation, or Private and peculiar onely to som ; that is to say, distributed and set apart by any particular States, Princes, or persons whatsoever, in such a manner that others are excluded, or at least in som fort barred from a Libertie of Use and Enjoiment."

Dada a definição de domínio, este autor defende que "if by the Positive Law of Nations, such a Dominion of the Sea, as were intend, has been introduced and admitted by the consent of more famous Ages and Nations; then (I suppose) it will not bee doubted, but that the Seas are, by all manner of Law, every way capable of private Dominion as is the Land"[39] desde que ocupem de forma continua e efectiva o mar que para si reclamam como sua propriedade.

4.4. O Tratado de Tordesilhas e a divisão dos Oceanos

O Tratado de Tordesilhas tem sido apresentado como o instrumento internacional, reconhecido pelo Papa, legitimador da aquisição da mais vasta área marítima – três oceanos, o Atlântico, o Pacífico e o Índico – e do domínio sobre esses "mares", que até à data se tinha conhecimento. Esse Tratado é assumido como um dos mais acabados exemplos do direito de domínio e de aquisição da propriedade de mares e também como causa (remota) da maior controvérsia jurisdicional em que se debateram duas célebres doutrinas, a que nos referimos já, a do *mare clausum versus a do mare liberum*, e que assinalou o início da modernidade do Direito Internacional do Mar[40].

Como é sabido este Tratado foi assinado a 7 de Junho de 1494, na cidade de Tordesilhas, em Espanha, pelo Rei português D. João II e pelos Reis Católicos de Espanha, Fernando e Isabel, depois de duas difíceis rondas de negociação ao longo dos anos 1493 e primeiro semestre de 1494 e de forte pressão diplomática dos Reis Católicos sobre o Papa com vista a obter as bulas *Inter Caetera I, de 3 de Maio de 1493, Inter Caetera II, de 4 de maio de 1493, Eximiae Devotionis, de 3 de Maio de 1493 e Dududm siquidem, de 26 de Setembro de 1493*, que veio a ser confirmado em 1506 pela bula *Ea quae pro bono pacis* do Papa Júlio II.

[39] Selden, *Of the Dominion Or Ownership of the Sea. Mare Claisum*, pp. 16 e 27.

[40] Nesse mesmo sentido diz-nos T.W. Fulton que "Treaty of Tordesillas, divided the great oceans between them. Spain claimed the exclusive right of navigation in the western portion of the Atlantic, in the Gulf of Mexico, and in the Pacific. Portugal assumed a similar right in the Atlantic south of Morocco and in the Indian Ocean. It was those preposterous pretensions to the dominion of the immense waters of the globe that caused the great juridical controversies regarding mare clausum and mare liberum, from which modern international law took its rise". Fulton, *The Sovereignity of the Sea*, p. 5.

Para se entender as causas da sua celebração, importa esclarecer sumariamente, que depois de Colombo ter regressado a 6 de Março de 1493, da sua descoberta das Antilhas e aportado em Lisboa (Restelo) devido a uma tempestade, o Rei português agastado com essa viagem recebe este navegador genovês[41] e fá-lo saber que essa viagem tinha violado o Tratado das Alcáçovas-Toledo de 1479-80 que lhe reconhecia o direito da conquista feita por Colombo, tendo por isso reivindicado a posse das terras descobertas, diz-nos Jaime Cortesão. De acordo com este historiador, "aquela reivindicação, feita imediatamente por D. João II, é o primeiro, na série dos actos diplomáticos" a que se seguiram as duas rondas de negociações acima referidas "que haviam de terminar com o Tratado de Tordesilhas"[42].

Não vamos aqui, por não ser este o lugar indicado para o efeito, fazer a história desse importante Tratado, para revelar que, para obter as suas pretensões, "o soberano português enredara D. Fernando e D. Isabel numa teia de suspeitas nada propícias a aclarar o problema" nem para explicar a razão, diz-nos Jaime Cortesão, da "crença em que estavam os Reis Católicos de que as terras descobertas por Colombo representavam o princípio do Oriente ou da Ásia (...)", como lhes fizera crer Colombo, nem as a argúcia e as tácticas utilizadas para o efeito pelo rei português, o que pode ser estudada nos livros da especialidade[43]. Mas sempre teremos de descrever, mesmo que sumariamente, o conteúdo desse Tratado.

No que se refere a esse conteúdo, este consubstancia um acordo nos termos do qual se divide o oceano Atlântico, consagrando que cada parte dessa divisão constitui uma extensão da fronteira de cada um dos reinos. Essa divisão é feita através do traçado de "uma linha direita de pólo a pólo, a 370 léguas das ilhas de Cabo Verde", sendo esta a cláusula fundamental desse Tratado. Feito esse traçado "para a parte poente, por graus, ou outra maneira, e que tudo o que foi ou for achado, ao oriente dessa linha pertença a Portugal; e, ao ocidente, a Castela"[44]. Ambos os soberanos assumiram o compromisso de

[41] A recepção de Colombo pelo Rei D. João II está descrita por Garcia de Resende que revela que "E fendo el Rey diffo auifado o mandou chamar, e moftrou por iffo receber nojo, fentimento, affi por crer que o dito defcubrimento era feyto dentro dos mares e temos de feus fenhorios de Guine, (....)". Garcia de Resende, *Crónica de Dom João II e Miscelânia* (Lisboa: Imprensa Nacional – Casa da Moeda, 1973), Capítulo CLXV, p. 241.

[42] Cortesão, Jaime. *Os Descobrimentos Portugueses* (Lisboa: Livros Horizonte, 1975), p. 945.

[43] Entre outros e para maior desenvolvimento, podem ser consultados as obras aqui citadas de Resende, *Crónica de Dom João II e Miscelânia*, Cortesão, *Os Descobrimentos Portugueses* e Adão da Fonseca, Luís, *D. João II*, Reis de Portugal 13 (Mem Martins: Circulo de Leitores, 2005).

[44] Cortesão, *Os Descobrimentos Portugueses*, p. 989.

não enviarem frota para "fazer descobrimentos, comércio ou conquistas, fora daqueles termos estipulados no Tratado. E se por acaso os navios castelhanos ou portugueses viessem a descobrir terras nas zonas alheias, elas ficariam para os soberanos a quem de direito, nos termos do convénio, pertenciam"[45].

Como pode ver-se os soberanos dividiram o Atlântico em duas partes e cada um passa a ter a posse e o domínio da respectiva parte, com exclusão não só do outro como de terceiros, razão que os levou a adoptar a doutrina do *mare clausum*, como nos informa Luís Adão da Fonseca[46]. Mas, interessante é o facto, que deve ser assinalado, de, com este Tratado, esses monarcas acabaram por se apropriar do Índico e do Pacífico, cabendo a D. João II e ao reino de Portugal o domínio sobre o primeiro mar-oceano e aos reis Fernando e Isabel e ao reino de Castela o domínio sobre o segundo, o que ampliou enormemente a extensão do *mare clausum* e constituiu o Atlântico em fronteira de cada um dos reinos.

Pensamos ser correcto afirmar que é a primeira vez na história da humanidade que dois países decidem dividir – e dividem – os oceanos entre si, assumindo cada um domínio e jurisdição sobre cada oceano que, por acordo, lhe foi atribuído e, em consequência, o direito de fechar o mar à navegação internacional. Numa palavra, com base nessa divisão dos oceanos feita pelo Tratado das Tordesilhas[47], o Atlântico é dividido e, com essa divisão, se reparte o Índico e o Pacífico, atribuindo-se o domínio sobre esses oceanos a cada um dos reinos de Portugal e Castela que assim criaram verdadeiras zonas de influência[48].

Esse domínio acompanhado naturalmente da aplicação da doutrina do *mare clausum* com vista a afastar outras nações da navegação por esses mares, vieram a mais tarde a contribuir decisivamente para o conflito entre a Holanda e Portugal causado pela captura pelos holandeses do navio Santa Catarina, de que veio a resultar a grociana doutrina do *mare liberum*[49].

[45] Cortesão, p. 989.

[46] Fonseca, *D. João II*, p. 136.

[47] Sobre este Tratado e para maior desenvolvimento veja-se também Jean-François Labourdette, *História de Portugal*, 1a. edição (Lisboa, Portugal: Dom Quixote, 2003), pp. 155 e ss.

[48] Sobre a talassocracia portuguesa dessa época para maior desenvolvimento veja.se Jean-François Labourdett, que a esse propósito nos diz que "[I]mpérios marítimos e comerciais sempre existiram antes e depois da talassocracia portuguesa. Na Antiguidade, Fenícios, Atenienses e Cartagineses praticamente não foram além da bacia mediterrânica. Na Idade Media, os antecessores imediatos de Portugal, as repúblicas de Génova e de Veneza, dominaram somente cada uma delas uma parte do Mediterrâneo, a bacia ocidental no que se refere a primeira, a bacia oriental no caso da segunda. Nenhum dos impérios que lhes sucederam atingiu _as dimensões universais do império português, cujos navios iam da Europa ao Brasil e à Ásia passando pela África". Labourdette, pp. 165 e ss.

[49] No mesmo sentido, Fulton, *The Sovereignity of the Sea*, p. 5.

4.5. A tese de Grotius: A doutrina do Mare Liberum

Em Fevereiro de 1603, no estreito de Malaca um barco – ou carraca – português chamado Santa Catarina, carregada de mercadorias de grande valor – entre outras, sedas, porcelana, açúcar e algodão – foi apreendido e escoltado até Amsterdão por navios holandeses comandados pelo almirante Jacob van Heemskerck. Devido a essa apreensão e ao julgamento pelo Conselho do Almirantado a que o caso foi submetido, a Companhia das Índias Orientais solicitou a Grocio um estudo aprofundado – a que modernamente poderia ser classificado como um parecer jurídico – sobre o direito de preza, que ele fez em 1606 sob o título de *De Iure Praede Commentarius*[50]. Neste estudo Grocio começa, logo no capítulo II, por definir a presa (*praeda*) como a aquisição de um bem do inimigo através da guerra e no Capítulo IX trata da liberdade dos mares sob o título de *De mare libero*[51] e [52]. Em 1608 em Haia, Grócio publica

[50] Importa assinalar que Grotius retoma este tema do Direito de Presa no Livro II Capítulo III da sua obra *De Iure Belli ac Pacis* publicada em 1656.

[51] Para maior desenvolvimento da história dessa aprisionamento e do estudo de Grotio, De Iure Praeda, veja-se, entre outros, Marcello Caetano, "Introdução," in *Do Justo Império Asiático Português*, vol. I (Lisboa: Instituto de Alta Cultura, 1960), pp. 8 e ss.

[52] António Hespanha defende que "a publicação do curto tratado sobre a liberdade dos mares (De mare liberum, 1609) – de facto, uma parte (Cap. IX) da anterior obra De Jure praedae tratado que não se dirigindo directamente à questão levantada pela pretensão de domínio exclusivo dos mares pelas coroas ibéricas – mas sim, como disse, às pretensões inglesas de direitos exclusivos de pesca no Mar do Norte – acaba por ter uma resposta portuguesa, da mão de Serafim de Freitas", explicando aquela pretensão inglesa da seguinte forma: "com a ascensão ao trono de Inglaterra, em 1603, de Jaime VI da Escócia (sob o título de Jaime I), este pretende fazer valer, contra outra nações europeias, nomeadamente as Províncias Unidas, a extensão de um princípio tradicional do direito escocês de reserva das pescas a todo o Mar do Norte. A questão suscita tensão entre a Holanda e a Inglaterra dando origem a uma polémica, em que Grócio participa (De mare liberum, 1609), sobre a liberdade dos mares". Com base neste conflito e na participação nela de Grócio, Hespanha conclui que esta obra de Grocio "não se dirige directamente à questão levantada pela pretensão de domínio exclusivo dos mares pelas coroas ibéricas". De acordo com Hespanha, o De Iure Praedae foi escrito entre 1603 e 1608, pese embora entenda que o capítulo IX desse estudo, intitulado De Mare Liberum tenha sido conhecido em 1609. Esta tese de António Hespanha pode explicar o conhecimento que o Conselho do Almirantado teve dessa obra no decurso do julgamento do caso do aprisionamento do navio Santa Catarina.Hespanha, António Manuel, "Introdução," in *O Direito da Guerra e da Paz*, vol. I (Ijuí: Unijui, 2004), p. 18, nota 9 e p. 23.

Faz-se notar que Marcello Caetano defende que o De Iure Praedae Commentarius "foi dado à Companhia das Índias nos primeiros meses de 1605" e Primitivo Mariño Ibañez na Introdução que faz a essa obra também defende que ela foi escrita entre 1604 e 1605. Cfr. Primitivo Mariño Gomez, "Intrpoduccion," in *Del Derecho de Presa. Del Derecho de la Guerra y de la Paz* (Madrid: Centro de Estudios Constitucionaless, 1987), p. VII. Sem pretender participar nessa discussão, por não ser aqui o lugar próprio, sempre se dirá que a aceitar-se a tese de Marcello Caetano segundo a qual "não admira, pois, que fosse a este prodígio (refere-se a Grócio, esclarecemos nós) que a

em separado e sem se identificar como autor – Incógnito, como foi tratado por Serafim de Freitas – a parte que integra esse capítulo IX, sob o título *De Mare Liberum*. Em 9 de Setembro de 1604, o Conselho do Almirantado julgou o caso e proferiu sentença.

Vejamos agora resumidamente a tese de Grócio sobre a liberdade dos mares, seguindo *De Mare Liberum* acima referido.

Nesta obra, Grotius oferece como título do Capítulo I *Iure gentium quibufvis ad quofvis liberam effe navigationem* (De acordo com o direito das gentes a navegação é livre para todos as pessoas)[53], capítulo que abre dizendo que é sua intenção provar que os súbditos das Províncias Unidas (Holanda) têm o direito de navegar para as Índias Orientais e comerciar com os povos dessa região. Fundamenta essa sua tese na imutável e evidente regra primária do primeiro princípio do *ius gentium* segundo a qual todas as nações são livres de navegar para outras nações e comerciar com elas[54].

De seguida, nos sete primeiros capítulos apresenta robustos argumentos para demonstrar que os portugueses não têm qualquer título que lhes permita reivindicar o direito de soberania sobre qualquer parcela do mar – na ocorrência, dos oceanos Atlântico e Índico –, explicando – explicação que aqui resumimos – que não têm título:

a) Obtido com base na descoberta, por entender que ninguém pode ser soberano de algo de que nunca teve a posse, nem sobre ao qual nunca outrem exerceu posse em seu nome. Os portugueses não podiam ter descoberto, nem podem reivindicar a descoberta, da Índia – "*No effe autem Lufitanos earum*

Companhia das Índias se dirigisse para esclarecer as dúvidas sobre o direito de presa marítima – se é que não o chamara já antes para seu advogado perante o Almirantado, como faz supor o resumo das alegações contidas na sentença, tão semelhante às ideias desenvolvidas no *De Jure praedae*" – Caetano, "Introdução," pp. 25 e 26, sempre se dirá que é de aceitar que o *De Iure Praedae* tenha sido escrito entre 1603 e 1604, mas ficou concluído antes de 9 de Setembro de 1604, data da sentença do Almirantado.

[53] Utilizamos nesta parte a tradução inglesa do De Marum Liberum – e as citações em latim são retiradas da versão desta obra publicada em 1608 – Hvgonis Groti, *Mare Liberum, Sive De iure quod Batavis competit ad Indicana commercia Dissertatio* (Ex Officina Elzevitiana, 1608.

[54] "Propositvm eft nobis breviter ac dilucide demonftrare, ius effe Batavis, hoc eft Ordinum Federatorum Belgicogermanias fubditis, ad Indos, ita uti navigant navigare, cumque ipfis commercia colere. Fundamentum ftruemus hanc iuris Gentium, quod primarium vocant, regulam certiffimam, cuius perfpicua acque immutabilis eft ratio: licere cuivis genti quamvis alteram adire, cumque ea negotiari". Groti, pp. 15 e 17. Na tradução inglesa "My intention is to demonstrate briefly and clearly that the Dutch – that is to say, the subjects of the United Netherlands – have the right to sail to the East Indies, as, they are now doing, and to engage in trade with the people there". Hugo Grotius, *Mare Liberum* (Polónia, 2012), p. 12.

partium dominos ad quas Batavi accedunt, puta Iava, Taprobanse, partis maximse Moluccaru, certiifimo argumento colligimus, quia dominus nemo eft eius rei qua nec ipfe unquam nec alter ipfius nomine poffedit". [55] –, por ser um famoso país desde há séculos conhecido – "*Quid quod ne reperiffe quidem Indiam ullo modo dici poffunt Lufitani, quae tot à fæculis fuerat celebérrima*".

b) Conferido por doação papal (*donationis pontificiae*), por o Papa ter sido escolhido como árbitro para solucionar um conflito entre Portugal e Espanha, depois de os monarcas desses reinos terem celerado um Tratado sobre a jurisdição nas Índias orientais[56]. Por outro lado, de acordo com o direito divino e natural a doação de algo que conflitua com o direito de outros é nula e não produz efeitos. "*Tum vero fi quis ius ipfum five divinum five humanum fcrutari volet, non autem ex commodo fuo metiri, facile deprehedet donationem eiuf modi ut rei alienæ nullius effe momenti*"[57].

c) Fundado na guerra, porque de acordo com Francisco Vitória, por ele citado, a navegação pelos espanhóis para terras distantes não lhes confere o direito de ocupação dessas terras, excepto se as conquistar pela guerra[58]. Os portugueses, diz Grócio, estão muito longe de qualquer ocupação dessas terras das Índias Orientais; não estão em guerra com os povos com os quais os holandeses fazem comércio, pelo que nenhuma reivindicação legal podem fazer, mesmo que tivessem sofrido injustiças da Índia Oriental, tanto mais que a longa paz e as relações comerciais amigáveis poderiam ser razoavelmente consideradas como perdão dessas injustiças[59]. Os portugueses obtiveram das

[55] " Groti, *Mare Liberum, Sive De iure quod Batavis competit ad Indicana commercia Dissertatio*, p.ª 20. A tradução inglesa é a seguinte: The Portuguese are not sovereigns of those parts of the East India to which the Dutch sail, that is to say, Java, Ceylon, and many of the Malucca". Grotius, *Mare Liberum*, p. 16.

[56] "Secvndo fi Pontificis Alexandri Sexti divifione utentur, ante omnia illud attendendum eft, volueritne Pontifcx contentiones tantum Lufitanorum & Caftellanorum dirimere, quod potuit fane, ut lectus inter illos arbitre, ficut & ipfi Reges iam ante inter fe ea de re foedera quidam pepigerant: & hoc fi ita eft, cum res inter alios acta fit, ad cæteras gentes non pertinebit: an vero prope fingulos Munditrientes duobus populis donare." Groti, *Mare Liberum, Sive De iure quod Batavis competit ad Indicana commercia Dissertatio*, pp. 24/25.

[57] Groti, p. 25.

[58] "His igitur fublatis cum manifeftum fit, quod & Victoria fcribit, Hifpanos ad terras remotiores illas navigantes nullum jus fecum attuliffe occupandi eas provincias, quuntur, in ordine ad fpiritualia." Groti, p. 26/27.

[59] "Atqui tantum abeft ut Lufitani eas res occupaverint, ut cum plerifque gentibus quas Batavi accefferunt, bellum eo tempore nullum haberent. Et fic igitur nullum ius illis quæri potuit: cum etiam fi quas ab Indis pertuliffent iniurias, eas longa pace & amicis commercijs remififfe merito cenfeantur." Groti, p. 28.

Índias Orientais o direito de fazer comércio, pelo que nessa matéria não têm qualquer motivo de queixa[60].

d) Decorrente de ocupação – *"Mare ad lndos aut ius eo navigandi non ejfe proprium Luftanorum titulo occupations"* [61] – por entender que há coisas ou bens que pela sua própria natureza não podem ser ocupados por ninguém, o que, alega Grócio, já era defendido pelos romanos, nomeadamente por Cicero, Ovídio e Ulpinaus. Integra essa categoria de bens o ar e o mar, por serem coisas comuns ou públicas por força do direito natural. Trata-se, portanto, de bens cuja fruição pertence a todos os seres humanos e que, por isso, não podem ser ocupados por ninguém[62]. Grócio, contudo, concede que só uma pequena parte do mar junto à costa é que poderá ser ocupada – *"Si quid tamen exiguum ita occupati cupari poteft, id occupanti conceditur"*[63]. Estes argumentos, diz--nos Grócio, aplicam-se à navegação e à pesca que devem também ser livres – *"Quæ autem navigationis eadem pifcatus habenda eft ratio, ut communis maneat omnibus"*[64].

Nos capítulos VIII a XIII, com base no *ius gentium*, Grotius defende a liberdade do comércio, dizendo que todas as pessoas gozam da liberdade de comerciar. Assim entende que o comércio com as Índias orientais não pertence aos portugueses, pelo que estes não podem ter o exclusivo desse comércio nem por título de ocupação, nem por título de guerra, nem por título fundado em doação Papal, nem por prescrição ou costume. Defende ainda que a proibição do comércio imposta pelos portugueses não tem fundamento na equidade e que os holandeses devem manter o seu direito de comerciar com as Índias Orientais pela paz, por Tratado ou pela guerra[65].

[60] "Et commercia quidem Lufitani ab Indis impetrarunt, ut hac in parte nihil habeant quod quærantur". Groti, p. 28.

[61] Cfr. Groti, p. 32.

[62] "Publica autem vocat tralatitia fignincatione, non quae ad populum aliquem, fed quae ad focietatem humanam pertinent, quæ publica Iurifgentium in Legibus vocantur: hoc eft communia omnium, propria nullius. Hujus generis eft Aër, duplici ratione, tum quia occupari non poteft, tum quia ufum promifcuum hominibus debet. Et eifdem de caufis commune eft omni Maris Elementum, infinitum fcilicet ita, ut poffideri non queat & omnium ufibus accommodatum: five navigationem refpicimus, five etiam piscaturam. Cujus autem júris eft mare, ejufdem funt fi qua mare alijs ufibus eripiendo fua fecit, ut arenæ maris, quarum pars terris cotinua littus dicitur". Groti, pp. 41/42.

[63] Groti, p. 45/46.

[64] Groti, p. 46.

[65] Groti, pp. 87 e ss.

5. As primícias da doutrina do Mar territorial e da delimitação da sua extensão

Pensamos não ser incorrecto afirmar que a questão do domínio do mar e o *quod jurisdictionem et protectionem*, nas partes sob domínio de reinos ou impérios, a que hoje chamaríamos de exercício da soberania, bem como a discussão entre os defensores do *Mare Clasum* e do *Mare Liberum* [66] integram também a questão da delimitação da parcela do mar onde se pretende exercer domínio e convoca ainda a questão da passagem inofensiva, também por essa parcela. Na verdade, um olhar atento sobre a questão do domínio dos mares desde a antiguidade até à querela entre holandeses e portugueses sobre esta matéria, leva-nos a pensar que, regra geral, esse domínio é historicamente reclamado somente sobre uma parcela do mar adjacente à costa cuja extensão também foi objecto de discussão, como veremos.

Não podemos aqui fazer a história dessa tese, mas basta-nos lançar mão das doutrinas de Bártolo de Saxoferrato e Cornelius van Bynkershoek e, de seguida, das posições assumidas sobre esta questão pelos defensores do *Mare Clausum*, Frei Serafim de Freitas e John Selden, bem por Grócio com o seu *Mare Liberum* para oferecermos uma sumária demonstração dessa nossa posição, começando por Bártolo de Saxoferrato, professor de Perúgia e chefe de fila da Escola dos Comentadores.

a) Bártolo de Saxoferrato trata a questão da extensão do mar sobre o qual os reinos e impérios poderiam exercer domínio na sua obra *De Insula* onde, com fundamento no direito romano e canónico, defende que a jurisdição criminal pode ser exercida até ao limite de cem milhas medidas a partir da costa italiana. Nesse seu tratado, Bártolo, começa por definir do conceito de ilha partindo do Digesto[67] – "*insula quae in mari nascitur (quod raro accidit) occupantis fit: nullius enim esse creditur (...)*" – e aqui nos limitamos ao segmento desse conceito que se refere ao mar – para, de seguida, comentar cada uma das palavras que integram o conceito – "Comentamos, pois, cada uma de estas palavras"[68], diz este professor de Perúgia.

[66] Sobre este clássico debate e o litígio judicial que dele resultou, veja-se o resumo feito por Erin Bain Jones. Jones, Erin Bain. *Law of the Sea* (Dallas: Southern Methodist University Press, 1972), pp. 7 a 10.

[67] Utiliza o conceito de ilha elaborado Do Digesto 41,1,7.3-4 onde se define "insula quae in mari nascitur (quod raro accidit) occupantis fit: nullius enim esse creditur; et in flumine nata (quod frequenter accidit), si quidem mediam partem fluminis yenet, communis est eorum, qui abu traque parte fluinis prope ripam praedia possidente, pro modo latitudinis cuiuis que praedi, quae latitutdo propre sit, eorum est tantum, qui ab ea parte prope ripam praedia possidente (...)".

[68] Sassoferato, Bartolo De. *De ínsula* (Madrid (España): Centro de Estudios Constitucionales, 1979), p. 2. Usamos neste trabalho a tradução em língua castelhana da obra de Bártolo, *De Insula*,

Nesse comentário a cada uma das palavras do parágrafo *Insula*, este Professor começa por comentar o conceito de Ilha "Isla *(Insula)*, dizendo que ela *"Es um lugar rodeado de agua que, cuando deja de estarlo, deja de ser ila"* [69], que *"passa a ser propriedade del que la ocupa (occupationis fit)"*, adquirida por *"quien tiene juridicción em um territorio unido al mar, tiene também jurisdicción en el mar hasta las cien millas"*[70]. Feitas essas considerações, Bártolo defende que, sendo o mar comum a todos, a jurisdição sobre o mar só pode ser exercida sobre a parte unida ao território. E no que se refere às ilhas só podem pertencer a um reino ou império e estar sob sua jurisdição quando *"distan poco espácio de uma provincia, como ocore com las islas de Ialia"*[71]. Deste modo, advoga que a distância aceitável é de cem milhas, por esta ser conforme com o estabelecido nas *Decretales* de Gregório IX, que diz que o que se encontra a duas jornadas de caminho não se considera lugar remoto e sendo cem milhas menos do que duas jornadas, esta deverá ser a distância da costa sobre a qual se pode exercer jurisdição[72].

Com esta tese, em que defende que a jurisdição sobre a ilha e sobre o mar que a circunda e que quem tem jurisdição sobre um território "unido ao mar", tem jurisdição sobre o mar adjacente até ao limite das ditas cem milhas de extensão, Bártolo lança as bases para a construção do conceito de mar territorial, fixando a sua extensão em cem milhas[73]. Assim, para este Professor de Perúgia, o domínio sobre o mar só é exercido sobre a parte deste adjacente à costa até ao limite das aqui referidas cem milhas.

b) Serafim de Freitas na obra aqui referida, pese embora defenda a doutrina do *Mare Clausum*, não deixa de reconhecer, embora por vezes de forma ambígua, que o mar só pode estar sob domínio do Imperador ou do Rei quando estes "exercem direitos régios sobre as províncias adjacentes a esse mar", pois "assim como eles têm o império sobre os litorais (...) também o terão sobre o mar, pois que o litoral faz parte do mar e ambos são abrangidos pelo mesmo direito, dizendo-se, por isso, ambos públicos (...), isto é, do uso do povo ou pro-

e daí que as citações sejam feitas nesse idioma.

[69] Sassoferrato, p. 2.

[70] Sassoferrato, p. 4.

[71] Sassoferrato, p. 6.

[72] Ver Sassoferrato, pp. 4 e ss.

[73] Esta é também a posição defendida por Prometeo Cerezo de Diego na sua "Explicação Preliminar" da obra *De Insula*. Cfr. Sassoferrato, p.ª 7, nota 19. Para um estudo mais desenvolvido sobre a doutrina de Bártolo sobre o mar territorial, veja-se Cerezo de Diego. Prometo, "Orígenes d la teoria del mar territorial en Bártolo de Sassoferato" in Revista Española de Derecho Interncional, Vol. XXX, nºs 2 e 3, pp. 237 a 255.

víncia a que esse mar é adjacente (...)[74]. Mas, é a propósito da extensão do mar sobre a qual os reinos e impérios podem exercer jurisdição é que Serafim de Freitas é mais claro quando, citando Bártolo, diz que "não me repugna admitir a opinião de Bártolo, segundo a qual o limite para a cobrança de impostos vai até cem milhas, como pode ver em Octaviano e outros, referidos na Decisão Piamontesa"[75]. Mais à frente, reconhece que "por sufrágio de todos, incluso o próprio Incógnito, a parte do mar adjacente a uma terra pertence ao domínio do senhor da terra, se bem que não haja unanimidade de opiniões quanto à extensão desse domínio", extensão que entende que "pode aumentar ou diminuir de império e jurisdição consoante a potência do senhor, tal como sucede em terra onde as cidades são circunscritas por territórios maiores ou menores" [76].

Como se vê Serafim de Freitas aceita a delimitação do mar sobre o qual o Rei ou o Imperador podem exercer domínio, pese embora também defenda que, para além do limite referido, cabe a estes senhores a defesa do mar das investidas dos piratas[77].

c) Também John Selden[78], cuja obra *Mare Clausum*, aqui referida, viu a sua publicação proibida por Jaime I por razões de conveniência política, só aparecendo à luz do dia dezasseis ou dezassete anos após a sua redacção, discute a questão de saber se o domínio dos mares é essencialmente o domínio do mar adjacente à costa, normalmente para a defesa do território e da pesca, recorrendo a exemplos da antiguidade clássica grega e romana e de outros povos, ou se é de todo o mar, mesmo o Alto Mar. Embora de forma não muito clara, constata-se que os vários exemplos que este defensor do *mare clausum* vai dando sobre o domínio dos mares por reinos europeus, com excepção de Portugal e de Espanha, incidem sobre os mares adjacentes à costa e visa a defesa dos

[74] Freitas, *Do Justo Império Asiático dos Portugueses*, 1: Cap. XIII, 12, p.ª 301/302. O texto em latim diz o seguinte: "(...) quando iura Regalia exerent in prouincias mari adiacentes. Tunc namque sicut et in littora lmperium habent (...) ne quid in loco publico, habebunt et in mare, cum littus pars sit maris, et eodem iure censeantur, et propterea vtraque dicantur publica (...) hoc est in vsu populi, seu Prouinciae, cui mare adiacet, vt docte exponit Donellus (...) et hinc procedit classium missio ad protectionem, et lmperium maris defendendum (...)". In Freitas, *De Iusto Imperio Lusitanorum Asiatico*, 2:Cap. XIII, 12, ª 162.Ibidem, p. 162.

[75] Freitas, *Do Justo Império Asiático dos Portugueses*, 1: Cap. X, 35, ª 257/258. No texto em latim diz: "Admitterem tamen Bart. Sententiam circa centum miliária respectu vectigalis, (...)." In Freitas, *De Iusto Imperio Lusitanorum Asiatico*, 2: Cap. X, 35, p. 127.

[76] Freitas, *Do Justo Império Asiático dos Portugueses*, 1: Cap. X. 40, p. 259.

[77] Freitas, 1: Cap. X, 36 e 41. p. 258-259.

[78] Selden, *Of the Dominion Or Ownership of the Sea. Mare Claisum*, passim.

interesses de cada reino. Também no caso domínio dos mares pela Inglaterra, Selden não deixa de dizer que este reino, desde remota antiguidade, exerceu domínio e jurisdição sobre os mares que envolvem o território da Inglaterra e de reconhecer esses mares como território inglês. É claro que Selden procura alargar esse domínio e contrariar aquela limitação, oferecendo argumentos para o efeito, nomeadamente quando define o "Sea of England" ou a "British Seas", mas o ponto é que ele é obrigado a reconhecer que os mares dominados pela Inglaterra são os "surrounding sea"[79] e a ter de tratar a questão da passagem inofensiva por esses mares adjacentes[80].

d) Grocio, por seu lado, defende que o mar pode ser ocupado "por aquele que possui as terras situadas dos dois lados, mesmo que esse mar seja aberto pelo alto como um golfo ou pelo alto em baixo em forma de estreito, uma vez que essa parte de mar não seja de tal extensão que, comparada a terra firme, não possa ser considerada como dela fazendo parte". E defende essa ocupação por entender que "o que é permitido, em tal caso, a um povo ou a um rei pode, parece, ser também permitido a dois ou a três, se quiserem se tornar ao mesmo tempo donos de um mar assim encravado"[81]. Pese embora Grocio defenda que o mar não pode em nenhuma circunstância ser ocupado, por ser "*mare omnium commune*" ou, como diz Ulpiano, o mar é naturalmente aberto a todo o mundo e tal com o ar pertence a todos – "*mare omnibus natura patere disir, & ira omnium effe ficut aër*" – , Grócio defende que por ocupação não se adquire o direito de propriedade do mar, mas sim jurisdição sobre a parte ocupada, parte essa que se for abandonada volta ao seu antigo estado qual seja a de uso comum. Essa jurisdição entende Grotio pode ser adquirida da mesma forma como se adquirem outras jurisdições, "ou seja, como dissemos anteriormente, por meio de pessoas e pelo mesmo direito sobre um território.

[79] Entende Seden por English Sea ou British Seas "which flow's between England and the opposite shores or Heavens of the Neighbor-Nation", entendimento que alarga bastante a área sob a qual, de acordo com Selden, a Inglaterra tem, por posse e ocupação, o domínio dos mares. Selden, Book II, Cap. XIII, p. 284.

[80] Sobre essa posição de Selden veja-se, por todos, Jones, *Law of the Sea*, pp. 10 e ss.

[81] Grotius, Hugo. *O Direito da Guerra e da Paz*, vol. I (Ijuí: UNIJUI, 2005), Livro II, Cap. III, VIII, p·345. Na versão latina texto é o seguinte: "VIII. Ad hoc exemplum videtur & mare occupari potuiffe ab eo qui terras ad latus utrumq; poffideat, etiamfi aut fupra pateat, ut finus, aut fupra & infra ut fretum, dummodo non ita magua fit pars maris, ut non cum terras comparata portio earum videri poffit, Et quod uni populo aut Regi licet, idem licerc videtur & duobus aut tribus, fi pariter mare interfitum occupare voluerint." Grotius, Hugo. *De Jure Belli ac Pacis Libri Tres, in quibus Jus Nature & Gentium, item Juris Publici praecipua explicantur*, vol. I (Buffalo-New York: William S. Hein &Co. Inc., 1995), Lib. II, Cap. III, VIII, p. 129.

Pelas pessoas, quando uma frota, que é um exército marítimo, estaciona em qualquer parte do mar. Pelo território, quando do continente, se pode aplicar a lei aos que passam na parte vizinha do mar, como se eles se encontrassem sobre a própria terra"[82].

Podemos ver que a ocupação do mar aceite por Grotius só pode ocorrer quando o mar ocupado é adjacente à costa e o reino ocupante possa fazer respeitar o seu domínio através da terra, impondo o respeito pelas suas leis como se fosse em terra. Contudo, essa ocupação não confere em nenhuma circunstância um direito de propriedade. Mas, apesar dessa ocupação *quod jurisdictionem et protectionem,* entende Grócio que não é permitida impedir a navegação pacífica e inofensiva, ou seja, reconhece um direito de passagem pacífica e inofensiva aos navios de todas as nações[83].

e) Cornelius van Bynkershoek, no *De Dominio Maris Dissertatio,* pela primeira vez e com algum rigor, indica as condições necessárias para que seja possível assegurar a soberania sobre o mar, construindo, se assim podemos dizer, a teoria do mar territorial e demarcando a sua extensão como limite para o exercício dessa soberania. Entende este autor que os Estados só podem reclamar o domínio do mar quando forem capazes de impor, pelas armas, o respeito pela sua soberania. Para tanto, Bynkershoek começa por tratar a questão da propriedade e da posse, no capítulo I da sua Dissertatio intitulado de *Origine Dominii,* onde retomando o conceito de domínio elaborado por Nerva, diz que por domínio deve entender-se um especial direito de ocupação de acordo com o qual ninguém pode ser desalojado senão por injustiça[84]. Esclarece ainda que propriedade e posse são a "cara e a coroa" da mesma moeda e perdida posse se perde a propriedade. Esclarecidos esses conceitos logo no início dessa sua obra, – Capítulo II –, Bynkershoek levanta a questão de saber

[82] Grotius, *O Direito da Guerra e da Paz,* I:Livro II, Cap. III, XIII, 2, P.ª 353. O texto em latim é o seguinte: "Videtur autem imperinm in maris portionem eadem ratione acquiri, qua imperia alia, id eft, ut fupra diximus, ratione perfonarum & ratione territorii. Ratione personarum, ut fi claffis, qui maritimus eft exercitus, aliquo in loco maris fe habeat: ratione teritorii, quatenus ex terra cogi poffunt qui in proxima maris parte verfantur, nec minus quam fi in ipfa tetra reperirentur" Grotius, *De Jure Belli ac Pacis,* I: Lib.II, Cap. III, XIII, p. 130.

[83] "XII. Illud cerrum eft, etiam qui mare occupaverit navigatiorem impedire non poffe inermem & innoxiam, quando nec per terram talis tranfitus prohiberi poteft, qui & minus effe folet necessarius & magis noxius", diz-nos Grotius. Grotius, *De Jure Belli ac Pacis,* I: Lib. II, Cap. III, XIII, p. 129.

[84] "Dominium appellat jus praecipuum habendi, a quo quis, nisi injuria, depelli nequit. Utque id jus coepit ex natural possessione, ita non alter duravit quam re possessa" in Bynkershoek, Cornelius. *De Dominio Maris Dissertatio. On The Sovereignty of the Sea* (Washington: Carnegie Endowment for International Peace, 1923), p. 353.

qual a extensão do mar sobre o qual o soberano pode exercer efectivo domínio, e responde dizendo que o poder da terra termina exactamente lá onde termina a força de um canhão, pelo que só se pode reivindicar o domínio do mar ou a soberania sobre o mar até ao limite do alcance do tiro de um canhão – *"potestatem terrae finir, ubi finitur armorum vis"* –[85], tese que retoma mais tarde na sua obra *Quaestiones Juris publici*[86] onde diz que o domínio territorial termina onde termina o poder dos canhões[87].

Com esta tese e com aquela por ele defendida sobre o Alto Mar, Bynkershoek define o mar territorial, a sua extensão e o limite da jurisdição dos Estados sobre esse mar. Poderíamos mesmo dizer que, para este autor, o domínio sobre os mares mais não é do que o domínio sobre a extensão do mar que, a partir da costa, se pode efectivamente controlar militarmente, pelo que todo o resto do mar é necessariamente livre.

6. O novo Direito do Mar como produto do debate entre a doutrina do *mare liberum* e do *mare clausum*

Queremos com tudo isto somente assinalar que a liberdade dos mares já proclamada quer pelos Romanos, quer por Vitoria e Menchaga, cuja doutrina grande parte dos jurisconsultos do século XVII invocam, antecede o *mare liberum* de Grócio, o mesmo acontecendo com a tese sobre a ocupação de partes do mar para a defesa do território, combate à pirataria e protecção da pesca antecede o trabalho de Serafim de Freitas e de Selden. Mas, não podemos deixar de reconhecer que é com a teoria deste jurista holandês que a doutrina do *mare liberum* se transforma progressivamente em direito costumeiro e passa a ser constituído em corpus teórico iusinternacional que servirá de base para a construção do moderno Direito do Mar, que incorpora nele a doutrina da extensão do mar territorial defendida por Bártolo, Grotius e por Bynkershoek e a da passagem inofensiva consensualmente aceite por todos os jurisconsultos.

[85] "Quare omnino videtur rectius, eo potestatem terrae extendi, quousque tormenta exploduntur, eatenus quippe cum imprare, tum possidere videmur. Loquor autem de his temporibus, quibus illis machinis utimur; alioquin generaliter dicendum efset, potestatem terrae finiri, ubi finitur armorum vis; etenim haec, ut diximus, possessionem tuetur". In Bynkershoek, p. 364.

[86] Bynkershoek, Cornelius. *Quaetionum Juris Publici Libri Duo* (Oxford: Oxford: At Clarendon Press, 1930).

[87] Sobre esta tese, veja-se o interessante estudo de Scott, James Brown. "Introduction," in *De Dominio Maris Dissertatio. On The Sovereignty of the Sea* (Oxford: Oxford University Press, 1923), pp. 13 a 22.

Poderemos assim dizer que essas duas doutrinas antagónicas, a de Serafim de Freitas e de Selden, por um lado, e a de Grotius por outro, consubstanciam dois distintos modos de olhar sobre a constituição do território marítimo e para a delimitação da extensão da jurisdição dos Estados sobre esse território. A doutrina do *mare clausum*, se aceite como a ocupação e jurisdição sobre ao mar adjacente à costa dos reinos, impérios e Estados, contribuiu para recortar e afirmar o conceito do mar territorial e para a delimitação da extensão da jurisdição, logo da soberania dos Estados, sobre esse mar; a doutrina do *mare liberum*, por seu lado, aceitando a jurisdição sobre o mar adjacente à costa, ou seja, o mar territorial, foi decisiva para assegurar a todos os povos o direito de uso do mar – em especial, para além do limite do mar territorial –, reconhecendo-se assim a tese romana de Ulpianus *mare omnium coommune*, e para afirmar a liberdade de navegação e o direito de passagem inofensiva no interior do mar territorial.

A partir dessas doutrinas ficou aberto o caminho para se consagrar novos modelos de jurisdição sobre outras áreas do mar para além do limite do mar territorial, cuja intensidade diminui com o aumento da distância da costa, áreas que vieram a ser definidas como Zona Contígua, Zona Económica Exclusiva e Alto Mar – mais tarde surge a Área. Começa a configurar-se um novo Direito do Mar que irá ser acolhido em Convenções Internacionais, como sumariamente veremos a seguir.

7. O Direito do Mar no século XX

7.1. Introdução

Consagrada a doutrina do *mare liberum* e, com ela, a de que o mar não pode ser propriedade de nenhum poder público, antes deve a sua utilização ser livre e aberta a todos os povos, reconhecido também que os Estados podem exercer poderes soberanos sobre a parcela de mar adjacente às suas costas até um dado limite, ou seja, reconhecida a existência do mar territorial, a partir dos finais do século XIX o debate passa a centrar-se na questão de saber qual deveria ser a extensão desse mar.

Esta questão assumia grande interesse político-militar e económico, tanto mais que sob o ponto de vista económico, para além da actividade piscatória, sempre protegida pelos Estados costeiros, a partir da segunda metade do século XIX, o desenvolvimento tecnológico, nomeadamente na área das telecomunicações reclamava a utilização do mar para nele serem colocados os cabos submarinos para comunicações à distância entre países banhados pelo Atlântico e, de seguida, pelo Índico. Para além disso, esse desenvolvimento tecnológico, logo nos inícios do século XX, começou a permitir a exploração de alguns recursos minerais no solo e no subsolo marítimo, mais especificamente no que passou a ser denominada por plataforma continental, o que gerou a necessidade de cartografar o oceano. Pese embora, inicialmente muitas dessas actividades tecnológicas tivessem mais interesse científico do que económico e político, o ponto é que o mar e os seus recursos (em especial, os hidrocarbonetos) começaram a merecer não só a atenção dos Estados, como a discussão sobre o alargamento dos limites do exercício de poderes soberanos sobre o mar.

Aceite, como direito costumeiro, o mar territorial e a sua submissão à jurisdição dos Estados costeiro, o primeiro debate, se assim nos é permitido exprimir, centra-se na determinação da extensão desse mar.

7.2 Da doutrina da International Law Association à Primeira Conferência sobre o Direito do Mar

Sobre a questão da extensão do mar territorial diremos que começou por ser tratada em 1926 pela *International Law Association* na Conferência de Viena, continuando a ser tema de Conferências e de Convenções Internacionais no âmbito da SdN e da ONU, como veremos muito sumariamente.

Em 1926, na Conferência de Viena, pela International Law Association foi adoptado um Projecto de Artigos intitulado "Laws of Maritime Jurisdiction in Time of Peace" e logo no seu artigo 1º "I General Principles", consagrava que "For the purpose of securing the fullest use of the seas, all States and their subjects shall enjoy absolute liberty and equality of navigation, transport, communications, industry, and science in and on the seas" e no artigo 2º estabelecia a jurisdição dos Estados sobre o mar territorial nos seguintes termos:

> "To further this object and prevent abuses and to maintain its own integrity and good government, each maritime State shall exercise territorial jurisdiction at sea within the limits hereinafter provided and no further, save to the extent that jurisdiction is conferred by this and other international Conventions or Treatises or by an occupation or established usage generally recognized by Nations. Outside those limits, each State shall exercise jurisdiction over its property and subjects and their property at sea"[88]

[88] Ver em "Draft Convention on Law of Maritime Jurisdiction in Time of Peace.," 1926, https://www.jstor.org/stable/2212860. O artigo 5º da Draft Convention consagra que "Subject as provided by Article 2, the territorial jurisdiction of each State shall extend over the waters along its coasts for three marine miles from low-water mark at ordinary spring tide".

Resulta deste projecto de artigo o reconhecimento do direito de os Estados exercerem jurisdição sobre o mar territorial e a fixação da extensão desse mar em três milhas marítimas, ou seja, a mesma extensão que Bynkershoek tinha proposto.

Mais tarde, em 1927, o *Institut de Droit International* na sua sessão de Lausanne, elaborou um Relatório sobre "La Navigation en haute mer" e nele declarava que o princípio da liberdade dos mares comporta as seguintes consequências:

> "1. Liberté de navigation en haute mer, sous le contrôle exclusif, sauf convention contraire, de l'Etat dont le navire porte le pavillon;
>
> 2. Liberté de pêche en haute mer, sous les mêmes conditions;
>
> 3. Liberté d'immersion en haute mer des câbles sous-marins;
>
> 4. Liberté de circulation aérienne au-dessus de la haute mer.
>
> II. Considérant qu'il y aurait lieu d'accroître les garanties de sécurité de la navigation des pêcheurs et la protection des câbles sous-marins en prescrivant:
>
> 1. Aux bâtiments de guerre ou de commerce d'éviter certaines routes;
>
> 2. Aux submersibles des deux catégories de naviguer seulement en surface dans quelques parages à déterminer"[89].

O Relatório conclui dizendo que "L'Institut attire l'attention des gouvernements sur ces questions et exprime le voeu que la Convention de Londres du 20 janvier 1914 soit complétée en ce sens"[90].

Dessas consequências extraídas do princípio da liberdade dos mares decorre a proposta do Institut no sentido de se reconhecer que o Direito Internacional consagra a liberdade de utilização do Alto Mar e que esta parte do mar não pode ser submetida a nenhum poder soberano ou à soberania de nenhum Estado.

7.3. SdN e o Direito do Mar

Terminada a Primeira Guerra e criada a Sociedade das Nações (SdN), é agora no seio desta Organização Internacional que se irá discutir a codificação do

[89] O Relator foi Joseph de Blociszewski, "La navigation en haute mer" (Lausanne: IJustice et Pace – nstitut de Droit Interntional, September 1927), https://www.idi-iil.org/app/uploads/2017/06/1927_lau_03_fr.pdf.

[90] Esta Convenção assinada em Londres na sequência do afundamento do Titanic só foi ratificada por cinco Estados – a Grã-Bretanha, a Holanda, a Noruega, a Espanha e a Suécia – e não entrou em vigor por não ter sido ratificada por outros vários Estados em virtude do início da Primeira Guerra. Pode ser consultada em https://archive.org/details/textofconvention00inte/page/n19/mode/2up?view=theater.

Direito do Mar. Aliás, é bom relembrar que o artigo 23º do Pacto da Sociedade das Nações estabelecia na alínea e) do artigo 23º que os seus membros "adoptarão as disposições necessárias para assegurar a garantia e manutenção da liberdade do comércio e de trânsito assim como o tratamento equitativo do comércio de todos os membros da Sociedade (...)" e que a questão da liberdade de trânsito foi tratada também sob o ponto de vista das águas internacionais navegáveis – mar e rio – na Conferência de Barcelona de 1921 em que

> "Les Hautes Parties Contractantes déclarent accepter le statut ci-annexé relatif à la liberté du transit, adopté par la Conferénce de Barcelone, le 14 avril 1921. Ce statut sera consideré comme faisant partie intégrante de la présente Convention. En conséquence, elles déclarent accepter les obligations et engagements du dit statut, conformément aux termes et suivant les conditions qui y figurant"[91].

Mais tarde, em 1923, prosseguindo a tarefa de densificar a "liberdade de trânsito" pela via da codificação, na Conferência de Genebra desse mesmo ano foi celebrada as 9 de Dezembro a Convention et statut sur le regime international des ports maritimes, et protocole de signature. Logo no artigo 1º dessa Convenção estabelecia-se que

> "Les Etats contractants déclarent accepter le statut ci-annexé relatif au régime international des Ports maritimes adopté par la deuxiéme Conférence générale des communications et du transit, qui s'est réunie à Genéve, le 15 novembre 1923. Ce statut sera considéré comme faisant partie intégrante de la présente convention. En consequence, elles déclarent accepter les obligations et engagements dudit statut, conformément aux termes et suivant les conditions qui y figurant"[92].

Em 13 de Março de 1930 com o específico objectivo de prosseguir os trabalhos de codificação do Direito Internacional, reúne-se em Haia a Conferência para Progressiva Codificação do Direito Internacional em que o Direito do Mar e, essencialmente, a delimitação da extensão do mar territorial também são objecto da atenção das nações aí reunidas. Os Estados não conseguem

[91] "Convention et Statut sur la liberté du transit. Barcelone, le 20 avril 1921," p. 11, accessed July 9, 2021, https://treaties.un.org/doc/Publication/UNTS/LON/Volume%207/v7.pdf.

[92] "Convention et statut sur le regime international des ports maritimes, et protocole de signature. Signes Genève, le 9 decembre 1923.," 1923, p.ª 285 e segs, https://treaties.un.org/doc/Publication/UNTS/LON/Volume%2058/v58.pdf.

um acordo sobre essa delimitação, pois os seus interesses divergentes relativamente à defesa e neutralidade militar, pesca, direitos alfandegários, características da plataforma continental e outros, não permitiram um acordo sobre a extensão da jurisdição, que oscilou entre as três e as seis milhas marítimas. Apesar dessas divergências, foi celebrada uma Convenção e nela se consagrou em Anexo um Estatuto Legal do Mar Territorial com 13 artigos que também trata do direito de passagem inofensiva[93] .

De acordo com Erin Bain Jones, apesar dessas divergências, os Estados aceitaram que as três matérias que tinham sido discutidas na primeira conferência, nomeadamente, nacionalidade, mar territorial, e responsabilidade dos Estados por danos causados nos seus territórios a pessoas ou propriedades de estrangeiros deveriam ser discutidas na futura conferência[94].

Podemos concluir dizendo que até aos anos 30 do século passado, pese embora o relevante e decisivo impulso que a Conferência de Haia de 1930 deu para o desenvolvimento do Direito do Mar e para a sua codificação, a preocupação dos Estados e da doutrina centrava-se dominantemente na discussão sobre o Mar Territorial e do Alto Mar, não tendo havido grande preocupação com a Zona Contígua[95] e a Plataforma Continental[96], o que irá acontecer

[93] Neste Estatuto estabelece-se:
Article 1.
The territory of a State includes a belt of sea described in this Convention as the territorial sea.
Sovereignty over this belt is exercised subject to the conditions prescribed by the present Convention and the other rules of international law.
Article 2.
The territory of a Coastal State includes also the air space above the territorial sea, as well as the bed of the sea, and the subsoil.
Nothing in the present Convention prejudices any conventions or other rules of international law relating to the exercise of sovereignty in these domains.
Article 3.
"Passage" means navigation through the territorial sea for the purpose either of traversing that sea without entering inland waters, or of proceeding to inland waters, or of making for the high sea from inland waters.
Cfr. "Acts of Conference for the Codification of International Law, Haia," 1930, p.ª 165, https://biblio-archive.unog.ch/Dateien/CouncilMSD/C-351-M-145-1930-V_EN.pdf.

[94] Jones, *Law of the Sea*, p. 16. Sobre essa Convenção e para maior desenvolvimento, veja-se a obra aqui citada deste autor a pp. 33 a 34.

[95] Sobre a origem da Zona Contígua, diz-nos Tanaka que ela surge a partir da "The unilateral action of the United States created a chain reaction, and many States unilaterally extended their jurisdiction towards the high seas. The Latin American States – which have virtually no continental shelf in a geological sense – claimed their full sovereignty over all the seabed at whatever depth and over all the adjacent seas at whatever depth to a distance of 200 nautical miles. Whilst State practice was not consistent until the early 1950s, the vast majority of States were prepared to agree

verdadeiramente a partir dos anos 50, após a criação da Comissão do Direito Internacional (21 de Novembro de 1947) já, portanto, no âmbito das Nações Unidas e da sua Carta.

Pese embora a origem remota da ideia de uma Zona Contígua se localize no Hovering Acts da Grã-Bretanha no século XVIII (1736)[97], a verdade só a partir desta Conferência de 1958 é que se define o seu conceito e se regula o seu regime jurídico pela primeira vez de forma clara.

to create a new zone relating to the exploitation of natural resources on the continental shelf with the passage of time.
Thus a legal regime governing the continental shelf was, fort he first time, enshrined in the 1958 Geneva Convention on the Continental Shelf".

[96] De acordo com Tanaka "Geologically the continental shelf is an area adjacent to a continent or around an island extending from the low-water line to the depth at which there is usually a marked increase of slope to greater depth. Before World War II, natural resources in the seabed and its subsoil had attracted little interest between States. However, natural resources in the seabed and its subsoil, in particular, an extensive reserve of oil and gas, have attracted growing interest since World War II because of the increased demand for petrol. Furthermore, technological progress at the turn of the twentieth century has enabled the continental shelf's hydrocarbon resources to be extracted from the surface of the sea. Against that background, on 28 September 1945, the United States took the decisive step with the Truman Proclamation to extend its jurisdiction over the natural resources of the continental shelf.
The Truman Proclamation declared that:
Having Concern for the urgency of conserving and prudently utilizing its natural resources, the Government of the United States regards the natural resources of the subsoil and sea bed of the continental shelf beneath the high seas but contiguous to the coasts of the United States as appertaining to the United States, subject to its jurisdiction and control
A acção unilateral dos Estados Unidos gerou a redacção referida por este autor na nota 94.
Tanaka, Yoshifumi, *The International Law of the Sea* (Cambridge; New York: Cambridge University Press, 2012), p. 132/133.

[97] De acordo com a US Legal por Hovering Act entende-se "Hovering Act is a statute developed in Great Britain that applies to a coastal country's criminal jurisdiction over ships, and persons aboard those ships, when the ships are outside the country's territory. Hovering Act provides for the prohibition and restriction of the loitering of foreign or domestic vessels within the prescribed limits of a coastal nation". Cfr. USLegal in https://definitions.uslegal.com/h/hovering-act/. Para maior desenvolvimento, veja-se Frommer, Alan M. "The British Hoyering Acts: A Contribution to the Study of contiguous Zone.," *Révue Belgue de Droti Interntional*, no. 2 (1982 1981), http://rbdi.bruylant.be/public/modele/rbdi/content/files/RBDI%201981%20et%201982/RBDI%201981%20et%201982%20-%202/Etudes/RBDI%201981-1982.2%20-%20pp.%20434%20%C3%A0%20458%20-%20Alan%20M.%20Frommer.pdf.

7.4. A ONU e o Direito do Mar. A Conferências de 1958 e a Conferência de 1960[98]

7.4.1. A Primeira Conferência de Genebra de 1958

Com efeito, criada a ONU e no cumprimento da disposição do artigo 13º da Carta que impunha à Assembleia Geral desta organização internacional o dever de fazer estudos e recomendações promotoras do desenvolvimento do Direito Internacional[99], a Comissão de Direito Internacional já em 1949, logo na sua primeira sessão, selecionou o regime do Alto Mar como tema para codificação, tema que foi objecto de atenção dessa Comissão nas sessões dos anos de 1950 a 1956. Ao longo desses anos e nas sessões então havidas, foram incluídos vários outros temas para discussão, como a Plataforma Continental, recursos do mar, peixes sedentários e Zona Contígua em 1951 a 1953 e essa Comissão preparou um projecto de artigos sobre essas três questões[100]. Em 1957, no seguimento destes projectos, a Assembleia Geral adoptou uma resolução a autorizar a convocação de uma Conferência de Plenipotenciários para

[98] Sobre estas duas Conferências e para maior desenvolvimento, veja-se, entre outros, D.W. Bowett, *The Law of the Sea* (Manchester: Manchester Uneversity Press, 1967), p. 4 e ss.

[99] Artigo 13º "1- Assembleia Geral promoverá estudos e fará recomendações, tendo em vista:
a) Fomentar a cooperação internacional no plano político e incentivar o desenvolvimento progressivo do direito internacional e a sua codificação".

[100] "The Commission considered this topic at its fourth and from it sixth to eighth sessions, in 1952 and from 1954 to 1956, respectively. In connection with its work on this topic, the Commission had before it the reports of the Special Rapporteur and information provided by Governments.
At its fourth session, in 1952, the Special Rapporteur submitted a report dealing in particular with the question of baselines and bays. With regard to the delimitation of the territorial sea of two adjacent States, the Commission, at that session, decided to ask Governments for information concerning their practice and for any observations they might consider useful. The Commission also decided that the Special Rapporteur should be free to consult with experts with a view to elucidating certain technical aspects of the problem. The group of experts met at The Hague in April 1953 under the chairmanship of the Special Rapporteur. In his third report on the regime of the territorial sea, which was submitted to the Commission in 1954, the Special Rapporteur incorporated changes suggested by the experts and also took into account the comments received from Governments on the delimitation of the territorial sea between two adjacent States.
At its sixth and seventh sessions, in 1954 and 1955, the Commission adopted provisional articles concerning the regime of the territorial sea, with commentaries, and invited Governments to furnish their observations on the articles.
At its eighth session, in 1956, the Commission drew up its final report on the territorial sea, incorporating a number of changes deriving from the replies of Governments, which was incorporated by the Commission in its consolidated draft on the law of the sea". *The Work of the International Law Comission* (United Nation, 2012), p. 129, https://legal.un.org/avl/ILC/8th_E/Vol_I.pdf.

discutir o Direito do Mar, sob os aspectos técnicos, legais, políticos e económicos para servir de base a uma Convenção internacional[101] e [102].

Nessa Conferência, que teve lugar em Genebra entre 24 e 27 de Fevereiro de 1958, participaram oitenta e cinco Estados, sendo que setenta e nove eram membros da ONU, e foram criadas cinco Comités principais, a saber:

- Primeiro Comité, Mar Territorial e Zona Contígua
- Segundo Comité, Alto Mar e regime geral
- Terceiro Comité, Alto Mar, pesca e conservação dos recursos naturais
- Quarto Comité, Plataforma Continental
- Quinto Comité, questões sobre acesso livre ao mar pelos países encravados[103]

Cada Comité ficou obrigada a submeter à apreciação do Plenário da Conferência um Relatório sumário e um projecto dos artigos que aprovou[104].

A Conferência adoptou quatro distintos Convenções, a saber:

- Uma sobre mar territorial e Zona Contígua[105], que entrou em vigor em 10 de Setembro de 1964;

[101] Em 1957, a Assembleia Geral da ONU, "In accordance with the recommendation of the Commission, the General Assembly, by resolution 1105 (XI) of 21 February 1957, decided to convene an international conference of plenipotentiaries to examine the law of the sea, taking account not only of the legal but also of the technical, biological, economic and political aspects of the problem, and to embody the results of its work in one or more international conventions or such other instruments as the conference may deem appropriate". *The Work of the International Law Comission* (United Nation, 2012), p. 130, https://legal.un.org/avl/ILC/8th_E/Vol_I.pdf.

[102] Essa Resolução pode ser consultada em "General Assembly Resolution 1105 (XI) – International Conference of Plenipotentiaries to Examine the Law of the Sea" (United Nations), accessed July 9, 2021, https://digitallibrary.un.org/record/207865.

[103] Como pode ver-se do *The Work of the International Law Comission*, p. 131.

[104] "In view of the wide scope of the work before it, the Conference established five main committees: First Committee (territorial sea and contiguous zone); Second Committee (high seas: general regime); Third Committee (high seas: fishing and conservation of living resources); Fourth Committee (continental shelf); and Fifth Committee (question of free access to the sea of land-locked countries). Each committee submitted
to the plenary meeting of the Conference a report summarizing the results of its work and appending draft articles as approved". *The Work of the International Law Comission*, p. 131.

[105] Zona Contígua é um conceito internacionalmente elaborado e plasmado em convenção internacional depois da Segunda Guerra e a partir dos anos 50 do século XX. A Convenção sobre o Mar Territorial e a Zona Contígua de 1958 define-a no seu artigo 24º como "1. In a zone of the high seas contiguous to its territorial sea, the coast; state may exercise the control necessary to:
(a) Prevent infringement of its customs, fiscal, immigration or sanitary, regulations within its territory or territorial sea;

- Uma sobre Alto Mar[106], que entrou em vigor em 30 de Setembro de 1962;
- Uma sobre Pesca e conservação dos recursos vivos do Alto Mar, que entrou em vigor em 20 de Março de 1966[107].
- Uma sobre a Plataforma Continental[108], que entrou em vigor em 10 de Junho de 1964;

e um Protocolo Adicional sobre a resolução dos litígios em que se atribuía ao Tribunal Internacional de Justiça competência para o efeito, que entrou em vigor em 30 de Setembro de 1962.

7.4.2. A Segunda Conferência de Genebra 1960

Antes das ratificações e entrada em vigor dessas Convenções, em 10 de Dezembro de 1958, a Assembleia Geral, por Resolução nº 1307 (XIII) de Dezembro de 1958, pediu ao Secretário-Geral para convocar nova Conferência, agora para tratar de questões relacionadas com a extensão do mar territorial e limites para a pesca – "the breadth of the territorial sea and fishery limits" –, que se entendia não terem sido definitivamente resolvidas na primeira Conferência. Essa Conferência teve lugar em Genebra de 17 de Março a 27 de Abril de 1960[109], mas não adoptou nenhuma proposta sobre as duas questões acima referidas, limitando-se a propor assistência técnica e de outra natureza para

(b) Punish infringement of the above regulations committed within its territory or territorial sea.
2. The contiguous zone may not extend beyond twelve miles from: the baseline from which the breadth of the territorial sea is measured.
3. Where the coasts of two states are opposite or adjacent to each other, neither of the two states is entitled, failing agreement between them to the contrary, to extend its contiguous zone beyond the median line every point the nearest points on the baselines from which the breadth of the territorial seas of the two states is measured".

[106] Nessa Convenção, o Alto Mar é definido como "The term 'high seas' means all parts of the sea that are not included in the territorial sea or in the internal waters of a state".

[107] Cfr. *The Work of the International Law Comission*, p. 132.

[108] Plataforma continental que a Convenção sobre a Plataforrma Continental – Convention on the Continental Shelf – definiu logo no seu artigo 1º como "For the purpose of these articles, the term "continental shelf" is used as referring (a) to the seabed and subsoil of the submarine areas adjacent to the coast but outside the area of the territorial sea, to a depth of 200 metres or, beyond that limit, to where the depth of the superjacent waters admits of the exploitation of the natural resources of the said areas; (b) to the seabed and subsoil of similar submarine areas adjacent to the coasts of islands".

[109] Assim reza o texto dessa Resolução na parte que nos interessa realçar:
"Having received the resolution adopted on 27 April 1958 by the United Nations Conference on the Law of the Sea, requesting the General Assembly to study at its thirteenth session the advisability

ajudar os Estados a fazer ajustamentos na pesca costeira e de águas longínquas à luz dos novos desenvolvimentos do direito e das práticas internacionais e solicitar às várias Agências especializadas indicadas na Acta Final dessa Conferência a considerar os pedidos de assistência feitos pelos Estados membros e instando-as também a considerar, conjunta ou separadamente, mais estudos e programas abrangentes de assistência técnica e material, tudo como pode ver-se dessa Acta Final[110].

of convening a second international conference of plenipotentiaries for further consideration of questions left unsettled by the Conference ",
"Noting that no proposal concerning the breadth of the territorial sea or fishery limits received the two-thirds majority required for adoption by the Conference,
Believing that the desire for agreement on these two vital issues continues, and that agreement thereon would contribute substantially to the lessening of international tensions and to the preservation of world order and peace"
(....)
"1. Decides that a second international conference of plenipotentiaries on the law of the sea should be called for the purpose of considering further the questions of the breadth of the territorial sea and fishery limits;
2. Requests the Secretary-General to convoke the conference at the earliest convenient date in March or April 1960 at the European Office of the United Nations in Geneva". "General Assembly Resolution 1307 (XIII) – Convening of a Second United Nation Conference on the Law of the Sea" (United Nations, December 10, 1958), https://digitallibrary.un.org/record/207045.

[110] Onde se diz expressamente:
Having considered the question of fishery limits,
Recognizing that the development of international law affecting fishing may lead to changes in the practices and requirements of many States,
Recognizing further that economic development and the standard of living in many coastal States require increased international assistance to improve and expand their fisheries and fishing industries, which in many cases are handicapped by a lack of modern equipment, technical knowledge, and capital,
1. Expresses the view that technical and other assistance should be available to help States in making adjustments to their coastal and distant-waters fishing in the light of new developments in international law and practices;
2. Draws the attention of Governments participating in the Conference to the facilities for assistance already available through the United Nations and specialized agencies;
3. Urges the appropriate organs of the United Nations and the specialized agencies, and in particular the Food and Agriculture Organization of the United Nations, the Technical Assistance Board, and the United Nations Special Fund to give sympathetic and urgent consideration to any requests for assistance made by member Governments based on the new developments, and also urges them to consider, jointly or separately, further comprehensive studies and programmes of technical and material assistance;
4. Invites the Economic and Social Council to inform the General Assembly through its annual reports, of the action taken in response to this resolution;

Esta conferência, diz-nos Erin Ban Jones, apesar de não ter alcançado os seus objectivos foi indubitavelmente "the most significant international conference convened to consider them, as well as one of the most importante efforts ever devised by governments to codify international law" e quer a Conferência de 1958, quer a de 1960 podem ser assumidas como as mais importantes e decisivas contribuições para a codificação do Direito do Mar[111].

Apesar de essas duas decisivas conferências não terem alcançado os seus objectivos, até a convocação de nova Conferência, continuaram as negociações e discussões com vista a resolver através de uma Convenção os principais problemas que o Direito do Mar vinha colocando, sendo de salientar que essas discussões e negociação tiveram por objecto a delimitação do mar territorial, questão que não colhia a unanimidade dos Estados que, em defesa dos seus interesses económicos, de segurança nacional e políticos[112], discutiam se deviam ser as 3 milhas tradicionais e costumeiramente aceites como limite, as 6 milhas reclamadas, entre outros Estados, pela Grécia, Líbia, Itália, Israel, Espanha, ou as 12 milhas marítimas, reclamadas por vários Estados, como a Bulgária, a Colômbia a Etiópia, a União das Repúblicas Socialistas Soviéticas (URSS), chegando mesmo alguns Estados Latino-americanos como o Chile, Equador e Peru a proclamar, assinando a Declaração de Santiago em 18 de Agosto de 1952, a soberania sobre 200 milhas marítimas, incluindo nelas o leito e o subsolo do mar, o que teve robusta oposição dos Estados Unidos da América do Norte. Também se discutiu a questão da Plataforma Continental, nomeadamente no que diz respeito à sua largura e profundidade; foi ainda objecto de discussão a Zona Contígua, conceito que a Comissão de Direito Internacional tinha recortado como uma área com 12 milhas de largura na qual os estados poderiam exercer jurisdição em matéria fiscal, aduaneira e sanitária, mas que os Estados continuavam a discutir, apesar de na Conferência de 1958 ter ficado estabelecida essa área com a largura acima indicada[113].

5. Requests the Secretary-General of the United Nations to bring this resolution to the attention of the appropriate organs of the United Nations and the specialized agencies for suitable action at the earliest practicable time". "Final Act of the Second United Nations Conference on the Law of the Sea DOCUMENT A/CONF.19/L.15 f" (United Nations, April 26, 1960), https://legal.un.org/diplomaticconferences/1960_los/docs/english/vol_1/a_conf19_l15.pdf.

[111] Jones, *Law of the Sea*, pp. 37 e 38.

[112] Para uma melhor compreensão desses interesses, veja-se, por todos, Bowett, *The Law of the Sea*, pp. 5 a 13.

[113] Para maior desenvolvimento, veja-se, entre outros, Jones, *Law of the Sea*, p. 39 e segs. e Bowett, *The Law of the Sea*.

7.4.3. A Terceira Conferência de 1973-1982. De New York a Montego Bay

Tendo as duas Conferências de 1958 e de 1960 acima referidas falhado os seus objectivos essenciais e tendo em conta as divergências sobre essas e outras questões, a Assembleia Geral, na sua 25ª Sessão de 17 de Dezembro de 1970, deliberou aprovar a Resolução 2750 C (XXV) a convocar uma nova Conferência sobre o Direito do Mar, a terceira, para o ano de 1973. Nos termos dessa extensa e minuciosa Resolução[114], nessa Conferência deveriam ser tratadas as questões relativas à consagração de um regime internacional equitativo para o mar e o fundo dos oceanos – "an equitable international regime for the sea-bed and ocean floor" – o leito, solo e o subsolo oceânico, para além do limite da jurisdição nacional, o regime do Alto Mar, a Plataforma Continental, os limites do Mar Territorial, os estreitos, a pesca e a conservação dos recursos no Alto Mar e a preservação o ambiente marinho, aqui incluindo a prevenção da poluição e a investigação científica. A Assembleia reúne-se em 1973 e tem onze sessões até 1982.

Nas sessões desse ano de 1973, pela mesma resolução, a Assembleia alargou a composição do Committee on the Peaceful Uses of the Sea-Bed and the Ocean Floor beyond the Limits of National Jurisdiction, criado pela resolução 2467A (XXIII) da Assembleia Geral de 21 de Dezembro de 1968[115], e encarregou-o de preparar um projecto de artigos de um Tratado em que deviam constar o regime internacional da Área e do fundo marítimo e oceânico e do seu subsolo para além do limite da jurisdição nacional.

Os trabalhos da Conferência foram coordenados por três Comités então criados para o efeito, a saber.

[114] "General Assembly, by resolution 2750 C (XXV) – Reservation exclusively for peaceful purposes of the sea-bed and the ocean floor, and the subsoil thereof, underlying the high seas beyond the limits of present national jurisdiction and use of their resources in the interests of mankind, and convening of a conference on the law of the sea" (United Nations, December 17, 1970), https://legal.un.org/diplomaticconferences/1973_los/docs/english/res/a_res_2750_xxv.pdf.

[115] Nos termos dessa Resolução e "Considering that it is essential to provide, within the United Nations system, a focal point for the elaboration of desirable measures of international co-operation, taking into account alternative actual and potential uses of this area, and for the co-ordination of the activities of international organizations in this regard", a Assembleia Geral: "1. Establishes a Committee on the Peaceful Uses of the Sea-Bed and the Ocean Floor beyond the Limits". "General Asssembly Resolution 2467 -A (XXIII) Examination of the question of the reservation exclusively for peaceful purposes of the sea-bed and the ocean floor, and the subsoil thereof, underlying the high seas beyond the limits of present national jurisdiction, and the use of their resources in the interests of mankind" (United Nations, December 21, 1968), https://legal.un.org/diplomaticconferences/1973_los/docs/english/res/a_res_2467_xxiii.pdf.
of National Jurisdiction, composed of forty-two States;

- Primeiro Comité: encarregado de tratar o regime jurídico para os fundos marinhos profundos para além do limite da jurisdição nacional
- Segundo Comité: encarregado das questões relativas ao Mar Territorial, a Zona Contígua, a Zona Económica Exclusiva, a Plataforma Continental, os estreitos internacionais, as águas arquipelágicas, o Alto Mar e os Estados sem litoral e geograficamente desfavorecidos.
- Terceiro Comité: encarregado de tratar as questões relativas protecção do ambiente marinho, a investigação científica marinha e a transferência de tecnologia. Certas outras questões tais como o Preâmbulo, cláusulas finais, usos pacíficos do espaço oceânico, os princípios gerais sobre a resolução de conflitos, as disposições gerais e a Acta Final.

Importa assinalar que é nesta terceira Conferência que se recorta o conceito de Zona Económica Exclusiva e se determina a sua extensão e a intensidade da jurisdição dos Estados nessa Zona. A origem dessa área localiza-se nas reivindicações dos Estados Latino-americanos Perú, Equador, Chile, que em 1947 começam a reivindicar, como já referimos acima, jurisdição sobre uma extensão do mar de 200 milhas marítimas, com fundamentos em dados ou factos científicos sobre os recursos vivos e é nessa Convenção que, pela primeira vez, se trata a questão da regulamentação da jurisdição sobre essa Zona[116].

No que à Área se refere o seu conceito é recortado nessa Conferência de 1958 e aí ela é declarada património comum da humanidade sobre a qual nenhum Estado tem jurisdição, cabendo a gestão dos seus recursos e orga-

[116] De acordo com Yoshifumi Tanaka "The EEZ is an area beyond and adjacent to the territorial sea, not extending beyond200 nautical miles from the baseline of the territorial sea. The origin of the concept of the EEZ may go back to the practice of the Latin American States after World War II. Originally the figure of 200 nautical miles appeared in 1947, when Chile, Peruand Ecuador claimed such an extent for the exercise of full sovereignty. The figure of 200 nautical miles relied on scientific facts: it would enable the Andean States to reach the Peruvian and the Humboldt Currents, which were particularly rich in living species. Furthermore, the guano birds, whose deposit is an important fertiliser, feed on anchovy. Scientific research has shown that anchovy larvae had also been located in up to a 187-mile width. The three Andean States thus inferred that a perfect unity and interdepend-dence existed between the sea's living resources and the coastal populations. For the three countries of Latin America's Pacific coast, the claim for a 200 nautical mile zone was considered as a means to correct an inequity inflicted upon them by geography, namely the lack of a continental shelf". Tanaka, *The International Law of the Sea*, p. 124 e ss.
Sobre a origem histórica da Área Económica Esclusiva e para maior desenvolvimento, veja-se Almeida Ribeiro, Manuel de. *A Zona Económica Exclusiva* (Lisboa: Universidade Técnica de Lisboa, 1992), p. 113 e ss.

nização e controlo das actividades nela desenvolvidas à Autoridade Internacional dos Fundos Marinhos, de que são membros *ipso facto* todos os Estados.

Em 10 de Dezembro de 1982 a Conferência aprova a Convenção da ONU sobre o Direito do Mar (CNUDM) – United Nations Convention on the Law of the Sea (UNCLOS) – e entre as várias resoluções, aprovaram uma relativa à criação Comissão Preparatória para a Autoridade Internacional dos Fundos Marinhos e o Tribunal Internacional do Direito do Mar e outra que rege o investimento preparatório nas actividades pioneiras relacionadas com a exploração mineiras dos fundos marinhos.

Faz-se notar que nessa Conferência que durou cerca de 9 anos – 1973-1982 – participaram 147 Estados e nas reuniões havidas entre 22 a 24 de Setembro de 1982, da sua 11ª Sessão, foi aprovada o projecto de Convenção elaborado pelo Comissão de Redacção – Drafting Committee – e na última reunião dessa 11ª Sessão, que decorreu entre 6 e 10 de Dezembro de 1982, em Montego Bay, Jamaica, foi aprovado em 10 de Dezembro do mesmo ano o texto final da Convenção da ONU sobre o Direito do Mar com os votos favoráveis de 137 Estados e com 17 abstenções. Até 9 de Dezembro de 1984, esse texto esteve depositado no Ministério dos Negócio Estrangeiros da Jamaica para assinatura; de 1 de Julho de 1983 até 9 de Dezembro de 1984 foi depositado na Sede das Nações Unidas em Nova Iorque e a 16 de Novembro de 1994, depois de ter sido depositado o sexagésimo instrumento da ratificação, entrou internacionalmente em vigor.

8. Conclusão

Como resulta deste resumo da evolução histórica do Direito do Mar que acabámos de fazer, as várias zonas sobre as quais os Estados têm jurisdição não foram ideadas desde o início dessa evolução, mas foram fruto de reivindicação política pelos Reinos, Impérios e Estados feita ao longo dos tempos, quase sempre após a evolução da tecnologia capaz de permitir o efectivo controlo político-militar e a efectiva exploração económica dos recursos vivos e não vivos do mar, do seu leito e subsolo. Assim, esse direito começa por regular a jurisdição sobre o que veio a ser denominado por Mar Territorial e a declarar o Alto Mar, *res communis*, sendo, portanto, inicialmente, um Direito do Mar Territorial e do Alto Mar, em que se reconhecia que o Alto Mar não podia ser ocupado ou controlado por nenhum poder soberano nem por nenhuma entidade; mais tarde, surge a reivindicação de uma Zona Contígua, com uma jurisdição menos intensa do que aquela reconhecida para o Mar Territorial, e de uma Zona Económica Exclusiva, com uma jurisdição ainda menos intensa do que aquela reconhecida para o Mar Territorial e para a Zona Contígua. Simultaneamente, a Plataforma Continental passa a ser objecto de reivindicação, tanto mais intensa quanto melhor se conhece os recursos nela existentes. Passamos a ter um Direito do Mar moderno e capaz de regular as principais questões que o mar coloca à humanidade sobre a sua utilização.

Mas, toda essa evolução teve sempre como pano de fundo a liberdade dos mares, pese embora só a partir de Grócio é que essa liberdade é constituída em doutrina jurídica e assumida, primeiro, como direito costumeiro e depois direito convencional.

Agora, com a Convenção da ONU sobre o Direito do Mar, todas estas reivindicações estão jurídico-internacionalmente satisfeitas, o que não pode ser entendido como o fim da evolução histórica desse direito. Pelo contrário, com a sua aplicação, geradora de uma doutrina e de uma jurisprudência sempre renovadas, novas portas vão-se abrindo para revelar novos e complexos problemas que o desenvolvimento das relações interestatais no âmbito da utilização do mar, bem como a descoberta da importância da economia do mar colocam aos Estados e que estes têm de resolver pacificamente, contribuindo para o desenvolvimento e aperfeiçoamento desse Direito.

2
LINHAS DE BASE

Paulo Neves Coelho[1]

Resumo: As linhas de base constituem as referências relativamente às quais os limites interior e exterior das zonas marítimas são definidos. Por regra, são referenciadas à linha de baixa-mar ao longo da costa, designando-se, nesta situação, como linha de base normal. Existem, contudo, situações previstas na Convenção das Nações Unidas sobre o Direito do Mar, de 1982, que conferem aos Estados costeiros a possibilidade de estabelecer outros tipos de linhas de base, tais como linhas de base reta, linhas de fecho e linhas de base arquipelágicas, em função das características fisiográficas das respetivas costas. As normas internacionais existentes relativamente às linhas de base, apesar de apresentarem um texto ilusoriamente simples, são extremamente complexas na sua aplicação. A ausência de regras internacionalmente aceites relativamente à densificação dos conceitos indeterminados respeitantes às linhas de base leva a uma diversidade interpretativa significativa por parte da maioria dos Estados costeiros, que vêem nelas uma oportunidade para maximizarem os respetivos espaços de soberania e jurisdição.

Palavras chave: Linhas de base; Linhas de base reta; Linhas de base arquipelágicas; Linhas de fecho.

Abstract: Baselines are the references against which the inner and outer limits of maritime zones are defined. As a rule, they are referenced to the low-water line along the coast, designated, in this situation, as the normal baseline. There are, however, situations provided for in the 1982 United Nations Convention on the Law of the Sea, which

[1] Oficial da Marinha (capitão-de-mar-e-guerra) na Reforma, Doutor em Direito e consultor internacional no âmbito do Direito do Mar.

give coastal States the possibility to establish other types of baselines, such as straight baselines, closing lines and archipelagic baselines, depending on the physiographic characteristics of the respective coasts. Existing international provisions for the definition of baselines, despite presenting a deceptively simple text, are extremely complex in their application. The absence of internationally accepted rules regarding the densification of indeterminate concepts regarding baselines leads to a significant interpretative diversity on the part of most coastal States, who see in them an opportunity to maximize their respective spaces of sovereignty and jurisdiction.

Key words: Baselines; Straight baselines; Archipelagic baselines; Closing lines.

1. Introdução

O conceito de linhas de base, tal como é presentemente entendido, surgiu na primeira metade do século XIX, na Convenção Anglo-Francesa para as Pescas, de 1839[2]. Esta Convenção foi o primeiro instrumento internacional a referir-se à linha de baixa-mar como linha de base normal e a aplicar linhas de fecho às embocaduras das baías[3].

As linhas de base constituem a referência relativamente às quais os limites das zonas marítimas são definidos, sendo as distâncias medidas em milhas náuticas (M)[4]. É em relação às linhas de base que se medem as larguras do mar territorial, da Zona Contígua, e da Zona Económica Exclusiva (ZEE). As linhas de base são ainda as referências a usar na fixação dos limites exteriores da plataforma continental, nos casos em que a margem continental se situa aquém das 200 M ou, ultrapassando esta distância, quando o limite exterior da plataforma continental é estabelecido com recurso à fórmula restritiva que consiste na distância de 350 M em relação às linhas de base a partir das quais se mede a largura do mar territorial. É também em relação às linhas de base que, em princípio, é traçada a linha equidistante, em particular quando esteja em causa a delimitação do mar territorial entre Estados com costas adjacentes ou opostas, conforme se pode verificar no exemplo representado na Figura 1.

[2] Convention between Great Britain and France, for defining and regulating the Limits of the Exclusive Right of the Oyster and other Fishery on the Coasts of Great Britain and of France. 1839.
[3] Prescott e Schofield. The Maritime Political Boundaries of the World. p. 92.
[4] A milha náutica é uma unidade que não pertence ao Sistema Internacional de Unidades (SI). Taylor e Thompson, The International System of Units (SI). p. 52. Embora seja por vezes referida como uma unidade de distância, em rigor terminológico constitui uma unidade de comprimento, à qual corresponde 1852 metros (m).

Na Convenção das Nações Unidas sobre o Direito do Mar, de 1982 (CNUDM), as linhas de base compreendem três subtipos: as linhas de base normal[5], as linhas de base reta (LBR)[6] e as linhas de base arquipelágicas (LBA)[7]. Existem ainda as linhas de fecho que, não cabendo diretamente na tipologia das linhas de base, têm natureza e finalidade equivalente a estas, correspondendo às linhas que unem os limites exteriores das fozes dos rios, das baías e dos portos.

2. Linhas de base normal

2.1. Definição de linha de base normal na CNUDM

A CNUDM define linha de base normal como sendo a linha de baixa-mar ao longo da costa, tal como representado nas cartas náuticas de grande escala oficialmente reconhecidas pelo Estado costeiro[8]. De acordo com o *Hydrographic Dictionary* a linha de baixa-mar (*low water mark*)[9] é definida como a intersecção da superfície do mar na baixa-mar com a costa. O *Consolidated Glossary of Technical Terms Used in the United Nations Convention on the Law of the Sea*[10] *define costa (coast)* como a faixa estreita de terra na vizinhança imediata de um determinado espaço de mar, incluindo a área entre as linhas de preia-mar e baixa-mar[11]. O mesmo documento define também linha de baixa-mar como a intersecção do plano da baixa-mar com terra ou a linha ao longo da costa, ou praia, até onde o mar recua na baixa-mar[12].

A linha de base normal deve ser representada nas cartas marítimas de grande escala, reconhecidas pelo Estado costeiro[13]. As *Regulations of the International Hydrographic Organization for International Charts* referem como sendo de média e grande escala as cartas náuticas cuja escala seja 1:2.000.000 ou superior[14]. Quando esteja em causa a representação cartográfica de LBR ou linhas de fecho, a CNUDM determina que a escala seja a adequada[15], podendo considera-se,

[5] Artigo 5º, da CNUDM.

[6] *Ibid.*, artigo 7º.

[7] *Ibid.*, artigo 47º.

[8] Artigo 5º, da CNUDM.

[9] Na impossibilidade prática em apresentar referências interpretativas do texto da CNUDM em todos os idiomas oficiais das Nações Unidas, estas serão mencionadas apenas na língua inglesa.

[10] Office for Oceans Affairs and Law of the Sea. Baselines: An Examination of the Relevant Provisions of the United Nations Convention on the Law of the Sea. p. 52.

[11] Hydrographic Dictionary. p. 216.

[12] Office for Oceans Affairs and Law of the Sea. Baselines: ... p. 58.

[13] Artigo 5º da CNUDM, *in fine*.

[14] International Hydrographic Organization. Regulations of the IHO for International (INT) Charts and Chart Specifications of the IHO., § A302.

[15] Artigo 16º, nº 1 da CNUDM.

para esse efeito, como adequada a escala de 1:75.000 para uma precisão de cerca de 30 metros (aproximadamente 1" de arco)[16]. Uma vez que nesta escala apenas uma pequena porção da costa é abrangida pela carta, a Organização Hidrográfica Internacional (OHI) considera como igualmente adequada, na maioria das circunstâncias, a utilização de escalas entre 1:100.000 e 1:250.000[17]. A exigência numa maior precisão na definição das linhas de base e nas fronteiras resulta da necessidade de controlar e gerir os recursos do *offshore*, nomeadamente, hidrocarbonetos e minerais[18]. Na mesma linha, a *Division for Ocean Affairs and the Law of the Sea* (DOALOS) recomenda a utilização de cartas com uma escala entre 1:50.000 e 1:200:000 para representar a linha de base normal[19].

2.1.1. Referência vertical e linha de costa representada nas cartas náuticas

As referências verticais usadas tanto em mapas topográficos, como nas cartas náuticas, estão baseadas nos níveis do mar. Nos mapas topográficos as altitudes são medidas diretamente por referência ao nível médio do mar. Nas cartas náuticas a referência vertical é tomada, por regra, relativamente a um nível de baixa-mar. A referência vertical nas cartas náuticas costuma ser designada na linguagem internacional por *chart datum*, definido como o plano em relação ao qual todas as sondas e baixios são representados[20].

A Figura 2 representa os níveis correspondentes às possíveis alturas de maré, bem como as referências cartográfica e topográfica. Uma vez que a amplitude das marés varia no tempo em função da posição relativa da Terra e de outros corpos celestes, nomeadamente, da Lua, a altura da preia-mar e da baixa-mar ao longo dos ciclos não é sempre a mesma. Quando o alinhamento dos corpos celestes contribui do modo mais favorável para o ciclo das marés, verificam-se amplitudes de marés particularmente grandes. Nessas circunstâncias especiais, que ocorrem em ciclos de vários anos[21], a preia-mar e baixa-mar atingem a amplitude representada na Figura 2 pelas linhas correspondentes a preia-mar máxima e baixa-mar mínima.

[16] International Oceanographic Commission and International Association of Geodesy. A Manual on the Technical Aspects of the United Nations Convention on the Law of the Sea-1982 (TALOS), C-51. p. 4-12. Este manual será adiante designado apenas por TALOS

[17] *Ibid.*, pp. 4-12.

[18] *Ibid.*, pp. 4-12.

[19] Division for Ocean Affairs and the Law of the Sea. Handbook on the Delimitation of Maritime Boundaries. p. 4.

[20] TALOS § 2.4.1.

[21] O período astronómico ao longo do qual se verificam as combinações de astros que levam às várias amplitudes é 19 anos. TALOS, pp. 2-19.

Definir uma referência vertical adequada constitui uma tarefa complexa, uma vez que o nível da baixa-mar não é fixo no tempo, nem no espaço[22]. Esta situação leva a que não exista um *chart datum* universalmente aceite. A nível internacional as únicas orientações existentes são as contidas na Resolução de 1926 da OHI, que recomendam que o *chart datum* deve[23]: (1) estar suficientemente baixo, de modo a que o nível da água raramente desça abaixo dele; (2) não se situe tão baixo que possa originar que as sondas indicadas nas cartas representem profundidades irrealistas; (3) varie apenas gradualmente de área para área de modo a que, entre cartas náuticas contíguas, evite descontinuidades significativas.

Não existindo um valor universalmente atribuído para o *chart datum*, fica ao critério de cada Estado a respetiva definição[24]. Este facto significa que, potencialmente, esta referência poderá ser definida a um nível conveniente de modo a poder incluir determinadas áreas sempre emersas, como os baixios, com reflexos na definição da linha de base e, eventualmente, nas linhas medianas com outros Estados[25]. A diferença de níveis pode não ser relevante no que respeita à determinação dos limites exteriores das zonas marítimas, mas pode ser significativo no que respeite à delimitação das referidas zonas em Estados com costas adjacentes ou opostas. Quando a linha de costa se situa sobre um declive muito suave, ou quando nela existam bancos ou recifes, uma pequena variação na escolha do nível pode resultar em diferenças apreciáveis no traçado das LBR[26].

A problemática associada à definição das linhas de base como representação da linha de costa efetivamente existente não se esgota apenas com a definição da referência vertical. As alterações climáticas, com a inerente subida do nível médio do mar, bem como a natureza altamente dinâmica da costa em muitas partes do globo, suscitam a ideia de se saber qual deverá ser, de facto, a linha de base a ter em conta para os efeitos previstos na CNUDM, se a linha de costa representada nas cartas náuticas ou, antes, a linha de baixa-mar efetivamente existente no terreno. Importa sublinhar que a função principal das cartas náuticas consiste em garantir a segurança da navegação[27], embora

[22] *Ibid.* pp. 2-18.
[23] *Ibid.* pp. 2-19.
[24] Anderson, Modern Law of the Sea – Selected Essays. p. 383.
[25] Antunes. The Importance of the Tidal Datum in the Definition of Maritime Limits and Boundaries. p. 73 e ss.
[26] Beazley. Maritime Limits and Baselines – A Guide to Their Delineation., p. 7.
[27] International Hydrographic Organization. Manual on Hydrography-Publication C-13. p. 4.

colateralmente possam ter outras funções, nomeadamente, contribuir para a proteção ambiental, controlo da poluição, ordenamento do espaço marítimo, entre outras.

As cartas náuticas, mesmo as eletrónicas, não representam, em tempo real, a linha costa bem como outras características geográficas existentes no mar e na costa adjacente a este. Existem regiões do globo onde as linhas de costa representadas nas cartas náuticas não são atualizadas durante muitos anos, facto que pode levar a uma discrepância significativa entre o constante nas cartas e a correspondente situação no terreno. Não obstante esta potencial divergência entre o representado e o real, a doutrina internacional segue o entendimento no sentido que a linha de base normal é a linha de baixa-mar representada nas cartas náuticas existindo, por esta via, uma presunção sólida quanto à respetiva precisão[28].

2.1.2. Prática dos Estados no que respeita ao uso da referência vertical

Sendo uma organização de natureza meramente técnica e consultiva, a OHI não tem a capacidade para impor procedimentos aos Estados membros, pelo que a implementação das respetivas regras fica à descrição destes. De um modo muito breve importa apenas sublinhar que a OHI, em 1995, apresentou uma lista que continha a indicação vertical *chart datum* adotado por um conjunto de 22 Estados[29]. Entre estes, existem variações que podem ultrapassar largas dezenas de centímetros, sendo que alguns se situam abaixo da baixa-mar mínima, como são, para além de Portugal, os casos da França e da Bélgica[30].

2.1.3. Jurisprudência internacional

Da jurisprudência internacional existente importa sublinhar dois casos em particular, ambos correspondentes a zonas costeiras altamente dinâmicas. O primeiro respeita ao Caso Guiana/Suriname[31], e respeita à delimitação da fronteira marítima entre estes Estados adjacentes, desde o término da fronteira terrestre até às 200 M. Nesta região do nordeste da América do Sul existem bancos de lama macia originários da foz do Rio Amazonas que são transportados lentamente ao longo da costa no sentido de leste para oeste

[28] Lathrop, Roach, and Rothwell. Baselines under the International Law of the Sea. p. 47.

[29] International Hydrographic Bureau. *Circular Letter* 26/1995, de 16 de Junho de 1995. Citado por Antunes, The importance of tidal datum..., p. 71.

[30] *Ibid.* Figura 2, p. 72.

[31] Permanent Court of Arbitration. Caso Guyana/Suriname.

em direção à foz do Rio Orinoco. Um desses bancos, o Banco de Vissers, situado junto à costa do Suriname, contribuiu para a linha de baixa-mar constante na carta náutica oficialmente reconhecida pelo Suriname[32]. Com base na informação existente na referida carta, o Suriname selecionou um ponto de base no *Vissers Bank* (ponto S14). Este ponto foi contestado pela Guiana com base no argumento que a linha de baixa-mar representada na qual se situa o referido ponto não representava a configuração real costa naquela zona[33]. Recorrendo a imagens de satélite, a Guiana solicitou ao Tribunal que não aceitasse o ponto S14, bem como a linha de baixa-mar existente carta náutica. O Suriname justificou a posição do referido ponto com o argumento que havia sido construído a partir de cartas náuticas antigas, fotografias aéreas e sondagens e que a Carta NL 2218 fora produzida de acordo com os requisitos para a segurança da navegação, que constitui o objetivo principal das cartas náuticas.

Confrontado com o desacordo entre os Estados relativamente a este assunto, o Tribunal acabou por decidir que as provas apresentadas pela Guiana não eram suficientes para demonstrar que a representação da linha de baixa-mar constante na carta NL 2218, reconhecida como oficial pelo Suriname, é impreciso, aceitando, assim, o ponto S14 tal como apresentado pelo Suriname[34]. Desta decisão revelam dois aspetos essenciais. O primeiro consiste no facto de, sendo a definição da linha de baixa-mar um ato unilateral do Estado costeiro, poderá ser, naturalmente, oponível por outros Estados nos termos da Parte XV da CNUDM. O segundo aspeto sustenta a presunção conferida às cartas náuticas, como documentos oficiais do Estado costeiro, no sentido que a informação nelas contida é correta e precisa.

A outra decisão judicial internacional que merece referência respeita ao Caso Nicarágua/Honduras[35]. Trata-se de dois Estados adjacentes cujas costas são altamente instáveis por via dos sedimentos transportados pelo rio Coco, que constitui a fronteira até à foz do delta no Cabo *Gracias a Dios*. Neste caso não esteve em discussão entre as partes a linha de baixa-mar existente nas cartas náuticas, mas antes a localização daquela linha tendo por base a informação constante em imagens de satélite. Neste caso releva o facto de o Tribunal não ter considerado as linhas de base reta de Honduras por estas corresponderem à configuração real da costa. Por outro lado, a Nicarágua não

[32] Carta 2218 do *Netherlands Hydrographic Office*, ed. 2005. *Ibid.* §395.

[33] *Ibid.* §395.

[34] *Ibid.* §396.

[35] International Court of Justice. Caso Nicaragua/Colombia.

tinha depositado junto do Secretário-Geral das Nações Unidas as coordenadas geográficas dos seus pontos de base e linhas de base[36].

Perante esta dificuldade o Tribunal decidiu adotar como início da fronteira marítima um ponto situado a 3M da foz do rio Coco, tendo as partes posteriormente acordado em unir este ponto com a ponto final da fronteira terrestre tal como determinado pelo Decreto Real de 1906, de 23 de dezembro[37]. Esta decisão suporta o entendimento que a linha de baixa-mar é a linha de base normal tal como descrita no artigo 5º da CNUDM[38].

3. Linhas de base reta

3.1. Antecedentes históricos

As regras que conferem aos Estados a faculdade de traçar LBR vêm estabelecidas no artigo 7º da CNUDM. Contudo, para a compreensão da *ratio legis* do referido preceito importa recuar aos marcos históricos mais importantes que deram origem ao seu texto atual.

3.1.1. Conferência de Haia de 1930

O traçado das LBR foi um dos pontos em apreciação na Conferência de Haia para a Codificação do Direito Internacional, de 1930. Tendo em vista a obtenção de elementos que pudessem orientar os trabalhos, o Comité Preparatório para a Conferência submeteu aos diversos governos da época algumas perguntas. Relativamente às linhas de base as perguntas foram no sentido de saber como era definida a linha da baixa-mar, se seguia as sinuosidades da costa ou consistia na linha traçada entre pontos salientes das costa, ilhas, ilhotas ou rochedos, ou ainda outra linha qualquer. Na presença de ilhas, pretendia-se saber a distância entre estas e a costa e até que ponto esta distância deveria ser tida em consideração neste traçado da linha de base[39]. Estas questões, cuja pertinência tem vindo a ser demonstrada consistentemente e que, na prática, ainda hoje não se encontram totalmente respondidas, não tiveram seguimento adequado uma vez que a Conferência de Haia de 1930 não atingiu os objetivos previstos. Apesar de, nessa época, já existirem outros Estados que tinham traçado LBR[40], este assunto apenas regressou à cena internacional de

[36] *Ibid.* §278.

[37] *Ibid.* §311.

[38] Lathrop, Roach, and Rothwell. Baselines... p. 27.

[39] American Journal of International Law (Supplement). Basis of Discussion Drawn Up by the Preparatory Committee for the Codification Conference – 1930. pp. 9 e ss.

[40] Churchill e Lowe. The Law of the Sea. p. 34, nota 8.

um modo particularmente ativo com o Caso das Pescas Anglo-Norueguês, de 1951[41],[42] (Caso das Pescas).

3.1.2. O Caso das Pescas Anglo-Norueguês, de 1951

Os primeiros factos que deram origem a este caso reportam-se a largos anos atrás, ao tempo em que os pescadores ingleses começaram a pescar nas águas das costas da Noruega e da Dinamarca. Em 1935 entrou em vigor um decreto norueguês delimitando as águas norueguesas a uma faixa de 4 M contadas a partir de LBR. As LBR então traçadas uniam 48 pontos da costa norueguesa, incluindo ilhas e rochedos, fechando como águas interiores uma área de mar considerável. Parte destas áreas então qualificadas como águas interiores continuavam, segundo os britânicos, consideradas como sendo de alto-mar e de grande importância para a sua indústria de pesca. Perante esta divergência de entendimentos, o Reino Unido e a Noruega acordaram então na apresentação da questão à apreciação do Tribunal Internacional de Justiça (TIJ). A decisão do Tribunal foi no sentido de referir que o método utilizado pelos noruegueses não era contrário ao Direito Internacional (10 votos contra 2), e que as LBR efetivamente traçadas eram conformes com o referido método (8 votos contra 4). Estas regras tornaram-se, a partir de então, pressupostos cuja verificação seria indispensável para o traçado de LBR[43], passando em 1958 a constar expressamente em texto convencional, no artigo 4º da Convenção de Genebra sobre o Mar Territorial e Zona Contígua, de 1958 (CMTZC).

As LBR publicadas no decreto real de 12 de julho de 1935 consistiam nos segmentos 1 a 48, tal como se encontram representados na Figura 3 com um traço preto, tendo sido esse o traçado apreciado pelo TIJ e que deu origem ao caso *supra* citado. Não deixa de merecer realce o facto de a Noruega pouco tempo depois da decisão do TIJ, através do decreto real de 18 de julho de 1952, ter estendido o traçado das LBR na sua costa de modo a cobri-la completamente para Sul. Em termos de estratégia e de política internacional este novo traçado parece ter aproveitado uma oportunidade excecional que decorreu de uma decisão que lhe foi favorável e que afastaria à partida nova ação junto do TIJ subsequente à aprovação do segundo traçado.

[41] International Court of Justice. Caso das Pescas. pp. 124 e ss..

[42] Division for Ocean Affair and the Law of the Sea, Digest of International Cases on the Law of the Sea., pp. 6 a 10

[43] Churchill e Lowe. The Law of the Sea. p. 35.

3.1.3. Convenção de Genebra sobre o Mar Territorial e Zona Contígua e Convenção das Nações Unidas sobre o Direito do Mar

Na época em que decorreram os trabalhos preparatórios da CMTZC, já era manifesta a importância dos traçados das linhas de base. Tendo em conta que o mar territorial e a Zona Contígua tal como vieram a ser definidos nesta Convenção eram os únicos espaços de mar onde os Estados costeiros podiam exercer poderes soberanos ou de jurisdição, cujas larguras tomadas em conjunto podiam ir até às 12 M, um traçado "generoso" das LBR poderia aumentar significativamente as áreas de soberania ou jurisdição do Estado costeiro. As vantagens desse traçado eram óbvias, não só sob o ponto de vista económico, mas também estratégico e de segurança. Quanto mais longe da costa estivessem as linhas de base, mais longe se situariam também os limites interiores e exteriores do mar territorial, maiores seriam as áreas de soberania dos Estados costeiros por aumento das áreas correspondentes, em especial, das águas interiores. Maior seria, por isso, a distância a impor às frotas estrangeiras, tanto navais, como de pesca, potencialmente as mais invasivas e que maior dano poderiam causar aos Estados costeiros.

Tendo por base o trabalho preparado pela Comissão de Direito Internacional (CDI) para a I Conferência das Nações Unidas sobre o Direito do Mar, o artigo respeitante às LBR na CMTZC veio a conhecer uma fórmula que se tem mantido, desde então, praticamente inalterada[44]. Contudo, não existe ainda hoje uma definição jurídica, ou técnica, internacionalmente aceite sobre qual o entendimento a seguir para avaliar um conjunto de conceitos e circunstâncias, tais como se determinado "local" da costa apresenta "recortes profundos e reentrâncias", ou se um conjunto de ilhas na "proximidade imediata" da costa constitui uma "franja de ilhas" apto para o traçado de LBR válidas. Fica igualmente por saber, com base em critérios internacionalmente aceites, a que distância e com que inclinação determinado traçado estará "consideravelmente afastado" da "direção geral da costa", bem como determinar se certa área de mar está ou não "suficientemente vinculada ao domínio terrestre" para que possa ser encerrada por LBR. A inexistência de um entendimento internacionalmente aceite para cada um dos conceitos indeterminados origina, necessariamente, a impossibilidade de avaliar de modo seguro e conciso se determinado traçado lhes está conforme. Uma vez que a maioria dos con-

[44] Os textos correspondentes aos números 1 e 2 do artigo 4º da CGMTZC e dos números 1 e 3 do artigo 7º da CNUDM, na versão oficial em língua inglesa, são exatamente iguais. As pequenas diferenças entre os textos em língua portuguesa resultam da tradução.

ceitos indeterminados se refere implicitamente a distâncias e números (*v.g.*, ilhas), que são realidades quantificáveis e/ou representáveis geometricamente, a inexistência de critérios objetivos para a respetiva avaliação deixa em aberto uma enorme e (in)conveniente margem de discricionariedade.

3.2. Principais conceitos do artigo 7º da CNUDM

O motivo inicial que levou à substituição da linha de baixa-mar por LBR foi o evitar situações em que o mar territorial fosse penetrado por corredores profundos de águas não territoriais. A substituição da linha de costa por uma linha reta tem em vista a simplificação do alinhamento do bordo exterior do mar territorial. Com este processo beneficiam tanto os navegadores estrangeiros como as autoridades costeiras encarregadas da respetiva fiscalização[45].

A primeira utilidade relativamente à qual o traçado das LBR potencialmente mais pode conflituar é a liberdade de navegação. Uma vez que o traçado das linhas de base pode vir a constituir a referência para delimitações tanto para Estados vizinhos, como o é para a definição das zonas marítimas, fica-lhe ligado intrinsecamente um leque vasto de interesses. Na perspetiva do Estado costeiro existem interesses fundamentais que lhe estão igualmente associados, tais como a segurança, o controlo sobre os recursos marinhos, a proteção do ambiente, a repressão à criminalidade e às infrações fiscais, só para mencionar, porventura, os mais evidentes. Ao referir que o Estado costeiro tem a faculdade de, através das LBR, eliminar eventuais padrões complexos que o limite exterior do respetivo mar territorial possa vir a ter, não é intenção das disposições convencionais, nem o foi a decisão do Caso das Pescas, permitir ao Estado costeiro traçar as LBR onde bem o entendesse. Quando adequadamente traçadas, das LBR não resultam projeções excessivas dos limites exteriores das zonas marítimas relativamente aos traçados que resultariam em relação à linha de base normal, *i.e.*, a linha de costa[46].

3.2.1. Locais

A avaliação inicial do espaço onde vai ser efetuada a análise de um sistema de LBR impõe a definição do que se deve entender por "locais" [*localities*], como consta na primeira parte do artigo 7º, nº 1. O Departamento de Estado

[45] Prescott. Straight and Archipelagic Baselines..

[46] Por vezes, mesmo em situações onde as áreas acrescidas são mínimas não deixam de existir comentários desfavoráveis. *V.g.* caso de Malta em Blake. Coastal State Sovereignty in the Mediterranean Sea: The Case of Malta. pp. 173 a 180.

Norte-Americano (DENA)[47] admite um traçado de LBR relativamente ao qual apenas 70% corresponde a recortes profundos. Como justificação para este valor refere que, no Caso das Pescas, apenas 94 das 160 M de LBR cobriam os *fjords*, o que dá uma percentagem de 60% (mais rigorosamente, 58%)[48].

Outro aspeto igualmente importante no que respeita à interpretação do conceito de "locais" tem a ver com a respetiva situação geográfica, valendo tanto para costas continentais, como insulares. Esta interpretação resulta do texto dos artigos 7º, 10º e 121º, da CNUDM, da doutrina e da prática dos Estados.

3.2.2. Recortes profundos ou reentrâncias

3.2.2.1. Número de recortes profundos ou reentrâncias

A existência de recortes profundos ou reentrâncias na costa constitui um dos pressupostos fundamentais para o traçado de LBR. Com base na parte inicial do texto do artigo 7º, nº 1, da CNUDM, tem sido defendido pela maioria da doutrina internacional que é necessária a existência de uma determinada quantidade de recortes profundos ou reentrâncias como pressuposto de base para a existência do traçado de LBR. A expressão "reentrâncias" (*cut into*"), é entendida como um conceito com um significado jurídico preciso no contexto em que está inserida, podendo ser considerado como sublinhando determinado grau de penetração da costa[49]. É ainda entendido que esta expressão sugere um requisito de pluralidade, uma vez que o requisito de profundidade de reentrância já se encontra fixado através da expressão "recortes profundos". A este respeito e sem adiantar um número conclusivo quanto aos recortes profundos e reentrâncias, o *Office for Ocean Affairs and the Law of the Sea* considera necessária a existência de vários para que seja possível o traçado de LBR[50]. Seguindo esta lógica, será aceitável a existência de vários recortes profundos ou reentrâncias que, individualmente, satisfaçam os requisitos relativos às baías jurídicas[51].

O DENA, apoiando-se na opinião de vários peritos, considerou que um sistema de linhas de base não pode ser traçado num local em que haja só uma ou duas reentrâncias semelhantes a baías. Caso contrário, as limitações rela-

[47] O DENA tem sido especialmente ativo no que respeita a contributos doutrinárias para a interpretação dos diversos conceitos da CNUDM relativos às linhas de base. Cfr. 3.4.2. *infra*.

[48] Limits in the Seas n.º 106-Developing Standard Guidelines for Evaluating Straight Baselines. p. 9.

[49] Reisman e Westerman. Straight Baselines in Maritime Delimitation. p.82.

[50] Office for Oceans Affairs and Law of the Sea, Baselines:... p.18, nº 36.

[51] Prescott e Schofield. The Maritime Political Boundaries of the World. p.146.

tivamente ao fecho de baías, designadamente, o requisito do semicírculo e o limite das 24 M para as linhas de fecho perderiam o significado[52].

Outra parte da doutrina defende a necessidade de existência de pelo menos três recortes profundos e reentrâncias, com base em critérios aparentemente mais políticos que jurídicos. Como argumentação de base é normalmente citado o exemplo da Noruega, cujo padrão fisiográfico é muito próprio e de difícil comparação na maioria das regiões do globo.

3.2.2.2. Razão de penetração

A interpretação literal do artigo 7º, nº 1, com o artigo 10º, nº 2, ambos da CNUDM, pode oferecer-nos uma primeira pista no que respeita a uma avaliação da profundidade que as reentrâncias devem ter para que possam dar origem a traçados de LBR válidas. De acordo com o artigo 10º, nº 2, uma baía "*[é] uma reentrância*[53] *bem marcada, cuja penetração em terra, em relação à sua entrada, é tal que contém águas cercadas pela costa e constitui mais que uma simples inflexão da costa*".

Enquanto para o traçado de LBR a costa deve apresentar "recortes profundos e reentrâncias", para o traçado de linhas de fecho nas baías é necessário que a "reentrância seja bem marcada". De acordo com a versão em língua inglesa, podem ser traçadas LBR quando a costa for *deeply indented*. No que respeita às baías é necessário que exista uma *well-marked indentation*. Verifica-se, assim, que o traçado de LBR em reentrâncias (ou *indentations*) exigem que estas sejam mais pronunciadas que no caso das baías (*deeply indented* contra *well-marked indentation*). Uma vez que, nos termos do artigo 10º, nºs 2, 4 e 5, nas baías podem ser traçadas linhas de fecho cujo comprimento não deve exceder 24 M e devem compreender uma superfície de água igual ou superior ao semicírculo que tenha por diâmetro a entrada, parece possível concluir que a penetração que o recorte profundo em terra deve ser, pelo menos, igual ao raio desse semicírculo. Uma interpretação dos preceitos com base na versão em língua portuguesa das expressões anteriormente referidas acompanha a mesma conclusão. Embora não sendo possível uma quantificação com base apenas nos termos "reentrância bem marcada", respeitante às baías, e "recorte profundo", correspondente às LBR, tendo em conta os

[52] Limits in the Seas n.º 106. p. 10.

[53] O termo "reentrância" contido no artigo 10º, nº 1, na versão portuguesa é a tradução do termo *indentation*, em língua inglesa, *échancrure*, em língua francesa, e *escotadura*, em espanhol. O recurso às várias versões oficiais do texto do artigo 10º, nº 1, também não ajudam a esclarecer o significado preciso dos termos requeridos.

restantes números de cada um dos artigos em causa não parece desajustado concluir que um "recorte profundo" será geograficamente mais pronunciado que "reentrância bem marcada".

3.2.3. Franja de ilhas ao longo da costa na sua proximidade imediata

3.2.3.1. Conceito de ilha e capacidade para gerar zonas marítimas

A qualificação das formações insulares como ilhas ou como rochedos é uma matéria que se situa no âmbito dos poderes soberanos do Estado costeiro e que este a concretiza no seu direito interno[54]. Este assunto tem uma natureza internacional assinalável, em especial quando a ela estão associados conflitos de interesses com outros Estados que, por vezes, não reconhecem essa qualificação e o manifestam publicamente. Apesar de não existir uniformidade absoluta na doutrina e na jurisprudência internacionais relativamente à possibilidade de uma formação insular qualificada como rochedo poder ser incluída num sistema de LBR, a tendência parece apontar com consistência no sentido afirmativo. A referência a "ilhas" constante no artigo 7º, nº 1, compreende uma designação genérica cuja definição consta no artigo 121º, nº 1, tendo subjacente a ideia que mesmo os rochedos, para este efeito, não deixam de ser ilhas. Parece, assim, admissível a inclusão de rochedos num traçado de LBR relacionado com uma franja de ilhas. Uma coisa é um rochedo isolado gerar uma área de ZEE cuja superfície pode atingir as 125.600 M^2 (430.796 km^2), outra substancialmente diferente é um rochedo estar integrado num sistema de LBR de uma franja de ilhas[55].

Efetivamente, mesmo os baixios podem, em determinadas circunstâncias, estar integrados em sistemas de LBR. Nos termos do disposto nos n.os 4 do artigo 7º e 1 do artigo 13º, podem ser traçadas LBR de e para qualquer baixio a descoberto no qual exista um farol, independentemente da distância a que este se encontre do continente ou de outra ilha, bastando que estejam cumpridas as outras condições previstas no artigo 7º. Da conjugação destas disposições resulta expressamente a exclusão de um sistema de LBR dos baixios a descoberto que se encontrem total, ou parcialmente, a uma distância da costa superior à largura do mar territorial. Estão excecionados desta restrição os baixios nos quais exista um farol ou instalação análoga.

[54] Elferink. Clarifying Article 121(3) of the Law of the Sea Convention: The Limits Set by the Nature of International Legal Processes. pp. 58 a 68.

[55] Nossum. Straight Baselines of Vietnam. pp. 66 e 67.

3.2.3.2. Traçado de linhas de fecho

Como referido no parágrafo anterior, a determinação das zonas marítimas das ilhas é efetuada do mesmo modo que para as formações terrestres, *ex vi* artigo 121º, nº 2, da CNUDM. Essa faculdade refere-se não só à fixação de limite externo de cada uma dessas zonas, mas também à referência que é comum à maioria delas, as linhas de base. Esta conclusão não consta no artigo 121º, mas o artigo 50º refere expressamente a possibilidade de o Estado arquipelágico traçar linhas de fecho nas fozes dos rios, nas baías e nos portos.

3.2.3.3. Franja de ilhas

O termo franja de ilhas surgiu no Direito Internacional como consequência da decisão do Caso das Pescas, em virtude da natureza extremamente recortada e bordejada de parte significativa da costa da Noruega[56]. Paralelamente à existência de recortes profundos e reentrâncias que, igualmente, caracterizam a costa norueguesa, a existência de mais de uma centena de milhar de ilhas constituiu para o TIJ uma justificação válida para que as águas por elas banhadas pudessem vir a ser encerradas por LBR.

O *Office for Ocean Affairs and Law of the Sea*, sublinhando o facto de não existir definição ou teste internacionalmente aceites que possa guiar na aplicação do conceito "franja de ilhas", refere que é necessária a presença de mais de uma ilha na franja, mas que é difícil estabelecer em concreto um número. Adianta ainda que, uma vez que a franja tem que se situar ao longo da costa, o preceito não será aplicável a rochedos que se desenvolvam de modo perpendicular a esta. Existem duas situações em que tal pode acontecer, a primeira é em costas do género da Noruega, outra é quando existam franjas de ilhas próximas da costa que a cubram numa percentagem significativa[57].

Baseado na análise do Caso das Pescas, o DENA considera que um conjunto de ilhas pode ser qualificado como uma franja de ilhas quando estas não estejam afastadas entre si mais de 24 M e cubram 50% da costa[58] correspondente ao local onde as LBR se encontram traçadas. Também é defendida a ideia que uma franja de ilhas deve compreender um conjunto de ilhas cujo número dependerá da respetiva dimensão mas que, no todo, deverá ser significativamente maior que as águas por elas cobertas[59].

56 Office for Oceans Affairs and Law of the Sea, Baselines:... p.21.

57 *Ibid.* p. 21.

58 Limits in the Seas nº 106. p. 16.

59 Beazley. Maritime Limits and Baselines – A Guide to Their Delineation. pp. 13 e 14.

3.2.4. Proximidade imediata

Para que possam ser traçadas LBR de e para a franja de ilhas, o artigo 7º da CNUDM refere também que esta deve estar na proximidade imediata da costa. O adjetivo "imediata" impõe uma definição, porventura restritiva, da distância a que as ilhas se devem encontrar da costa. Tal como nos outros conceitos, consenso parece ser coisa que também não existe no que respeita a esta condição.

O *Office for Ocean Affairs and Law of the Sea* reconhece que a expressão "na proximidade imediata" é um conceito com um significado claro mas para o qual não existe um teste perfeito, exemplificando que uma franja de ilhas a 3 M da costa estará na sua proximidade imediata, ao passo que se se encontrar a 100 M já não o estará. Adianta ainda que é normalmente aceite que, para uma largura do mar territorial de 12 M, uma distância de 24 M satisfará a condição, refutando o valor de 48 M proposto por parte da doutrina[60]. Apresentando como exemplo parte da costa do Chile e do Alasca, o DENA aceita, propondo neste aspeto uma interpretação mais extensiva que noutras circunstâncias, que uma franja de ilhas se possa situar até 48 M[61]. De modo diverso, como é usual nesta matéria, outros autores defender versões significativamente diferentes, que vão desde a interpretação a dar à expressão "proximidade imediata da costa" dever ser interpretado no sentido de considerar as ilhas que fazem parte da franja não devem estar afastadas mais de 12 M da costa[62], como estabelecer esse limite em 24 M[63].

3.3. Outros conceitos que influenciam o traçado

3.3.1. Direção geral da costa

Sendo outra designação que resulta diretamente do Caso das Pescas, à semelhança do que se verifica com os restantes conceitos, também relativamente a "direção geral da costa" não existem critérios ou testes universalmente aceites que esclareçam quais as regras concretas a seguir para o traçado de LBR. Tendo por base o valor médio de 15º do traçado da Noruega, parte da doutrina adianta que um valor de 20º é, por regra, tido como aceitável[64]. O TALOS refere que tem existido grande latitude na interpretação do artigo 7º, nº 3, da CNUDM.

[60] Office for Oceans Affairs and Law of the Sea, Baselines:... p. 22.

[61] Limits in the Seas nº 106. p. 21.

[62] Reisman e Westerman. Straight Baselines in Maritime Delimitation. p. 88.

[63] Roach e Smith. United States Responses to Excessive Maritime Claims. p. 64.

[64] Office for Oceans Affairs and Law of the Sea, Baselines:... pp. 25 e 26. Limits in the Seas nº 106. p. 18.

3.3.2. Vínculo ao domínio terrestre

As áreas de mar fechadas pelas LBR em conformidade com o artigo 7º, nº 3, da CNUDM, devem estar suficientemente vinculadas ao domínio terrestre para ficarem submetidas ao regime das águas interiores. Este critério, igualmente impreciso, é de difícil concretização e não tem sido especialmente desenvolvido pela doutrina. Do julgamento do Caso das Pescas, Churchill e Lowe retiram o valor 1:3,5 que corresponde à razão entre as áreas das ilhas e de mar encerradas pelas LBR[65].

Da análise da prática internacional verifica-se que esta é uma das condições menos respeitadas, sendo difícil de encontrar um traçado que não contenha pelo menos um local onde esta condição não se verifica. O próprio traçado das LBR da Noruega, representado na Figura 3, em especial nos pontos imediatamente a seguir ao ponto 48, é disso prova evidente.

3.3.3. Interesses económicos próprios da região

Apesar de só por si não justificarem o traçado de LBR[66] e não terem sido incorporados na justificação jurídica da decisão, o reconhecimento da relevância dos interesses económicos por parte do TIJ constituiu um fator a ter em conta[67]. Em todos os outros traçados posteriores tem-se verificado constantemente uma motivação económica, sendo igualmente claro que, nas reivindicações efetuadas, o elemento económico muito pouco terá a ver apenas com os interesses das populações locais[68]. O uso prolongado é outro aspeto que nos traçados mais recentes também não tem sido demonstrado com consistência[69].

3.3.4. Comprimento das linhas de base reta

Apesar de os textos convencionais nada disporem quanto ao comprimento máximo que as LBR podem ter, a doutrina é unânime em considerar que as LBR devem ter um valor máximo divergindo, contudo, sobre esse valor. O DENA defende que nenhuma LBR deve ter um comprimento superior a 48 M, sendo este valor um critério empírico resultante do Caso das Pescas[70].

65 Churchill e Lowe. The Law of the Sea. p. 39.

66 Office for Oceans Affairs and Law of the Sea, Baselines:... p. 26.

67 Relativamente à Tailândia cfr. Dzuerk. Maritime Agreements and Oil Exploration in the Gulf of Thailand. pp. 301 a 316, e ao Ártico Scovazzi. The Baseline of the Territorial Sea: The Practice of Artic States. pp. 69 a 84.

68 Churchill e Lowe. The Law of the Sea. p. 217.

69 *Ibid.*

70 Sobre este assunto importa ver também o entendimento de Kwon e Pak. The Law of the Sea and the Northeast Asia – A Challenge for Cooperation. pp. 16 a 30.

Com base no facto de algumas LBR norueguesas excederem as 45 M, Beazley considera ser este o melhor valor a ter em consideração[71]. Roach opta por 24 M defendendo que este é o valor resultante da interpretação do artigos 7º, n.os 1 e 3, e 10º, n.os 4 e 5, todos da CNUDM[72]. Com acentuada inspiração na decisão do TIJ, Prescott menciona o facto de existirem LBR com um comprimento de 43,6 M para concluir o que parece óbvio, ou seja, que uma distância máxima aceitável não deverá será inferior àquele valor[73].

3.4. Prática dos Estados no que respeita ao traçado de linhas de base reta

3.4.1. Prática global dos Estados

Apesar de ter sido inicialmente considerado como um procedimento a ser tomado em circunstâncias excepcionais[74], a realidade actual demonstra que, presentemente, muitos Estados traçaram LBR nas respectivas costas em circunstâncias que, por vezes, parecem afastar-se muito do texto das disposições convencionais. Presentemente já publicaram legislação sobre LBR mais de 90 Estados[75]. Muitos destes Estados traçaram sistemas de LBR que englobam áreas de mar significativas, como é o caso de Myanmar e da Tailândia, respetivamente representados nas Figuras 5 e 6. Sendo certo que existe um número importante de Estados com linhas de costa superior a 50 M que traçaram LBR[76], conforme se pode verificar na Figura 6, muitas das quais consideradas excessivas, existe um número muito pequeno de protestos por parte da generalidade dos Estados[77], à exceção dos EUA que tem seguido uma política de protesto sistemático das LBR/LBA que considere excessivos. Esse facto justifica o texto do número seguinte.

3.4.2. O caso particular dos Estados Unidos da América

Para que se possa compreender melhor o comportamento que os EUA[78] vêm assumindo sistematicamente a partir da segunda metade do século passado relativamente ao traçado de LBR de outros Estados é importante apontar,

[71] Beazley. p. 14.

[72] Roach e Smith. 1996, pp. 64 e 65.

[73] Prescott e Schofield. p. 146.

[74] Cfr. Caso das Pescas, pp. 116 e ss; International Court of Justice, Maritime Delimitation and Territorial Questions between Qatar and Bahrain, p. 40. (Caso Qatar/Bahrain) § 212.

[75] Lathrop, Roach e Rothwell. Baselines... p. 71 e seguintes, e Apêndix 1.

[76] Campos e Coelho. A Delimitação Dos Espaços Marítimos Das Ilhas e Dos Rochedos. p. 72 e Figura 1.

[77] Lathrop, Roach e Rothwell. Baselines... p. 77.

[78] Não ratificou a CNUDM. Ratificou a CGMTZC em 12 de Abril de 1961.

ainda que de forma muito breve, dois dos aspectos que têm caracterizado o comportamento desta superpotência, tanto a nível interno, como externo. Um desses aspectos, que tem condicionado o comportamento dos EUA no plano internacional, tem a ver com uma questão interna que consiste nas relações entre os Estados federados e a Federação no que respeita à titularidade dos recursos existentes nas águas interiores e numa faixa de mar adjacente a estas.

O eixo principal desta questão gira em volta da definição da linha de base normal e das linhas de fecho das baías, que são definidas pela *Interagency Committee on the Delimitation of the United States Baseline*, normalmente conhecido como *Baseline Committee*. Se um Estado federado discorda das decisões do *Baseline Committee*, pode recorrer para o *United States Supreme Court*. São numerosos os casos de disputas judiciais nesta matéria entre a referida Agência e Estados federados, como a *Louisiana*, *Missuri*, *Alaska*, *Florida*, *Texas*, *Maine* e *Rhode Island*[79]. A interacção doutrinária resultante de disputas legais desta natureza é terreno fértil para o respectivo desenvolvimento. Presentemente, os EUA não têm traçado na sua costa um sistema de LBR, existindo apenas linha de fecho em partes específicas da costa, normalmente encerrando baías. Tendo em conta as relações normalmente difíceis entre a Federação e os Estados federados neste assunto, dificilmente se configurará uma alteração da situação actual.

A liberdade de navegação é outro aspecto fundamental tanto para a economia, como para a política externa norte-americana. A opção que tem vindo a ser seguida pelos EUA em não traçar LBR nas suas costas poderá estar influenciada pela sua doutrina e jurisprudência de âmbito interno, cuja articulação com o *United States Freedom of Navigation Program* (USFONP), o coloca numa posição relativamente confortável para comentar e protestar os traçados de LBR dos outros Estados em todas as áreas do globo.

Sob a perspetiva internacional, no que respeita à definição da linha de base, a política dos EUA tem ido no sentido de não estabelecer um sistema de LBR nas suas costas[80]. Não obstante, na prossecução do FONP e PDD-32[81], os EUA têm vindo a oferecer comentários e critérios[82], através de documentos oficiais, para a interpretação e aplicação dos conceitos indeterminados relati-

[79] Prescott e Schofield. p. 118.

[80] Roach e Smith. p. 69.

[81] A *Presidential Decision Directive* (PDD)–32 determinou ao Departamento de Estado Norte-Americano que protestasse diplomaticamente toda e qualquer reivindicação marítima que não se conforme com a CNUDM. No cumprimento dessa directiva foram efectuados desde 1979 mais de 100 protestos diplomáticos relativamente a reivindicações marítimas.

[82] *Vg.* Limits in the Seas nº 106.

vos ao traçado das LBR. Como já referido, não se têm coibido de apresentar, de um modo generalizado, protestos relativamente aos Estados cujos traçados não estejam de acordo com as regras por si definidas[83]. A criação pelos EUA de regras concretas sobre o traçado de LBR tem, pelo menos, o mérito de por à disposição da comunidade internacional um conjunto sistemático de regras que serve apenas como auxiliar interpretativo dos textos convencionais[84].

3.5. Jurisprudência internacional

O Caso das Pescas, de 1951, é, até hoje, o único caso que um traçado de linhas de base reta foi apreciado exclusivamente pela sua natureza e conformidade com o Direito Internacional[85]. Outras decisões de tribunais relativamente a traçados de linhas de base reta foram tomadas no âmbito de disputas relacionadas com delimitação marítima entre Estados. No Caso Qatar/Bahrain o TIJ expressou a ideia de que o traçado de linhas de base reta apenas deve ser aplicado, de modo restritivo, quando estão reunidas um conjunto de circunstâncias, tais como a existência de recortes profundos e reentrâncias e, ou, a existência de uma franja de ilhas[86].

Na Decisão Arbitral entre as Filipinas e a China, de 2016 (Caso Filipinas/China), foi apreciada a aplicação de LBR a grupos de ilhas. O Tribunal Arbitral decidiu que, embora consciente da prática de alguns Estados no uso de LBR em arquipélagos, de modo semelhante a linhas de base arquipelágicas, considera que tal situação é contrária à CNUDM. Adianta ainda que a aplicação do artigo 7º da CNUDM não é aplicável a (*offshore*) arquipélagos pertencentes a Estados continentais[87].

4. Linhas de fecho

As linhas de fecho são linhas que unem os limites exteriores das fozes dos rios, das baías e dos portos, conforme resulta da conjugação dos artigos 9º, 10º e 11º da CNUDM, que não referem a denominação da respetiva linha de base, com o artigo 50º, onde a designação "linha de fecho" vem expressamente

[83] Roach e Smith. Referem que a posição oficial dos EUA no que respeita ao traçado das LBR é a constante no documento *Commentary on the Law of the Sea Convention*, publicado no *US Department of State, 6 Dispatch Supplement, Nº 1*, Fev. 1995.

[84] Coelho. O Traçado Das Linhas de Base – O Caso Particular Das Linhas de Fecho e de Base Reta Portuguesas. p 83 e seguintes.

[85] Cfr. 3.1.2 *supra*.

[86] Caso Qatar/Bahrain § 212.

[87] Permanent Court of Arbitration. The South China Sea Arbitration. § 575-576.

referida[88]. Apesar de as baías jurídicas terem um regime normativo próprio, consubstanciado nos artigos 10º da CNUDM e 7º da CMTZC, a verificação das condições em que são traçados os sistemas de LBR poderá estar associada ao traçado de linhas de fecho nas baías jurídicas, não deixando de constituir, relativamente a estas, um caso especial de aplicação.

Cada um destes preceitos convencionais contém duas regras, vertidas nos respetivos n.os 1e 6 de cada um daqueles artigos que condicionam a aplicabilidade do respetivo regime jurídico. O nº 1 corresponde a um pressuposto positivo ao referir que as costas da baía devem pertencer apenas a um Estado. O nº 6 constitui um elemento negativo ao afastar a aplicabilidade do regime jurídico das baías jurídicas às baías qualificadas como históricas.

4.1. Fozes dos rios

O artigo 9º da CNUDM refere que, nos rios que desaguam diretamente para o mar, a linha de base é uma reta traçada através da foz do rio entre os pontos limites da linha de baixa-mar das suas margens. Em harmonia com as restantes disposições respeitantes às linhas de base, também as linhas de fecho nas fozes dos rios devem estar referenciadas à linha de baixa-mar. À semelhança do que sucede com outras normas respeitantes às linhas de base, também o artigo 9º nada refere no que respeita à dimensão máxima que a linha de fecho poderá ter nas fozes dos rios, bem como sobre a possibilidade de a linha de fecho ser traçada unindo margens de Estados diferentes.

4.2. Baías

4.2.1. Baías jurídicas

O traçado de LBR ou de linhas de fecho entre pontos convenientes situados em estuários, deltas, baías ou grupos de ilhas surgiu como um método natural para delimitar os espaços considerados sob soberania do Estado costeiro. Desde muito cedo o costume internacional reconheceu a possibilidade de serem traçadas linhas de fecho à entrada das baías[89]. Sobre o conceito de "baías suscetíveis de poderem ser consideradas como parte do território do Estado costeiro", o Tribunal Permanente de Arbitragem afirmou, em 1910, na decisão de um diferendo que ficou conhecido como *North Atlanticx Fisheries*,

[88] Prescott define linha de fecho por comparação com as LBR e as LBA, referindo que a distinção fundamental entre a primeira e as últimas consiste no facto de se relacionar com características geográficas simples e serem, normalmente, curtas (Prescott. Straight and Archipelagic Baselines).
[89] Churchill e Lowe. The Law of the Sea. p.41.

entre os Estados Unidos da América e a Grã-Bretanha, que[90] a interpretação deste conceito deveria ter em conta todas as circunstâncias individuais relativamente às quais cada uma das diferentes baías é apreciada, a relação da sua largura com o comprimento da penetração em terra, a possibilidade e necessidade de ser defendida pelo Estado costeiro no território do qual se recorta, o valor especial que tem para a indústria dos habitantes costeiros, a distância a que se encontra retirada dos caminhos das outras nações no mar aberto e outras circunstâncias cuja enumeração, em geral, não é possível. No entanto, neste âmbito e tal como sucedeu posteriormente com as LBR, foram necessárias várias décadas para que se soubesse quais os critérios ou regras a aplicar concretamente, de modo a poderem ser avaliadas determinadas características da costa que permitissem a respetiva classificação como baías jurídicas. Essas regras apenas surgiram em texto convencional com a CMTZC.

Para que uma baía possa ser considerada como "jurídica" é necessária a verificação de um conjunto de condições. Como condição de apreciação subjetiva, o nº 2 do artigo 10º da CNUDM exige que a reentrância da costa esteja bem marcada. Este pressuposto subjetivo é complementado com critérios geométricos objetivos que vão permitir a qualificação das reentrâncias como baías jurídicas.

A verificação desses critérios objetivos assenta na observância de um teste. Este teste resulta da comparação da área geométrica encerrada por um semicírculo cujo diâmetro é a linha definida pelo pontos naturais de entrada, que não pode exceder 24 M, com a área efetivamente existente entre aquela linha e a linha de baixa-mar na costa. A condição estará verificada se a área de água encerrada pela linha for superior à área do semicírculo, tal como sucede na situação 2 da Figura 7. Nos casos em que a referida condição esteja verificada, pode ser traçada uma linha de fecho que não exceda 24 M entre os pontos naturais de entrada da reentrância[91]. Quando os pontos naturais de entrada da baía excederem 24 M, tal como se encontra exemplificado na Figura 8, pode ser traçada no interior da entrada natural da reentrância uma linha de fecho com aquele comprimento que encerre a maior superfície de água possível[92].

[90] Decisão de 7 de setembro de 1910, in S.n. 1910. American Journal of International Law. Vol. 4, pp. 982 e 983.

[91] CNUDM, artigo 10º, nº 4.

[92] *Ibid.*, artigo 10º, 5.

4.2.2. Baías históricas

A referência a águas históricas veio a constar na decisão do TIJ, no Caso das Pescas, onde se referia que estas águas são tratadas como internas mas que não teriam essa natureza se não existisse um título histórico[93]. O regime específico relativo aos títulos históricos, pela natureza complexa que lhe é peculiar, não veio a constar na CMTZC nem na CNUDM. Nelas apenas ficou sublinhada a sua natureza excecional, ao afastar a aplicabilidade a estas baías das regras contidas nos artigos 7º e 10º da CMTZC e da CNUDM, respetivamente, que constituem as regras para o traçado de linhas de fecho das baías jurídicas. A avaliação da existência de um título histórico relativamente a determinadas águas de um Estado costeiro, pressupõe a apreciação cumulativa de um conjunto de elementos, designadamente, o exercício de facto da autoridade do Estado costeiro sobre as águas reclamadas como históricas, o exercício continuado desses poderes e a atitude dos restantes Estados[94].

4.3. Portos

O artigo 11º da CNUDM dispõe que para efeitos de delimitação do mar territorial, as instalações portuárias permanentes exteriores à costa que façam parte do sistema portuário são consideradas como fazendo parte da costa.

4.4. Prática dos Estados

Relativamente às baías, conforme referido anteriormente[95] e ilustrado na Figura 6 a maioria dos Estados com linhas de costa significativas optaram por traçar sistemas de LBR que abrangem não só partes das respetivas costas com reentrâncias bem marcadas que até poderiam verificar as condições para a aplicabilidade dos artigos 10º da CNUDM e 7º da CMTZC, mas também outros locais da costa em que as reentrâncias são muito pouco pronunciadas. Esta prática acaba por retirar, de modo significativo, efeito útil ao regime convencional das baías jurídicas.

No que respeita às fozes dos rios merece destaque a linha de fecho da foz do rio de La Plata, que une, nas respetivas margens, pontos situados na Argentina e no Uruguai. O traçado da linha de fecho, que tem cerca de 119 M de comprimento, foi acordado entre aqueles Estados pelo Tratado del Río de la Plata y su Frente Marítimo, de 19 de novembro de 1973.

[93] Caso das Pescas, p. 130.

[94] Para uma análise detalhada sobre esta matéria, cfr. Codification Division of the Office of Legal Affairs, "A/CN.4/143." (A/CN.4/143).

[95] Cfr. parágrafo 3.4.1 *supra*.

4.5. Jurisprudência internacional

4.5.1. Baías

À exceção do que se tem passado no âmbito interno nos EUA, desde a entrada em vigor da CMTZC a grande maioria das disputas relativas a baías têm a ver com direitos históricos ou com situações em que as águas encerradas pertencem a mais que um Estado. Neste âmbito, merecem referência, muito sumária, o Caso relativo à Disputa da Fronteira Terrestre, Insular e Marítima entre El Salvador e Honduras, com intervenção da Nicarágua, de 1992[96] (Caso El Salvador/Honduras), e a Arbitragem entre os Governos da Croácia e da Eslovénia, de 2009[97] (Arbitragem Croácia/Eslovénia). No primeiro caso o TIJ reconheceu a natureza histórica das águas da Baía de Fonseca, afirmando a soberania conjunta a exercer pelos três Estados[98].

Na Arbitragem Croácia/Eslovénia, na parte referente à baía de Piran, o tribunal acabou por não qualificá-la como baía histórica, apesar de se tratar de uma baía com costas pertencentes a dois Estados, facto não previsto tanto na CNUDM, como na CGMTZC, delimitando as águas interiores tendo por base circunstâncias especiais que suavizaram a aplicação da linha equidistante[99].

4.5.2. Portos

Na ausência de uma definição concisa sobre o entendimento a seguir relativamente instalações permanentes mais ao largo da costa que façam parte do sistema portuário, a decisão do TIJ no Caso da Delimitação Marítima no Mar Negro veio esclarecer, na aplicação a um caso concreto, este conceito. Neste caso a questão suscitada foi saber se o dique de Sulina, na Roménia, que se entende cerca de 7,5 Km por mar dentro podia ser entendido como instalações permanentes do sistema portuário nos termos do artigo 11º da CNUDM. O tribunal concluiu que, independentemente do comprimento do comprimento do dique de Sulina não foram apresentadas provas suficientes que demonstrassem que o referido dique servisse diretamente as atividades portuárias. Deste modo, o ponto exterior do dique de Sulina não foi considerado como adequado para servir como ponto de base para a construção da linha equidistante provisória entre a Roménia e a Ucrânia[100].

[96] International Court of Justice. Land, Island and Maritime Frontier Dispute.

[97] Permanent Court of Arbitration. In The Matter of an Arbitration Under the Arbitration Agreement Between the Government of the Republic of Croatia and the Government of the Republic of Slovenia.

[98] Caso El Salvador/Honduras, §404.

[99] Arbitragem Croácia/Eslovénia, Mapa II, p. 280.

[100] International Court of Justice. *Roménia v. Ucrânia*. § 138.

5. Linhas de base arquipelágicas

5.1. Origens

O conceito jurídico de águas arquipelágicas teve a sua origem nas disposições relativas às ilhas Filipinas contidas no tratado de paz de 1898 que pôs fim à guerra entre a Espanha e os EUA[101]. A ideia de associar os recifes de coral e bancos às águas de soberania dos Estados insulares manifestou-se, igualmente, noutras situações no final do século XIX na Florida, Cuba, Bahamas e Bermuda, embora à designação de arquipélago tivesse associado um critério de unidade política e não territorial[102].

Desde 1958 que muitos Estados arquipelágicos recentemente independentes, com base em interesses económicos (pesca e controlo de tráfego entre ilhas), de segurança, de prevenção do contrabando e imigração ilegal, e controlo de poluição, deram origem a um grupo de pressão que veio a ter forte influência durante a III Conferência das Nações Unidas sobre o Direito do Mar (III Conferência). O resultado final foi o reconhecimento e estatuição de um regime com consagração convencional que pôs fim à resistência das principais potências marítimas que sempre tinham temido um regime do qual pudesse resultar a conversão de áreas de alto-mar em águas interiores. Os receios incidiam sobre a consequente perda da inerente liberdade de navegação para as marinhas mercante e de guerra, em especial nos arquipélagos das Bahamas, Fiji, Indonésia e Filipinas, de importância estratégica crucial[103].

No decurso da III Conferência um grupo de Estados, entre os quais Portugal, mas que incluía também a Espanha, a Índia, o Canadá e a Grécia, defenderam a aplicação do regime das águas arquipelágicas a grupos de ilhas (arquipélagos) que faziam parte integrante de Estados continentais. Após muitos debates e a oposição radical das grandes potências marítimas, o resultado final foi a exclusão da aplicação do regime pretendido àquele tipo de arquipélagos. No entender de parte da doutrina, esta restrição é desnecessária e injustificada, parecendo ter sido fundada no receio por parte dos Estados que impediram a adoção deste regime, de uma proliferação de declarações nesse sentido por parte dos Estados continentais com arquipélagos[104].

[101] Munoz e Real Instituto Elcano de Estudios Internacionales y Estrategicos. Las Aguas Del Archipelago Canario En El Derecho Internacional de Mar Actualmente Vigente. p.2. http://www.realinstitutoelcano.org/documentos/203/Lacleta_PDF.pdf

[102] Symmons. The Maritime Zones of Islands in International Law. p. 238.

[103] Churchill e Lowe. The Law of the Sea. p. 119; O'Connell. The International Law of the Sea. p.237.

[104] Churchill e Lowe. The Law of the Sea. p.120; O'Connell. The International Law of the Sea. p.236.

5.2. Definição de Estado arquipelágico e linhas de base arquipelágicas

Para efeitos da aplicação do regime estabelecido na Parte IV da CNUDM, um Estado arquipelágico é um Estado constituído totalmente por um ou vários arquipélagos, podendo incluir outras ilhas para além das que fazem parte dos arquipélagos. Esta definição, contida no artigo 46º, alínea a), da CNUDM é complementada pela definição de arquipélago, contida na alínea b) do mesmo artigo. "Arquipélago" significa, assim, um grupo de ilhas, incluindo parte de ilhas, as águas circunjacentes e outros elementos naturais, que estejam tão estreitamente relacionados entre si que essas ilhas, águas e outros elementos naturais formem intrinsecamente uma unidade geográfica, económica e política ou que historicamente tenham sido considerados como tal.

A qualificação, nos termos previstos na alínea a) do artigo 46º da CNUDM, de um Estado como arquipelágico é condição necessária, mas não suficiente para que o referido Estado possa traçar linhas de LBA. É necessário que esse traçado cumpra, de facto, um conjunto de regras e testes, estabelecidos nos vários números do artigo 47º. O primeiro desses textos impõe a existência de uma razão entre as superfícies marítima e terrestre, incluindo os atóis, que se situe entre 1 para 1 e 9 para 1. Uma razão menor que 1 para 1 impede que ilhas de grandes dimensões como o Reino Unido, Nova Zelândia, Cuba, Madagáscar tracem um perímetro de LBA à sua volta. Uma razão maior que 9 para 1 impede a adoção deste tipo de traçado por Estados constituídos por várias ilhas dispersas e de pequena dimensão, tais como Kiribati e Tuvalu[105]. As referidas regras impõem ainda que as ilhas principais tenham que ficar incluídas no referido traçado. O comprimento máximo das linhas de base não deve exceder as 100 M, sendo admissível que até 3% do número total de LBA possa exceder esse comprimento, até um máximo de 125 M.

À semelhança do que sucede em relação à costa com as LBR traçadas em conformidade com o artigo 7º, também o traçado de LBA não deve afastar-se consideravelmente da configuração geral do arquipélago. As LBA também não deverão ser traçadas em direção a baixios a descoberto, nem a partir deles, a não ser que sobre os mesmos tenham sido construídos faróis ou instalações análogas, ou quando o baixio a descoberto esteja total ou parcialmente situado a uma distância da ilha que não exceda a largura do mar territorial. As LBA não podem ser traçadas de modo a separar do alto mar ou de uma ZEE o mar territorial de outro Estado. O Estado arquipelágico deve indicar claramente o traçado das LBA em cartas de escala adequada ou, alternativamente,

[105] Tanaka. The International Law of the Sea. p. 113.

publicar uma lista de coordenadas geográficas dos pontos de e para onde as linhas são traçadas. As disposições convencionais dão flexibilidade suficiente para o Estado arquipelágico traçar as LBA num único sistema, ou em vários, desde que, conforme mencionado no artigo 46º, esse Estado seja constituído por vários arquipélagos.

As águas que são encerradas pelas LBR designam-se, tal como referido no artigo 49º, nº 1, da CNUDM, por águas arquipelágicas e estão sujeitas à soberania do Estado arquipelágico, independentemente da sua profundidade ou distância à costa[106]. O artigo 50º da CNUDM vem ainda facultar a possibilidade de serem traçadas linhas de fecho em conformidade com os artigos 9º, 10º e 11º.

5.3. Prática dos Estados

Atualmente 20 Estados declararam LBA nos respetivos arquipélagos[107]. Contudo, no que respeita à prática internacional não deixa de relevar o número de Estados que traçaram LBA ou linhas equivalentes, em desconformidade com a CNUDM. Num primeiro grupo podem ser indicados Estados que, não sendo considerados arquipelágicos nos termos do artigo 46º da CNUDM por não serem exclusivamente insulares, traçaram LBR unindo pontos exteriores dos respetivos arquipélagos. Entre estes encontram-se, apenas para referir alguns, Portugal (Açores e Madeira), Espanha (Canárias), Noruega (Hopen, Bjørnøya, Kong Karls Land, Kvitøya, e Jan Mayen), Equador (Galápagos), Reino Unido (Turks e Caicos, South Georgia). Outros Estados traçaram LBA em desconformidade com a CNUDM, como é o caso das ilhas de Kiribati, Marshall e Salomão, que apresentam mais que um sistema de LBA, Tuvalu por não cumprir a razão mínima de 1/9 entre a superfície emersa das ilhas e a área encerrada pelas LBA, Papua Nova Guiné, por apresentar LBA com comprimento superior a 125 M, entre outros.

5.4. Jurisprudência internacional

Um aspeto importante para a análise dos traçados de LBR ou LBA tem a ver com o regime jurídico que é aplicável a esse traçado em função da situação político-geográfica correspondente a cada arquipélago. No Caso *Qatar/Bahrain* o TIJ defendeu a necessidade de o estatuto de águas arquipelágicas ser especificamente invocado pelo Estado costeiro para que aquele regime jurídico lhe

[106] Symmons. The Maritime Zones... pp. 68 a 80.

[107] Baumert and Melchior, "The Practice of Archipelagic States." Tabela 1, p. 63.

seja aplicável [108]. Isto significa que, perante um traçado de linhas de base que una diversas ilhas, mesmo que o Estado em causa cumpra todos os critérios anteriormente indicados há que averiguar se o Estado em causa qualificou expressamente esse traçado como arquipelágico. Se não o fizer, refere o TIJ, as regras aplicáveis são as constantes no artigo 7º a 14º da CNUDM. Relativamente aos casos em que os Estados traçam LBR em arquipélagos de Estados que não são exclusivamente constituídos por ilhas, recorda-se o mencionado *supra*[109] relativamente ao Caso Filipinas/China.

[108] Caso *Qatar/Bahrain: "[t]he method of straight baselines is applicable only if the State has declared itself to be an archipelagic State under Part IV of the 1982 Convention on the Law of the Sea, which is not true of Bahrain in this case"*. Racional nos parágrafos 180 a 183, conclusão transcrita, no parágrafo 214.
[109] Cfr. 3.5.

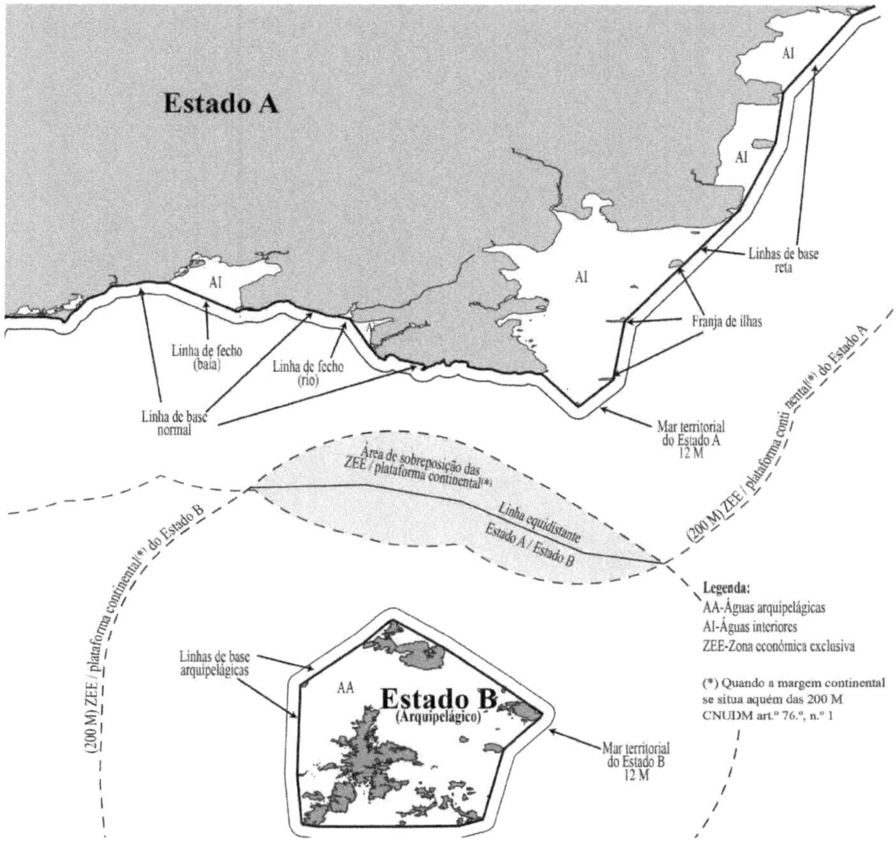

Figura 1 – Esquema genérico com os diversos tipos de linhas de base.

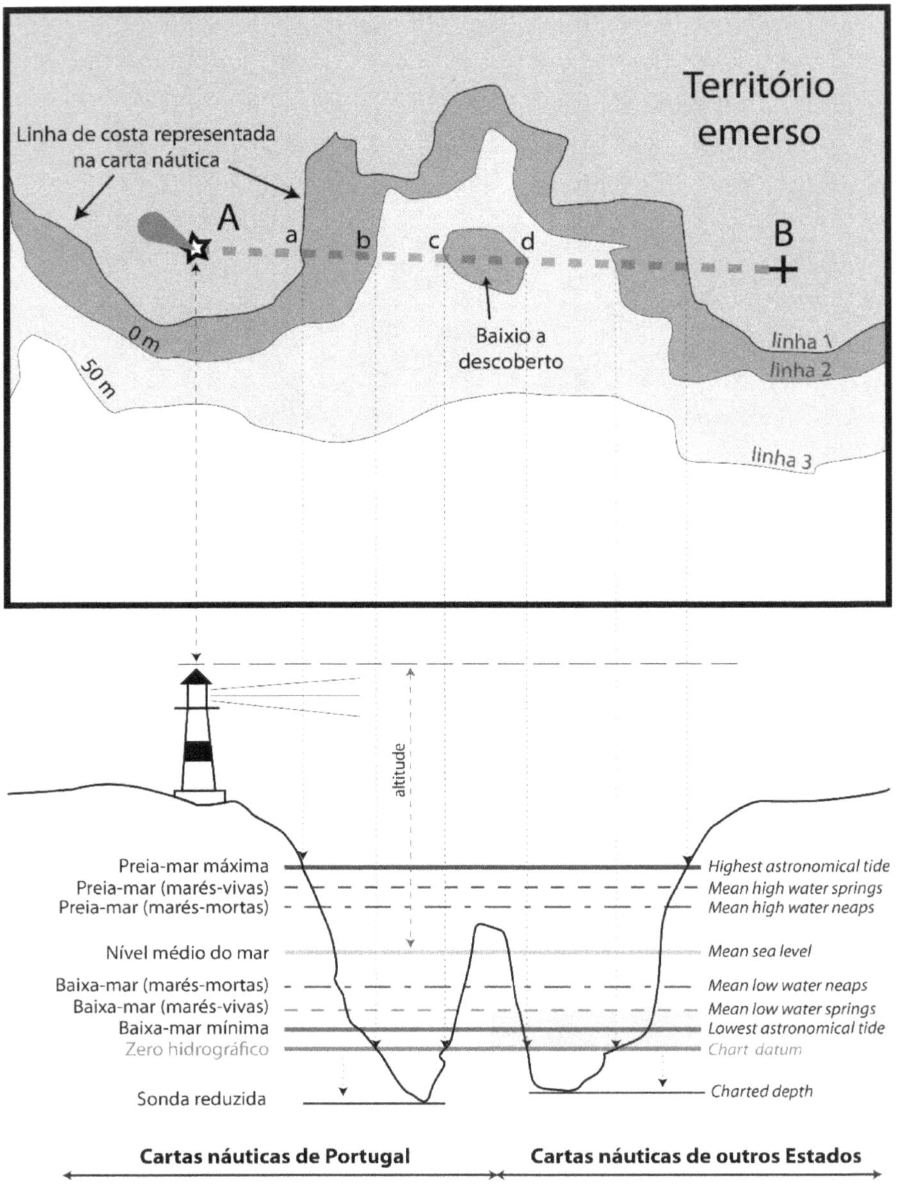

Figura 2 – Representação das referências cartográficas e geodésicas.

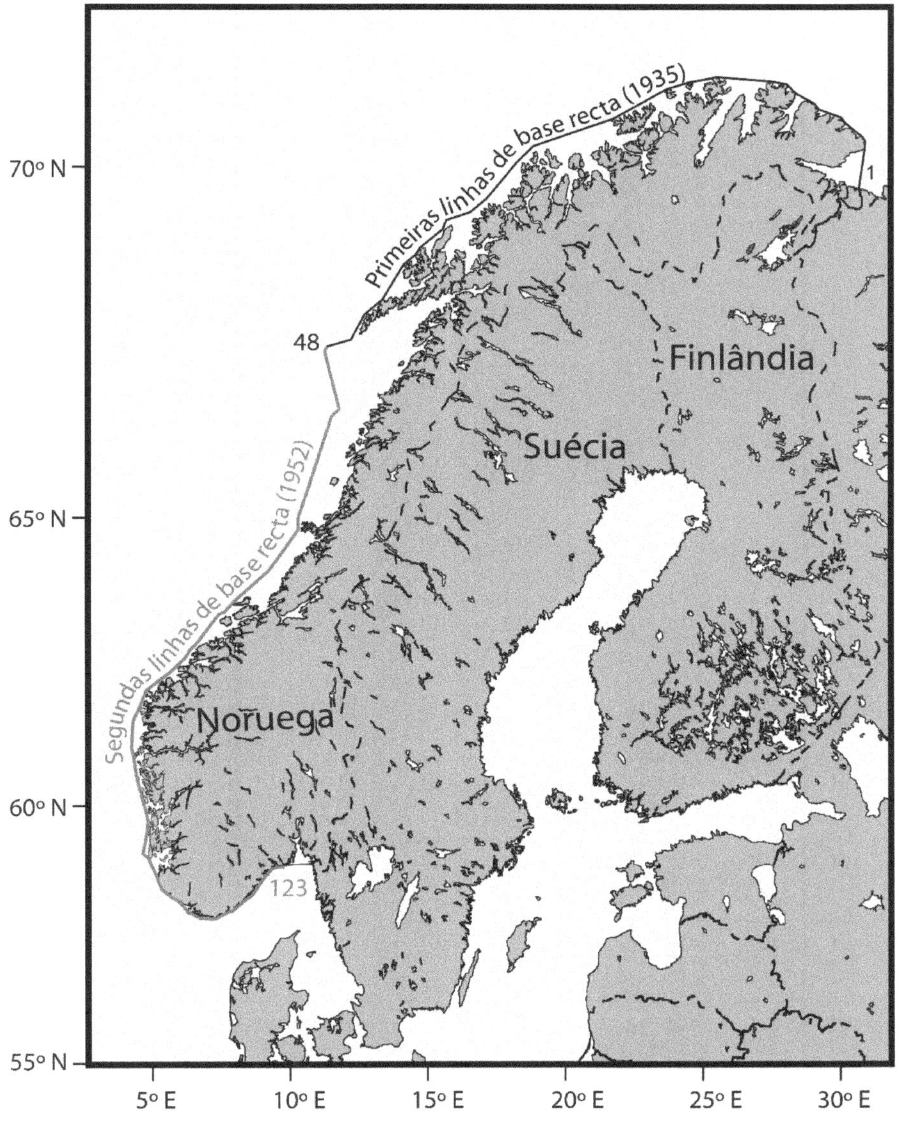

Figura 3 – Linhas de base reta na costa da Noruega.

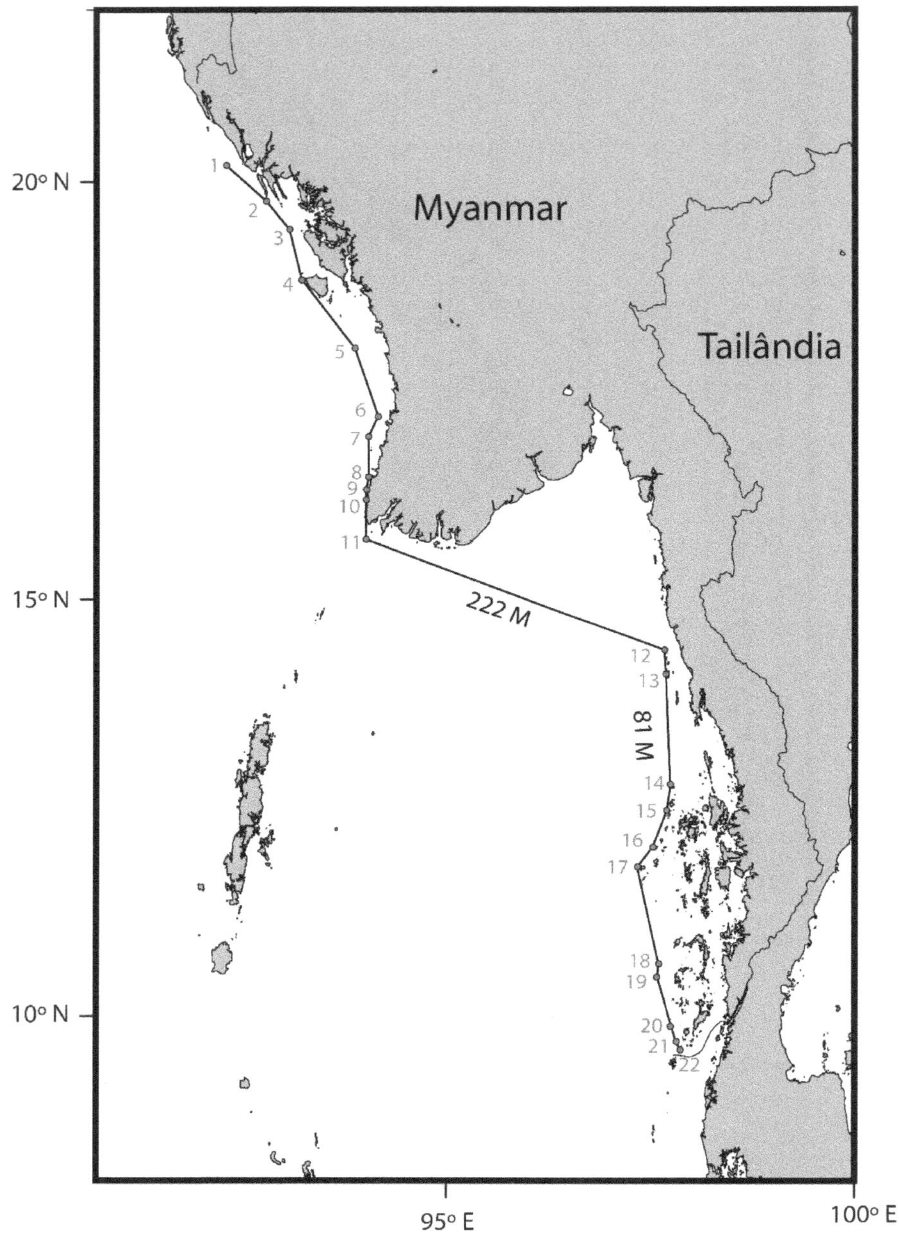

Figura 4 – Linhas de base reta de Myanmar.

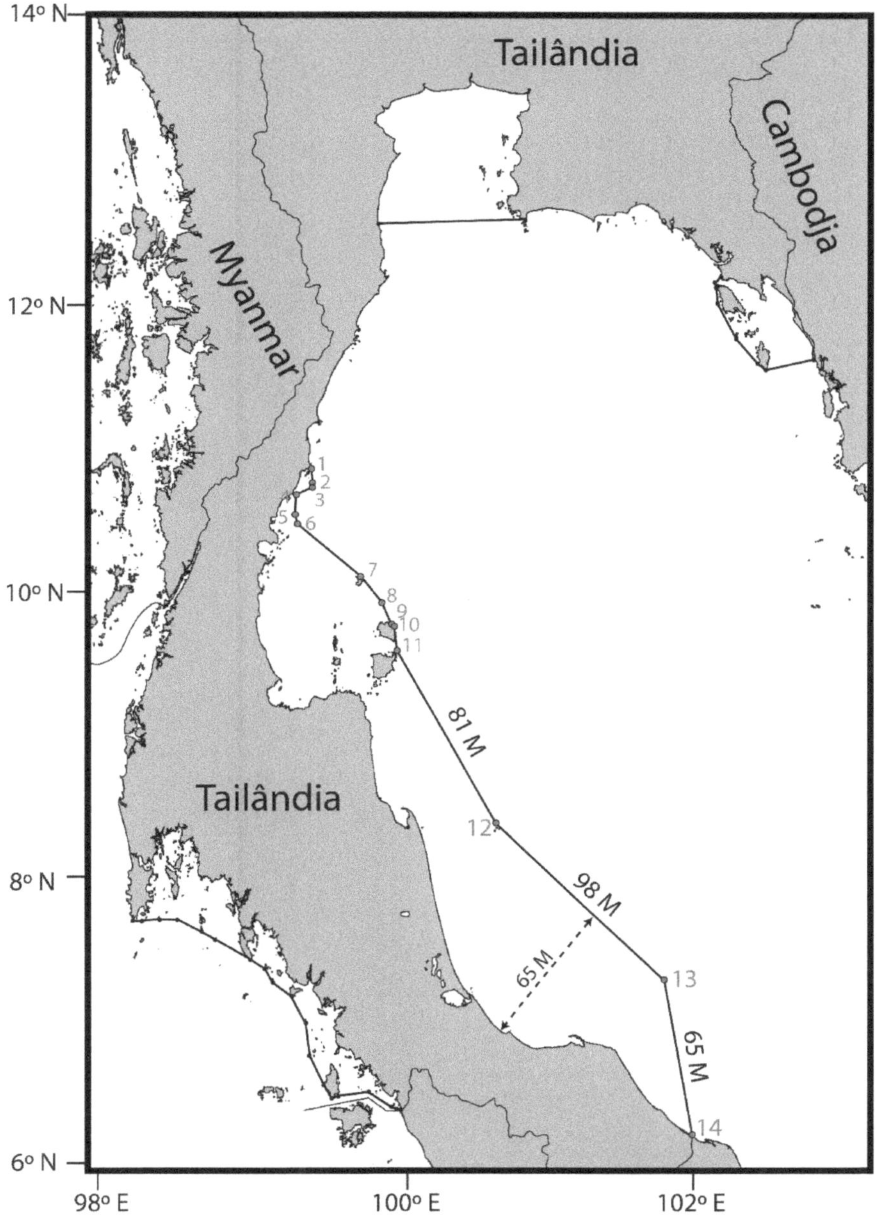

Figura 5 – Linhas de base reta da Tailândia.

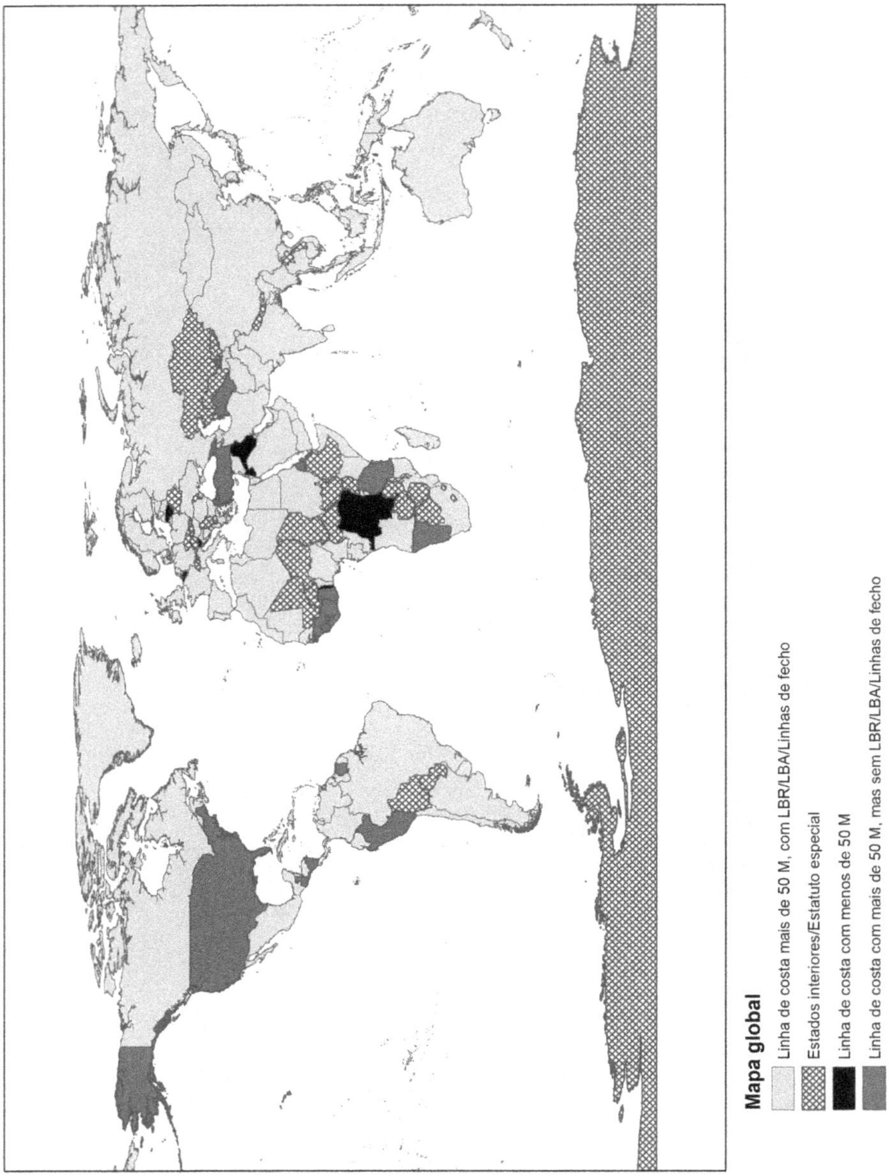

Figura 6 – Estados com LBR, com linhas de costa superiores a 50 M.
(Adaptado graficamente a partir de Campos e Coelho, "A Delimitação Dos Espaços Marítimos das Ilhas e dos Rochedos.", Figura 1)

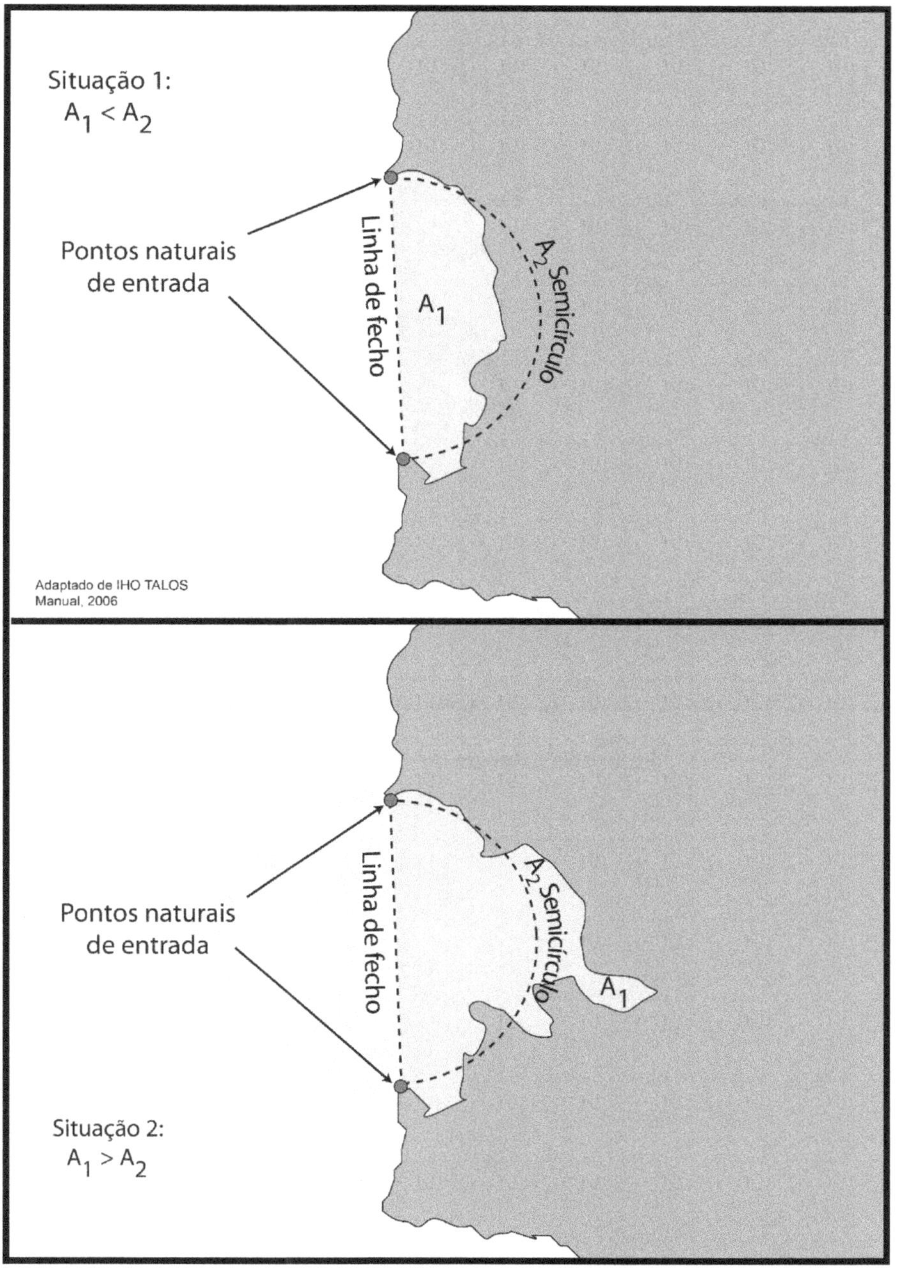

Figura 7 – Teste do semicírculo.

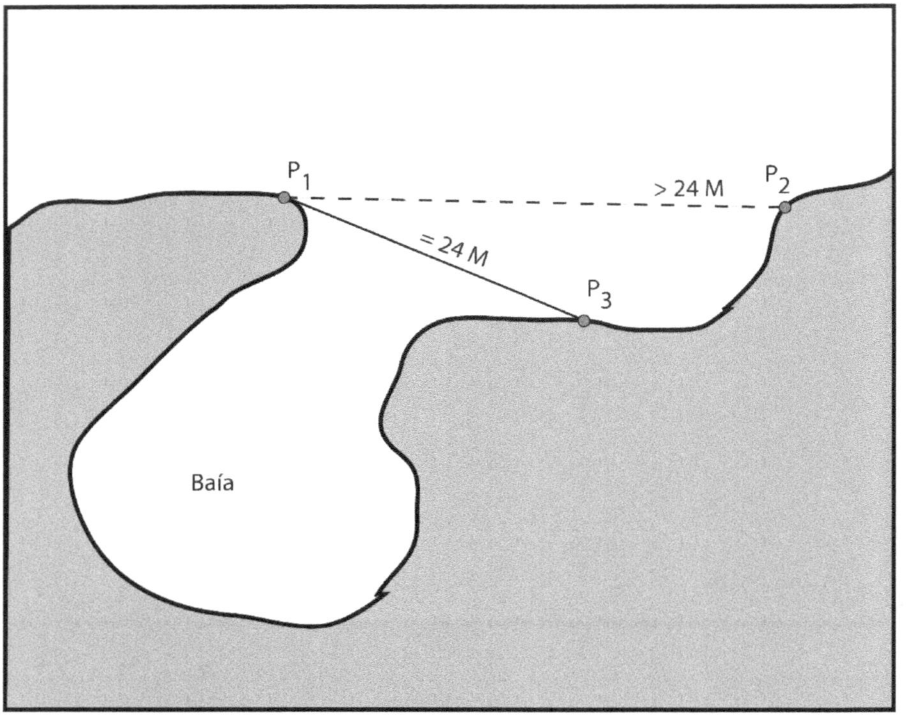

Figura 8 - Traçado das linhas de fecho.

3
COMENTÁRIO À PARTE II
MAR TERRITORIAL E ZONA CONTÍGUA

Fátima Castro Moreira[1]

Resumo: A apropriação pelos Estados costeiros das zonas marítimas adjacentes não constitui novidade e é prática há muito assente no direito do mar. Estas apropriações e/ou reivindicações não foram – no entanto – semelhantes entre os Estados, registando-se, principalmente na segunda metade do século XX diferenças relevantes na natureza e extensão das reivindicações do espaço marítimo designado "mar territorial". Estas diferenças foram ultrapassadas na III Conferência das Nações Unidas sobre Direito do Mar. A aprovação do texto final da Convenção das Nações Unidas sobre Direito do Mar, de 1982, colocou um ponto final nos limites exteriores do mar territorial ao fixar o seu limite máximo nas 12 milhas. Este capítulo refere-se a esse espaço marítimo e à Zona Contígua, e aprofunda a extensão dos direitos que o Estado costeiro exerce nestes espaços marítimos e o modo como estes direitos se relacionam com o direito de passagem inofensiva e os direitos e deveres de Estados terceiros.

Palavras-chave: mar territorial, zona contígua, passagem inofensiva.

Abstract: The appropriation by coastal States of adjacent maritime zones is not new and is a long-established practice in the Law of the Sea. These appropriations and/or claims have not – however – been similar among States, with relevant differences in the nature and extent of claims to the maritime space designated as 'territorial sea' being registered mainly in the second half of the 20th century. These differences were overcome at the Third United Nations Conference on the Law of the Sea. The approval of the final text of the 1982 United Nations Convention on the Law of the Sea put an end to the outer limits of the territorial sea by setting its ceiling at 12 miles. This chapter refers to

[1] Professora Auxiliar do Departamento de Direito da Universidade Portucalense-Infante D. Henrique e Investigadora do IJP-Instituto Jurídico Portucalense.

this maritime space and the Contiguous Zone, and elaborates on the extent of the rights that the coastal State exercises in these maritime spaces and how these rights relate to the right of innocent passage and the rights and duties of third States.

Keywords: territorial sea, contiguous zone, innocent passage.

1. Apresentação

A Parte II da Convenção das Nações Unidas sobre Direito do Mar (CNUDM) refere-se ao mar territorial e à zona contígua e desdobra-se em trinta e um artigos, divididos por quatro secções: disposições gerais, limites do mar territorial, regime da passagem inofensiva sobre o mar territorial, e zona contígua. O presente comentário analisa a primeira, terceira e quarta secções tendo sido as linhas de base objeto de comentário no Capítulo anterior[2].

Observa-se que a Parte II não é exaustiva no que à abordagem do regime do Mar Territorial concerne, sendo necessário completar o tema com outras disposições relevantes, como as encontradas na Parte XII[3], concretamente os artigos 211º, 218º e 220º, relativos a aspetos concretos da passagem inofensiva, ou na Parte XIII[4], especialmente o artigo 245º. Controvérsias sobre a interpretação ou aplicação desta Parte são abordadas na Parte XV, sendo relevante a análise dos artigos 297º, nº 1 e 298º.

Na sua maioria os artigos constantes da Parte II decorrem de um processo consuetudinário construído ao longo dos séculos – por força dos fatores temporais e tecnológicos – incorporado na letra da CNUDM. No entanto, e como observa Nordquist, a evolução deste longo processo consuetudinário permite também concluir que este costume possa avançar noutras direções, atualizando-se[5].

2. Definição, regime e limites do Mar Territorial

Podemos definir o mar territorial como uma estreita faixa de mar que se estende desde as linhas de base do Estado costeiro ou arquipélago em direção ao mar[6]. O conceito de território de um Estado estende-se às águas interiores

[2] O comentário à segunda seção poderá ser encontrado no comentário de Paulo Neves Coelho, a p. 59 e ss.

[3] Cf. Capítulo 14.

[4] Cf. Capitulo 16.

[5] Nordquist, Myron H. et al., *United Nations Convention on the law of the Sea* 1982, III, Martinus Nijhoff Publishers, 1995, p. 58

[6] Noyes, John E. "The Territorial Sea and Contiguous Zone", in Donald R Rothwell, Alex G Oude Elferink, Karen Scott, Tim Stephens (Eds.), *The Oxford Handbook of the Law of the Sea*, Oxford University Press, Kindle Edition, 2015, p. 91.

e ao seu mar territorial, assim como ao espaço aéreo sobre o seu território, que lhe estão imediatamente adjacentes[7]. O território marítimo é um elemento essencial inseparável do território terrestre[8], sendo reconhecido o princípio geral de direito de que as águas dependentes do território do Estado lhe pertencem *ipso facto*[9], ou de que a terra domina por intermédio das suas costas e litoral adjacente[10]. O termo "mar territorial" não deve ser confundido com "águas territoriais", não obstante terem ambos sido, durante largos anos, utilizados de forma indiferenciada pela prática estadual, jurisprudência e doutrina, na medida em que o último é mais abrangente e inclui as águas interiores[11].

O regime jurídico do mar territorial vem consagrado nos artigos 2º e seguintes da CNUDM. O artigo 2º, tem a seguinte redação:

> 1. A soberania do Estado costeiro estende-se além do seu território e das suas águas interiores e, no caso de Estado arquipélago, das suas águas arquipelágicas, a uma zona de mar adjacente designada pelo nome de mar territorial.
> 2. Esta soberania estende-se ao espaço aéreo sobrejacente ao mar territorial, bem como ao leito e ao subsolo deste mar.
> 3. A soberania sobre o mar territorial é exercida em conformidade com a presente Convenção e as demais normas de direito internacional.

[7] Castro Moreira, Fátima. "Direito do Mar", in José Alberto Azeredo Lopes (Ed.), *Regimes Jurídicos Internacionais*, I, Universidade Católica Editora, 2020, pp. 426-527.

[8] *The Grisbådarna Case, Norway v Sweden, Award,* (1909) XI RIAA 155, (1910) XVII RGDIP 177, ICGJ 404 (PCA 1909), 23rd October 1909, Permanent Court of Arbitration [PCA], Ad Hoc – Geneva.

[9] *Dispute between Argentina and Chile concerning the Beagle Channel*, 18 February 1977, Reports of International Arbitral Awards, Volume XXI, pp.53-264, United Nations, 2006.

[10] *Continental Shelf (Libyan Arab Jamahiriya/Malta)*, Judgment, *I.C.J. Reports 1985*, p 13

[11] A Comissão para a Progressiva Codificação do Direito Internacional da Sociedade das Nações acabou por preferir o termo mar territorial, acabando por favorecer a adoção desta designação, nos termos que se reproduzem: *There was some hesitation wheter it would be better to use the term "territorial waters" or the term "territorial sea". The use of the first term, wich was employed by the preparatory Committee, may be said to be a more general and it is employed in several international Conventions.There can, however, be no doubt that this ter mis likely to lead-and indeed has led – to confusion owing the fact that is also used to indicate inland Waters, or the som total of inland waters and "territorial waters" in the restricted sense of the later term. For these reasons, the expression "territorial sea" has been adopted.*
Tal não impediu que, entre este período e a adoção da Convenção de 1958 sobre o Mar Territorial e a Zona Contígua, o termo "águas interiores" fosse incluído numa série de Resoluções da AGNU (Mais concretamente nas resoluções 374 (IV), 798 (VIII), 899 (IX), 900 (IX) e 1105 (XI)). A Comissão de Direito Internacional, ao elaborar o Projeto de Artigos da Convenção de 1958 assumiu a sua preferência pelo termo "mar territorial" em detrimento do termo "águas territoriais" que poderia gerar alguma confusão. Apesar da AGNU ter utilizado este termo na Resolução 2574A (XXIV) de 15 de dezembro de 1969, na Resolução AGNU 25750C (XXV) de 17 de dezembro de 1970 acabou por adotar a expressão mar territorial, termo que não foi objeto de controvérsia na III CNUDM. Cfr. Nordquist, *ob. cit*, pp. 55 ss.

Este artigo tem a sua origem nos artigos 1 e 2 da Convenção de 1958 sobre o Mar Territorial e a Zona Contígua (doravante CMTZC). A versão atual sofreu as influências decorrentes da Declaração de S. Domingo, de 1972[12], e das propostas que no Comité dos Fundos Marinhos, e no Sub-Comité II, foram apresentadas e discutidas até à versão final obtida na sexta sessão da Terceira Conferência das Nações Unidas sobre o Direito do Mar (III CNUDM)[13].

De um modo geral, os direitos do Estado costeiro sobre o seu mar territorial não são distintos na sua natureza dos direitos exercidos pelos Estados sobre outras partes do seu território. Já quando comparados os regimes jurídicos do mar territorial e do alto mar, observa-se uma diferença essencial na medida em que o último é baseado no princípio da liberdade de todas as nações[14].

Da letra do artigo 2º é possível retirar-se que a soberania do Estado sobre este espaço marítimo não precisa de ser reivindicada, porque a CNUDM já reconhece a extensão da sua soberania sobre o mesmo[15]. O conceito de soberania estadual estende-se às águas interiores do Estado e ao seu mar territorial, respetivo solo e subsolo, assim como ao espaço aéreo sobrejacente[16]. Como tão bem resumiu Nordquist, a soberania do Estado estende-se além do seu território terrestre *"usque ad coelum, usque ad infernos"*[17]. Mas o artigo 2º da CNUDM não é exaustivo e admite a aplicabilidade de outras normas de direito internacional[18]. Estas incluem normas consuetudinárias relativas ao uso da força, assistência humanitária, direitos humanos e outras decorrentes

[12] Nordquist, pp. 66 ss.

[13] Para uma análise mais aprofundada da evolução histórica do mar territorial, veja-se nesta obra, o capítulo I, pp. 15 ss.

[14] Nordquist, *ob. cit.*, pp. 72 s.

[15] O Juiz McNair a propósito desta defendeu que a posse sobre o mar territorial "*is not optional, not dependent upon the will of the State, but compulsory*". Cf. *Fisheries Case (United Kingdom v Norway)*, 1951, ICJ Reports 116, 160 (dissenting opinion) e Noyes, *ob. cit.*, p. 93.

[16] *Military and paramilitary Activities in and against Nicaragua* (Nicaragua v. United States of America), Merits, Judgment, *I.C.J. Reports 1986*, p. 14

[17] Cit. Nordquist, *ob. cit.*, p. 52.

[18] Em apoio desta interpretação, veja-se a posição da Comissão de Direito Internacional (doravante CDI), de 1956, sobre o texto que veio a ser incluído no artigo 2 da CNUDM (na altura artigo 1º da CMTZC) que admitia que "the limitations imposed by international law on the exercise of sovereignty in the territorial sea (...) set forth in the present articles (...) cannot (...) be regarded as exhaustive. Incidents in the territorial sea raising legal questions are also governed by the general rules of international law." 1956 ILC Report, n38, 265.
Veja-se também a posição do TIDM, para o qual a CNUDM, although (...) does not contain express provisions on the use of force in the arrest of ships, international law (...) requires that the use of force must be avoided as far as possible and, where force is unavoidable, it must not go beyond what is reasonable and necessary in the circunstamces. Considerations of humanity must apply

de organizações internacionais como a Organização Marítima Internacional (OMI)[19], de resto ao encontro da posição da CDI[20] e do Tribunal Internacional de Direito do Mar (TIDM)[21].

O regime previsto na CMTZC não definia a extensão do mar territorial, abrindo azo a diversas interpretações. Na III CNUDM fixou-se a largura máxima do mar territorial nas 12 milhas[22], conforme se percebe da leitura do artigo 3º da CNUDM. Deste artigo extrai-se o princípio de que todos os Estados, costeiros ou arquipélágicos, têm o direito de delimitar o seu mar territorial até às 12 milhas nos termos da CNUDM[23]. A fixação desta extensão nas 12 milhas foi o culminar de uma longa operação diplomática iniciada em 1930, que permitiu limitar a extensão do mar territorial nesta distância[24]. Longe vão os tempos em que os holandeses invocavam o tiro do canhão como medida de exercício de soberania[25] e apesar da reivindicação das 3 milhas ter sido a mais utilizada até meados do século passado, com a definição do novo espaço marítimo que veio a constituir a zona económica exclusiva (ZEE), os Estados acabaram por aceitar – já na III CNUDM – que o seu limite exterior se fixasse nas 12 milhas. Seguindo de perto a posição adotada pelo TIJ, o limite das 12 milhas, pela sua adoção massiva, constitui também uma regra de direito consuetudinário[26]. A CNUDM fixa um limite máximo para o mar territorial mas não identifica um limite mínimo. O limite exterior do mar territorial marca o início de outros espaços marítimos do Estado costeiro: zona

in the law of the sea, as they do in other areas of international law. *M/V 'Saiga' (Nº2) (Saint Vicent and the Grenadines v Guinea)* (Judgment) (1999) ITLOS Rep 10, 155.

19 *Vide* Noyes, *ob. cit.*, pp. 102-107.

20 Por ocasião da elaboração da Convenção sobre o Mar Territorial e Zona Contígua, de 1958, a CDI, em comentário ao artigo 1º da mesma referia que: *"the limitations imposed by international law on the exercise of sovereignty in the territorial sea (...) set for in the presente articles (...) cannot (...) be regarded as exhaustive. Incidents in the territorial sea raising legal questions are also governed by the general rules of international law."* 1956 ILC Report, 38, 265.

21 Como resume o TIDM, a CNUDM *"does not contain express provisions on the use of force in the arrest of ships, international law (...) requires that the use of force must be avoided as far as possible and, where force is unavoidable, it must not go beyond what is reasonable and necessary in the circumstances. Considerations of humanity must aplly in the law of the sea, as they do in other areas of international law." M/V Saiga (Nº 2) (Saint Vincent and the Grenadines v Guinea)* (Judgment) 1999 ITLOS Rep 10, 155.

22 Artigo 3º, da CNUDM: Todo o Estado tem o direito de fixar a largura do seu mar territorial até um limite que não ultrapasse as 12 milhas marítimas, medidas a partir de linhas de base determinadas em conformidade com a presente Convenção.

23 Noyes, *ob. cit.*, p. 93.

24 Nordquist, *ob. cit.* pp. 52 s.

25 Fulton, T. W. *The Sovereignty of the Sea*, Blackwood and Sons Edinburgh, Londres, 1976, p. 156.

26 Territorial and Maritime Dispute (Nicaragua v Colombia) (Judgment) 2012, *ICJ Reports* 624 (177).

contígua, plataforma continental e ZEE (quando reivindicada, caso contrário o limite exterior marcará o início do alto mar). A exceção ao acabado de descrever ocorre nas situações de costas frente a frente pertencentes a Estados distintos, em que a distância entre as mesmas seja inferior a 24 milhas. Nestes casos, não só o mar territorial não se poderá estender até às 12 milhas como, naturalmente, o limite exterior do mar territorial de um Estado marcará o limite exterior do mar territorial do outro Estado[27]. Já o limite interior coincidirá com as linhas de base. As águas interiores referenciadas no artigo 2º, localizam-se no interior destas linhas, e estão também sob soberania do Estado costeiro.

A soberania que o Estado detém sobre o seu mar territorial não é sinónimo de competência exclusiva sobre o mesmo[28]. Pelo artigo 2º, nº 3, percebemos que esta soberania deve ser exercida ao abrigo da CNUDM e respeitando o direito internacional[29]. Nestes termos, haverá que conciliar a soberania que o Estado detém sobre este espaço, com os direitos de navegação reconhecidos aos Estados de bandeira e as normas gerais em matéria de comércio, telecomunicações e segurança internacionais, ou mesmo questões relacionadas com direitos humanos, uso da força, poluição marítima, e a própria delimitação de fronteiras. Não obstante, há que salientar que a extensão da sua soberania ao mar territorial, permite que o Estado não tenha que mencionar de forma expressa, na sua legislação, que esta se aplica ao mar territorial, exceto – naturalmente – se as leis em causas foram caraterísticas deste espaço marítimo, de que é exemplo a legislação em matéria de navegação. Assim sendo, e em resumo, a soberania atribuída ao Estado costeiro sobre o seu mar territorial requer que o mesmo cumpra as suas obrigações e obtenha um equilíbrio entre os seus direitos, os direitos dos Estados terceiros e a comunidade internacional no seu todo[30].

O território do Estado inclui todas as ilhas e rochedos de origem natural[31]. A partir das ilhas é possível estender a soberania e delimitar o mar territorial, a ZEE e a plataforma continental. Já os rochedos apenas poderão usufruir de mar

[27] Para maiores desenvolvimentos, veja-se nesta obra, o capítulo 8.

[28] Noyes, *ob. cit.*, p. 93.

[29] A Comissão de Direito Internacional, nos trabalhos preparatórios da I CNUDM afirmava que "*the rights of the coastal State over the territorial sea do not differ in nature from the rights of sovereignty which the State exercises over parts of its territory, ... sovereignty over the territorial sea cannot be exercised otherwise than in conformity with the provisions of international law*". Cfr. ILC, Report of the International Law Comission to the General Assembley, UN DOC A/3159 (1956).

[30] Noyes, *ob. cit.*, p. 97.

[31] Artigo 121º, da CNUDM.

territorial. No que concerne aos baixios a descoberto que se localizem abaixo do nível da água na preia-mar, estes não têm direito a mar territorial[32], sem prejuízo de poderem ser utilizados para efeitos de delimitação nos casos em que os mesmos "se encontre(m), total ou parcialmente, a uma distância do continente ou de uma ilha que não exceda a largura do mar territorial"[33]. Também as ilhas artificiais, instalações e estruturas, incluindo as instalações e equipamento de investigação científica no meio marinho, não têm mar territorial próprio[34]. Situação interessante é a que respeita aos ancoradouros utilizados habitualmente para carga, descarga e fundeio de navios, os quais estariam normalmente situados, inteira ou parcialmente, fora do traçado geral do limite exterior do mar territorial, mas são considerados como fazendo parte do mar territorial[35]. De todo o modo e apesar de fazerem parte do mar territorial, estes ancoradouros não comportam – em si mesmos – o direito a mar territorial[36].

3. O Direito de Passagem Inofensiva

A terceira seção da Parte II debruça-se sobre o regime subjacente à passagem inofensiva sobre o mar territorial e divide-se em três subsecções: a subseção A – que se aplica a todos os navios -, a subseção B – que se aplica aos navios mercantis e aos navios do Estado utilizados para fins comerciais – e a subseção C – que se aplica aos navios de guerra e a outros navios do Estado utilizados para fins não comerciais[37].

3.1. Enquadramento

Este direito decorre do princípio da liberdade de navegação, reconhecido pelo menos desde 1758, e generalizadamente adotado desde meados do séc. XIX[38], sendo reconhecido pela CMTZC e consagrado pela CNUDM. O regime-regra pressupõe que este direito de passagem inofensiva se estenda a todos os navios

[32] Noyes, *ob. cit.*, p. 95

[33] Artigos 13º e 47º, nº 4, da CNUDM.

[34] Artigos 60º, nº 8, e 259º, da CNUDM.

[35] Artigo 12º, da CNUDM.

[36] Noyes, *ob. cit.*, p. 95, nota 26.

[37] Nos antecedentes desta seção encontra-se seção homónima da Convenção de 1958 sobre o Mar Territorial e a Zona Contígua, denominada "Direito de Passagem Inofensiva", a qual decorre dos trabalhos desenvolvidos pela Segunda Comissão da Conferência de Codificação da Sociedade das Nações de 1930. Não obstante os limites acordados para este espaço marítimo, assim como a definição e limites de outros espaços marítimos sob soberania e jurisdição do Estado costeiro, obrigaram a uma revisão e atualização do seu conteúdo. Cfr. Nordquist, p. 53.

[38] Castro Moreira, *ob. cit.*, a pp. 429 e ss.

e aplica-se, de uma forma geral ao mar territorial, e em casos excecionais, às águas interiores[39]. Este direito estende-se aos estreitos internacionais, nos termos do artigo 45º, e às águas arquipelágicas, nos termos do artigo 52º, ambos da CNUDM. Mas o regime consagrado é distinto.

De facto, uma das maiores dificuldades da III CNUDM foi a de decidir se o regime previsto na Parte II se deveria aplicar a todas as zonas do mar territorial, ou se deveria ser feita uma distinção em relação à passagem por estreitos internacionais e águas arquipelágicas que se pudessem enquadrar neste espaço marítimo. Na terceira sessão os regimes foram autonomizados dando origem a regimes distintos[40]. Deste modo, os direitos de navegação sobre o mar territorial variam em função de caraterísticas geográficas, sendo o regime de direitos de Estados terceiros nos estreitos internacionais proporcionalmente mais amplo do que o direito de passagem inofensiva pelo mar territorial. Exemplo elucidativo destas diferenças é o facto dos submarinos poderem atravessar os estreitos submersos mas, no exercício do direito de passagem inofensiva pelo mar territorial, serem obrigados a navegar à superfície e arvorar a sua bandeira[41/42].

3.2. Âmbito de aplicação

Sob a epígrafe Direito de Passagem Inofensiva, o artigo 17º, da CNUDM, determina que:

> Salvo disposição legal em contrário da presente Convenção, os navios de qualquer Estado, costeiro ou sem litoral, gozarão do direito de passagem inofensiva pelo mar territorial.

O artigo 17º funciona como uma introdução à seção 3 e reconhece o princípio geral de que os navios de todos os Estados, sejam costeiros ou sem litoral, têm direito de passagem inofensiva pelo mar territorial de outros Estados. Esta disposição não se limita aos navios dos Estados Parte da CNUDM. O princípio é aplicável a todos os navios com bandeira de um Estado ou orga-

[39] O artigo 8º, nº 2 determina que "quando o traçado de uma linha de base reta (...) encerrar como águas interiores águas que anteriormente não eram consideradas como tais, aplicar-se-á a essas águas o direito de passagem inofensiva (...).

[40] A/3159, Comentário ao artigo 1, II YB ILC 1956, 253, 265.

[41] Noyes, *ob. cit.*, p. 98.

[42] Tal não significa que se o submarino não respeitar esta regra seja justificado o imediato uso da força contra o mesmo. Castro Moreira, *ob. cit.*, p. 429 ss.

nização internacional, e extensível às aeronaves que nas mesmas condições sobrevoem o espaço aéreo sobreposto a este espaço marítimo[43]. Também a inclusão de navios de guerra na expressão "navios de qualquer Estado" – "all ships" na versão inglesa – parece não oferecer atualmente muitas dúvidas. A noção de "navio de guerra" vem consagrada no artigo 29º que determina que:

> Para efeitos da presente Convenção, "navio de guerra" significa qualquer navio pertencente às forças armadas de um Estado, que ostente sinais exteriores próprios de navios de guerra da sua nacionalidade, sob o comando de um oficial devidamente designado pelo Estado cujo nome figure na correspondente lista de oficiais ou seu equivalente e cuja tripulação esteja submetida às regras da disciplina militar.

Seguindo de perto a interpretação do TIJ no caso do Estreito de Corfu[44], o navio de qualquer Estado, independentemente da sua tipologia, pode exercer "o seu direito costumeiro de passagem inofensiva (...) em tempos de paz sem necessidade de autorização prévia do Estado costeiro"[45]. Deste modo, o facto de o navio poder ser classificado como "navio de guerra" não o exclui do direito de passagem inofensiva[46]. O direito de passagem inofensiva constitui uma prática internacional consistente[47], não decorre de uma concessão do Estado costeiro[48]. Recorrendo às palavras de Jessup "*As a general principle,*

[43] Cfr. Nordquist, *ob. cit.*, pp. 156 s.

[44] *Corfu Channel case*, Judgment of April 9th, 1949, *I.C.J. Reports 1949*, p. 4.

[45] Almeida Ribeiro, Manuel de; Pereira Coutinho, Francisco. *Jurisprudência Resumida do Tribunal Internacional de Justiça (1947-2015)*, D. Quixote, 2016, p. 89.

[46] Questão distinta é a de apurar se os navios militares estrangeiros estão obrigados a informar ou requerer autorização prévia para o exercício deste direito. Esta questão será abordada infra em ...

[47] The S. S. "*Wimbledon*" (Collection of Judgements) (1923) PCIJ Series A, NºI, 17 August 1923, p 22.

[48] O enquadramento deste direito como concessão ou não concessão do Estado costeiro foi muito debatido nos anos 1950, podendo citar-se Zourek como um dos defensores da sua inclusão na esfera estadual e Fitzmaurice, Francois, Scelle e Salamanca no extremo oposto. Aparentemente académico, este debate tinha um resultado prático relevante: a necessidade ou não de notificação prévia por navio de guerra que pretendesse exercer este direito de passagem inofensiva. Analisando as diferentes perspetivas, concluímos como McLaughlin, no sentido de que este direito de passagem inofensiva parece bem sedimentado na sua natureza de costume internacional não podendo existir atualmente quaisquer dúvidas sobre a sua natureza, como demonstra a jurisprudência dos tribunais internacionais nos casos do Canal de Corfu, Nicarágua, Qatar v. Bahrain. Mc Laughlin, Rob. *United Nations Naval Peace Operations in the Territorial Sea*. Martinus Nijhoff Publishers. Leiden. Boston. 2009, 10 ss.

the right of innocent passage requires no supporting argument or citation of authority; it is firmly established in international law[49]".

Questão diversa é a de apurar se um navio militar poderá ser obrigado a informar ou solicitar autorização prévia ao Estado costeiro para exercer o seu direito de passagem inofensiva. O artigo 21º[50], enumera as matérias sobre as quais o Estado pode adotar leis e regulamentos relativos à passagem inofensiva de navios estrangeiros pelo seu mar territorial, reconhecendo que o direito à navegação pode ser equilibrado pelo direito que o Estado costeiro tem de regulamentar a passagem inofensiva através do seu mar territorial[51]. Caberá na letra deste artigo uma disposição que faça depender o exercício de passagem inofensiva pelos navios militares estrangeiros de uma informação ou solicitação prévia? Analisando os antecedentes do artigo 21º, verificamos que a questão não é nova. Na III Conferência é possível encontrar referências a esta questão a partir de 1979[52]. Numa primeira fase debateu-se a inserção no texto deste artigo de uma cláusula que permitisse aos Estados costeiros exigir a prévia notificação por navios de guerra que pretendessem

[49] Jessup, Philip Caryl. *The Law of Territorial Waters and Maritime Jurisdiction: The Nature and Extent of Civil and Criminal Jurisdiction in Marginal Seas as evidenced by Decisions of National and International Courts, Statutes, Treaties, State Papers, Text Writers, and General Principles of International Law, with Commentaries and a Proposed Code. GA Jennings*, 1927, p. 120.

[50] 1. O Estado costeiro pode adoptar leis e regulamentos, em conformidade com as disposições da presente convenção e demais normas de direito internacional, relativos à passagem inofensiva pelo mar territorial sobre todas ou alguma das seguintes matérias:
a) Segurança da navegação e regulamentação do tráfego marítimo;
b) Protecção das instalações e dos sistemas de auxílio à navegação e de outros serviços ou instalações;
c) Protecção de cabos e ductos;
d) Conservação dos recursos vivos do mar;
e) Prevenção de infracções às leis e regulamentos sobre pesca do Estado costeiro;
f) Preservação do meio ambiente do Estado costeiro e prevenção, redução e controlo da sua poluição;
g) Investigação científica marinha e levantamentos hidrográficos;
h) Prevenção das infracções às leis e regulamentos aduaneiros, fiscais, de imigração ou sanitários do Estado costeiro.
2. Tais leis e regulamentos não serão aplicados ao projecto, construção, tripulação ou equipamento de navios estrangeiros, a não ser que se destinem à aplicação de regras ou normas internacionais geralmente aceitas.
3. O Estado costeiro dará a devida publicidade a todas estas leis e regulamentos.
4. Os navios estrangeiros que exerçam o direito de passagem inofensiva pelo mar territorial deverão observar todas essas leis e regulamentos, bem como todas as normas internacionais geralmente aceitas relacionadas com a prevenção de abalroamentos no mar.

[51] Nordquist, *ob. cit.*, pp. 199 s.

[52] Nordquist, *ob. cit.*, pp. 195 ss.

atravessar o seu mar territorial. Apesar de não se registarem quaisquer alterações, seis anos depois, na nona sessão, várias delegações presentes na III CNUDM declararam que na letra do artigo 21º cabia o direito dos Estados requererem uma autorização ou notificação prévia para a passagem inofensiva de navios militares. A questão continuou a ser debatida nas sessões subsequentes sem que se registassem quaisquer alterações ao texto do artigo que permaneceu inalterado. É de salientar que por ocasião da assinatura e/ou ratificação da CNUDM vários Estados manifestaram que as disposições da CNDUM *"are without prejudice to their right to adopt measures regulating the innocent passage of warships through their territorial seas"*[53]. Mas nem todos os Estados eram da mesma opinião, tendo Itália declarado que *"none of the provisions of the Convention (...) can be regarded as entitling the coastal State to make innocent passage of particular categories of foreign ships dependente on prior consent or notification"* [54]. Na atualidade, pelo menos quarenta Estados defendem que o exercício deste direito por navios militares deve ser sujeito a informação prévia ou permissão do respetivo Estado costeiro[55]. A polémica estende-se em relação aos navios de tecnologia nuclear ou de transporte de substâncias nocivas ou perigosas[56]. Por fim, é de salientar que alguns Estados, invocando o desenvolvimento progressivo do direito internacional do ambiente, têm proibido a sua passagem ou insistido na necessidade de estes navios informarem previamente o respetivo Estado costeiro antes de entrarem no seu mar territorial[57].

De uma forma simples, haverá que aferir se o caráter inofensivo deve ser determinado através da avaliação objetiva das atividades desenvolvidas pelo Estado de bandeira e se o Estado costeiro pode insistir na necessidade de aviso prévio como condição para o exercício de passagem inofensiva. Constituindo o direito de passagem inofensiva um das " pedras angulares" [58] do direito do

[53] Cabo Verde, Egipto, Finlândia, Iémen, Irão, República Democrática do Iémen, Roménia, S. Tomé e Príncipe, Sudão e Suécia.

[54] Nordquist, *ob. cit.*, pp. 195 ss.

[55] United Nations Secretary General, Oceans and the Law of the Sea: Report of the Secretary-General, UN Doc A/59/62 (2004), 12.

[56] Tanaka dá o exemplo do Japão, que não se opõe à passagem de navios militares pelo seu mar territorial, mas considera que a passagem destes navios munidos de arsenal nuclear nunca poderá ser inofensiva. Tanaka, Yushifumi. The International Law of the Sea. Cambridge University Press. 3rd Edition. 2019. p. 95 ss. Kindle Edition.

[57] Noyes, *ob. cit.*, p. 99.

[58] Hakapää, Hari. Innocent Passage. Max Planck Encyclopedia of Public International Law. Oxford Public International Law. Oxford University Press. Access: 08 December 2017.

mar, este deve ser universalmente reconhecido e respeitado. Deste modo se a passagem não for prejudicial à paz, boa ordem e segurança do Estado costeiro, esta não deve ser impedida.

3.3. A definição de passagem inofensiva

O artigo 18º determina o significado e condições em que é exercida a passagem[59] e o artigo 19º determina as condições em que a passagem é inofensiva[60].

O artigo 19º esclarece as situações em que a passagem é inofensiva pela negativa. Ou seja, indica as condições em que esta não pode ser considerada como inofensiva, deixando ao intérprete a possibilidade de recorrer à interpretação enunciativa para concluir que nas situações não identificadas pelo

[59] 1. «Passagem» significa a navegação pelo mar territorial com o fim de:
a) Atravessar esse mar sem penetrar nas águas interiores nem fazer escala num ancoradouro ou instalação portuária situada fora das águas interiores;
b) Dirigir-se para as águas interiores ou delas sair ou fazer escala num desses ancoradouros ou instalações portuárias.
2. A passagem deverá ser contínua e rápida. No entanto, a passagem compreende o parar e o fundear, mas apenas na medida em que os mesmos constituam incidentes comuns de navegação ou sejam impostos por motivos de força maior ou por dificuldade grave ou tenham por fim prestar auxílio a pessoas, navios ou aeronaves em perigo ou em dificuldade grave.

[60] 1. A passagem é inofensiva desde que não seja prejudicial à paz, à boa ordem ou à segurança do Estado costeiro. A passagem deve efectuar-se em conformidade com a presente convenção e demais normas de direito internacional.
2. A passagem de um navio estrangeiro será considerada prejudicial à paz, à boa ordem ou à segurança do Estado costeiro se esse navio realizar, no mar territorial, alguma das seguintes actividades:
a) Qualquer ameaça ou uso da força contra a soberania, a integridade territorial ou a independência política do Estado costeiro ou qualquer outra acção em violação dos princípios de direito internacional enunciados na Carta das Nações Unidas;
b) Qualquer exercício ou manobra com armas de qualquer tipo;
c) Qualquer acto destinado a obter informações em prejuízo da defesa ou da segurança do Estado costeiro;
d) Qualquer acto de propaganda destinado a atentar contra a defesa ou a segurança do Estado costeiro;
e) O lançamento, pouso ou recebimento a bordo de qualquer aeronave;
f) O lançamento pouso ou recebimento a bordo de qualquer dispositivo militar;
g) O embarque ou desembarque de qualquer produto, moeda ou pessoa com violação das leis e regulamentos aduaneiros, fiscais, de imigração ou sanitários do Estado costeiro;
h) Qualquer acto intencional e grave de poluição contrá- rio à presente convenção;
i) Qualquer actividade de pesca;
j) A realização de actividades de investigação ou de levantamentos hidrográficos;
k) Qualquer acto destinado a perturbar quaisquer siste- mas de comunicação ou quaisquer outros serviços ou instalações do Estado costeiro;
l) Qualquer outra actividade que não esteja directamente relacionada com a passagem.

artigo 19º ocorrerá passagem inofensiva. À cabeça, esta não poderá ser prejudicial à paz, boa ordem ou segurança do Estado costeiro. Esta definição, que se poderia tornar demasiado subjetiva, é completada por uma lista de doze atividades que retiram o caráter de inofensiva à passagem.

A passagem será inofensiva se reunir os requisitos da passagem e não for prejudicial à paz, à boa ordem ou à segurança do Estado costeiro e deixará de ser inofensiva se ocorrer uma das situações previstas no artigo 19º, nº 2. Os requisitos da passagem implicam que esta seja contínua e rápida – seja o objetivo a entrada ou saída de ancoradouro ou instalação portuária ou o mero atravessar do mar territorial – e o navio estrangeiro só poderá parar ou fundear por motivos de força maior ou dificuldade grave, incidentes comuns de navegação, ou para prestar auxílio a pessoas, navios ou aeronaves em perigo ou em dificuldade grave. No exercício deste direito, devem respeitar-se todas as leis e regulamentos do Estado costeiro e as normas internacionais gerais em matéria de prevenção de abalroamento de navios[61].

3.4. Os direitos do Estado costeiro

O artigo 21º[62], da CNUDM, enumera as matérias sobre as quais o Estado pode adotar leis e regulamentos relativos à passagem inofensiva de navios estran-

[61] Cfr., *inter alia*, Convenção sobre o Regulamento Internacional para Evitar Abalroamentos no Mar, 1972 (COLREG), da Organização Marítima Internacional.

[62] 1. O Estado costeiro pode adoptar leis e regulamentos, em conformidade com as disposições da presente convenção e demais normas de direito internacional, relativos à passagem inofensiva pelo mar territorial sobre todas ou alguma das seguintes matérias:
a) Segurança da navegação e regulamentação do tráfego marítimo;
b) Protecção das instalações e dos sistemas de auxílio à navegação e de outros serviços ou instalações;
c) Protecção de cabos e ductos;
d) Conservação dos recursos vivos do mar;
e) Prevenção de infracções às leis e regulamentos sobre pesca do Estado costeiro;
f) Preservação do meio ambiente do Estado costeiro e prevenção, redução e controlo da sua poluição;
g) Investigação científica marinha e levantamentos hidrográficos;
h) Prevenção das infracções às leis e regulamentos aduaneiros, fiscais, de imigração ou sanitários do Estado costeiro.
2. Tais leis e regulamentos não serão aplicados ao projecto, construção, tripulação ou equipamento de navios estrangeiros, a não ser que se destinem à aplicação de regras ou normas internacionais geralmente aceitas.
3. O Estado costeiro dará a devida publicidade a todas estas leis e regulamentos.
4. Os navios estrangeiros que exerçam o direito de passagem inofensiva pelo mar territorial deverão observar todas essas leis e regulamentos, bem como todas as normas internacionais geralmente aceitas relacionadas com a prevenção de abalroamentos no mar.

geiros pelo seu mar territorial, reconhecendo que o direito à navegação pode ser equilibrado pelo direito que o Estado costeiro tem de regulamentar a passagem inofensiva através do seu mar territorial[63].

Incluídos nos poderes do Estado, está a possibilidade deste poder adotar a legislação necessária para regular a passagem inofensiva de navios, incluindo a adoção de leis e regulamentos em matérias de segurança de navegação e regulamentação do tráfego marinho nos termos dos artigos 21º[64], 22º[65] e 25º[66]. Considerando a natureza do direito de passagem inofensiva[67], não surpreende que o Estado costeiro esteja limitado na sua atuação, devendo dar a devida publicidade a estas leis e regulamentos[68] e às suas cartas ou listas de coorde-

[63] Nordquist, *ob. cit.*, pp. 199 s.

[64] Vide supra nota... Relevante é também o artigo 220º, nº 2, que permite que o Estado costeiro proceda à inspeção material da embarcação quando o navio estrangeiro que navegue no seu mar territorial tiver violado, em passagem pelo mesmo, as leis e regulamentos desse Estado adotados de conformidade com a CNUDM ou as regras e normas internacionais aplicáveis para prevenir, reduzir e controlar a poluição proveniente de embarcações.

[65] 1. O Estado costeiro pode, quando for necessário à segurança da navegação, exigir que os navios estrangeiros que exerçam o direito de passagem inofensiva pelo seu mar territorial utilizem as rotas marítimas e os sistemas de separação de tráfego que esse Estado tenha designado ou prescrito para a regulação da passagem de navios.
2. Em particular, pode ser exigido que os navios tanques, os navios de propulsão nuclear e outros navios que transportem substâncias ou materiais radioactivos ou outros produtos intrinsecamente perigosos ou nocivos utilizem unicamente essas rotas marítimas.
3. Ao designar as rotas marítimas e ao prescrever sistemas de separação de tráfego, nos termos do presente artigo, o Estado costeiro terá em conta: a) As recomendações da organização internacional competente; b) Quaisquer canais que se utilizem habitualmente para a navegação internacional; c) As características especiais de determinados navios e canais; e d) A densidade de tráfego.
4. O Estado costeiro indicará claramente tais rotas marítimas e sistemas de separação de tráfego em cartas marítimas a que dará a devida publicidade.

[66] 1. O Estado costeiro pode tomar, no seu mar territorial, as medidas necessárias para impedir toda a passagem que não seja inofensiva.
2. No caso de navios que se dirijam a águas interiores ou a escala numa instalação portuária situada fora das águas interiores, o Estado costeiro tem igualmente o direito de adoptar as medidas necessárias para impedir qualquer violação das condições a que está sujeita a admissão desses navios nessas águas interiores ou nessa instalação portuária.
3. O Estado costeiro pode, sem fazer discriminação de direito ou de facto entre navios estrangeiros, suspender temporariamente em determinadas áreas do seu mar territorial o exercício do direito de passagem inofensiva dos navios estrangeiros, se esta medida for indispensável para proteger a sua segurança, entre outras para lhe permitir proceder a exercícios com armas. Tal suspensão só produzirá efeito depois de ter sido devidamente tornada pública.

[67] *"vessels (...) enjoy in the territorial sea (...) the right of innocent passage accorded by customary international law". Maritime and Territorial Questions (Qatar v. Bahrain)* (Judgment) 2001, ICJ Rep 40, p. 253.

[68] Artigo 21º, nº 3.

nadas geográficas através do depósito das mesmas junto do SGNU[69], publicidade que se estende às rotas marítimas e sistemas de separação de tráfego do seu mar territorial[70], ou a quaisquer perigos de que tenha conhecimento e ameacem este espaço marinho, nos termos do artigo 24º[71].

Por outro lado, o Estado costeiro não deve colocar dificuldades à passagem inofensiva de navios estrangeiros pelo seu mar territorial ou discriminar navios de determinada nacionalidade. Esta obrigação não lhe retira o poder de suspender o direito de passagem inofensiva desde que respeite determinados pressupostos: a suspensão deve incidir sobre áreas especificas e não sobre a totalidade do mar territorial, ser temporária e indispensável para proteger a segurança do Estado, não discriminatória e previamente publicitada[72]. O Estado costeiro, também está impedido de cobrar taxas a navios estrangeiros com fundamento na sua passagem pelo mar territorial, conforme decorre do artigo 26º[73]. Finalmente, os regulamentos do Estado costeiro relativos à passagem inofensiva também não podem incidir sobre o projeto, construção, tripulação ou equipamento de navios estrangeiros, exceto se se destinarem à aplicação de regras ou normas internacionalmente aceites[74].

No que concerne aos navios mercantis que se encontram no seu mar territorial, o Estado costeiro dispõe de um vasto leque de competências, incluindo quando estes estão a exercer o seu direito de passagem inofensiva. Assim, o

[69] Artigo 21º, nº 3.

[70] Artigo 22º, nº 4.

[71] 1. O Estado costeiro não deve pôr dificuldades à passagem inofensiva de navios estrangeiros pelo mar territorial, a não ser em conformidade com a presente Convenção. Em especial, na aplicação da presente Convenção ou de quaisquer leis e regulamentos adotados em conformidade com a presente Convenção, o Estado costeiro não deve:
a) Impor aos navios estrangeiros obrigações que tenham na prática o efeito de negar ou dificultar o direito de passagem inofensiva; ou
b) Fazer discriminação de direito ou de facto contra navios de determinado Estado ou contra navios que transportem cargas provenientes de determinado Estado ou a ele destinadas ou por conta de determinado Estado.
2. O Estado costeiro dará a devida publicidade a qualquer perigo de que tenha conhecimento e que ameace a navegação no seu mar territorial.

[72] Artigo 25º, nº 3. O artigo 25º deve ser completado com as medidas de segurança costeira especificadas no Código Internacional de Segurança de Navios e Instalações Portuárias, da OMI.

[73] 1. Não podem ser impostas taxas a navios estrangeiros só com fundamento na sua passagem pelo mar territorial.
2. Não podem ser impostas taxas a um navio estrangeiro que passe pelo mar territorial a não ser como remuneração de determinados serviços prestados a esse navio. Estas taxas devem ser impostas sem discriminação.

[74] Artigo 16º, nº 2.

Estado dispõe de jurisdição penal, civil, administrativa e legislativa. Estas competências tornam-se mais limitadas em relação aos navios de guerra e outros navios estaduais utilizados para fins não comerciais. E se os artigos que temos vindo a referir mencionam a capacidade administrativa e legislativa, os artigos 27.º[75] e 28.º[76], da CNUDM, determinam os termos da jurisdição penal e civil.

[75] 1. A jurisdição penal do Estado costeiro não será exercida a bordo de navio estrangeiro que passe pelo mar territorial com o fim de deter qualquer pessoa ou de realizar qualquer investigação, com relação a infracção criminal cometida a bordo desse navio durante a sua passagem, salvo nos seguintes casos:
a) Se a infracção criminal tiver consequências para o Estado costeiro;
b) Se a infracção criminal for de tal natureza que possa perturbar a paz do país ou a ordem no mar territorial;
c) Se a assistência das autoridades locais tiver sido solicitada pelo capitão do navio ou pelo representante diplomático ou funcionário consular do Estado de bandeira; ou
d) Se essas medidas forem necessárias para a repressão do tráfico ilícito de estupefacientes ou de substâncias psicotrópicas.
2. As disposições precedentes não afectam o direito do Estado costeiro de tomar as medidas autorizadas pelo seu direito interno, a fim de proceder a apresamento e investigações a bordo de navio estrangeiro que passe pelo seu mar territorial procedente de águas interiores.
3. Nos casos previstos nos n.os 1 e 2, o Estado costeiro deverá, a pedido do capitão, notificar o representante diplomático ou o funcionário consular do Estado de bandeira antes de tomar quaisquer medidas e facilitar o contacto entre esse representante ou funcionário e a tripulação do navio. Em caso de urgência, esta notificação poderá ser feita enquanto as medidas estiverem sendo tomadas.
4. Ao considerar se devem ou não proceder a um apresamento e à forma de o executar, as autoridades locais devem ter em devida conta os interesses da navegação.
5. Salvo em caso de aplicação das disposições da parte XII ou de infracção às leis e regulamentos adoptados de conformidade com a parte V, o Estado costeiro não poderá tomar qualquer medida a bordo de um navio estrangeiro que passe pelo seu mar territorial, para a detenção de uma pessoa ou para proceder a investigações relacionadas com qualquer infracção de carácter penal que tenha sido cometida antes de o navio ter entrado no seu mar territorial, se esse navio, procedente de um porto estrangeiro, se encontrar só de passagem pelo mar territorial sem entrar nas águas interiores.

[76] 1. O Estado costeiro não deve parar nem desviar da sua rota um navio estrangeiro que passe pelo mar territorial, a fim de exercer a sua jurisdição civil em relação a uma pessoa que se encontre a bordo.
2. O Estado costeiro não pode tomar contra esse navio medidas executórias ou medidas cautelares em matéria civil, a não ser que essas medidas sejam tomadas por força de obrigações assumidas pelo navio ou de responsabilidades em que o mesmo haja incorrido, durante a navegação ou devido a esta quando da sua passagem pelas águas do Estado costeiro.
3. O parágrafo precedente não prejudica o direito do Estado costeiro de tomar, em relação a um navio estrangeiro que se detenha no mar territorial ou por ele passe procedente das águas interiores, medidas executórias ou medidas cautelares em matéria civil conforme o seu direito interno.

De uma leitura dos mesmos, resultam algumas dificuldades na determinação dos limites desta jurisdição penal e civil. O Estado – por princípio – não terá jurisdição penal, exceto nas circunstâncias previstas no artigo 27º, nº 1. E mesmo quando a tiver, ao ponderar ou proceder a um apresamento, as autoridades do Estado costeiro devem efetuar um juízo de razoabilidade que tenha em conta os interesses da navegação[77]. A jurisdição do Estado costeiro é mais extensa quando o navio estrangeiro se dirige para um porto do Estado ou sai do mesmo do que em relação a uma mera travessia do mar territorial[78]. Não obstante, o facto da CNUDM atribuir jurisdição ao Estado não significa que este a pretenda exercer. Por exemplo, se o facto – e os respetivos efeitos – se circunscreverem ao navio de bandeira estrangeira, o Estado pode ter alguma relutância em exercer a sua jurisdição[79]. Muitas vezes, as questões mais sensíveis, como o tráfico de estupefacientes, são objeto de acordo ou tratado bilateral entre Estados, definindo-se os termos em que a jurisdição é exercida, com a permissão de navios governamentais estrangeiros entrarem no mar territorial de um Estado, que não o seu, para averiguarem situações suspeitas ou perseguirem navios suspeitos de ilícitos[80]. Matéria sensível é também a que respeita à compatibilização entre a jurisdição do Estado, os direitos de navegação e as normas internacionais em matéria ambiental, como as que decorrem da Parte XII da CNUDM. Neste domínio, releva a competência legislativa do Estado costeiro em matérias de prevenção, redução e controlo da poluição do meio marinho proveniente de embarcações estrangeiras, incluindo as que estejam a exercer o direito de passagem inofensiva[81] e a possibilidade de, mediante a devida publicidade e comunicação à organização internacional competente, condicionar a admissão de embarcações estrangeiras nos seus portos, águas interiores e terminais, com a adoção de requisitos especiais destinados a prevenir, reduzir e controlar a poluição do meio marinho[82]. Também o alijamento no mar territorial está dependente do consentimento expresso prévio do respetivo Estado costeiro[83].

Quando for possível subsumir a passagem dos navios mercantis estrangeiros às circunstâncias do artigo 19º, em que a passagem não é inofensiva, o

[77] Artigo 27º, nº 4 da CNUDM.

[78] Artigos 25º, nº 2, 27º, nº 2 e 28º, nº 3 da CNUDM.

[79] Noyes, *ob. cit.*, p. 100.

[80] Noyes, *ob. cit.*, p. 113.

[81] Artigo 211º, 4.

[82] Artigo 211º, 3.

[83] Artigo 210º, 5. Este direito estende-se também aos outros espaços marítimos sob jurisdição nacional.

Estado terá completa jurisdição, mesmo que não a exerça na sua plenitude[84], sendo estes navios equiparados a navios ancorados num porto[85]. No mais, realça-se que o Estado costeiro poderá tomar as medidas necessárias para evitar a passagem não inofensiva e que os navios que incorram na mesma podem ser expulsos do seu mar territorial, sem prejuízo das obrigações decorrentes da CNUDM.

Já no que toca aos navios de guerra, por força do artigo 32º[86], estes beneficiam de imunidade dentro deste espaço marítimo. Tal significa que não podem ser objeto de arresto, apresamento ou visita, o que não impede o Estado costeiro de poder exigir aos navios de guerra que violem as suas leis e regulamentos do Estado costeiro que saiam imediatamente do seu mar territorial conforme se lê nos artigos 30º[87] e 31º[88].

4. As Águas Interiores

Conforme decorre do artigo 8º, da CNUDM:

> 1. Excetuando o disposto na parte IV, as águas situadas no interior da linha de base do mar territorial fazem parte das águas interiores do Estado.
>
> 2. Quando o traçado de uma linha de base reta, em conformidade com o método estabelecido no artigo 7º, encerrar, como águas interiores, águas que anteriormente não eram consideradas como tais, aplicar-se-á a essas águas o direito de passagem inofensiva, de acordo com o estabelecido na presente Convenção.

O artigo 8º, da CNUDM, define as águas interiores como aquelas "situadas no interior da linha de base do mar territorial". Esta definição não se aplica à Parte IV – Estados arquipelágicos. Tanaka refere a inclusão nestas águas interiores das parcelas marítimas que se localizam ao longo da costa até à linha de

[84] Artigos 27º, nº 2 e 28º, nº 3.

[85] Noyes, *ob. cit.*, p. 102.

[86] Com as exceções previstas na subseção A e nos artigos 30º e 31º, nenhuma disposição da presente Convenção afetará as imunidades dos navios de guerra e outros navios de Estado utilizados para fins comerciais.

[87] Se um navio de guerra não cumprir as leis e regulamentos do Estado costeiro relativos à passagem pelo mar territorial e não acatar o pedido que lhe for feito para o seu cumprimento, o Estado costeiro pode exigir-lhe que saia imediatamente do mar territorial.

[88] Caberá ao Estado de bandeira a responsabilidade internacional por qualquer perda ou dano causado ao Estado costeiro resultante do não cumprimento por um navio de guerra ou outro navio do Estado utilizado para fins não comerciais das leis e regulamentos do Estado costeiro relativos à passagem pelo mar territorial ou das disposições da presente Convenção ou demais normas de direito internacional.

baixa-mar, portos e cais, estuários, águas provenientes da linha de fecho das baías, e águas delimitadas pelas linhas de base retas, e exclui das mesmas as águas que se localizam no território terrestre, os lagos, ou as águas rodeadas por território terrestre sem acesso ao mar[89].

O artigo 2º, nº 1, da CNUDM, determina que neste espaço o Estado detém plena soberania. Ao contrário do que ocorre no mar territorial, esta soberania não é limitada pelo direito de passagem inofensiva. Ainda assim, nos casos em que as águas interiores tenham sido recentemente encerradas por uma linha de base reta, o direito de passagem inofensiva deve (continuar a) existir[90].

A jurisdição civil do Estado costeiro não é por regra exercida em relação a controvérsias de natureza privada entre os membros da tripulação. Já no que concerne à jurisdição penal a doutrina divide-se. Uma parte da doutrina considera que o Estado costeiro tem plena jurisdição nos seus portos sobre os navios estrangeiros, não obstante possa abster-se de a exercer[91], e outra parte da doutrina considera exclui desta jurisdição as matérias que classifica como de competência interna dos navios[92]. A prática estadual recente permite esclarecimentos adicionais: Os navios estrangeiros que entrem num porto estão sujeitos ao Estado costeiro, que tem jurisdição criminal sobre os mesmos, mas este não exerce a sua jurisdição em matérias de disciplina interna do navio. O Estado costeiro atua quando o ilícito ocorrido a bordo do navio pode ter repercussões no porto ou em terra, por exemplo perturbando a boa ordem, ou quando é o comandante do navio ou o consulado do respetivo Estado de bandeira a requerer a sua intervenção, quando está envolvido um terceiro que não pertence à tripulação, quando o ilícito cometido a bordo do navio tem

[89] Tanaka, Yushifumi. The International Law of the Sea. Cambridge University Press. 3rd Edition. 2019. p. 95 s. Kindle Edition.

[90] *Vide* artigos 5º, nº 2, da CMTZC, e 8º, da CNUDM, e Tanaka, Yushifumi. *ob. cit.*, p. 95 s.

[91] A corrente norte-americana considera que o Estado costeiro tem jurisdição total sobre os navios estrangeiros nos seus portos, mas que por motivos de cortesia, se abstem de exercer a sua jurisdição sobre esses navios. No caso Wildenhus, de 1887, o Supremo Tribunal dos EUA considerou que "por cortesia" rodas as questões de índole disciplinar que afetassem apenas o navio deveriam ser tratadas apenas pelas autoridades da nação à qual o navio pertencesse. Para mais desenvolvimentos, *vide* Tanaka, Yushifumi. *ob. cit.*, p. 95 ss.

[92] A corrente francesa, deriva da opinião do Conselho de Estado francês nos casos Sally e Newton, de 1806. De acordo com a mesma, e em situações de disciplina interna ou infrações cometidas a bordo do navio, apenas nos casos em que a paz e a boa ordem do porto pudessem ser afetadas ou houvesse solicitação para intervenção das autoridades, é que estas poderiam intervir. No entanto, e como observa Tanaka, este parecer limitava-se a declarar que o Estado costeiro não exerceria a sua jurisdição em determinados casos, mas não negava totalmente a jurisdição do Estado territorial. Tanaka, Yushifumi. *ob. cit.*, p. 95 ss.

uma moldura penal de pena de prisão com vários anos, ou quando as medidas forem necessárias para a repressão do tráfico ilícito de estupefacientes ou substâncias psicotrópicas. Relevante para uma análise mais aprofundada poderá ser o artigo 32º, da CNUDM. No caso ARA Libertad 2012, o TIDM considerou que apesar desta disposição se inserir na Parte II da CNUDM, algumas das disposições poderiam ser aplicáveis a outros espaços marítimos, abrindo espaço à sua aplicação às águas interiores[93].

Aos navios estrangeiros de transporte de mercadorias é permitida a navegação nestas águas, estando os mesmos sujeitos à jurisdição do Estado costeiro. Em matéria de jurisdição penal, o Estado costeiro poderá ter competências decorrentes de convenções bilaterais. Também os navios em perigo, ao abrigo do direito consuetudinário poderão aceder a um porto do Estado costeiro, sem prejuízo da prática recente que tem levado alguns Estados a recusar o acesso aos seus portos a navios que possam colocar em perigo o seu ambiente marinho [94].

5. A Zona Contígua

No mar territorial o Estado costeiro tem soberania para exercer um leque significativo de competências. Não obstante, esta soberania tem os seus limites e o Estado deve respeitar a CNUDM e outras normas de direito internacional. Os poderes que o Estado dispõe na zona contígua são ainda mais limitados.

Na origem deste espaço marítimo podem encontrar-se várias referências a zonas localizadas *offshore,* não designadas de mar territorial, ou adjacentes a este, que foram designadas pelos Estados para diversos fins, que incluíam a sua segurança ou outros interesses. Esta prática era comum na América Latina[95]. Já o Reino Unido e outros Estados defendiam a posição de que o mar territorial deveria ser considerado uma faixa estreita e o espaço subsequente deveria ser incluído no Alto Mar, sem quaisquer restrições[96]. É na CMTZC que os contornos do atual regime se vêm a aprofundar, mais concretamente no artigo 24º, nº 1, no qual se baseia o atual artigo 33º da CNUDM. Existe, no entanto, uma distinção fundamental entre ambas as Convenções. Na CMTZC, este espaço correspondia a uma zona do alto mar, na CNUDM

[93] ITLOS. The "Ara Libertad" case (Argentina v. Ghana). Listo f caes: Nº.20 Provisional Measures. Order of 15 December 2012.

[94] Castro Moreira, Fátima, *ob.cit.,* p. 429 ss.

[95] The Oxford Handbook of the Law of the Sea (Oxford Handbooks). OUP Oxford. Edição do Kindle, pp. 107-111.

[96] Idem.

este espaço integra-se na Zona Económica Exclusiva (ZEE), que é um espaço sob jurisdição do Estado costeiro, podendo confundir-se com o mesmo. Não obstante, a zona contígua não se dilui na ZEE. Em primeiro lugar, na zona contígua, o Estado costeiro tem jurisdição para regular a remoção de objetos históricos e arqueológicos dos fundos marinhos[97]. Por outro lado, a ZEE diz respeito à regulação dos recursos e usos económicos deste espaço marinho, e a zona contígua releva para efeitos de questões aduaneiras, fiscais, emigratórias e sanitárias. Tendo sido um espaço desenvolvido antes da III Conferência, numa altura em que a maioria dos Estados tinha reivindicado mares territoriais inferiores às 12 milhas e não existia ZEE, alguns Estados questionaram, durante a mesma, se seria necessária a sua continuidade. Além da constatação das diferenças existentes, os Estados alegaram em favor da sua manutenção, que os avanços tecnológicos dos navios modernos, exigiam que este este espaço continuasse a existir[98].

O artigo 33º da CNUDM contém as disposições relativas a este espaço marítimo e encerra uma longa controvérsia sobre o regime jurídico subjacente ao mesmo[99]. A coluna de água sobrejacente à zona contígua não se inclui na coluna de água do mar territorial sendo contínua a esta e estendendo-se por um espaço de 12 milhas. Neste espaço contínuo ao mar territorial, os Estados podem tomar as medidas de fiscalização necessárias para evitar infrações às suas leis e regulamentos sanitários, alfandegários, fiscais e de imigração, ocorridos no seu território ou no seu mar territorial e regular a remoção de objetos históricos e arqueológicos, mas as competências que o Estado detém sobre a zona contígua são inferiores e menos extensivas que as competências relativas ao mar territorial[100], não dispondo o Estado de direitos de soberania nestas matérias nem de capacidade legislativa[101]. O catálogo de competências discriminado no artigo 33º é exaustivo e não meramente exemplificativo[102].

[97] Para uma análise mais aprofundada sobre esta temática veja-se o comentário de Mariano Aznar, no Capítulo 19 desta obra.

[98] Nordquist, *ob. cit.*

[99] Este artigo deriva do artigo 24º da Convenção sobre o Mar Territorial e Zona Contígua, de 1958, que incluía a zona contígua no Alto Mar. Na III CNUDM, com o surgimento da ZEE e a fixação dos limites exteriores máximos do mar territorial nas 12 milhas, questionava-se a necessidade de se manter este espaço marítimo.

[100] Castro Moreira, *ob. cit.*

[101] Neste sentido vide "Contiguous zone", in Alexander ProelS (Ed.) Contiguous Zone in: United Nations Convention on the Law of the Sea, A Commentary. 2017. pp 255-273. doi.org/10.5771/9783845258874-255

[102] Idem.

A interpretação da CNUDM como um todo obriga a que o Estado costeiro possa tomar as medidas de fiscalização necessárias e evitar e reprimir as infrações às leis e regulamentos que tenham ocorrido nas suas águas interiores[103]. Dificuldades adicionais poderão ser suscitadas pela definição de "medidas de fiscalização necessárias" a que alude o número 1 do artigo. Conjugando esta disposição com as decorrentes do artigo 111º, é possível concluir que estas medidas de fiscalização poderão incluir aquelas que estão previstas no direito de perseguição referido neste último artigo, podendo o Estado costeiro iniciar a perseguição no espaço da zona contígua, dar ordens de paragem ao navio perseguido, assim como apresá-lo e escoltá-lo até a um dos seus portos.

Este espaço marítimo localiza-se na ZEE do Estado costeiro, quando reivindicada, ou no alto mar, quando esta não tiver sido reivindicada. Quando estivermos perante Estados com costas adjacentes ou frente a frente, o entendimento demonstrado pela III CNUDM, parece ir ao encontro da possibilidade de sobreposição e coexistência de zonas contíguas, na medida em que o Estado não tem qualquer soberania ou direitos de soberania sobre este espaço e/ou respetivos recursos[104]. Não obstante e como observa Marques Antunes "*State practice on contiguous zone delimitation is virtually negligible*"[105].

[103] Noyes, *ob.cit.*, p. 91.

[104] Commonwealth Secretariat, Ocean Management: A Regional Perspective – The Prospects for Common- wealth Maritime Cooperation in Asia and Pacific (1984), 39; veja-se ainda Hayashi, Moritaka, Japan: New Law of the Sea Legislation, IJMCL 12 (1997), 570, 572; Leanza, Umberto, Le regime juridique international de la mediterrane RdC 236 (1994), 127, 249.

[105] Cit. Marques Antunes, Nuno. Towards the Conceptualisation of Maritime Delimitation: Legal and Technical Aspects of a Political Process. 2003, 101 s.

4
COMENTÁRIO À PARTE III
ESTREITOS UTILIZADOS PARA A NAVEGAÇÃO INTERNACIONAL

Manuel de Almeida Ribeiro[1]

Resumo: Este texto inicia-se por uma descrição das posições assumidas por diferentes Estados sobre a navegação nos estreitos utlizados pela navegação internacional, em face do alargamento generalizado da extensão do mar territorial de 3 para 12 milhas.

Esta extensão suscitou a preocupação das potências marítimas que receavam o condicionamento pelos Estados ribeirinhos da navegação em muitos espaços marítimos situados nos estreitos, que passaram a integrar o mar territorial. Por outro lado, o aumento da circulação de navios e do transporte de cargas perigosas para o meio ambiente suscitou a inclusão de medidas de proteção para evitar acidentes. Analisa-se, em traços gerais, como decorreu a negociação desta matéria na III Conferência das Nações Unidas sobre o Direito do Mar, em cada uma das suas sessões, que tiveram lugar alternadamente em Nova Iorque e Genebra.

De seguida, procede-se à análise do regime da passagem em trânsito, que resultou da Convenção das Nações Unidas sobre o Direito do Mar e da comparação deste regime com o da passagem inofensiva, que continua a aplicar-se a determinadas categorias de estreitos. Aborda-se ainda a questão de saber se a passagem em trânsito constitui direito costumeiro.

São analisadas duas situações controversas: a pilotagem obrigatória no estreito de Torres e a Passagem do Noroeste.

[1] Professor no Instituto Superior de Ciências Sociais e Políticas da Universidade de Lisboa presidente da Sociedade Portuguesa de Direito Internacional

A última parte refere-se a um estreito ao qual se aplica a passagem inofensiva não suscetível de suspensão, caso do Estreito de Messina e estreitos aos quais se aplicam regimes convencionais especiais, os estreitos dinamarqueses e os estreitos turcos.

Palavras chave: Estreitos, navegação em estreitos, III Conferência das Nações Unidas sobre o Direito do Mar, negociação internacional sobre navegação nos estreitos, passagem em trânsito, Estreito de Torres, Passagem do Noroeste, Estreito de Messina, estreitos dinamarqueses, estreitos turcos.

Abstract: This text begins with a description of the positions taken by different States on navigation in the straits used by international navigation, in view of the general expansion of the territorial sea from 3 to 12 miles.

This extension aroused the concern of the maritime powers that feared the conditioning by the coastal states of navigation in many maritime spaces located in the straits that became part of the territorial sea. On the other hand, the increase in the circulation of ships and the transport of loads that are dangerous for the environment, led to the inclusion of protection measures to avoid accidents. It is analyzed, in general terms, how the negotiation of this matter took place at the III United Nations Conference on International Law, in each of its sessions, which took place alternately in New York and Geneva.

Next, we proceed to the analysis of the regime of passage in transit, which resulted from the United Nations Convention on the Law of the Sea and the comparison of this regime with that of the inoffensive passage, which continues to apply to certain categories of straits. It also addresses the question of whether passage in transit constitutes a customary right.

Two controversial situations are analyzed: the mandatory pilotage in the Torres Strait and the Northwest Passage.

The last part refers to a strait to which the inoffensive passage not susceptible to suspension applies, as is the case of the Strait of Messina and straits to which special conventional regimes apply, the Danish straits and the Turkish straits.

Keywords: Straits, navigation in straits, III United Nations Conference on the Law of the Sea, international negotiation on navigation in straits, passage in transit, Torres Strait, Northwest Passage, Strait of Messina, Danish straits, Turkish straits.

1. Introdução

A importância dos estreitos para a navegação internacional dispensa justificação. Ao longo da história os Estados em cujas costas existiam estreitos, quer em ambas as margens, quer apenas numa, procuraram frequentemente utilizar essa circunstância geográfica em seu benefício, seja para obter receitas através da taxação da passagem de navios, seja para exercer o poder de autorizar ou não a passagem, particularmente em situações de conflito.

Vastas extensões marítimas podem, em alguns casos, ser controladas através dos estreitos pelos quais se lhes acede. Para dar um exemplo, a estratégia desenvolvida por Afonso de Albuquerque no início do século XVI para assegurar o controlo do Índico pela força naval portuguesa consistiu na tomada e fortificação de duas das respetivas entradas, Ormuz e Malaca, e da tentativa de tomar Áden.

Alguns estreitos são de importância vital para Estados por constituírem os únicos acessos às suas águas, como é o caso dos estreitos turcos para os Estados com costas no Mar Negro, do Estreito de Gibraltar para os Estados mediterrânicos e dos estreitos dinamarqueses para os Estados bálticos.

Outros estreitos, como o Estreito de Dover ou o Estreito de Magalhães são vias de trânsito marítimo com alternativas tão dispendiosas em tempo e custo de navegação, que são consideradas indispensáveis.

Ao longo da história, alguns Estados beneficiaram largamente da sua posição geográfica em relação e estritos para obterem vantagens financeiras, como foi o caso da Dinamarca que obteve durante séculos direitos de passagem pelos estreitos situados na entrada do Báltico, que constituíram a sua principal receita.

Nos séculos XIX e na primeira metade do século XX, com a generalização da liberdade dos mares foram surgindo instrumentos internacionais que eliminaram em larga medida as limitações de circulação em importantes estritos, como foi o caso do Tratado de Copenhaga de 1857, entre a Dinamarca e outros Estados, em relação aos estreitos bálticos e do Tratado de Lausanne de 1923, que concluiu a paz entre a Turquia e os vencedores da I Guerra Mundial, a que se seguiu a Convenção de Montreux de 1936, em relação aos estreitos turcos.

O princípio segundo o qual os Estados costeiros não podem limitar a navegação pelos estreitos em tempo de paz foi afirmado claramente no caso "Estreito de Corfu"[2], o primeiro julgado pelo Tribunal Internacional de Justiça.

Em 15 de maio de 1946, navios de guerra britânicos foram atacados por baterias costeiras albanesas no estreito de Corfu. Seguiu-se uma troca de notas diplomáticas em que se discutiu a necessidade de autorização da Albânia para a passagem de navios de guerra britânicos pelo estreito, situado em águas albanesas.

[2] Corfu Channel (United Kingdom v. Albania) [1949] ICJ Rep 4. Para um resumo desta decisão Almeida Ribeiro, Manuel; Pereira Coutinho, Francisco. Jurisprudência Resumida do Tribunal Internacional de Justiça (1947-2015) p.87-90.

Em 22 de outubro de 1946, invocando o direito de passagem, três navios de guerra britânicos voltaram a atravessar o estreito, recebendo instruções para responderem a qualquer ataque albanês. Dois dos navios sofreram graves danos causados por minas, de que resultou a morte de 44 marinheiros. Em novembro de 1946, a marinha britânica procedeu à desminagem das águas territoriais albanesas e à recolha de provas do incidente.

O Reino Unido acusou a Albânia de ter colocado minas ou de ter permitido que tal fosse feito, depois das operações de desminagem que tinham sido realizadas pelos aliados em 1944 e 1945. A Albânia acusou o Reino Unido de ter violado a sua soberania.

O Conselho de Segurança, através da Resolução nº 22, de 9 de abril de 1947, recomendou que a resolução do conflito fosse dirimida pelo Tribunal Internacional de Justiça.

Na decisão, de 9 de abril de 1949, o Tribunal considerou que a Albânia era responsável, à luz do Direito Internacional, pelas explosões ocorridas em água albanesas e, consequentemente, pelos danos e perdas de vidas. Quanto às queixas albanesas de violação da soberania territorial, o Tribunal referiu que o estreito de Corfu é um estreito internacional que tem de estar aberto à navegação, pelo que o Reino Unido tinha exercido o seu direito costumeiro de passagem inofensiva através do mesmo bem tempo de paz, sem necessidade de autorização prévia do Estado costeiro. Quanto ao argumento da Albânia, segundo o qual o estreito era de importância secundária por haver vias de circulação marítima alternativas, pelo que não haveria direito de passagem, o Tribunal considerou que o facto de o estreito ligar duas áreas de alto-mar e ser utilizado pela navegação internacional constituía o critério decisivo para a existência de tal direito.

Com a decisão do caso "Estreito de Corfu" ficou estabelecido o costume internacional segundo o qual "todos os Estados têm o direito de enviar os seus navios de guerra através de estreitos utilizados para navegação internacional entre duas partes do alto-mar sem prévia autorização do Estado costeiro, desde que essa passagem seja inofensiva"[3].

A I Conferência das Nações Unidas , que teve lugar em Genebra em 1958, transpôs para a Convenção sobre o Mar Territorial e a Zona Contígua uma linguagem similar à utilizada na decisão do caso estreito de Corfu pelo TIJ. Assim o artigo 16, parágrafo 4 estabelece:

[3] Corfu Channel (merits) (United Kingdom v. Albania) [1949] ICJ Rep 28.

> Não poderá ser suspensa a passagem inofensiva dos navios estrangeiros nos estreitos usados pela navegação internacional que estabeleçam comunicação entre duas zonas do alto mar ou com mar territorial de Estado estrangeiro.

Na Conferência não houve acordo em relação à extensão do mar territorial, tendo esse debate transitado para a II Conferência das Nações Unidas sobre o Direito do Mar que teve lugar, também em Genebra em 1960.

A questão da extensão do mar territorial foi dominante nos trabalhos da II Conferência. Por um lado, muitos Estados costeiros defendiam a extensão do mar territorial até às 12 milhas, por outro lado, as potências marítimas faziam depender o seu acordo de uma passagem irrestrita através dos estreitos para navios e submarinos e do sobrevoo de aeronaves. A falta de acordo sobre a extensão do mar territorial interrompeu este debate.

O desenvolvimento do comércio internacional e do comércio marítimo, em particular o transporte de petróleo e de outras mercadorias perigosas, constitui, pelos riscos que encerra para zonas marítimas com margens com grande densidade populacional e frequentemente frágeis do ponto de vista ambiental uma preocupação dos Estados ribeirinhos, muito presente no debate internacional sobre a navegação nos estreitos.

2. A negociação dos estreitos na III Conferência das Nações Unidas sobre o Direito do Mar

2.1. As posições de partida

As negociações sobre a questão dos estreitos foram cometidas ao subcomité II, tal como as matérias referentes ao mar territorial, o alto mar, as pescas e os fundos marinhos sob jurisdição nacional, ou seja, os assuntos mais controversos. Ainda antes do início da Conferência, nos debates que tiveram lugar no Comité de Fundos Marinhos das Nações Unidas tinham-se revelado duas posições dominantes a respeito da navegação através dos estreitos[4]:

1. Os Estados com estreitos, designados "States bordering straits", consideravam que, sendo os estreitos parte do seu mar territorial, consideravam ser do seu interesse a aplicação do regime de passagem inofensiva sem possibilidade de suspensão;

[4] Sobre o debate da questão dos Estreitos, ver Caron, David D., "The Great Straits Debate: The Conflict, Debate, and Compromise That Shaped the Straits Article of the 1982 United Nations Convention on the Law of the Sea in *Navigating Straits – Challenges for International Law*, Brill Nijhoff, 2014, pag. 9-33.

2. As potências marítimas, como os Estados Unidos, a União Soviética e a Itália, neste quadro negocial designadas "Straits States Group" defendiam um regime distinto do da passagem inofensiva, baseado no regime de navegação e sobrevoo no alto-mar.

Havendo uma inclinação generalizada para a extensão do mar territorial até 12 milhas, a conclusão de um acordo sobre a passagem nos estreitos que resolvesse de forma satisfatória as pretensões das potências marítimas assumiu uma importância decisiva para o êxito da Conferência.

2.1. A sessão de Caracas em Julho – Agosto de 1974

Na sessão de Caracas, que teve lugar de 20 de junho a 29 de agosto de 1974 (segunda sessão da Conferência), foi acordada a extensão do mar territorial até às 12 milhas e a criação da zona económica exclusiva até às 200 milhas, mas com o requisito de ser encontrada uma solução aceitável para outras matérias, incluindo a passagem desimpedida através dos estreitos.

O Reino Unido apresentou o que ficou designado como "artigos do Reino Unido" que propunham, além do mar territorial de 12 milhas três elementos centrais:

1. Um novo direito de passagem em trânsito aplicável à maior parte dos estreitos utilizados pela navegação internacional;
2. A passagem inofensiva não suscetível de suspensão nos estreitos a que não se aplicasse a passagem em trânsito;
3. Disposições destinadas a proteger os interesses dos Estados com estreitos.

Embora tenha tido um bom acolhimento nos debates iniciais desta sessão, os Estados Unidos reafirmaram a importância fundamental da passagem desimpedida nos e sob os estreitos utlizados pela navegação internacional e referiram a necessidade de meios para conciliar as preocupações dos Estados com estreitos no que se refere à segurança e à poluição.

A procura por Estados com posições moderadas de um equilíbrio num regime que não seria nem de trânsito livre nem de passagem inofensiva visou corresponder às preocupações dos Estados Unidos e de outras potências marítimas, por um lado, e dos Estados com estreitos, por outro. Deste equilíbrio resultou a formulação do conceito de passagem em trânsito, que seria desenvolvido na sessão seguinte.

De referir que a navegação em estreitos tem hoje, devido à intensidade do tráfego marítimo, à dimensão dos navios e à especificidade ambiental de muitos estreitos, um potencial de consequências, em casos de acidente, incomparavelmente mais graves, em relação a outros tempos.

2.3. A sessão de Genebra em março – maio de 1975

Os resultados das negociações de Genebra de 1975 (terceira sessão da Conferência) foram introduzidos no Texto Único de Negociação, que incorporou os resultados dos textos de negociação dos três principais comités da Conferência.

Na sessão de Genebra foi acertada a redação dos artigos 35º, 38º e 39º que viria a ser introduzida no texto da Convenção, com pequenas alterações.

Outra das matéria em que houve avanços significativos foi uma proposta para o artigo 40º, que viria a ser o artigo 41º da Convenção, que permitia que os Estados ribeirinhos de estreitos com passagem em trânsito designassem ou substituíssem rotas marítimas e sistemas de separação de tráfego depois as adoção das suas propostas pela organização internacional competente que, por sua vez, só poderia adotar essas rotas de navegação e sistemas de separação de tráfego como fosse acordado com o Estado ribeirinho do estreito.

Em relação ao artigo 41º, que se referia à autoridade dos Estados ribeirinhos de estreitos para adotarem leis e regulamentos relativos à passagem em trânsito, matéria que no texto da Convenção seria tratada no artigo 41º, seria acordado que, esses Estados poderiam criar leis e regulamentos para:

1. A segurança da navegação e a regulação do tráfego marítimo em conformidade com a Artigo 40;
2. A prevenção da poluição, em cumprimento das regulamentações internacionais aplicáveis relativas à descarga de petróleo, de resíduos de petróleo e de outras substâncias nocivas;
3. No caso de embarcações de pesca, a prevenção da pesca, incluindo o armazenamento de dispositivos de pesca;
4. O embarque ou desembarque de produto, moeda ou pessoa em contravenção das leis e regulamentos aduaneiros, fiscais, de imigração ou sanitários dos Estados ribeirinhos de estreitos.

Também foi acordada a redação do artigo 44º, que transitou para o artigo 45 da Convenção, relativa ao regime de passagem inofensiva não suscetível de suspensão a aplicar aos estreitos excluídos da aplicação do regime de passagem em trânsito.

2.4. As sessões de 1976 de Nova Iorque em março – abril de 19 de agosto – setembro de 1976

Nas sessões de Nova Iorque de 1976 (quarta e quinta sessões da Conferência), o Texto Único de negociação foi convertido pelos presidentes dos três comités principais no Texto Único de Negociação Revisto.

2.5. A sessão de 1977 de Nova Iorque maio – julho de 1977

Na sessão de Nova Iorque de 1977 (sexta sessão da Conferência) foi introduzido pelo presidente da Conferência o Texto Informal Compósito de Negociação, um projeto de convenção que continha o estado das negociações em todas as matérias. Em todas elas se estava perto de um texto definitivo, exceto na que se refere à exploração dos fundos marinhos fora das áreas de jurisdição dos Estados.

O regime dos estreitos manteve-se em grande parte como era no Texto único de Negociação, com duas alterações, a conciliação do artigo 45º (passagem inofensiva) com as disposições referentes à passagem inofensiva pelo mar territorial e a introdução do artigo 234º (artigo 233º na numeração final) permitindo aos estados ribeirinhos de estreitos tomarem medidas de execução em caso de violação das leis e regulamentos aplicáveis aos estreitos por navios, com exceção dos mencionados na secção 10, que acuse ou ameace causar danos graves ao meio marinho.

2.6. A sessão de 1978 de Genebra em março-abril e Nova Iorque em agosto – setembro e a sessão de 1979 em Genebra março – abril e Nova Iorque em julho – agosto

Nas sétima e oitava sessões da Conferência, que decorreram de forma repartida em Genebra e Nova Iorque não houve debates substantivos sobre o regime dos estreitos

2.7. A sessão de 1980 de Nova Iorque em fevereiro – abril e Genebra em julho – agosto

Na nona sessão da Conferência, que decorreu em Nova Iorque e posteriormente em Genebra, foi completada a segunda revisão do Texto Compósito de Negociação e introduzido o Projeto de Convenção sobre o Direito do Mar, Texto Informal.

Espanha e Marrocos suscitaram a questão de se poder sustentar uma interpretação do artigo 42º, segundo a qual seria excluída a responsabilidade internacional por danos causados por navios ou aeronaves governamentais que não resultasse de violação de uma disposição relativa a estreitos, mas de um violação das leis e regulamentos adotados por um Estado ribeirinho.

Foi assim aditado um parágrafo 5 com a seguinte redação:

> O Estado de bandeira de um navio ou o Estado de registo de uma aeronave que goze de imunidade soberana e atue de forma contrária a essas leis e regulamentos ou a outras disposições da presente parte incorrerá em responsabilidade internacional por qualquer perda ou dano causado causados aos Estados ribeirinhos de estreitos

Outras propostas de alteração referentes a correções técnicas do texto foram rejeitadas.

2.8. As sessões de 1981 de Nova Iorque em março – abril e Genebra em julho- agosto e as sessões de 1982 de Nova Iorque em março-abril de 1982

Na décima sessão da conferência, em 1981, o debate foi dominado pelo reexame da política dos Estados Unidos, na sequência da eleição do Presidente Ronald Reagan.

Não houve qualquer alteração às disposições relativas a estreitos. Na segunda parte, que teve lugar em Genebra, foi apresentado o Projeto de Convenção das Nações Unidas sobre o Direito do Mar

Na décima primeira sessão , em 1982, foram concluídos os trabalhos e a Convenção foi aberta à assinatura em dezembro desse ano.

3. O regime dos estreitos na Convenção das Nações Unidas sobre o Direito do Mar

3.1. Aspetos gerais

A primeira questão relevante sobre estreitos é a própria definição de estreito. Numa perspetiva geográfica, um estreito é um espaço marítimo que separa dois espaços terrestres, sejam continentes ou ilhas. Não existe critério que determine as distâncias a que esses espaços terrestres deverão estar entre si para que o espaço marítimo deixe de ser considerado um estreito e passe a ser considerado um mar ou mesmo um oceano.

É, porém, óbvio que a identificação de um espaço marítimo como estreito resulta na sua própria denominação como tal. A largura do estreito é um elemento da maior relevância, estimando-se que existam 52 estreitos com menos de 6 milhas de largura, 153 estreitos com 6 a 24 milhas de largura e 60 estreitos com mais de 24 milhas[5].

[5] Rothwell, Donal R., "International Straits", *in The Oxford Handbook of the Law of the Sea* ed. Donald R. Rothwell et alt Oxford, 2015.

O Tribunal Internacional de Justiça, no caso Estreito de Corfu[6], considerou que o elemento determinante do regime internacional de navegação nos estreitos é a circunstância de ser utilizado pela navegação internacional. Embora esse elemento tenha transitado para a Convenção, nada é referido quanto à intensidade de navegação necessária para que o estreito seja classificado como "estreito internacional". Acresce que um estreito que não era utilizado pode passar a sê-lo por alteração de circunstâncias, designadamente climáticas.

De qualquer modo, não é um estreito internacional aquele cujas águas são atravessadas apenas por tráfego marítimo local, sem utilização por embarcações com bandeira estrangeira.

Outra questão que se pode colocar é se deve ser tomado em consideração apenas o tráfego marítimo de superfície ou também o submarino, cuja circulação, por exemplo no Ártico foi muito intensa na Guerra-Fria[7]. Nada na convenção exclui a consideração do tráfego submarino para a qualificação de um estreito como utlizado para a navegação internacional.

3.2. Estreitos a que não se aplica o regime da passagem em trânsito

O artigo 35º, alínea c) da Convenção salvaguarda a aplicação do "regime jurídico dos estreitos em que a passagem esteja regulamentada, total ou parcialmente, por convenções internacionais de longa data em vigor que a eles se refiram especificamente". Entre outros, é o caso dos estreitos dinamarqueses, à entrada do Báltico, e dos estreitos turcos, entre o Mediterrâneo e o Mar Negro[8].

Estão ainda excluídos do regime de passagem em trânsito, nos termos do artigo 45º da Convenção, aplicando-se o regime de passagem inofensiva não suscetível de suspensão:

a) A estreitos formados por uma ilha de um Estado ribeirinho desse estreito e o seu território continental e do outro lado da ilha existir uma rota de alto mar ou uma rota que passe por uma zona económica exclusiva, igualmente convenientes pelas suas características hidrográficas e de navegação" (artigo 45º a) e artigo 38, parágrafo 1;
b) A estreitos situados entre uma parte de alto mar ou uma zona económica exclusiva e o mar territorial de um Estado estrangeiro (artigo 45º b),

[6] Idem, Ibidem.
[7] Idem, Ibidem.
[8] Idem, ibidem.

a que se aplica o regime de passagem inofensiva não suscetível de suspensão.

c) Aos estreitos utilizados pela navegação internacional se por esse estreito passar uma rota de alto mar ou uma rota que que atravesse uma zona económica exclusiva, igualmente convenientes pelas suas características hidrográficas e de navegação (artigo 36º), aplicando-se nestes casos as disposições relativas à liberdade de navegação e sobrevoo.

3.3. Regime da passagem em trânsito na Convenção

O regime da passagem em trânsito é definido no artigo 38º, parágrafo 2 como "o exercício (...) da liberdade de navegação e sobrevoo exclusivamente para fins de trânsito contínuo e rápido pelo estreito entre uma parte do alto mar ou de uma zona económica exclusiva e uma outra parte de alto mar ou uma zona económica exclusiva. Contudo, refere o mesmo dispositivo, "a exigência de trânsito contínuo e rápido não impede a passagem em trânsito para entrar no território do Estado ribeirinho ou dele sair ou a ele regressar sujeito às condições que regem a entrada no território desse Estado". Esta parte final do artigo aplica-se aos navios que têm como destino atracar num porto situado num Estado ribeirinho do estreito, como acontece, por exemplo, em Singapura.

A passagem em trânsito beneficia os navios que atravessam o estreito ou que entram ou saem do estreito depois de terem parado num porto ou se dirijam a um Estado ribeirinho do estreito e inicia-se quando o navio entra no mar territorial adjacente ao estreito depois de ter atravessado uma zona económica exclusiva ou alto mar em direção ao estreito. Neste caso, se o navio entra no estreito através do mar territorial de um Estado ribeirinho que não está caracterizado como compreendido nas águas do estreito, coloca-se a questão de determinar quando se deixa de aplicar o regime de passagem inofensiva passando a aplicar-se o regime de passagem em trânsito.

O artigo 39º, parágrafo 1 densifica o que os navios que atravessem um estreito em passagem em trânsito devem fazer: atravessar o estreito sem demora (alínea a), absterem-se do uso ou da ameaça do uso da força contra a soberania, integridade territorial ou independência política dos Estados ribeirinhos ou de qualquer outra ação contrária aos princípios de direito internacional enunciados na Carta das Nações Unidas (alínea b), absterem-se de qualquer atividade que não esteja relacionada com as modalidades normais de trânsito contínuo e rápido, salvo em caso de força maior ou de dificuldade grave (alínea c). Acresce ainda, de acordo com o parágrafo 2 do mesmo artigo a obrigação de cumprimento dos regulamentos, procedimentos e práticas internacionais de segurança no mar geralmente aceites, inclusive as Regras Internacionais para a Prevenção de Abalroamentos no Mar (alínea a) e os regulamentos, procedimentos e práticas internacionais geralmente aceites para a prevenção, a redução e o controlo da poluição proveniente de navios (alínea b).

O parágrafo 3 do mesmo artigo, estabelece obrigações específicas para as aeronaves em trânsito.

Estas condicionantes visam equilibrar a liberdade de passagem nos estreitos com as preocupações dos Estados ribeirinhos com a presença de navios e aeronaves estrangeiros na sua proximidade.

O artigo 44º estabelece claramente que os Estados ribeirinhos não podem impedir a passagem em trânsito, nem suspendê-la, tendo ainda a obrigação de dar a devida publicidade a qualquer perigo de que tenham conhecimento que ameace a navegação no estreito ou o sobrevoo do mesmo. Esta obrigação de não impedir compreende a não imposição de taxas ou encargos financeiros sobre os navios que atravessem o estreito, embora alguns Estados, como a Indonésia, tenham suscitado preocupação por recaírem sobre o Estado ribeirinho a obrigação de manterem, nos termos do artigo 43º, instalações e meios de segurança, sem poderem repercutir os respetivos custos sobre os beneficiários desses serviços.

O artigo 41º possibilita que os Estados ribeirinhos de estreitos possam designar rotas marítimas e sistemas de separação de tráfego para a navegação nos estreitos, sempre com o pressuposto de submissão prévia à organização internacional competente, ajustados à regulamentação internacional geralmente aceite. As rotas marítimas e sistemas de separação de tráfego são vinculativas para os navios de passagem em trânsito.

O artigo 42º estabelece as matérias em que os Estados ribeirinhos podem adotar leis e regulamentos: segurança de navegação e regulamentação do tráfego marítimo, prevenção e controlo da poluição, proibição de pesca e embarque ou desembarque de produto, moeda ou pessoa em contravenção com as suas leis e regulamentos. Estas leis e regulamentos são vinculativos para os navios que exerçam o direito de passagem e, no caso de navios ou aeronaves que gozem de imunidade soberana o incumprimento dessas leis e regulamentos implica a responsabilidade internacional do Estado de bandeira[9].

Uma questão da maior relevância é a da capacidade do Estado ribeirinho para fazer cumprir essas leis e regulamentos, bem como, aliás, a sua capaci-

[9] Este parágrafo 5 do artigo 42 foi introduzido na Convenção por se poder entender que a violação de normas internas do Estado ribeirinho não era suscetível de gerar responsabilidade internacional. Ver supra 2.7.

dade de reagir contra um navio que não cumpre as disposições da Convenção a que se refere o artigo 39º.

Caso o navio em trânsito esteja envolvido numa ação hostil, poder-se-á entender que o Estado ribeirinho possa agir em legítima defesa, no quadro de proporcionalidade e necessidade aplicável. Noutras circunstâncias de incumprimento das regras da passagem em trânsito, mesmo sem que tal constitua uma ameaça à segurança do Estado ribeirinho, poderá ser admissível o impedimento da passagem[10].

Outra questão é o incumprimento das leis e regulamentos do Estado ribeirinho por parte de navios em passagem em trânsito. A este respeito, o artigo 233º da Convenção dispõe:

> Nenhuma das disposições das secções 5, 6 e 7 afeta o regime jurídico dos estreitos utilizados para a navegação internacional. Contudo, se um navio estrangeiro que não os mencionados da secção 10 (os navios com imunidade soberana) cometer uma infração às leis e regulamentos mencionados nas alíneas a) e b) do nº 1 do Artigo 42º, que acuse ou ameace acusar danos graves ao meio marinho dos estreitos, os Estados ribeirinhos dos estreitos podem tomar as medidas de execução apropriadas e, em tal caso, devem respeitar, *mutatis mutandis*, as disposições da presente secção.

Por outro lado, resulta do artigo 34º que as disposições da Parte IV da Convenção "não afetam, noutros aspetos, o regime jurídico das águas que formam esses estreitos, nem o exercício, pelos Estados ribeirinhos do estreito, da sua soberania ou da sua jurisdição sobre essas águas, seu espaço sobrejacente, leito e subsolo", pelo que o Estado ribeirinho tem jurisdição civil e criminal nas águas do estreito, compreendendo os navios sem imunidade soberana que se encontrem em passagem em trânsito.

Finalmente, a Espanha declarou nos atos de assinatura e ratificação da Convenção o entendimento segundo ao qual interpretava o artigo 221º, que se refere a medidas para evitar a poluição resultante de acidentes marítimos, como base para intervir contra a navegação internacional.

3.4. Análise comparativa do regime de passagem inofensiva e do regime de passagem em trânsito

Aplicando-se o regime de passagem em trânsito aos estreitos utlizados pela navegação internacional, com as exceções resultantes do artigo 38º, casos em

[10] Rothwell, op. cit., *ob. cit.*

que se aplica o regime de passagem inofensiva não suscetível de suspensão, procede-se seguidamente a uma análise comparativa destes regimes.

Não há um paralelismo direto entre as disposições que se referem à passagem inofensiva de que trata a Secção 3 da Parte II da Convenção a as que se referem à passagem em trânsito de que e ocupa a Secção 2 da Parte III, havendo, contudo um conjunto de matérias que são reguladas em ambas.

A primeira matéria é a do tipo passagem. No artigo 18º parágrafo 2 diz-se que a passagem (inofensiva) deverá ser contínua e rápida, enquanto no artigo 39º parágrafo 1 a) se estabelece que ao exercerem o direito de passagem em trânsito os navios e aeronaves devem atravessar ou sobrevoar o estreito sem demora. A passagem em trânsito aplica-se às aeronaves, o que não acontece na passagem inofensiva. Quanto à passagem de navios ambos os regimes são semelhantes.

No caso da passagem inofensiva é referida nos parágrafo 2 do artigo 18º, que a passagem compreende o parar e fundear, mas apenas na medida em que os mesmos constituam incidentes comuns de navegação ou sejam impostos por motivo de força maior ou dificuldade grave, enquanto a alínea c) do parágrafo 1 artigo 39º dispõe que os navios ou aeronaves devem abster-se de qualquer atividade que não esteja relacionada com as modalidades de trânsito contínuo e rápido, salvo em casos de força maior ou dificuldade grave. Neste caso, também à exceção do trânsito de aeronaves na passagem em trânsito, existe semelhança entre os dois regimes.

No que se refere à segurança do Estado costeiro e dos Estados ribeirinhos verifica-se, embora com textos diferentes, convergência entre o artigo 19º, parágrafo 1 (passagem inofensiva) e o artigo 39, parágrafo 1, alínea b) (passagem em trânsito).

Em relação a atividades não relacionadas com a passagem quer a alínea l) do artigo 19 (passagem inofensiva), quer a alínea c) do artigo 39º (passagem em trânsito) são substancialmente semelhantes. Nas restantes alíneas do artigo 19º parágrafo 2, a enumeração das atividades proibidas no regime da passagem inofensiva é mais extensa que a que se encontra nos artigos 39º e 40º, embora algumas estejam referidas como atividades que o Estado ribeirinho pode proibir, como dispõe o artigo 42º.

No artigo 20 refere-se que os submarinos e quaisquer outros veículos submersíveis devem (em passagem inofensiva) navegar à superfície e arvorar a sua bandeira, enquanto no regime da passagem em trânsito apenas se refere que os navios e aeronaves devem abster-se de qualquer atividade que não esteja relacionada com as modalidades normais de trânsito contínuo e rápido (artigo

39º, parágrafo 1, alínea c), sendo controverso se tal significa que os submarinos podem navegar em submersão.

O elenco das matérias em que o Estado costeiro pode adotar leis e regulamentos sobre a passagem inofensiva é muito mais amplo que o que consta do artigo 42º, que enumera as matérias sobre as quais o Estado ribeirinho de estreito com passagem em trânsito pode adotar leis e regulamentos.

No que respeita ao estabelecimento de rotas marítimas e separação de linhas de tráfego, no regime de passagem inofensiva – artigo 22º – o Estado costeiro (que será o Estado ribeirinho do estreito caso se trate da aplicação do regime a estreitos), pode designá-las, tendo em conta as recomendações da organização internacional competente e outras condicionantes específicas (artigo 22º, parágrafo 3), enquanto no regime de passagem em trânsito (artigo 45º) essas designações estão sujeitas a submissão prévia à organização internacional competente.

Quanto às disposições sobre jurisdição civil em relação a navios estrangeiros e às disposições da Subsecção C da Secção 3 da Parte II da Convenção, que se referem à passagem inofensiva – Normas aplicáveis a navios de guerra e outros navios de Estado utilizados para fins não comerciais – não têm paralelo na Parte III da Convenção, sendo sustentável que, por força do artigo 34º, parágrafo 1, se aplicam à passagem em trânsito[11].

Finalmente, no regime da passagem inofensiva podem, nos termos do artigo 26º, ser impostas taxas a um navio estrangeiro em passagem inofensiva como remuneração de determinados serviços prestados ao navio, o que não é possível no regime de passagem em trânsito.

3.5. Constitui o direito de passagem em trânsito costume internacional?

Embora não tenham ratificado a Convenção das Nações Unidas sobre o Direito do Mar, os Estados Unidos, que estiveram entre os Estados mais intervenientes da III Conferência das Nações Unidas sobre o Direito do Mar e têm, como a maior potência marítima, um manifesto interesse na questão da passagem em trânsito, declararam em 17 de agosto de 1987:

> Os Estados Unidos rejeitam em particular as afirmações segundo as quais o regime de passagem em trânsito através dos estreitos utlizados pela navegação internacional, tal como articulado na Convenção das Nações Unidas sobre o Direito do Mar, é direito contratual e não a codificação de costumes existentes ou de uso estabelecido. O regime de passagem em trânsito, como refletido na Con-

[11] Rothwell, op. cit., *ob.cit.*

venção, baseia-se claramente numa prática costumeira de longa data e reflete o equilíbrio de direitos e interesses de todos os Estados, independentemente de terem ou não assinado ou ratificado a Convenção[12].

A questão de saber se o regime de passagem em trânsito é, ou não, direito convencional, e deste modo apenas vinculativo para os Estados que ratificaram a Convenção e não invocável pelos que não o fizeram é da maior relevância.

Da natureza convencional e não costumeira do direito de passagem inofensiva resulta que, em algumas situações concretas como, por exemplo, no mar Egeu, caso a Grécia adotasse a extensão de doze milhas do mar territorial, navios de Estados não ratificantes da Convenção, como a Turquia, não teriam direito de passagem em trânsito.

Como objeção à natureza costumeira do direito de passagem em trânsito refere-se que a Convenção não protege adequadamente o preocupação essencial dos Estados ribeirinhos de estreitos no que se refere à imposição das regulações ambientais, não prevendo um regime de responsabilidade adequado nem impõe a prévia notificação do trânsito de cargas extremamente perigosas, o que permitiria a proteção das populações e dos recursos costeiros. Estas circunstâncias levaram alguns Estados costeiros a adotarem regulações que vão além do que a convenção admite. Por estas razões, concluem alguns autores, o regime de passagem em trânsito não reúne os requisitos para ser considerado direito costumeiro[13].

4. Casos particulares

4.1. Pilotagem compulsória no Estreito de Torres

O Estreito de Torres divide o ponto mais a norte da Austrália e a Nova Guiné, constituindo uma importante rota marítima entre o Oceano Índico e o Oceano Pacífico. A leste do estreito situa-se o Mar de Coral e a Grande Barreira de Coral e a Oeste o Mar de Arafura. A profundidade do estreito é geralmente reduzida, com um máximo de 13 metros. A passagem para a navegação através do canal é apertada, com cerca de 800 metros no Canal do Príncipe de Gales. O estreito é um corpo de água com fortes correntes, grande número de

[12] Unlu, N., The legal Regime of the Turkish Straits (The Hague: Martinus Nijhoff Publishers, 2002), p.74. Tradução nossa.

[13] Neste sentido, Scovazzi, T., *The Evolution of International Law of the Sea: New Issues, New Challenges* (The Hague: Martinus Nijhoff, 2001, citado por Jon M. Van Dike "Transit Passage Through International Straits" in The Future of Ocean Regime-Building (Ed. Aldo Chircop, Theodore McDorman and Susan Rolston), Brill, 2001.

pequenas ilhas, baixios e recifes. As pescas nas águas do estreito têm importância económica para a Austrália e a Nova Guiné. Trata-se, sem dúvida, de um estreito utilizado pela navegação internacional, que se enquadra no artigo 37 da Convenção.

Em novembro de 1990, a Grande Barreira de Coral foi declarada PSSA (área marítima particularmente sensível) pela OMI (organização Marítima Internacional). Na sequência dessa adoção foram tomadas APMs (medidas de proteção associadas), que incluíam a introdução de pilotagem obrigatória na parte norte da rota interior da Grande Barreira de Coral e a recomendação de pilotagem no Estreito de Torres e no Grande Canal de Leste para todos os navios que transportassem petróleo, produtos químicos gás e todos os outros navios com mais de 70 metros de comprimento. A imposição da pilotagem na rota interior da Grande barreira de Coral não suscitava dúvidas, por se tratar de águas interiores australianas e não ser utilizada pela navegação internacional.

Em 2003, por proposta da Austrália e da Nova Guiné a PSSA da Grande barreira de Coral foi alargada ao Estreito de Torres, bem como o respetivo APM, incluindo a pilotagem compulsória. Não foi explicitada a base jurídica para esta medida, embora fosse referido que seria conforme à Convenção das Nações Unidas sobre o Direito do Mar. O (MEPC) Comité de Proteção Marinha Ambiental da OMI aprovou a proposta de alargamento da PSSA em princípio, mas remeteu-a para o Subcomité de Segurança na Navegação (NAV) em julho de 2004.

Embora a proposta de alargamento da PPSA e da APM tivesse apoio na NAV, foi também objeto de contestação por não haver nenhum precedente de pilotagem obrigatória em estreitos utilizados pela navegação internacional. A matéria transitou para o Comité Jurídico da OMI em outubro de 2004, tendo sido objeto de aceso debate, em que a Austrália e a Nova Guiné sustentaram a conformidade da pilotagem compulsória com a Convenção e outras delegações que tal configurava uma dificultação da passagem em trânsito. Não sendo possível obter um acordo, o MEPC adotou uma resolução de alargamento da PSSA. Em relação à pilotagem, foi apenas recomendada.

A Austrália alterou a sua legislação interna, incluindo a pilotagem obrigatória, com efeitos a partir de 6 de outubro de 2006.

A alteração legislativa australiana foi objeto de protestos de vários Estados. Em face destes protestos, a Austrália fez um anúncio à navegação declarando que a pilotagem não se aplicava a navios com imunidade e que não impediria nem dificultaria a passagem de navios sem piloto, mas que o armador, o patrão ou o operador do navio poderiam ser processados na sua entrada seguinte num porto australiano.

Nos anos que se seguiram foram tomadas múltiplas iniciativas contra a posição australiana em órgãos da OMI, em organizações de armadores e na Assembleia Geral das Nações Unidas, em 2002, 2007, 2008, mas a prática dos Estados orientou-se no sentido de utilizar a pilotagem no Estreito de Torres.

Também a contestação dos Estados foi reduzindo a intensidade. Em 2006, vinte e dois Estados protestaram contra a pilotagem compulsória; em 2008 só Singapura e os Estados Unidos apresentara protestos públicos.

Face a esta evolução, de alargada contestação a contestação muito reduzida com acatamento generalizado coloca-se a questão de saber se não se está perante um o nascimento de um costume, mesmo mantendo Singapura e ao Estados Unidos a posição de objetores persistentes. De referir que os Estados que, embora acedam à pilotagem obrigatória não alteraram a sua posição em relação à sua conformidade com a Convenção, não tomaram qualquer medida para contestar o caráter seu compulsório, designadamente recorrendo ao Tribunal Internacional do Direito do Mar.

Como refere Donald K. Anton[14]:

> Embora a legitimidade para apresentar uma ação, na ausência da execução australiana contra o navio de um objetor possa ser um problema, é evidente para os Estados partes da Convenção como Singapura que o Tribunal Internacional para o Direito do Mar teria jurisdição clara sobre o assunto. No entanto, em face da inércia dos Estados em relação aos seus direitos durante um período de tempo irrazoável e injustificável, pode-se colocar a questão de determinar se essas reivindicações não se tornaram obsoletas e, em algum momento, serem excluídas pela doutrina da prescrição extintiva. Afinal, tem sido o hábito dos tribunais internacionais evitar os julgamentos se houver vícios de jurisdição, admissibilidade ou outra questão preliminar. É verdade que décadas, não anos, são normalmente necessários para tornar impossível uma reclamação, mas o tempo está a correr.

4.2. A passagem do Noroeste

A passagem do Noroeste compõe-se de sete rotas através do Arquipélago Ártico do Canadá. O degelo no Ártico abriu a possibilidade da utilização dessas

[14] "Making or Breaking the International Law of Transit Passage? Meeting Environmental and Safety Challenges in the Torres Strait with Compulsory Pilotage" in *Navigating Straits – Challenges for International Law*, Brill Nijhoff, 2014, pp. 49-87.

rotas para a passagem entre o Atlântico e o Pacífico, embora as dificuldades meteorológicas e geográficas existentes não tenham ainda suscitado o interesse de armadores internacionais nessa utilização[15].

Em 1969, uma empresa privada norte-americana, a Humble Oil, propôs-se realizar uma viagem de teste com um navio o *Manhattan*, tendo informado o governo do Canadá dessa intenção e solicitado informações sobre as condições do gelo. A guarda-costeira norte-americana comunicou ao Canadá que prestaria assistência à viagem, que seria acompanhada por um seu quebra-gelos, oferecendo ao Canadá a possibilidade de apoiar a experiência. Um representante do governo canadiano foi a bordo do Manhattan e um navio da guarda-costeira canadiana acompanhou a travessia.

Face a uma intensa reação pública e dos meios de comunicação do Canadá em que se considerava constituir a viagem um ameaça à soberania do país por não ter havido um pedido de autorização prévio para a viagem e por a circulação de navios petroleiros poder originar acidentes nas águas do Ártico, o Canadá tomou vária medidas: adotou uma nova lei a *Artic Waters Polluition Act*, através da qual foi criada no Ártico uma zona de prevenção da poluição com 100 milhas marítimas, onde se aplicariam níveis especiais de controlo da poluição; alargou o seu mar territorial de 3 para 12 milhas com pontos de estrangulamento na Passagem com jurisdição reforçada e retirou a aceitação da jurisdição do Tribunal Internacional de Justiça no que se refere a diferendos sobre a prevenção ou controlo da poluição marinha na áreas adjacentes à sua costa.

Os Estados Unidos e alguns Estados europeus protestaram contra estas medidas.

A partir de 1970, o Canadá impôs requisitos de segurança para os navios e regras estritas de descargas de navios. O Ártico canadiano foi dividido em dezasseis zonas de controlo da segurança de navios, dependendo a navegação em cada uma dessas zonas das características dos navios.

No Verão de 1985, o navio *Polar Sea* da guarda-costeira norte-americana realizou uma viagem à Costa Oeste dos Estados Unidos, a partir da Groenlândia. Foi dado conhecimento da viagem ao governo canadiano tendo sido trocada correspondência diplomática na qual ambos os países concordaram em discordar sobre o regime aplicável às águas da Passagem do Noroeste. O navio completou a travessia em agosto, com dois capitães da guarda-costeira a bordo como observadores convidados.

[15] Sobre a Passagem do Noroeste ver Vanderzwaag, David L., "Canada and the Governance of the Northwest Passage: Rough Waters, Cooperative Currents, Sea of Challenges" in *Navigating Straits – Challenges for International Law*, Brill Nijhoff, 2014, pp. 87-120.

A viagem teve um grande impacto na opinião pública, sendo apontado ter o governo uma postura fraca na defesa da posição jurídica do Canadá.

O governo canadiano anunciou uma série de medidas para fortalecer a soberania canadiana nas águas do Ártico, como o estabelecimento de linhas de base retas em torno do Arquipélago Canadiano do Ártico, com efeito a partir de 1 de janeiro de 1986, e o início de conversações com o governo norte-americano sobre cooperação nas águas do Ártico.

O delineamento das linhas de base retas em torno do Arquipélago, dando às suas águas o estatuto de águas interiores, suscitou protestos da Comunidade Europeia e dos Estados Unidos.

O Canadá justificou as linhas de base reta com o fundamento de se tratar de água históricas com base na verificação de três requisitos: exercício exclusivo de jurisdição pelo Estado, o decurso de um lapso de tempo alargado e a aquiescência de outros Estados.

Os Estados Unidos sustentaram que a Passagem do Noroeste era um estreito utlizado pela navegação internacional, pelo que se lhe aplicava o direito de passagem em trânsito. Segundo os Estados Unidos o uso potencial é suficiente para caracterizar um estreito em que se aplique a passagem em trânsito, não sendo necessário o uso efetivo.

Em 11 de janeiro de 1988, o Canadá e os Estados Unidos concluíram um acordo sobre cooperação no Ártico em que, entre outras matérias relacionadas com a navegação na área, os Estados Unidos aceitaram que a navegação por quebra-gelos norte-americanos nas águas que o Canadá considerava suas seria sujeita a consentimento do Canadá.

Contudo, o acordo refere no parágrafo 4:

> Nada no presente acordo de cooperação entre Estados vizinhos e amigos do Ártico nem nenhuma prática resultante da sua aplicação afeta as posições dos governos dos Estados Unidos e do Canadá sobre o Direito do Mar nesta e noutras áreas marítimas ou as suas posições em relação a terceiras partes.

No plano académico têm sido consideradas várias possibilidades para uma solução atravessamento da Passagem do Noroeste.

Numa primeira possibilidade o Canadá continuaria a prosseguir a sua via unilateral assegurando o cumprimento de requisitos ambientais e de segurança da navegação, além da aplicação de medidas de vigilância e imposição. Nesta perspetiva, o Comité Permanente do Senado Canadiano de Segurança e Defesa recomendou que o Canadá estabelecesse uma Autoridade de Pilotagem do Ártico para promover a passagem segura de navios através de passagens estreitas e de e para os portos.

A segunda possibilidade seria o Canadá aceitar a posição norte-americana segundo a qual a Passagem do Noroeste é um estreito utilizado pela navegação internacional. Esta solução poderia ser seguida por iniciativas de cooperação, incluindo um acordo multilateral entre o Canadá e outros Estados expressando compromissos de cooperação.

A terceira possibilidade seria a aceitação pelos Estados Unidos das reivindicações de soberania do Canadá. Esta aceitação seria acompanhada de um acordo de trânsito, em que, em contrapartida do reconhecimento da sua soberania, o Canadá reconheceria o direito de passagem em trânsito não só de quebra-gelos norte-americanos, mas de navios mercantes, em condições a estipular.

A quarta possibilidade seria prosseguir o cenário de "acordo sobre o desacordo" sobre o estatuto jurídico da Passagem do Noroeste. As possibilidades de progredir neste quadro incluiriam: a extensão do acordo de cooperação de 1988 para incluir navios mercantes;

A criação de uma autoridade da Passagem do Noroeste para promover o desenvolvimento da Passagem, seguindo o modelo da experiência histórica de cooperação na abertura do St. Lawrence Seaway System no interior dos dois países; a criação de uma Comissão Canadiana e Norte-americana de Navegação no Ártico para promover o desenvolvimento e a gestão de medidas para a navegação no Norte.

5. Estreitos com regimes especiais

5.1. Os Estreitos Dinamarqueses

Os estreitos entre o Mar do Norte e o Báltico designados Estreitos Dinamarqueses são três: o Sound (Öresund), o Grande Belt (Stora Bält) e o Pequeno Belt (Lilla Bält)[16].

O Pequeno Belt tem pela sua profundidade mínima de 15 metros pouco significado para a navegação internacional. Neste estreito existem duas pontes, construídas em 1935 e 1970, com uma altura máxima para o trânsito de navios de 33 metros.

O Sound, que fica entre a Dinamarca e a Suécia, é o mais utilizado com dois canais de navegação: o Canal de Drogden, entre águas interiores e mar

[16] Sobre os estreitos dinamarqueses ver Van Dyke, John M., "Transit Passage Trough International Straits" in *The Future of Ocean Regime-Building*, Brill, pag.175-232 e Mahmoudi, Sahid. "The Baltic Straits" in *Navigating Straits – Challenges for International Law*, Brill Nijhoff, 2014, pp. 125-136.

territorial dinamarqueses, que é o canal usualmente utilizado para navegação, com uma profundidade mínima de 7,7 metros, mantida por dragagens. Em 1990 foi iniciada a construção de uma ponte sobre o Sound, com uma altura máxima para o trânsito de navios de 57 metros, que foi terminada em 2000.

O Grande Belt é o único estreito com profundidade e largura suficientes para permitir a passagem de quase todo o tipo de navios. Tem 90 milhas de comprimento com uma largura entre 5,7 e 15 milhas e uma profundidade entre 13 e 26 metros, situando-se em águas interiores e mar territorial dinamarqueses. Em 1989, as autoridades dinamarquesas anunciaram um projeto de construção de uma ligação fixa para o tráfego rodoviário e ferroviário através dos canais de Oeste e de Leste do Grande Belt. A Finlândia iniciou um processo no Tribunal Internacional de Justiça, por considerar que a construção da ponte encerraria de forma permanente o Báltico para navios de altura superior a 65 metros. Por esta razão, pediu ao Tribunal que declarasse: a) que tinha um direito de passagem pelo Grande Belt, que se aplicava a todos os navios que entrassem ou saíssem de portos e estaleiros finlandeses; b) que esse direito se estendia a navios de perfuração, plataformas petrolíferas e todos os navios que se pudesse, razoavelmente, prever; c) que a construção de uma ponte fixa sobre a Grande Belt seria incompatível com o direito de passagem; d) que a Dinamarca e a Finlândia deveriam iniciar negociações, de boa-fé, sobre como esse direito de passagem poderia ser garantido. A Dinamarca argumentou que o regime dos estreitos internacionais consiste numa combinação de direito interno e direito internacional, de que resultaria uma obrigação de passagem inofensiva de "tráfego marítimo normal" que não inclui estruturas superiores a 65 metros. O processo terminou com um acordo pelo qual a Dinamarca pagou 90 milhões de coroas à Finlândia, tendo esta desistido do processo.

A construção da ponte terminou em 1998.

A Dinamarca e a Suécia estenderam o seu mar territorial para 12 milhas, mas mantiveram a largura de 3 milhas em partes do Grande Belt e do Sound para não alterarem o regime de passagem aplicado a esses estreitos.

Em 1857, foi concluído entre a Dinamarca e um conjunto de Estados europeus (Áustria, Bélgica, Reino Unido, Hanôver, as Cidades Hanseáticas, Mecklenburg-Schwerin, Países Baixos, Oldenburg, Prússia, Rússia e a Suécia-Noruega) o Tratado para a Abolição dos Direitos do Sound, através do qual a Dinamarca abolia os direitos que cobrava há séculos aos navios que atravessavam o Sound e o Belt e se estabelecia que nenhum navio que passasse os estreitos seria sujeito a detenção ou obstrução. Embora a obrigação fosse assumida perante os Estados partes no tratado, a Dinamarca e a Suécia obrigaram-se a conferir o mesmo direito de passagem a todos os Estados, como efetivamente veio a acontecer.

No mesmo ano, foi concluído um acordo bilateral entre a Dinamarca e os Estados Unidos que garantiu para sempre a liberdade de passagem desimpedida através do Sound e dos Belts para navios norte-americanos.

Com base no Tratado de 1857, no acordo com os Estados Unidos e a prática subsequente, a Dinamarca e a Suécia sustentaram que o regime na passagem nos estreitos do Báltico era o de passagem inofensiva não suscetível de suspensão em tempo de paz, pelo que se deveria considerar aplicável o artigo 35 c) da Convenção, excluindo-se estes estreitos do regime de passagem em trânsito por a passagem estar regulamentada por convenções internacionais de longa data.

Assim, ambos os Estados produziram declarações nesse sentido nos atos de ratificação da Convenção. Não houve protestos formais de nenhum Estado.

Comentário posteriores em publicações oficiais norte-americanas vieram suscitar a questão de o Tratado de 1857 respeitar apenas a navios mercantes, visto referir-se à abolição de direitos de passagem e os navios de guerra nunca terem sido sujeitos a tais direitos. Assim, ou os navios de guerra beneficiavam do direito de passagem em trânsito ou de um direito ainda mais amplo de passagem livre e desimpedida, nos termos da Tratado de 1857, em termos iguais aos da liberdade de navegação em alto mar.

A posição Suécia e a Dinamarca é a de que todos os tipos de navios foram abrangidos pelo regime do Tratado de 1857, suplementado pelas regras consuetudinárias aplicáveis aos estreitos em questão, correspondendo ao regime da Convenção sobre o Mar Territorial e a Zona Contígua de 1958, ou seja, o regime da passagem inofensiva não suscetível de suspensão.

O que está verdadeiramente em questão é que, se se aplicar o regime da passagem inofensiva, o estado ribeirinho dispõe da jurisdição a que se referem os artigos 21º a 23º da Convenção. A Dinamarca produziu legislação interna sobre a passagem de navios e aeronaves nos estreitos regulando matérias como o número de navios com a mesma nacionalidade que podem atravessá-los simultaneamente, o estabelecimento de rotas marítimas e proibindo a passagem de submarinos em submersão, mas não se têm verificado diferendos graves.

As preocupações ambientais da Dinamarca e da Suécia são justificáveis pela intensidade do tráfego marítimo com cerca de 35000 atravessamentos por ano em ambas as direções no Sound e 25000 nos Belts.

Além do estabelecimento de rotas, recomendado pela OMI, a Dinamarca oferece serviços de pilotagem, a que, aliás, se obrigou a prestar, quando solicitados, no Tratado de 1857. Acontece, porém, que o Tratado de 1857 não estabelece a obrigatoriedade dos navios de usarem os serviços de pilotagem, que, assim, só será obrigatória dentro do limite de três milhas do mar territorial. A OMI tem vindo, entretanto, a recomendar a pilotagem em navios com determinadas cargas desde 1985.

Uma lei dinamarquesa sobre pilotagem de 2006, não obrigava à pilotagem obrigatória, exceto de navios de e para portos dinamarqueses. Em 2007, uma recomendação da OMI estipulou que navios tanques petroleiros carregados com um calado superior a sete metros, navios tanque de transporte de produtos químicos e navios com matérias radioativos deveriam utilizar serviços de pilotagem em certas áreas do Sound. A pilotagem que foi estabelecida como não obrigatória em 2007, tornou-se obrigatória em 2011.

Na realidade, a exclusão da aplicação do regime de passagem em trânsito aos estreitos dinamarqueses tem reduzidas consequências práticas, exceto no que se refere à passagem de navios de guerra, que pode estar sujeita a algumas limitações.

5.2. O Estreito de Messina

O Estreito de Messina, entre a Sicília e a península italiana, é desde tempos imemoriais utilizado pela navegação internacional. Tem menos de duas milhas de largura no ponto mais estreito sendo a navegação nas suas águas particularmente difícil pela intensidade do tráfego marítimo, pelas suas fortes correntes e presença frequente de nevoeiro. Duas importantes cidades, Messina e Reggio di Calabria estão situadas nas suas margens. Ao longo dos anos, têm ocorrido na zona terramotos e tsunamis.

O artigo 38º parágrafo 1 da Convenção é conhecido como "Cláusula de Messina" por ter sido redigido, na sequência de iniciativas italianas na negociação da Convenção, para atender às circunstâncias específicas desse estreito. A redação é a seguinte:

> Nos estreitos a que se refere o artigo 37 (estreitos situados entre uma parte do alto mar ou um zona económica exclusiva e outra parte do alto mar ou uma zona económica exclusiva) todos os navios e aeronaves gozam do direito de passagem em trânsito que não será impedido a não ser que o estreito seja formado por uma ilha de um Estado ribeirinho desse e o seu território continental e do outro lado da ilha exista uma rota de alto mar ou uma rota que passe por uma zona económica exclusiva, igualmente convenientes pelas suas características hidrográficas e de navegação.

O artigo 45º estabelece a aplicação a estes estreitos do regime de passagem inofensiva não sujeito a suspensão.

De referir que, estranhamente, este regime não se aplica a casos em que a ilha e o território continental pertencem a diferentes Estados, como é o caso do Estreito de Corfu, entre a Grécia e a Albânia, ou entre duas ilhas[17].

Este regime, embora estabelecido tendo em vista o Estreito de Messina, aplica-se [18]a outros estreitos como o Queen Charlotte (Canadá), o Johnstone (Canadá), Georgia (Canadá), Canso (Canadá), Northumberland (Canadá), Jacques Cartier (Canadá), Kalmar (Suécia), Pentland (Reino Unido), Solent (Reino Unido), Ile d'Yeu (França), Elafonisou (Grécia), Imroz (Turquia), Hainan (china), Sado-kaikyo (Japão), Okushiri-kaykio (Japão), Provliv (Rússia), de la Maire (Argentina), Mafia (Tanzânia), Zanzibar (Tanzânia), e Foveaux (Nova Zelândia).

Em março de 1985 o navio grego *Patmos* colidiu com o navio tanque espanhol *Castillo de Monte Aragón* no Estreito de Messina, tendo ocorrido um derramamento de petróleo. Depois deste acidente, o governo italiano tomou um conjunto de medidas provisórias para regular o tráfego marítimo do estreito, até à tomada de medidas pelas organizações internacionais competentes. De acordo com essas medidas provisórias, todos os navios mercantes tinham de navegar do lado direito de uma linha de separação de tráfego e, antes de entrarem no estreito, comunicar com as autoridades marítimas de Messina e Reggio di Calabria. Foi ainda estabelecida a pilotagem compulsória para navios mercantes com mais de 15000 toneladas e para navios com mais de 6000 toneladas carregando petróleo ou outras substâncias nocivas para o meio ambiente. A navegação foi totalmente proibida para navios com mais de 50000 toneladas carregando petróleo ou outras substâncias nocivas para o meio ambiente, como definido pelos tratados internacionais de que a Itália é parte. No preâmbulo do decreto que impõe estas medidas é referida a necessidade urgente de adotar medidas para a prevenção de acidentes marítimos que poderiam ter efeitos sérios numa área de tráfego intenso e de elevada densidade populacional.

Numa nota diplomática dirigida à Itália de 5 de abril de 1985, os Estados Unidos chamaram a atenção para a violação do regime de passagem inofensiva não suscetível de suspensão:

[17] Sobre o Estreito de Messina ver Scovazzi, Tulio. "The Strait of Messina and the Present Regime of International Straits" in in *Navigating Straits – Challenges for International Law*, Brill Nijhoff, 2014, pp. 138-150.

[18] Idem, p. 145.

> O Governo dos Estados Unidos deseja deixar claro que o Estreito de Messina é um estreito utilizado pela navegação internacional, ao qual, de acordo com o costume internacional refletido na Convenção das Nações Unidas sobre o Direito do Mar de 1982, se aplica o regime de passagem inofensiva não suscetível de suspensão. O regime de passagem inofensiva pode ser utilizado por navios de todos os Estados, independentemente do tipo de carga. Ao propor-se proibir a navegação através do Estreito de Messina a navios de dimensão determinada carregando cargas determinadas, o Governo da Itália parece tentar suspender o direito de passagem inofensiva desses navios, em contravenção de costumes internacionais há muito estabelecidos e do direito internacional convencional. (...)
>
> O Governo dos Estados Unidos confia em que, considerando os regulamentos de tráfego que possam ser apropriados para o Estreito de Messina, o Governo de Itália dará a devida ponderação a todos os fatores relevantes, incluindo a preeminência da Organização Marítima Internacional. O Governo dos Estados Unidos terá prazer em debater com o Governo de Itália as medidas apropriadas que possam ser adotadas para reduzir o risco de dano ambiental no Estreito de Messina. O Governo dos Estados Unidos deve, contudo, protestar contra o decreto recentemente anunciado, que tem o efeito ilícito de suspender a passagem inocente a determinados navios num estreito em que a passagem inofensiva não pode ser suspensa.

Não sendo os Estados Unidos parte na Convenção das Nações Unidas sobre o Direito do Mar, eram, tal como a Itália, parte da Convenção de 1958 sobre o Mar Territorial e a Zona Contígua que estipulava o direito de passagem inofensiva em todos os estreitos utilizados pela navegação internacional, pelo que tal não alterava a substância do protesto.

Em resposta de 15 de maio de 1998, a Itália declarou:

> (...) As medidas provisórias estabelecidas no decreto em causa parecem indispensáveis para proteger o meio ambiente marinho e garantir a segurança da zona de interessa e os habitantes das margens. Por essa razão, as medidas não podem ser vistas como dirigidas à limitação do direito de passagem inofensiva através de estreitos, como definido pelas regras de direito internacional em vigor, mas como uma regulamentação temporária, com vista a atingir objetivos de salvaguarda do meio ambiente e de segurança das costas, como previsto por outros instrumentos de direito internacional e em especial pela Convenção da Organização Marítima Internacional citada no preâmbulo do decreto.

Deve ser notado que neste caso específico existe uma rota de conveniência similar (através do Canal da Sicília) e que algumas companhias petrolíferas (especialmente a AGIP e a ESSO) se autolimitaram, excluindo da passagem pelo Estreito de Messina os seus navios tanque com mais de 50000 toneladas.

Decorridos mais de duas décadas as medidas provisórias continuam em vigor.

Tem sido referido que a evolução do direito do mar privilegiou a navegação em detrimento da segurança marítima. Se é um facto que a liberdade dos mares possibilitou e desenvolvimento do comércio internacional, os meios de proteção ambiental em zonas sensíveis, como as zonas polares ou alguns estreitos podem revelar-se insuficientes.

Na situação que se verificou no Estreito de Messina poderá considerar-se que a Itália agiu em Estado de Necessidade, como previsto no artigo 25º do Projeto de Artigos sobre Responsabilidade dos Estados por Factos Internacionalmente Ilícitos, ou seja, que o facto foi motivado pela necessidade de salvaguardar um interesse essencial numa situação um perigo grave e iminente – artigo 25º (1) a) – e não prejudicar um interesse essencial do estado ou Estados em relação aos quais a obrigação existe, ou a comunidade internacional como um todo – artigo 25º (2) b) . O estado de necessidade exclui a ilicitude do facto[19].

De qualquer modo, se a verificação das circunstâncias que permitiriam invocar o estado de necessidade poderiam justificar as medidas tomadas pela Itália em 1998, não justificariam certamente o seu prolongamento indefinido no tempo, como efetivamente aconteceu.

A conclusão que pode ser retirada é que, apesar de ter sido contemplado na Convenção um regime, no artigo 38º parágrafo 1 da Convenção, que se sabe ter sido motivado pelo caso do Estreito de Messina, esse regime pode não ser suficiente para a proteção ambiental efetiva no espaço em questão. A intensificação do transporte marítimo com cada vez maiores navios pode revelar que neste caso e noutros o regime da Convenção pode revelar-se insuficiente para a proteção dos interesses dos Estados ribeirinhos de estreitos, caso em que caberá à Comunidade Internacional encontrar as respostas adequadas[20].

5.3. Os estreitos turcos

Os estreitos que ligam o Mar Negro ao Mediterrâneo estão entre os que mais importância têm tido para a navegação internacional. Parte do Império Bizantino

[19] Idem, p. 147

[20] Idem, p. 148.

até ao século XV, posteriormente do Império Otomano e depois da I Guerra Mundial da Turquia, foram e são uma via essencial para o trânsito marítimo das entidades políticas que marginam o Mar Negro, hoje a Bulgária, a Roménia, a Ucrânia, a Rússia, a Geórgia e a Turquia. Os estreitos são o Estreito do Bósforo que liga o Mar de Mármara ao Mar Negro e o Estreito de Dardanelos que liga o Mar de Mármara ao Mar Egeu, no Mediterrâneo[21].

A distância total entrada e a saída dos estreitos, compreendendo a travessia do Mar de Mármara é de 160 milhas. O estreito de Dardanelos tem 18 milhas de comprimento e, na parte mais estreita, 700 metros de largura. O estreito do Bósforo tem 40 milhas de comprimento e o seu ponto mais estreito cerca de 1400 metros.

A navegação nos estreitos turcos apresenta dificuldades e perigos com curvas acentuadas, doze no Estreito dos Dardanelos e seis no Estreito do Bósforo. Acresce que as correntes de superfície e profundidade fluem a uma velocidade de 4 a 8 milhas. As águas do Mar de Mármara são águas interiores turcas. O conjunto dos dois estreitos e do Mar de Mármara forma um conjunto unitário ao longo da História.

Desde o final do século XX, o desenvolvimento da exploração de petróleo no Cáucaso e na ásia Central intensificou o transporte de petróleo e de outras cargas perigosas através dos estreitos.

Até ao início do século XIX, a passagem nos estreitos era em princípio vedada a todos os navios estrangeiros mercantes ou de guerra quer em tempo de paz, quer em tempo de guerra. Apenas eram concedidas permissões de passagem unilaterais a navios mercantes de alguns Estados em tempo de paz.

A partir de 1809 foram concluídos vários tratados internacionais sobre esta matéria. O primeiro destes tratados foi a Convenção de Çanakalle de 1809, a Convenção de Edirne de 1829, a Convenção de Hünkar Iskelesi de 1833, a Convenção de Londres de 1841, a Convenção dos Estreitos de Paris de 1856, a Convenção de Londres de 1871 e os Acordos de Berlim de 1878. Nestes tratados o Império Otomano obrigou-se a mante a passagem pelos estreitos aberta a todos os navios comerciais em tempo de paz e a vedar, em princípio, a passagem de navios de guerra de terceiros países em tempo de guerra. O sultão otomano reservava-se o direito de determinar o regime de passagem em tempo de guerra[22].

[21] Sobre os estreitos turcos, ver Inan, Yüksel. "The Turkish Straits and the Legal Regime of Passage" in *Navigating Straits – Challenges for International Law*, Brill Nijhoff, 2014, pp. 199-219.

[22] Idem, p. 202.

Terminada a I Guerra Mundial os 14 Pontos de Wilson referem-se explicitamente à questão dos Dardanelos, no 12º Ponto: "Os Dardanelos deverão estar abertos em permanência, como passagem livre, garantida internacionalmente para os navios e para o comércio de todas as nações".

Em 1923, o Tratado de Paz de Lausanne, concluído entre a Turquia e os vencedores europeus da I Guerra Mundial, estabelecia no seu artigo 23º que as partes acordavam em reconhecer e declarar que o princípio de liberdade de trânsito e navegação nos estreitos (compreendendo o Estreito dos Dardanelos, o Mar de Mármara e o Estreito do Bósforo), por mar e ar, em tempo de paz e tempo de guerra. Paralelamente ao Tratado de Paz de Lausanne, foi concluído a Convenção de Lausanne Relativa ao Regime dos Estreitos, que constituía uma parte integrante daquele tratado[23].

A Convenção de Lausanne Relativa ao Regime dos Estreitos desenvolvia o princípio da liberdade de passagem nos estreitos, tendo em conta situações de guerra, consoante a Turquia fosse, ou não, beligerante. Era estabelecida a desmilitarização das margens dos estreitos e criada uma comissão internacional (composta por um representante da Turquia, que presidia, e de representantes da França, Grã-Bretanha, Itália, Japão, Bulgária, Grécia, Roménia, Rússia e do Estado servo-croata-esloveno) para supervisionar o cumprimento da Convenção. A França, a Grã-Bretanha e o Japão em conjunto, comprometiam-se a agir de acordo com o que fosse decidido pela Sociedade das Nações, em caso de ataque ou qualquer ato de guerra relacionado com o direito de passagem.

A Turquia não se conformou com a questão da desmilitarização e a criação da comissão, que considerava lesivas da sua soberania. Em 11 de abril de 1936, comunicou às partes contratantes da Convenção através de nota verbal que, em face da instabilidade na região e da militarização de certas zonas do Mar Egeu na proximidade das águas turcas e do falhanço dos esforços de desmilitarização, invocava o princípio *rebus sic stantibus* e pedia a adoção de uma nova convenção para salvaguardar a sua segurança.

A conferência para a negociação de uma nova convenção iniciou-se no dia 22 de junho de 1936, em Montreux, tendo a nova convenção sido assinada em 20 de julho seguinte, tendo entrado em vigor em 9 de novembro de 1936[24].

Os traços principais da Convenção de Montreux são os seguintes:

a) Os navios mercantes gozam em tempo de paz de completa liberdade de trânsito e navegação nos estreitos, de dia e de noite, sob qualquer ban-

[23] www.hri.org The Convention Relating to the Regime of the Straits, 24 July 1923.

[24] www. Treaties.un.org The Montreux 1936 Convention.

deira e tipo de carga, sem quaisquer formalidades (exceto as sanitárias a que se refere o artigo 3), sem sujeição a taxas ou encargos (exceto as referidas no anexo 1). A pilotagem e o reboque são opcionais – artigo 2º;

b) Em caso de guerra, se a Turquia não for beligerante, os navios de qualquer bandeira e com qualquer tipo de carga gozam de liberdade de trânsito e navegação – artigo 4º;
c) Em caso de guerra, se a Turquia for beligerante, os navios mercantes de Estados que não estejam em guerra com a Turquia gozam de liberdade de trânsito e de navegação – artigo 5º;
d) Condições especiais, navegação só de dia e pilotagem obrigatória, podem ser impostas, caso a Turquia se considere ameaçada com iminente perigo de guerra – artigo 6º;
e) Obrigação de notificação prévia e limitações de tonelagem no trânsito de navios de guerra, com regime especial para o Estados do Mar Negro – artigo 8º a 22º;
f) Liberdade de trânsito de aviões, mas em rotas definidas pelo governo turco – artigo 23º.

A Turquia sustenta que, tendo em conta o costume internacional vigente à época da celebração da Convenção de Montreux, dos desenvolvimentos posteriores e do direito convencional subsequente, o regime de passagem nos estreitos é um regime de passagem inofensiva *sui generis*, que não pode considerar-se um regime de passagem em trânsito porque esse regime não existia quando a Convenção foi celebrada e que a expressão "complete freedom of transit" consta da versão em língua inglesa, mas e expressão "passage" , que foi traduzida para "transit" é a que consta de versão autêntica, que é em língua francesa.

A Turquia defende que, sendo a passagem inofensiva, por força dos princípios consuetudinários aplicáveis ao regime de passagem inofensiva, pode emanar leis e regulamentos para regular essa passagem inocente e a navegação, tendo em vista:

a) A segurança da navegação e do tráfego marítimo, incluído rotas e esquemas de separação de tráfego para todos os navios e, em particular navios tanque, navios a propulsão nuclear, navios carregando substâncias nucleares ou outras substâncias ou materiais inerentemente perigosos;
b) A proteção de cabos e ductos submarinos;

c) A conservação de recursos vivos do mar e a prevenção da violação de direitos de pesca;
d) A proteção e preservação do meio ambiente;
e) A prevenção, redução e controlo da poluição;
f) A prevenção da violação de leis e regulamentos alfandegários, fiscais de imigração ou de leis sanitárias etc.

Em 1994 e 1998, a Turquia alterou o esquema regulatório do tráfego marítimo através dos estreitos e começou a utilizar os diretos que sustenta ter de regular a passagem e navegação de navios não militares.

A Organização Marítima Internacional aprovou essas medidas.

A Federação Russa, a Ucrânia, a Roménia, a Bulgária, a Grécia e Chipre opuseram-se às medidas tomadas pela Turquia e à adoção das recomendações da OMI, que declararam ser contrárias aos objetivos, propósitos e provisões da Convenção de Montreaux, à Convenção das Nações Unidas sobre o Direito do Mar e às regras consuetudinárias de direito internacional.

As medidas para regular a passagem pelos estreitos turcos deveriam, na perspetiva manifestada por estes Estados, ser decididas conjuntamente pelas partes da Convenção de Montreux. Este debate teve lugar na OMI, mas a posição dos Estados referidos não obteve o apoio da maioria dos membros, incluindo os Estados da União Europeia, pelo que estas matérias foram removidas da agenda da OMI em maio de 1999.

5
COMENTÁRIO À PARTE IV
ESTADOS ARQUIPELÁGICOS

VASCO BECKER-WEINBERG[1]

Resumo: O regime jurídico aplicável a arquipélagos e Estados arquipelágicos foi um dos temas mais controverso e amplamente discutido durante a Terceira Conferências das Nações Unidas, da qual resultou a aprovação da Convenção das Nações Unidas sobre o Direito do Mar.

Até então, persistiam dúvidas em torno do tratamento a dar a arquipélagos e aos Estados que eram exclusivamente formados por ilhas. Essas dúvidas incluíam, por exemplo, saber qual a distância máxima permitida entre ilhas de um arquipélago, a utilização e os limites das linhas de base arquipelágicas, o estatuto jurídico das águas entre as ilhas e a liberdade de navegação dentro destas águas.

Com efeito, durante muitos anos, diversas revindicações arquipelágicas efetuadas por alguns Estados foram, e nalguns casos ainda são, sistematicamente objectadas por outros Estados.

Palavras-chave: Estados arquipelágicos, arquipélagos, linhas de base arquipelágicas, águas arquipelágicas, direito de passagem inofensiva

Abstract: The legal regime applicable to archipelagos and archipelagic States was one of the most controversial and widely discussed issues at the Third United Nations Conference, which ultimately resulted in the adoption of the United Nations Convention on the Law of the Sea (UNCLOS). Before UNCLOS, questions had been raised concerning archipelagos and States that were exclusively formed by islands. These questions

[1] Professor Auxiliar na Faculdade de Direito da Universidade Lusófona, Professor Auxiliar Convidado da Nova Lisbon School of Law, Assessor no Tribunal Constitucional.

included, for example, the maximum distance allowed between islands of an archipelago, the use and limits of archipelagic baselines, the legal status of the waters between islands and the exercise of the freedom of navigation within these waters. Indeed, for many years, various archipelagic claims made by some States have been, and in some cases still are, systematically opposed by other states.

Keywords: Archipelagic States, archipelagos, archipelagic baselines, archipelagic waters, right of innocent passage

1. Enquadramento

O regime jurídico aplicável a arquipélagos e Estados arquipelágicos, e que hoje consta da Convenção das Nações Unidas sobre o Direito do Mar (CNUDM), foi o resultado de uma longa evolução histórica, cujas origens remontam ao século XIX, quando alguns Estados arquipelágicos já então reivindicavam o reconhecimento internacional da sua natureza arquipelágica[2].

No essencial, as regras jurídicas internacionais consagradas na Parte IV da CNUDM são o resultado do confronto entre duas posições opostas, que dominaram as negociações em torno da matéria relativa a arquipélagos e Estados arquipelágicos durante a Terceira Conferencia das Nações Unidas sobre o Direito do Mar (III Conferência).

De um lado estavam os interesses dos Estados cujo território era inteiramente composto por ilhas, que pretendiam o reconhecimento internacional dos seus direitos relativamente ao espaço marítimo formado pelo perímetro criado pelas ilhas, assim como, que o seu mar territorial fosse medido a partir de uma linha de fecho em torno das ilhas, ao invés de cada ilha projetar o seu próprio mar territorial.

Do outro lado, estavam os interesses das potências marítimas, que procuravam salvaguardar a liberdade de navegação no espaço marítimo compreendido entre as ilhas daqueles Estados.

Assim, perante essa dicotomia de interesses, não é surpreendente que o regime jurídico aplicável aos arquipélagos e Estados Arquipelágicos tenha sido um dos temas mais controversos e de difícil resolução durante as negociações da III Conferência.

[2] Jayewardene, Hiran W. *The Regime of Islands in International Law* (Martinus Nijhoff Publishers: Dordrecht, 1990), pp. 113-126; Hugo Caminos e Vincent P. Cogliati-Bantz, *The Legal Regime of Straits* (Cambridge University Press: Cambridge, 2014), pp. 170-176; Munavvar, Mohamed. *Ocean States: Archipelagic Regimes in the Law of the Sea* (Martinus Nijhoff Publishers: Dordrecht, Boston, Leiden, 1995), pp. 53-97; Sørensen, Max. "The territorial sea of archipelagos", in: 6 *Netherlands International Law Review* (1959), p. 320.

Nesse sentido, o consenso alcançado foi um dos grandes feitos da III Conferência e, consequentemente, um dos principais contributos para o progressivo desenvolvimento e codificação do Direito do Mar.

2. Evolução histórica

Um dos primeiros e mais significativos esforços relativamente ao reconhecimento internacional dos Estados arquipelágicos foi levado a cabo pela Comissão Preparatória da Conferência para a Codificação do Direito Internacional, que teve lugar na Haia, em 1930[3], e tinha como objetivo principal solucionar o problema em torno da delimitação do mar territorial de arquipélagos, e em particular a identificação do regime jurídico aplicável às águas adjacentes às ilhas que integravam o território de um Estado, atualmente designadas por águas arquipelágicas.

A questão que se colocava prendia-se em saber se cada ilha deveria ser considerada uma unidade singular, com o seu próprio mar territorial, ou, se ao invés, deveria o mar territorial de um Estado, cujo território é inteiramente composto por ilhas, ser medido a partir de uma linha de base traçada em torno das ilhas, como se de uma só unidade geográfica se tratasse.

A esse respeito, o comentário aos artigos sobre ilhas, o alto mar e o mar territorial, mencionava que o mar territorial de ilhas deveria coincidir parcialmente com o mar territorial de massas continentais e deveria, por isso, ser tido em conta para efeitos de se determinar o seu limite exterior[4].

Procurou-se ainda elaborar um artigo autónomo dedicado a grupo de ilhas, mas a conferência não conseguiu ultrapassar algumas das dificuldades resultantes das diferentes posições adotadas, tendo sido acordado que a questão voltaria a ser colocada futuramente, em outra conferência internacional[5].

Esse impasse levou a que alguma doutrina concluísse pela necessidade do reconhecimento de um *princípio arquipelágico* em Direito Internacional, o

[3] *Yearbook of the International Law Commission* (II-1956). Sobre a evolução histórica, ver Markus, Till. "Article 46", in: *United Nations Convention on the Law of the Sea: A Commentary,* editado por Alexander Proelss, C.H.Beck, Munique, 2017, pp. 338-347; Symmons, Clive R. "Article 47", in: *United Nations Convention on the Law of the Sea: A Commentary,* editado por Alexander Proelss, C.H.Beck, Munique, 2017, pp. 355-357; Barnes, Richard A.; Massarella, Carmino. "Article 52", in: *United Nations Convention on the Law of the Sea: A Commentary,* editado por Alexander Proelss, C.H.Beck, Munique, 2017, pp. 390-392.

[4] Artigo 10º: "*Every island has its own territory sea. An island is an area of land, surrounded by water, which in normal circumstances is permanently above high-water mark.*"

[5] *Regime of the High Seas and Regime of the Territorial Sea* (Document A/CN.4/97), Report by J.P.A. François, in: 2 *Yearbook of the International Law Commission* (1956), p. 270. Sobre o trabalho da CDI, ver Sørensen, pp. 315-331.

qual deveria acautelar os interesses dos Estados arquipelágicos, sem afetar de forma desproporcional os interesses dos demais Estados[6], os quais eram essencialmente económicos, incluindo direitos de pesca, controlo do tráfego entre ilhas, segurança marítima, combate ao tráfico e entrada ilegal, controlo de poluição, entre outros[7].

Um marco decisivo na evolução do regime internacional aplicável a arquipélagos foi o caso da pesca anglo-norueguesa submetido ao Tribunal Internacional de Justiça (TIJ), e que esteve na base da redação do artigo 4º, nº 1 da Convenção de Genebra sobre o Mar Territorial e a Zona Contígua[8], e que está consagrada no artigo 7º, nº 1, da CNUDM e que ora se transcreve: *"Nos locais em que a costa apresente recortes profundos e reentrâncias ou em que exista uma franja de ilhas ao longo da costa na sua proximidade imediata, pode ser adoptado o método das linhas de base rectas que unam os pontos apropriados para traçar a linha de base a partir da qual se mede a largura do mar territorial."*

Nesse caso, após uma longa controvérsia que envolvia direitos de pesca, o Reino Unido e a Noruega submeteram a sua disputa ao TIJ, para que esse Tribunal avaliasse se a aplicação de linhas de base retas pela Noruega, a partir das quais se deveria medir o mar territorial, era conforme ao Direito Internacional. A questão que se colocava perante o TIJ era saber onde deveriam ser traçadas as linhas de base da Noruega, *i.e.* a partir do seu território continental ou, ao invés, das formações terrestres ao largo da costa da Noruega, denominadas por Skjaergaard[9].

Nesse caso, para efeitos de aplicação do sistema de linhas de base, o TIJ teve a necessidade de distinguir entre *i)* Estados costeiros com arquipélagos junto às suas costas, como é o caso da Noruega, *ii)* Estados costeiros que têm arquipélagos mais afastados das suas massas terrestres continentais, e *iii)* Estados que são compostos apenas por ilhas e que não têm território continental.[10]

[6] O'Connell, D. P.. "Mid-ocean archipelagos in international law", in: 45 *The British Year Book of International Law* (1971), p. 75; Jayewardene, pp. 106-113.

[7] Churchill, R. R.; Lowe, A. V.. *The Law of the Sea*, 3ª edição (Manchester University Press: Manchester, 1999), pp. 119-120.

[8] Ver Herman, L.L.. "The modern concept of the off-lying archipelago in international law", in: 23 *The Canadian Yearbook of International Law* (1985), p. 176.

[9] O Skjaergaard é um arquipélago norueguês junto à massa continental que constitui o território terrestre da Noruega, e que inclui aproximadamente 120,000 formações terrestres, desde ilhas a rochedos, e que se estende ao longo da costa norueguesa, formando uma barreira entre a costa e o espaço marítimo adjacente. Ver Munavvar, p. 15.

[10] *Fisheries Case, Judgment of 18 December 1951, I.C.J. Reports 1951 (United Kingdom v. Norway)*, p. 131.

O TIJ concluiu que as linhas de base retas propostas pela Noruega ao longo do Skjaergaard não eram contrárias ao Direito Internacional[11], estando hoje essa possibilidade expressamente prevista no já citado artigo 7º, nº 1, da CNUDM.

Contudo, essa decisão não solucionava a controvérsia em torno do mar territorial de ilhas, que permaneceu uma questão de difícil resolução, em parte devido à sua complexidade, mas, sobretudo, devido à falta de consenso entre Estados relativamente a esta matéria[12], sem prejuízo dos esforços efetuados durante a negociação da Convenção de 1958 sobre o Mar Territorial e a Zona Contígua, bem como de alguma prática dos Estados[13]. Note-se que o artigo 1º dessa Convenção não incluía qualquer reconhecimento de águas arquipelágicas relativamente à definição do mar territorial, assim como o artigo 10º, nº 2, não fazia qualquer distinção e aplicava o mesmo regime a todas as ilhas, independentemente das circunstâncias relevantes de cada caso[14].

Consequentemente, até à negociação e aprovação da CNUDM, as dúvidas em torno de arquipélagos e Estados arquipelágicos persistiram. Essas dúvidas incluíam, por exemplo, saber qual a distância máxima permitida entre ilhas de um arquipélago, os limites das linhas de base e qual o estatuto jurídico das águas entre as ilhas e a liberdade de navegação dentro delas[15].

A falta de consenso em torno desses aspetos essenciais levou a que diversas revindicações arquipelágicas fossem veementemente opostas por outros Estados ao longo dos anos, e em particular pelos Estados Unidos da América (EUA).

O mesmo voltaria a suceder durante a Terceira Conferências das Nações Unidas sobre o Direito do Mar (III Conferência), bem como depois da entrada em vigor da CNUDM, sempre que um Estado aplicasse linhas de base retas em torno de um grupo de ilhas, ao arrepio da disciplina jurídica consagrada na Parte IV[16].

[11] Sobre o julgamento, ver Colombos, C. John. *The International Law of the Sea*, 6th edition, (David McKay Company Inc.: New York, 1967), pp. 114-119; Jayewardene, pp. 129-130.

[12] Herman, p. 176; Jayewardene, p. 103.

[13] Evensen, Jens. *Certain legal aspects concerning the delimitation of the territorial sea of archipelagos* (Doc. A/Conf.13/18), [online: http://legal.un.org/diplomaticconferences/lawofthesea-1958/docs/english/vol_I/17_A-CONF-13-18_PrepDocs_vol_I_e.pdf (julho 2021)]; Sørensen, pp. 324-326. Sobre a prática dos Estados, ver O'Connell, pp. 1-52; Dubner, Barry Hart. *The Law of Territorial Waters of Mid-Ocean Archipelagic States* (Martinus Nijhoff: A Haia, 1976), pp. 29-52.

[14] Herman, p. 176.

[15] Sørensen, pp. 317, 327-328; O'Connell, pp. 60-69.

[16] Miles, Edward L.. *Global Ocean Politics: The Decision Process at the Third United Nations Conference on the Law of the Sea 1973-1982* (Martinus Nijhoff Publishers: A Haia, Boston, Londres, 1998),

Assim, não é surpreendente que o reconhecimento internacional da especificidade dos Estados arquipelágicos e da unidade territorial dos Estados arquipelágicos tenha sido um dos temas mais controversos da III Conferência[17].

O facto de a matéria relativa aos arquipélagos ter sido considerada em conjunto com o regime dos estreitos[18], resultou em que algumas cedências feitas pelas potências marítimas ao Grupo dos Estados Arquipelágicos durante as negociações da III Conferência[19], também fossem tidas em conta quando estivesse em causa a matéria relativa aos estreitos utilizados para a navegação internacional[20].

Porém, o consenso alcançado durante a III Conferência relativamente ao regime legal de arquipélagos e dos Estados arquipelágicos não significa, necessariamente, que todos os Estados que reivindiquem o estatuto de Estados arquipelágicos possam ser considerados como tal à luz da CNUDM. Note-se que a Convenção procurou precisamente limitar os casos em que essa reivindicação é legalmente admissível. Por exemplo, apesar de um estudo elaborado pela Organização das Nações Unidas ter identificado que vinte e dois Estados – todos eles Estados-Parte da CNUDM – reclamavam o estatuto de Estado arquipelágico,[21] é necessário que cada uma dessas reivindicações seja escrutinada à luz das regras estabelecidas na Parte IV da CNUDM.

Acresce que, para além da reivindicação e qualificação de Estados como arquipelágicos, também é necessário que os Estados adoptem e adaptem a sua legislação nacional em conformidade com o regime jurídico aplicável aos arquipélagos e Estados arquipelágicos consagrado na CNUDM. Com efeito, embora o desenho de linhas de base arquipelágicas não seja obrigatório, a sua falta de conformidade com a qualificação de Estado arquipelágico impede o Estado de desenhar linhas de base arquipelágicas.

Veja-se, a título de exemplo, a decisão proferida pelo Tribunal Arbitral na Arbitragem do Mar do Sul da China, iniciada pelas Filipinas contra a Repú-

pp. 253, 256; Roach, J. Ashley; Smith Robert W.. *Excessive Maritime Claims*, 3ª edição (Martinus Nijhoff Publishers: Lieden, Boston, 2012), pp. 203-218,

[17] Miles, pp. 17, 48.

[18] Ibid, pp. 165-169.

[19] Ibid, p. 28.

[20] Ibid, pp. 70, 89-90, 203-204, 237, 242; Dubner, pp. 54-65.

[21] *Division for Ocean Affairs and the Law of the Sea, Office of Legal Affairs, United Nations* [online: http://www.un.org/Depts/los/LEGISLATIONANDTREATIES/PDFFILES/table_summary_of_claims.pdf (Julho 2021)].

blica Popular da China (RPC)[22], que não admitiu a aplicação de linhas de base arquipelágicas às Ilhas Spratly, um arquipélago situado no Mar do Sul da China, cujas muitas formações terrestres são objeto de disputa entre diferentes Estados.

Nesse caso, sem prejuízo da apreciação sobre a legitimidade das reivindicações de ambos os Estados relativamente a todas ou algumas das formações terrestres incluídas nas Ilhas Spratly, no que concerne à reivindicação da RPC, a mesma não seria admissível pelo facto de não se tratar de um Estado arquipelágico. Quanto às Filipinas, e embora seja um Estado arquipelágico, não seria possível defender o direito de traçar linhas de base arquipelágicas, uma vez que, dada a distância das Ilhas Spratly relativamente às Filipinas, essas linhas ultrapassariam largamente os limites estabelecidos no artigo 47º da CNUDM[23].

Ainda a respeito da conformidade da prática dos Estados com o disposto na Parte IV, note-se que a utilização por Portugal de linhas de base retas em torno dos arquipélagos dos Açores e da Madeira, previstas no Decreto-Lei nº 495/85, de 29 de novembro, tem suscitado dúvidas por parte da doutrina quanto à sua correspondência com o disposto na Convenção[24], assim como, por parte de alguns Estados, designadamente os Estados Unidos da América[25].

Os EUA também suscitaram dúvidas quanto à conformidade da *ratio* mar-terra das linhas de base de Cabo Verde, o que levaram Cabo Verde a corrigir a relação entre a superfície marítima e a superfície terrestre de 12,54:1, para os atuais 9:1, em linha com o disposto na Convenção[26].

Outro exemplo interessante é o de São Tomé e Príncipe que, para alcançar a *ratio* de 4,03:1 e, consequentemente, facilitar a sua qualificação jurídica como Estado arquipelágico, precisou de ter em conta todas as formações terrestres[27].

Chegados aqui, importa analisar os elementos fundamentais da Parte IV da CNUDM, designadamente, a definição de Estado arquipelágico e de arquipé-

[22] Sobre a Arbitragem do Mar do Sul da China, ver Vasco Becker-Weinberg, "From legal warefare to legal cooperation: the China-Philippines relation in the South China Sea beyond the arbitration", in: CXIX-III, *Il Diritto Marittimo* (2017), pp. 621-646.

[23] Decisão Arbitral, Arbitragem do Mar do Sul da China (Filipinas v República Popular da China), 12 de julho de 2016, paras. 573-575.

[24] Becker-Weinberg, Vasco. *Ordenamento e Gestão do Espaço Marítimo Nacional: Enquadramento e Legislação*, Quid Juris, Lisboa, 2016, p. 20; Marques Guedes, Armando M.. *Direito do Mar*, 2ª edição, Coimbra Editora, 1998, p. 134.

[25] US Department of State, *Limits in the Seas*, No. 112, p. 32.

[26] US Department of State, *Limits in the Seas – Cabo Verde*, No. 129.

[27] US Department of State, *Limits in the Seas – Sao Tome and Principe*, No. 98.

lago[28], o traçar de linhas de base arquipelágicas[29], o estatuto das águas arquipelágicas[30], e o direito de passagem inocente[31] e direito de passagem pelas rotas arquipelágicas[32].

3. Definição de Estado arquipelágico e de arquipélago

A definição de Estado arquipelágico e de arquipélago prevista no artigo 46º da CNUDM resulta em grande medida das propostas apresentadas por Fiji, Indonésia, Maurícias e as Filipinas, junto do Comité para os Fundos Marinhos das Nações Unidas, em 1973, durante os trabalhos preparatórios da III Conferência[33].

O novo conceito e a definição de arquipélago introduzido pela Convenção tem como elemento fundamental a ideia de uma relação centrípeta entre ilhas e outas formações terrestres de um Estado, a qual está implícita na própria noção de unidade incluída na definição de arquipélago[34].

Embora a definição de Estado arquipelágico corresponda, no essencial, a uma Estado que seja totalmente arquipelágico[35], o conceito de arquipélago e a sua definição dependem da existência de um grupo de ilhas, incluindo partes de ilhas[36], interrelacionado através de águas interconectadas, que formam uma unidade que corresponda a uma entidade geográfica, económica e política, ou que tenha sido historicamente considerada como tal.

A este respeito, alguns autores referem que as reivindicações arquipelágicas deveriam ser sujeitas a um *teste de entidade*, para além de serem analisadas cuidadosamente à luz dos critérios legalmente estabelecidos, tendo em vista a confirmação de que trata de facto de uma entidade arquipelágica[37].

A propósito do reconhecimento histórico de um arquipélago, importa ter em conta algumas dificuldades que daí podem resultar, nomeadamente no que

[28] Artigo 46º da CNUDM.

[29] Artigo 47º da CNUDM.

[30] Artigo 49º da CNUDM.

[31] Artigo 52º da CNUDM.

[32] Artigo 53º da CNUDM.

[33] O Comité para os Fundos Marinhos também tinha a seu cargo as matérias relativas aos arquipélagos. Sobre a definição de Estado arquipelágico e de arquipélago, ver Herman, p. 173; Miles, pp. 165-166.

[34] O'Connell, p. 15.

[35] Jayewardene, pp. 104, 134-142; Munavvar, pp. 14-23, 110-122.

[36] Esta referência admite a possibilidade de Estados arquipelágico incluírem partes de ilhas, como é o caso, por exemplo, da Indonésia.

[37] Herman, pp. 179-181; Jayewardene, p. 142; Munavvar, pp. 24-37.

concerne à determinação de qual a autoridade ou entidade com competência para efetuar essa avaliação. Outra dificuldade respeita à própria demonstração da evidência histórica de um arquipélago, ou quais os elementos que devem ser considerados relevantes e aqueles que devem prevalecer quando em confronto com outros[38].

Nesses casos, tal como na delimitação de fronteiras marítimas, a reivindicação unilateral não poderá ser admitida ou oponível a outros Estados, se essa qualificação for objeto de disputa. Seria o caso, por exemplo, se uma reivindicação de um Estado incluísse ilhas ou outras formações terrestres também reivindicadas por outro Estado e, por isso, objeto de uma disputa internacional[39].

De igual modo, a mera rejeição por um Estado da reivindicação arquipelágica de outro um Estado, ou a negação da existência de uma disputa entre Estados relativamente ao estatuto arquipelágico, não impede a existência da mesma, designadamente quando a reivindicação desse Estado está objetivamente em confronto com a reivindicação de outro Estado.[40] Em ambas as situações, a validade de cada reivindicação deve ser avaliada à luz da Parte IV da CNUDM e todas as disputas devem ser solucionadas pacificamente, em conformidade com o Direito Internacional[41].

Refira-se ainda que a CNUDM não clarifica se o estatuto de Estado arquipelágico depende de facto ou de declaração. A esse respeito recorde-se que, no caso relativo à Delimitação Marítima e Questões Territoriais entre o Qatar e o Bahrain, este último Estado reivindicava o estatuto arquipelágico e, consequentemente, o direito a desenhar linhas de base arquipelágicas, ainda que não tenha sido capaz de demonstrar perante o TIJ a legitimidade dessa reivindicação.

[38] Herman, p. 181.

[39] Ibid, pp. 183-184. Sobre a sobreposição de reivindicações marítimas, ver Vasco Becker-Weinberg, *Joint Development of Hydrocarbon Deposits in the Law of the Sea* (Springer Verlag: Heidelberg, Nova Iorque, Dordrecht, Londres, 2014), pp. 95-98.

[40] *Applicability of the Obligation to Arbitrate under Section 21 of the United Nations Headquarters Agreement of 26 June 1947, Advisory Opinion, I.C.J. Reports 1988*, paras. 37-38; *Interpretation of Peace Treaties, Advisory Opinion: I.C.J. Reports 1950*, p. 74; *Case concerning Northern Cameroons (Cameroon v. United Kingdom), Preliminary Objections, Judgment of 2 December 1963: I.C.J. Reports 1963*, p. 27; *Case of the Mavrommatis Palestine Concessions, Judgment, 1924 P.C.I.J., Series A, No. 2*, pp. 11-12; *Case concerning the Temple of Preah Vihear (Cambodia v. Thailand), Merits, Judgment of 15 June 1962, I.C.J. Reports 1962*, pp. 30-33; *Aegean Sea Continental Shelf, Judgment, I.C.J. Reports 1978*, paras. 84-85.

[41] *Case concerning the Temple of Preah Vihear*, p. 16. Ver também *Legal status of Eastern Greenland, Judgment, 1933 P.C.I.J. Series A/B, No. 53*, p. 46.

O Bahrain sustentava a sua reivindicação arquipelágica com base na relação entre a superfície marítima e a superfície terrestre, porém sem nunca ter formalizado a sua reivindicação como Estado arquipelágico ou feito qualquer declaração anterior nesse sentido[42].

Por sua vez, o Qatar opunha-se a essa reivindicação precisamente pelo facto de o Bahrain nunca a ter sido formalizado, para além de não cumprir os requisitos previstos na CNUDM. O Qatar entendia que, como a Parte IV da CNUDM não era costume internacional, a reivindicação do Bahrain, por si só, não seria oponível para efeitos de delimitação de fronteiras marítimas[43].

Nesse caso, o TIJ não aplicou linhas de base retas e, como tal, cada uma das diferentes formações terrestres deveria projetar os seus próprios espaços marítimos, em conformidade com a respetiva qualificação jurídica, seja como ilhas ou rochedos[44].

4. Linhas de base arquipelágicas

A admissibilidade na Convenção da possibilidade de serem utilizadas linhas de base arquipelágicas é um aspeto essencial das pretensões dos Estados arquipelágicos que culminaram na aprovação da Parte IV, permitindo a esses Estados desenhar uma linha de base em torno de um arquipélago, e conferindo às águas encerradas por essa linha o estatuto de águas arquipelágicas, bem como a possibilidade de serem utilizadas todas as formações terrestres para a composição da linha de base arquipelágica, quer possam ou não, por si só, projetar espaços marítimos próprios[45].

A esse respeito, o TIJ entendeu que a aplicação de linhas de base retas é uma exceção e que, como tal, só poderá ser aplicada em situações especiais, como no caso de linhas de costa muito cortadas ou se existir uma franja de ilhas próximas ao logo da costa[46].

No caso já citado entre o entre o Qatar e o Bahrain, o Tribunal entendeu que a costa do Bahrain não era particularmente recortada, mas que as formações terrestres poderiam ser consideradas semelhantes a um franja

[42] *Maritime Delimitation and Territorial Questions between Qatar and Bahrain (Qatar v. Bahrain), Merits, Judgment, I.C.J. Reports 2001,* paras. 181, 183, 214.

[43] *Ibid.*, para. 182.

[44] Ibid, para. 215.

[45] Artigo 48º da CNUDM. Sobre a utilização e os diferentes tipos de linhas de base e o regime jurídico aplicável a águas arquipelágicas, ver Yoshifumi Tanaka, *The International Law of the Sea* (Cambridge University Press, 2019), pp. 54-73, 131-140.

[46] *Maritime Delimitation and Territorial Questions between Qatar and Bahrain*, para. 183.

de ilhas que faziam parte da massa continental, como se de um todo se tratassem, ainda que não fossem qualificadas como tal devido ao seu pequeno número[47].

A exceção à regra geral de linhas de base do mar territorial é complementada com o regime especial previsto no artigo 47º da CNUDM, que tem algumas semelhanças com o artigo 7º da CNUDM e o artigo 4º da Convenção de Genebra de 1958 sobre o Mar Territorial e a Zona Contígua.

Conforme referido anteriormente, a possibilidade de desenhar linhas de base arquipelágicas nos termos do artigo 47º, nº 3, da CNUDM, depende da qualificação de um Estado como arquipelágico[48]. Note-se que a referência expressa a ilhas e recifes no artigo 47º, nº 1, da CNUDM, com exclusão de quaisquer outras formações, pode suscitar a dúvida quanto a baixios a descoberto que não tenham sobre eles um farol ou instalação semelhante que esteja de forma permanente acima do nível do mar, ou quando situados na sua totalidade ou em parte a uma distância que não exceda a largura do mar territorial de uma ilha próxima[49].

A aceitação que esses baixios a descoberto podem ser tidos em conta é uma exceção ao disposto nos artigos 7º, nº 4 e 13º da CNUDM, dado que estas disposições não têm em consideração baixios a descoberto para efeitos de delimitação de fronteiras marítimas[50].

O artigo 47º da CNUDM também refere que as linhas de base retas podem ser traçadas para juntar pontos mais distantes entre ilhas e recifes emergentes, desde que essas linhas incluam as principais ilhas do arquipélago e uma área onde a *ratio* entre a superfície de água e a da terra seja entre 1:1 e 9:1. Essa *ratio* serve para "*medir a razoabilidade do encerramento*"[51] resultante das linhas de base traçadas[52], e salvaguardar a noção de proporcionalidade entre água encerradas pelas linhas de base arquipelágicas e a massa terrestre[53].

Essa *ratio* divide os estados arquipelágicos em três categorias: Estados que não conseguem encerrar uma área de água idêntica à de terra, Estados que não conseguem limitar as águas encerradas a menos de nove vezes a superfície

[47] Ibid, paras. 212-214.

[48] Artigos 46º e 47º, nº 3 da CNUDM. Ver Munavvar, pp. 127-128; Jayewardene, pp. 126-133, 149-150.

[49] Artigo 47º, nº 4, da CNUDM.

[50] Herman, pp. 192-193.

[51] Jayewardene, p. 145.

[52] Ibid, pp. 145-146.

[53] Artigo 47º, nº 7, da CNUDM.

terrestre, e os Estados que conseguem encerrar águas dentro dessa *ratio*, e que, como tal, podem desenhar linhas de base arquipelágicas[54].

A divisão que resulta da aplicação da relação entre a superfície de água e a de terra dentro do limite 1:1–9:1, tem como objetivo excluir os arquipélagos que apenas têm uma ou duas grandes ilhas, ou partes de ilhas, entre as quais não exista uma superfície de água muito significativa. Nesse caso, a ratio seria inferior a 1:1. Por outro lado, o limite máximo 9:1 visa excluir os arquipélagos cujas formações terrestres estão muito dispersas[55].

Já o artigo 47º, nº 2, estipula os limites relativos ao comprimento das linhas de base retas, tendo em vista implementar um critério razoabilidade no que concerne à distância entre pontos-base.[56] Assim, o comprimento não pode exceder 100M, com exceção de 3% do número total de linhas de base utilizadas, mas que não pode exceder o limite máximo de 125M[57].

Por fim, tal como no caso do mar territorial,[58] da ZEE[59] e da plataforma continental[60], os Estados arquipelágicos têm a obrigação de publicação das linhas de base arquipelágicas[61].

5. O estatuto de águas arquipelágicas

A introdução do conceito de águas arquipelágicas teve um impacto direto nas liberdades de todos os Estados no alto mar, uma vez que as águas arquipelágicas ou parte delas eram antes consideradas como parte do alto mar[62]. Por essa razão o conceito de águas arquipelágicas é muito importante[63], uma vez que, sem ele, seria muito difícil saber qual Estado poderia legitimamente reivindicar o estatuto arquipelágico, e quais formações terrestres poderiam ser tidas em conta para esse efeito[64].

De acordo com o artigo 49º da CNUDM, os Estados arquipelágicos exercem os seus direitos de soberania relativamente às águas encerradas pelas linhas de base arquipelágicas, independentemente da profundidade ou da

[54] Victor Prescott e Clive Schofield, *The Maritime Political Boundaries of the World*, 2ª edição (Martinus Nijhoff Publishers: Leiden, Boston, 2004), p. 176.

[55] Munavvar, pp. 130-131.

[56] Jayewardene, pp. 147-149; Munavvar, pp. 131-132.

[57] Artigo 47º,nº 2, da CNUDM.

[58] Artigo 16º da CNUDM.

[59] Artigo 75º da CNUDM.

[60] Artigos 76º, nº 9, e 84º da CNUDM.

[61] Artigo 47º, nºs 8 e 9, da CNUDM.

[62] Artigo 87º da CNUDM.

[63] Jayewardene, p. 134.

[64] Munavvar, p. 107.

distância dessas águas relativamente à costa, assim como relativamente ao seu espaço aéreo, solo, subsolo e recursos naturais marinhos.

Adicionalmente, em conformidade com o artigo 50º da CNUDM, dentro das águas arquipelágicas, os Estados podem desenhar linhas de fecho para a delimitação de águas interiores[65].

Porém, de acordo com o artigo 47º, nº 5, da CNUDM, o sistema de linhas de base arquipelágicas não pode separar o alto mar ou a ZEE do mar territorial de outro Estado. Embora o regime de águas arquipelágicas seja generoso para os Estados arquipelágicos, a soberania dos Estados arquipelágicos relativamente às águas arquipelágicas não é absoluta, na medida em que está sujeita a certas limitações.[66] É o caso, por exemplo, das salvaguardas previstas no artigo 51º, nº 1, relativamente aos direitos de pesca tradicional ou outras atividades de Estados vizinhos em áreas incluídas nas águas arquipelágicas, ou ainda o disposto no artigo 47º, nº 6, quanto à proteção dos interesses legítimos tradicionalmente exercidos por Estados vizinhos antes de serem desenhadas linhas de base arquipelágicas.

Ainda relativamente ao artigo 50º, nº 2, os Estados arquipelágicos devem respeitar os cabos submarinos colocados por outros Estados que atravessem as suas águas arquipelágicas. O que quer dizer, *a contrario*, que apenas os novos cabos, colocados após a classificação como águas arquipelágicas precisam do consentimento do Estado arquipelágico.

6. Direito de passagem inofensiva

Outras importantes limitações dos direitos de Estados arquipélagos é o reconhecimento do direito de passagem inocente em águas arquipelágicas e o direito de rotas arquipelágicas consagrados, respetivamente, nos artigos 52º e 53º da CNUDM. Tratam-se de duas limitações que resultaram do compromisso alcançado durante a III Conferência[67].

Note-se que, tal como o direito de trânsito de passagem por estreitos utilizados para navegação internacional[68], os Estados arquipelágicos não podem impedir ou suspender o direito de passagem[69].

[65] Artigos 9º, 10º e 11º da CNUDM.

[66] Caminos/Cogliati-Bantz, p. 168.

[67] Warner, Robin. "Implementing the archipelagic regime in the International Maritime Organization", in: *Navigational Rights and Freedoms and the New Law of the Sea*, editado por Donald R. Rothwell e Sam Bateman (Martinus Nijhoff Publishers: A Haia, Londres, Boston, 2000), pp. 170-187; Prescott/Schofield, pp. 178-180; Jayewardene, pp. 158-167.

[68] Artigo 44º da CNUDM.

[69] Artigo 54º da CNUDM.

Adicionalmente, os Estados arquipelágicos devem cumprir com todas as obrigações na CNUDM relativamente à proteção do meio ambiente marinho[70], adotar medidas para prevenir, reduzir e controlar a poluição do meio ambiente marinho[71], e combater a poluição de navios em águas arquipelágicas[72].

Existem dúvidas se a CNUDM exclui certas matérias por falta da sua referência expressa na Parte IV. É o caso, por exemplo, do disposto no artigo 220º da CNUDM, relativamente à possibilidade dos Estados costeiros exercerem jurisdição sobre atos de poluição praticados durante o direito de passagem inofensivo e o direito de passagem por rota arquipelágica. Veja-se, por exemplo, que o artigo 233º refere expressamente os estreitos utilizados para navegação internacional. A mesma situação verifica-se relativamente ao direito de perseguição, previsto no artigo 111º, nº 1, da CNUDM.

7. Observações finais

Alguns autores têm defendido a possível natureza costumeira de certos elementos incluídos na Parte IV da CNUDM, tendo em conta, sobretudo, a prática dos Estados[73].

Contudo, se assim fosse, o estatuto de Estado arquipelágico seria oponível a todos os Estados, incluindo para efeitos de delimitação de fronteiras marítimas, tal como o estatuto de águas arquipelágicas salvaguardaria os direitos de todos os Estados nessas águas, incluído o direito de passagem[74].

Sem prejuízo do possível reconhecimento da natureza costumeira de algumas ou de todas as disposições da Parte IV da CNUDM, um Estado que reivindique o estatuto de Estado arquipelágico deve promover a formalização dessa reivindicação, cuja legitimidade dependerá do cumprimento dos requisitos impostos pela Convenção. O Estado arquipelágico deve ainda dar publicidade às suas linhas de base arquipelágicas e salvaguardar a conformidade da sua legislação nacional com a CNUDM.

[70] Artigo 192º da CNUDM.

[71] Artigo 194º da CNUDM.

[72] Artigo 211º da CNUDM.

[73] Churchill/Lowe, pp. 129-130. Para uma análise da prática dos Estados relativamente à Parte IV, ver Tsamenyi, Martin; Schofield, Clive; Milligan, Ben. "Navigation through archipelagos: current State practice", in: *Freedom of Seas, Passage Rights and the 1982 Law of the Sea Convention*, editado por Myron H. Nordquist, Tommy T. B.Koh, e John Norton Moore (Martinus Nijhoff Publishers: Leiden, Boston, 2009), pp. 424-453; Caminos/Cogliati-Bantz, pp. 181-205, 234-242;Munavvar, pp. 37-44, 163-168.

[74] Brown, E.D. *The International Law of the Sea, Volume I, Introductory Manual* (Dartmouth: Aldershot, Brookfield EUA, Singapura, Sydney: 1994), p. 122.

Como tal, um Estado apenas poderá ser reconhecido como Estado arquipelágico e legitimamente utilizar linhas de base arquipelágicas, se o seu território corresponder a um arquipélago, se o desenho dessas linhas de base não se afastar da configuração geral do arquipélago e incluir as suas principais ilhas, estiver dentro dos limites definidos para a relação entre a superfície marítima e a superfície terrestre, assim como respeitar o critério da distância entre segmentos das linhas de base.

Note-se que o traçar de linhas de base arquipelágicas só pode incluir baixios a descoberto, desde que neles existam faróis ou outras instalações que estejam permanentemente acima do nível do mar. Acresce que o desenho de linhas de base arquipelágicas não pode separar o alto mar ou a ZEE do mar territorial de outro Estado.

Daqui resulta que a relação entre os conceitos de arquipélago e Estado arquipelágico é essencial para a qualificação de um Estado como arquipelágico e, consequentemente, para a determinação dos direitos e obrigações dos Estados arquipelágicos, bem como a oponibilidade dessa qualificação a todos os Estados e, consequentemente a definição dos direitos e obrigações destes nas águas arquipelágicas.

Sem prejuízo, o cumprimento de todos os requisitos previstos na Parte IV da CNUDM não garante que a reivindicação do estatuto de Estado arquipelágico e de águas arquipelágicas não seja alvo de objeções por parte de um Estado. Nessas situações, os Estados podem recorrer aos mecanismos de solução de controvérsias previstos na Parte XV da CNUDM.

6
COMENTÁRIO À PARTE V
ZONA ECONÓMICA EXCLUSIVA

Manuel de Almeida Ribeiro[1]

Resumo: O conceito de Zona Económica Exclusiva resultou de um processo que se iniciou na década de quarenta do século XX e se consolidou na Parte VI da Convenção das Nações Unidas sobre o Direito do Mar. Esse trajeto foi marcado por posições assumidas por Estados, isolada ou conjuntamente, e pela progressiva elaboração doutrinária do conceito. Foi na Conferência das Nações Unidas sobre o Direito do Mar que os contornos do conceito e a sua regulação internacional adquiriram a sua feição atual. Tal resultou principalmente da discussão em grupos informais, como o grupo Evensen e o grupo Castañeda/Vindenes. Se o regime da Zona Económica Exclusiva na Convenção resultou de uma delicada negociação entre os Estados costeiros com uma ambição mais territorialista e as potências marítimas, verificou-se ao longo das três décadas da sua vigência, uma tendência por parte daqueles para alargarem os seus direitos, através da adoção de instrumentos legais e regulamentares internos, frequentemente em desconformidade com a letra e o espírito da Convenção, designadamente limitando as liberdades de navegação e colocação de cabos e ductos submarinos. Outros problemas resultam do silêncio da Convenção em matérias muito relevantes, como a realização de atividades militares na Zona Económica Exclusiva e de atividades de pesquisa que não se contêm no conceito de investigação científica marinha.

Palavras chave: Zona Económica Exclusiva; 200 milhas; grupo Evensen; grupo Castañeda-Vindenes; alto-mar; navegação; sobrevoo; colocação de ductos e cabos submarinos; recursos biológicos; jurisdição; liberdade de navegação na ZEE; operações militares na ZEE.

[1] Professor do Instituto Superior de Ciências Sociais e Políticas da Universidade de Lisboa e Presidente da Sociedade Portuguesa de Direito Internacional.

Abstract: Abstract: The concept of exclusive economic zone resulted from a process that began in the forties of the 20th century and was consolidated in Part VI of the United Nations Convention on the Law of the Sea. This path was marked by positions taken by States, isolated from or jointly, and by the progressive doctrinal elaboration of the concept. It was at the United Nations Conference on the Law of the Sea that the outlines of the concept and its international regulation took on their current form. This resulted mainly from discussion in informal groups such as the Evensen group and the Castañeda/Vindenes group. If the exclusive economic zone regime in the Convention resulted from a delicate negotiation between coastal States with a more territorialist ambition and the maritime powers, over the three decades of its validity, there was a tendency on the part of those States to extend their rights , through the adoption of internal legal and regulatory instruments, often in disagreement with the letter and spirit of the Convention, namely limiting the freedoms of navigation and placement of submarine cables and pipelines. Other problems result from the Convention's silence on very relevant matters, such as carrying out military activities in the exclusive economic zone and research activities that are not included in the concept of marine scientific research.

Keywords: Exclusive Economic Zone; 200 miles; Evensen group; Castaneda-Vindenes group; high seas; navigation; overflight; placement of submarine ducts and cables; biological resources; jurisdiction; freedom of navigation in the EEZ; military operations in the EEZ.

1. A Formação do conceito de Zona Económica Exclusiva

1.1. A formação do conceito de Zona Económica Exclusiva

A origem da reivindicação por alguns Estados de uma Zona Económica Exclusiva está muito ligada à reivindicação da plataforma continental. Foi a Proclamação Truman, de 26 de setembro de 1945, que esteve na origem das reivindicações de espaços marítimos que se lhe seguiram por parte de outros Estados americanos, designadamente o México (1945), a Argentina (1946), o Panamá (1946), o Chile 1947) e o Peru (1947). Na reivindicação da Argentina, para além da declaração da soberania sobre as plataformas continentais, reclamou-se ainda o exclusivo da proteção e da exploração dos recursos naturais existentes nas águas sobrejacentes à plataforma, embora com salvaguarda do direito de navegação. Os Estados Unidos, em nota apresentada ao governo argentino manifestaram reservas a essa extensão da reivindicação argentina.

Mas foi a declaração do Presidente do Chile de 1947 que mais marcadamente destacou a reivindicação de direitos económicos sobre o espaço marítimo da existência de uma plataforma continental sobre esse espaço marítimo.

A justificação para essa reivindicação estava na circunstância de, ao contrário do que acontecia com os Estados Unidos, o México e a Argentina, a costa chilena ser quase desprovida de plataforma continental, embora as águas próximas à sua costa, numa extensão apreciável, sejam particularmente ricas em recursos pesqueiros.

Foi a seguinte a declaração do Presidente do Chile[2]:

"Considerando:

1º Que os governos dos Estados Unidos da América, do México e da República Argentina, por declarações presidenciais efetuadas em 28 de setembro de 1945, 29 de outubro de 1945 e 11 de outubro de 1946, respetivamente, proclamaram de modo categórico a soberania dos ditos Estados sobre a plataforma continental adjacente às suas costas e sobre o mar adjacente e toda a extensão necessária, a fim de conservar para tais Estados a propriedade das riquezas conhecidas ou que no futuro se descubram;

2º Que de maneira expressa proclamaram os direitos desses Estados para a proteção, conservação, regulamentação e vigilância das fainas pesqueira, a fim de impedir que as atividades ilícitas ameaçassem reduzir ou extinguir as consideráveis riquezas dessa natureza que se contêm nos mares continentais e que são indispensáveis ao bem-estar e progresso dos respetivos povos, propósito cuja justiça é indiscutível.

3º Que, particularmente no caso da República do Chile, existe manifesta conveniência em efetuar uma proclamação de soberania análoga, não só por estarem já em exploração riquezas essenciais à vida nacional contidas na plataforma continental, como acontece com as minas de carvão cujos trabalhos se prolongam e continuarão a prolongar-se pelo território coberto pelas águas, como também porque, devido à sua topografia e falta de profundidade do território, a vida do país, mais que a de qualquer outra nação, se encontra vinculada ao mar e a todas as riquezas atuais e futuras que encerra;

4º Que o consenso internacional reconhece a cada país o direito de considerar com território nacional toda e extensão do mar epicontinental e da plataforma continental adjacentes;

5º Que o Estado tem a obrigação de proteger e vigiar a exploração das riquezas contidas no seu território marítimo, terrestre ou aéreo.

O Presidente da república declara:

1º O governo do Chile confirma e proclama a soberania nacional sobre toda a plataforma continental adjacente às costas continentais e insulares do território

[2] Azcarraga y de Bustamante, José Luiz de. *Derecho del Mar*, 3 volumes, Madrid, 1983, p. 254, tradução nossa.

nacional, qualquer que seja a profundidade a que se encontrar, reivindicando, por conseguinte, todas as riquezas naturais que existem sobre a dita plataforma ou no seu subsolo, conhecidas ou por descobrir.

2º O governo do Chile confirma e proclama a soberania nacional sobre os mares adjacentes às suas costas, qualquer que seja a sua profundidade, em toda a extensão necessária para preservar, proteger, conservar ou aproveitar os recursos e riquezas naturais de qualquer natureza que se encontrem sobre os referidos mares, neles ou no seu subsolo, submetendo especialmente à vigilância do governo as fainas de pesca e caça marinhas, com o objetivo de impedir que as riquezas desta ordem sejam exploradas em prejuízo dos habitantes do Chile e reduzidas ou destruídas em detrimento do país e do Continente Americano.

3º A demarcação das zonas de proteção da caça e pescas marinhas nos mares continentais e insulares que se situam sob o controlo do governo do Chile será feita, em consequência da presente declaração de soberania, sempre que governo entenda conveniente, através da ratificação, ampliação ou modificação por qualquer outro meio das referidas demarcações, de acordo com os interesses do Chile que seja necessário salvaguardar no futuro, declarando-se desde já a referida proteção e controlo sobre todo o mar compreendido no perímetro formado pela costa, através de uma paralela matemática projetada no mar a duzentas milhas de distância das costas continentais chilenas,. Esta demarcação far-se-á com referência às ilhas chilenas, assinalando-se uma Área de mar contígua às suas costas, projetada paralelamente a estas, a duzentas milhas de todo o seu perímetro.

4º a presente declaração de soberana não desconhece legítimos direitos similares de outros Estados numa base de reciprocidade nem afeta os direitos de livre navegação no alto-mar.

Santiago, 23 de junho de 1947
(F.do) Gabriel Gonzalez Videla
Presidente da República

Dois aspetos ressaltam da declaração chilena – o seu caráter não territorialista, como resulta de não pretender exercer mais que os direitos económicos específicos que refere sobre uma Área de 200 milhas adjacentes à costa, o que exclui claramente a intenção de alargar até esse limite o mar territorial e, como já referimos, a dissociação da reivindicação do exercício de direitos económicos da noção de plataforma continental[3]. Embora também seja rei-

[3] *Vide*, Orrego Vicuña, Francisco. "La Zone Economique Exclusive", in *Recueil des Cours*, 1986, IV, Martinus Nijhoff Publishers, 1987, p.21. Em sentido contrário, Dupuy, R.J. e Vignes, Daniel. *Traité du Nouveau Droit de la Mer* Paris, 1985, p. 244.

vindicada a soberania sobre a plataforma, a reclamação dos restantes direitos não é condicionada pela sua existência. Um estudo sobre a origem da declaração chilena demonstra que a sua motivação foi garantir o exclusivo da caça à baleia nas águas do Chile à indústria nacional[4] . Da legislação chilena que se seguiu à proclamação presidencial ressalta também a natureza não territorialista das intenções do governo chileno.

A declaração chilena inspirou outras posições que se lhe seguiram por parte de outros países reivindicando igualmente extensões de 200 milhas. As expressões utilizadas nas declarações respetivas, embora salvaguardando sempre a liberdade de navegação, variaram de Estado para Estado[5]. Embora sempre sem a declaração da incorporação da zona de 200 milhas no mar territorial, ir-se-ão desenhando duas tendências. Uma mais territorialista, que alargava os poderes do Estado para além da esfera específica da conservação e exploração dos recursos naturais; outra, que mantinha a invocação estrita de direitos nesse espaço.

A influência do conceito mais territorialista far-se-á sentir na Declaração de Santiago de 1952, em que foram partes o Chile, o Peru e o Equador e que foi o primeiro instrumento multilateral a acolher a reclamação da Área de 200 milhas. Embora o texto da declaração se reporte aos direitos de natureza económica, faz-se referência ao direito de passagem inofensiva e não à liberdade de navegação. Embora tal possa ser atribuído à imprecisão terminológica da época, é facto que se verificaram interpretações diferentes da declaração na prática e na legislação dos Estados partes[6].

De qualquer modo, a Declaração de Santiago não constitui, de forma alguma, uma reivindicação de mar territorial já que, à exceção de direitos soberanos de natureza económica, são expressamente ressalvadas todas as outras liberdades decorrentes do regime tradicional do alto-mar.

1.2. Os direitos económicos do Estado costeiro nas I e II Conferências das Nações Unidas sobre o Direito do Mar

O vigor do movimento reivindicativo dos Estados sul-americanos não poderia deixar de se manifestar na Conferência das Nações Unidas sobre o Direito do Mar de 1958. A possibilidade do reconhecimento de direitos exclusivos de pesca já tinha sido, aliás, objeto de debate no âmbito da Comissão de Direito

[4] Idem, ibidem.

[5] A obra citada de José Luiz Azcarraga contém, entre muitos outros, os textos integrais das declarações do Peru e da Costa Rica.

[6] Orrego Vicuña, Francisco, *ob. cit.*, p. 21.

Internacional. O reconhecimento dos direitos de pesca exclusiva não reuniu, no entanto, o consenso necessário à sua transposição para o direito convencional[7]. Durante este processo avançou-se de forma significativa na elaboração de dois conceitos próximos: o de "interesse especial do Estado ribeirinho" e o dos "direitos preferenciais de pesca no alto-mar[8]".

Em relação a conceito de "interesse especial do Estados ribeirinho" manifestou-se uma grande pressão dos Estados que reclamavam zonas de pesca, como os signatários da Declaração de Santiago e de outros, como as Filipinas, o Vietname e a Islândia, que viam nesse reconhecimento um primeiro passo no sentido da aceitação da jurisdição exclusiva sobre a pesca para além do mar territorial.

O interesse especial do estado ribeirinho veio a ser expresso na Convenção sobre a pesca e a Conservação dos Recursos Biológicos do alto-Mar, especificamente nos artigos 6º e 8º, cuja redação final é a seguinte:

> Artigo 6
>
> 1.Todo o Estado ribeirinho tem um especial interesse na manutenção da produtividade dos recursos biológicos em toda a extensão do alto-mar adjacente ao seu mar territorial.
>
> 2. Todo o Estado ribeirinho tem o direito de participar, em condições de igualdade, em todas as organizações de pesquisa e em todo o sistema de regulamentação com o fim de conservação dos recursos biológicos do alto-mar nesta Área, mesmo que os seus nacionais aí se não dediquem à pesca.
>
> 3. Todo o Estado cujos nacionais se dediquem à pesca numa Área do alto-mar adjacente ao mar territorial de um Estado ribeirinho entabulará, a pedido desse Estado ribeirinho, negociações com o fim de se tomarem, de comum acordo, medidas necessárias para conservação dos recursos biológicos nessa região.
>
> 4. Todo o Estado cujos nacionais se dediquem à pesca numa Área do alto-mar adjacente ao mar territorial de um Estado ribeirinho não pode aplicar nessa mesma Área de alto-mar medidas de conservação contrárias às que tiverem sido adotadas pelo Estado ribeirinho, mas pode iniciar negociações com o Estado ribeirinho com vista a tomar, de comum acordo, as medidas necessárias à conservação dos recursos biológicos do alto-mar nessa zona.
>
> 5. Se os Estados ribeirinhos não puderem chegar, num prazo de doze meses, a acordo quanto às medidas de conservação, cada uma das partes contratantes poderá iniciar o processo previsto no artigo 9.

[7] Idem, p. 22.

[8] Idem, ibidem.

Artigo 7

1.Tendo em consideração as disposições do parágrafo 1 do artigo 6, todo os Estado ribeirinho pode, com vista à manutenção da produtividade dos recursos biológicos do mar, adotar unilateralmente as medidas de conservação apropriadas para toda a espécie de peixe e outros recursos marinhos em toda a extensão do alto-mar adjacente, se as negociações para este efeito realizadas com outros Estados não tiverem chegado a acordo num prazo de seis meses.

2. As medidas que o Estado ribeirinho tiver adotado em virtude do parágrafo anterior não podem produzir efeitos em relação aos outros Estados, a não ser que:

a) Seja urgente aplicar medidas de conservação, tendo em consideração o estado dos conhecimentos relativos a pescarias;

b) As mesmas se fundem em conclusões científicas apropriadas;

c) Não tenham, quanto à forma ou quanto ao fundo, efeito discriminatório em relação a pescadores estrangeiros.

3. Estas medidas permanecerão em vigor enquanto aguardarem, de harmonia com as disposições pertinentes da presente Convenção, a regularização de qualquer divergência dizendo respeito à sua validade.

4. Se estas medidas não forem aceites pelos outros Estados interessados, cada uma das partes contratantes pode iniciar o processo previsto no artigo 9. Sob reserva das disposições do parágrafo 2 do artigo 10, as medidas adotadas continuarão a ser obrigatórias enquanto se aguardar a decisão da comissão especial.

5. Os princípios de delimitação geográfica enunciados no artigo 12 da Convenção sobre o Mar Territorial e a Zona Contígua são aplicáveis todas as vezes que se trate de costas de Estados ribeirinhos.

Artigo 8

1. Um Estado que, mesmo que os seus nacionais se não dediquem à pesca numa Área de alto-mar adjacente às suas costas, tenha, no entanto, um interesse especial na conservação dos recursos biológicos do alto-mar nessa Área, pode solicitar do Estado ou Estados cujos nacionais aí exerçam pesca que tomem as medidas necessárias à conservação, nos termos dos artigos 3 e 4, respetivamente, indicando, ao mesmo tempo, as razões científicas que, em sua opinião, tornam tais medidas necessárias e o interesse especial que atribui a esta questão.

2. Se, dentro do prazo de doze meses, não obtiver satisfação, tal Estado pode iniciar o processo previsto no artigo 9.

Se da Conferência de 1958 resultou o reconhecimento do interesse especial do Estado costeiro, o mesmo não aconteceu com o direito preferencial de pesca. De facto, embora mesmo os países que, como o Chile, sustentavam e haviam declarado o direito exclusivo de pesca tenham manifestado abertura à aceitação de uma solução que contemplasse apenas um direito preferencial, garantindo assim o respeito pelos direitos históricos e acentuando inequivocamente o caráter não territorial daquele direito, não se obteve o consenso necessário à utilização de qualquer convenção resultante da conferência. A principal causa deste insucesso foi a não autonomização, à época, de um conceito aceite pela generalidade dos Estados que fosse inequivocamente distinto do de mar territorial ou do de Zona Contígua. A questão do direito de pesca ficou assim ligada a estes dois conceitos e a falta de acordo sobre estes comprometeu a sua consagração. Foi apresentado um projeto subscrito pelo Brasil, Cuba e Uruguai, como emenda à célebre forma "seis mais seis" introduzida pelos Estados Unidos e o Canadá, que assentava igualmente no conceito de direitos preferenciais, mas, embora tenha sido adotado pela conferência, ficou prejudicado pela não aprovação da proposta pelo Canadá e dos Estados Unidos[9].

1.3. Legislações nacionais e declarações regionais após as Conferências de Genebra

Se foi a falta de autonomização do conceito de Zona Económica Exclusiva em relação ao mar territorial e a Zona Contígua que, pelo menos em grande parte, explica a sua não inclusão nos textos dos tratados, a prática dos Estados nos anos seguintes foi procedendo progressivamente a essa autonomização.

De facto, multiplicaram-se durante a década de sessenta do século XX as reivindicações de direitos de pesca ou de direitos económicos de outra natureza sobre áreas de extensão diversa, sendo excecionais as reivindicações muito alargadas de mar territorial. O limite das 200 milhas ir-se-á generalizando como limite das zonas económicas, sendo já prevalecente no início dos trabalhos da Terceira Conferência das Nações Unidas sobre o Direito do Mar (III Conferência).

Além das declarações de Estados, há que referir as declarações regionais elaboradas na mesma época. É o caso das declarações de Montevidéu e Lima de 1970 e da Declaração de S. Domingos de 1972.

Esta última teve uma particular importância já que, além de estabelecer o limite das 12 milhas para o mar territorial, introduziu o conceito de mar patrimonial, com uma extensão de 200 milhas, no qual pertenceria ao Estado costeiro o exercício da soberania sobre os recursos renováveis e não renová-

[9] Idem, p. 23.

veis, bem como o poder de regulamentar a pesquisa científica e de tomar as medidas necessárias para evitar a poluição marítima, salvaguardando, contudo, as liberdades de navegação e de sobrevoo, bem como a instalação de cabos e ductos submarinos.

Também os países de África e da Ásia deram o seu contributo para a elaboração de instrumentos multilaterais sobre a matéria. O Comité Consultivo Afro-asiático, o Seminário de Estados Africanos sobre o Direito do Mar, realizado em Iuandé em 1972 e a Organização da Unidade Africana (OUA), que aprovou uma declaração sobre a matéria em 1973, utilizaram pela primeira vez o termo "zona económica exclusiva" para caracterizar o direito dos Estados sobre os recursos dos mares adjacentes[10]. A declaração da OUA acrescentou três aspetos de grande importância à formulação da Declaração de S. Domingos: o reconhecimento do direito dos Estados de fazerem "outras utilizações legítimas do mar", embora sem definir o conteúdo dessas utilizações; a não sujeição do exercício dos direitos de outros Estados às restrições derivadas do exercício dos direitos do Estado costeiro sobre a Área e a introdução do conceito de direitos dos países sem litoral e geograficamente desfavorecidos à exploração dos recursos vivos das zonas económicas vizinhas[11].

No âmbito dos trabalhos da Comissão dos Fundos Marinhos foram apresentadas várias propostas sobre a matéria, recolhendo os contributos dos trabalhos dos países sul-americanos, asiáticos e africanos.

Em 1972, aquando da adoção da lista de temas sobre o direito do mar, o conceito de Zona Económica Exclusiva já tinha merecido um amplo reconhecimento. Continuavam a verificar-se, no entanto, tendências mais radicais que insistiam no mar territorial de 200 milhas e outras, menos radicais, que se limitavam a sustentar a consagração de direitos preferenciais dos Estados costeiros sobre o alto-mar.

Finalmente, era ainda defendida a criação de zonas económicas com modalidades especiais, designadamente com caráter regional ou sub-regional.

No início da III Conferência, alinhavam-se quatro tendências: a tendência "monista", a tendência "patrimonialista", a tendência "territorialista" e a tendência "preferencialista"[12].

Ainda durante os trabalhos da comissão preparatória da III Conferência, foi apresentada uma proposta, subscrita por nove países com diferentes inserções geográficas e graus de desenvolvimento – o Canadá, o Chile, a Índia, a

[10] Idem, p. 25.
[11] Idem, p. 25.
[12] Idem, p. 26.

Indonésia, a Islândia, as Ilhas Maurícias, o México, a Noruega e a Nova Zelândia – que constituíram o núcleo dos Estados costeiros que, durante os oitos anos da Conferência, aumentaria para cerca de oitenta Estados. Este grupo, presidido pelo México, tornar-se-ia o mais amplo e poderoso da Conferência[13].

O texto apresentado pelo grupo de nove Estados aproximar-se-ia já extraordinariamente do texto final, adotado pela Conferência e introduzido na Convenção[14]. Eis as principais disposições incluídas na proposta:

> Artigo 12
>
> O Estado costeiro exerce, dentro de uma área limítrofe adjacente ao seu mar territorial, conhecida como Zona Económica Exclusiva:
>
> a) Direitos soberanos, com a finalidade de explorar os recursos naturais, renováveis e não renováveis do leito e do subsolo marinhos e das águas sobrejacentes.
>
> b) Outros direitos e deveres especificados nestas disposições, no que se refere à proteção e preservação do meio ambiente marinho e à pesquisa científica. O exercício destes direitos far-se-á sem prejuízo do artigo 19 da Convenção.
>
> Artigo 13
>
> O limite exterior da Área económica não excederá as 200 milhas marítimas contadas das linhas de base utilizadas para medir o mar territorial (os cossignatários reconhecem os direitos de acesso com base em acordos regionais, sub-regionais e bilaterais, a nacionais dos Estados interiores e Estados em desenvolvimento geograficamente desfavorecidos a definir) nos recursos vivos das zonas económicas exclusivas dos Estados costeiros vizinhos (brevemente será apresentado um projeto de articulado sobre a matéria).
>
> Artigo 14
>
> Na Zona Económica Exclusiva poderão gozar de liberdade de navegação e sobrevoo navios e aeronaves de todos os Estados, ficando apenas sujeitos ao exercício dos direitos do Estado costeiro na área, definidos na conferência.
>
> Artigo 15
>
> O Estado costeiro exercerá os seus direitos e cumprirá os seus deveres na Zona Económica Exclusiva sem interferir com outras utilizações legítimas na área, incluindo, de acordo com o previsto nesta convenção, a colocação de cabos submarinos.

[13] Sobre esta matéria, *vide* Castañeda, Jorge. "Negotiations on the Exclusive Economic Zone" in *Essays in International Law in Honour of Judge Manfred Lach*, Martinus Nijhoff Publishers, p. 611.

[14] Idem. A tradução é da nossa responsabilidade. A fonte citada é o UM Doc. A/Conf.62/122, October 7, 1982.

Artigo 16

A instalação e utilização de ilhas artificiais e outras instalações sobre a superfície do mar, nas águas ou sobre o leito do mar, nas águas ou sobre o leito do mar e subsolo da Zona Económica Exclusiva será objeto de autorização e regulamentação pelo Estado costeiro.

Artigo 17

No exercício dos direitos atribuídos pela presente convenção, os Estados não devem interferir no exercício dos direitos ou no cumprimento dos deveres do Estado costeiro na Zona Económica Exclusiva.

Artigo 18

O Estado costeiro deverá assegurar que qualquer atividade de exploração na Zona Económica Exclusiva será exercida exclusivamente com finalidades pacíficas.

2. A ZEE na III Conferência das Nações Unidas sobre o Direito do Mar

2.1. A Zona Económica Exclusiva na Terceira Conferência das Nações Unidas sobre o Direito do Mar – o grupo Evensen

Logo no início da III Conferência, na 1ª sessão, foi constituído, por iniciativa e sob a presidência do ministro norueguês Jens Evensen[15], um grupo de negociação informal com o objetivo de elaborar um texto consensual sobre a Zona Económica Exclusiva. Inicialmente reduzido, o número de estados representados no grupo foi-se alargando sucessivamente até incluir representantes de todos os pontos de vista existentes sobre a criação e características da zona económica das 200 milhas, num total de 60 Estados participantes.

O prestígio e a competência do seu presidente e o elevado nível dos participantes tornaram o grupo *Evensen*, como fiou conhecido, num dispositivo importantíssimo da Conferência. O método de negociação foi, no entanto, penoso e difícil de aplicar. Consistia tal método na apresentação pelo presidente de projetos de articulado que procuravam refletir as posições mais próximas do consenso. Após um debate sobre cada projeto, era o mesmo reelaborado, por forma a incorporar os resultados do debate. Foram apresentados sete articulados pelo presidente no decurso das negociações até se atingir um projeto basicamente aceite pelos Estados em presença. Após a obtenção do consenso sobre este articulado, foi o mesmo entregue ao comité que, nos termos do regulamento dos trabalhos da Conferência, detinha a competência para apresentar ao plenário os textos que representassem os consensos atin-

[15] Idem.

gidos no âmbito do comité respetivo, e que o introduziu quase textualmente no texto básico de negociação.

O sucesso do grupo *Evensen* permitiu ultrapassar a manifesta incapacidade dos grupos oficiais, com autoridade sempre controversa, para adotar formalmente, através do voto, textos oficiais. A impossibilidade de se atingir um amplo consenso com base num projeto de texto submetido a votação no grupo oficial foi assim ultrapassada por uma longa e penosa negociação, no final frutífera, no âmbito de um grupo informal.

A questão que suscitou logo no início maior controvérsia foi a do estatuto da região compreendida entre a extensão do mar territorial e o limite das duzentas milhas. Entre as duas posições extremas sobre a matéria, a das potências marítimas desejosas de reconhecer apenas alguns direitos preferenciais e a dos Estados territorialistas, que pretendiam assimilar a zona ao mar territorial, estava a do grupo de nove Estados que atrás transcrevemos. A posição que prevaleceu no texto final que o grupo elaborou contempla "direitos soberanos com a finalidade de exploração e aproveitamento", mas não a existência de um "direito de soberania", tal como o exercido sobre o mar territorial[16].

Outra das dificuldades a ultrapassar decorria do desiderato dos Estados que se qualificavam como "interiores ou geograficamente desfavorecidos", que partiam de uma posição inicial de quererem ver reconhecidos direitos sobre a Zona Económica Exclusiva dos Estados costeiro próximos semelhantes aos destes. Esta posição era considerada totalmente inaceitável pelos Estados costeiros. Finalmente, foi conseguido um compromisso que se traduziu no direito dos Estados geograficamente desfavorecidos que consta da Convenção.

Durante a sessão de 1975, o grupo *Evensen* prosseguiu os seus trabalhos com uma autoridade acrescida decorrente do número dos Estados representados, da aceitação generalizada dos resultados obtidos e da convicção generalizada que se formara de que, caso não se obtivesse consenso sobre as matérias em debate, tornar-se-ia impossível evitar que as soluções contempladas na Convenção se tornassem um foco permanente de disputa[17]. As disposições formuladas pelo grupo *Evensen* viriam, assim, a ficar muito próximas das finalmente contempladas pela Convenção.

O artigo 1º do texto contemplava os direitos exercidos pelo Estado costeiro na zona de 200 milhas como "direitos de soberania para os fins de exploração

[16] Idem, pp. 611 e ss.

[17] Idem, p. 613.

e aproveitamento", o que, como vimos, representou uma vitória sobre a tese das potências marítimas que pretendiam inicialmente ver reconhecidos apenas "direitos preferenciais de exploração e aproveitamento". Não há, contudo, menção ao "direito de soberania sobre a zona" que, com também referimos era suscetível de levar à sua identificação com o mar territorial.

A jurisdição do Estado costeiro, embora se estenda a todas as atividades de exploração e aproveitamento, é expressamente referida em alguns dos seus potenciais âmbitos, para além dos tradicionais, como a "produção de energia a partir da água, das correntes e do vento".

Também as disposições referentes às ilhas artificiais e á preservação da vida marinha foram negociadas no âmbito do grupo *Evensen*, o mesmo sucedendo com as disposições relativas ao respeito pelo Estado costeiro dos direitos e deveres de outros Estados, quando exercer os direitos sobre a sua Zona Económica Exclusiva (artigo 1º, número 2).

Ainda no artigo 1º do texto elaborado pelo grupo *Evensen* ficou contemplado que o exercício dos direitos sobre a Zona Económica Exclusiva não prejudicava as regras relativas à plataforma continental. Esta referência foi introduzida face à posição sustentada por alguns Estados africanos, segundo a qual o estabelecimento de direitos sobre a Zona Económica Exclusiva deveria eliminar os direitos sobre a plataforma continental que, para além de ficar esvaziada na zona coincidente, poderia suscitar confusões e problemas na delimitação na zona situada para além das 200 milhas. Esta posição mereceu, no entanto, enérgica rejeição dos países com plataformas continentais largas, entre os quais a Argentina, as Austrália, o Canadá e a Nova Zelândia, bem como da maioria dos Estados costeiros[18].

No artigo 2º do "compromisso Evensen" estipulou-se que a Zona Económica Exclusiva não se estenderia "para além do limite das duzentas milhas". Claro está que, para além do estabelecimento do limite máximo, idêntico ao que constava de praticamente todas as teses anteriores, se resolvia a questão decorrente da impossibilidade de se estender a Área até esse limite máximo, designadamente pela circunstância de haver Estados com costas situadas a distâncias não suficientemente grandes para o permitirem.

O artigo 3 constituía a contrapartida dos direitos do Estado costeiro na Área, estabelecidos no artigo 1, tendo ambos, aliás, resultado de uma negociação conjunta. Previam-se aqui os direitos e deveres de terceiros Estados na Zona Económica Exclusiva.

[18] Idem, p. 615.

No número primeiro do artigo 3º estabelecem-se três tipos de direitos de outros Estados na Zona Económica Exclusiva. O primeiro tipo mereceu desde o início um amplo consenso e, inclusive, a adesão dos Estados territorialistas. Refere-se à liberdade de colocação de cabos e ductos submarinos. Em segundo lugar estabelece-se a "suscetibilidade de outras utilizações lícitas do mar relacionadas com a navegação e as comunicações". A aceitação desta redação representou um recuo assinalável das grandes potências marítimas que não pretendiam ver contemplada a limitação do tipo de utilizações possíveis, ou seja, preferiam a simples menção, sem mais, a "outras utilizações lícitas do mar". Finalmente, tal como no artigo 1º, menciona-se ainda a salvaguarda de "outros direitos e deveres previstos na Convenção"[19].

Outra matéria da maior importância que foi tratada no âmbito do grupo Evensen e que transitou sem alteração para o texto da Convenção refere-se aos critérios de resolução de diferendos entre o Estado costeiro e um Estado terceiro, quando ambos invoquem direitos incompatíveis. O problema estaria solucionado se a zona fosse caracterizada como mar territorial ou alto-mar, pois então o Estados costeiro e o terceiro Estado seriam favorecidos consoante a caracterização fosse uma ou outra, respetivamente. Mas, como a Zona Económica Exclusiva era tomada como uma área "sui generis", havia que encontrar um critério autónomo.

Era, aliás, previsível que surgissem dificuldades resultantes da definição dos "direitos residuais" não abrangidos pelos direitos do estado costeiro. A própria posição das potências marítimas, interessadas na formulação geral da salvaguarda de "outros usos lícitos do mar" fazia antever que se visavam, justamente, esses direitos residuais. A solução acabou por ser encontrada na redação proposta pela delegação do México, especificamente por Jorge Castañeda[20]:

> "Nos casos em que a presente convenção não atribua direitos ou jurisdição ao Estado costeiro ou a outros Estados na Zona Económica Exclusiva, e surja um conflito entre os interesses do Estado costeiro e os de qualquer outro Estado, o conflito deverá ser solucionado numa base de equidade e à luz de todas as circunstâncias pertinentes, tendo em conta a importância respetiva dos interesses em causa para as partes e para o conjunto da comunidade internacional".

[19] Idem, p. 615.

[20] Idem, p. 616.

O número 2 do artigo 3º estipulava que os "Estados terão em devida os direitos e deveres do Estado costeiro a afins de modo compatível com as disposições da presente convenção". Esta disposição constitui a contrapartida do estabelecido no número 2 do artigo 1º, que anteriormente referimos.

O artigo 4º referia-se ao direito exclusivo do Estado costeiro de construir, regulamentar e autorizar a construção e utilização de ilhas artificiais, instalações e estruturas usadas com finalidades sujeitas à sua jurisdição, outras finalidades económicas ou que sejam suscetíveis de interferir no exercício dos seus direitos na Zona Económica Exclusiva.

Esta redação foi objeto de controvérsia por muitos Estados a considerarem excessivamente restritiva dos direitos do Estado costeiro. Numa segunda versão, a frase "instalações e estruturas que o Estado costeiro considere suscetíveis de interferir com o exercício do direito do estado costeiro" foi substituída por "instalações e estruturas que possam interferir com o exercício dos direitos do Estado costeiro".

Esta fórmula foi ainda considerada restritiva, mas acabou por prevalecer uma redação muito próxima: "instalações e estruturas que possam interferir com o exercício dos direitos do estado costeiro na zona"[21].

O artigo 5º do compromisso Evensen referia-se à intervenção do Estado costeiro na conservação dos recursos vivos. Atribui-se-lhe o direito de tomar as medidas necessárias para assegurar que a preservação dos recursos vivos não seja ameaçada pelo excesso de captura (nº 1). Para tanto, prevê-se o direito do Estado costeiro de determinar as capturas máximas e de adotar medidas para preservar ou restabelecer as populações das espécies capturadas ou vivas que possam produzir o máximo rendimento constante. Algumas delegações manifestaram-se mais favoráveis à expressão "rendimento ótimo constante", por forma a contemplar não apenas critérios quantitativos mas também critérios qualitativos[22]. O consenso veio a estabelecer-se num compromisso que manteve a expressão "máximo rendimento constante", mas acompanhada da frase "limitada por fatores ecológicos e económicos pertinentes"

O artigo 6º do compromisso Evensen referia-se à utilização dos recursos vivos. Esta matéria constituiu um ponto final do debate, já que foi a sua introdução no texto que permitiu a aceitação pelas grandes potências marítimas dos direitos exclusivos do Estado costeiro na Zona Económica Exclusiva. Haveria que, uma vez determinada a quantidade de recursos vivos capturáveis

[21] Idem, p. 617.

[22] Idem, p. 618.

pelos critérios referidos, admitir o acesso de outros Estados à captura desses recursos, se o Estado costeiro não pudesse explorá-los integralmente. Mas, visto que os recursos se situavam no âmbito do exercício dos direitos soberano do Estado costeiro, era necessário admitir também a compensação pelas capturas efetuadas por terceiro Estados.

Se estes princípios eram aceites pela generalidade dos Estados, já que não eram objeto de contestação que só dessa forma se poderia propiciar a plena utilização dos recursos vivos na satisfação das necessidades alimentares da humanidade, afigurava-se difícil estabelecer critérios que definissem as modalidades de acesso e os meios de compensação. Havia ainda o problema dos direitos históricos, que as potências pesqueiras desejavam salvaguardar e os Estados costeiros em desenvolvimento não aceitavam. Foi finalmente estabelecida uma fórmula, num parágrafo, segundo a qual o Estado costeiro deveria tomar em conta "a necessidade de reduzir ao mínimo a perturbação em Estados cujos nacionais tenham pescado na Área ou tenham efetuado esforços substanciais na investigação e identificação dos "stocks". Mantinha-se, contudo, o interesse do Estado costeiro como primeiro critério.

Da harmonia que se procurou atingir entre os interesses em conflito, resultou o estabelecimento do direito do Estado costeiro de fixar o máximo capturável e a sua própria capacidade de captura, garantindo-se o seu direito de explorar integralmente a totalidade dos recursos se tiver capacidade para o fazer. Por outro lado, consagrou-se a obrigação de autorizar a captura a terceiros Estados, embora nos termos e sob as condições que fixar, designadamente sujeitando-as a pagamentos em dinheiro ou outras formas de remuneração. Estes princípios viriam a ser transpostos para os artigos 61º e 62º da Convenção.

O resultado das negociações no âmbito do grupo Evensen foi incluído no "Texto Único de Negociação Oficioso", ou seja, no primeiro texto base elaborado pela Conferência e, posteriormente, nos sucessivos textos que se lhe seguiram, com alterações pouco substanciais.

Este grupo informal teve, assim, uma importância histórica decisiva na formulação convencional da Zona Económica Exclusiva[23].

[23] Idem, pág.618. Como resulta das notas que antecedem, o essencial sobre o grupo Evensen foi retirado da obra citada de Jorge Castañeda.

2.2. O grupo Castañeda-Vindenes[24]

Após a incorporação do texto elaborado no âmbito do grupo Evensen no Texto Único de Negociação e, posteriormente, no Texto Único de Negociação Revisto, as grandes potências marítimas persistiram no intuito de classificar a Zona Económica Exclusiva como alto-mar.

A oposição dos Estados costeiros conduziu a um impasse que se manteve sem avanços até 1977.

Para tentar ultrapassar esse impasse foi criado, por iniciativa da delegação do México, um pequeno grupo de negociação, que pretendia englobar um número reduzido de Estados, mas que representasse as principais sensibilidades sobre a matéria. Compunham o grupo a Austrália, o Brasil, a Bulgária, o Canadá, o Egito, a Índia, o Quénia, o México, a Nigéria, a Noruega, o Peru, o Reino Unido, os Estados Unidos, Singapura, a União Soviética, a Tanzânia e a Venezuela. O grupo era copresidido pelos representantes do México, Jorge Castañeda, e da Noruega, embaixador Vindenes, ficando conhecido como grupo Castañeda-Vindenes.

Apesar do caráter privado do grupo e do seu reduzido número de participantes, a influência dos representantes e uma forte vontade de atingir um consenso na matéria tornaram possível chegar a novas fórmulas, que foram incluídas integralmente no terceiro texto básico da Conferência, o Texto de Negociação Compósito Oficioso.

O trabalho desenvolvido pelo grupo Castañeda-Vindenes veio a constituir a última fase significativa no processo de formulação convencional da Zona Económica Exclusiva. Não fora a atividade deste grupo, ter-se-ia corrido o risco de não serem superadas as últimas dificuldades, comprometendo-se os amplos resultados já obtidos pelo grupo Evensen.

As dificuldades a ultrapassar prendiam-se ainda com a não caracterização da Zona Económica Exclusiva como parte do alto-mar e as consequências que daí resultariam para o exercício dos direitos residuais por terceiros Estados. Como já referimos, a dificuldade resultante do suprimento de eventuais colisões entre direitos do Estado costeiro e de terceiros Estados tinha sido objeto de uma proposta de redação de artigo apresentada pela delegação mexicana no grupo Evensen e que viriam a ser incluída na Convenção (artigo 59º). Esta proposta que tinha sido considerada satisfatória pelos Estados costeiros e merecido o consenso pelas grandes potências marítimas, que sustentavam que a definição de alto-mar introduzida no Texto Único Informal de

[24] Idem. Continuamos a seguir de perto a obra referida.

Negociação desequilibrava decididamente a plataforma elaborada no articulado específico da Zona Económica Exclusiva. A definição era a seguinte: "O termo alto-mar tal como é usado na presente convenção significa todas as partes do mar não incluídas na Zona Económica Exclusiva, no mar territorial ou nas águas interiores de um Estado ou ainda nas águas arquipelágicas de um Estado arquipélago".

Esta definição, conjugada com a limitação das utilizações licitas possíveis da Zona Económica Exclusiva às relacionadas com a navegação, sobrevoo, colocação de cabos submarinos e, ainda assim "tendo em devida conta os direitos e deveres do Estado costeiro" configuravam, segundo os Estados Unidos, um quadro inaceitavelmente restritivo quer qualitativa, quer quantitativamente, suscetível de colocar em sério risco os seus interesses militares e de segurança.

A negociação levada a efeito no grupo Castañeda-Vindenes permitiu encontrar soluções que, sem alterarem substancialmente o que já tinha sido alcançado, tornaram possível ultrapassar estas objeções.

Foram as seguintes as principais alterações:

Introduziu-se uma definição de Zona Económica Exclusiva que viria a ser integrada no artigo 55º da Convenção, com o seguinte teor:

> "A Zona Económica Exclusiva é uma zona situada além do mar territorial e a este adjacente, sujeita ao regime jurídico específico estabelecido na presente Parte, segundo o qual os direitos e a jurisdição do Estado costeiro e os direitos dos demais Estados são regidos pelas disposições pertinentes da presente Convenção".

Esta definição vincaria o caráter "sui generis" da Zona Económica Exclusiva, vincando bem a natureza específica claramente distinta dos regimes do mar territorial e do alto-mar;

Foi eliminado o termo "exclusiva" como qualificativo da jurisdição do Estado costeiro no que se refere à instalação e utilização de ilhas artificiais, instalações e estruturas de investigação científica. Esta eliminação foi considerada, na altura, uma concessão dos Estados territorialistas, mas viria, contudo, a ser introduzida no texto da Convenção;

A questão dos usos lícitos por terceiros Estados na Zona Económica Exclusiva mereceu uma nova redação, por proposta do representante dos Estados Unidos, passando a figurar nos seguintes termos: "outros usos do mar internacionalmente lícitos, relacionados com as referidas liberdades, tal como as ligadas à operação de navios, aeronaves, cabos e ductos submarinos e compatíveis com as disposições da presente Convenção";

A referência à navegação, sobrevoo e a colocação de cabos e ductos passaram a ter caráter exemplificativo;

Finalmente, foi alterado o artigo que define a extensão do alto-mar. Embora mantendo-se a exclusão a Zona Económica Exclusiva, foi ressalvado que tal exclusão não implica limitação alguma das liberdades de todos os Estados na Zona Económica Exclusiva;

Conseguiu-se, com estas alterações, salvaguardar o equilíbrio de direitos que caracteriza a Zona Económica Exclusiva;

No âmbito do grupo foram ainda levantadas questões de importância menos significativa, como a redação de disposições sobre pesquisa científica, que viriam a ser introduzidas no Texto Informal de Negociação e posteriormente na Convenção;

Por iniciativa do Reino Unido, foi feito um aditamento sobre a remoção de instalações e estruturas abandonadas ou inutilizadas na Zona Económica Exclusiva para garantir a segurança da navegação, tendo em devida conta as normas internacionais de navegação aceites, bem como a pesca, a proteção do meio marinho e os direitos e deveres de outros Estados.

Obtido o acordo substantivo essencial entre as potências marítimas e os Estados costeiros sobre o exercício de direitos na Zona Económica Exclusiva, ficavam por definir duas importantes matérias: a regularização pacífica de diferendos resultantes do exercício dos direitos soberanos do Estado costeiro sobre a Área e os direitos dos Estados interiores e geograficamente desfavorecidos.

A questão da regularização de diferendos foi examinada no âmbito de um grupo informal presidido pelo embaixador grego Constantino Stravapoulos, tendo as regras elaboradas por esse grupo sido incorporadas na Convenção.

A questão dos direitos dos Estados interiores e geograficamente desfavorecidos foi negociada num grupo presidido pelo embaixador Nandau das Fidji, cujos resultados vieram a traduzir-se nos artigos 69º a 70º da Convenção.

3. O Regime jurídico da Zona Económica Exclusiva

3.1. Direitos do Estado costeiro na Zona Económica Exclusiva

Após termos descrito os aspetos mais significativos da evolução do conceito de Zona Económica Exclusiva até à sua inclusão no texto da Convenção das Nações Unidas sobre o Direito do Mar, passamos a analisar o seu regime jurídico.

Da interpretação global dos artigos 55º a 75º da Convenção resultam tipos diferentes de direitos do Estado costeiro sobre a Zona Económica Exclusiva:

a) Direitos exclusivos de soberania;
b) Direitos de soberania que comportam alguns deveres para com terceiros Estados;
c) Jurisdição.

3.2. Os direitos de soberania exclusivos do Estado costeiro

Alguns dos direitos do Estado costeiro sobre os recursos da Zona Económica Exclusiva a que se refere o artigo 56º da Convenção são absolutos, no sentido em que não se prevê qualquer dever de permitir o acesso a esses recursos, mesmo que não sejam por ele explorados. É o caso, em primeiro lugar, dos direitos sobre o solo e o subsolo, regulados na Parte VI da Convenção – que se refere à plataforma continental – nos termos do número 3 do artigo 56º. Embora os direitos sobre a plataforma continental existam independentemente de declaração expressa do Estado costeiro, ao contrário dos direitos sobre a Zona Económica Exclusiva, que dependem da declaração da sua criação, tal criação opera uma consumpção dos direitos sobre a plataforma continental pelos direitos sobre a Zona Económica Exclusiva, já que estes abrangem sempre aqueles. Excetuam-se, apenas, os que se referem à parte da plataforma que se estenda, eventualmente, para além das 200 milhas. Os direitos sobre o solo e o subsolo são, assim, os definidos no artigo 77º da Convenção.

Como vimos, a circunstância de o conceito de Zona Económica Exclusiva tender a absorver o conceito de plataforma continental levou a que fosse equacionada a possibilidade do desaparecimento desta última da Convenção. Como referimos igualmente, apenas a pressão dos Estados com plataformas de largura superior a 200 milhas obstou a que tal acontecesse.

Para além dos direitos regulados pelo capítulo da Convenção dedicado à plataforma continental, existem outros, igualmente exclusivos, que também resultam do artigo 56º – é o caso dos direitos aos recursos naturais não biológicos contidos nas águas sobrejacentes, como por exemplo, os minerais dissolvidos nas águas dos mares[25], e às atividades com vista à exploração e aproveitamento com fins económicos, como a produção da energia a partir da água, das correntes e dos ventos.

3.3. Direitos de soberania que comportam deveres para com terceiros Estados

Esta categoria de direitos refere-se aos recursos biológicos existentes nas águas sobrejacentes ao solo marinho da Zona Económica Exclusiva que, ao

[25] Orrego Vicuña, Francisco, *ob.cit*, op. Cit. p. 53.

contrário dos incluídos na categoria anterior, não estão isentos de condicionamentos ao seu exercício.

A essência do regime dos recursos biológicos assenta em três princípios gerais, segundo Jean Carroz[26]:

a) O Estado costeiro determina a captura admissível na zona, assegurando que a manutenção dos recursos não seja ameaçada pela sobre-exploração;
b) O Estado costeiro determina a sua própria capacidade de exploração dos recursos;
c) Na medida em que o Estado costeiro não tenha capacidade para explorar toda a captura admissível, permitirá o acesso de outros Estados à parte restante dessa captura, com o objetivo final de propiciar uma utilização ótima dos recursos.

O estabelecimento desses três princípios, que estão expressos nos artigos 61º e seguintes da Convenção, suscita dificuldades de vários tipos, mas que se prendem essencialmente com duas ordens de questões:

a) Como assegurar que o nível de captura determinado pelo Estado costeiro corresponde, efetivamente, à exploração "ótima" dos recursos biológicos?
b) Como concretizar a vinculação do Estado costeiro a assegurar o acesso dos outros Estados à parte restante da captura?

A resposta a estas questões está contida basicamente no artigo 297º, número 3, alínea a) da Convenção, que refere expressamente:

> "As controvérsias relativas à interpretação e aplicação das disposições da presente Convenção concernentes à pesca, serão solucionadas de conformidade com a secção 2, com a ressalva de que o Estado costeiro não será obrigado a aceitar submeter aos procedimentos de solução qualquer controvérsia relativa aos direitos soberanos referentes aos recursos vivos da sua Zona Económica Exclusiva ou ao exercício desses direitos, incluídos os seus poderes discricionários de fixar a captura permissível, a sua capacidade de captura, a atribuição dos excedentes a outros Estados e as modalidades e condições estabelecidas nas suas leis e regulamentos de conservação e gestão".

[26] Citado por Orrego Vicuña, Francisco, *ob.cit*, p. 54.

A qualificação como discricionários dos poderes do Estado costeiro que resultam desta disposição esclarece que, em grande parte que, embora subsista a vinculação aos princípios estabelecidos no capítulo sobre a Zona Económica Exclusiva, acima enunciados, a determinação das condições do exercício da pesca na Zona Económica Exclusiva pelo Estado costeiro não é suscetível de contestação.

Os artigos 69º e 70º da Convenção, com redações semelhantes, referem, no entanto, o direito, respetivamente dos Estados sem litoral e geograficamente desfavorecidos, de participarem "numa base equitativa no aproveitamento de uma parte apropriada dos excedentes dos recursos vivos das zonas económicas exclusivas dos Estados costeiros da mesma sub-região, tendo em conta os fatores económicos e geográficos pertinentes de todos os Estados interessados e de conformidade com as disposições do presente artigo e dos artigos 61º e 62º".

O número 2 do mesmo artigo dispõe que deverão ser celebrados acordos bilaterais, sub-regionais e regionais entre os Estados interessados, tendo em vista estabelecer os termos e condições dessa participação. Perguntar-se-á em que mediada o regime dos artigos 69 e 70 se diferenciará do regime geral dos artigos 61º e 62º, cujo número 3, aliás, remete para aqueles artigos.

A principal diferença apontada reside no "*pactum de contrahendo*" que resulta do artigo 69º, número 2[27] e do artigo 70º, número 3.

Tem-se discutido designadamente se existe uma preferência efetiva dos Estados sem litoral e geograficamente desfavorecidos em face destas disposições.

Afigura-se-nos que tal preferência existe inequivocamente. A sua expressão encontra-se na circunstância de, apesar de o Estado costeiro ser titular do poder discricionário de fixar os excedentes de captura, caso disponha desses excedentes em favor de um terceiro Estado, existindo um ou mais Estados sem litoral ou geograficamente desfavorecidos que sejam titulares dessa preferência, incorrerá numa inequívoca violação das disposições da Convenção. Problema diferente é o de existirem, ou não, meios de reagir a tal violação.

A forte restrição da aplicação do sistema de solução de controvérsias que resulta do artigo 297º que acentua o caráter soberano do exercício de poderes na Zona Económica Exclusiva, estabelece a regra geral da exclusão dos diferendos relativos aos direitos de soberania e à jurisdição sobre a zona. Assim, as virtuais violações das disposições que fixam deveres para o Estado costeiro

[27] Orrego Vicuña, Francisco, *ob.cit*, p. 58 e Dupuy, R.J. e Vignes, Daniel. *ob cit*, op. Cit. p. 254.

estão de um modo geral isentas da intervenção dos meios de solução de controvérsias, previstos na Secção 2 da parte XV da Convenção.

De referir ainda, a propósito dos direitos soberanos do Estado costeiro, os regimes especiais de pesca previstos nos artigos 63º a 67º da Convenção.

O artigo 63º refere-se às "populações existentes dentro das zonas económicas exclusivas de dois ou mais Estados costeiros ou dentro de uma Zona Económica Exclusiva e uma área adjacente à mesma". Em ambos os casos, tratados respetivamente nos números 1 e 2 do artigo, se estabelece que os Estados interessados "devem procurar, quer diretamente, quer através de organizações sub-regionais ou regionais apropriadas, concertar e assegurar a conservação e o desenvolvimento de tais populações". Note-se que se refere apenas à obrigação de "procurar concertar as medidas necessárias - seria o caso, por exemplo, da pesca do bacalhau nos mares adjacentes à Zona Económica Exclusiva do Canadá.

A redação do artigo 64º, que se refere às espécies altamente migratórias, identificadas no Anexo 1 da Convenção, estabelece de uma forma mais inequívoca a obrigação quer do Estado costeiro, quer dos outros Estados que pesquem essas espécies, de cooperarem com vista à "utilização ótima de tais espécies", tanto dentro como fora da Zona Económica Exclusiva. O número 2 deste artigo ressalva, claramente, que a aplicação do parágrafo 1 não exclui a aplicação das demais disposições sobre a Zona Económica Exclusiva.

O artigo 65º estabelece um regime especial para os mamíferos marinhos, atribuindo ao Estado costeiro um direito reforçado para limitar ou proibir a exploração dessas espécies. O interesse específico da disposição decorre, ainda, de se tratar de uma exceção ao regime das espécies migratórias, que os mamíferos marinhos geralmente são[28].

Regimes especiais estão ainda previstos nos artigos 66º e 67º para as espécies anádromas e catádromas respetivamente. As espécies anádromas, ou seja, as espécies marinhas que desovam nos rios, devem, nos termos do artigo 60º, ser pescadas apenas, em princípio, dentro dos limites externos da Zona Económica Exclusiva do Estado em cujo mar se originam. Abre-se, apenas, exceção para os casos em que tal limitação acarrete perturbações para outro Estado. A consequência mais assinalável deste regime é que dele resulta uma limitação à liberdade de pesca no alto-mar já que, neste caso particular, essa limitação pode existir para além da Zona Económica Exclusiva. A disposição do artigo 67º, referente às espécies catádromas, ou seja, as que passam a maior

[28] Orrego Vicuña, Francisco, *ob.cit*, op. Cit., p. 68.

parte do seu ciclo vital nas águas da Zona Económica Exclusiva de um Estado costeiro, estabelece a um regime semelhante, prevendo-se a regulamentação por acordo entre os Estados interessados quando os peixes migrem, antes do estado adulto ou no início desse estado, através da Zona Económica Exclusiva de outro Estado ou Estados.

Quanto às espécies sedentárias, são expressamente incluídas no regime da plataforma continental, através do artigo 68º, excluindo-as, assim, das limitações aos direitos do Estado costeiro que resultam do regime da Zona Económica Exclusiva. Entende-se por espécies sedentárias, nos termos do artigo 77º, aquelas que, no período de captura, estão imóveis no leito do mar ou no seu subsolo ou só podem mover-se em contacto físico com esse leito ou subsolo.

3.4. Poder legislativo e regulamentar na Zona Económica Exclusiva

A soberania do Estado costeiro sobre a Zona Económica Exclusiva seria de exercício impossível sem que dela resultasse o exercício de competências legislativas e regulamentares e ainda a possibilidade da aplicação de sanções pelo seu não acatamento. Duas disposições da Convenção tratam desta matéria: o artigo 62º, nº 4 que, embora não exaustivamente, enumera as matérias que podem ser objeto de disposições emanadas pelos Estados costeiros e o artigo 73º que lhes reconhece os poderes para impor o cumprimento dessas disposições, designadamente a visita, inspeção, apresamento e medidas coercivas adotáveis, impondo-se a libertação das embarcações apresadas e das respetivas tripulações mediante a prestação e fiança idónea ou outra garantia (artigo 73º, nº 2). Estão vedadas ao Estado costeiro a imposição de medidas privativas da liberdade, salvo acordo em contrário dos Estados interessados e qualquer outar forma de pena corporal (artigo 73º, nº 3). Finalmente, impõe-se a notificação pelo Estado costeiro do Estado de bandeira (artigo 73º, nº 4).

O artigo 62º define, afinal, o tipo de competências de que o Estado costeiro dispõe para prosseguir as atribuições que lhe são reconhecidas pelo artigo 56º e definidas nos artigos 60º e seguintes.

3.5. Jurisdição do Estado costeiro na Zona Económica Exclusiva

A jurisdição do Estado costeiro está definida na alínea b), do nº 1, do artigo 56º da Convenção e abrange: a colocação e utilização de ilhas artificiais; a investigação científica marinha; a proteção e preservação do meio marinho.

O primeiro problema que se nos afigura suscitar esta matéria é o conteúdo da expressão "jurisdição". Nos primeiros textos de negociação e expressão utilizada era "direitos exclusivos e jurisdição", tendo posteriormente sido reduzida à expressão "jurisdição"[29].

O termo jurisdição, que foi adotado pelo direito do mar por influência dos países do sistema jurídico anglo-saxónico, encerra alguma equivocidade, já que tem no direito romano-germânico um sentido bem diferente. No caso específico da Zona Económica Exclusiva, afigura-se-nos que o conteúdo da "jurisdição" está expresso nos números 1 e 2 do artigo 60º: "O Estado costeiro tem o direito exclusivo de construir e de autorizar e regulamentar a construção" das ilhas e outras instalações e "o estado costeiro tem jurisdição exclusiva sobre essas ilhas artificiais, instalações e estruturas, incluindo jurisdição em matéria de leis e regulamentos aduaneiros, fiscais, de imigração e de segurança". O artigo 211º que se refere à poluição proveniente de embarcações, prevê no nº 5 a possibilidade de o Estado costeiro emanar leis e regulamentos com o objetivo de prevenir, reduzir e controlar essa forma de poluição na Zona Económica Exclusiva. Finalmente, o artigo 246º prevê que a investigação na Zona Económica Exclusiva (e na plataforma continental) depende da autorização e regulamentação do Estado costeiro.

Face a estas disposições é de concluir que o conteúdo da expressão "jurisdição" se desdobra em dois poderes distintos: o poder de autorizar e o poder de regulamentar. A formulação das disposições não favorece a conclusão, como numa primeira análise se poderia pensar, que a jurisdição resulta de um desdobramento funcional que atribuísse ao Estado costeiro competências exercidas no interesse da sociedade internacional. Pelo contrário, a jurisdição surge em todas as suas vertentes como o verdadeiro exercício de direitos, pressupondo a defesa de interesses do próprio Estado costeiro.

4. A aplicação do regime da Zona Económica Exclusiva

Decorridas quatro décadas sobre a conclusão da Convenção das Nações Unidas sobre o Direito do Mar, é possível fazer um balanço das dificuldades resultantes da aplicação do regime nela estabelecido para a Zona Económica Exclusiva.

As dificuldades resultaram de vários fatores: da regulamentação por Estados costeiros das respetivas zonas económicas exclusivas não conformes à Convenção, da ambiguidade do próprio texto da Convenção, da dificuldade de regulamentar, da circunstância de em algumas matérias a Convenção impor

[29] Idem, p. 62.

obrigações sem que haja uma efetiva regulação do seu cumprimento e, finalmente de existirem matérias omissas no seu texto[30].

4.1. Regulamentação da ZEE não conforme à Convenção

Como vimos, no longo processo negocial que conduziu ao regime da ZEE contido na Convenção, a questão essencial foi o equilíbrio entre os direitos fundamentalmente económicos dos Estados costeiros sobre as respetivas ZEEs e as liberdades dos restantes Estados de navegação, sobrevoo e colocação de cabos e ductos submarinos. Verificou-se, contudo, uma tendência dos Estados costeiros para regulamentarem o exercício dessas liberdades.

O artigo 58º da Convenção atribui no número 1 a todos os Estados as referidas liberdades, embora no número 3, se estabeleça que no "exercício dos seus direitos na ZEE os Estados terão em devida conta os direitos e deveres do Estado costeiro e cumprirão as leis e regulamentos por ele adotados em conformidade com as disposições da presente Convenção (...)".

O número 3 do mesmo artigo estabelece duas obrigações para os outros Estados. A primeira obrigação consiste em, no exercício dos seus direitos, deverem ter em devida conta os direitos e deveres do Estado costeiro, mas não os seus interesses, sendo que os direitos e deveres do Estado costeiro estão limitados aos direitos sobre recursos e outras atividades económicas. A segunda obrigação é de cumprimento das leis e regulamentos adotados pelo Estado costeiro, mas apenas se estiverem em conformidade com as disposições da Convenção Resulta, assim, que se o Estado costeiro adotar leis e regulamentos em matérias sobre as quais não tem jurisdição, os outros Estados não têm obrigação de as cumprirem[31].

Em todas as restantes matérias, que não se incluem na jurisdição de Estado costeiro, aplicam-se os artigos 88º a 115º que se referem ao alto-mar. Contudo, segundo o artigo 59º, nos casos em que a Convenção não atribua direitos ou jurisdição ao Estado costeiro ou a outros Estados e daí resulte um conflito, deverá este ser "solucionado numa base de equidade e à luz de todas as circunstâncias pertinentes, tendo em conta a importância respetiva dos interesses em causa para as partes e para o conjunto da comunidade internacional". Para a resolução de um conflito desta natureza não há, assim, nenhuma presunção favor nem do Estado costeiro nem de outros Estados, devendo ser resolvido de

[30] Sobre esta matéria, *vide* Beckman, Robert e Davenport, Tara "The EEZ Regime: Reflections after 30 years". 2012. *In Securing the Oceans for the Next Generation* Papers of the Law of the Sea Institute of Ocean Science and Technology Conference, held in Seoul, Korea, May 2012, p. 15.

[31] Idem, p.11.

acordo com as circunstâncias do caso e a aplicação dos critérios referidos nesse artigo. Uma controvérsia desse tipo, caso não fosse resolvida por negociação poderia ser resolvida através dos meios de resolução de diferendos previstos na secção 2 da Parte XV da Convenção, embora as limitações à obrigatoriedade de aceitação pelo Estado costeiro da sujeição a esses meios quando se trate de decisões discricionárias suas concernentes à investigação científica marinha (artigo 297º, nº 2) ou às pescas na ZEE (artigo 297º, nº 3) possam dificultá-lo.

O equilíbrio que a Convenção estabelece entre os Estados costeiros e outros Estados no exercício dos respetivos direitos na ZEE tem sido ameaçado pela tendência de Estados costeiros para regulamentarem o exercício por outros Estados, através de legislação interna, das liberdades de navegação, sobrevoo e colocação de cabos e ductos submarinos e de outros usos do mar internacionalmente lícitos previstos no artigo 58º, nº 1.

4.1.1. Direito de navegação

A liberdade de navegação na ZEE está explicitamente garantida no artigo 58º, nº 1, da Convenção, limitada apenas pela sua compatibilidade "com as demais disposições da presente Convenção." É o caso do direito do estado costeiro, nos termos do artigo 73º, de "tomar as medidas necessárias, incluindo visita, inspeção, apresamento e medidas judiciais, para garantir o cumprimento das leis e regulamentos por ele adotados de conformidade com a presente Convenção", "no exercício dos seus direitos de soberania de exploração, aproveitamento e gestão de recursos vivos na Zona Económica Exclusiva". O artigo 60º impõe ainda o respeito por todos os navios das zonas de segurança de largura razoável estabelecidas pelo Estado costeiro em volta das ilhas artificiais, instalações e estruturas.

Duas matérias em que alguns Estados costeiros têm tomado medidas que poderão estar para além do previsto na Convenção são a proteção do meio-ambiente marinho da poluição proveniente de navios e a imposição de medidas de segurança marítima.

A matéria relativa à poluição proveniente de embarcações está regulada pelo artigo 211º, nº 5 da Convenção que dispõe:

> Os Estados costeiros podem, para fins de execução do estabelecido na secção 6, adotar, relativamente às suas zonas económicas exclusivas, leis e regulamentos para prevenir, reduzir e controlar a poluição proveniente de embarcações de conformidade com e em aplicação das regras e normas internacionais geralmente aceites estabelecidas por intermédio da organização internacional competente ou de uma conferência diplomática geral.

Sendo a organização internacional competente a Organização Marítima Internacional (OMI), as leis e regulamentos dos Estados costeiros nesta matéria têm de estar conformes com a Convenção Internacional para a Prevenção de Poluição Proveniente de Navios, de 1973, com as alterações resultantes do Protocolo de 1978 (MARPOL 73/78) e seus anexos.

O número 6 do mesmo artigo prevê que os Estados costeiros se tiverem motivos para acreditar que uma área particular e claramente definida das sua respetivas ZEEs requer a adoção de medidas especiais para prevenir a poluição proveniente de embarcações, podem "depois de terem devidamente consultado, por intermédio da organização internacional competente, qualquer outro Estado interessado, dirigir uma comunicação sobre essa área a tal organização, apresentando provas científicas e técnicas em seu apoio e informação sobre as instalações de receção necessárias". Dependendo de uma decisão favorável da organização, os Estados poderão adotar medidas especiais para essas áreas especiais, que a OMI designa como "Áreas Particularmente Sensíveis".

Trata-se de um regime que visa conciliar os interesses da navegação internacional com a proteção de ecossistemas vulneráveis, mas sempre dependendo da concordância da OMI[32].

Alguns Estados têm ido muito além do admitido por este regime. Na sequência do acidente do *Prestige*, em 2002, com consequências desastrosas para a fauna marinha, a França e Espanha adotaram legislação que impõe a todos os navios petroleiros que atravessem as respetivas ZEEs a informação prévia sobre a sua carga, destino, pavilhão e operadores, sujeitando os navios de casco simples com mais de quinze anos a inspeção pelas autoridades marítimas. A União Europeia adotou em 2005 uma diretiva sobre poluição proveniente e de navios que impõe responsabilidade criminal para descargas de navios estrangeiros na ZEE independentemente do regime do MARPOL[33]. Este regime tem sido objeto de críticas generalizadas pela sua desconformidade com a Convenção.

Alguns Estados têm-se manifestado ou adotado legislação interna contra o atravessamento da ZEE por navios com cargas perigosas, designadamente

[32] "Revised Guidelines for the identification and Designation of Particularly Sensitive Sea Areas" adotado pela Resolução da Assembleia da OMI A.982 (24), 1 de dezembro 2005.

[33] A Diretiva foi impugnada por um conjunto de empresas armadoras no Tribunal Europeu de Justiça (caso C-308/06). O Tribunal considerou não estar em condições de apreciar a conformidade da diretiva com o MARPOL visto a UE não ser parte do MARPOL, apesar de todos os Estados Membros o serem.

resíduos radioativos. O Chile declarou mesmo estar preparado para usar a força para impedir a entrada na sua ZEE de navios que transportem materiais radioativos.

Como referem Robert Beckman e Tara Davenport[34], a ação unilateral de Estados costeiros restringindo direitos de navegação só prejudicará o regime da ZEE e a proteção global que visa estabelecer. A Convenção dispõe de mecanismos para manter o equilíbrio entre os direitos do Estado costeiro e os direitos dos outros Estados. O artigo 194º, nº 4 estabelece que "Ao tomar medidas para prevenir, reduzir ou controlar a poluição do meio marinho, os Estados devem abster-se de qualquer ingerência injustificável nas atividades realizadas por outros Estados no exercício de direitos e no cumprimento de deveres de conformidade com a presente Convenção". O artigo 297º, nº 1, alínea c) estabelece a jurisdição compulsória

> "Quando se alegue que o Estado costeiro atuou em violação das regras e normas internacionais específicas para a proteção e preservação do meio marinho aplicáveis ao Estado costeiro e que tenham sido estabelecidas pela presente Convenção ou por intermédio de uma organização internacional competente ou de uma conferência diplomática de conformidade com a presente Convenção".

4.1.2. Segurança no mar

O regime da Convenção no que se refere à jurisdição sobre navios no alto-mar e, por força do artigo 52º, nº 3, na ZEE é o da exclusiva jurisdição do Estado da bandeira, com a exceções muito precisas, como a que prevê a possibilidade de apresamento de navios que se dediquem à pirataria (artigo 105º).

O artigo 110º prevê também o direito de visita em caso de suspeita de que o navio se dedica à pirataria, ao tráfico de escravos, é utilizado para transmissões não autorizadas ou não tem nacionalidade (artigo 110º, nº 1).

As necessidades da luta antiterrorista levaram à adoção de medidas para controlar o terrorismo marítimo e o transporte de armas de destruição maciça, mas os direitos de navegação na ZEE, tal como previstos na Convenção não foi afetado por essas medidas[35].

[34] Op. Cit, p.20

[35] Entre essas medidas estão as Emendas de 2002 á Convenção Internacional para a segurança da Vida no Mar, os protocolos de 2005 para atualização da Convenção para a Supressão de Atos Ilícitos contra a Segurança da Navegação Marítima (1988 SUA Convention) e o seu Protocolo Adicional para a Supressão de Atos Ilícitos contra a Segurança das Plataformas Fixas Localizadas na Plataforma Continental e a Iniciativa de Segurança contra a Proliferação (PSI).

4.1.3. Colocação e manutenção de cabos e ductos submarinos

A colocação de cabos e ductos nos fundos marinhos é um dos direitos de todos os Estados na plataforma continental (artigo 79º, nº 1). A Convenção prevê que "sob reserva do seu direito de tomar medidas razoáveis para a exploração da plataforma continental, o aproveitamento dos seus recursos naturais e prevenção, redução e controlo da poluição causada por ductos, o Estado costeiro não pode impedir a colocação ou a manutenção dos referidos cabos ou ductos" (artigo 79º, nº 2) e que o "traçado da linha para a colocação de tais ductos (...) fica sujeito ao consentimento do Estado costeiro" (artigo 79º, nº 3). Assim, se pode haver restrições, desde que razoáveis, por parte do Estado costeiro em relação a ductos, o mesmo não acontece no que se refere a cabos.

Apesar destas disposições, vários Estados costeiros têm adotado legislação sujeitando a consentimento o traçado de cabos[36] e impondo outras restrições, como o pagamento de taxas[37] ou fazendo depender de outras condições a autorização para a colocação de cabos ou a sua reparação[38].

Embora o artigo 297º, nº 1, alínea a) sujeite aos procedimentos vinculativos da Convenção os atos dos Estados costeiros que violem as suas disposições no concernente às liberdades de colocação de cabos e ductos submarinos, nenhum Estado instaurou até agora nenhum processo com esse fundamento.

4.2. Atividades não referidas na Convenção

4.2.1. Atividades militares

A Convenção não refere se as atividades militares, que englobam manobras navais, com ou sem fogos reais, operações de reconhecimento para testar as defesas eletrónicas dos Estados costeiros e atividades militares de pesquisa, se incluem na liberdade de navegação de todos os Estados ou se pode considerar-se limitada pelos direitos dos Estados costeiros.

Trata-se de uma matéria em que os interesses dos Estados costeiros conflituam com os das potências marítimas. Por esta razão, suscetível de impedir um acordo sobre o texto da Convenção, este acabou por se fixar em termos equívocos. Uma proposta para que se incluísse no artigo 58º, nº a frase "outros usos lícitos do mar relacionados com a navegação e as comunicações" foi rejeitada pelos Estados Unidos e outras potências marítimas. A versão

[36] É o caso da China, Índia, Malásia, Santa Lúcia e Uruguai.

[37] Malta impõe uma taxa anual para a colocação e manutenção de cabos na sua plataforma continental.

[38] A China, Chipre, os Estados Unidos, a Guiana, a Índia, a Malásia, Maurícia, Paquistão, Portugal, a Rússia, Santa Lúcia e o Uruguai fazem depender de autorização a colocação de cabos.

que prevaleceu "outros usos do mar internacionalmente lícitos, relacionados com as referidas liberdades, tais como os ligados à operação de navios, aeronaves, cabos e ductos submarinos e compatíveis com as demais disposições da presente Convenção" foi proposta pelo representante dos Estados Unidos[39].

Se os Estados Unidos consideram que esta redação permite atividades militares na ZEE, outros Estados têm manifestado posições opostas. O Brasil, declarou no ato da assinatura da Convenção o seu entendimento de que "as disposições da Convenção não autorizam outros Estados a levarem a cabo exercícios militares ou manobras na Zona Económica Exclusiva, particularmente quando essas atividades envolvem o uso de explosivos[40].

Outros argumentos contra as operações militares na ZEE invocam o artigo 30º, referente à utilização do mar para fins pacíficos. Em posição oposta, a não inclusão do tema nas negociações e o silêncio da Convenção, parece apontar para a liberdade de desenvolver atividades militares.

Alguns autores sustentam que, mesmo admitindo que do texto da Convenção resulta a admissibilidade do direito de desenvolver atividades militares, dever-se-á considerar que a obrigação de "due regard" contida no artigo 59º, combinada com outras disposições da Convenção como os artigos 88º (utilização do mar para fins pacíficos) e 300º (Boa fé e abuso de direito) sugerem que o Estado que desenvolve operações militares deve notificar e consultar o Estado costeiro para evitar que essas operações não prejudica, os direitos do Estado sobre os recursos económicos da ZEE[41].

De referir que várias potências marítimas, incluindo a China, declararam não aceitar os meios de resolução de controvérsias a que se refere o artigo 297º para questões relativas a atividades militares, tal como admitido pelo artigo 298º. Caso surja um litígio em que esteja em causa o exercício de atividades militares na ZEE colocar-se-á a questão de determinar se tal litígio deve ser qualificado como relativo a "usos internacionalmente lícitos do mar" nos termos do artigo 58º, nº 1, que não pode ser excluído pela declaração, ou relativo a atividades militares, que está efetivamente excluído[42].

[39] Castañeda, Jorge. *ob.cit.*, op. Cit. p. 622

[40] Ver Brazil's Statement dated 10 December 1982, disponível em http://www.un.org/Depts/los/Convention_agreements/convention_declarations.htm#Brazil%20Upon%20signature.

[41] Neste sentido Robert Beckman e Tara Davenport, op. Cit. p. 26.

[42] Idem, Ibidem p.27.

4.2.2. Atividades de pesquisa

O artigo 56º, número 1, alínea b) ii), confere ao Estado costeiro jurisdição no que refere a "investigação científica marinha". A questão que se coloca é a de determinar em que medida é que as atividades de pesquisa na ZEE se compreendem neste âmbito. As pesquisas podem ser hidrográficas, com vista à elaboração de cartas para a navegação ou para delinear a rota para a colocação de cabos ou ductos, sísmicas para a exploração de petróleo e gás, militares com o objetivo de recolher dados para atividades dessa natureza.

A questão que se coloca é a da interpretação do artigo 56º, número 1, alínea b) ii) que atribui ao Estado costeiro jurisdição no que se refere a "investigação científica marinha". A Convenção refere-se à atividade de investigação, bem como ao levantamento hidrográfico em diferentes disposições: no artigo 19º, nº 2 alínea j) "realização e atividades de investigação ou levantamentos hidrográficos", o artigo 21º, nº 1 alínea g) a "investigação científica marinha e levantamentos hidrográficos, o artigo 40º a "navios de investigação científica marinha e navios hidrográficos" e "atividades de investigação e levantamentos hidrográficos".

Parece que a distinção entre investigação científica marinha e levantamentos hidrográficos é clara e que, assim, a realização de levantamentos hidrográficos não está sob a jurisdição do Estado costeiro.

Assim, serão de se considerar a realização de levantamentos hidrográficos para elaboração de cartas de navegação e traçados de cabos e ductos como integrando as liberdades enunciadas no artigo 58º, nº 1. Quanto a atividades de pesquisa de dados com finalidades militares, trata-se de uma questão que se prende com a controvérsia da realização de atividades militares na ZEE, que referimos anteriormente.

Alguns Estados, como a China, têm dotado leis e regulamentos sujeitando qualquer atividade de pesquisa, investigação ou levantamento de dados na ZEE a licenciamento, outros como os Estados Unidos, defendem que o consentimento do Estado costeiro não é necessário para a realização de pesquisas hidrográficas ou militares por se englobarem com os outros usos do mar internacionalmente lícitos relacionados com as liberdades do alto-mar, como refere ao artigo 58º, nº 1.

7
COMENTÁRIO À PARTE VI
PLATAFORMA CONTINENTAL

Fátima Castro Moreira[1]

Resumo: A procura por hidrocarbonetos, e a sua escassez em terra, principalmente no período subsequente à II Guerra Mundial, levou à sua demanda nos fundos marinhos adjacentes ao território terrestre dos Estados costeiros. Ao ato unilateral protagonizado pelos Estados Unidos da América, com a Proclamação Truman, seguiu-se a assimilação da figura jurídica da plataforma continental por vários outros Estados, o que originou a sedimentação de um costume internacional que veio a ser reconhecido pelo Tribunal Internacional de Justiça nos Casos da Plataforma Continental do Mar do Norte, baseada na noção de prolongamento natural do território terrestre. As evoluções subsequentes, não resolvidas pela II Conferência das Nações Unidas sobre Direito do Mar, e a assumpção do novo espaço marítimo que veio a ser designado por Área, obrigaram a uma redefinição dos contornos associados a este espaço marítimo, alcançada na III Conferências das Nações Unidas sobre Direito do Mar, e consagrada no texto da Convenção das Nações Unidas sobre Direito do Mar (CNUDM). O presente capítulo analisa o regime relativo à Parte VI da CNUDM, relativa à figura jurídica da plataforma continental, assim como os direitos e deveres dos Estados neste espaço marítimo.

Palavras-Chave: plataforma continental, prolongamento natural, margem continental, direitos e deveres dos Estados

Abstract: Abstract: The demand for hydrocarbons, and their scarcity on land, mainly in the period following World War II, led to their demand on the seabed adjacent to the

[1] Professora Auxiliar na Universidade Portucalense, Investigadora do IJP – Instituto Jurídico Portucalense

land territory of coastal States. The unilateral act carried out by the United States of America, with the Truman Proclamation, was followed by the consolidation of the legal figure of the continental shelf by various other States, which gave rise to the sedimentation of an international custom that came to be recognised by the International Court of Justice in the North Sea Continental Shelf Cases, based on the notion of a natural extension of the land territory.

Subsequent developments, which had not resolved at the First United Nations Conference on the Law of the Sea, as well as the acceptance of the new maritime space that came to be called the Area, forced a redefinition of the outer limits associated with this maritime space, achieved at the Third United Nations Conference on the Law of the Sea, and enshrined in (the text of) the United Nations Convention on the Law of the Sea (UNCLOS). This chapter analyses the regime relating to Part VI of UNCLOS, concerning the legal status of the continental shelf, as well as the rights and duties of States in this maritime space.

Keywords: continental shelf, natural prolongation, continental margin, States rights and obligations

1. Introdução

Não sendo o conceito de plataforma continental recente, é no período subsequente à II Guerra Mundial, que este alcança o impulso necessário para se autonomizar como regime jurídico próprio[2]. O precedente criado pela Proclamação Truman[3] foi seguido por outros Estados, consolidando a prática

[2] Para mais desenvolvimentos veja-se, entre outros, Tanaka, Yoshifumi. *The International Law of the Sea*, University of Copenhagen, Third Edition, Cambridge, 2019; Nandan, Satya; Rosenne, Shabtai (eds.), ob.cit., 493 e Pardo, Arvid. O Fundo do Mar, in Revista Brasileira de Política Internacional nº 47-48, Especial Direito do Mar, Ano XII, 1969, republicada pelo Instituto Brasileiro de Relações Internacionais, 2004, 7-18; e entre nós, Marques Guedes, Armando M.. *Direito do Mar*, Coimbra Editora, 1995, 2ª Edição. Loureiro Bastos, Fernando. A Internacionalização dos Recursos Naturais Marinhos, AAFDL, Lisboa, 2005; Neves Coelho, Paulo. O Artigo 76º da Convenção das Nações Unidas sobre o Direito do Mar: A Problemática da Aplicação Técnica de Conceitos Jurídicos pela (in)Controversa Comissão de Limites da Plataforma Continental. Faculdade de Direito da Universidade do Porto, 2017; Caetano Ferrão, Marisa. A Delimitação da Plataforma Continental além das 200 milhas marítimas, Lisboa, AAFDL, 2009.

[3] A Proclamação declarava: *Having concern for the urgency of conserving and prudently utilizing its natural resources, the Government of the United States regards the natural resources of the subsoil and seabed of the continental shelf beneath the high seas but contiguous to the costs of the United States as appertaining to the United States, subject to its jurisdiction and control*. Já em 5 de junho de 1943, o então secretário Harold Ickes aconselhava o Presidente Roosevelt, a reivindicar os recursos da plataforma continental e águas sobrejacentes, devido à maior necessidade de matérias-primas como resultado do esforço de

necessária à sedimentação de um costume internacional[4] que representou a "primeira grande mudança na doutrina da liberdade dos mares"[5]. Sem nos pronunciarmos sobre o objetivo desta Proclamação[6], extrai-se da mesma um conjunto de caraterísticas que influenciam o regime da plataforma continental: a autonomia jurídica deste espaço, a distinção entre recursos vivos e recursos não vivos, a noção de prolongamento natural, a separação entre os espaços marítimos mar territorial e plataforma continental e respetivos direitos, e a delimitação de plataformas continentais contíguas por acordo e com base na equidade[7].

Mas os Estados não se limitaram a replicar a declaração americana, adaptando o conceito e regime jurídico da plataforma continental às suas necessidades[8], e fazendo surgir dúvidas nestas disparidades[9]. A Convenção de Genebra sobre a Plataforma Continental, de 1958 (CPC), que teria a oportu-

guerra. Watt, Donald Cameron. First steps in the enclosure of the oceans: The origins of Truman's proclamation on the resources of the continental shelf, 28 September 1945, Marine Policy, Vol. 3, Issue 3, julho de 1979, pp. 211-224.

4 Quoc Dihn, Nguyen; Daillier, Patrick; Pellet, Alain. Direito Internacional Público, 2ª Edição, Serviço de Educação e Bolsas, Fundação Calouste Gulbenkian, p. 1208.

5 The United Nations Convention on the Law of the Sea – A historical perspective, em www.un.org.

6 Dupuy, defende que esta Proclamação tinha o objetivo claro de criar um costume internacional. Em sentido contrário, Loureiro Bastos defende que "a proclamação procurava (...) resolver problemas de natureza interna relativos à repartição de atribuições entre os Estados federados e o Estado Federal, quanto à determinação da entidade competente para autorizar concessões de exploração de petróleo off-shore. O que justifica, muito provavelmente, não terem sido convenientemente ponderadas as consequências jurídico-internacionais que a Proclamação viria a ter". Cfr. Dupuy, René Jean; Vignes, Daniel. A Handbook On The New Law Of The Sea, Hague Academy of International Law, 1991, p. 325; e Fernando Loureiro Bastos (2005), pp. 287.

7 Edwin Bochard, Resources of the Continental Shelf, The American Journal of International Law, 1946, Vol. 40, Nº1, Jan., pp. 53-70.

8 A Argentina (1946), Chile e Peru (ambos em 1947), e Equador (1950), fixaram o seu espaço de soberania nas 200 milhas, numa tentativa de controlar o acesso das frotas pesqueiras e os stocks piscatórios dessa zona. O Canadá, em 1970, reivindicou o direito de regular a navegação numa área que se estendia até às 100 milhas desde a sua costa com o objetivo de proteger as águas do Ártico da poluição. Para mais desenvolvimentos, veja-se Almeida Ribeiro, Comentário ao Capítulo II: ZEE, nesta obra. Vargas, José A.. Mexico and the Law of the Sea: Contributions and Compromises, Martinus Nijhof Publishers, Leiden, 2011, pp. 24 ss., Orrego Vicuña, Francisco, Chile y el derecho del mar, Editorial Andres Bello, Santiago de Chile, 1972, pp. 139 ss., Pfirter de Armas, Frida M.. Argentina y el derecho del mar, Revista del Colegio de abogados 5, 1973, p. 257 s., e Marotta-Rangel, Vicente. Le Plateau Continental dans la Convention de 1982 sur le Droit de la Mer, Recueil des cours, Académie de Droit International de la Haye, 194 (1985) 5, 269-428, pp 346 ss.

9 Castro Moreira, Fátima. "Direito do Mar", in Jose Alberto Azeredo Lopes (Coord.), *Regimes Jurídicos Internacionais*, Universidade Católica Editora, Porto, 2020, I, pp. 428-434.

nidade de as esclarecer e eliminar, não estabeleceu com suficiente precisão os limites exteriores deste espaço marítimo[10], nem acolheu o conceito de mar epicontinental[11], dando azo a sentimentos de injustiça, materializados pela evolução da sociedade internacional[12], que culminam na elevação do leito do mar, fundos oceânicos e seu subsolo além dos limites da jurisdição nacional a Património Comum da Humanidade[13]. Estava criado um novo fator de concorrência para os Estados costeiros que não se coadunava com uma definição de plataforma continental assente num "impreciso critério de explorabilidade associado à profundidade"[14]. Este deveria ser substituído por critérios geocientíficos[15]. Mas tal colidia com a definição de plataforma continental constante na CPC, e os *Margineer*[16] tinham a seu favor a posição do Tribunal Internacional de Justiça (TIJ), que nos casos da Plataforma Continental do Mar do Norte, de 1969, considerou que os artigos 1º a 3º da Convenção de 1958 eram "*regarded as reflecting, or as crystallizing, received or at least emergente rules of customary international law relative to the continental shelf*"[17].

Na missão da Terceira Conferência das Nações Unidas sobre Direito do Mar (III Conferência) estava a difícil tarefa de conciliar os vários interesses sobre os fundos marinhos. Não sendo um mandato limitado a estes, os mesmos foram o tema mais controverso e debatido durante a negociação que

[10] Na Resolução 2574A (XXIV) da Assembleia Geral das Nações Unidas (AGNU), de 15 de dezembro de 1969, declarava-se que a "Convenção de 1958 não define com suficiente precisão os limites da área sobre a qual o Estado costeiro exerce direitos de soberania para efeitos de exploração e aproveitamento dos recursos naturais", e que "o direito consuetudinário na matéria é inconclusivo".

[11] Veja-se o exemplo da Argentina, que no seu decreto 14.708, de 11 de outubro de 1946, afirma "na ordem internacional se encontra taxativamente admitido o direito de cada país em considerar como território nacional toda a extensão do mar epicontinental (águas sobrejacentes) e (d)a planície continental adjacente". Pfirter de Armas, Frida M.. *Argentina y el derecho del mar,* Revista del Colegio de abogados 5, 1973, 257 s., e Marotta Rangel, *ob.cit.*, pp. 346 ss.

[12] Extrato da intervenção de Arvid Pardo na 22ª sessão da AGNU. Castro Moreira, Fátima. "Direito do Mar", in Jose Alberto Azeredo Lopes (Coord.), Regimes Jurídicos Internacionais, Universidade Católica Editora, Porto, 2020, II, pp. 389 s., doc. 309.

[13] Resolução 2749 (XXV), da AGNU, de 17 de Dezembro de 1970. Castro Moreira, II, ob. cit., pp. 390 ss., doc. 310.

[14] Loureiro Bastos, (2005), cit., p. 351.

[15] Nandam/ Rosenne (eds.), ob.cit., 828 ss. Também Colliard, Claude-Albert. *Le Fond des Mers – Aspects juridiques, biologiques et géologiques, Librairie* Armand Colin, 1971, p. 7.

[16] Designação adotada por ocasião da III Conferência das Nações Unidas sobre Direito do Mar para referir os Estados com amplas margens continentais.

[17] *North Sea Continental Shelf (Federal Republic of Germany v Netherlands) (Federal Republic of Germany v Denmark),* ICJ Reports 1969, p. 39 para. 63.

durou nove anos e onze sessões, para aprovar o respetivo texto final. O regime da plataforma continental está maioritariamente contido na Parte VI – composta por dez artigos – mas não se esgota na mesma[18]. O presente comentário incide sobre esta Parte e centra-se na definição de plataforma continental constante do artigo 76º, o *quid pro quo* entre este último artigo e o artigo 82º – e respetiva fórmula –, e os direitos e deveres do Estado costeiro e dos outros Estados[19] sobre este espaço marítimo, refletidos nos artigos 77º, 78º, 79º, 81º, 84º e 85º da Convenção das Nações Unidas sobre Direito do Mar (CNUDM).

2. Definição e Limites Exteriores da Plataforma Continental

2.1. A definição

Lê-se no artigo 76º, nº 1

> A plataforma continental de um Estado costeiro compreende o leito e o subsolo das áreas submarinas que se estendem além do seu mar territorial, em toda a extensão do prolongamento natural do seu território terrestre, até ao bordo exterior da margem continental, ou até uma distância de 200 milhas marítimas das linhas de base a partir das quais se mede a largura do mar territorial, nos casos em que o bordo exterior da margem continental não atinja essa distância.

De uma simples leitura do artigo 76º nº 1, depreende-se que o limite interior da plataforma continental é o mar territorial do respetivo Estado. O solo e subsolo do mar territorial não fazem parte da plataforma continental. Já o limite externo ou exterior obriga a uma análise mais aprofundada.

A consagração dos fundos marinhos além da jurisdição nacional a Património Comum da Humanidade veio tornar urgente uma definição precisa de plataforma continental. Os limites do novo espaço marítimo, consagrado pela Resolução 2749, são encontrados por defeito e a sua extensão depende dos limites exteriores das plataformas continentais dos Estados. Tendo presente esta realidade, por ocasião da III Conferência os limites exteriores da plataforma continental dos Estados passaram a ser o ponto fulcral das negociações, com

[18] Artigos 48º, 60º, 112º, 121º, 134º, 147º, 210º, 216º, 246º a 249º, 253º, 259º, todos da CNUDM, e o Anexo II à mesma.

[19] A matéria do artigo 83º, da CNUDM, relativa à delimitação da plataforma continental entre Estados com costas adjacentes ou frente a frente, é abordada por Marques Antunes, no Capítulo que segue. Já no que concerne à interpretação do artigo 60º, para o qual remete o artigo 80º, cfr. Almeida Ribeiro, no Capítulo que antecede.

apresentação de várias propostas[20] e identificação de dois grandes grupos divergentes: os Estados com amplas margens continentais (*Margineer*) e os Estados sem litoral ou geograficamente desfavorecidos (ESLGD)[21]. E se numa fase inicial, muitos pretendiam que a plataforma continental se esfumasse no espaço marítimo que veio a ser designado por Zona Económica Exclusiva (ZEE)[22],

[20] Sendo as principais as constantes dos documentos L.4 (Canadá, Chile, Islândia, Índia, Indonésia, Maurícias, México, Nova Zelândia e Noruega) e L.47 (Estados Unidos). Nordquist, *ob. cit.* 68 ss. e documentos A/CONF.62/L.4 e A/CONF.62/C.2/L.47 em United Nations Conference on the Law of the Sea - Documents, III, 81, 83, 222, 224.

[21] Os recursos marinhos dos Estados costeiros suscitaram especial controvérsia, destacando-se o tema dos "direitos adquiridos", em que certos países com amplas plataformas como a Argentina, a Austrália, a Nova Zelândia ou o Canadá defendiam ser detentores de direitos exclusivos sobre os recursos da margem continental mesmo que esta se estendesse além das 200 milhas, opinião que era contestada pelo Grupo Africano, porque considerava esta interpretação inconsistente com a Declaração da Organização da Unidade Africana e pelos Estados sem litoral ou geograficamente desfavorecidos, que pretendiam a definição de uma zona intermédia com partilha de receitas em qualquer aproveitamento de recursos provenientes do exercício daqueles "direitos adquiridos". Os GDS desejavam ainda a partilha dos recursos marinhos dos Estados costeiros vizinhos, registando-se um forte apoio à criação de uma zona de recursos económicos exclusivos, de resto ao encontro do já assimilado pelas Declaração da Organização da Unidade Africana, Declaração de S. Domingo, e num documento submetido pela Noruega e pelo Canadá. Estados como a Índia e o Quénia, insistiam mesmo que o ponto de partida das negociações teria de ser uma Zona Económica Exclusiva, não demonstrando abertura para outras negociações até que fosse aceite sem oposição uma Zona Económica Exclusiva até às 200 milhas, assim como um limite de 200 milhas para os fundos marinhos. Nordquist, *ob. cit.*, pp. 45 s. e 67, e documentos L.4, L.25, L.28, L.31/Rev.1, L.39, L.42/Rev.1, L.43, L.47, L.74, L.84, em Platzöder, Renate. Third United Nations Conference on the law of the Sea: documents, 1982, III, pp. 82, 84, 202, 205, 211, 216, 220, 224, 237, 242.

[22] Numa fase inicial, esta definição esbateu-se nas negociações de uma Zona Económica Exclusiva (ZEE). Registava-se um consenso geral na criação deste espaço com uma extensão máxima de 200 milhas, na qual os Estados costeiros deteriam direitos soberanos e exclusivos para efeitos de exploração e aproveitamento de recursos vivos e não vivos, direitos e obrigações relativos à investigação científica e poluição, direitos exclusivos sobre as ilhas artificiais e maioria das instalações e direitos exclusivos para perfuração. Estes direitos não colidiriam com a liberdade de navegação e sobrevoo e outros direitos de Estados terceiros, como a colocação e manutenção de cabos e ductos submarinos, mas ficava por decidir se estes direitos se poderiam estender além das 200 milhas até ao limite da sua margem continental. Na segunda sessão, contavam-se entre os Estados favoráveis a esta extensão numerosos países latino-americanos e asiáticos, oeste da Europa, Canadá, Austrália, Nova Zelândia e Maurícias. A URSS apoiava esta extensão desde que limitada a uma linha de profundidade dos 500 metros. Vários outros Estados de diferentes grupos geográficos manifestavam-se também favoráveis a aceitar a jurisdição além das 200 milhas, mas os Estados geograficamente desfavorecidos e sem litoral e o Japão, conjuntamente com os Estados africanos, com exceção das Maurícias, opunham-se a esta possibilidade, indo ao encontro da posição defendida na declaração da Organização da Unidade Africana. Nordquist, *ob. cit.*, pp. 68-72.

a colocação na mesa negocial de uma possível partilha de receitas[23] trouxe novo fôlego às negociações e incentivou uma aproximação das diferentes perspetivas, reunindo o Documento Informal 3 as várias propostas apresentadas[24]. No final da segunda sessão era já muito claro que qualquer disposição que previsse limites exteriores superiores às 200 milhas só seria aprovada se existisse uma definição precisa dos direitos do Estado costeiro, da margem continental e se efetuasse uma partilha das receitas obtidas na plataforma continental além das 200 milhas[25]. Nas sugestões informais posteriores sobressaem as propostas do Japão[26] e dos EUA[27], com influência no

[23] O assunto relativo à partilha de receitas proveniente de recursos da plataforma continental não foi extensivamente debatido nas sessões normais do Comité. A proposta americana de partilha de receitas além das 200 milhas e a proposta holandesa de uma partilha gradual de receitas dependente de uma combinação entre distância e profundidade foram as únicas propostas a ser consideradas pela conferência. Trinidad Tobago, Gana e Jamaica mostraram-se favoráveis a esta partilha, a qual seria suscetível de acomodar os vários interesses em jogo, e Burma (Myanmar) opunha-se à mesma. Cfr. Nordquist, *ob. cit.*, pp. 68 ss. e Informal Working Paper Nº 3, Informal Working Paper Nº 3/Rev.1, Informal Working Paper Nº 4 e Informal Working Paper Nº 4/Rev.1, em PLATZØDER, III, pp. 288 ss.

[24] O Documento acolhia seis fórmulas para definir a plataforma continental: (1) Leito do mar e subsolo submarino com limites exteriores estabelecidos; (2) Análise detalhada da composição da plataforma continental se esta se estender além das 200 milhas; (3) Limites exteriores definidos pela linha de fronteira entre o bordo inferior da margem continental e a planície abissal, exceto se esta linha fosse inferior a 200 milhas, caso em que se estenderia até esta distância; (4) Limites exteriores determinados por profundidade e distância; (5) Princípio do prolongamento natural deve servir para determinar o limite exterior da plataforma continental, tendo por base as regiões geográficas específicas do Estado costeiro; (6) O limite exterior da plataforma continental pode ser encontrado por recurso a três fórmulas: i) limite exterior dentro da isóbata dos 500 metros, ii) se a isóbata dos 500 m se localizar a menos de 100 milhas das linhas de base, limite exterior de 100 milhas, iii) se o Estado não tiver uma plataforma continental geomorfológica, terá direito às 100 milhas adjacentes à sua costa, ficcionando-se este espaço. Cfr. Platzöder, III, p. 288, Suarez, Suzete V. The Outer Limits of the Continental Shelf. Springer, 2008, pp. 47-49, e Nandan/Rosenne, pp. 844-848 e pp. 933-935.

[25] Nordquist, *ob. cit.*, pp. 87-100.

[26] Na terceira sessão, o Japão propôs que a plataforma continental compreendesse o leito e subsolo das áreas submarinas até uma distância de 200 milhas, propondo ainda que nos locais em que estas plataformas se prolongassem para além das 200 milhas, em virtude da sua margem continental, se repartissem as receitas que resultassem da exploração dessa área. Platzöder, XI, p. 497.

[27] Também na terceira sessão, os Estados Unidos apresentaram duas propostas em maio de 1975. A primeira proposta, de 3 de maio, continha sete artigos. Os Estados Unidos propunham que a definição dos limites exteriores da plataforma continental fosse de 200 milhas ou que coincidisse com o bordo exterior da margem continental. Sendo aqui necessário analisar a composição da plataforma continental, a metodologia de delimitação, incluindo a determinação dos pontos que não distassem mais de 60 milhas do pé do talude continental e a submissão das informações sobre os limites máximos de uma plataforma continental a uma Comissão. A proposta também

então artigo 62º[28], ainda antes de se alcançar consenso sobre a definição de margem continental e uma fórmula de partilha de receitas.

A definição de plataforma continental constante do artigo 76º, nº 1 é jurídica[29] e difere do conceito geocientífico[30], constante do artigo 76º, nº 3. Trata-se de uma designação que o direito internacional importou da geologia modificando-lhe ao mesmo tempo o sentido[31]. A nova definição de plataforma continental exprime a importância do prolongamento natural por referência à margem continental. Trata-se de uma definição que o Tribunal Internacional de Direito do Mar (TIDM) já veio considerar como fazendo parte do direito consuetudinário[32]. Nesta definição três elementos assumem especial relevância: a) a distância das 200 milhas, b) a noção de prolongamento natural, c) o limite exterior da margem continental[33].

a) A distância das 200 milhas, como critério único, foi acolhida na fórmula B do documento de trabalho da Segunda Comissão e continha as principais tendências manifestadas durante as primeira e segunda sessões da III Conferência. A regra das 200 milhas, como critério alternativo ao critério geocientífico, concretamente ao bordo da margem continental, quando aquele se situa a uma distância inferior às 200 milhas da costa, foi admitida pela mesma III Conferência, a partir do texto único de negociação. Valendo-nos da apreciação de Marotta-Rangel, o principal motivo desta disposição decorreu da demanda por um regime jurídico unitário aplicável quer aos fundos mari-

previa que a delimitação dos limites da plataforma continental deveria ser efetuada sem prejuízo da delimitação da plataforma entre estados com costas frente a frente ou adjacentes. A segunda proposta escrita, de 5 de maio, e defendia dois tipos de plataforma continental: a) baseada na distância de 200 milhas; b) baseada no prolongamento natural da margem continental se este se estendesse para além das 200 milhas. A proposta previa ainda que a entrega de provas geológicas e geofísicas, que deveriam ser utilizadas para apurar até onde se estendia o prolongamento natural do território terrestre. Platzöder, XI, 498 ss. Cf., para mais desenvolvimentos, SUAREZ., pp. 50-60, e Nandan/Rosenne, pp. 848 ss. e pp. 935 ss.

[28] Artigo 62º da Parte II do texto negocial único, apresentado na terceira sessão, que corresponde, de um modo geral à redação do número que se comenta.

[29] Vide Quoc Dihn/Daillier/Pellet, ob. cit., 1207; e Marques Guedes, *ob. cit.*, p. 39.

[30] Ou geomorfológico se recorrermos à tradução efetuada pela Fundação Calouste Gulbenkian na obra de Quoc Dihn, Daillier e Pellet.

[31] Henkin, Louis, Law for the Sea's Mineral Resources, Institute for the Study of Science in Human Affairs, Columbia University, New York, 1968, p. 23.

[32] Territorial and Maritime Dispute (Nicaragua v Colombia), Judgment, ICJ Reports 2012, p. 666, para. 118.

[33] Marotta-Rangel, Vicente. Le Plateau Continental dans la Convention de 1982 sur le Droit de la Mer, Recueil des cours, Académie de Droit International de La Haye, 194 (1985) 5, pp. 269-428, pp. 345 ss.

nhos, quer ao seu subsolo, quer à ZEE[34], o qual sabemos não prevaleceu mas permite compreender a coincidência de regimes até às 200 milhas.

b) Já o conceito de prolongamento natural acompanha o regime jurídico da plataforma continental desde o seu aparecimento. O Tribunal Internacional de Justiça (TIJ), no Acórdão de 1969, veio a considerar que "o Direito do Estado costeiro sobre a sua plataforma continental tem por fundamento a soberania que este exerce sobre o território cuja plataforma continental é o prolongamento sobre o mar"[35]. Sem abandonar esta ideia, o TIJ teve que se adaptar às "novas regras de direito internacional" ditadas pela III Conferência e considerou que "desde que a própria margem continental não alcance as 200 milhas, o prolongamento natural que, apesar da sua origem geomorfológica, adquiriu ao longo da sua evolução o carácter de uma noção jurídica cada vez mais complexa, define-se em parte pela distância da margem, qualquer que seja a natureza física do fundo e do subsolo do mar aquém desta distância. Por consequência, as noções de prolongamento natural e de distância não são noções opostas mas complementares que permanecem, uma e outra, elementos essenciais da concepção jurídica da plataforma continental"[36]. O Tribunal Internacional de Direito do Mar (TIDM) considerou que, nos termos do artigo 76º, nº 1, a noção de prolongamento natural e a noção de margem continental, constante do artigo 76º, nº 4 estão "estreitamente relacionadas" e referem-se à mesma área[37]. Associado ao conceito de prolongamento natural, está a noção de adjacência, na qual a plataforma continental encontrou o seu fundamento primário e que toma por base o território que se estende pelos solo e subsolo submarinos. O limite deste prolongamento natural é o limite exterior da sua margem continental.

[34] Marotta-Rangel, *ob.cit.*, pp. 346

[35] Acórdão de 3 de junho de 1985, Plataforma Continental Líbia/Malta, Rec. 1985, 33; já nos seus acórdãos de 24 de fevereiro de 1982 e de 12 de Outubro de 1984, o TIJ no Caso da Plataforma Continental Tunísia/Líbia e a Câmara constituída para avaliar o conflito relativo ao golfo do Maine, tinham acentuado a importância da noção de "adjacência."

[36] Quoc Dihn/Daillier/ Pellet, *ob. cit.*, p. 1209.

[37] O Tribunal veio também a considerar que a referência a prolongamento natural constante do artigo 76º, nº 1 da CNUDM, deveria ser interpretada à luz das disposições subsequentes do artigo que definem a plataforma continental e a margem continental. O direito (*entitlement*) a uma plataforma continental além das 200 milhas deve ser determinado por referência ao bordo exterior da margem continental, a ser "apurado" nos termos do nº 4 do artigo 76º, da CNUDM. Outra interpretação não resultaria nem da letra do artigo 76º, da CNUDM, nem do seu objeto e fim. Cfr. *Delimitation of the maritime boundary in the Bay of Bengal (Bangladesh(Myanmar), Judgment, Relatórios TIDM 2012*, p. 4, 127, para. 434 a 437.

c) O bordo exterior da margem continental pode ser encontrado nos termos dos números subsequentes do artigo 76º, que se apreciarão infra. Ressalva-se, no entanto, um dado relevante: É que o TIDM apenas considerou a definição constante do artigo 76º, nº 1 como sendo uma norma consuetudinária, mas não o disse em relação às disposições subsequentes sem as quais não é possível encontrar o bordo ou limite exterior da margem continental[38]. De todo o modo, tal não impede que a plataforma continental jurídica referida no nº 1 tenha os seus limites previstos nos n.os 4 a 6 e não se prolongue além dos mesmos, ainda que que estes sejam componentes da sua margem continental geocientífica[39]. O Estado costeiro tem competência para definir os limites exteriores da sua plataforma continental, mas a sua delineação deve ser determinada nos termos da CNUDM[40].

2.2. A delineação

2.2.1. A evolução histórica do artigo 76º da CNUDM

Recapitulando o anteriormente exposto, na terceira sessão da III CNUDM, os delegados tinham um texto negocial único, que no então artigo 62º da Parte II, propunha a definição que veio a ser assumida no nº 1 do artigo 76º. Na quarta sessão este artigo transita para 64º, e sofre as influências das sugestões informais do Japão[41] e do Canadá[42]. Os avanços e recuos sucederam-se nas sessões

[38] Tanaka, Yoshifumi. The International Law of the Sea, University of Copenhagen, Third Edition, Cambridge, 2019, nota de rodapé 64, Evans, M. D.. "Maritime Boundary Delimitation: Whatever Next', in J. Barret, R. Barnes (Eds.), Law of the Sea: UNCLOS as a Living Treaty, London, British Institute of International and Comparative Law, 2016, p. 75, nota de rodapé 133.

[39] International Law Association (2004), *ob. cit.*, p. 15.

[40] Kunoy, Bjorn. "Legal Problems Relating to Differences Arising between Recommendations of the CLCS and the Submission of a Particular State", Selected Contemporary Issues in the Law of the Sea, Clive Ralph Symmons (ed.), Nijhoff, 2011, pp. 305-338.

[41] O Japão propunha que o artigo se desenvolvesse por oito números que incluíssem a definição, composição, limites exteriores da plataforma continental, a metodologia de delineação, a apresentação da delineação de uma plataforma continental a uma Comissão para a sua certificação; publicidade dos limites exteriores; sempre sem prejuízo da cláusula respeitante aos limites entre estados adjacentes e com costas frente a frente. No que diz respeito à natureza da comunicação da" Decisão" sobre a delimitação, o Japão propôs que a "aceitação pela Comissão de uma delimitação... fosse definitiva e obrigatória."

[42] Esta proposta continha nove artigos. Estes centravam-se na criação duma Comissão de Limites da plataforma continental, mais concretamente no número de membros da Comissão (30), respetivas áreas de especialização (geologia, geofísica ou hidrografia), as suas principais funções da Comissão ("certificação" da delimitação do limite exterior da plataforma continental e a prestação de serviços de assessoria técnica a um Estado costeiro, mediante pedido), apresentação do processo deveria ser tratada (por meio de uma comissão especial); a natureza da comunicação da certificação (definitiva,

subsequentes[43]. Os limites exteriores da margem continental continuavam por definir[44]. O secretariado da Conferência fez circular uma ilustração das várias fórmulas associadas à definição da margem continental[45], tendo a fórmula irlandesa passado a reunir o maior consenso. A então URSS procurou limitar esta extensão até às 300 milhas, provocando a necessidade de novo estudo[46].

obrigatória e conclusiva), a possibilidade da Comissão poder discordar com um Estado costeiro da sua apresentação no prazo de seis meses a contar da data de apresentação e a possibilidade de uma nova apresentação, que deveria ser feita pelo Estado costeiro no prazo de 10 anos a partir da entrada em vigor da Convenção. Cf. A/CONF.62/WP.8/Rev.1/Part II (RSNT,1976) e Platzöder, *ob.cit.*, Vol. IV, pp. 323 ss. e 468 s. Cf., para mais desenvolvimentos, Nandan/Rosenne, pp. 851-854 e pp. 938-940.

[43] Foram também criados sete grupos para negociação das questões cruciais pendentes, o grupo negocial número 6 (GN6) encarrega-se de fazer avançar as negociações Em resposta aos pedidos de várias delegações, o GN6 formou um pequeno grupo negocial de 38 Estados com o objetivo de facilitar a resolução dos assuntos que lhe haviam sido atribuídos, incluindo o limite exterior da plataforma continental, os pagamentos e contribuições relativos à exploração da plataforma continental além das 200 milhas, as cristas oceânicas e submarinas, a Comissão de Limites da Plataforma Continental e a questão suscitada pelo Sri Lanka. Aguilar observou que o GN6 examinou todas as questões que lhe foram entregues e considerou-as na base das sugestões efetuadas pelos delegados participantes. Apesar de ainda não ser possível apresentar um resultado final, as negociações refletem um acordo geral definitivo. Cf. Nandan/Rosenne, p. 834; Nordquist, P. 187; e documento A/CONF.62/L.37, Third United Nations Conference on the Law of the Sea, Official Records, Vol. XI, 1979, 100.

[44] No âmbito da negociação do regime jurídico da ZEE, que decorreu no Grupo Negocial Nº 4 (GN4), havia a ideia de que o acordo entre os *Margineer* e os GDS relativamente aos recursos vivos e não vivos, que permitiria o acesso aos recursos vivos da ZEE pelo GDS da mesma região ou sub-região, tinha sido prejudicado pela oposição soviética à fórmula irlandesa. Para ultrapassar o impasse, os *Margineer* concordaram em permitir que o GN4, avançasse com uma reformulação do texto já obtido até que houvesse um princípio de acordo relativamente à questão subjacente à margem continental. Nordquist, p. 208.

[45] A definição de margem continental do texto negocial era vaga e apoiada por poucos Estados. Várias definições da margem eram anteriores à própria IIICNUDM, e para demonstrar as suas implicações o secretariado produziu um mapa que mostrava: a) a localização da linha das 200 milhas; b) a isóbata dos 500 metros além das 200 milhas; c) a fórmula irlandesa (pé do talude continental mais o máximo de 60 milhas ou, alternativamente, o pé do talude continental e até onde a espessura das rochas sedimentares fosse pelo menos de um por cento da distância mais curta entre esse ponto e a base do talude continental; d) o limite exterior da margem, aparentemente (mas não explicitamente) definido numa limitação do gradiente na sua base não especificada. Cf. Platzöder, V, 190 ss.

[46] A URSS sugeria que a fórmula do método da distância permitiria ao Estado estender a sua jurisdição sobre a margem continental além das 200 milhas, mas tendo um limite máximo de cem milhas (no total 300). Esta fórmula recolhia o apoio dos países da Europa de Leste e Cuba. Apesar da aparente simplicidade – critério da distância – acabava também por sofrer os inconvenientes de não acomodar os interesses de certos *Margineer,* essenciais ao processo negocial, e representava uma possibilidade real de se prolongar a ZEE até às 300 milhas. Além disso a Bulgária e vários

As propostas colocadas à discussão na oitava sessão[47] culminaram no compromisso entre os partidários da fórmula irlandesa e a URSS e respetivos aliados, expresso numa nova versão do artigo 76.º[48], que assimilava esta fórmula e as respetivas limitações. Sucederam-se estudos sobre as dificuldades da sua aplicação[49] e foram sugeridas alterações[50], que se refletiram num artigo com

outros Estados propuseram que fosse preparado um novo estudo sobre a margem que incluísse a proposta soviética. Esta proposta foi acolhida pelo Plenário que solicitou ao Secretariado a sua preparação. Cf. Platzöder, V, 20 s.

[47] Eram as seguintes propostas para definição da margem continental (1) A margem continental deveria tomar por referência a espessura de sedimentos ou uma distância medida desde a base do talude continental (fórmula irlandesa); (2) Esta extensão seria limitada às 300 ou 350 milhas contadas das linhas de base a partir das quais se mede a largura do mar territorial, ou pelas 60 ou 100 milhas contadas da isóbata dos 2500 metros (fórmula russa); (3) A margem continental deveria limitar-se às 200 milhas e coincidir com os limites da ZEE (fórmula do grupo árabe); (4) Manter-se-ia a fórmula constante do texto negocial.

[48] As discussões subsequentes à apresentação das várias fórmulas demonstraram um forte apoio da fórmula irlandesa, apesar do grupo árabe apoiar formalmente a posição das 200 milhas. Ao mesmo tempo havia um reconhecimento substancial e generalizado da necessidade de providenciar por uma adequada jurisdição da margem quanto esta se estendesse além das 200 milhas. De particular significado era o facto da URSS ter publicamente apoiado a fórmula irlandesa não obstante esse apoio só ser possível graças à inclusão de um limite máximo. Devido ao facto de muitas delegações serem da opinião que a fórmula irlandesa poderia ser melhorada, estavam também a considerar a possibilidade de impor mais limitações à definição de margem continental constante da fórmula. No fim da sessão, o moderador GN6 apresentou um texto de compromisso que incorporava a sugestão soviética. Este texto recolheu substancial apoio do Plenário e foi incorporado na revisão do Texto negocial. Nordquist, pp. 281 s.

[49] A Comissão Oceanográfica Intergovernamental (COI) em cooperação com a Organização Internacional Hidrográfica (OIH) realizou um estudo sobre as implicações de elaborar mapas de grande escala para a III CNUDM na oitava sessão. O estudo salientou as dificuldades inerentes à localização da base do talude dado o facto de existirem diferentes tipos de taludes. O Documento referente ao Estudo de preparação das implicações de dados disponíveis para o COI e IHO, "mostrava que a linha da fórmula irlandesa raramente era maior do que as 120 milhas marítimas a partir da base do talude (equivalente a 1,2 de espessura sedimentar) e, muitas vezes, era inferior a 60 milhas marítimas (equivalente a 0,6 de espessura sedimentar)." No que diz respeito à fórmula irlandesa de 60 milhas a partir da base do talude, o estudo notava que esta "seria uma missão adicional relativamente pequena"... "uma vez que a base do talude fosse definida". No entanto, "a sua exatidão dependeria da precisão da linha de base do talude." A/CONF.62/C.2/L.99.

[50] A Dinamarca procurou esclarecer a composição da margem continental, para evitar que esta se confundisse com a plataforma continental. Segundo a Dinamarca, o direito internacional não permitia que um Estado costeiro, exceto em algumas circunstâncias, pudesse reclamar a totalidade da margem continental. Tal dependeria da fundamental continuidade geomorfológica daquela margem, o que encarnava a essência do conceito de "prolongamento natural" que deveria constar da definição da plataforma continental jurídica. A Dinamarca era da opinião de que as características físicas, tais como uma fossa oceânica de suficiente magnitude poderiam "interromper" a continuidade geomorfológica daquela margem tornando-se esta, assim, o bordo exterior da

nove números (definição, composição e limites exteriores da plataforma continental; duas fórmulas para delinear e delimitar o bordo exterior da margem continental; obrigatoriedade de apresentação à Comissão de Limites; obrigatoriedade de depositar mapas e informação junto do SGNU; e a cláusula de salvaguarda da delimitação entre estados com costas adjacentes ou frente a frente)[51]. De fora ficavam as propostas sobre cristas submarinas e oceânicas, que exigiam uma análise mais aprofundada[52], e foram exaustivamente debatidas na segunda metade das oitava e nona sessões. Começando pela proposta soviética, que pretendia limitar a plataforma continental às 350 milhas existindo cristas submarinas[53], passando pela corrente que defendia que a mar-

plataforma continental, pelo que seria este o limite da plataforma e não o limite exterior da margem continental. A URSS propôs a inserção de um quarto parágrafo no n º 3, a incluir a segunda fórmula alternativa, ou seja, retirar aos limites máximos uma distância não superior a 100 milhas, que a partir da linha de base, corre para o exterior do limite de 200 milhas da Área económica, ou que não exceda 60 milhas marítimas a partir da isóbata de 2500m, que é uma linha que une profundidades de 2500 metros. Também o Sri Lanka propôs um sub-parágrafo adicional ao número 4 do artigo 76º, da CNUDM, sugerindo o seguinte: Nos casos em que a percentagem de rochas sedimentares ao longo do bordo exterior da margem continental, à máxima distância permitida de harmonia com as previsões constantes do presente número, não for inferior a 3,5 Km, e onde mais de metade da linha seja delineada nos termos do número 6, por referencia ao ponto fixo exterior no qual a espessura das rochas sedimentares não seja inferior a 0,8 Km. *Third United Nations Conference on The Law of the Sea*, Official Records, Vol. XI, 1980, 121 ss., e Platzöder, IV, 524 e XI, 576.

51 Havia ainda uma proposta do Sri Lanka, para criar um regime de exceção para o seu caso, mas as delegações optaram por não incluir a mesma no texto do artigo, equacionando a possibilidade desta exceção constar de um documento anexo à Convenção. Na opinião da delegação norte-americana, a proposta apresentada pelo Sri Lanka projetada para permitir uma exceção ao seu caso, e apenas e só a este, no que à aplicação do artigo 76º, da CNUDM, respeita, reuniu bastante simpatia dos delegados. O Sri Lanka achava que a fórmula contida no artigo reduziria indevidamente a sua margem continental (jurídica) a 300 milhas, quando a sua margem geo-morfológica se estende a aproximadamente 600 milhas da costa. Apesar da simpatia conquistada, esta não foi acolhida, na medida em que muitos Estados consideravam que não poderiam incluir no preceito uma referência a um único Estado. A sugestão efetuada foi a de que o problema deveria ser abordado de uma forma adequada na fase posterior da III CNUDM, e fora do texto da CNUDM. Na sessão seguinte, esta proposta voltou a ser discutida, havendo um entendimento geral que tal exceção deveria ser protegida por meio de uma "declaração de entendimento" do presidente da conferência num anexo à ata final da mesma. Nordquist, pp. 308 e 334.

52 A este propósito foram feitas críticas relativamente à inclusão de algumas das sugestões informais com o fundamento de que as negociações tinham sido insuficientes. No entanto, o presidente e três presidentes defenderam a inclusão, argumentando, que as sugestões informais não só tinham recebido um amplo apoio em plenário, como também ofereciam uma "perspetiva que melhorava substancialmente o consenso" Text/Rev.1 ICNT/Rev. 1.

53 Dez outras delegações também requereram a revisão do n º 5, de modo a garantir que no caso de cristas submarinas, os limites máximos de extensão da plataforma continental seriam as 350 milhas

gem continental não deveria incluir as cristas compostas por crusta oceânica (como a crista média-atlântica)[54], e os avanços e recuos na definição e distinção entre cristas submarinas, cristas oceânicas e elevações continentais[55],

e que houvesse uma distinção entre as cristas submarinas e oceânicas que deveriam ser definidas como elevações submarinas muito estreitas formadas na crusta oceânica. Singapura sugeriu uma revisão da proposta da URSS., substituindo a frase, "tendo em conta estas recomendações que devem ser definitivas e obrigatórias", por "deve estar em conformidade com essas recomendações". A Áustria efetuou uma declaração lembrando os delegados dos Estados costeiros da necessidade "de prever a possibilidade dos Estados da mesma região ou sub-região litoral e geograficamente desfavorecidas poderem participar na exploração da plataforma continental e dos seus recursos naturais através de entidades ou pessoas que possuíssem a nacionalidade desses estados". Cf. Nordquist, p. 308.

[54] Segundo a delegação norte-americana, o problema relativo às cristas atlânticas havia sido criado por um mal-entendido na aplicação da linha das 100 milhas da isóbata dos 2500 metros, cortada do texto do número 5. Uma aplicação errada da fórmula, tal qual estava elaborada no novo texto, poderia ser usada por alguns Estados para reivindicar extensões da sua plataforma continental sobre áreas que tradicionalmente seriam consideradas como cristas oceânicas, porque formadas por crusta oceânica, particularmente a crista médio-atlântica, defendendo a delegação americana que estas cristas, deveriam fazer parte dos fundos oceânicos. Para evitar este resultado, várias propostas foram apresentadas ao grupo negocial. A primeira, da URSS, limitaria a plataforma em áreas de cristas oceânicas (de origem continental e origem oceânica) a um máximo de 350 milhas. A segunda proposta, apresentada por 10 Estados com amplas plataformas, traçava um limite semelhante de 350 milhas, mas limitava aquela definição à área de cristas formadas apenas por crusta oceânica. Ambas as propostas foram fortemente atacadas por delegados dos países geograficamente desfavorecidos e sem litoral, que consideravam, que ambas permitiriam uma extensão da jurisdição superior ao estudo efetuado pelo secretariado no ano transato, em que as cristas formadas por crusta oceânica não estavam incluídas. No encerramento da sessão, houve várias conversações paralelas tendentes à resolução do problema, mas o tempo não permitiu encontrar uma solução final, registando-se uma proposta do Japão de limitar a extensão às 200 milhas no caso da crista médio-atlântica. Nordquist, pp. 334 ss, artigo 76, nº 3 do ICNT/Rev. 1.

[55] Na nona sessão, foi proposto pelos *Margineer* uma nova versão do número 3 do artigo 76º com a seguinte redação: "A margem continental compreende o prolongamento submerso da massa terrestre do Estado costeiro, e é constituída pelo leito do mar, elevações submarinas, subsolo da plataforma continental, declive (talude) e da rampa (elevação continental). Não inclui o oceano profundo com as suas cristas oceânicas." A Austrália propôs um texto semelhante com o seguinte acrescento "que sejam componentes naturais da margem continental, tais como planaltos, topes, bancos e esporões" por referência às elevações submarinas. A URSS apresentou uma proposta de alteração ao artigo 76 º, números 3 e 5 do ICNT/Rev.1. No número 3, propondo que a plataforma continental deveria "não incluir o oceano profundo, com as suas cristas oceânicas, montes submarinos, e quaisquer outras elevações submarinas não situadas na margem continental, ou do subsolo dos fundos oceânicos". A URSS propôs ainda que se adicionasse um aditamento ao número 5, que dizia o seguinte: "Não obstante as disposições do número 5, em áreas de quaisquer outras elevações e cristas submarinas com exceção das referidas no número 3 do presente artigo, o limite exterior da plataforma continental não deve exceder as 350 milhas marítimas contadas das linhas de base a partir das quais se mede a largura do mar territorial". Em 27 de março de

será a solução de compromisso apresentada pelo Embaixador Aguilar aquela que irá prevalecer[56]. O artigo 76º tinha na nona sessão da III Conferência dez números e o Anexo II nove artigos[57], mas o artigo ainda não era consensual[58] e

1980 uma proposta anónima propunha que a parte final do nº 3 tivesse a seguinte redação "Não compreende nem os grandes fundos oceânicos, com as suas cristas oceânicas, nem o seu subsolo." Além disso, propôs a inserção de um novo nº 6 para fornecer o limite exterior máximo permitido no caso de cristas submarinas: "Sem prejuízo do disposto no n º 5, no caso de cristas submarinas, o limite exterior da plataforma continental não deve exceder 350 milhas marítimas das linhas de base a partir da qual se mede a largura do mar territorial. Este número não se aplica a elevações submarinas que sejam componentes naturais da margem continental, tais como os seus planaltos, elevações continentais, topes, bancos e esporões." Platzöder, IV, 524 s.

[56] Este texto previa a retificação da última frase do artigo 76º, parágrafo 3 ("não compreende os grandes fundos oceânicos, com as suas cristas oceânicas, nem o seu subsolo") e adicionava um novo parágrafo ("não obstante as disposições do nº 5, no caso de cristas submarinas, o limite exterior da plataforma continental não deve exceder 350 milhas marítimas das linhas de base a partir das quais se mede a largura do mar territorial. O presente número não se aplica a elevações submarinas que sejam componentes naturais da margem continental, tais como os seus planaltos, elevações continentais, topes, bancos e esporões.") Este texto foi discutido pelo GN6 e incluído no projeto de artigos revisto (ICNT, Rev.2). O representante dos EUA, Embaixador Richardson, aproveitou a ocasião para fazer constar em Ata, na sessão plenária de 3 de abril, que o planalto Chukchi, situado a norte do Alasca, e as suas elevações não poderiam ser considerado cristas e estavam cobertas pela última frase do proposto parágrafo 5. Foi também incluído na solução de compromisso uma alteração ao número 7 do artigo 76º, da CNUDM, do ICNT/Rev.1 que passou a nº 8 no ICNT/Rev.2, no sentido de alterar o termo "tendo em consideração" para "com base na", deste modo reforçando os poderes da Comissão de Limites da Plataforma Continental, e também incluir um novo anexo em que se definia a estrutura e funções da CLPC. Nordquist, pp. 334 ss.

[57] O novo n. º 6 foi inserido e definia limites de 350 milhas para o exterior da plataforma continental nos casos de cristas submarinas. Também incluía o anexo II, que estabelecia a Comissão de limites da plataforma continental. O Anexo II tinha nove artigos abrangendo: condições de filiação; eleições dos membros da Comissão, funções de Comissão; obrigação do Estado costeiro apresentar informações à Comissão no prazo de 10 anos a contar da entrada em vigor da Convenção para esse estado, procedimento de apresentação à Comissão, por forma de subcomissões; recomendações da Comissão; revisão ou uma nova apresentação em caso de desacordo com as recomendações da Comissão. Nordquist, pp. 334 ss.

[58] Aquando da reunião plenária da reiniciada nona sessão, realizada em Genebra de 28 julho a 29 de agosto de 1980 muitos delegados expressaram reservas sobre o Artigo 76 º, tal como previsto no documento ICNT/Rev.2 O delegado de Singapura, por exemplo, defendeu que as propostas permaneciam "não só complicadas como pouco claras." O delegado da Suécia defendeu que as propostas não garantiam uma clara definição dos limites da plataforma continental. Alguns Estados sem litoral, como a Suíça manifestaram preocupação pelo facto de implicações das propostas, achando estas reduziriam significativamente a Área Internacional dos Fundos Marinhos. O delegado austríaco falando em nome dos Estados sem litoral e geograficamente desfavorecidas alegou que a definição da plataforma continental era fortemente a favor do grupo dos *Margineer*. Também os estados árabes como o Iraque, Kuwait, Bahrein, Emirados Árabes Unidos defendiam um limite máximo de 200 milhas. A Mongólia, embora um Estado sem litoral, acordou que um

registaram-se propostas de alteração, que só não foram apreciadas para evitar novos debates[59]. A nova versão do texto negocial é no final da nona sessão em muito semelhante à versão final[60], sem prejuízo de nas sessões subsequentes ainda se registarem algumas discordâncias[61] que cedem em benefício de um *package deal*[62]. Se individualmente se poderia questionar alguns artigos, no geral, o acordo alcançado era aceitável, não se exigindo novas negociações[63].

compromisso aceitável tinha sido atingido na Segundo Comité. Outro delegado, ao mesmo tempo insatisfeito, recordou ao plenário que as questões relacionadas com o artigo 76º, da CNUDM, tinham sido exaustivamente debatidas e que a sua forma atual, por isso, representava uma solução de compromisso. Outros declararam novamente que a partilha de receitas era o único compromisso aceitável. O Canadá expressou sua satisfação com o resultado da definição da plataforma continental "mas reservou a sua posição para disposições precisas relativas à partilha de receitas e sobre a Comissão de limites da plataforma continental." *Third United Nations Conference on The Law of the Sea*, Official Records, Vol. XIV, 1981, p. 28 e Suarez, pp. 66 ss.

[59] A República Federal da Alemanha apresentou uma proposta escrita relativamente ao n º 8 do artigo 76 º e do Anexo II do ICNT/Rev. 2, segundo a qual este deveria ser redigido do seguinte modo: Informações sobre os limites da plataforma continental além das 200 milhas marítimas da Zona Económica Exclusiva devem ser submetidas pelo Estado costeiro à Comissão de Limites da Plataforma Continental estabelecida em conformidade com o Anexo II, com base numa representação geográfica equitativa. As decisões da Comissão sobre as questões relacionadas com o estabelecimento do limite exterior da plataforma continental serão definitivas e obrigatórias. Foi proposto, também, que o artigo 3º do Anexo II tivesse a seguinte redação: "1. As funções da Comissão são: (a) examinar os dados e outros elementos de informação apresentados pelos Estados costeiros sobre os limites máximos da plataforma continental em áreas em que esta se prolongue para além do limite das 200 milhas marítimas, de modo a tomar decisões nos termos do artigo 76 º da parte VI da presente Convenção." A proposta alemã teria reforçado o mandato da Comissão. Em vez de meras recomendações, sugeria que o termo "decisões" fosse utilizado, mas foi apresentada demasiado tarde. Segundo a Comissão, reunir novamente para retomar a discussão poderia perturbar o "delicado equilíbrio já alcançado." *Third United Nations Conference on The Law of the Sea*, Official Records, Vol. XIV, 1981, 75; Platzöder, IV, p. 527; Nordquist, pp. 334 ss. e Nandan/Rosenne, pp. 868 ss e 945.

[60] Documento A/CONF.62/WP.10/Rev.3.

[61] Apesar de não virem a ser integrados no texto final da CNUDM, não deixa de ser interessante notar, que mesmo na última sessão, as delegações ainda não estavam completamente satisfeitas com o resultado obtido. Com efeito, por documento datado de 18 de março de 1982, com o número C.2/*Informal Meeting*/72, a China apresentou uma proposta informal relativamente ao artigo 76º, sugerindo que na linha 3 do nº 1, se acrescentasse, depois de "território terrestre", "um limite que não exceda", e na linha 2 do nº 3, acrescentar "geralmente é constituída" em vez de "é constituída". Platzöder, V, 76.

[62] *Third United Nations Convention on the Law of the Sea*, Official Records, Vol. XVI, 1983, p. 3.

[63] *Third United Nations Conference on The Law of the Sea*, Official Records, Vol. XV, 1982, 18; A/CONF.62/L.69, Platzöder, V, 71. Nandan/Rosenne, pp. 872 s. e 945 ss.

2.2.2. A margem continental

O conceito de margem continental é essencial para apurar a extensão da plataforma continental dos Estados costeiros.

O artigo 76º, nºs 2 a 7, determina que:

> 2. A plataforma continental de um Estado costeiro não se deve estender além dos limites previstos nos nº.s 4 a 6.
>
> 3. A margem continental compreende o prolongamento submerso da massa terrestre do Estado costeiro e é constituída pelo leito e subsolo da plataforma continental, pelo talude e pela elevação continental. Não compreende nem os grandes fundos oceânicos, com as suas cristas oceânicas, nem o seu subsolo.
>
> 4. a) Para os fins da presente convenção, o Estado costeiro deve estabelecer o bordo exterior da margem continental, quando essa margem se estender além das 200 milhas marítimas das linhas de base a partir das quais se mede a largura do mar territorial, por meio de:
>
> i) Uma linha traçada em conformidade com o no. 7, com referência aos pontos fixos mais exteriores em cada um dos quais a espessura das rochas sedimentares seja pelo menos 1 % da distância mais curta entre esse ponto e o pé do talude continental; ou
>
> ii) Uma linha traçada em conformidade com o no. 7, com referência a pontos fixos situados a não mais de 60 milhas marítimas do pé do talude continental.
>
> b) Salvo prova em contrário, o pé do talude continental deve ser determinado como o ponto de variação máxima do gradiente na sua base.
>
> 5. Os pontos fixos que constituem a linha dos limites exteriores da plataforma continental no leito do mar, traçada em conformidade com as subalíneas i) e ii) da alínea a) do nº 4, devem estar situados a uma distância que não exceda 350 milhas marítimas da linha de base a partir da qual se mede a largura do mar territorial ou a uma distância que não exceda 100 milhas marítimas da isóbata de 2500 metros, que é uma linha que une profundidades de 2500 metros.
>
> 6. Não obstante as disposições do nº 5, no caso das cristas submarinas, o limite exterior da plataforma continental não deve exceder 350 milhas marítimas das linhas de base a partir das quais se mede a largura do mar territorial. O presente número não se aplica a elevações submarinas que sejam componentes naturais da margem continental, tais como os seus planaltos, elevações continentais, topes, bancos e esporões.
>
> 7. O Estado costeiro deve traçar o limite exterior da sua plataforma continental, quando esta se estender além de 200 milhas marítimas das linhas de base a partir das quais se mede a largura do mar territorial, unindo, mediante linhas

rectas, que não excedam 60 milhas marítimas, pontos fixos definidos por coordenadas de latitude e longitude.

Daqui decorre que a margem continental é constituída pela plataforma continental (geocientífica ou geomorfológica), talude e elevação continental. O limite ou bordo exterior da margem continental pode ser definido por recurso a duas fórmulas. Ambas tomam por base o pé do talude continental, pelo que a sua localização é de importância crucial, apesar da sua identificação poder ser difícil na prática, confundindo-se com a elevação continental[64]. Um percurso pela doutrina permite concluir que os valores de inclinação que distinguem o talude da elevação não são consensuais[65], podendo o Manual sobre os Aspetos Técnicos da Convenção das Nações Unidas sobre Direito do Mar (TALOS), representar uma solução para o problema[66], e tornar mais transparente o processo de identificação dos pés de talude continentais[67], essenciais à aplicação das fórmulas negociadas na III CNUDM. As fórmulas negociadas são duas, a primeira centra-se na análise da espessura de sedimentos e segunda acrescenta 60 milhas ao pé do talude continental.

a) A Espessura de Sedimentos

A fórmula irlandesa, também designada de Gardiner[68], toma por referência a espessura dos sedimentos. Esta fórmula obriga o Estado costeiro, numa pri-

[64] Tanaka, Yoshifumi. The International Law of the Sea, University of Copenhagen, Third Edition, Cambridge, 2019, p. 166.

[65] Para uma abordagem esclarecedora do tema, *vide* Neves Coelho, *ob. cit.*, pp. 156-171.

[66] Preparado em conjunto pela CIH, pela OHI e pela Associação Internacional de Geodesia, o TALOS define o talude continental como "*(t)hat part of the continental margin that lies between the shelf and the rise. Simply called the slope in Art. 76.3. The slope may not be uniform or abrupt, and may locally take the form of terraces. The gradients are usually greater than 1.5E*" e a elevação continental como "*(a) submarine feature which is that part of the continental margin lying between the continental slope and the deep ocean floor; simply called the Rise in the Convention. It usually has a gradient of 0.5E or less and a generally smooth surface consisting of sediment.*" Deste modo, o pé do talude continental deve localizar-se entre os gradientes que apresentem uma variação de meio grau a grau e meio.

[67] A propósito da necessidade de clarificação, Neves Coelho critica as Diretrizes Técnicas e Científicas elaboradas pela CLPC, e as suas recomendações nesta matéria, na medida em que não apresentam "regras e valores quantitativos para a avaliação dos vários elementos necessários para a aplicação do artigo 76º" e sublinha a essencialidade que para um processo que recorre a "dados de morfologia e batimetria (...) utilizados em aplicações informáticas" se reveste "quantificação numérica" que permite distinguir o talude da elevação continental. Neves Coelho, *ob. cit.*, pp. 156-165.

[68] Em referência ao geológo irlandês Piers Gardiner, que em março de 1976, apresentou a proposta da Irlanda para "definição do limite exterior da elevação, e por conseguinte da margem continental,

meira fase a identificar o talude e a elevação continentais, para de seguida identificar a base ou pé do talude, e a partir daí medir a espessura das rochas sedimentares (que não pode ser inferior a um por cento), para seleção dos pontos fixos exteriores que permitem a delineação desta linha.

b) As 60 milhas contadas do pé do talude continental

A segunda fórmula, também conhecida por Hedberg[69] toma por referência o mesmo pé do talude continental e adiciona-lhe 60 milhas. A fórmula é relativamente simples e mais clara que a anterior.

De um modo geral[70], a margem continental pode ser encontrada pela escolha de um dos métodos ou pela combinação de ambos[71]. Em ambos os casos, a

como devendo ser qualquer ponto situado onde a espessura do sedimento seja pelo menos de um por cento da distância mais curta entre esse ponto e o pé de talude continental". Marques de Oliveira, Joaquim Dias. *Subsídios para o Estudo da Delimitação e Jurisdição dos Espaços Marítimos de Angola*, Almedina, p. 135.

[69] Esta fórmula é, assim apelidada, em homenagem a Hollis D. Hedberg, professor americano, que apresentou à III CNUDM uma proposta dos Estados Unidos, tendo por base o trabalho por este efetuado em 1973, e que defendia que a forma mais lógica e natural para se definir o limite entre a jurisdição nacional e internacional era pela base do Talude continental, que marcava a divisória crítica entre a parte dos fundos marinhos que constituíam o prolongamento natural do território terrestre e a parte, dos mesmos fundos, que era componente oceânica.

[70] Poderíamos ainda mencionar uma terceira fórmula, a fórmula de Bengala. Assim denominada porque surge na sequência das especiais características da Baía de Bengala, especificamente referida na Declaração constante do Anexo II, Ata Final da III CNUDM. Esta fórmula é consequência da submissão apresenta pelo Sri Lanka durante os trabalhos da III CNUDM. A Declaração determina que "(...) Considerando as características especiais da margem continental de um Estado onde: 1) a distância média a que ocorre a isóbata de 200 metros não excede 20 milhas marítimas; 2) a maior proporção da rocha sedimentar da margem continental encontra-se abaixo da elevação continental; e Tendo em conta a desigualdade que resultaria para esse Estado da aplicação à sua margem continental do artigo 76º, da CNUDM, da Convenção, em que, a média aritmética da espessura da rocha sedimentar ao longo de uma linha estabelecida à distância máxima permissível, de acordo com as disposições das subalíneas i) e ii) da alínea a) do paragrafo 4º desse artigo, representando a totalidade do limite exterior da margem continental não deveria ser inferior a 3,5 quilómetros; e mais de metade da margem deveria ser excluída desse modo, Reconhece que tal Estado pode, não obstante as disposições do artigo 76º, estabelecer o limite exterior da sua margem continental por linhas rectas que não excedam 60 milhas marítimas em comprimento ligando pontos fixos, definidos em latitude e longitude, em cada um dos quais a espessura da rocha sedimentar seja inferior a 1 quilómetro, Quando um Estado estabelecer o limite exterior da sua margem continental ao aplicar o método definido no número precedente desta declaração, este método pode também ser utilizado pelo Estado vizinho para delimitar o limite exterior da sua margem continental com uma característica geológica comum, onde o seu limite exterior se deveria encontrar com tais características numa linha estabelecida à distância máxima permissível, de conformidade com as subalíneas i) e ii) da alínea a) do paragrafo 4º do artigo 76º, ao longo da qual a média aritmética

delineação destas linhas deve ser efetuada por linhas retas que não excedam as 60 milhas marítimas ao unirem os pontos fixos determinados por coordenadas de latitude e longitude, nos termos do artigo 76º nº 7.

Mas os limites exteriores da plataforma continental resultam da combinação das fórmulas Hedberg e Irlandesa e sua modificação[72]. Assim, encontrado o bordo exterior da margem continental, há que confrontar os resultados obtidos com os limites estabelecidos no artigo 76º nº 5, as linhas restritivas que tomam por limite as 350 milhas ou as 100 milhas contadas da isóbata dos 2500 metros, identificar os respetivos pontos e delinear as respetivas linhas, que poderão ser utilizadas de modo singular ou combinado para delinear o limite exterior da plataforma continental.

2.2.3. Cristas oceânicas, cristas submarinas e elevações continentais

Os números 3 e 6 do artigo 76º fazem da classificação de um "relevo submarino"[73] como crista oceânica, crista submarina ou elevação continental um elemento essencial na determinação dos limites exteriores da plataforma continental e da margem continental. A CNUDM não fornece uma definição precisa dos mesmos, mas o nº 3 exclui as cristas oceânicas e respetivo subsolo da margem continental, enquanto o nº 6 limita a extensão da plataforma continental, no caso de cristas submarinas, às 350 milhas marítimas, clarificando que as elevações submarinas que sejam componentes naturais da margem continental não se incluem nesta última definição, e citando os planaltos, as elevações continentais, os topes, os bancos e os esporões como exemplos destas elevações submarinas. Sucede que a consideração de um relevo – num determinado local – como elevação continental pode permitir a extensão da plataforma continental além das 350 milhas, a sua classificação como crista submarina limita a extensão a esta distância e a sua classificação

da espessura da rocha sedimentar não pode ser inferior a 3,5 quilómetros, A Conferência solicita à Comissão de Limites da Plataforma Continental criada nos termos do Anexo II da Convenção, que siga os termos desta Declaração, quando fizer as suas recomendações em questões relacionadas com o estabelecimento do limite exterior das margens continentais dos Estados situados na parte sul da Baía de Bengala". Apesar desta exceção não se encontrar prevista na CNUDM propriamente dita, e apenas na Declaração de Compromisso, a CLPC levará em consideração esta exceção na medida em que de harmonia com o artigo 3º , nº 1, alínea a) do Anexo II da CNUDM.

[71] *The Law of The Sea*, United Nations for Ocean Affairs and The Law of the Sea, United Nations, Training Manual – Legal Framework, Module I, a I – 31/33.

[72] Jagota, S. P. *Maritime Boundary, in* Developments in International Law Maritime Boundary, Vol. IX, Publication on Ocean Development, Martinus Nijhoff Publishers, 1985, 38.

[73] Neves Coelho, *ob. cit., cit.* p. 175.

como cristas oceânicas não permite que a plataforma continental se estenda além das 200 milhas, na parte em que esse relevo se localiza. O tema pode revelar-se crucial para as expetativas dos Estados e a sua interpretação não é consensual[74], devendo prevalecer a interpretação do artigo 76º como um todo[75]. Não obstante, alguns indícios poderão ser recolhidos nos processos de extensão junto da CLPC[76], assumindo protagonismo a análise das carate-

[74] A este respeito, o Relatório da ILA, observa que não incluindo a margem continental os grandes fundos oceânicos com as cristas oceânicas nem o seu subsolo, mas podendo as cristas submarinas ser incluídas nos limites exteriores da plataforma continental jurídica, o termo cristas *(ridges)* deve ser interpretado de modo diverso. Por outro lado, a não inclusão na categoria de "cristas" das elevações submarinas que sejam componentes naturais da margem continental, sugere que as cristas submarinas podem não ser componentes naturais da margem continental. Partindo destas considerações, a ILA sublinha o impacto que os termos "componentes naturais" (artigo 76º nº 6), "cristas oceânicas" (artigo 76º, nº 3) e "cristas submarinas" (artigo 76º, nº 6) poderão ter no processo de extensão das plataformas continentais e – após analisar as várias interpretações possíveis -, conclui que qualquer interpretação destes termos deve ter em conta o artigo 76º como um todo. International Law Association (2004), ob. cit., 19 ss.

[75] O artigo 76º, nº 1 indica que a plataforma continental constitui o prolongamento natural do território terrestre até ao bordo exterior da margem continental. Assim, para estabelecer a distinção entre cristas submarinas e cristas oceânicas é também necessário determinar que partes do leito e subsolo das áreas submarinas são partes dos grandes fundos oceânicos e das suas cristas oceânicas. Para tal há que primeiro identificar que partes do leito e subsolo são parte do prolongamento natural do território terrestre. Os trabalhos preparatórios indicam que cristas de origem oceânica podem ser consideradas cristas submarinas. Com base nestes pressupostos, a ILA conclui que a inclusão do nº 6 do artigo 76º, da CNUDM, teve por objetivo limitar a extensão da plataforma continental jurídica às 350 milhas nos casos de cristas submarinas oceânicas. International Law Association (2004), ob. cit., 19 ss.

Marques Antunes e Maia Pimentel observam que não obstante o termo "cristas submarinas" pareça referir-se a cristas que sejam compostas por crusta oceânica – citando como indícios deste entendimento os documentos NG6/9 e NG6/11, que constituíam propostas de artigos apresentadas por muitos dos Estados com interesse direto na matéria -, o que é certo é que o termo "cristas (oceânicas) submarinas" foi uma forma de criar uma distinção do termo "cristas oceânicas", na medida em que as mesmas poderiam ser formadas pela mesma crusta mas situar-se na plataforma continental e não nos fundos marinhos sob jurisdição internacional. Por exemplo, existem muitos Estados arquipelágicos cuja componente natural dos territórios inclui crusta oceânica. Diferente será a distinção entre cristas submarinas e elevações submarinas que sejam componentes da margem continental. Marques Antunes, Nuno; Maia Pimentel, Fernando. "Reflecting on the Legal--Technical Interface of Article 76 of the LOSC: Tentative Thoughts on Practical Implementation", em *Estudos em Direito Internacional Público*, Almedina, 2004.

[76] Brekke e Symonds, retiraram dos sumários das recomendações efetuadas pela CLPC, principalmente no que às submissões australiana e neozelandesa respeita, os seguintes indícios 1) A extensão e configuração da margem continental de um Estado Costeiro são determinados com base nas medições efetuadas relativamente às bases dos taludes continentais determinados nos termos do nº 4 do artigo 76º; 2) As elevações submarinas que não estejam abrangidas pelo envelope da

rísticas geológicas do relevo submarino[77], a que acrescentamos a essencialidade de uma sólida fundamentação.

base do talude continental não podem contribuir para a delineação do bordo exterior da margem continental nos termos do nº 4 do artigo 76º, mas podem – no todo ou em parte – localizar-se no limite do bordo exterior da margem continental; 3) As elevações submarinas que se localizem para lá do bordo exterior da margem continental são consideradas parte dos grandes fundos oceânicos com as suas cristas oceânicas nos termos do nº 3 do artigo 76º; 4) A determinação da base (pé) do talude deve ter em consideração as características geomorfológicas gerais dos fundos oceânicos adjacentes ou que o rodeiem; 5) Para efeitos de aplicação das restrições, nos casos em que o bordo exterior da margem continental se estenda além das 350 milhas, a CLPC considera qual das partes relevantes da margem continental, particularmente onde estas envolvam elevações submarinas que formem elevadas saliências da margem, devem ser consideradas cristas submarinas ou elevações submarinas que sejam componentes naturais da margem continental, nos termos do nº 6 do artigo 76º; 6) Esta classificação das elevações submarinas é determinada tendo por base as caraterísticas geológicas das mesmas, complementarmente à sua comprovada continuidade morfológica da massa terrestre do território do Estado Costeiro. Neste caso, a CLPC avalia a extensão de associação geológica da elevação submarina, associada ou contínua daquela massa terrestre, e a extensão da sua diferenciação relativamente aos fundos oceânicos circundantes. Esta avaliação é apenas efetuada por recurso a evidências ou provas geológicas e geofísicas; 7) A continuidade morfológica do relevo submarino que for incluído no envelope da base do talude deve ser avaliado num perfil batimétrico que demonstre as suas caraterísticas ao longo da ocorrência. Também implica a demonstração de que todas essas caraterísticas se distinguem das caraterísticas morfológicas dos fundos oceânicos que a rodeiam; 8) Nos casos em que os dados e materiais submetidos não permitam à CLPC decidir sobre a classificação das elevações submarinas que se encontrem no envelope da base do talude, a CLPC parece recomendar que o critério das 350 milhas seja aplicado. O Estado costeiro pode tentar alterar esta situação apresentando uma nova submissão ou uma submissão revista; 9) A linha de profundidades de 2500 m é neutra no que respeita às caraterísticas geológicas da parte da margem continental da qual deriva. É a origem dos pontos fixos, que servem para delinear o bordo exterior da margem continental, que está sujeita a esta restrição, que é importante, e que permite aferir se a respetiva parte da margem continental é classificada como crista submarina ou elevação submarina. Brekke, Harald; Symonds, Phillip. "Submarine Ridges and Elevations of Article 76 in Light of Published Summaries of Recommendations of the Commission on the Limits of the Continental Shelf", in *Technical and Legal Aspects of the Regimes of the Continental Shelf and the Area*, Gao, Zhiguo; Zhang, Hawien; Zhang, Haisheng; Li, Jiaobiao (Eds.), China Institute for Marine Affairs, China Ocean Press., 2011, 136-161.

[77] Neves Coelho faz uma análise da doutrina existente, muito centrada na apreciação da crista media atlântica, e conclui que para Evans, Carlton e Parson, as extensões nesta zona deveriam limitar-se às 350 milhas. Neves Coelho considera que esta interpretação se afasta das Diretrizes Técnicas e Científicas da CLPC e do artigo 76º, nº 4. Objeto de crítica é também Taft, que entende que as ilhas oceânicas não se podem estender além das 200 milhas, o que contrariaria o artigo 121º nº 2 da CNUDM. Citando depois as posições de Marques Antunes e Maia Pimentel e Brekke e Symonds, citados nas notas anteriores, Neves Coelho cita a doutrina mais recente que inclui Gao (que vai ao encontro de Brekke e Symonds) e o Manual Técnico. Partindo desta resenha doutrinária, Neves Coelho debruça-se de seguida sobre a qualificação dos relevos submarinos na prática decorrente da interação entre as submissões dos Estados e a CLPC, e cita os casos da

2.3. Os efeitos das recomendações da CLPC e depósito junto do Secretário Geral das Nações Unidas

O artigo 76º, nºs 8 e 9 têm a seguinte redação

> 8. Informações sobre os limites da plataforma continental, além das 200 milhas marítimas das linhas de base a partir das quais se mede a largura do mar territorial, devem ser submetidas pelo Estado costeiro à Comissão de Limites da Plataforma Continental, estabelecida de conformidade com o anexo II, com base numa representação geográfica equitativa. A comissão fará recomendações aos Estados costeiros sobre questões relacionadas com o estabelecimento dos limites exteriores da sua plataforma continental. Os limites da plataforma continental estabelecidos pelo Estado costeiro com base nessas recomendações serão definitivos e obrigatórios.
>
> 9. O Estado costeiro deve depositar junto do secretário-geral das Nações Unidas mapas e informações pertinentes, incluindo dados geodésicos, que descrevam permanentemente os limites exteriores da sua plataforma continental. O secretário-geral deve dar a esses documentos a devida publicidade.

O nº 8 determina que as recomendações da Comissão de Limites da Plataforma Continental (CLPC) constituem a base dos limites exteriores da plataforma continental considerados definitivos e obrigatórios. Alinhando pelo diapasão de Wolfrum[78], este número apresenta uma cláusula *if/then*: Se (if) a delineação dos limites exteriores for baseada nas recomendações da Comissão, então (then) essa delineação é definitiva e obrigatória. Este raciocínio implica que se determinem os significados de (a)"definitiva" e (b)"obrigatória" e se esclareça quem são os destinatários desta definitividade e obrigatoriedade.

a) O termo definitivo terá de estar associado ao respetivo Estado costeiro, primeiro destinatário desta definitividade. Se os limites se tornam definitivos, o Estado não poderá modificar os mesmos. Esta interpretação parece ser

Federação Russa, Austrália, Nova Zelândia, Noruega (Ártico, Mar de Barents e Mar da Noruega), França (Nova Caledónia e Ilhas Kerguelen), Japão, Maurícias e Seicheles (Mascarene Plateau), Islândia (Aegir Basin e partes de Reykjanes Ridge) e apresenta as seguintes conclusões: 1) A distinção entre cristas oceânicas e submarinas é a mais complexa; 2) É difícil determinar se um relevo na margem continental constitui uma crista submarina ou uma elevação continental; 3) Pelo que deverão ser determinadas as caraterísticas que o relevo deve ter para fazer parte da margem continental, assim como as caraterísticas para que este possa ser considerado uma componente natural da mesma margem. Neves Coelho, *ob. cit.*, pp. 175-197.

[78] Wolfrum, *ob.cit.*, 10 ss.

corroborada pelo nº 9 do artigo 76º[79]. Se o Estado aceitar as recomendações da CLPC, efetuar a delimitação da sua plataforma continental com base nas mesmas, e entregar as respetivas informações ao Secretário Geral das Nações Unidas (SGNU), estes limites tornam-se, a partir desse momento definitivos para o Estado costeiro[80]. Para que estes limites se tornem definitivos são então necessários 3 requisitos: (i) recomendações da CLPC ao Estado, (ii) Estado concordar com as recomendações e efetuar a delimitação da sua plataforma continental com base nas mesmas, (iii) Estado depositar as informações sobre aqueles limites junto do SGNU. Sendo o Estado costeiro o único com competência para estabelecer os seus limites exteriores e tendo a obrigação de depositar os mapas e as informações pertinentes, incluindo dados geodésicos, que descrevam permanentemente os limites exteriores da sua plataforma continental, é a partir do momento deste depósito que os mesmos se devem considerar definitivos para o Estado[81].

b) O termo "obrigatórios" implica uma obrigação de aceitação dos limites exteriores estabelecidos pelo Estado, a partir do momento em que os mesmos

[79] Relevante para esta interpretação, é também o termo "permanentemente" constante do nº 9 do artigo 76º, da CNUDM. A ILA considerou que este termo deve ser interpretado no sentido de que o EC pode nunca mais alterar estas linhas de limites exteriores, a não ser que outro Estado questione, com sucesso, os mesmos, o que poderia ocorrer por recurso a um dos mecanismos da parte XV. International Law Association (2006), *ob. cit.*, Conclusão nº 11, 13, 15 e 17 s. e Wolfrum, *ob.cit.*, 11.

[80] Na Nota Explicativa da Conclusão nº 11, a ADI consolida as bases do seu parecer de que um EC tem a obrigação de não alterar as linhas de limites exteriores que se tenham tornado definitivas e obrigatórias, esclarecendo que qualquer outra interpretação seria contrária à disposição consagrada na CNUDM de que os limites são definitivos, ou seja, não podem ser modificados. International Law Association (2006), *ob. cit.*, Conclusão nº 11, 15 s.

[81] Veja-se também a Regra nº 54 do Regulamento de Procedimento da CLPC. O Relatório da ILA de 2006, na sua Conclusão nº 12, pronuncia-se sobre o significado destes limites exteriores, questionando se os mesmos dizem respeito a todos os limites exteriores da plataforma continental, ou apenas àqueles que se situem além das 200 milhas, a ILA acaba por chegar à conclusão que se refere, apenas, aos limites além das 200 milhas, apesar de notar que alguns dos membros do Comité da Plataforma Continental da ILA considerarem que o artigo 76º, nº 9 se aplica também aos limites da plataforma continental até às 200 milhas. Em defesa desta conclusão, a ILA aponta vários argumentos como por exemplo o enquadramento do preceito no artigo 76º, que surge na sequência de vários parágrafos relativos ao estabelecimento da plataforma continental além das 200 milhas; ou a comparação com o artigo 84º, nº 1, que também se refere aos limites exteriores da plataforma continental, mas não lhes atribui definitividade, ao contrário do artigo 76º, da CNUDM. A aceitação de que o artigo 76º, nº 9 se aplica a todos os limites exteriores da plataforma continental significaria que o artigo 84º, nº 1 não teria justificação. International Law Association (2006), *ob. cit.*, 16 ss.

são depositados e tenham por base as recomendações da CLPC[82]. Esta obrigatoriedade reflete o compromisso assumido pelos Estados na III CNUDM. A comparação entre os artigos 76º, nº 8 e o artigo 77º permite aprofundar um pouco mais a relevância desta obrigatoriedade. Ao contrário do artigo 76º, nº 1 e 77º[83], o artigo 76º, nº 8 não é uma norma consuetudinária[84]. Ora, tendo todos os Estados direitos soberanos, exclusivos e inerentes sobre a sua plataforma continental, podem explorar a mesma em toda a sua extensão, mesmo que além das 200 milhas, sem necessidade de qualquer declaração[85]. E é por isso que esta obrigação tem um significado redobrado. O atrativo deste processo de submissão à CLPC – moroso, complexo e dispendioso – reside nesta possibilidade: Os Estados parte da CNUDM são obrigados a aceitar os limites exteriores da plataforma continental delimitada nos termos do artigo 76º[86]. Este processo tem relevância acrescida para os pequenos Estados insulares, ameaçados pelas alterações climáticas e pelo aumento do nível das águas[87]. O aumento do nível das águas não se poderá repercutir na delimitação da sua plataforma continental se esta tiver sido efetuada de modo definitivo, nos termos do artigo 76º[88]. Estes limites tornam-se obrigatórios para os Estados

[82] International Law Association (2006), *ob. cit.*, conclusão 11, 15.

[83] Ver infra.

[84] No caso que opôs a Nicarágua à Colômbia, o juiz *ad hoc* Cot referia mesmo ser difícil considerar este parágrafo como costume na medida em que se trata de uma disposição que não está à disposição de Estados que não sejam parte da Convenção. Declaration of Judge ad hoc Cot in the Nicaragua/Colombia case, ICJ Reports 2012, p. 771, para. 19.

[85] Os direitos consagrados nos artigos 77º aplicam-se à plataforma continental em toda a sua extensão, aquém ou além das 200 milhas. Não se trata de um direito atribuído pela CNUDM às respetivas partes. É prévio à CNUDM. É um costume assente no direito internacional. Deste modo, é perfeitamente admissível que um Estado não parte da CNUDM, e por isso à partida excluído deste processo, possa explorar a sua plataforma continental. Os EUA, por exemplo, não são parte da CNUDM, e estão a explorar a sua plataforma continental além das 200 milhas e o Canadá, que é parte da CNUDM, já explorava a sua plataforma continental além das 200 milhas, antes de aderir à mesma.

[86] No Caso das Pescas Anglo-Norueguesas, o TIJ pronunciou-se no sentido de que a delimitação das áreas marítimas tem sempre um aspeto internacional não podendo depender meramente da vontade do EC. Apesar do ato de delimitação ser necessariamente um ato unilateral, porque apenas o EC é competente para o efetuar, a sua validade relativamente aos outros Estados depende do direito internacional. ICJ Reports 1951, 116, 132.

[87] Cf. a propósito, a recente *Declaration on Preserving Maritime Zones in the Face of Climate Change-Related Sea-Level Rise*, de 6 de agosto de 2021, disponível para consulta em https://www.forumsec.org/wp-content/uploads/2021/08/Declaration.pdf (31 de agosto de 2021).

[88] Na nota explicativa à conclusão nº 11, a ILA refere que os outros Estados partes da CNUDM não podem questionar uma linha de limite exterior que se tenha tornado definitiva e obrigatória, mesmo que os parâmetros em que esta se baseie, como as linhas de base, sejam alteradas. Tal

terceiros (parte da CNUDM) a partir do momento em que se tornam definitivos para o Estado costeiro, ou seja, após o depósito dos mapas e informações que completam o processo de estabelecimento dos limites exteriores da plataforma continental além das 200 milhas, a não ser que, conforme nota o Relatório da ILA de 2006, os outros Estados, por recurso aos procedimentos da Parte XV, consigam compelir o Estado costeiro a alterar os limites já fixados[89]. Esta afirmação merece uma reflexão complementar: a de que as entidades referenciadas na Parte XV não têm poderes para alterar as recomendações da CLPC em assuntos da sua competência, devendo reforçar a implementação das recomendações da CLPC[90].

3. O *quid pro quo* entre o artigo 76º e o artigo 82º

Sob a epígrafe "pagamentos e contribuições relativos ao aproveitamento da plataforma continental além das 200 milhas marítimas", o artigo 82º determina que:

> *1. O Estado costeiro deve efetuar pagamentos ou contribuições em espécie relativos ao aproveitamento dos recursos não vivos da plataforma continental além de 200 milhas marítimas das linhas de base a partir das quais se mede a largura do mar territorial.*
>
> *2. Os pagamentos e contribuições devem ser efectuados anualmente em relação a toda a produção de um sítio após os primeiros cinco anos de produção nesse sítio. No sexto ano, a taxa de pagamento ou contribuição será de 1 % do valor ou volume da produção no sítio. A taxa deve aumentar 1 % em cada ano seguinte até ao décimo segundo ano, e daí por diante deve ser mantida em 7 %. A produção não deve incluir os recursos utilizados em relação com o aproveitamento.*

surge na sequência dos limites se tornarem definitivos e obrigatórios para o EC. Apenas o EC tem competência para estabelecer os limites exteriores da sua plataforma continental. Seria assim impossível que uma linha considerada definitiva e obrigatória para um EC não o fosse também para os Estados terceiros ou que esta pudesse ser alterada. International Law Association (2006), *ob. cit.*, conclusão nº 11.

[89] A este propósito o Relatório observa que o termo "permanentemente" constante do nº 9 do artigo 76º, da CNUDM, não significa necessariamente que os limites exteriores se tornem permanentemente fixados pelo simples facto do EC depositar informações sobre os mesmos. Se outros Estados não efetuarem protestos sobre aqueles limites exteriores no sentido de que os mesmos não foram delineados em conformidade com o artigo 76º, nº 8, então estes limites podem, eventualmente, converter-se em permanentemente fixados. O que importa salientar é que, para o EC, a inclusão desta referencia implica que o mesmo não os pode alterar, exceto nas situações em que seja demandado, com sucesso, por outro Estado e se veja obrigado, na sequência dos procedimentos constantes da Parte XV a mudar os mesmos. Cf. International Law Association (2006), *ob. cit.*, conclusão nº 13, 17 s.

[90] Neste sentido, Wolfrum, *ob.cit.*, 10 ss.

3. Um Estado em desenvolvimento que seja importador substancial de um recurso mineral extraído da sua plataforma continental fica isento desses pagamentos ou contribuições em relação a esse recurso mineral.

4. Os pagamentos ou contribuições devem ser efectuados por intermédio da Autoridade, que os distribuirá entre os Estados partes na presente convenção na base de critérios de repartição equitativa, tendo em conta os interesses e necessidades dos Estados em desenvolvimento, particularmente entre eles, os menos desenvolvidos e os sem litoral.

Recordando que os Estados geograficamente desfavorecidos (GDS) pretendiam limitar a plataforma continental de todos os Estados costeiros nas 200 milhas, e os Estados com amplas plataformas continentais (*Margineer*) consideravam ter direitos adquiridos sobre a totalidade da sua plataforma continental incluindo a parte que se localizava além das 200 milhas e que, para ultrapassar este impasse os Estados negociaram uma partilha de receitas, um *quid pro quo*[91], que nos permite considerar que os artigos 76º e 82º têm uma relação umbilical. Esta noção é partilhada pela ILA[92], e pela generalidade da doutrina, apesar das diferentes formas de classificar o artigo 82º como uma

[91] Egede vai ainda mais longe ao considerar que o artigo 82º reveste a aplicação do próprio princípio do Património Comum da Humanidade no seio dos *Margineer*, mesmo nas áreas sob sua jurisdição, e que os estados africanos só aceitaram que as plataformas continentais dos Estados costeiros se estendessem além das 200 milhas, porque esses Estados teriam de efetuar contribuições pelo aproveitamento de recursos não vivos. Também Oda, citado pelo Relatório da ILA de 2008, considera que este preceito foi incluído de tal forma que o princípio do Património Comum da Humanidade desempenha o papel de controlar a expansão desmedida dos interesses exclusivos dos Estados costeiros sobre a sua plataforma continental. Mas existem outras interpretações. No seio de tantas correntes e grupos ou facções, existem algumas interpretações curiosas, como a de Tonga, por exemplo, que considerou este tipo de pagamentos e contribuições como um indicador de "consciência pesada" da parte dos Estados Costeiros. Cf. UN Press Release SEA/425, 4 março, 1981, citado por Egede. Neste sentido foi também o Relatório do *Workshop* de Pequim, organizado conjuntamente pela AIFM e pelo Instituto Chinês de Assuntos Marítimos, publicado pela AIFM como *Technical Study: No. 12*, em 2013, o qual refere que o artigo 82º é "um importante componente do conceito de Património Comum da Humanidade. Recordando as conclusões constantes do subcapítulo anterior, entende-se que, pretendendo um dos blocos de negociadores da III CNUDM incluir a maior área de fundos marinhos no Património Comum da Humanidade, e sendo estes pagamentos e contribuições distribuídos em termos semelhantes à distribuição equitativa dos benefícios económicos e financeiros obtidos da Área, a conclusão de que este artigo 82º reflete, de algum modo, os objetivos pretendidos com a criação da figura da Área, e a inclusão destes fundos marinhos no Património Comum da Humanidade. Cf. International Seabed Authority, *Technical Study: No. 12*, 2013, 12. Cf., ainda, Egede, Edwin. *Africa and the Deep Seabed Regime: International Law of the Common Heritage of Mankind*, Springer, 2011, 45, e 183 ss. e International Law Association (2008), *ob.cit.*, 2. Cf., ainda, Capítulo I, ponto 1.3.

[92] Cf. International Law Association (2004), *ob.cit.*, 31.

obrigação internacional negociada[93], o primeiro imposto internacional[94], uma servidão internacional[95], um *royalty* internacional[96], uma compensação pela desigualdade geográfica[97]. No essencial, assume-se a existência de um *quid pro quo,* entre os artigos 76º e 82º e a regra fundamental que deriva do artigo 82º, e que consiste na obrigação de efetuar pagamentos ou contribuições em espécie. Associada a esta regra fundamental encontram-se várias regras cola-

[93] *Op.cit, in* Chircop, *ob.cit.*, 398.

[94] Bederman, tem uma expressão curiosa, em que afirma "(a) CNUDM até dá à AIFM algo que os burocratas das Nações Unidas cobiçam há anos: a autoridade de impor impostos internacionais (disfarçados por eufemismos como taxas e royalties" e "no que concerne ao imposto internacional ao qual a AIFM ira aceder na produção de petróleo e gás da plataforma continental além das 200 milhas marítimas, tal disposição, ironicamente, baseou-se numa proposta feita pela administração Nixon como alternativa ao embaraçoso regime para os nódulos de manganês." Cf. Bederman, David J., "Old Isolationism and the New Law of the Sea: Reflections on Advice and Consent for UNCLOS," *Harvard International Law Journal,* Vol. 49, 2008, 21-27, respetivamente a 26 e 27.

[95] Também Chircop cita esta possibilidade referindo que no âmbito do direito internacional, o artigo 82º poderia ser encarado como uma servidão internacional, atada a um tipo específico de território (a plataforma continental além das 200 milhas), que cria uma restrição a essa parte específica do território que se aplica *erga omnes* e para benefício dos outros Estados Partes da UNCLOS. Também os Comentários da Escola de Direito de Virgínia parecem apontar nestes sentido, quando observam que "em troca da extensão das plataformas continentais além do limite das 200 milhas, os Estados com amplas margens partilhariam as receitas obtidas do aproveitamento económico dos recursos não vivos da sua plataforma continental estendida com a comunidade internacional através de pagamentos ou contribuições em espécie. Cf. Chircop, *ob.cit.*, 398; Nandan/Rosenne (ed.), (2002), *ob.cit.*, 932.

[96] Já Chircop, refere que da perspetiva da indústria extratora de petróleo e gás, se o pagamento ou contribuição do Estado Parte (ou seja, a obrigação internacional) é transferido por pagamento pela indústria (neste caso sob implementação na legislação do respetivo EC), é natural que possa ser interpretada como um *royalty.* Para Chircop um *royalty* constitui uma "compensação pelo uso da propriedade (recursos naturais) expresso numa percentagem das receitas pelo uso da propriedade numa base de unidade produzida, e mais concretamente, nas operações de mineração e produção de petróleo, uma partilha do produto ou lucro pago ao dono da propriedade. Na plataforma continental *offshore,* onde o dono da propriedade é geralmente o Estado, o *royalty* representaria um pagamento ao governo em consideração do licenciamento pela utilização de um recurso natural. O regime do petróleo e do gás é um regime jurídico complexo, que geralmente está previsto na legislação, mas cuja implementação é muitas vezes efetuada numa base casuística, dependendo dos custos de exploração, desenvolvimento e produção de um determinado campo. É preciso não esquecer que num ambiente como o que existe no mar profundo, os custos associados são muito consideráveis. Chircop, *ob.cit.*, 400.

[97] A este propósito sublinhe-se o já referenciado nesta matéria, chamando-se a devida nota para o fato da compensação não ser paga à AIFM, mas aos outros Estados Partes, que desistiram de estender a Área sobre jurisdição internacional até às 200 milhas marítimas da plataforma continental dos ECS.

terais, relacionadas com a primeira, como o *modus operandi* dos pagamentos e contribuições ou a distribuição dos benefícios[98].

De uma análise sucinta desta disposição, resulta, acima de tudo, que após as 200 milhas da plataforma continental e até ao espaço marítimo designado Área, o Estado está obrigado a partilhar as suas receitas com outros Estados. Este regime constitui uma inversão da proposta inicial americana, apresentada pelo Presidente Nixon, em 23 maio de 1970, que sugeria aos Estados que renunciassem às suas reivindicações sobre os recursos naturais do leito marinho além da isóbata dos 200 metros e aceitassem considerar esses recursos como património comum da Humanidade[99]. Nesta proposta Nixon sugeria a

[98] International Seabed Authority, (2009) a 27 s.

[99] *"(...) I am today proposing that all nations adopt as soon as possible a treaty under which they would renounce all national claims over the natural resources of the seabed beyond the point where the high seas reach a depth of 200 meters (218.8 yards) and would agree to regard these resources as the common heritage of mankind."* Ainda assim, a parece que a motivação dos EUA teria fins mais egoístas do que aqueles que transparecem destas palavras, conforme decorre de um memorando do Conselho Nacional de Segurança, datado de 7 de abril de 1970, cujo sigilo foi levantado em julho de 2005, em que se refere que: "(...) *existing areas of foreign sovereign rights U.S. companies are under a growing threat of expropriation, tax discrimination, and other harassments. This threat will be extended in area as well as intensity in the absence of a new seabed convention or if a new convention gives coastal states sovereign rights over the continental margins off their shores. Communist and unfriendly states would probably deny U.S. companies access to their margins on any terms. An international regime beyond the 200-meter isobath provides the best assurance of U.S. access in the future.*" Por outro lado, os EUA tinham consciência que, no que à indústria de extração do mar profundo concerne, que as empresas americanas possuíam uma tecnologia muito superior, pelo que seria do próprio interesse de uma autoridade internacional cativar as empresas americanas, no que ao aproveitamento da margem continental respeita. Com efeito, lê-se no mesmo documento: "*the argument that an international authority would discriminate against U.S. companies does not make sense. U.S. deep-sea extraction industries are far ahead of any others in technology. They will dominate extraction for years to come, no matter who does the leasing. An international authority that would distribute royalties from extraction to an international community fund would have a direct interest in inducing U.S. companies to exploit the continental margin.*" Posteriormente, num memorando de Kissinger para o Presidente dos EUA, datado de 8 de maio de 1970, refere-se a preocupação com a mobilidade militar dos EUA: "*the growing sense of urgency occurs against a background of rapid technological progress toward exploitation of the oceans' wealth, growing concern about offshore pollution, and a rising sentiment of coastal states to advance their interests against the legal regime established by maritime states, It springs from the need to: – check the resulting proliferation of expansive unilateral claims of exclusive national jurisdiction on the seabed and the waters above, to which the recent Brazilian and Canadian actions give great impetus; – establish the proper international climate to resist the resulting restrictions of U.S. military mobility and commerce and to obtain a new law of the sea treaty limiting territorial sea boundaries and assuring free passage through international straits*", em que Kissinger sublinha a urgência de tomar medidas: "*unless you clearly and quickly back international agreements to achieve these two objectives, it is felt that: – creeping jurisdiction will lead coastal states to exclude our emplacement of SOSUS listening devices in the continental slope, – the establishment of 200-mile territorial boundaries will paralyze our military mobility on the seas and in the air above, -expanding*

criação de uma zona intermédia entre o limite da isóbata dos 200 metros e a nova zona de fundos oceânicos[100], na qual os Estados atuariam como curadores, recebendo uma parte dos proveitos daquela zona intermédia[101]. A proposta dos EUA, foi apresentada ao Comité dos Fundos Marinhos e considerada a proposta mais corajosa e construtiva[102], sendo posteriormente alterada para as 200 milhas[103].

Sendo certo que a CNUDM não acolheu nenhum espaço denominado zona intermédia, é de apontar a existência de uma zona de certa forma intermédia, que é parte da plataforma continental do respetivo Estado costeiro, que sobre esta detém direitos soberanos, exclusivos e inerentes, mas ao mesmo tempo está obrigado a partilhar os proveitos decorrentes do seu aproveitamento. Ainda assim, é necessário apontar uma diferença essencial: os recursos naturais pertencem apenas ao respetivo Estado costeiro[104].

3.1. Sujeitos ativos e passivos da obrigação

3.1.1. Sujeitos ativos

Uma interpretação literal do artigo 82º conduzir-nos-ia à conclusão de que todo o Estado costeiro, seja ou não parte, deve efetuar pagamentos ou contri-

unilateral claims will precipitate bitter disputes resulting from our fishing and other activities off foreign shores." Cf., Documentos acabados de descrever, em history.state.gov, Volume E-3.

[100] *"The treaty should establish an international regime for the exploitation of seabed resources beyond this limit. The regime should provide for the collection of substantial mineral royalties to be used for international community purposes, particularly economic assistance to developing countries. It should also establish general rules to prevent unreasonable interference with other uses of the ocean, to protect the ocean from pollution, to assure the integrity of the investment necessary for such exploitation, and to provide for peaceful and compulsory settlement of disputes."* Cf., Documento datado de 23 de maio de 1970, Política dos EUA para os Oceanos, em history.state.gov, Volume E-3.

[101] *"I propose two types of machinery for authorizing exploitation of seabed resources beyond a depth of 200 meters. First, I propose that coastal nations act as trustees for the international community in an international trusteeship zone comprised of the continental margins beyond a depth of 200 meters off their coasts. In return, each coastal state would receive a share of the international revenues from the zone in which it acts as trustee and could impose additional taxes if these were deemed desirable. As a second step, agreed international machinery would authorize and regulate exploration and use of seabed resources beyond the continental margins. (...)"* Cf., memorando de Kissinger para o Presidente dos EUA, datado de 8 de maio de 1970, em history.state.gov, Volume E-3.

[102] Danzig, Aaron L.. "Draft Treaty Proposals by the United States, the United Kingdom and France on the Exploitation of the Seabed – An analysis", *Ocean Management 1*, Elsevier Scientific Publishing Company, Amsterdam, 1973, 55-82.

[103] *Report of the Commission on Marine Science, Engineering and Resources, Our Nation and the Sea,* U.S. Government Printing Office 1969 e *Draft United Nations Convention on the International Seabed,* 1970, em www.un.org.

[104] Veja-se, a propósito, a Resolução AGNU 1803 (XVII), de 14 de dezembro de 1962.

buições em espécie relativos ao aproveitamento dos recursos não vivos da plataforma continental além das 200 milhas. No entanto, e como resume Cabral de Moncada, por referência ao princípio *ex consensu advenit vinculum* "nenhum sujeito de DIP dotado de capacidade para celebrar convenções, pode ser vinculado a uma convenção, sem que tenha prestado o seu consentimento, na acepção de praticado um ato voluntário por força do qual os efeitos da convenção passam a valer para ele, de então para futuro"[105]. Assim, apenas os Estados costeiros, que cumulativamente sejam parte da CNUDM, aproveitem economicamente os recursos não vivos da sua plataforma continental além das 200 milhas, e tenham esgotado os cinco anos iniciais de produção do sítio sobre o qual esta obrigação incide, estão vinculados pela mesma. A obrigação é sempre do Estado costeiro, mesmo que a exploração esteja a cargo de outra entidade. Este tem discricionariedade para decidir se absorve esta exigência e efetua estes pagamentos ou contribuições das suas próprias fontes de receita, ou se repercute estes pagamentos sobre as entidades que estejam a explorar aqueles recursos[106].

Pelo que da regra fundamental do artigo 82º decorre uma obrigação *erga omnes partes* do Estado costeiro para com os outros Estados Partes da CNUDM. Não existem muitos exemplos de convenções internacionais que onerem um Estado com um encargo económico para com os outros Estados Partes, pelo exercício de um direito soberano. Trata-se, não obstante o facto da sua aplicação estar aparentemente suspensa, de uma obrigação imputável ao Estado costeiro que efetua o aproveitamento económico da sua plataforma continental além das 200 milhas[107].

O Estado poderá cumprir a sua obrigação através de pagamentos e contribuições, optando por uma das modalidades. Questiona-se se, numa determinada produção, estando o Estado a cumprir a sua obrigação por pagamentos, poderá optar por contribuições e vice-versa, ou se o Estado deverá optar *ab initio* pelo modo de cumprimento ou poderá efetuar essa opção já após o

[105] *Op. cit.*, Cabral de Moncada, António, *ob. cit.*, 235.

[106] Neste sentido, International Law Association (2008), 7 s.

[107] Uma das questões a considerar respeita a determinação pelo EC quanto ao modo como irá ocorrer a captação dos fundos ou dos recursos necessários à entrega da prestação. No sumário dos assuntos relativos ao artigo 82º, preparado pelo Secretariado da AIFM, na sequência do Seminário da Chatham House, realizado em 2009, e previamente ao *Workshop* de Pequim de 2013, observava-se que o EC poderia absorver os pagamentos ou contribuições como um custo do governo, a retirar dos *royalties* e da colecta de impostos derivada da produção, ou poderia fazer incidir este custo sobre o produtor, enquanto pagamento adicional de *royalties*. International Seabed Authority 2009, 2013.

início da produção, desde que dentro do período de isenção. Parte da doutrina tem entendido que, não obstante a natureza dos pagamentos a efetuar pelo Estado não estarem definidos na CNUDM, como estes pagamentos deverão ser distribuídos através da AIFM aos Estados em desenvolvimento nos termos do número 4 do artigo 82º, os mesmos deverão assumir a forma de uma moeda internacionalmente convertível[108], ou uma unidade de pagamento convertível, como por exemplo, os direitos internacionais de circulação (*Special Drawing Rights*) usados pelo FMI[109]. Já no que concerne às contribuições em espécie, tem-se considerado que se deveria desincentivar esta prestação, atentos os custos que poderão estar relacionados com a sua receção e manutenção[110]. Uma das dificuldades relacionadas com a prestação da obrigação diz respeito à definição de "contribuições em espécie". A este propósito e seguindo a posição de Lodge não resulta da CNUDM nenhuma definição de "contribuição em espécie", nem dos tipos de "contribuições em espécie" que podem ser considerados, concluindo-se que cabe aos Estados aos Estados e à AIFM esta interpretação[111].

3.1.2. Sujeitos passivos

Os sujeitos passivos da obrigação serão os outros Estados parte da CNUDM. Com efeito, o número 4 determina que os pagamentos ou contribuições devem ser efetuados por intermédio da Autoridade, que os distribuirá entre os Estados Partes na presente Convenção na base de critérios de repartição equitativa, tendo em conta os interesses e necessidades dos Estados em desenvolvimento, particularmente de entre eles, os menos desenvolvidos e os sem litoral[112].

[108] O relatório de preparação do *Workshop* de Pequim observa, a propósito, que o orçamento da AIFM é calculado tendo por base uma escala de contribuições expressa em dólares americanos. International Seabed Authority (2013).

[109] International Law association (2008), 7 s.

[110] International Seabed Authority (2013).

[111] Lodge, Michael W., *ob. cit.*, a 405.

[112] A versão inicial (ISNT, 1975, Artº 69) determinava que os pagamentos e contribuições deveriam ser efetuados à (*to*) Autoridade nos termos e condições a ser combinados com a mesma casuisticamente. A Autoridade Internacional deveria distribuir estes pagamentos e contribuições na base de critérios de repartição equitativa, tendo em conta os interesses e necessidades dos países em desenvolvimento. Mais tarde, na segunda versão (RSNT, 1976, Artº 70) foi acrescentado à versão anterior, "particularmente entre eles, os menos desenvolvidos." Na terceira versão (ICNT, 1977, Artº 82) houve uma alteração substancial em que se determinou que, ao invés de serem efetuados à (*to*) Autoridade, estes pagamentos deveriam ser efetuados por intermédio (*through*) da Autoridade. Assim a versão do artigo passou a ser "os pagamentos e contribuições devem ser efetuados por intermédio da Autoridade, que os distribuirá aos Estados Partes da presente (*to the*

A primeira conclusão que se pode retirar da análise do nº 4 é a de que a AIFM é uma mera intermediária neste processo sendo os Estados Parte os beneficiários da mesma[113]. Recorrendo à expressão contida no *Technical Study Nº 4*, os Estados "efetuam pagamentos e contribuições por intermédio da, *e não à*, AIFM." Com esta formulação, os Estados pretenderam deixar bastante claro, que a AIFM não é a entidade beneficiária da obrigação (a credora), mas apenas a entidade a quem incumbe a sua distribuição[114]. Aliada a esta função de distribuir os pagamentos e contribuições aos Estados Parte, a AIFM tem também a função implícita de intermediar estes pagamentos e contribuições, já que é através desta, ou por seu intermédio, que os mesmos são efetuados.

3.1.3. A exceção

O número 3 do artigo 82º estabelece uma exceção a esta obrigação, isentando os Estados em desenvolvimento que sejam importadores substanciais de um recurso mineral extraído da sua plataforma continental, dos pagamentos ou contribuições em relação a esse recurso mineral[115]. Daqui decorre que este

present) Convenção na base de critérios de repartição equitativa, tendo em conta os interesses e necessidades dos países em desenvolvimento, particularmente entre eles, os menos desenvolvidos e os sem litoral." Nota-se, além da já referenciada alteração no que à Autoridade respeita, a inclusão de "e os sem litoral." Finalmente, a versão final da UNCLOS contém algumas diferenças no vocabulário empregue, mas o sentido é mais ou menos o mesmo. Assim a versão final passou a ser "os pagamentos e contribuições devem ser efetuados por intermédio da Autoridade, que os distribuirá entre os Estados Partes na presente (curiosamente na versão inglesa o termo passou de *presente* para *this*, mas sendo esta a versão oficial de língua portuguesa, mantém-se o termo acolhido) Convenção na base de critérios de repartição equitativa, tendo em conta os interesses e necessidades dos Estados em desenvolvimento, particularmente entre eles, os menos desenvolvidos e os sem litoral."

[113] Neste sentido, *vide*, entre outros, Chircop, *ob.cit.*; Lodge, Michael, "The International Seabed Authority – Its Future Directions", *Legal and Scientific Aspects of Continental Shelf Limits*, Nordquist, Myron H.; Moore, John Norton; Heidar, Thomas H.. Martinus Nijhoff Publishers, 2004; Bennouna, Mohamed. "La limite extérieure du plateau continental et la gestion des ressources pour l'humanité", *La gestion des ressources pour l'humanité: le droit de la mer/The management of humanity's resources: the law of the sea*, Martinus Nijhoff, Leiden, 1982, 109-124; International Seabed Authority (2008); International Law Association (2009) e (2013).

[114] International Seabed Authority (2009).

[115] Por outro lado, um EC em desenvolvimento, que aproveite os recursos da sua plataforma continental pode também beneficiar de parte dos pagamentos e contribuições dos outros ECS. Já os critérios que poderão levar a que esse EC "beneficie *pari passu* com outros Estados em desenvolvimento" será matéria da responsabilidade da AIFM. Cf., neste sentido, Chircop, Aldo, *ob.cit.*, p. 405, e número 3 do artigo *sub judice*. Também a ILA considerou que se tratam de requisitos cumulativos, não obstante nenhum dos dois estar definido em lado algum da UNCLOS. International Law Association (2008), p. 4.

número pode também obrigar à clarificação do conceito de estados em desenvolvimento e estados menos desenvolvidos.

Não obstante não estar definido na CNUDM o conceito de Estados em desenvolvimento, é manifesta a preocupação pela proteção destes na mesma, reforçada pela conferência que a aprova, e de várias negociações e apelos paralelos[116]. Tratando-se de um conceito político, parece-nos que, mais do que uma definição geral de Estados em desenvolvimento no direito internacional, deverá ser encontrado o significado particular de Estados em desenvolvimento para efeitos desta disposição específica do artigo 82º da CNUDM. É à AIFM que compete determinar quais os Estados que devem ser considerados menos desenvolvidos e em desenvolvimento, presumivelmente por referência a índices internacionais autorizados. É razoável esperar que essa lista se altere ao longo do tempo[117]. A dificuldade principal estará talvez mais na

[116] Em 1989 a Assembleia Geral das Nações Unidas apelou a todos os Estados para que fizessem um esforço para facilitar uma participação universal na UNCLOS. No âmbito deste apelo, o Secretário-Geral das Nações Unidas iniciou uma série de reuniões informais entre os Estados Partes interessados de modo a atingir este objectivo. O propósito destas reuniões informais era o de estabelecer uma ponte entre países desenvolvidos e países em desenvolvimento relativamente à regulamentação da exploração dos fundos marinhos.Entre 1990 e 1994 ocorreram 15 reuniões, tendo as negociações prosseguido envolvendo essencialmente duas fases. Numa primeira fase apenas um pequeno grupo de Estados participou nas mesmas, tendo sido identificados os problemas chaves que deveriam ser abordados, que foram os seguintes: Custos para os Estados Partes, a Empresa, processo de decisões, conferência de revisão, transferência de tecnologia, limites de produção, fundo de compensação, termos financeiros dos contratos e do ambiente. Estes assuntos correspondiam às preocupações que os denominados países industrializados tinham apresentado na fase final da III CNUDM. A partir de 1992, todos os Estados foram convidados a participar na segunda fase do processo de consultas informais, nos quais foram discutidas possíveis soluções para os problemas previamente definidos. Entre setenta e cinco a noventa países participaram nesta segunda fase. Mais uma vez, no entanto, um grupo informal de Estados emergiram como líderes das negociações. Este grupo produziu aquilo que ficou conhecido como "*boat-paper*", o qual inclui os rascunhos de uma resolução da Assembleia Geral e de um Acordo de implementação da parte XI. Harrison, *ob. cit,* 86 ss.; Resolução AGNU 44/26, de 20 de novembro de 1989, *Law of the Sea,* 3, e Documento das NU A/48/950, de 9 de junho de 1994, (*Consultations of the Secretary-General on outstandings issues relating to the deep seabed mining provisions of the United Nations Convention on the Law of the Sea – report of the Secretary-General),* 4.

[117] O Relatório do Grupo II, do *Workshop* de Pequim, no que à repartição equitativa concerne, concluiu que 1) a AIFM deveria desenvolver um conjunto de critérios que poderiam ser utilizados para calcular o montante que caberia a cada Estado, competindo ao seu Conselho, nos termos do artigo 162, nº 2, alínea o), subalínea i), recomendar à Assembleia as normas, regulamentos e procedimentos sobre a repartição equitativa dos pagamentos e contribuições efetuados por força do artigo 82º, da UNCLOS. 2) Na determinação de critérios de repartição equitativa, a AIFM deve tomar em consideração "os interesses e as necessidades dos Estados em desenvolvimento, particularmente entre eles, os (Estados) menos desenvolvidos e os sem litoral." 3) Tendo por base

gestão do conceito de Estado em desenvolvimento, do que propriamente na determinação do *ranking* de distribuição equitativa, na medida em que, em determinadas circunstâncias, estes estarão isentos de efetuar os pagamentos e contribuições a que alude o artigo 82º[118].

3.2. A Fórmula

O número 2 determina a fórmula para pagamento. A versão acolhida pela generalidade da doutrina, é a de que que na base deste nº 2, estaria uma proposta apresentada pelos EUA, na terceira sessão, ocorrida em 1975, nos seguintes termos:

> *The US, ... suggested an illustrative schedule as follows: after the first five years of production at the site, the coastal state would contribute 1% each year until it reached 5% in the 10th year, where it would remain thereafter. We indicated that if we assumed a given field would produce 700 million barrels of oil through a 20year depletion period, and a value of $11 per barrel, the total amount would be $140 million per field. The oil and other minerals themselves, and revenues collected by the coastal state would of course remain with the coastal state. The US explained that such a system would permit some initial exploration and drilling costs to be recovered before the commencement of the coastal state obligation to make payments under the treaty. During the more economically productive life of the well, the rate of payments would increase, providing the international community with certain and substantial revenues. A graduated approach is designed to avoid onerous burdens on pioneering developments. Other States favor a system of profit sharing, which the US felt would produce uncertainty in view of unpredictable costs in operating in great water dep-*

a letra do artigo 82º, nº 4, os 8 Estados Partes que são ao mesmo tempo "Estados sem litoral" e "menos desenvolvidos), seria dada prioridade máxima no *ranking* a desenvolver a estes Estados. Aos 37 Estados Partes que são simultaneamente "Estados geograficamente desfavorecidos" e "Estados menos desenvolvidos" seguir-se-iam os demais . Ponderando-se também a possibilidade de incluir aqui outras categorias similares como os pequenos Estados insulares. Seguir-se-iam os Estados em desenvolvimento, e finalmente os demais Estados Partes. 4) No que concerne aos índices de desenvolvimento admissíveis a AIFM nomeou a) a Escala de contribuições das NU, o programa de desenvolvimento das NU e o respetivo índice de desenvolvimento humano, e outros índices que pudessem ser relevantes nesta matéria. 5) Foi demonstrada abertura para os pagamentos ou contribuições, ao invés de serem efetuados diretamente pela AIFM, poderem ser também entregues a outras entidades ou organizações internacionais que tenham como objecto contribuir para o desenvolvimento dos Estados. 6) Por fim, concluiu-se pela necessidade da AIFM desenvolver e manter uma lista de critérios de valores quantitativos que pudesse ser utilizada para calcular os montantes que poderiam ser distribuídos pelos Estados, a qual deveria ser atualizada, logo que os índices nas quais se baseasse estivessem disponíveis. International Seabed Authority (2013), 28.

[118] Para mais desenvolvimentos, veja-se Castro Moreira (2013), 292 ss.

ths and great difficulty in reaching agreement among States of different economic systems on what costs can be deducted from gross profits to compute net revenues."[119]

Esta referência é também feita num relatório da CIA sobre os trabalhos da delegação americana na III CNUDM:

Equally important in a overall compromise on the margin was a proposal by the United States, also a broad margin state, for revenue sharing based on exploitation of seabed mineral resources on the continental margin beyond 200 miles. This proposal would ease the financial burden of offshore oil companies by holding off payment of revenues for the first 5 years of production. Then payment, based on value of production at the wellhead, would increase from 1% in the sixth year to a maximum of 5% in the tenth year and thereafter, and would be distributed by international or regional development organizations. (...) A number of coastal developing countries, however, are seeking special arrangements in which, under such a revenue-sharing system, they would make reduced royalty payments, or be entirely exempted from such payments, depending on the degree of their underdevelopment."[120]

Apesar do teor semelhante, há uma pequena diferença relevante para a interpretação da fórmula constante do nº 2 do artigo 82º, da CNUDM: "(...) *payment based on value of production at the wellhead* (...)". O valor de produção à cabeça da sondagem[121], é um termo utilizado na indústria de extração de hidrocarbonetos e minério, que serve para calcular os *royalties* que são devidos, na primeira fase, antes de incidirem sobre os recursos extraídos quaisquer procedimentos[122]. Não sendo o método preferencial atual, os *royalties,* enquanto forma de tributar a produção, foram, no pós II Guerra Mundial,

[119] Cf. Nordquist (Ed.), *ob.cit,* 98. Optamos aqui por incluir a versão original da proposta para melhor análise, atentos os termos técnicos utilizados, mas a mesma é também referida no I Capítulo, terceira sessão da IIIUNCLOS, na língua de Camões, de forma mais resumida.

[120] "Law of the Sea: The Crucial New York Sessions", *Central Intelligence Agency Files, Job 92T00480R, Office of Current Intelligence Files (OPI 16), ER M 76–10461. Confidential; Noforn,* disponível para consulta no Gabinete de História do Departamento de Estado dos EUA, e acessível *online* em history.state.gov, no Volume E-3, Documento 30.

[121] Ou, numa tradução literal de *wellhead* e *minehead,* à cabeça do poço ou à cabeça da mina. O termo cabeça da sondagem é mais familiar no nosso direito, motivo pelo qual se optou por esta designação.

[122] Como os recursos pertencem, na sua maioria, aos Estados, são entidades privadas quem assume os riscos associados, pelo que atualmente os *royalties* não são tão utilizados, optando a maioria dos Estados por favorecer os sistemas baseados nos lucros, através de um imposto sobre o rendimento e impostos adicionais sobre os lucros ao invés de serem dominados por sistemas de *royalties.* Guj, Pietro, *Mineral royalties and other mining-specific taxes,* International Mining for Development Centre; Cawood, F. T.; MacFarlane, A. S.. *The Mineral and Petroleum Royalty Bill – Report to National Treasury,* in The Journal of the South African Institute of Mining and Metalurgy, 2003, 213-232.

o método mais utilizado pelos Estados para garantir receitas provenientes da extração de recursos naturais no seu território[123], sendo encarados como uma compensação, ao Estado, pela transferência de direitos sobre recursos não renováveis, que são obtidos pela produção ou aproveitamento económico dos mesmos[124]. Não podendo considerar-se um imposto, na perspectiva do dono do recurso, constituem um mecanismo que lhe permite receber sempre uma taxa, não apresentando grandes dificuldades de administração[125]. Mas será que podemos considerar que na base da proposta americana estará uma mimetização de um *royalty* à cabeça da sondagem? Para uma resposta mais sustentada passamos a uma análise aprofundada das práticas da época, e resultados de uma possível interpretação dos termos constantes da fórmula do artigo 82º por referência às práticas aliadas à aplicação de um *royalty* à cabeça da sondagem.

3.2.1. As práticas da época

Dos documentos oficiais que nos chegam da época é de mencionar o Relatório elaborado ao abrigo da resolução 2574 B (XXIV)[126], o qual resume as práticas internacionais da época[127] em matéria de exploração e aproveitamento de recursos *minerais* na plataforma continental[128]. Deste documento retiram-se algumas referências que poderão ajudar a compreender se a fórmula *americana* corresponde à definição de um *royalty* à cabeça da sondagem. Assim, extrai-se que o conceito de recursos minerais *offshore* inclui duas categorias: hidrocarbonetos e minerais sólidos. Sendo os recursos exclusivamente do Estado, a participação governamental nos proveitos da exploração mineral *offshore* poderia assumir cinco formas: licenças e taxas de concessão, bónus em dinheiro, renda, *royalties*, imposto sobre os lucros e participação nos lucros[129]. De entre estes, os direitos de concessão ou *royalties*, correspondiam aos impostos sobre a produção *offshore* de minerais cobrado na maioria dos países. Repor-

[123] Otto, James; Andrews; Cawood; Dogget; Guj; Stermole; Tilton. *Mining Royalties – A Global Study of their Impact on Investors, Government, and Civil Society*, The World Bank, 7 ss.; Guj, Pietro. *Mineral royalties and other mining-specific taxes*, International Mining for Development Centre.

[124] Consiglieri, Jaime F.. *Mining Royalty as Compensation not Tax*, in Mining Royalties, International Development Research Centre, 2004, 4 s.

[125] Cawood/ MacFarlane, *ob.cit.*, 213-232.

[126] Este documento foi elaborado no âmbito dos trabalhos efetuados pelo Comité para os Usos Pacíficos dos Fundos Marinhos além dos limites da Jurisdição Nacional.

[127] Documento A/AC.138/21, 3.

[128] Documento A/AC.138/21, 5.

[129] Documento A/AC.138/21, pp. 19-22.

tavam-se geralmente ao valor *wellhead* no caso dos hidrocarbonetos e ao valor *minehed* no caso dos minerais sólidos. Em vários países, a legislação que regulava a exploração de hidrocarbonetos continha disposições que autorizavam o Governo a cobrar royalties em dinheiro ou em espécie. O direito do governo de cobrar *royalties* em espécie, no entanto, raramente era exercido. Normalmente, o operador era obrigado a vender a quantidade de produção que correspondia à taxa de *royalties*, ao preço de mercado – no momento da venda – e entregava ao governo o dinheiro com a mesma. Em alguns casos, estes royalties deveriam ser pagos a um preço base fixo. A taxa média de *royalties* para a produção de hidrocarbonetos era de cerca de 10 por cento, mas registavam-se muitas variações[130]. No caso dos minerais sólidos, os royalties eram pagos em dinheiro e havia uma variação muito maior, podendo ser calculados numa base *ad valorem* por tonelada, ou percentagem dos lucros[131].

Percorrendo algumas das legislações da época, encontra-se o DL 49 973, de 30 de setembro de 1967[132], que prevê a aplicação de *royalties*. No Preâmbulo do mesmo destacam-se as referências aos "impostos de superfície que estavam a ser aplicados para concessões em zonas submarinas na região do mar do Norte, nas legislações inglesa e norueguesa" e aos "direitos de concessão *(royalties)*", que estabeleciam "uma taxa mínima uniforme de 11 por cento sobre o valor à cabeça da sondagem do petróleo extraído, podendo o Governo exigir o seu pagamento em espécie sobre as quantidades produzidas"[133]. Estes direitos de concessão incidem sobre o valor bruto à cabeça da sondagem, dos produtos extraídos e recuperados que, de acordo com a boa prática dos tra-

[130] Por exemplo em Abu Dhabi, Líbia e Kuwait, era, àquela data, de 12,5 por cento do preço afixado, enquanto na Nigéria, a taxa variava entre os 8 e os 10 por cento, dependendo da distância da costa. Em França, esta variava entre os 5 e os 14 por cento, dependendo da taxa de produção, e da distância da refinaria onde o gás ou o petróleo são produzidos. Na Nova Zelândia, o royalty era especificado em cada caso concreto, desde que nunca inferior a 5 por cento, percentagem que havia sido utilizada em várias licenças já emitidas até 1970. Cf. Documento A/AC.138/21, 20 ss., pontos 68 a 71.

[131] Na Austrália, o royalty sobre areias pesadas (rutilo, zircão e ilmenita) era fixado em taxas que variavam entre os quatro centavos de dólar, e os dois dólares por tonelada, enquanto em outros casos o royalty era definido como uma percentagem, por vezes, até aos 25 por cento do lucro, calculada em conformidade com um método predeterminado. Na Tailândia, o royalty também variava com o tipo de mineral produzido e o preço corrente de mercado do produto, até um máximo de cerca de 20 por cento. Na Indonésia, a taxa de royalties variava de acordo com cada contrato, aquando da concessão dos direitos de aproveitamento. Cf. Documento A/AC.138/21, 20 ss., pontos 68 a 71.

[132] Cf. Preâmbulo do citado diploma.

[133] O referido diploma legal observava que a taxa estabelecida representava sensivelmente um termo médio das adoptadas nas legislações espanhola (13,5 ou 12,5 por cento, conforme as zonas), inglesa (12,5 por cento), norueguesa (10 por cento) e dinamarquesa (8 por cento, mas só depois de terem decorrido cinco anos sobre o começo da produção).

balhos do petróleo, não sejam utilizados na área concedida em operações de produção Este sistema é também conhecido por *royalty wellhead* ou royalty à cabeça da sondagem.

No que à experiência norte-americana concerne, e que vem dos anos trinta do século passado, a exploração de hidrocarbonetos não foi abordada da mesma maneira, registando-se algumas variantes nas cláusulas típicas de *royalties wellhead* de gás ou petróleo: As concessões relativas ao aproveitamento de petróleo preveem a possibilidade da obrigação de *royalties* ser prestada em espécie (*royalty in kind*) e apresentam poucas dificuldades interpretativas, o *royalty* deve ser entregue na sondagem ou para crédito do senhorio no oleoduto ao qual as sondagens possam estar ligadas. Já as concessões relativas ao aproveitamento de gás preveem a possibilidade da obrigação ser prestada em pagamentos em moeda em *royalties* baseados no valor de mercado na sondagem (*market value at the well).*

3.2.3. A interpretação (atualizada) da Fórmula

Relembrando a fórmula do artigo 82º, 2,

> *Os pagamentos e contribuições devem ser efectuados anualmente em relação a toda a produção de um sítio após os primeiros cinco anos de produção nesse sítio. No sexto ano, a taxa de pagamento ou contribuição será de 1 % do valor ou volume da produção no sítio. A taxa deve aumentar 1 % em cada ano seguinte até ao décimo segundo ano, e daí por diante deve ser mantida em 7 %. A produção não deve incluir os recursos utilizados em relação com o aproveitamento.*

E em face do já exposto, parece-nos ser possível concluir na origem desta fórmula esteve a definição de *royalty wellhead* ou à cabeça da sondagem. Tal permite concluir que os pagamentos e contribuições devem ser efetuados em relação *à produção bruta obtida na cabeça da sondagem* de um sítio após os primeiros cinco anos de produção nesse sítio e que a produção não deve incluir *os custos de pós-produção.*

O passo subsequente será encontrar a definição de sítio e definir o que pode ser entendido como produção e pós-produção.

No que à definição de sítio concerne, observa-se que os EUA, que não são parte da CNUDM, estão a realizar na região do Golfo do México, a exploração da plataforma continental além das 200 milhas. Esta *outer continental shelf* está divida em várias regiões, que por sua vez são divididas em unidades, podendo ser emitidas várias concessões por unidade. Para efeitos de "sítio" no que ao artigo 82º respeita os EUA consideram como sítio cada concessão individual, independentemente de esta concorrer, ou não, com mais concessões na mesma unidade[134]. A este propósito, a ILA considerou que a determinação, ou designação, de um "sítio" de produção é também matéria da competência do respetivo Estado, desde que o mesmo, no uso do seu poder discricionário, não se exima a esta obrigação[135].

Já o conceito de produção e pós-produção obriga a uma análise das práticas atuais. Como observou o juiz Brown, o termo produção *it's a horse of many colors*, sendo utilizado na indústria do gás e do petróleo em sentidos que apesar de distintos se relacionam[136]. Pode referir-se ao ato ou processo de produzir, aos produtos de gás e petróleo na sondagem, ou à própria sondagem, e em vários outros conceitos utilizados na indústria[137]. A interpretação contemporânea passa por definir *wellhead*, como o ponto no qual o recurso é extraído ou removido do solo e associar a este conceito seis definições: "*at the well*", "*work-back*" ou método "*net-back*", "*net-proceeds*", "*market value*", "*post-production*" e "*deductions*"[138].

a) at the well

O termo "*at the well*" (na sondagem, ou no poço) e terminologia similar, quando relacionada com *royalties* refere-se ao ponto, na cabeça da sondagem ou do poço, em que o hidrocarboneto é extraído e recuperado, antes de lhe ser adicionado qualquer valor, pela sua preparação para o mercado. Por tradição, quando o *royalty* é calculado no poço ou na sondagem, o concessionário está habilitado a deduzir todos os custos em que incorre subsequentes à produção, incluindo aqueles necessários ao transporte do hidrocarboneto para um mercado e estes custos, como por exemplo a desidratação, tratamento e processamento do gás, que sejam necessários à sua venda nesse mercado ou aqueles que aumentem o valor do mesmo[139].

[134] Cf. *Lease Activities Information, Lease Stipulations Oil and Gas Lease Sale 204, Western Gulf of Mexico, Finaç Notice of Sale,* US Department of the Interior Minerals Management Service, Gulf of Mexico OCS Region, Stipulation 4.

[135] International Law Association (2008), 5.

[136] Diamond Shamrock Exploration Co. V. Hodel

[137] Lowe, John S.. "Current Lease and Royalty Problems in the Gas Industry", *Tulsa Law Review,* Vol. 23, Issue 4, Mineral Law Symposium, Article 1, 1987, 547-572, a 558 ss.

[138] Wheeler, Brian S.. "Deducting post-production costs when calculating royalty: what does the lease provide?", *Appalachian Journal of Law,* Vol. 8, Fev. 2009, 1-34, a 5 ss.

[139] *Idem,* a 5

b) work-back ou método *net-back*

Nos termos do método *work-back,* os custos de transporte, processamento e tratamento são deduzidos das receitas finais de venda de gás e petróleo e quaisquer produtos extraídos e processados (recuperados) para determinação do valor na cabeça de sondagem. O método preferido para determinar o valor do gás na cabeça da sondagem é por referência às vendas efetuadas na cabeça da sondagem que sejam semelhantes no tempo, qualidade e quantidade. Se estas não existirem, então recorrer-se-á ao método *net-back* para determinar o valor do gás na cabeça da sondagem. No que respeita aos hidrocarbonetos a diferença entre custos não é muita, residindo essencialmente na definição do ponto a partir do qual podem ser deduzidos custos de pós produção. Por sua vez, nos termos do método *work back,* o custo de transporte, processamento e tratamento são deduzidos das receitas finais de venda dos hidrocarbonetos para encontrar o seu valor à cabeça da sondagem[140].

c) net-proceeds

Este termo corresponde ao valor obtido pela dedução do pagamento das despesas às receitas brutas. Este termo contempla expressamente deduções. Por esse motivo, as receitas líquidas calculadas na cabeça da sondagem, permitiriam a dedução de todos os custos de pós-produção quando o *royalty* for calculado[141].

d) market value

Este valor corresponde ao preço que o respetivo vendedor obtém do comprador interessado. Pode ser, tradicionalmente, calculado de duas formas: por comparação de vendas (vendas similares no tempo, qualidade, quantidade, etc) ou por subtração de custos razoáveis de pós-produção do valor de mercado no ponto de venda. Isto denomina-se de *work back.* Quando o valor de mercado é calculado à cabeça da sondagem, todos os custos que contribuíram para o incremento de preço, no local da venda, devem ser deduzidos, porque esta é a forma de obter o valor do hidrocarboneto no momento em que é extraído da cabeça da sondagem. Wheeler observa que as receitas calculadas à cabeça da sondagem, permitem a dedução dos custos de pós-produção no cálculo de *royalties.* Os custos de pós-produção refletem os montantes despendidos pelo concessionário, que adicionam valor à produção, no seu estado bruto, no local

140 *Idem,* 6 s.

141 *Idem.*

da cabeça da sondagem, previamente à venda final, motivo pelo qual, para que se possa encontrar o valor da produção devem ser deduzidos da mesma[142/143].

e) *post-production*

Os custos de pós-produção refletem os montantes despendidos pelo concessionário, locatário ou produtor, que adicionam valor à produção no seu estado bruto no local da cabeça da sondagem antes da venda final. Geralmente, estes custos podem ser classificados como custos de coleta, compressão, tratamento, processamento, transporte e desidratação[144].

f) *deductions*

As deduções referem-se aos montantes subtraídos ao valor da produção. Estes montantes não são, na realidade, subtraídos ao *royalty*. Preferencialmente, o *royalty* do proprietário é calculado sobre o valor da produção, depois da subtração da parte proporcional do proprietário de custos de pós-produção, imputáveis e razoáveis[145].

Conclui-se assim, que o cálculo do valor a pagar nos termos do artigo 82º se reporta ao ponto, na cabeça da sondagem ou do poço, em que o hidrocarboneto é extraído e recuperado, antes de lhe ser adicionado qualquer valor, pela sua preparação para o mercado. Este é o ponto que permite calcular a produção. Tal significa que poderão ser deduzidos todos os custos subsequentes, incluindo aqueles que contribuíram para o incremento de preço, no local da venda, os quais devem ser deduzidos, porque esta é a forma de obter o valor do hidrocarboneto no momento em que é extraído da cabeça da sondagem. Salvo melhor opinião é também esta a interpretação mais lógica da expressão "a produção não deve incluir os recursos utilizados em relação com o aproveitamento" que se encontra no artigo 82º, nº 2.

142 *Idem*.

143 No entanto, regista-se que a jurisprudência americana não é unânime no que a esta definição concerne, assim como no que à definição de valor de mercado ou preço de mercado concerne. A maioria vai de encontro à definição de valor de mercado que aqui se expõe, mas existe uma minoria que considera o termo "valor de mercado" ambíguo ou um termo da indústria de extração de gás Cf., como exemplos da primeira situação, os casos *Texas Oil & Gas Corp. V. Vela, Exxon Corp. V. Middleton, Montana Power Co v. Kravik, West v. Alpar Resources*, e, como exemplos da segunda situação, os casos, *Tara Petroleum Corp. V. Hughey, Hillard v. Stephens, Henry v. Ballard & Cordell Corp.*, todos disponíveis em openjurist.org. e para mais desenvolvimentos, Lowe, *ob. cit.*, a 229 ss.

144 Wheeler, *ob.cit.*, 7 s.

145 *Idem*, 7 s.

E se esta interpretação nos parece a mais consentânea com a vontade das partes no que aos hidrocarbonetos respeita, já o aproveitamento económico de minerais (sólidos) obriga a reflexões adicionais.

g) Especificidades do *mineral royalty*

O *mineral royalty* é por definição um pagamento ao titular dos direitos sobre os minerais quando os mesmos são extraídos e vendidos nos mercados[146]. Estes podem ter por objeto a unidade ou valor base, situação em que estaremos perante um *royalty in rem*[147], ou a receita líquida (*royalty in personam*)[148]. No âmbito dos *royalties in rem*, os mais utilizados são o *royalty ad valorem* e o *royalty ad unit*[149], sendo o primeiro o mais comum[151] e o que mais se asseme-

[146] Cawood/MacFarlane, *ob.cit.*, 212-232.

[147] Otto, subdivide estas taxas e impostos *in rem* em várias outras, que define do seguinte modo: *1. Royalty ad Unit:* Taxa definida por unidade, associada ao objectivo de gerar receitas estáveis e certas (estáveis porque não afectadas pelas flutuações de preços das matérias primas). Tratam-se de *royalties* baseados nas unidades (específicas) quando a taxa base é uma unidade física (volume ou peso). Pagamento por transferência de propriedade dos recursos; *2. Royalty ad valorem:* Percentagem do valor dos minerais (a definição de valor pode variar), quando o objectivo é fornecer pelo menos alguma receita, pagamento por transferência de propriedade dos recursos; 3. Vendas e Imposto de consumo: Percentagem do valor das vendas, tem por base o volume da atividade económica, é um imposto sobre as receitas. O IVA substituiu este imposto; 4. Direitos de Importação: Percentagem do valor da propriedade ou capital; 5. Direitos de Exportação: Percentagem do valor das exportações; 6. Renda na Fonte sobre juros de empréstimos em remissão: Percentagem do valor de juros de empréstimo; 7. Renda na Fonte sobre Serviços Importados: Percentagem do valor de serviços; 8. Imposto sobre o Valor Acrescentado: Percentagem do valor do bem ou serviço; 9. Imposto de Registo: Taxa definida no momento do registo; 10. Imposto de Selo: Taxa definida por transação ou percentagem do valor da transação. Cf. Otto, Andrews, Cawood, Dogget, Guj, Stermole, Tilton, *ob. cit.*, 32 ss.

[148] Otto, Andrews, Cawood, Dogget, Guj, Stermole, Tilton, *ob. cit.*, 34; F. T Cawood/ MacFarlane, *ob.cit.*, 213-232.

[149] Também Guj, seguindo a experiência australiana, refere que os royalties e impostos específicos ligados à exploração mineira subdividem-se essencialmente em cinco tipos: a) *royalties ad valorem*, baseados no valor da produção; b) *royalties* baseados no lucro (ou imposto quando a base fiscal é um conceito palpável de lucro); c) renda económica base quando a taxa inicial é uma medida direta da renda económica; d) sistemas mistos que combinem o sistema de lucro ou renda base com os sistemas de royalty *ad valorem*; e e) outros métodos quando se utiliza uma variedade de taxas base, incluindo a partilha de produção. No caso dos *Royalties* baseados no lucro ou imposto, estes existem quando a base fiscal é um conceito palpável de lucro. É aplicada uma taxa percentual a uma medida de lucro contabilizada pelo projeto. A base do lucro contabilizado é calculada ao nível do projeto e pode não ser consistente com a contribuição que o projeto faz para o lucro já consolidado da entidade responsável pela exploração mineira, sobre o qual é cobrado à empresa um imposto sobre o rendimento. Um imposto base sobre o lucro contabilizado tem mais eficácia económica, mas pode criar receitas instáveis para os governos e elevados custos de cumprimento, quer para o governo,

lha ao raciocínio que temos vindo a aplicar aos hidrocarbonetos. O *royalty ad valorem* toma por base o valor dos recursos no local da extração, e assume duas formas: *net market value* e *gross market value*. O primeiro corresponde ao valor apresentado nas faturas de venda. O segundo corresponde ao valor bruto do mineral/metal contido no produto vendido. A coerência interpretativa conduz-nos à exclusão do *royalty ad valorem net market value*, na medida em que o valor do produto vendido não é o mesmo que o valor do produto extraído.

Tomando por referência a fórmula constante do artigo 82º e as noções acabadas de descrever, quando estivermos perante o aproveitamento económico de recursos minerais sólidos na plataforma continental além das 200 milhas, o cálculo do *royalty* a pagar deverá incidir sobre toda a produção ou aproveitamento económico. O Estado não pode deduzir as despesas prévias nem as despesas necessárias à produção[151]. A produção deve ser calculada no momento da extração e o valor de mercado reporta-se a este momento[152],

quer para as indústrias. Nos casos de Renda económica, a taxa inicial é uma medida direta da renda económica. Este tipo consiste na aplicação de uma taxa percentual à renda económica gerada por um projeto. Embora o conceito base seja relativamente simples, a sua implementação pode ser complexa, muitas vezes, mal compreendida e pode potenciar custos obrigatórios mais elevados assim como litígios. Apesar da sua elevada eficácia económica, este tipo de renda não tem muita adesão. Apenas a indústria petrolífera aplica atualmente este tipo de taxa. Já os sistemas mistos que combinam o sistema de lucro ou renda base com os sistemas *ad valorem*. Este tipo de *royalty* ou imposto inclui um mínimo específico ou um *royalty ad valorem* geral, sobre os lucros ou sobre a renda económica base, limitando o risco de que o governo possa cobrar receitas se num ano não houver lucros tributáveis ou rendas. Isto assegura um mínimo de estabilidade nas receitas. Já nos casos de outros métodos, estaremos perante uma variedade de taxas base, incluindo a partilha de produção. Contratos de partilha de produção são muito comuns na indústria petrolífera mas muito raros na indústria de extração mineira. Geralmente a empresa suporta todos os custos, quer de capital, quer da exploração mineira que se deduzem ao valor bruto do minério produzido para se obter o respetivo valor líquido do mesmo. Este é depois partilhado entre a companhia e o governo de acordo com as condições pré-estipuladas nos contratos de partilha de produção. Na medida em que nos termos de alguns destes contratos a parte da produção da empresa pode não estar sujeita a tributação de royalties minerais, a parte da produção mineral do governo precisa de ser estabelecida de forma a compensar qualquer perda. A maioria destes contratos não cumprem este papel, uma vez que os royalties são frequentemente cobrados sobre o valor da produção da empresa antes de se calcular o valor líquido do minério. A companhia paga impostos sobre os rendimentos na parte que incide sobre o lucro obtido pela comercialização do minério e pode comercializar o minério juntamente com a parte atribuída ao governo em seu nome. Cf., neste sentido, Guj, Pietro. *Mineral royalties and other mining-specific taxes,* International Mining for Development Centre.

150 Tadros, Farid; Svensson, Kristina. "Using Taxation to Enable a Fair and Thriving Mining Industrie", *Investment Climate in Practice nº 13*, junho de 2010.

151 Neste sentido, International Law Association (2008), 4.

152 No que concerne ao valor de mercado, e referindo-se aos conceitos de valor ou volume, Chircop reconhece a possibilidade desta definição partir do Estado, da AIFM ou do produtor. Sublinhando

sendo possível deduzir os custos de pós-produção necessários à comercialização do produto.

4. Direitos soberanos, exclusivos e inerentes

Sob a epígrafe "Direitos do Estado costeiro sobre a plataforma continental", o artigo 77º determina que:

> 1. O Estado costeiro exerce direitos de soberania sobre a plataforma continental para efeitos de exploração e aproveitamento dos seus recursos naturais.
> 2. Os direitos a que se refere o nº 1 são exclusivos no sentido de que, se o Estado costeiro não explora a plataforma continental ou não aproveita os recursos naturais da mesma, ninguém pode empreender estas atividades sem o expresso consentimento desse Estado.
> 3. Os direitos do Estado costeiro sobre a plataforma continental são independentes da sua ocupação, real ou fictícia, ou de qualquer declaração expressa.
> 4. Os recursos naturais a que se referem as disposições da presente parte, são os recursos minerais e outros recursos não vivos do leito do mar e subsolo bem como os organismos vivos pertencentes a espécies sedentárias, isto é, aquelas que no período de captura estão imóveis no leito do mar ou no seu subsolo ou só podem mover-se em constante contacto físico com esse leito ou subsolo.

Este artigo deve ser completado com o artigo 78º que sob a epígrafe "Regime jurídico das águas e do espaço aéreo sobrejacentes e direitos e liberdades de outros Estados", refere que:

> 1. Os direitos do Estado costeiro sobre a plataforma continental não afetam o regime jurídico das águas sobrejacentes ou do espaço aéreo acima dessas águas.
> 2. O exercício dos direitos do Estado costeiro sobre a plataforma continental não deve afetar a navegação ou outros direitos e liberdades dos demais Estados, previstos na presente convenção, nem ter como resultado uma ingerência injustificada neles.

4.1. Direitos soberanos

O artigo 77º constitui um decalque do artigo 2º da Convenção sobre a Plataforma Continental, de 1958, e o reconhecimento de que os Estados gozam

que o Estado detém direitos de soberania e jurisdição sobre aquele espaço, conclui-se que este será o mais competente para indicar qual o valor ou volume que deve ser considerado, não obstante tal não isentar o Estado de informar a AIFM da base que levou ao cálculo do montante pago ou entregue. Chircop, *ob.cit.*, 401.

de direitos de soberania sobre os seus recursos naturais[153]. A versão inicial do texto negocial elaborado pela Comissão de Direito Internacional (CDI) previa apenas direitos de controlo e jurisdição. Esta versão foi alterada para a atual, por aquela CDI, para que não existissem quaisquer dúvidas quanto ao âmbito e escopo dos direitos em causa, o que incluía a capacidade de exercer todos os direitos necessários à exploração e aproveitamento dos seus recursos naturais, incluindo direitos conexos. Poder-se-ia pensar que tais direitos seriam mais facilmente protegidos através de uma mera extensão da soberania que o EC exerce sobre o seu território terrestre, à semelhança do que ocorre com as águas interiores e o mar territorial, mas foi opinião da CDI que tal poderia colocar em causa o princípio da liberdade na coluna de água e espaço aéreo sobrejacentes, pelo que – a final – acabou por ser acolhida a versão direitos soberanos, porque passíveis de proteger todos os direitos do EC sem colocar em causa o princípio da liberdade dos mares ou do espaço aéreo sobrejacente[154], que vêm a ser consagrados no artigo 3º da Convenção de 1958, também replicado para a Convenção de 1982 sob o número 78º.

4.2. Direitos exclusivos

Os direitos que os Estados detêm sobre a sua plataforma continental, além de soberanos, são exclusivos. Também aqui, a opção pela exclusividade foi a forma acolhida pela Convenção de 1958, para proteger no seio dos Estados costeiros os recursos naturais adjacentes ao seu território[155], garantindo-se

[153] A importância de salvaguardar os recursos naturais na esfera de soberania do respetivo Estado foi assunto recorrente e defendido por vários novos Estados que estavam a sair de processos de descolonização e que pretendiam, deste modo, impedir que os seus recursos naturais continuassem a ser explorados por terceiros. Este princípio acabou por ser consagrado, em 14 de dezembro de 1962, com a aprovação da Resolução 1803 (XVII) da AGNU, que instituiu o princípio da soberania permanente sobre os recursos naturais.

[154] *Yearbook of the International Law Commission*, Vol. II, 214, disponível para consulta no *website* das Nações Unidas, com a referencia ILC_1953_v2_e.pdf.

[155] Curioso notar que a Convenção de 1958 rejeitou (implicitamente) incluir no conceito de plataforma continental, os recursos vivos que se situassem na coluna de água sobrejacente conforme pretendiam as reivindicações iniciais de vários Estados Latino-Americanos sobre a sua plataforma continental. Estes acabariam mais tarde (na CNUDM) por ser protegidos de outra forma, com a criação de uma ZEE até às 200 milhas. A inclusão de recursos vivos na esfera de exclusividade dos ECS, sempre foi um cavalo de batalha que acabou, em algumas situações, por levar à famosa *Guerra da Lagosta*, que opôs a França ao Brasil. Aquando da redação da definição de recursos naturais da aludida Convenção (ora abrangidos pelo artigo 77º, da CNUDM,), questionou-se a inclusão de espécies sedentárias, enquanto recursos piscatórios, já que estes, na sua maioria, situar-se-iam em Alto Mar, e, por consequência, podendo ser aproveitados livremente por todos. O texto negocial da CDI a este respeito também sofreu várias alterações. Em 1951 a CDI limitava a exclusividade e

que a mesma não seria exercida de forma a colocar em causa os direitos dos outros Estados no Alto Mar. A CNUDM reconhece vários direitos exclusivos aos Estados costeiros que enumera em vários artigos ao longo da mesma e que são, designadamente: direito exclusivo de autorização e regulamentação das perfurações na plataforma continental (artigo 81º); direitos exclusivos de regulamentação, autorização e realização de investigação científica marinha (artigo 245º); e direito exclusivo de construção, autorização, regulamentação e utilização de ilhas artificiais, instalações e estruturas (artigo 60º por remissão do artigo 80º).

4.3. Direitos inerentes

Os direitos que os Estados costeiros detêm sobre a plataforma continental são inerentes ao respetivo Estado e não podem ser revogados[156]. Estes direitos existem *ipso facto* e *ab initio*[157], pelo que acompanham o Estado desde que este adquire a sua qualidade de Estado. O reconhecimento desta inerência é anterior à própria CNUDM, correspondendo ao nº 3 do artigo 2º da Convenção de Genebra de 1958[158] e a um costume internacional conforme entendeu o

soberania aos recursos minerais. Em 1953, incluiu a referência a espécies sedentárias, ressalvando o respeito pelos direitos dos nacionais de outros Estados. Em 1958, retirou esta última referência. Aquilo que Bowett determina de "artificialidade" da distinção entre espécies sedentárias e não sedentárias reside na expressão "período de captura". Com efeito, se dúvidas não subsistem relativamente a espécies como esponjas, corais ou mexilhões, que estão anexados ao solo, o mesmo não acontece relativamente a ostras, búzios, lagostas, caranguejos, medusas, e camarões, por exemplo, que variam entre a fase em que estão ligados ao solo, com a fase em que não estão. Na Conferência de Genebra que veio a aprovar a Convenção de 1958, o texto adoptado pelo Comité IV continha a frase, "mas os crustáceos e as espécies que nadam (*swimming species*) não estão incluídas nesta definição". Esta frase acabou por ser retirada. Não é pois, de fácil interpretação o conceito de espécies sedentárias quando estas não se encontram permanentemente fixas ao solo marítimo, e em consequência, se num determinado caso, a pesca ou apanha daqueles recursos naturais consiste, ou não, uma violação dos direitos de exclusividade de que goza o EC sobre a sua plataforma continental. Não obstante, esclarece-se que aquando da adopção da Convenção de 1958, em Genebra, foi afirmado que estavam incluídos na definição de recursos naturais, *inter alia*, "corais, esponjas, ostras, incluindo ostras perlíferas, madrepérola, a concha "sagrada" (*turbinella pyrum*) da Índia e Ceilão, os búzios e as plantas". Cf. 1958 *Sea Conference Records*, Vol. VI, 57 e D. Bowett, *ob. cit.*, 35 s.

[156] Cf. Brilmayer, *ob.cit.*, 703 s.

[157] ICJ Reports, p. 22

[158] A decisão de não incorporar qualquer necessidade de possessão física foi um critério deliberado que surge por imposição dos países menos desenvolvidos, que deste modo veriam protegidos os seus interesses, que de outra forma, e baseando-se nos princípios doutrinários decorrentes da doutrina da liberdade dos mares preconizados por Grócio, levariam a que uns poucos Estados, mais poderosos, se pudessem apropriar das riquezas constantes da plataforma continental que

TIJ em 1969[159]. Este direito resulta da soberania que o Estado exerce sobre o território terrestre e do seu prolongalmento natural (plataforma continental) em direção ao mar. Este direito, atribuído *ipso iure* ao Estado costeiro resulta do facto deste espaço submarino poder ser consideradas como parte do seu território, constituindo o prolongamento desse território sobre o mar. Esta fundamentação que tomava por base apenas o prolongamento natural do território terrestre, com o surgimento da ZEE, e com a noção de plataforma continental decorrente do artigo 76º vem a ser alargada, passando a incluir também a adjacência. Tal foi reconhecido pelo TIJ, em 1985[160]. O que permite concluir que o direito do Estado costeiro sobre a sua plataforma continental pode derivar de dois títulos: prolongamento natural e adjacência, sendo ambos inerentes e primordiais ao respetivo Estado, independentes da sua ocupação, real ou fictícia, ou de qualquer declaração expressa[161].

desta forma, se manteriam na reserva da soberania (ou melhor dizendo, dos direitos soberanos) do respetivo EC, independentemente de qualquer declaração ou proclamação nesse sentido. Tratou-se assim de uma forma de proteger os interesses dos "mais pequenos" face ao poder dos "mais poderosos". A doutrina que Brilmayer apelida de "vi primeiro, servi-me primeiro", era inicialmente defendida pelos britânicos que pretendiam a instauração de um regime de aquisição através da ocupação "territorial", nomeadamente através da exploração e aproveitamento dos recursos naturais da plataforma continental, tese que acabou por não colher, principalmente pela necessidade de proteger os ECS que não tendo efetuado uma proclamação da sua plataforma continental e não tendo meios de explorar ou aproveitar os seus recursos, seriam, de outro modo, espoliados dos mesmos. Com efeito, os Estados em desenvolvimento tinham a perfeita noção que seriam "os últimos a chegar" e provavelmente nada teriam, quando o conseguissem. Assim, tal como a doutrina originária da *res communis* e *mare liberum* refletiam a realidade política e tecnológica da época em que entrou em vigor, a doutrina *ab initio* reflete a retórica política dominante de meados do século passado, surgida na sequência dos movimentos de descolonização que aparecem no pós II Guerra Mundial. Havia uma nova ordem mundial, e os Estados em desenvolvimento, ou recém formados, viram aqui uma oportunidade de reivindicar enormes áreas de potenciais recursos, que os poderiam catapultar para uma posição de mais poder económico e consequentemente de eles próprios, poderem introduzir alterações substanciais nas regras até aí ditadas pelos ditos Estados mais poderosos e desenvolvidos. Cf., neste sentido, Brilmayer, *ob.cit.*, 705 ss.

[159] North Sea Continental Shelf, *Judgment*, I.C.J. Reports 1969, p. 3

[160] *"Although there can be a continental shelf where there is no exclusive economic zone, there cannot be na exclusive economic zone without a corresponding continental shelf. It follows that, for juridical and practical reasons, the distance criterion must now apply to the continental shelf as well as to the exclusive economic zone."* ICJ Reports 1985, p. 33, para. 34.

[161] Tanaka, *ob. cit.*, p. 164

4.4. Perfurações na plataforma continental e escavação de túneis

O artigo 77º deve ser completado com o artigo 81º, que, sob a epígrafe "perfurações na plataforma continental", determina que:

> O Estado costeiro terá o direito exclusivo de autorizar e regulamentar as perfurações na plataforma continental, quaisquer que sejam os fins.

O artigo 77º confirma o direito exclusivo do Estado costeiro de autorizar e regulamentar as perfurações da sua plataforma continental. Disposições específicas sobre as perfurações apesar de discutidas durante os trabalhos preparatórios da Convenção de 1958, não vieram a ser acolhidas pela mesma, sendo a questão introduzida sob proposta dos EUA[162]. Esta disposição acaba também por se relacionar com o artigo 80º, na medida em que as estruturas que permitem a exploração de hidrocarbonetos através da perfuração da plataforma continental são as aí discriminadas. Ao longo da CNUDM, várias outras disposições referem-se especificamente à perfuração da plataforma continental[163]. Das mesmas pode extrair-se que os Estados costeiros devem adotar leis e regulamentos para prevenir, reduzir e controlar a poluição do meio marinho, proveniente de atividades relativas à plataforma continental, devendo tomar outras medidas que possam ser necessárias para prevenir, reduzir e controlar tal poluição e garantir a execução destas leis e regulamentos. Por outro lado, os Estados têm discricionariedade para recusarem um projeto de investigação científica marinha quando estão ameaçados os seus direitos exclusivos: influência direta na exploração e aproveitamento dos recursos naturais, perfurações na plataforma continental, ou implicar a construção, funcionamento ou utilização dos meios constantes do artigo 80º[164].

A este direito acresce o direito de aproveitar o subsolo por meio de escavação de túneis. Com efeito, sob a epígrafe "escavação de túneis", o artigo 85º determina que:

> A presente parte não prejudica o direito do Estado costeiro de aproveitar o subsolo por meio de escavação de túneis, independentemente da profundidade das águas no local considerado.

[162] Center for Oceans Law and Policy, University of Virginia, "Part VI", em *United Nations Convention on the Law of the Sea,* Center for Oceans Law and Policy, University of Virginia, p. 927 ss.

[163] Artigos 208º, 214º e 246º, 5 (b).

[164] O artigo 80º remete para o artº 60º e é objeto de comentário nos capítulos... pelo que se remete para os mesmos.

Estamos perante uma disposição que tem por base o artigo 7º da Convenção sobre a plataforma continental de 1958, preservando o direito já reconhecido pela mesma de explorar a sua plataforma continental pela escavação de túneis, registando-se uma pequena alteração: esta escavação pode ser efetuada independentemente da profundidade da coluna de água. Tal explica-se para garantir que este direito acompanha a nova definição de plataforma continental.

5. Os Direitos e liberdades dos outros Estados sobre a Plataforma continental

Os artigos 78º e 79º vêm contrabalançar os direitos soberanos, exclusivos e inerentes reconhecidos aos Estados sobre a sua plataforma continental, garantindo que certos direitos e liberdades que os outros Estados detinham sobre aquele espaço não sejam afetados. Começando pelo artigo 78º, este, sob a epígrafe regime jurídico das águas e do espaço aéreo sobrejacentes e liberdades de outros Estados determina que:

> 1. Os direitos do Estado costeiro sobre a plataforma continental não afetam o regime jurídico das águas sobrejacentes ou do espaço aéreo acima dessas águas.
> 2. O exercício dos direitos do Estado costeiro sobre a plataforma continental não deve afetar a navegação ou outros direitos e liberdades dos demais Estados, previstos na presente convenção, nem ter como resultado uma ingerência injustificada neles.

5.1. Liberdades dos outros Estados

O Artigo 78º deriva do artigo 3º e do artigo 5º, nº 1, da Convenção de 1958, e da influência de várias propostas durante a III Conferência[165]. O objetivo desde artigo seria o de garantir o respeito pelo princípio da liberdade dos mares em relação aos direitos que o Estado costeiro detém sobre a sua plataforma continental. O termo águas sobrejacentes é utilizado em vários outros espaços marítimos como os artigos 2º, 34º, 35º, 49º e 135º. Este termo designa as águas que se encontram imediatamente acima do leito marítimo ou dos fundos oceânicos e também é apelidado de coluna de água noutras disposições

[165] Foram apresentadas da China, Argentina, Grécia (na sequência de um documento apresentado pela Nicarágua), pelo Grupo de Juristas Especialistas (Evenson), Estados Unidos e pela União Soviética. Center for Oceans Law and Policy, University of Virginia, "Part VI", em *United Nations Convention on the Law of the Sea,* Center for Oceans Law and Policy, University of Virginia. Consultado online em 16 de setembro de 2021.

da CNUDM[166]. Na Convenção de 1958 estas águas sobrejacentes diziam respeito ao alto mar. Na CNUDM a plataforma continental passa a poder coincidir com dois espaços distintos: a ZEE e o Alto Mar. Ambas as Convenções procuram assegurar a liberdade de navegação nestes duas zonas. A referência a outros direitos e liberdades dos demais Estados inclui, entre outros, os direitos previstos para o regime dos cabos e ductos submarinos, liberdade de investigação científica e o direito de a realizar.

5.2. Cabos e ductos submarinos

Sob a epígrafe cabos e ductos submarinos na plataforma continental", o artigo 79º determina que:

> 1. Todos os Estados têm o direito de colocar cabos e ductos submarinos na plataforma continental em conformidade com as disposições do presente artigo.
>
> 2. Sob reserva do direito de tomar medidas razoáveis para a exploração da plataforma continental, o aproveitamento dos seus recursos naturais e a prevenção, redução e controlo da poluição causada por ductos, o Estado costeiro não pode impedir a colocação ou a manutenção dos referidos cabos ou ductos.
>
> 3. O traçado da linha para a colocação de tais ductos na plataforma continental fica sujeito ao consentimento do Estado costeiro.
>
> 4. Nenhuma das disposições da presente parte afecta o direito do Estado costeiro de estabelecer condições para os cabos e ductos que penetrem no seu território ou no seu mar territorial, nem a sua jurisdição sobre os cabos e ductos construídos ou utilizados em relação com a exploração da sua plataforma continental ou com o aproveitamento dos seus recursos, ou com o funcionamento de ilhas artificiais, instalações e estruturas sob sua jurisdição.
>
> 5. Quando colocarem cabos ou ductos submarinos, os Estados devem ter em devida conta os cabos ou ductos já instalados. Em particular, não devem dificultar a possibilidade de reparar os cabos ou ductos existentes.

[166] Center for Oceans Law and Policy, University of Virginia, "Part VI", em *United Nations Convention on the Law of the Sea,* Center for Oceans Law and Policy, University of Virginia, p. 906. UN Office for Ocean Affairs and the Law of trhe Sea, Baselines: An Examination of the Relevant Provisions of the UNCLOS, Appendix I (Glossary of Technical Terms), 46, 64, UN Publication series Nº. E.88 V5, (1989).

A importância dos cabos submarinos de telecomunicações para o comércio global é vital, estimando-se que 98 por cento das chamadas de voz, dados e internet ocorram por esta via[167]. A CNUDM refere-se a cabos e ductos (ou *pipelines*) em várias disposições. Este artigo é uma delas, e reflete um costume internacional que já havia sido assimilado pela Convenção de 1958. A primeira convenção a regular este regime foi a Convenção para a Proteção dos Cabos Submarinos, de 1884. Os artigos constantes da mesma, que a CDI considerou como parte do direito consuetudinário foram incorporados na Convenção de 1958. Muitas mudanças ocorreram desde essa época, e muitas das interações que colocavam em causa o meio ambiente marinho acabaram por ser ultrapassadas[168].

Numa análise geral do artigo parece resultar que o direito de colocar cabos submarinos inclui também o direito de os reparar e manter mas o mesmo parece não se aplicar aos ductos submarinos ou *pipelines*. Com efeito, o nº 2 faz uma distinção entre cabos e ductos submarinos: o Estado costeiro tem o direito de tomar as medidas necessárias à exploração da sua plataforma continental e dos seus recursos naturais em ambos os casos, mas apenas tem o direito de prevenir, reduzir e controlar a poluição em relação aos ductos. O que permite concluir que o Estado costeiro não tem o direito de impor condições para a colocação e manutenção de cabos submarinos mesmo que sejam para proteção, redução e controlo da poluição. Considerando que os cabos submarinos não constituem uma ameaça séria ao ambiente marinho da Plataforma continental, ao contrário dos *pipelines* por onde passam petróleo e gás, esta interpretação parece ser a mais adequada[169].

O número 3 faz também outra distinção relevante no que aos cabos e *pipelines* concerne. O traçado para a linha da colocação dos ductos na plataforma continental depende do consentimento do Estado costeiro. Ao colocar apenas a necessidade de autorização em relação aos ductos, retira-se *a contrario*, que não é necessária autorização para colocação de cabos submarinos. Combinando as disposições dos números 2 e 3 é razoável concluir que o Estado costeiro pode adotar medidas razoáveis em relação a esta exploração que afetem

[167] Carter, L.; Burnett, D.; Drew; Marle, G.; Hangodorn, L.; Bartlett-McNeil, D.; Irvine, N.. *Submarine Cables and the Ocean: Connecting the World* (UNEP, 2010) e Documento A/70/74, Report of the Secretary-General on Oceans and the Law of the Sea (30.03.2015), § 53-55

[168] Por exemplo pela substituição dos sistemas de telégrafo para cabos coaxiais e mais recentemente para fibra ótica. Friedman, Andrew. "Submarine Telecommunication Cables and a Biodiversity Agreement in ABNJ: Finding New Routes for Cooperation", *The International Journal of Marine and Coastal Law* 32 (2017) 1-35

[169] Beckman, Robert. "Submarine Cables – A Critically Important but Neglected Area of the Law of the Sea", *ISIL Conference*, Jan 10, New Dehli, 5 ss.

os cabos submarinos mas estas medidas não significam que a delineação do percurso do cabo submarino na sua plataforma continental seja sujeita a consentimento do mesmo. Não obstante, não fica muito claro quais são as medidas razoáveis que o Estado costeiro pode tomar em relação à exploração da sua plataforma continental nem quais são os recursos naturais em que esta questão se poderá colocar[170].

O número 4 pode ser decomposto em duas partes. A primeira[171] diz respeito ao território e mar territorial do Estado. A segunda diz respeito à sua plataforma continental. Esta disposição acaba por estar ligada à distinção entre os direitos que acompanham os respetivos regimes. No seu território e mar territorial, o Estado tem soberania plena mas na plataforma continental o Estado apenas detém direitos de soberania. E por isso os direitos reconhecidos neste artigo ao Estado costeiro (integrado na Parte VI – regime da plataforma continental) não poderão colidir com o conjunto de direitos que lhe permitem impor condições adicionais relativamente aos cabos que sejam instalados no seu território ou mar territorial. Poder-se-ia também defender que o número 4 permite ao Estado impor condições adicionais em relação aos cabos localizados na sua plataforma continental que venham a entrar no seu território ou mar territorial. Mas será este facto uma justificação razoável para o Estado impor medidas de colocação dos cabos, mesmo que estas não constituam medidas razoáveis nos termos do número 2?

O número 4 determina que nada afeta a jurisdição do Estado costeiro sobre os cabos construídos ou usados em conexão com a exploração ou aproveitamento da Plataforma continental ou dos seus recursos, nem com as operações sobre ilhas artificiais, instalações ou estruturas sob a sua jurisdição. Tal assegura que se os cabos submarinos forem construídos ou utilizados em conexão com a exploração ou aproveitamento de recursos da plataforma continental ou da ZEE, o Estado costeiro terá jurisdição nos termos das Partes VI e V. Por sua vez, o número 5 obriga os outros Estados a terem em consideração os cabos e ductos já existentes, e a não prejudicarem com a colocação de novos cabos com a possibilidade de reparação e manutenção dos cabos e *pipelines* já instalados[172]. Quando comparado o regime da plataforma continental

[170] McDougal, Myres S.; Burke, William T.. *The Public Order of the Oceans* (New Haven Press, 1985), 842-848; Dupuy, René-Jean; Vignes, Daniel. *A Handbook on the New Law of the Sea*, (Martinus Nijoff, 1991), 978-983.

[171] Nenhuma das disposições da presente parte afecta o direito do Estado costeiro de estabelecer condições para os cabos e ductos que penetrem no seu território ou no seu mar territorial.

[172] O artigo 112º, determina que o direito de colocar cabos na área é também sujeito a este número.

com o regime da ZEE, é perceptível que o Estado apenas tem jurisdição sobre a sua ZEE nos termos das disposições relevantes da Convenção[173]. Nestes termos, a não ser que exista uma disposição na CNUDM que permita ao Estado deter jurisdição sobre atividades de vigilância na sua ZEE, ou na sua plataforma continental, o mesmo não teria jurisdição para emitir leis e regular as rotas dos cabos submarinos fora do seu mar territorial. Ora, a Parte VI não faz nenhuma distinção entre direitos e jurisdição do Estado costeiro. O artigo 77º determina que o Estado costeiro tem direitos soberanos para efeitos de exploração da sua plataforma continental assim como para efeitos de aproveitamento dos respetivos recursos naturais. É uma disposição diferente da que consta no artigo 56º nº 1, que atribui direitos soberanos para explorar a ZEE, limitados à exploração dos recursos naturais ou outras atividades naquele espaço. Esta diferença sugere que o Estado costeiro tem o direito de regular a exploração da plataforma continental como parte dos seus direitos soberanos sobre a sua plataforma continental. Este entendimento é reforçado pelo nº 2 do artigo 78º, que determina que o exercício de direitos sobre a plataforma continental não pode resultar numa interferência injustificável em relação aos outros direitos e liberdades previstos na CNUDM. O artigo 79º nº 2 é exclusivamente referente à colocação e manutenção de cabos submarinos e relaciona o direito de tomar medidas razoáveis para exploração da plataforma continental, com o facto do Estado não poder impedir a colocação de cabos submarinos. Estas disposições conjugadas permitem concluir que o Estado tem o direito de adotar medidas razoáveis para exploração da sua plataforma continental e que estas medidas incluem a possibilidade do Estado costeiro adotar leis e regulamentos sobre as rotas de vigilância dos cabos submarinos. Por exemplo, é razoável que o Estado costeiro possa adotar regulamentos que lhe garantam que o navio que vigia as rotas submarinas dos cabos submarinos não está envolvido na exploração de recursos da sua plataforma continental. O Estado costeiro tem o direito de impor condições em relação às rotas que estes navios efetuam[174].

[173] Beckman, *ob. cit.*, p. 8

[174] Idem.

8
DELIMITAÇÃO DE FRONTEIRAS MARÍTIMAS

Nuno Marques Antunes[1]

Resumo: A concisão das disposições da CNUDM sobre delimitação de fronteiras marítimas é enganadora quanto à complexidade das questões jurídicas subjacentes. Designado por vezes como 'direito de origem jurisprudencial', o direito da delimitação marítima provém de um processo típico de desenvolvimento progressivo, envolvendo vários atores em momentos diferentes. Embora a determinação de uma linha de fronteira entre áreas de autoridade exclusiva de Estados vizinhos se afigure tarefa simples, os seus fundamentos jurídicos são menos claros do que poderia esperar-se atendendo aos numerosos estudos e ao significativo acervo de acórdãos e laudos arbitrais. Este escrito visa lançar alguma luz sobre a noção de delimitação marítima, o percurso do desenvolvimento progressivo das regras da CNUDM, os princípios jurídicos que as arrimam, o processo seguido por tribunais na adjudicação de fronteiras marítimas ('processo em três etapas'), e as fragilidades substantivas do direito da delimitação marítima. O debate sobre equidistância e equidade é parte inexorável desta análise, cujo enfoque está na jurisprudência, porque uma avaliação da prática dos Estados, com profundidade razoável, é incompatível com a brevidade deste artigo. As reflexões aqui lavradas são apenas uma introdução ao tema, sem pretensões de exaustividade.

Palavras-chave: circunstâncias relevantes, CNUDM, delimitação de fronteiras marítimas, equidade, equidistância, linha equidistante provisória, previsibilidade, 'processo em três etapas', resolução de diferendos fronteiriços, solução equitativa, zonas marítimas

[1] M.A., Ph.D. (Universidade de Durham, Reino Unido), Sócio da 'Miranda & Associados – Sociedade de Advogados, SP, RL', Nuno.Antunes@mirandalawfirm.com.

Abstract: The conciseness of UNCLOS' provisions on maritime boundary delimitation belies the complexity of the underlying legal issues. Sometimes termed 'judge-made law', maritime delimitation law stems from a typical process of progressive development, involving various actors at different times. While the determination of a boundary-line between areas of exclusive authority of neighbouring States appears a simple task, its legal grounds are less clear than one would expect in view of the numerous studies and the wealth of judgments and arbitral awards. This writing aims at shedding some light on the notion of maritime delimitation, the progressive development path of UNCLOS' rules, the legal principles underpinning such rules, the process followed by courts in adjudicating maritime boundaries ('three-stage approach'), and the substantive frailties of maritime delimitation law. The debate on equidistance and equity is an inescapable part of this analysis, which focuses on case law, because an examination of State practice in any reasonable depth is incompatible with the brevity of this article. The reflections herein are merely an introduction to the subject, without any claims of exhaustiveness.

Keywords: relevant circumstances, UNCLOS, maritime boundary delimitation, equity, equidistance, provisional equidistance line, predictability, three-stage process, boundary dispute settlement, equitable solution, maritime zones

1. Exórdio

O direito internacional público do mar tem dois planos de análise distintos: a definição geográfica de zonas marítimas; e os regimes substantivos de cada zona marítima. É no quadro do primeiro que a delimitação de fronteiras marítimas tem um cariz proemial e condicionante.

A definição geográfica das zonas marítimas constitui o fulcro da aplicação do direito do mar, porquanto os regimes substantivos que regem cada zona marítima só são passíveis de implementação prática após delineação do mosaico geográfico que decompõe o oceano nas suas distintas zonas marítimas. Em primeira instância, esta delineação é feita abstratamente, atribuindo a cada Estado costeiro títulos jurídicos potenciais (*maritime entitlements*) sobre determinadas áreas do mar. Trata-se de um exercício unilateral porque, para cada Estado, a definição dos limites exteriores das zonas sob sua autoridade não carece de qualquer acordo de terceiros. A delimitação marítima encaixa neste plano macro-jurídico como operação de definição mútua de áreas quando dois (ou mais) Estados reivindiquem títulos jurídicos sobre as mesmas áreas. Trata-se de uma operação tipicamente bilateral (eventualmente, trilateral), que aloca mutuamente áreas marítimas sujeitas a poderes exclusivos dos Estados envolvidos.

Este assunto tem sido, desde há muito, um dos mais debatidos em direito internacional público. A 'apropriação expansionista' e a 'territorialização' do oceano, em particular a partir da segunda metade do século passado, com consequências práticas nas relações entre Estados vizinhos, repercutiram-se jus-internacionalmente, quer no plano jurisprudencial[2] – Tribunal Internacional de Justiça ("TIJ"), Tribunal Internacional para o Direito do Mar ("TIDM") e tribunais arbitrais, incluindo os instituídos no seio do Tribunal Permanente de Arbitragem ("TPA") –, quer no plano doutrinário[3].

Os desenvolvimentos jurídicos em torno da plataforma continental[4] e da zona económica exclusiva ("ZEE")[5], com o consequente alargamento das

[2] O Anexo I contém uma lista de casos selecionados como mais relevantes em matéria de delimitação de fronteiras marítimas. Esta lista não esgota a citação de outras decisões de tribunais internacionais no decurso deste escrito. O termo 'jurisprudência', utilizado aqui de forma flexível, equivale aqui ao termo inglês *case law*, englobando as decisões de todos os tipos de tribunais, cada uma delas referida como 'caso' independentemente do fórum. Refira-se que os contributos para o direito internacional público advindos da extensa jurisprudência sobre delimitação marítima se estendem muito para além do tópico concreto (e.g. conceito de 'regra'; costume internacional; equidade; uso da força; direitos históricos (e.g. pesca); atores não-estatais; negociação internacional; ou direito ambiental).

[3] A doutrina sobre delimitação de fronteiras marítimas é demasiado extensa para ser minimamente refletida neste escrito. O conjunto de obras a seguir referenciadas, todas em língua inglesa, constitui uma tentativa de proporcionar uma visão global das questões fulcrais. Todas as obras analisam a jurisprudência relevante. Lando, Massimo. 2019. Maritime Delimitation as a Judicial Process. Cambridge: CUP. Tanaka, Yoshifumi. 2019. Predictability and Flexibility in the Law of Maritime Delimitation (2nd Ed.). Oxford: Hart Publishing. Oude Elferink, Alex G., et al. (eds.). 2018. Maritime Boundary Delimitation: Is It Consistent and Predictable?. Cambridge: CUP. Fietta, Stephen e Cleverly, Robin. 2016. A Practitioner's Guide to Maritime Boundary Delimitation. Oxford: OUP. Cottier, Thomas. 2015. Equitable Principles of Maritime Boundary Delimitation: The Quest for Distributive Justice in International Law. Cambridge: CUP. Lagoni, Rainer, e Daniel Vignes (eds). 2006. Maritime Delimitation. Leiden: Martinus Nijhoff. Marques Antunes, Nuno. 2003. Towards the Conceptualisation of Maritime Delimitation: Legal and Technical Aspects of a Political Process. Leiden: Martinus Nijhoff. Kolb, Robert. 2003. Case Law on Equitable Maritime Delimitation. The Hague: Kluwer Law. Tanja, Gerard J.. 1990. The Legal Determination of International Maritime Boundaries: The Progressive Development of Continental Shelf, EFZ and EEZ Law. The Hague: Kluwer Law. Weil, Prosper. 1989. The Law of Maritime Delimitations: Reflections. Trad. M. MacGlashan. Cambridge: Grotius. Para o cultor do tema, há uma obra incontornável sobre a prática da delimitação de fronteiras marítimas, com 8 volumes, publicados ao longo de três décadas: Charney, Jonathan I, et al. (eds.). 1993-2020. International Maritime Boundaries. Leiden: Brill.

[4] Desde a Proclamação Truman (*Proclamation 2667*, de 28 de setembro de 1945). O limite de 200 milhas náuticas estabelecido na CNDUM está associado à ZEE. O conceito de plataforma continental tem na sua génese o prolongamento submerso do território, a qual subjaz ao conceito de 'margem continental' que consta do artº 76º da CNUDM, com base no qual se permite a reivindicação de áreas submersas além das 200 milhas náuticas.

[5] Desde a Declaração de Santiago (*Declaración sobre Zona Marítima*), de 18 de agosto de 1952. Embora tivesse na sua essência o exercício de poderes (soberanos e de jurisdição) sobre a coluna de água e os

áreas oceânicas sobre as quais o exercício de jurisdição e direitos soberanos por Estados costeiros veio a ser consagrado na Convenção das Nações Unidas sobre o Direito do Mar (CNUDM), conduziu ao aumento significativo de situações de sobreposição de títulos jurídicos potenciais. Igualmente, porque o Estado tem um substrato de exercício exclusivo de poder, tal sobreposição tem intrínseca a necessidade de definir uma linha separadora das áreas sobre as quais cada um dos Estados envolvidos terá direito a tal exercício exclusivo do seu poder[6], i.e. uma fronteira marítima.

A importância prática da delimitação de fronteiras marítimas é percetível no facto de ser, porventura, o assunto sobre o qual mais vezes se pronunciaram tribunais internacionais em casos concretos em que os litigantes são Estados. Acresce que continuam por delimitar um número elevado (estimamos em mais de 50%) de fronteiras marítimas a nível global, como bem o ilustram os diversos exemplos no contexto da lusofonia:

- Angola não tem delimitadas as fronteiras marítimas a norte, com a República Democrática do Congo e com a República do Congo[7],[8];
- Moçambique continua a não ter uma delimitação com a África do Sul, com Madagáscar e com a França, esta relativamente às possessões no Canal de Moçambique (Ilha Europa, Bassas da Índia, Juan de Nova)[9];

seus recursos (especialmente piscatórios) até às 200 milhas náuticas, o parágrafo III da declaração estende o seu objeto ao solo e subsolo, que está na génese do conceito de ZEE.

[6] de Lapradelle, Paul. 1928. La Frontière: Étude de Droit International. Paris: Les Éditions Internationales. A 'fronteira' constitui na realidade uma forma de expressão do conceito de Estado; v. de Lapradelle, 55.

[7] Sobre as fronteiras marítimas de Angola: Marques de Oliveira, Joaquim Dias. 2007. Subsídios para o estudo da delimitação e jurisdição dos espaços marítimos em Angola (Cap. II). Coimbra: Almedina.; Marques de Oliveira, Filipe. 2017. A Delimitação das Fronteiras Marítimas e a Potencialidade da Exploração dos Recursos Hidrocarbonetos como Elemento de Delimitação de Fronteiras Marítimas (Tese de Mestrado). Lisboa: Universidade Católica Portuguesa. https://repositorio.ucp.pt/bitstream/10400.14/24133/1/Tese%20Mestrado%20ADM%20Filipe%20Marques%20de%20Oliveira.pdf. Acedido em 8 de julho de 2021.

[8] Uma eventual fronteira marítima entre Angola e o Gabão dependerá da delimitação efetuada entre Angola e a República do Congo, e da extensão da plataforma continental além das 200 milhas náuticas, sendo que existe uma sobreposição de títulos potenciais entre os dois Estados (ainda que com a interposição geográfica da República do Congo).

[9] Monjane Júnior, Zacarias. 2019. A Importância da Delimitação das Fronteiras Marítimas de Moçambique no Contexto das Descobertas do Gás Natural Offshore. Maputo: ISRI. RMEI, Vol.1, nº 1. 71-98. Jamine, Elísio Benedito. 2007. Delimitation of the Mozambique Maritime Boundaries with Neighbouring States (Including the Extended Continental Shelf) and the Management of Ocean Issues (The United Nations and Nippon Fellowship Programme 2006-2007). NY, USA.

- Portugal tem por delimitar todas as suas fronteiras marítimas[10], pois os tratados assinados com Espanha em 1976 nunca entraram formalmente em vigor[11],[12] e não englobam todas as zonas marítimas[13], e as fronteiras marítimas com Marrocos continuam por delimitar;
- Timor-Leste só em 2018 delimitou as fronteiras marítimas com a Austrália[14], não tendo delimitadas as fronteiras marítimas com a Indonésia.

2. Conceito de Delimitação Marítima

A delimitação de uma fronteira marítima consiste na consagração jurídica de uma linha, definida geograficamente, que divide as zonas marítimas (Mar Territorial, Zona Contígua, Zona Económica Exclusiva, e Plataforma Continental) sujeitas ao exercício de autoridade por parte de Estados vizinhos (i.e. sobre as quais estes exercem soberania, direitos soberanos, ou jurisdição). A questão desenvolve-se em torno da 'descoberta' da linha de fronteira, que

https://www.un.org/depts/los/nippon/unnff_programme_home/fellows_pages/fellows_papers/jamine_0607_mozambique.pdf. Acedido em 25 de junho de 2021.

[10] Este entendimento está expresso na submissão portuguesa à Comissão de Limites da Plataforma Continental; v. Sumário Executivo (atualizado em 2017) 6, https://www.un.org/depts/los/clcs_new/submissions_files/submission_prt_44_2009.htm. Acedido em 8 de julho de 2021.

[11] Para uma análise das questões suscitadas quanto à vigência dos Acordos da Guarda de 1976, sobre a delimitação do mar territorial e da plataforma continental entre Portugal e Espanha, sem, no entanto, necessariamente, se concordar com todos os argumentos avançados, v. Correia Baptista, Eduardo. 2006. A vigência dos Tratados da Guarda entre Portugal e Espanha relativos à delimitação de espaços marítimos. In Estudos em Homenagem ao Prof. Doutor André Gonçalves Pereira ed. Jorge Miranda 643-668. Lisboa: FDUL/Coimbra Editora.

[12] No preâmbulo do recente tratado que estabelece as linhas de fecho nas desembocaduras dos rios Minho e Guadiana, está previsto que este "constitua uma base para, no futuro, ser possível iniciar uma negociação de delimitação de mar territorial, zona económica exclusiva e ampliação da plataforma continental para além das 200 milhas". Vd. Tratado entre a República Portuguesa e o Reino de Espanha através do qual se estabelece a linha de fecho das desembocaduras dos rios Minho e Guadiana e se delimitam os troços internacionais de ambos os rios, de 20 de maio de 2017, aprovado para ratificação pela Resolução da Assembleia da República nº 124/2018 e ratificado por Decreto do Presidente da República nº 35/2018, de 11 de maio, tendo entrado em vigor a 12 de agosto de 2018 (nos termos do artº 6º do Tratado).

[13] O processo de extensão da plataforma continental de Portugal para além das 200 milhas náuticas, no que respeita à situação com Espanha, ilustra bem como, por via da extensão, existem segmentos adicionais de fronteira que carecem de delimitação.

[14] Tratado entre a Austrália e a República Democrática de Timor-Leste, que estabeleceu as suas fronteiras marítimas no Mar de Timor, assinado em Nova Iorque, a 6 de março de 2018, ratificado em Timor-Leste através da Resolução do Parlamento Nacional nº 15/2019, de 27 de agosto, tendo entrado em vigor a 30 de agosto de 2019 (nos termos do artº 13º do Tratado).

tem que ser juridicamente determinada e tecnicamente definida[15]. Pela complexidade da tarefa, envolvendo *inter alia* aspetos jurídicos, políticos, técnicos, ambientais, económicos e históricos, é quase inexorável que requeira análises sob ângulos distintos e por referência a múltiplas circunstâncias concretas. Trata-se de uma matéria em que isolar a análise jurídica resultará não apenas em insucesso, mas também na incapacidade de responder cabalmente às questões (incluindo jurídicas) que se coloquem.

A premissa fundamental que subjaz à delimitação é a existência de uma sobreposição de títulos jurídicos potenciais sobre zonas marítimas (*maritime entitlements*)[16]. Ou seja, têm que existir dois Estados que reivindiquem o exercício de poderes sobre as mesmas áreas de mar. Teoricamente, a situação pode ser conceptualizada como 'concurso de direitos com colisão'[17], concurso esse que apenas pode ser ultrapassado através da abscisão (mútua e parcial) dos referidos títulos jurídicos. Para que cada um dos Estados possa exercer a sua autoridade em termos exclusivos, terão ambos que aceitar, por via da delimitação, a 'amputação geográfica' dos seus títulos jurídicos[18]. A fronteira marítima, quando delimitada, determina, em definitivo, o limite geográfico do seu exercício exclusivo de autoridade.

A diferenciação da normatividade relativa, por um lado, à detenção em abstrato de um título jurídico sobre determinadas áreas marítimas e, por outro lado, à delimitação da fronteira marítima onde haja sobreposição de títulos jurídicos, não foi sempre clara na jurisprudência e na doutrina (e até na prática dos Estados)[19]. Dessa falta de clareza resultaram dificuldades de monta, embora estas pareçam estar ultrapassadas nos aspetos mais fundamentais.

Sem prejuízo de reconhecermos que a aplicação estrita da equidistância pode suscitar problemas de equidade, argumentamos há muito que, sendo a

[15] Na terminologia inglesa, o conceito de *boundary* (uma linha) parece ser distinto do conceito de *frontier* (que tem caráter zonal), sendo o primeiro aquele que reflete a termo 'fronteira' utilizado nesta exposição. Sobre o conceito de 'fronteira marítima', enquanto linha separadora do exercício de poderes estatais, por todos Marques Antunes, supra n.3, 1, 120, 125.

[16] Marques Antunes, Nuno e Becker-Weinberg, Vasco. 2018. Entitlement to Maritime Zones and Their Delimitation: In the Doldrums of Uncertainty and Unpredictability. In Maritime Boundary Delimitation: Is It Consistent and Predictable?, eds. Alex G. Oude Elferink et al. 62-91. Cambridge: CUP.

[17] Galvão Teles, Miguel. 2004. Espaços Marítimos, Delimitação e Colisão de Direitos. In Estudos em Homenagem ao Prof. Doutor Armando M. Marques Guedes, ed. Jorge Miranda 635-637. Lisboa: FDUL/Coimbra Editora.

[18] Marques Antunes, supra n.3, 137-145; Marques Antunes e Becker-Weinberg, supra n.16, 72-73, 89.

[19] Sobre o tema, Marques Antunes e Becker-Weinberg, supra n.16, 63-73.

atribuição de títulos jurídicos estribada no critério de distância (proximidade à costa), a adoção dum critério normativo geral para a delimitação fundado em 'maior proximidade' (equidistância) surge como decorrência lógico-racional, mas provavelmente também como forma de conferir legitimação à linha de fronteira marítima[20]. Em termos normativos, simplificando o que não é simples, a discussão relativa à delimitação marítima gravitou (e gravita) em torno do valor jurídico a outorgar à equidistância na sua contraposição com a equidade.

Decorridos quase vinte anos sobre o nosso estudo seminal, continuamos a propender para arguir que o elemento substantivo da delimitação marítima consiste na reverberação de dois princípios: o *princípio do zonamento marítimo*[21]; e o *princípio da equidade*[22]. Questões de cariz dogmático à parte[23], na prática, a delimitação equaciona-se como o traçado de uma linha que, partindo da equidistância, não ignore ponderações de equidade a final.

A este elemento normativo substantivo acresce outro de teor mais garantístico, que pode ser expresso em termos de proibição. A delimitação de uma fronteira não pode ser efetuada por decisão unilateral, exigindo-se acordo entre os Estados com títulos jurídicos sobrepostos.

Enfatize-se que a delimitação de uma fronteira marítima não é obrigatória. Constitui uma faculdade de que os Estados se podem querer valer. Tais Estados podem, igualmente, querer manter um *modus vivendi* relativo ao exercício da sua autoridade exclusiva, sem proceder à delimitação, como ocorre há anos entre Portugal e Espanha. Esta situação pode, em teoria, manter-se *ad eternum*. É quando a questão envolve o acesso a recursos naturais (e.g. petróleo, pescarias) localizadas na área de sobreposição de títulos jurídicos que tendem a emergir disputas que conduzam à delimitação. Mesmo assim, há mecanismos que permitem criar um quadro jurídico para exercício de autoridade sem delimitar a fronteira marítima. Falamos de 'acordos de desenvolvimento conjunto'[24], os quais tendencialmente regulam só questões relativas

[20] Marques Antunes, supra n.3, 204-214. A equidistância tende a alocar áreas em termos que são *prima facie* equitativos. A sua equidade é igualmente palpável em situações trilaterais, em que o ponto de igual distância aos três Estados oferece um referencial de proteção mútua de direitos e interesses legítimos.

[21] Marques Antunes, supra n.3, 195-214. A equidistância ('maior proximidade') é um corolário deste princípio.

[22] Marques Antunes, supra n.3, 214-238.

[23] Para uma sinopse de alguns aspetos dogmáticos da delimitação marítima, Marques Antunes, supra n.3, 184-195.

[24] Quanto a estes mecanismos, por todos Becker-Weinberg, Vasco. 2014. Joint Development of Hydrocarbon Deposits in the Law of the Sea. Heidelberg: Springer.

a recursos naturais (e o exercício de atividades correlacionadas), sendo sem prejuízo de uma futura delimitação das fronteiras marítimas em questão[25].

O aspeto processual da delimitação merece também destaque em sede introdutória[26]. Não é indiferente que uma fronteira marítima seja delimitada por tratado negociado entre dois Estados, ou como decorrência de um processo perante um tribunal internacional. Importa por isso ter presentes alguns aspetos distintivos. Primeiro, em sentido estrito, inexiste qualquer obrigação impendente sobre um Estado para, por solicitação de outro Estado em determinado momento, encetar negociações conducentes à delimitação da(s) sua(s) fronteira(s) marítima(s). A natureza horizontal do sistema vestefaliano impõe que, no mínimo, o 'momento' (*timing*) para início das negociações esteja na esfera de liberdade de decisão dum Estado[27]. Segundo, quando delimitada por tratado negociado, a fronteira marítima não tem que necessariamente decorrer de ditames materiais jus-internacionais. Nada impede que, na delimitação, os Estados procedam à delimitação à ponderação de fatores extrajurídicos[28]. Terceiro, ao contrário, se a delimitação for efetuada por via jurisdicional, os tribunais não dispõem de similar faculdade. Neste caso, a delimitação deve decorrer, obrigatoriamente, do normativo jus-internacional[29]. Na fundamentação subjacente à delimitação de uma fronteira marítima, porque a função dos tribunais é *jus dicere*, nunca *jus dare*, não podem os tribunais arrogar-se uma posição análoga à dos Estados num processo de delimitação marítima[30]. Finalmente, deve ser realçado que a possibilidade de um Estado

[25] Tais acordos são tipicamente enquadrados nos artº 74º, nº 3 (ZEE) e artº 83º, nº 3 (plataforma continental) da CNUDM, como "ajustes provisórios de carácter prático" que "não devem prejudicar a delimitação definitiva".

[26] Marques Antunes, supra n.3, 102-108.

[27] Naturalmente, tal liberdade dos Estados terá sempre que ser interpretada à luz dos princípios do direito internacional, em particular o princípio da boa-fé, nunca podendo essa liberdade ser instrumentalizada no sentido de obter vantagens indevidas.

[28] Marques Antunes, supra n.3, 177-181.

[29] A delimitação não pode, nunca, tornar-se num exercício de repartição prática, não-normativa, da área disputada (Marques Antunes & Becker-Weinberg, supra n.16, 73). A ideia de que delimitações efetuadas por negociação e por adjudicação tinham idêntica natureza criou enormes dificuldades de desenvolvimento concetual (Weil, Prosper. 1989. The Law of Maritime Delimitation – Reflections. Cambridge: Grotius Publications. 114). Vd. Marques Antunes, supra n.3, 177-186.

[30] Miguel Galvão Teles lançou neste debate um conceito novo: *realjurisprudenz*. A propósito do caso 'Timor-Leste', no TIJ, veio referir que os tempos eram de *realpolitik*, e esta havia conduzido a *realjurisprudenz* (Galvão Teles, Miguel. 1995. The Political and Legal Aspects of Portugal's Action against Australia in the Case Concerning East Timor. In The East Timor Case in the ICJ, eds. M. Brewster and I. A. Shearer 27-34, 31. International Law Association (Australian Branch): Martin Place Papers No.4).

demandar outro continua a depender da aceitação, expressa ou implícita, da jurisdição do foro em causa para efeitos da resolução de uma disputa sobre delimitação marítima.

3. Brevíssimos Anais do Direito da Delimitação Marítima

3.1. Desenvolvimento Progressivo

O ordenamento jus-internacional possui elementos concetuais que 'resistem' à ortodoxia normativa do direito interno (em particular, de matriz continental). A sua natureza horizontal, em que normação jurídica, sujeição ao direito, e aplicação coerciva do direito dependem dos mesmos entes (em número limitado), desafia os cânones jurídicos internos. O conceito de 'desenvolvimento progressivo', que subiste num espaço gestacional *sui generis*, é exemplo que espelha os traços idiossincráticos do direito internacional público. Tal conceito marca séculos de evolução do direito do mar, cujo arquétipo final é a CNUDM, e de que é ilustração aprimorada o direito da delimitação marítima. Aqui se entrecruzam, prática dos Estados (costume ou não), tratado, princípios gerais de direito, decisões judiciais e doutrina dos publicistas[31]. As regras consubstanciadas na CNUDM corporizam em última instância um caso patente de desenvolvimento progressivo.

Sem assimilar esta realidade, torna-se difícil captar a essência da normatividade ínsita no direito da delimitação marítima, o qual se desenvolveu com base em três vetores: prática dos Estados (unilateral, bilateral e multilateral), com ou sem formação de costume; decisões de tribunais internacionais; e doutrina jus-internacionalista. O que não será tão típico, avente-se, é a influência (fundamental) que assumiu a jurisprudência internacional. Tanto assim é que autores há que caraterizam este direito como *judge-made law*. Contraporíamos que, mais do que direito criado por tribunais internacionais, estamos perante desenvolvimento progressivo, por via mista, ao longo de décadas.

Os desenvolvimentos ocorridos, em sede de jurisprudência e doutrina, consistem num deambular argumentativo entre, primo, o valor jurídico a outorgar à linha definida numa base de 'igual proximidade' e, secundo, ao contrapeso jurídico resultante de ponderações de equidade. Ficou assim denominado, para a história, como o debate 'equidistância / princípios equitativos'. É sobre alguns dos momentos mais marcantes deste percurso, enquanto peças de um puzzle de desenvolvimento progressivo, que se referem as brevíssimas notas desta secção.

[31] Estatuto do TIJ, artº 38º, nº 1.

3.2. Período Ante-2ª Guerra Mundial

Até à 2ª Guerra Mundial, a questão das fronteiras marítimas pode considerar-se como irrelevante. Os Estados encaravam o assunto de forma inteiramente distinta da que ocorre hoje, até pelos usos do mar que então predominavam, inexistindo jurisprudência e prática dos Estados relevantes.

Nesse período, a única nota verdadeiramente digna de registo concerne aos trabalhos que, no seio da Liga das Nações, culminaram na Conferência de Codificação de 1930. As suas 'Bases para Discussão' tratavam da delimitação em estreitos internacionais, no contexto das águas territoriais. O referido projeto de disposição tinha a seguinte redação[32]:

> *Quando dois Estados orlam um estreito que não seja mais largo que duas vezes a largura das águas territoriais, as águas territoriais de cada Estado estendem-se em princípio até ao centro do estreito; se o estreito for mais largo, a largura das águas territoriais de cada Estado mede-se de acordo com a regra geral.*

No plano substantivo, compete enfatizar certos aspetos: (i) o título jurídico, objeto de sobreposição, são águas territoriais com 3 milhas náuticas[33]; (ii) o recurso à equidistância é qualificado pela expressão "em princípio"; (iii) a equidistância é utilizada numa formulação inexata com referência ao 'centro do estreito'; e (iv) o tratamento da delimitação marítima (primeira parte), é complementado pela (desnecessária) menção ao título jurídico (segunda parte). Esta primeira elaboração em torno duma regra de delimitação evoluirá mais tarde no sentido da eliminação da menção ao título jurídico, de uma consagração mais rigorosa da equidistância, do recurso à equidistância mitigada, e da ponderação das implicações de zonas marítimas de muito maior extensão (i.e. plataforma continental e ZEE).

3.3. Período da 2ª Guerra Mundial à CNUDM

No pós-2ª Guerra Mundial, aquando do dealbar das doutrinas relativas à plataforma continental e à ZEE, a delimitação adquire maior proeminência[34].

[32] League of Nations. 1930. Acts of the Conference for the Codification of International Law, Held at The Hague from March 13th to April 12th, 1930. Meetings of the Committees, Volume III, Minutes of the Second Committee, Territorial Waters, 180. Basis for Discussion No. 16.

[33] League of Nations, supra n.33, 179, Basis for Discussion No.3.

[34] A aplicação da equidistância de forma mais exata, a partir de pontos na linha de costa, pode resultar em alocações de áreas marítimas de forma distorcida, dependendo de circunstâncias geográficas, sendo que os efeitos se agravam com a distância à costa, ou seja, nos casos de zonas marítimas com maior largura, como a plataforma continental e a ZEE.

Destacam-se neste período diferentes desenvolvimentos, na prática dos Estados e na jurisprudência, que conduziram ao regime hoje vigente. É uma história algo complexa de relatar, que exige análise detalhada sob diferentes ângulos.

A título de exemplo, tenha-se a expressão 'princípios equitativos'. Associada em primeira instância, muitas vezes, aos casos *Plataforma Continental do Mar do Norte*, e adquirindo por via deste acórdão uma importância crucial no direito da delimitação marítima, esta expressão advém da Proclamação Truman (sobre o título à plataforma continental), que se refletiu nos trabalhos de preparação das Convenções de Genebra de 1958. Mais, é também daqui que, possivelmente, provém a transmutada 'solução equitativa' integrada nas regras da CNUDM[35]. Na prática dos Estados, antes e depois da CNUDM, a dita expressão (ou outra equivalente) aparece em diversos instrumentos unilaterais e bilaterais[36].

Tudo considerado, a conclusão é de que, sem compreender esta progressão, a diferente natureza dos instrumentos envolvidos e como estes se influenciam entre si, não são possíveis interpretações sólidas, neste caso, sobre as 'variações da equidade' em direito da delimitação marítima. O mesmo se pode afirmar, *mutatis mutandis*, dos desenvolvimentos em torno da equidistância, cuja primeira alusão formal nas 'Bases para Discussão' da Conferência da Haia de 1930 continha já uma nota de 'exceção' adveniente da qualificação "em princípio", que abre a porta à mitigação dos efeitos da equidistância em certos cenários.

Retomando a resenha, importa assinalar as Convenções de Genebra de 1958, sobre o 'Mar Territorial e a Zona Contígua' e a 'Plataforma Continental'). Adotadas na I Conferência sobre o Direito do Mar, tais instrumentos emergem do trabalho da Comissão de Direito Internacional ("CDI"), em que se enquadra um relatório relativo às regras de delimitação marítima elaborado por um Comité de Peritos[37]. Estes trabalhos preparatórios desaguaram nas disposições convencionais quase sem alteração, e são elemento primordial na adequada compreensão das regras sobre delimitação marítima, quer no plano técnico, quer no plano jurídico, mesmo relativamente às disposições da CNUDM. Acresce que a análise das posições expressas pelos Estados, quer durante os trabalhos preparatórios, quer durante a I Conferência, evidencia um consenso gerado em torno das regras desenvolvidas.

[35] CNUDM, artº 74º, nº 1 e artº 83º, nº 1.

[36] Para um panorama da prática unilateral e bilateral dos Estados (até 2002), Marques Antunes, supra n.3, 559-582.

[37] Sobre as questões de delimitação marítima nestas convenções, incluindo o trabalho da CDI, por todos, Marques Antunes, supra n.3, 15-39.

Em 1958, o título jurídico sobre a plataforma continental estava já ancorado em direito costumeiro, não suscitando dificuldades a sua consagração convencional. Diferentemente, as regras substantivas de delimitação marítima eram, ao tempo, um caso de desenvolvimento progressivo. Pela importância de que se reveste no entendimento destas regras, atentemos no artº 6º da Convenção sobre a Plataforma Continental:

> *1. No caso de uma mesma plataforma continental ser adjacente aos territórios de dois ou vários Estados cujas costas são opostas, o limite da plataforma continental entre estes Estados será determinado por acordo entre eles. Na falta de acordo e a menos que circunstâncias especiais justifiquem outra delimitação, esta será constituída pela linha mediana em que todos os pontos são equidistantes dos pontos mais aproximados das linhas de base a partir das quais é medida a largura do mar territorial de cada um dos Estados.*
>
> *2. No caso em que a mesma plataforma continental é adjacente aos territórios de dois Estados limítrofes, a delimitação da plataforma continental é determinada por acordo entre eles. Na falta de acordo e a menos que circunstâncias especiais justifiquem outra delimitação, esta far-se-á pelo princípio da equidistância dos pontos mais próximos das linhas de base a partir das quais é medida a largura do mar territorial de cada Estado.*

Estas artigos requerem atenção no tocante a certos aspetos substantivos: (i) a distinção feita entre costas "opostas" e "adjacentes" não é, no plano estritamente jurídico, totalmente justificada; (ii) desta distinção decorre diferente terminologia – no nº 1, "linha mediana" e, no nº 2, "princípio da equidistância" –, sem que para tal exista real fundamento jurídico; e (iii) o recurso à equidistância, enquanto referencial normativo para a delimitação, é mitigado pela qualificação de que tal linha só será estritamente aplicada na ausência de "circunstâncias especiais" (conceito indeterminado que não tem, no texto convencional, qualquer consagração, direta ou indireta).

Deslindar os aspetos fulcrais destas disposições, nos trabalhos da CDI e nas intervenções na I Conferência, é decisivo para uma correta interpretação. Diríamos que é mesmo essencial para a compreensão do direito da delimitação marítima hoje. Primo, a equidistância, quando aplicada a um cenário geométrico padronizado, resulta na alocação de iguais áreas[38]. Além disso, procede a uma alocação de áreas com base em 'maior proximidade', expressando normativamente o fundamento da atribuição do título jurídico (distância à costa). Faz por isso sentido que essa linha tenha consagração normativa

[38] Para uma análise em torno da noção de equidistância, por todos, Marques Antunes, supra n.3, 152-165.

em sede de delimitação marítima, não tendo fundamento a distinção entre adjacência e oposição. Secundo, a efetiva dificuldade provém da matéria de facto. É quando se pesam as circunstâncias geográficas concretas que a equidistância pode resultar em soluções desrazoáveis[39]. Mas daqui não decorre a invalidação da regra[40], equívoco que, infelizmente, perdura nos nossos dias. Argumentar que há um problema metodológico na aplicação da norma, ao não se indicar qual a precedência entre equidistância e circunstâncias especiais[41], parece-nos uma construção imprecisa que obnubila desnecessariamente a normatividade intrínseca da equidistância. Tertio, as 'circunstâncias especiais' devem ser perspetivadas como o fundamento para a mitigação da equidistância – que, *prima facie*, aloca áreas numa base tendencialmente equitativa –, a qual opera como regra geral. Tais circunstâncias devem ser identificadas e ponderadas através de um exercício que se rege por avaliações e fundamentação em função do título jurídico e do regime da zona marítima a delimitar, não sendo por isso de livre, muito menos arbitrária, argumentação.

O acórdão do TIJ nos casos *Plataforma Continental do Mar do Norte* influenciou toda a evolução do direito da delimitação marítima. Indubitavelmente, é um marco incontornável no desenvolvimento progressivo das regras de delimitação. Mas, na nossa opinião, infelizmente, nem sempre por boas razões. Subsequentes tentativas de 'reverter' algumas das construções jurídicas nele consagradas, a começar no caso *U.K./França*, não tiveram sucesso. Passaram-se décadas até que o impacto das suas 'ondas de choque' se desvanecesse. Mesmo assim, após 50 anos de elaboração jurisprudencial e doutrinária, alguns dos ficto-axiomas propugnados no acórdão do TIJ de 1969 continuam a não estar inteiramente ultrapassados.

[39] Logo durante os trabalhos da CDI foi possível elencar um conjunto de circunstâncias que poderia resultar em soluções pouco razoáveis: e.g. presença de ilhas afastadas da costa, proeminências geográficas na linha de costa, concavidade ou convexidade da linha de costa, posicionamento relativo das costas envolvidas, recursos marinhos, canais de navegação.

[40] Tal demonstração é fácil de efetuar através de um paralelismo com outras situações. Considere-se o exemplo da legítima defesa. Não é porque, com fundamento nesta, se deixam de sancionar certas condutas, que a proibição de tais condutas deixa de fazer sentido. São as 'circunstâncias-limite' do caso concreto que justificam a não-aplicação da regra sancionatória.

[41] McRae, Donald. 2018. The Applicable Law: The Geneva Convention on the Continental Shelf, the LOSC, and Customary International Law. In Maritime Boundary Delimitation: Is It Consistent and Predictable?, eds. Alex G. Oude Elferink et al. 92-116, 93. Cambridge: CUP. A insistência na caraterização da equidistância como 'método', feita por alguns autores, parece revelar alguma superficialidade de análise concetual. Isto é, o ênfase prático na resolução do problema – estabelecimento de uma fronteira que divida áreas disputadas –, em particular no quadro jurisprudencial, não tem permitido que se discuta a teoria, despida das suas implicações práticas.

Não cabe no presente escrito uma análise detalhada dos casos *Plataforma Continental do Mar do Norte*[42]. Elenquemos em qualquer caso, porque assim nos compete, os pontos que a nosso ver mais marcam o acórdão pela negativa.

- Focando-se na decisão do caso concreto, o TIJ afastou-se da necessária teorização do direito emergente. Basta citar o que é dito sobre o desenvolvimento do conceito jurídico de plataforma continental para o confirmar: *não estaria em harmonia com a história da instituição da plataforma continental sobre-sistematizar uma construção pragmática cujos desenvolvimentos ocorreram num período de tempo relativamente curto*[43]. Salvo o devido respeito, parece-nos que o TIJ 'esqueceu' o seu papel institucional em sede de desenvolvimento progressivo do direito internacional público, optando pelo pragmatismo *in casu*, em desfavor da elaboração que conferisse ao direito da delimitação marítima continuidade à luz da prática dos Estados e previsibilidade jurídica;
- Numa ótica de *realjurisprudenz*, o TIJ parece ter-se deixado influenciar pelas implicações políticas potenciais da adoção formal da equidistância enquanto referencial normativo, num contexto caraterizado pela existência do título jurídico da plataforma continental fundado na 'explorabilidade', e pelo aparecimento do conceito de património comum da humanidade associado aos grandes fundos marinhos[44]. Tirando partido deste contexto, a Alemanha apresentou perante o TIJ uma imagem que representava o Oceano Atlântico inteiramente apropriado pelos Estados que o orlam, até ao limite da equidistância[45]. O afastamento liminar da equidistância, em favor de 'princípios equitativos', adquire a esta luz um racional distinto (nada jurídico);
- Um outro aspeto que merece reparo na argumentação do TIJ refere-se à avaliação do direito costumeiro. Conforme mencionado, o direito de delimitação marítima emergiu por desenvolvimento progressivo, com várias etapas. O TIJ deveria ter efetuado um estudo detalhado quanto à existência de prática reiterada e, em caso afirmativo, duma eventual

[42] Para uma discussão dos aspetos essenciais, Marques Antunes, supra n.3, 46-64. Numa diferente perspetiva da delimitação das fronteiras marítimas entre os três países envolvidos, sob os diversos ângulos de análise – político, jurídico, técnico –, e portanto em mais detalhe, incluindo os casos perante o TIJ, vd. Oude Elferink, Alex. 2013. The Delimitation of the Continental Shelf between Denmark, Germany and the Netherlands: Arguing Law, Practicing Politics?. Cambridge: CUP.

[43] Casos *Plataforma Continental do Mar do Norte*, para.100.

[44] O discurso de Arvid Pardo, que está na origem do conceito, teve lugar em 1 de novembro de 1967.

[45] Marques Antunes, supra n.3, 109-110 e Figura 44.

opinio juris, o qual nunca teve lugar. A única prática dos Estados que poderia ter sido considerada ao tempo referia-se ao uso da equidistância. A conclusão de que o direito costumeiro impunha uma delimitação de acordo com "princípios equitativos" é portanto incorreta a vários títulos, destacando-se o facto de inexistir qualquer prática reiterada dos Estados aplicando princípios equitativos, e nunca ter sido demonstrada a existência de qualquer *opinio juris*[46]. A fundamentação é de tal forma débil que há quem tivesse sugerido que o TIJ decidiu *ex aequo et bono*, em *excès de pouvoir*[47].

- Igualmente insuficiente é a abordagem ao artigo 6º da Convenção sobre a Plataforma Continental. Ou talvez sejamos mais rigorosos se nos reportarmos a 'falta' de abordagem. Porque o TIJ se recusou a analisar referida disposição, na sua formulação 'equidistância / circunstâncias especiais', no sentido de afastar o papel da equidistância. De facto, a análise daquela norma teria conduzido à conclusão, óbvia, de que a mesma incorpora na expressão 'circunstâncias especiais' um reflexo de equidade que visa mitigar os eventuais impactos desrazoáveis da estrita aplicação da equidistância[48], algo que a jurisprudência internacional viria ao longo dos anos a reparar, ainda que não em termos expressos. Em suma, a forma como, sem fundamentação válida, o TIJ não examinou a única norma que havia sido plasmada num instrumento multilateral é incompreensível, em particular numa ótica de desenvolvimento progressivo em curso;
- Uma última nota de reparo relaciona-se com o pedido: decidir quais os princípios e regras de direito internacional aplicáveis à delimitação entre os três Estados envolvidos. Na resposta – *a delimitação deve ser efetuada por acordo em conformidade com princípios equitativos, e tendo em con-*

[46] Elencando algumas razões para rejeitar a fundamentação do TIJ, Marques Antunes, supra n.3, 54-56. Até autores com uma visão menos crítica, reconhecem as deficiências do acórdão: "*[t]he reasoning process by which the Court concluded that there was a rule of law requiring the application of 'equitable principles' is at best elliptical*". McRae, supra n.44, 94.

[47] Jennings, Robert Y.. 1989. The Principles Governing Marine Boundaries. In Staat und Völkerrechtsordnung – Festschrift für Karl Doehring, eds. Kay Hailbronner et al., 397-408, 401. Berlin: Spring-Verlag.

[48] A *Opinião Separada* do Juiz Ammoun (ICJ (1969) Rep. 149-151), que explica como as circunstâncias relevantes são um reflexo da equidade, permite perceber que não existia nada que tivesse impedido o TIJ de fundamentar a sua decisão em termos consonantes com a equidade no contexto do artº 6º da Convenção sobre a Plataforma Continental, como uma regra 'equidistância / circunstâncias especiais'.

> *sideração todas as circunstâncias relevantes*[49] –, o que ressalta é a ausência de normatividade palpável, bem como os vários equívocos no plano da argumentação jurídica[50]. Nada no acórdão esclarece como se aplicam os princípios equitativos num caso concreto, para efeitos – e enfatizemos este ponto – da 'descoberta' da linha de fronteira marítima, o objetivo último da delimitação. Porque circunstâncias relevantes são matéria de facto. Tal resposta só foi possível porque o pedido das partes não abrangia a definição da linha de fronteira, o que permitiu que o TIJ se refugiasse em lucubrações vazias de normatividade.

Não obstante tudo quanto antecede, o acórdão contém uma contribuição muito válida para o desenvolvimento do direito da delimitação marítima. Referimo-nos à relevância a dar ao *princípio da equidade* (qualquer que seja o *nomen juris*) na delimitação das fronteiras marítimas, o qual suscita ponderação de diferentes elementos, como o TIJ exemplificou: configuração e comprimento da linha de costa, 'não usurpação' (*non-encroachment*) de áreas de outros Estados, 'não reconstrução da geografia', unidade de depósitos, e 'razoável grau de proporcionalidade'[51]. O entendimento de que, *in casu*, em razão de argumentos de equidade, a fronteira marítima entre os três Estados envolvidos não deveria ser traçada com base numa linha equidistante estrita é uma conclusão inteiramente acertada. Já a fundamentação em que esta se respalda, é criticável.

Talvez por esta razão, no caso *Plataforma Continental Anglo-Francesa*, o tribunal seguiu uma linha de argumentação que pretendeu 'reunificar' o direito costumeiro (entendido como a aplicação de princípios equitativos) com a norma do artigo 6º da Convenção sobre a Plataforma Continental. Embora se possa questionar o seu efetivo sucesso, em especial à luz do caso *Tunísia/Líbia* que se lhe seguiu, e até criticar a abordagem seguida, por não 'confrontar' o acórdão *Plataforma Continental do Mar do Norte* com a sua adinamia jurídico-argumentativa, esta sentença arbitral teve o mérito de impedir (ainda que de forma ligeira) a consolidação da questionável parametrização normativa da delimitação marítima que o TIJ tinha consagrado. São de destacar, sumariamente, os aspetos que, contraditando a visão do TIJ, oferecem uma mais apropriada concetualização:

[49] Casos *Plataforma Continental do Mar do Norte*, para.100.

[50] Marques Antunes, supra n.3, 63-64.

[51] Casos *Plataforma Continental do Mar do Norte*, paras.90-98.

- Revalorização da prática dos Estados, reposicionando-a no centro da perscrutação do direito costumeiro[52];
- Consolidação da (apropriada) interpretação do artigo 6º da Convenção sobre a Plataforma Continental no sentido de que consagra a regra combinada 'equidistância /circunstâncias especiais'[53];
- Legitimação da visão de que o recurso ao mencionado artigo 6º ou ao direito costumeiro não tinham grande impacto no resultado da delimitação, o qual deveria ser sempre uma solução equitativa[54];
- Ratificar a perspetiva de que, quer ao abrigo do referido artigo 6º, quer ao abrigo do direito costumeiro, as circunstâncias geográficas de cada caso concreto teriam impacto decisivo na 'descoberta' de uma linha de fronteira equitativa[55].

O facto de não querer 'hostilizar' o acórdão de 1969 emergiu como obstáculo a que uma mais inconcussa concetualização fosse atingida. Exemplo deste aspeto menos positivo é a não discussão sobre a natureza normativa da equidistância (o que perpetuou a referência a método). Um segundo exemplo desfavorável advém de o tribunal arbitral ter evitado a conclusão de que a prática dos Estados na implementação do artigo 6º da Convenção sobre a Plataforma Continental havia dado lugar a costume (ficando pela afirmação que seria indiferente aplicar direito convencional ou direito costumeiro). Um último aspeto menos conseguido foi o facto de o tribunal arbitral não ter proclamado de forma indubitável que há limites às circunstâncias de facto que podem ser ponderadas para efeitos da determinação da solução equitativa[56].

3.4. A CNUDM

A Terceira Conferência sobre o Direito do Mar (III Conferência)[57] emerge de factos anteriores ao acórdão do TIJ de 1969 nos casos *Plataforma Continen-*

[52] *Plataforma Continental Anglo-Francesa*, paras.85, 94, 107, 249.

[53] Ibid., para.68.

[54] Ibid., paras.70, 82.

[55] Ibid., paras.84, 125.

[56] Para uma análise mais detalhada deste caso, Marques Antunes, supra n.3, 64-79.

[57] Para uma compreensão detalhada da III Conferência e da CNUDM, por todos: (a) Nordquist, Myron H. et al (eds.). 1985-2002. United Nations Convention on the Law of the Sea: A Commentary (Volumes I-VI), Center for Oceans Law and Policy – University of Virginia. Dordrecht: Martinus Nijhoff Publishers; (b) Proelß, Alexander et al. (eds.). 2017. The United Nations Convention on the Law of the Sea: A Commentary. Munich: C.H. Beck. Uma outra obra, crucial para investigação originária, integrando documentos distribuídos no decurso da III Conferência: Platzöder, Renate

tal do Mar do Norte[58], e prolongou-se por um período que abrange a sentença arbitral de 1977 no caso *Plataforma Continental Anglo-Francesa*. Em matéria de delimitação marítima, sem surpresa, a III Conferência é caraterizada pelo debate algo acérrimo entre os Estados proponentes das duas (supostamente opostas) teses sobre a delimitação marítima da ZEE e plataforma continental, que se organizaram em dois grupos no quadro do NG7[59]: o 'Grupo da Equidistância' e o 'Grupo dos Princípios Equitativos'. É neste contexto, que exigiu um elevado grau de compromisso quanto às regras de delimitação da plataforma continental e ZEE, que emerge o regime incorporado na CNUDM[60].

A CNUDM é, formalmente, o ponto de chegada da III Conferência em termos de 'letra convencional'; mas é também, substantivamente, quanto a delimitação marítima, o resultado de um desenvolvimento progressivo do direito internacional que se estende por mais de meio século. Três elementos sumarizam a CNUDM, no que respeita às regras sobre delimitação marítima: (i) a delimitação do mar territorial está plasmada na regra 'equidistância / circunstâncias especiais'; (ii) inexiste regra de delimitação da zona contígua (ao contrário da Convenção sobre o Mar Territorial e a Zona Contígua); e (iii) no referente à ZEE e plataforma continental, a regra faz menção ao objetivo que preside a todas as delimitações, i.e. obter uma 'solução equitativa'[61], porque foi o desfecho compromissório possível de concretizar.

No respeitante ao mar territorial, a disposição da CNUDM em causa é o seu artigo 15º, em que se prevê:

> *Quando as costas de dois Estados são adjacentes ou se encontram situadas frente a frente, nenhum desses Estados tem o direito, salvo acordo de ambos em contrário, de estender o seu mar territorial além da linha mediana cujos pontos são equidistantes dos pontos*

(ed.). Third United Nations Conference on the Law of the Sea: Documents (Volumes I-XVIII). Dobbs Ferry, NY: Oceana.

[58] O discurso de Arvid Pardo, como já se referiu, é de 1967.

[59] Durante a III Conferência, para resolução de questões específicas, foram constituídos 'grupos de negociação' de menor dimensão, constituídos apenas pelos Estados com interesses específicos. O *Negotiation Group 7* (NG7) foi *inter alia* mandatado para tratar da 'delimitação de fronteiras marítimas entre Estados com costas adjacentes ou frente-a-frente'.

[60] Para uma análise breve dos elementos mais marcantes da III Conferência, bem como das regras incorporadas na CNUDM, Marques Antunes, supra n.3, 81-97.

[61] Não obstante eventuais argumentos em sentido contrário, a nossa interpretação do regime da delimitação marítima é de que a obrigação de se obter uma 'solução equitativa' se aplica à delimitação tanto do mar territorial, como da ZEE e plataforma continental, ainda que no primeiro caso tal não se encontre expresso na CNUDM. Quando adequadamente analisadas, as etapas do desenvolvimento progressivo comprovam-no. Vd. Secção 5.3 infra.

mais próximos das linhas de base, a partir das quais se mede a largura do mar territorial de cada um desses Estados. Contudo, este artigo não se aplica quando, por motivo da existência de títulos históricos ou de outras circunstâncias especiais, for necessário delimitar o mar territorial dos dois Estados de forma diferente.

Para a ZEE e a plataforma continental, as disposições equivalentes são, respetivamente, o artº 74º, nº 1 e o artº 83º, nº 1, cuja redação é exatamente igual, *mutatis mutandis*, a saber:

> *A delimitação da [zona económica exclusiva / plataforma continental] entre Estados com costas adjacentes ou situadas frente a frente deve ser feita por acordo, de conformidade com o direito internacional, a que se faz referência no artigo 38º do Estatuto do Tribunal Internacional de Justiça, a fim de se chegar a uma solução equitativa.*

Apesar de, no plano teórico-metodológico da hermenêutica jurídica, devermos de seguida perscrutar a III Conferência, para aferir de uma eventual *mens legislatoris* antes de prosseguir para a confirmação da *mens legis*, a história dos trabalhos[62] mostra que, substantivamente, não existem elementos que acrescentem algo de relevante à interpretação do conceito de 'solução equitativa'.

As negociações relativas à normatividade da delimitação marítima, *maxime* o referencial substantivo para determinação da fronteira marítima, concentraram-se na argumentação a favor e contra a aplicação da equidistância e princípios equitativos. As posições dos Estados estavam tão entrincheiradas que se assistiu a um efetivo bloqueio mútuo de dois discursos jurídicos – pró-equidistância e pró-princípios equitativos, no tocante à delimitação da ZEE e da plataforma continental. Os vários projetos de texto não mereceram apoio alargado em nenhum momento. A própria criação do NG7 não produziu qualquer efeito evolutivo digno de registo na posição dos dois grupos de Estados, com argumentos e contra-argumentos a contribuírem apenas para alimentar a controvérsia. Só em 1981, sob aconselhamento do Presidente da III Conferência, Embaixador Tommy Koh, se chegou a uma redação de compromisso. Deixando as referências a 'equidistância' e a 'princípios equitativos' de parte, o que permitia diferentes interpretações, tornou-se viável o acordo de ambos os grupos negociais. Assim surgiu o texto final incorporado na CNUDM. A fragilidade do compromisso gerado era tão patente que, aquando do plenário, o Presidente da III Conferência apelou às delegações que se abstivessem

[62] Para uma exposição mais detalhada, por todos, Marques Antunes, supra n.3, 84-89.

de quaisquer declarações interpretativas que pudessem destruir o equilíbrio tão dificilmente arquitetado[63].

Importa então saber porque se gerou este equilíbrio. A noção de 'solução equitativa' parece ter origem na argumentação do TIJ nos casos *Plataforma Continental do Mar do Norte*, quando se fundamenta a recusa da equidistância com base no argumento de que não gera uma solução equitativa[64]. E tem toda a aparência de possuir um nexo genético com a expressão favorita do TIJ naquela decisão ("princípios equitativos"). Não surpreende, pois, que fosse aceite pelo 'Grupo dos Princípios Equitativos'. À primeira vista, poderia perceber-se menos a aceitação por parte do Grupo da Equidistância. Em nossa opinião, tal aceitação decorre de dois elementos: (a) ao tentar 'reunificar' o direito convencional com o direito costumeiro, o caso *Plataforma Continental Anglo-Francesa* fez uma clara associação entre o artº 6º da Convenção sobre a Plataforma Continental e a noção de solução equitativa[65]; (b) os trabalhos preparatórios da I Conferência demonstram que, na sua génese normativa, a regra combinada 'equidistância / circunstâncias especiais' incorporava já uma preocupação de não produzir resultados inequitativos[66].

Não obstante a aceitação alargada daquela 'letra da lei', em bom rigor o que se constituiu foi um denominador comum mínimo entre os Estados. E, destaque-se, sem que o conceito de 'solução equitativa' tenha uma densificação normativa que permita, através dele, efetuar uma delimitação. Ou seja, no plano convencional e literal, quanto à ZEE e plataforma continental, existe uma situação lacunar no que concerne a prescrições substantivas para traçado de uma linha de fronteira marítima.

3.5. Regras da CNUDM: Elementos Formal e Material

As regras incorporadas possuem dois elementos que importa distinguir. Um elemento de natureza formal, encarnado pela referência a 'acordo', relacionado com o procedimento que é exigido em sede de delimitação marítima.

63 Official Records of the Third United Nations Conference on the Law of the Sea (1973-82), Volume XV, 40.

64 *Plataforma Continental do Mar do Norte*, paras.52, 92. Para além de ser uma afirmação de princípio factualmente incorreta – prima facie, a equidistância aloca áreas numa base tendencialmente equitativa –, esta argumentação esquece que o artigo 6º da Convenção sobre a Plataforma Continental contém uma regra combinada 'equidistância / circunstâncias especiais'.

65 *Plataforma Continental Anglo-Francesa*, paras.70, 97, 245.

66 Em boa verdade, o conteúdo normativo do conceito jurídico de 'solução equitativa' é uma proibição de um resultado manifestamente desrazoável. Não é o mandato de que se produza um resultado fundamentado na equidade.

E um seguindo elemento, de natureza material, ou seja, norteador da determinação do traçado da linha de fronteira marítima.

No que concerne ao primeiro, limitar-nos-emos a umas breves notas sobre os seus aspetos mais basilares. A título preliminar, clarifique-se que, ainda que a formulação seja distinta na regra de delimitação do mar territorial e nas regras sobre delimitação da ZEE e da plataforma continental, entendemos não existir qualquer distinção relevante quanto ao seu conteúdo.

O primeiro aspeto a elencar prende-se com um eventual requisito de prioridade a favor da delimitação por acordo em relação à delimitação por via jurisdicional. Não obstante alguns argumentos em sentido contrário, a nosso ver, a conclusão deve ser negativa. Não existe na CNUDM qualquer imposição de que a delimitação marítima deva ser efetuada primariamente por acordo; o mesmo é dizer-se que a adjudicação jurisdicional não está condicionada em nenhuma medida ao esgotamento da via negocial. A referência a acordo visa exclusivamente consagrar uma proibição de delimitação unilateral. Ademais, a implementação de uma delimitação marítima por via jurisdicional carece sempre de acordo nos termos do direito internacional; e, acrescente-se, nada impede que os Estados envolvidos se afastem, por via de acordo, da decisão judicial[67].

A possibilidade de 'delimitação tácita' constitui o segundo aspeto do elemento formal. A sobreposição de títulos jurídicos, materializada num 'concurso de direitos com colisão', significa, concetual e tendencialmente, que a delimitação tem uma natureza bilateral. É da convergência de vontades de dois Estados, ao aceitar uma determinada linha como o 'limite geográfico' para exercício das respetivas autoridades exclusivas, que emerge a delimitação. Embora, face à sua importância para os Estados, a delimitação se revista de uma formalização escrita, na prática o requisito de acordo pode encontrar-se preenchido por uma manifestação informal: um acordo tácito. Se, à luz dos parâmetros do direito internacional público, se concluir que existe um acordo tácito quanto à linha de fronteira marítima, tal acordo deve ser visto como consubstanciando a delimitação[68]. E a delimitação pode ter caráter

[67] Para a fundamentação da nossa posição, Marques Antunes, supra n.3, 105-108.

[68] Concluindo pela não existência de prova cabal da aquiescência pela Somália à fronteira reivindicada pelo Quénia, ver *Somália/Quénia*, paras.36-89. Em sentido similar, refutando a existência de aquiescência ou *estoppel*, ver *Gana/Costa do Marfim*, paras.100-246. No sentido da inexistência de acordo tácito, ainda que reconhecendo um *modus vivendi* (que terá influenciado o traçado da linha de delimitação), ver *Tunísia/Líbia*, paras.93-95, 119. Considerando que existia prova de um acordo tácito, ver *Perú/Chile*, paras.90-151.

total ou parcial em relação ao escopo geográfico da sobreposição de títulos jurídicos[69].

Por último, há que lavrar nota dum terceiro aspeto do elemento formal, que concerne à presença de Estados terceiros na vizinhança das áreas a delimitar. De facto, o caráter 'bilateral' que a delimitação tendencialmente possui não é absoluto. Há cenários em que pode ocorrer uma sobreposição de três títulos jurídicos. Daqui pode resultar a necessidade de um acordo 'trilateral' (sendo incomum um acordo multilateral), para definição do denominado 'ponto triplo', para o qual convergem as três linhas de fronteira marítima que delimitam no plano bilateral as áreas de autoridade exclusiva dos três Estados envolvidos.

No que respeita ao elemento substantivo das disposições da CNUDM sobre delimitação marítima, e ao complexo exercício de hermenêutica jurídica que lhe está inerente, importa enfatizar que qualquer tentativa de prospetar as negociações e os textos preparatórios da III Conferência, no sentido de clarificar o seu conteúdo, revelar-se-á no essencial infrutífera. É assim, *maxime*, no que respeita à ZEE e à plataforma continental, porquanto a referência a 'solução equitativa' emergiu nos termos supra descritos e sem qualquer elaboração material quanto ao adequado entendimento da mesma, mas igualmente quanto ao mar territorial, cuja redação flui da Convenção de 1958, sem que os trabalhos da III Conferência tenham adido conteúdo normativo ou interpretativo à norma da CNUDM. Para se chegar ao âmago deste elemento substantivo é absolutamente crítica uma análise da jurisprudência internacional sobre delimitação marítima, anterior e posterior à CNUDM.

4. Jurisprudência sobre Delimitação Marítima: Breve Excurso

4.1. Notas Preliminares

Nesta análise da jurisprudência sobre delimitação marítima, há duas notas preliminares que devem ser avançadas. A primeira é que não faremos distinção entre as diferentes zonas marítimas. Tal decisão pode em primeira instância parecer inadequada, face à clara diferença entre o elemento literal das regras de delimitação. Em melhor escrutínio, no entanto, não será assim. A nossa conclusão é, desde há muito, que o regime da delimitação marítima consagra uma obrigação de resultado para ambos os tipos de delimitação (uma 'solução equitativa'), incorporando-se na fórmula 'equidistância / circunstâncias especiais' o fundamento jurídico do traçado da linha de fronteira marítima,

[69] Um tribunal internacional chamado a pronunciar-se sobre a delimitação de uma fronteira marítima pode ter que aferir, *ex ante*, da existência ou não de um acordo de delimitação, formal ou tácito, aplicável à totalidade ou a parte da áreas às quais a fronteira marítima *sub judice* se refere.

e sendo tal fórmula aplicável *mutatis mutandis* à delimitação de todas as zonas marítimas (ainda que se ponderem como fatores aspetos diferenciados, inerentes aos distintos poderes exclusivos de autoridade conferidos aos Estados em cada zona marítima)[70]. Por este motivo, sem prejuízo das referências feitas a diferentes zonas marítimas, analisaremos a jurisprudência como um todo[71].

A segunda nota preliminar serve para frisar que, numa perspetiva macro-jurisprudencial, dos casos *Plataforma Continental do Mar do Norte* até hoje a inferência que perpassa é de que se pode observar uma evolução gradativa da jurisprudência. Não obstante, parece possível discernir três fases distintas relacionadas com essa evolução, as quais podemos denominar, sequencialmente, como 'dogma do *unicum*', 'repristinação da equidistância' e 'processo em três etapas'. Como se perceberá, a evolução da jurisprudência, num certo sentido e na prática, reconduz o direito da delimitação marítima de volta à sua formulação inicial (no quadro dos trabalhos preparatórios da I Conferência).

4.2. Evolução da Jurisprudência: 'Dogma do *Unicum*'

A fase do 'dogma do *unicum*' advém de uma interpretação do acórdão *Plataforma Continental do Mar do Norte* que enfatiza a resolução do caso concreto e a singularidade das suas circunstâncias, afastando a normatividade da equidistância incorporada no artº 6º da Convenção sobre a Plataforma Continental. Esta abordagem veio afetar a concetualização do direito da delimitação marítima até hoje[72], ao propugnar que o *unicum* determinaria não só as circunstâncias fácticas a serem ponderadas, mas também, em decorrência daquelas, o método técnico a utilizar no traçado da linha de fronteira.

A implementação do direito da delimitação marítima derivada desta visão do acórdão *Plataforma Continental do Mar do Norte* resultou num tão elevado grau de incerteza sobre o conteúdo normativo relativo ao traçado da fronteira da plataforma continental (e depois extensiva à ZEE), que se colocou em causa o nível de previsibilidade mínima que o direito sempre requer. E o

[70] Marques Antunes, supra n.3, 411.

[71] A regra substantiva de delimitação marítima é essencialmente a mesma para todas as zonas marítimas. É na ponderação dos diferentes fatores típicos de cada regime de zona marítima (se relevantes) que se opera a distinção entre, por um lado, a delimitação do mar territorial e, por outro lado, a delimitação da ZEE e plataforma continental. Sem o declarar de forma tão óbvia, a jurisprudência já o reconheceu, como ocorre no caso *Catar/Bahrein* (vd. parágrafos 176 e 230, que usam a mesma linguagem, se não *ipsis verbis*, claramente quanto ao conteúdo normativo).

[72] Ainda que de forma já mitigada, ainda hoje é possível encontrar construções jurídicas do regime da delimitação marítima que despem este de qualquer previsibilidade quanto ao traçado da linha de fronteira marítima diz respeito, incluindo com referências expressas ao conceito de *unicum*.

problema é que o direito (*rule of law*) não pode, nunca, deixar de passar pela justiça (*justice*) e pela certeza jurídica (*legal predictability*).

Existe, sem dúvida, quem discorde desta avaliação menos positiva do acórdão *Plataforma Continental do Mar do Norte*. Mas basta que se analise a evolução subsequente do direito da delimitação marítima na jurisprudência – numa busca incessante de reposição de um mínimo de previsibilidade –, para que fique demonstrado este nosso entendimento.

Deixemos clara a nossa posição. O conceito de *unicum* faz parte, em certa medida, do direito da delimitação marítima. Ou não fosse a equidade, como já expusemos, um dos princípios alicerçadores do seu regime jurídico[73]. O que não parece defensável é conceber o *unicum* numa perspetiva que retire ao direito da delimitação marítima um grau razoável de previsibilidade. Os factos de cada caso são indubitavelmente únicos em determinada medida; mas o objetivo da 'solução equitativa' não se encontra dependente de uma construção teórica em torno do conceito de *unicum*, mesmo admitindo a relevância das circunstâncias específicas do caso na operação da equidade *in concreto*[74]. Em particular, a parametrização do *unicum* não pode ser fundada em quaisquer circunstâncias fácticas, devendo antes a sua identificação decorrer do feixe de posições jurídicas positivas que enforma a autoridade exclusiva dos Estados costeiros nas zonas marítimas relevantes[75].

A conceção de *unicum* na sua forma excessiva, i.e. sem arrimo jurídico, está presente na jurisprudência internacional até ao caso *Jan Mayen*, em 1993. Os casos *Tunísia/Líbia*[76], *Golfo do Maine*[77] *e Guiné/Guiné-Bissau*[78] espelham tal abordagem. Embora menos visível, e com um enquadramento de maior previsibilidade, é possível encontrar afloramentos do *unicum* em jurisprudência mais recente, designadamente quando o tribunal quer justificar uma margem de apreciação mais ou menos ilimitada, como ocorre no acórdão *Mar Negro*[79]. Hoje em dia, argumentaríamos, a perspetiva de que o *unicum* pode determinar, por si só, as circunstâncias a ponderar e o método a aplicar (i.e.

[73] Marques Antunes, supra n.3, 177-195, 214-238.

[74] Ibid., 260-265.

[75] Ibid., 259-260.

[76] *Tunísia/Líbia*, paras.70, 132 *in fine*. A dado passo, o TIJ vem afirmar que cada disputa deve ser considerada e avaliada pelos seus próprios méritos, sem se tentar 'sobre-concetualizar' a aplicação de princípios e regras.

[77] *Golfo do Maine*, para.81.

[78] *Guiné/Guiné-Bissau*, para.89.

[79] *Mar Negro*, para.213.

excluindo a equidistância como referencial *prima facie* obrigatório) parece ser claramente minoritária.

4.3. Evolução da Jurisprudência: 'Repristinação da Equidistância'

A maré jurisprudencial inverteu-se, como não poderia deixar de ser, conduzindo à fase de 'repristinação da equidistância'. Os primeiros sinais da inversão do ciclo da maré surgem logo em *Tunísia/Líbia*, a dois níveis. Apercebendo-se da pouco sólida concetualização jurídica no caso *Plataforma Continental do Mar do Norte*, o TIJ vem dissociar o regime aplicável ao título sobre a plataforma continental do regime aplicável à delimitação de áreas de plataforma continental[80]. Esta mudança é visível, principalmente, na opinião divergente do juiz Oda. Refazendo grande parte da história dos trabalhos da CDI, e da I e III Conferências, ele vem repor a equidistância como referencial *prima facie* da delimitação marítima. A sua conclusão é liminar: ao aplicar a equidistância com as precauções adequadas, a sua equidade intrínseca é mantida, evitando-se o uso de linhas arbitrárias e artificiais[81]. Porque afirmar apenas que o direito internacional manda aplicar princípios equitativos e considerar todas as circunstâncias relevantes significa um 'princípio de não-princípio'[82].

A reconceptualização da delimitação marítima continua em *Líbia/Malta*, em que se vem reconhecer que, no quadro da CNUDM, o fundamento do título jurídico é essencialmente a distância (até às 200 milhas náuticas). E que, sendo a proximidade a base do título jurídico, o uso da equidistância (como critério de maior proximidade) na delimitação era consistente com o direito internacional. Não obstante, o TIJ afastou qualquer noção de obrigação do seu uso[83]. Mas é aqui que, pela primeira vez, a jurisprudência avança com uma delimitação por etapas[84], que depois virá a desenvolver.

A 'repristinação da equidistância' completa-se em *Jan Mayen*, que marca a viragem da jurisprudência, ao consagrar o recurso à equidistância como ponto de partida da delimitação. Chamado a delimitar as fronteiras da plataforma continental e de uma 'zona de pescarias' (assimilada à ZEE para efeitos da delimitação), sem que existisse acordo para o traçado de uma linha única de fronteira, e aplicando o artº 6º da Convenção sobre a Plataforma Continental à primeira e o direito costumeiro à segunda, o TIJ concluiu que

80 *Tunísia/Líbia*, paras.73-74.

81 *Tunísia/Líbia*, Opinião Divergente do Juiz Oda, para.188 (com adaptações de redação).

82 Ibid. Para.1.

83 *Líbia/Malta*, para.43.

84 Ibid., para.60.

a aplicação da equidistância a título provisório, num primeiro momento, a ser ajustada em termos razoáveis decorrentes das circunstâncias *in casu*, num segundo momento, refletia o direito internacional convencional e consuetudinário[85]. Estamos aqui perante uma clarificação da regra combinada 'equidistância / circunstâncias especiais', no sentido da sua aplicação em termos 'sequenciais', tendo como ponto de partida o traçado da equidistância a título provisório.

A jurisprudência internacional imediatamente subsequente consolida esta abordagem: aplicação provisória da equidistância, a ser ajustada se e na medida em que seja exigida pelas circunstâncias *in concreto*. Pelo menos no plano do processo, inexiste na maioria dos casos que se seguem divergência quanto à interpretação da fórmula 'equidistância / circunstâncias especiais'[86]. Contudo, porque a jurisprudência tem 'evitado' concetualizar juridicamente a equidistância em termos obrigatórios, continuam a surgir decisões ilhadas. O exemplo do caso *Nicarágua/Honduras* é disso demonstração. Avançando como fundamento a instabilidade da costa e a existência de convexidade da linha de costa, e baseando-se no facto de nenhuma das partes ter sugerido a aplicação da equidistância a título provisório, o TIJ veio delimitar a fronteira para todas as zonas marítimas com base numa bissetriz calculada a partir de duas linhas representativas da 'direção geral da costa'[87]. A fundamentação do acórdão no sentido de retirar à equidistância o reconhecimento como linha provisória obrigatória para delimitação marítima é, primeiro, juridicamente artificial – porque uma bissetriz calculada a partir da 'direção geral da costa' não é mais do que uma linha de equidistância modificada – e, segundo, inteiramente desnecessária – porque esta solução já havia há muito sido antecipada por nós para aquele caso[88], reconhecendo-se que o traçado da equidistância estrita seria sempre um exercício complexo –. Mas a 'esquizofrenia' discursiva adveniente da não concetualização dos princípios jurídicos enxertados na regra 'equidistância / circunstâncias especiais' resulta, depois, em contradições de termos, confundindo-se frequentemente aspetos normativos com aspetos técnicos. Na sua fundamentação, afirmando que a solução decorre do enquadramento de exceção permitido pelo artigo 15º da CNUDM, o TIJ vem

[85] *Jan Mayen*, paras.42-43, 51-53, 90-92.

[86] A jurisprudência deste período inclui os casos *Eritreia/Iémen*, *Catar/Bahrein*, *Camarões/Nigéria*, *Barbados/Trindade e Tobago*, e *Guiana/Suriname*.

[87] *Nicarágua/Honduras*, paras.275-298.

[88] Marques Antunes, supra n.3, 163-165. Mais recentemente, o TIDM veio referir-se à bissetriz como 'uma aproximação do método da equidistância' (vd. *Bangladesh/Myanmar*, para.234).

declarar que *a equidistância permanece como regra geral*. À primeira vista, não só se aceita a equidistância como 'regra', como se lhe atribui a natureza de 'regra geral'[89]. Em qualquer caso, o que perdura como herança deste período é precisamente a repristinação da equidistância, em torno da qual se vem recentrar o desenvolvimento do direito da delimitação marítima.

4.4. Evolução da Jurisprudência: 'Processo em Três Etapas'

A fase denominada 'processo em três etapas' (*three-stage approach*)[90] tem origem num *obiter dictum* do TIJ no caso *Líbia/Malta*. Na tentativa de demonstrar que decisões com fundamento em princípios equitativos não equivalem a decidir *ex aequo et bono*, o TIJ veio proclamar que o que está em causa é justiça em conformidade com o direito, o que significa dizer que a sua aplicação deve demonstrar consistência e um grau de previsibilidade[91]. Desde então, tem-se assistido na jurisprudência à tentativa de consolidação do argumentário jurídico no sentido de se encontrar uma base de previsibilidade.

A formulação do 'processo em três etapas' no acórdão do TIJ em *Mar Negro* parece fluir deste desiderato. Apesar da sua contribuição para a consolidação do processo de delimitação, este caso perpetua ainda assim um certo obscurantismo concetual sobre o regime jurídico de delimitação marítima, na senda da anterior jurisprudência internacional. Vejamos por partes estas duas reflexões.

Desenvolvendo o 'processo em duas etapas' resultante da repristinação da equidistância, o TIJ acrescentou-lhe uma terceira etapa, ficando a metodologia definida nos seguintes termos: (1) estabelecimento de uma linha de fronteira provisória[92]; (2) eventual ajustamento da linha provisória em função da

[89] *Nicarágua/Honduras*, paras.280-281. As confusões discursivas, resultantes do inadequado tratamento concetual do direito de delimitação marítima, estão bem ilustradas neste acórdão, em que, sem nunca se distinguir ou definir, se alude por exemplo a: (a) *método dos princípios equitativos / circunstâncias relevantes* no quando da delimitação da ZEE e plataforma continental, o qual alegadamente é *muito similar ao método equidistância / circunstâncias especiais aplicável à delimitação do mar territorial* (para.271); (b) *método da equidistância* que *não tem prioridade automática sobre outros métodos* (para.272); (c) ter o artº 15º da CNUDM sido adotado *sem qualquer discussão quanto ao método de delimitação do mar territorial* (para.280); ou ainda, (d) ao facto de *o método de delimitação dever procurar primeiro uma solução por referência às costas relevantes dos Estados* (para.289). Estes quatro exemplos ilustram bem como a diferenciação entre o que constitui normatividade e tecnicidade, no regime de delimitação marítima e traçado da fronteira, permanece num certo obscurantismo.

[90] A fase anterior, que denominámos 'repristinação da equidistância', é também referida na jurisprudência como 'processo em duas etapas' (e.g. *Guiana/Suriname*, para.335).

[91] *Líbia/Malta*, para.45.

[92] *Mar Negro*, para.116.

ponderação dos fatores relevantes para se atingir uma solução equitativa[93]; e (3) 'teste de desproporcionalidade' entre a alocação de áreas marítimas e o comprimento das linhas de costa dos Estados[94]. Esta enunciação constitui o *acquis* normativo mais relevante em delimitação marítima, hoje amplamente aceite na jurisprudência e doutrina.

Porque consideramos que subsiste uma incipiente elaboração concetual, compete-nos estear esta afirmação. Por razões de brevidade, ater-nos-emos ao discurso jurisprudencial ínsito na definição do 'processo em três etapas', conforme supra sumarizado, avançando com algumas brevíssimas notas ilustrativas da nossa posição:

- Desde logo, o TIJ postula uma 'reserva' ao recurso à equidistância como linha provisória, abrindo sem necessidade a porta a que a mesma possa não ser aplicada noutro caso e, pior, sem avançar com fundamentos em termos *de lege lata*, convencional ou costumeira, para essa posição. A realidade é que continua a inexistir, na jurisprudência e na prática dos Estados, qualquer alternativa efetiva ao recurso à equidistância (traduzida juridicamente por 'maior proximidade') no traçado desta linha provisória;
- Agrava-se a situação quando constatamos, primo, que tal 'reserva' é feita apenas e só no que concerne ao uso da equidistância em casos de adjacência, e já não nos casos de costas situadas frente-a-frente e, secundo, que tal *obiter dictum* carece por completo da exigida argumentação jurídica. Tanto quanto nos é possível perceber pelo acórdão, o tratamento distinto das duas situações estará correlacionado com o artigo 6º da Convenção sobre a Plataforma Continental, pois o TIJ vem referir-se a equidistância ao referir-se a casos de adjacência e a linha mediana nos casos de costas frente-a-frente. No entanto, nem uma palavra é oferecida para explicar esta opção, quando estamos perante a aplicação estrita da CNUDM, cujos artigo 74º (ZEE) e artigo 83º (plataforma continental), no seu elemento literal, são omissos em relação a qualquer referência a equidistância e distinção deste tipo;
- Acresce que, depois de se afirmar que a linha provisória será a equidistância, na realidade o TIJ acaba por traçar uma linha equidistante modificada, em que descarta pontos da linha de base através de uma avaliação 'discricionária' sobre quais os pontos apropriados para cal-

[93] Ibid., para.120.

[94] Ibid., para.122.

cular a referida linha equidistante provisória[95]. Ajustes deste tipo são, como já tivemos oportunidade de fundamentar[96], matéria para consideração na correção equitativa da equidistância e não, como aqui ocorreu, para efeitos do traçado da linha equidistante provisória. Este nível de 'discricionariedade' (se não mesmo arbitrariedade) parece pouco consentâneo com a certeza jurídica que deve presidir à função de *jus dicere* a que todo o tribunal está adstrito;

- Ao tratar o ajustamento da linha equidistante provisória em função da ponderação dos fatores tidos por relevantes para atingir uma solução equitativa, o TIJ faz uma referência esdrúxula à utilidade do *método dos princípios equitativos / circunstâncias relevantes* para este efeito. Ora, se *os princípios equitativos / circunstâncias relevantes* se aplicam apenas nesta segunda etapa, e para efeitos do ajustamento da linha provisória, então será de questionar a teorização do acórdão *Plataforma Continental do Mar do Norte*, porque deixa de existir fundamento jurídico para que se tenha descartado a equidistância para efeitos da delimitação, no quadro da primeira etapa;
- Finalmente, em termos mais abstratos, mas não menos relevantes, destaca-se a falta de tratamento hermenêutico das disposições da CNUDM, que eram aplicáveis *in concreto*. Esta exiguidade do discurso jurisprudencial, alinhada com anteriores decisões, a começar nos casos *Plataforma Continental do Mar do Norte*, fica aquém do é exigível em sede de análise do direito aplicável.

Este 'processo em três etapas' incorpora hoje o *acquis* mais relevante em delimitação marítima. Basta sobrevoar a jurisprudência subsequente, para concluir que a mesma segue a metodologia expressa em *Mar Negro*. As referências ao 'processo em três etapas', por vezes insistindo em opções que reputamos pouco sólidas[97], emergem em *Bangladesh/Myanmar*[98], *Nicarágua/*

[95] Ibid., para.123-149, em particular para.127, em que o entendimento do TIJ sobre o que sejam *in casu* 'pontos apropriados' está expresso, o que é feito por referência à 'direção geral das linhas de costa' (outro conceito indeterminado, que reforça o nível de incerteza jurídica).

[96] Marques Antunes, supra n.3, 292-293, onde analisamos os 'pontos de controlo na linha de base' (*controlling basepoints*). Ao debruçarmo-nos sobre a 'busca por uma linha de fronteira', referimo-nos a 'fatores de delimitação' que, na ponderação do eventual ajustamento da equidistância, devem ser avaliados à luz do regime jurídico da zona marítima a delimitar, em que se inserem as avaliações jurídicas sobre o impacto de tais 'pontos de controlo na linha de base' na delimitação.

[97] Em *Somália/Quénia*, *Bangladesh/Myanmar*, *Nicarágua/Colômbia* e *Bangladesh/Índia*, insiste-se na exclusão de pontos das linhas de base antes do traçado da linha equidistante provisória.

[98] *Bangladesh/Myanmar*, paras.233 et seq.

Colômbia[99], *Perú/Chile*[100], *Bangladesh/Índia*[101], *Gana/Costa do Marfim*[102], *Costa Rica/Nicarágua*[103] *e Somália/Quénia*[104].

Porém, a realidade é que este *acquis* normativo têm uma essência formal, não oferecendo o nível de previsibilidade e certeza jurídica a que se deveria aspirar quanto ao traçado da linha de fronteira marítima. A jurisprudência concentrou-se, talvez em demasia, na formalização duma metodologia, com uma aparente, mas enganadora, densidade jurídica. Está-se perante normatividade cujo enfoque está nas etapas a cumprir no processo de delimitação marítima por via jurisdicional (análoga, portanto, a direito adjetivo), ao invés de se densificar (em sede de desenvolvimento progressivo, e no sentido de incremento da previsibilidade) os parâmetros normativos materiais atinentes à determinação da linha de fronteira marítima (efetivamente, direito substantivo), crítica para a função dos tribunais (embora já não tanto para os Estados).

Nesta ótica, continua a parecer-nos procedente a visão que propusemos no que respeita à discricionariedade que, inexoravelmente, os tribunais são mandatados a exercer em casos de delimitação por via jurisdicional. Entendemos que deverá ser com base em, e por referência a, 'apreciações valorativas' (*value-judgments*) adequadamente densificadas no plano normativo, organizadas num discurso jurídico-argumentativo conducente à abdução da arbitrariedade, que a 'descoberta' da linha de fronteira marítima deve ser fundamentada[105].

Sem surpresa, a conclusão de um recente estudo, que se sublinha, é de que, não obstante os consideráveis avanços, a melhoria das decisões dos tribunais envolverá traduzir a 'intuição' (subjetividade) do julgador num elegante (diríamos, suficientemente densificado) argumento jurídico legitimador do traçado da linha de fronteira marítima[106].

[99] *Nicarágua/Colômbia*, paras.190 et seq.
[100] *Perú/Chile*, paras.180 et seq.
[101] *Bangladesh/Índia*, paras.341 et seq.
[102] *Gana/Costa do Marfim*, paras.360 et seq.
[103] *Costa Rica/Nicarágua*, paras.135 et seq.
[104] *Somália/Quénia*, paras.123 et seq.
[105] Marques Antunes, supra n.3, 269-279, 403-409.
[106] Alex G. Oude Elferink et al.. 2018. Conclusions: Taking Stock and Looking Ahead. In Maritime Boundary Delimitation: Is It Consistent and Predictable?, eds. Alex G. Oude Elferink et al. 376-402, 399-400. Cambridge: CUP.

4.5. Delimitação Marítima: *Law in Action*

4.5.1. Da Relevância

Face aos aspetos hermenêuticos envolvidos na compreensão do direito da delimitação marítima plasmado na CNUDM, bem como o facto de este derivar de desenvolvimento progressivo, parece-nos conveniente terminar este comentário com uma nota pragmática, consolidando o que nos parece emergir da *law in action*.

Qualquer que seja a concetualização que se endosse – e, sublinhe-se, continuamos a preconizar que o direito da delimitação marítima não foi ainda objeto de elaboração suficiente, quanto ao seu modelo jurídico-concetual, que permita dar resposta consistente e previsível às questões que emergem –, a realidade é que a delimitação marítima constitui uma operação de 'determinação' prática do traçado de uma fronteira, cuja função consiste em apartar áreas em que Estados vizinhos exercem poderes exclusivos de autoridade. Nesse sentido, a presente secção procura sintetizar os parâmetros que afloram como centrais à 'descoberta' da referida linha de fronteira no âmbito da *law in action*.

A relevância de uma análise da *law in action* é patente quando se capta o realismo em que decorre a delimitação marítima, tal como esta é aplicada pela comunidade de Estados, seja por via de negociação, seja por via jurisdicional (que carece, igualmente, de acordo entre Estados). Pode conceber-se *law in action*, nesta ótica, como advindo destas duas 'fontes' de análise dos parâmetros normativos *in casu*, especialmente significativas quando se considera que o direito internacional tem as características supra anotadas[107].

A prática dos Estados nas suas interações negociais conducentes a acordos de delimitação marítima tem que ser vista *cum grano salis*, porquanto qualquer avaliação que sobre ela verse terá inexoravelmente que indagar da relevância normativa das considerações, jurídicas e (eventualmente) extrajurídicas, ponderadas na delimitação[108]. Tal exercício, no entanto, é incompatível com a natureza do presente escrito, atendendo a que as inferências de carácter normativo apenas podem efetuar-se quando cada acordo é minuciosamente analisado, e se realiza uma análise sistemática dum amplo espetro de acordos[109], por forma a determinar se existe uma prática reiterada que esteja na base de uma (possível) *opinio juris*.

[107] Isto é, a natureza horizontal do direito internacional, em que normação jurídica, sujeição ao direito, e aplicação coerciva do direito gravitam em torno dos mesmos entes. Vd. Secção 3.1 supra.

[108] Sobre as diferenças entre delimitações por via negocial e por via jurisdicional, Marques Antunes, supra n.3, 177-181.

[109] Há hoje uma obra, já com 8 volumes, que oferece uma excecional base de análise; *vide*. Charney et al. (eds.), supra n.3.

Por esta razão, focar-nos-emos aqui nos casos decididos por tribunais internacionais, e na fundamentação neles enunciada com base no entendimento sobre a *lege lata*. O objetivo visado é aquilatar da normatividade da delimitação marítima quando perspetivada como *law in action* em sede jurisdicional[110]. Nesta apreciação, estribaremos os nossos comentários por referência ao 'processo em três etapas'. A nossa reflexão englobará, assim, no essencial, as questões-chave atinentes à 'linha equidistante provisória', aos fatores que podem conduzir a um 'ajustamento equitativo' dessa linha e às questões relativas ao 'teste de proporcionalidade'.

4.5.2. Linha Equidistante Provisória (Princípio do Zonamento Marítimo)

O traçado da equidistância, assumindo que são conhecidas as linhas de base dos Estados a partir das quais se fará tal traçado, é uma questão meramente computacional. Todos os pontos da linha de base são potencialmente tidos em consideração, embora nem todos sejam de facto utilizados no cálculo da linha equidistante (estrita).

Não existe aqui qualquer tipo de subjetividade de apreciação. Podemos falar de incerteza no plano técnico, a qual será função da exatidão com que estejam definidas geograficamente os pontos das linhas de base. Se as coordenadas geográficas destes pontos não estiverem (ou não puderem ser) definidas com exatidão, o traçado da linha equidistante terá um consequente grau de inexatidão. O elemento de subjetividade de apreciação no plano jurídico, e o elemento técnico relativo à exatidão da equidistância, não podem ser confundidos, não obstante o segundo poder ter repercussões relevantíssimas no plano jurídico.

Decidir se o traçado da linha equidistante provisória deve considerar, ou não, todos os pontos das linhas de base é, sempre, afirme-se sem hesitação, uma questão ulterior ao traçado de uma equidistância estrita. Só o traçado desta permite identificar os pontos da linha de base que têm um 'impacto distorcivo', não apenas quanto ao traçado da linha equidistante, mas também, consequentemente e mais provavelmente importante em delimitação marítima, na alocação das áreas que são disputadas em razão da sobreposição de títulos jurídicos.

[110] Por razões de completude, importa referir que estas decisões podem, estrita e teoricamente falando, não advir de tribunais internacionais *qua tale*. Há casos entre estados federados, membros de uma federação de Estados, em que a delimitação da sua fronteira marítima estadual é decidida por aplicação do direito internacional. São exemplos deste tipo de situação os casos *Terra Nova e Lavrador vs Nova Escócia*, no Canadá, e *Dubai/Sharjah*, nos Emiratos Árabes Unidos.

A existência de pontos da linha de base, que denominámos de *controlling basepoints*[111], que influenciam decisivamente o traçado da equidistância está identificada desde os trabalhos preparatórios da CDI que subjazem às Convenções de 1958, não sendo por isso assunto novo. Quando um *controlling basepoint* gera uma alocação de áreas que não é representativa da relação geográfica entre linhas de costa dos Estados envolvidos, conduz a um resultado que, por ser inequitativo, carece de remediação.

Esmiuçando a *law in action*, ter-se-á que concluir, sem grande margem para discussão, que os tribunais entendem que o direito de delimitação marítima lhes confere a possibilidade de desconsideração de pontos das linhas de base para efeitos do traçado da linha equidistante provisória durante a primeira etapa[112]. Sem ter participado nas deliberações dos tribunais, atrever-nos-íamos ainda assim a afirmar que tal desconsideração de pontos só ocorre *depois* de ter sido analisado o traçado da equidistância estrita, em que se confirme a existência de determinados *controlling basepoints* com efeitos distorcivos.

Salvo o devido respeito, esta posição dos tribunais não tem sustentáculo argumentativo adequado. Julgamos que tentar divisar uma distinção entre a *determinação da linha de base para medição da largura de zonas marítimas* e a *identificação de pontos da linha de base para traçado da equidistância provisória*[113] é um exercício oco de materialidade, porque na realidade uma subjaz à outra. Esta visão desagua, desnecessariamente, em 'incerteza jurídica', porque a discricionariedade de que se faz uso está desligada da auditamento sobre a natureza inequitativa da linha provisória. Prova disso mesmo, ademais, é a discricionariedade ínsita no argumento de que será o tribunal a selecionar quais os *pontos apropriados* por forma a que *a figura geométrica formada pela linha que une todos esses pontos reflita a direção geral das linhas de costa*[114], discricionariedade para a qual não se vislumbra fundamento normativo que não seja a equidade, o parâmetro dominante na segunda etapa. Mais grave, em nosso entender, é o entendimento de que, mesmo que as Partes na disputa concordem em quais são os pontos da linha de base relevantes para o traçado da linha equidistante provisória, o tribunal pode não considerar alguns desses pontos[115].

[111] Marques Antunes, supra n.3, 292-293.

[112] *Somália/Quénia*, paras.111-114. Anteriormente, *Mar Negro*, paras.123-149; *Bangladesh/Myanmar*, paras.241-274; *Nicarágua/Colômbia*, paras.200-204; *Bangladesh/Índia*, paras.347-370; *Gana/Costa do Marfim*, paras.393-399.

[113] *Mar Negro*, para.137.

[114] Ibid., para.127.

[115] *Somália/Quénia*, para.111. Poder-se-á questionar se este entendimento não viola o princípio fundamental *non ultra petita*, na medida em que as Partes estão de acordo com as bases para o traçado

Na nossa perspetiva, esta discricionariedade no traçado da linha equidistante provisória não tem fundamento *de lege lata*, não somente porque até ao caso *Mar Negro* a equidistância foi sempre entendida na sua forma estrita quando analisada a questão da linha provisória, mas também porque as correções que a esta foram sendo admitidas operavam sempre em sede de correção de efeitos inequitativos. O racional 'maior proximidade', intrínseco na equidistância, que se estriba no princípio do zonamento marítimo (*a terra domina o mar*), apenas pode ser mitigado por colisão com o princípio da equidade. A fórmula 'equidistância / circunstâncias especiais' visou precisamente desenhar na 'letra da lei' um equilíbrio entre certeza jurídica (equidistância estrita) e justiça (modificações fundamentadas na equidade). É desta fórmula que os tribunais sempre se fazem valer quando chamados a decidir sobre a linha de fronteira marítima (independentemente do discurso fundamentador). Mais uma vez, esta (in)adequada concetualização resulta da tentativa de prover resposta ao caso concreto.

Ainda que não se entenda assim, *de lege ferenda* (a concretizar através da *law in action*), afigura-se-nos inteiramente preferível que os tribunais se abstenham deste tipo de apreciações valorativas no decurso da primeira etapa. As mesmas devem estar reservadas em exclusivo para a segunda etapa, no quadro e sob os preceitos do discurso fundamentador relativo à aplicação e densificação da equidade normativa[116]. A equidistância estrita deve ser sempre o ponto de partida de qualquer delimitação marítima. Aliás, quase seguramente é esta a prática nos 'bastidores' dos tribunais, porquanto de outra forma não se identificariam os *controlling basepoints* subsequentemente descartados.

4.5.3. Ajustamentos à Linha Equidistante Provisória (Princípio da Equidade)

A constatação de que o recurso à equidistância estrita poderia não permitir a obtenção de uma solução equitativa foi expressa logo durante os trabalhos do Comité de Peritos que a CDI nomeou na preparação da I Conferência[117]. Os desenvolvimentos imediatamente subsequentes, que desembocaram na fórmula convencional 'equidistância / circunstâncias especiais' (inclusa nas Convenções de Genebra de 1958), apenas reforçaram a 'mecânica' da norma-

da linha, vindo o tribunal desconsiderar tal acordo, sem que tal lhe seja solicitado, decidindo em matéria que, em termos substantivos, não lhe é referida para deliberação.

[116] Sobre a noção de 'equidade normativa' na nossa concetualização, Marques Antunes, supra n.3, 226-238, 242-245.

[117] *Yearbook of the International Law Commission, 1953, Vol. II*, p.79.

tividade da delimitação marítima. Quando se pondera o facto de o trabalho do Comité de Peritos se ter centrado na delimitação do mar territorial, fica claro que as disposições da CNUDM sobre delimitação marítima, primo, para o mar territorial e, secundo, para a ZEE e a plataforma continental, mais do que não serem contraditórias, constituem na verdade a mesma regra, a qual está plasmada na jurisprudência internacional (mesmo se 'desajeitadamente' expendida).

Mantemos por isso a opinião de que, concetualmente, tudo se desenvolve por referência a dois princípios jurídicos – o *princípio do zonamento marítimo* e o *princípio da equidade* –, os quais interagem e devem ser harmonizados de forma mútua, em sede de conflito de princípios. Quando à luz das circunstâncias concretas o recurso à equidistância estrita se revela como não desrazoável, os ajustamentos com base em ponderações de equidade não existem (ou são negligíveis). Se, ao contrário, a linha equidistante estrita redundar numa solução claramente desrazoável, os ajustamentos com base em ponderações de equidade serão impostos na exata medida da falta de razoabilidade da linha equidistante[118]. Nesta perspetiva, quanto maior for o grau de ajustamento aplicado à equidistância estrita (incluindo à alocação de áreas por esta operada), maior terá que ser a densificação das ponderações de equidade em sede de discurso fundamentador, porque só desta forma se consegue afastar a arbitrariedade judicial[119].

A conclusão principal, que entendemos ser a única compatível com a função dos tribunais e o conceito de normatividade, é de que os tribunais não possuem o poder de, arbitrariamente, decidir pelo traçado uma linha (e consequente alocação de áreas) cuja fundamentação não consista na justificação do ajuste efetuado à equidistância estrita. Sem dúvida que, no plano técnico, o método utilizado a final na definição da linha pode ter múltiplas matrizes, desde versões modificadas da equidistância até linhas que nada tenham que ver com a equidistância (e.g. 'enclaves' em torno de ilhas). O que rejeitamos é o recurso a uma linha cuja seleção não se processe, sempre e fundamentadamente, em termos de e por referência ao ajustamento que seja feito à equidistância estrita.

[118] Para uma explicação de como deve ocorrer a harmonização destes dois princípios, incluindo por recurso a um diagrama cartesiano, Marques Antunes, supra n.3, 244-245.

[119] Para um resumo sintético sobre os aspetos críticos da argumentação de princípio em delimitação marítima, enfatizando a ideia de 'comando de otimização' que subjaz a este tipo de argumentação, com base no pensamento, entre outros, de Ronald Dworkin e de Robert Alexy, com referenciação bibliográfica, vd. Marques Antunes, supra n.3, 186-189.

Professando nós esta construção jurídica, não podemos deixar de reconhecer que a *law in action* não se ateve sempre por inteiro aos parâmetros concetuais da mesma. A explicação para este facto está (aparentemente) na abordagem do TIJ nos casos *Plataforma Continental do Mar do Norte* ao consagrar um recurso irrestrito a ponderações de equidade, quanto afirma que *a delimitação deve ser efetuada por acordo em conformidade com princípios equitativos, e tendo em consideração todas as circunstâncias relevantes*[120]. Esta conceção abriu uma 'caixa de Pandora' jurisprudencial, que lançou imprevisibilidade jurídica sobre o direito da delimitação marítima. Se aplicada à letra, esta conceção equivaleria inexoravelmente a decidir *ex aequo et bono*.

Mas a evolução jurisprudencial veio na prática estabelecer limites à seleção dos factos em que se podem fundar os ajustamentos à equidistância estrita. O próprio TIJ veio corrigir a sua posição ao afirmar em *Líbia/Malta* que o título jurídico e a definição das zonas marítimas não podem deixar de ser pertinentes em sede de delimitação marítima[121]. O estabelecimento desta conexão entre a zona marítima a delimitar e a operação de delimitação não é mais do que uma forma de marginar a factualidade passível de ponderação em sede de equidade normativa (*i.e.* corretiva da equidistância estrita). A doutrina, analogamente, tem procurado arquitetar essa limitação ao papel da equidade sob diferentes formas[122]. Na concetualização que avançámos desde há muito, os factos por referência aos quais os ajustamentos à equidistância podem ser realizados devem ser selecionados por intermediação do regime jurídico zonal relevante[123], devendo a razoabilidade da linha ser uma questão aferida à luz, primo, das circunstâncias geográficas pertinentes em função da sobreposição de títulos e, secundo, do feixe de poderes exclusivos de autoridade atribuídos aos Estados costeiros em cada zona marítima. Enquanto a ZEE e a plataforma continental têm regimes cuja natureza está associada aos recursos naturais, o mar territorial tem uma natureza onde predominam interesses de segurança e navegação, pelo que embora a normatividade não sofra alteração, as apreciações *in concreto* sobre a (des)razoabilidade da linha equidistante estrita e de eventuais ajustamentos à mesma poderão variar entre zonas marítimas[124].

[120] Casos *Plataforma Continental do Mar do Norte*, para.100 (sublinhado nosso).

[121] *Líbia/Malta*, para.27.

[122] Por todos, mais recentemente, e sumarizando a posição de diversos autores, Lando, supra n.3, 227-232.

[123] Marques Antunes, supra n.3, 238.

[124] Marques Antunes, supra n.3, 418. Concluindo no mesmo sentido, Fietta e Cleverly, supra n.3, 107.

No que concerne ao direito convencional como plasmado na CNUDM, e antes desta nas Convenções de Genebra de 1958, o que importa reter é que a aplicação, como *law in action*, do direito da delimitação marítima, nunca poderia estar regulada ao detalhe. Há uma margem de apreciação que, em sede de adjudicação jurisdicional, caberá sempre ao juiz. A este, ainda assim, não é permitida a liberdade de criação normativa ínsita no *jus dare*, encontrando-se ao contrário adstrito aos requisitos funcionais do *jus dicere*, especificamente na fundamentação com base em argumento de princípio.

Em suma, são as ponderações de 'equidade' relativas à linha equidistante provisória que conduzem não só à identificação das circunstâncias relevantes que fundamentam ajustamentos àquela linha, como à determinação fundamentada do ajustamento concreto a efetuar. No que à fundamentação jurídica se refere, há que encontrar resposta cabal para uma fundamentação que, previsível e consistentemente, faça a ponte entre as circunstâncias relevantes e o traçado da linha de fronteira marítima.

4.6. Elenco de Circunstâncias Relevantes

O conceito de 'circunstâncias relevantes' – que, entendemos, muito pouco ou nada difere do conceito de 'circunstâncias especiais' – deve ser perspetivado na ótica de ponderações de equidade funcionalmente coadunadas ao ajustamento da linha equidistante estrita, visando a remoção de qualquer manifesta desrazoabilidade no seu traçado e na consequente alocação das áreas disputadas[125]. Decorrem, na sua essência, da matéria de facto a examinar na delimitação marítima, encontrando-se na base das ponderações de equidade que conduzem ao ajustamento da linha equidistante estrita (se o mesmo se tornar necessário).

Como é fácil de entender, a vastidão de considerações em causa impede que se apresente neste escrito mais do que uma lista das circunstâncias factuais que a jurisprudência entendeu relevarem na delimitação marítima (e, mesmo assim, sem qualquer objetivo de ser exaustivo nesse elenco, ou de explanar o conteúdo matéria de cada uma). Igualmente, não é possível examinar a forma como os tribunais abordaram na fundamentação, por um lado,

[125] Para uma análise recente sobre o conceito de circunstâncias relevantes: Evans, Malcolm. 2018. Relevant Circumstances. In Maritime Boundary Delimitation: Is It Consistent and Predictable?, eds. Alex G. Oude Elferink et al. 222-261. Cambridge: CUP. Este artigo constitui uma análise mais recente e condensada do tema, na senda da obra inicial do autor: Evans, Malcolm D.. 1989. Relevant Circumstances in Maritime Delimitation. Oxford: Clarendon Press. O autor parece continuar a manter a opinião de que há duas funções fundamentadores para as circunstâncias relevantes – determinação do método a utilizar e implementação do referido método –, posição da qual divergimos por completo.

o recurso a determinada circunstância factual em cada caso concreto e, por outro lado, o grau de ajustamento aplicado à linha equidistante estrita como decorrência de tal circunstância[126].

O elenco das principais circunstâncias relevantes que emergem da *law in action* pode ser estruturado em duas categorias distintas. Para além de facilitar a sua assimilação jurídica, por compreensão do racional que lhes é inerente, é útil na apreensão de conceitos. Na prática, existem primacialmente duas categorias de circunstâncias relevantes, relacionadas com: (i) a *geografia das costas dos Estados envolvidos*; e (ii) a *autoridade exclusiva dos Estados nas zonas marítimas*. Parece-nos possível autonomizar numa terceira categoria de circunstâncias relevantes alguns fatores com implicações no traçado da linha de fronteira que concernem ao (iii) *contexto jurídico*. São as circunstâncias integradas em cada uma destas três categorias que, *brevitas causa*, passamos agora a elencar, sem dilucidar o seu conteúdo e as suas implicações.

A *geografia das costas dos Estados envolvidos* constitui, como decorrência do princípio do zonamento marítimo (imanente do brocardo *a terra domina o mar*)[127], reconhecidamente na jurisprudência e na doutrina, a categoria de factos com maior significado na determinação da linha de fronteira marítima. As suas repercussões adquirem um papel simultaneamente perentório e insubstituível: o título jurídico dos Estados decorre da geografia das costas dos Estados; a sobreposição de títulos jurídicos só é determinável por referência à geografia das costas dos Estados; e a linha equidistante é calculada igualmente a partir de pontos que se encontram localizados nas costas dos Estados envolvidos.

Estamos a tratar de circunstâncias que têm, *latíssimo sensu*, um caráter geo-científico; e cuja apreciação ocorre na delimitação relativa a qualquer zona marítima. Estão abrangidas no elenco de circunstâncias relacionadas com a *geografia das costas dos Estados envolvidos*, consideradas na jurisprudência como potencialmente relevantes, entre outras, as seguintes[128]:

[126] Com diferentes abordagens, as obras identificadas na nota n.3 supra oferecem, com visões distintas, um panorama sobre as circunstâncias factuais que a jurisprudência tem considerado no quadro da delimitação marítima.

[127] Nos termos do artigo 121º, concatenado com o artº 13º, ambos da CNUDM, as formações insulares (*i.e.* ilhas, rochedos, e baixios-a-descoberto) são geradoras de títulos jurídicos sobre zonas marítimas. Noutra ótica, deve referir-se que as linhas de base reta (artigo 7º da CNUDM), e mesmo linhas de base arquipelágica (artigo 47º CNUDM), a partir das quais se determina o título jurídico, são por norma e na prática desconsideradas (se não na totalidade, pelo menos em larga medida), em razão do seu caráter unilateral, que se contrapõe à natureza bilateral da delimitação.

[128] Sobre as circunstâncias relevantes de natureza geográfica, *vide* Marques Antunes, supra n.3, 290-313. Igualmente, por exemplo: Lando, supra n.3, 168-195; Cottier, supra n.3, 525-559, 635-644; Tanaka, supra n.3, 151-263; Evans (1989), supra n.125, 99-171.

- A relação geográfica entre as costas dos Estados envolvidos, em especial se estes têm costas adjacentes ou situadas frente-a-frente;
- O comprimento, direção e desenvolvimento das linhas de costa dos Estados, bem como a 'fachada' que essas costas apresentam sobre as áreas marítimas cuja alocação decorrerá da delimitação, incluindo-se aqui questões de concavidade e convexidade da costa, efeito de *cut-off*, direção geral da costa e disparidade dos comprimentos das linhas de costa;
- Posicionamento e conspicuidade de pontos da linha de base em termos da sua influência e controlo sobre o traçado da linha equidistante estrita (*controlling basepoints*), bem como a instabilidade da linha de costa ou inexatidão dos pontos das linhas de base;
- Existência de formações insulares (ilhas e rochedos) e sua localização geográfica (quando não incluídas no ponto anterior), que determinem soluções de delimitação singulares (e.g. *enclaving*, 'não-efeito', 'efeito parcial');
- Áreas marítimas relevantes para determinação da alocação em sede de delimitação (e.g. sobreposição de títulos jurídicos, área sob disputa);
- Prolongamento natural além das 200 milhas náuticas, em termos de considerações de teor geológico e geomorfológico)[129].

Em relação às circunstâncias relevantes conexas com a *autoridade exclusiva dos Estados nas zonas marítimas*, o que está em causa são os regimes jurídicos substantivos de cada uma das zonas marítimas a delimitar, mormente quanto a *posições jurídicas positivas* existentes na esfera dos Estados.

Atendendo ao distinto racional inato à criação do mar territorial, por um lado, e da ZEE e plataforma continental, por outro lado, importa clarificar (como aliás já anotado supra) que há uma distinção a traçar entre os interesses funcionais de cada um dos regimes jurídicos. Porque no primeiro primam os interesses relacionados com segurança e navegação, e nos segundos os interesses económicos associados a recursos naturais, estas circunstâncias têm relevância diversa dependendo da fronteira a delimitar. Em suma, a segunda categoria de circunstâncias relevantes a ponderar no decurso de considerações de equidade inclui, designadamente[130]:

[129] À luz da jurisprudência existente, tendemos a concluir que este tipo de circunstâncias não constitui per se fundamento para ajustamento da linha equidistante provisória. Mas o exíguo número de casos já decididos leva-nos a adotar uma posição cautelosa quanto a descartar por completo a sua relevância potencial em sede de delimitação além das 200 milhas náuticas.

[130] Sobre as circunstâncias relevantes derivadas da autoridade dos Estados nas zonas marítimas, vd. Marques Antunes, supra n.3, 313-324. Igualmente, por exemplo: Lando, supra n.3, 195-210; Cottier, supra n.3, 559-593; Tanaka, supra n.3, 265-327; Evans (1989), supra n.125, 172-223.

- Interesses de defesa e segurança, especificamente no âmbito da delimitação do mar territorial (embora não se excluindo teoricamente o seu efeito na delimitação da ZEE e plataforma continental);
- Navegação, bem como direitos de passagem para o alto mar, também aqui na delimitação do mar territorial, mas sem exclusão da delimitação da ZEE e plataforma continental;
- Existência (conhecida e determinada) de recursos naturais (vivos e não-vivos, com ênfase nos recursos petrolíferos e piscícolas), em especial nas delimitações da ZEE e plataforma continental, sem excluir o seu impacto teórico quanto ao mar territorial[131];
- Conduta das partes relativas aos aspetos de autoridade exclusiva, relevantes para a zona marítima em causa, incluindo *modus vivendi*;
- Direitos ou regimes históricos de diversa natureza, que não constituam em sentido estrito título histórico a determinadas áreas, não apenas no acesso a recursos vivos e não-vivos, mas também potencialmente em termos etno-antropológicos;
- Considerações de natureza ambiental *latíssimo sensu*.

Relativamente à terceira categoria de circunstâncias potencialmente relevantes a que aludimos, atinentes ao *contexto jurídico*, devemos começar por admitir que se pode discutir a sua existência em pé de igualdade com as anteriores categorias. De facto, não é inteiramente claro que estejamos perante factos de que decorram ajustamentos à linha equidistante estrita fundamentados em ponderações de equidade *proprio sensu*. Não obstante estas dúvidas, de pendor inteiramente académico, tais considerações têm presença assídua na *law in action*. Contam-se entre as mesmas, por exemplo[132]:

- Área geográfica considerada *in casu* relevante para efeitos da delimitação, eventualmente arguida pelas partes, que consiste numa avaliação judicial discricionária;

[131] Em *Gana/Costa do Marfim*, os recursos petrolíferos não foram ponderados como circunstância relevante na delimitação (*Gana/Costa do Marfim*, para.455). Mas, no âmbito das medidas cautelares, as atividades de produção petrolífera em curso, e o potencial impacto ambiental da sua suspensão, foram considerados determinantes para a posição adotada (Ordem de 25 de abril de 2015, paras.98-102, 108(1)).

[132] Tratando quase todas estas circunstâncias de forma dispersa, sem considerar a sua inclusão numa categoria sistematizada juridicamente, vd. Marques Antunes, supra n.3; Lando, supra n.3, Cottier, supra n.3, Evans (1989), supra n.125.

- Macrogeografia da área, designadamente a presença de Estados terceiros vizinhos com interesse direto no traçado das fronteiras dos Estados envolvidos, em termos de fronteiras marítimas já existentes ou a delimitar;
- Extensão geográfica das áreas pertinentes para a delimitação, especificamente em termos de margem espacial para efetivar a remediação equitativa almejada;
- Necessidade de delimitar uma 'fronteira marítima única' (*single maritime boundary*), que se aplique a todas as zonas marítimas;
- Existência prévia de fronteiras delimitadas ou de direitos específicos (e.g. *uti possidetis juris*, direitos históricos, acordo tácito, aquiescência, *estoppel*);
- Criação de 'areas cinzentas' (*grey areas*)[133];
- Simplificação do traçado da linha de fronteira marítima, sem impacto na alocação das áreas em disputa;
- Localização do ponto terminal da fronteira terrestre.

4.7. 'Teste de Desproporcionalidade'

A terceira etapa do processo de delimitação marítima – 'teste de desproporcionalidade' –, conforme ideado na *law in action*, é também resultado de desenvolvimento progressivo, em exclusivo por via jurisprudencial[134]. Formulado em *Mar Negro*, no seu entendimento atual, trata-se de uma avaliação *ex post facto* de eventual manifesta desproporcionalidade entre duas rácios, relativas a: (i) comprimento das linhas de costa relevantes; e (ii) alocação de áreas

[133] As denominadas *grey areas* incorporam na sua essência um conflito negativo de autoridade entre dois Estados envolvidos numa delimitação, ocorrendo quando a delimitação não seja efetuada com base numa linha equidistante. Um dos Estados não pode exercer autoridade porque a área está situada além dos limites exteriores da sua zona marítima; ao outro não é permitido o exercício de autoridade porque a área está localizada além da fronteira delimitada. Identificada há muito (Marques Antunes, supra n.3, 342-346), a situação adquiriu particular relevância em *Bangladesh/Myanmar*. A decisão do ITLOS atribuiu direitos sobre plataforma continental além das 200 milhas náuticas ao Bangladesh, retirando a área da plataforma continental aquém das 200 milhas náuticas de Myanmar, ao mesmo tempo que permitia a este o exercício de autoridade sobre a coluna de água (*Bangladesh/Myanmar*, paras.463-476, e mapa nº 7). Referindo-se a uma possível *grey area*, *Somália/Quénia*, para.197, e mapa nº 12).

[134] Para uma análise recente sobre o 'teste de desproporcionalidade': Tanaka, Yoshifumi. 2018. Disproportionality Test. In Maritime Boundary Delimitation: Is It Consistent and Predictable?, eds. Alex G. Oude Elferink et al. 291-318. Cambridge: CUP. Também, Lando, supra n.3, 246-289. Para uma perspetiva da 'proporcionalidade' funcionalizada às implicações do princípio da equidade, Cottier, supra n.3, 541-559.

derivada da linha de fronteira marítima considerada após a segunda etapa, perspetivada em função da 'área relevante'[135].

Ao referirmos que o 'teste de desproporcionalidade' decorre em exclusivo da elaboração dos tribunais, isso significa que o mesmo não parece existir *qua tale* na prática dos Estados (não se excluindo das negociações, no entanto, apreciações sobre comprimento das linhas de costa e de alocação de áreas). Não é de somenos importância este facto, que se prende com o grau de subjetividade do 'teste de desproporcionalidade'. Avaliações deste cariz são 'inúteis' em contexto negocial. Cada Estado terá a sua própria 'interpretação' subjetiva da geografia, o que facilmente conduziria a bloqueios negociais.

Nos casos *Plataforma Continental do Mar do Norte*, ao trazer à colação o requisito de um 'grau razoável de proporcionalidade' decorrente da aplicação dos princípios equitativos, em sede de desenvolvimento progressivo o TIJ sufragou um conceito que, primo, não possuía adequado desenvolvimento normativo, secundo, introduziu na delimitação marítima um grau de subjetividade pouco consentâneo com a noção de normação e, tertio, era vazio de conteúdo material no que tange à 'descoberta' da linha de fronteira marítima. É sem surpresa, por isso, que a conclusão é, ainda hoje, *inter alia*, que o 'teste de desproporcionalidade' está longe de ser objetivo e é incapaz de validar o traçado de uma fronteira marítima[136]. No nosso entender, esta etapa do processo de delimitação marítima deveria ser eliminada[137]. De facto, ontem[138], como hoje[139], não se conhece nenhuma delimitação em que o 'teste de desproporcionalidade' *ex post facto* tenha conduzido à reconsideração da linha de fronteira marítima obtida com base nas duas primeiras etapas, não obstante os valores das rácios consideradas terem sido significativamente diferentes[140].

[135] Por razões que aduzimos há muito, antes do caso *Mar Negro*, entendemos que um teste *ex post facto* com esta natureza é desnecessário e injustificado (Marques Antunes, supra n.3, 301-307). Na nossa perspetiva, a questão deveria ser de uma factorização de eventuais disparidades nos comprimentos das costas dos Estados tidas por relevantes, porque tratando-se de uma ponderação fundamentada no princípio da equidade, não se justifica a sua autonomização. Aliás, como afirmámos na altura, qualquer alteração às ponderações de equidade, fundamentadas num teste de 'desproporcionalidade', colocariam na inteira subjetividade dos tribunais o traçado da linha de fronteira marítima, face às incertezas que o processo acarreta.

[136] Yoshifumi, supra n.132, 316-318.

[137] Sem prejuízo desta posição, realisticamente não deixamos de reconhecer que será difícil que tal venha a ocorrer, pelo menos num futuro próximo.

[138] Marques Antunes, supra n.3, 307.

[139] Yoshifumi, supra n.132, 317.

[140] Com a reserva de que não temos dados concretos e detalhados sobre o assunto, tenderíamos a conjeturar que tal situação se deve a que as circunstâncias factuais que subjazem ao cálculo das

5. Epílogo

As disposições sobre delimitação de fronteiras marítimas da CNUDM não permitem uma apreensão integral do direito da delimitação marítima. Por um lado, a sua normatividade só se apreende quando as contextualizamos no percurso de desenvolvimento progressivo que lhes deu origem. Por outro lado, é desse desenvolvimento progressivo que emana a densificação normativa necessária à materialização do seu intento: o traçado de uma linha de fronteira marítima. Tal densificação decorre da jurisprudência, da prática dos Estados e da doutrina.

A nossa conclusão é de que a normatividade da delimitação marítima emana do *princípio do zonamento marítimo* e do *princípio da equidade*, os quais carecem de uma harmonização *in concreto*, sopesando as circunstâncias fácticas entendidas como relevantes, no sentido de se aportar a uma 'solução equitativa'.

A relevância desta normatividade variará consoante a delimitação ocorra por via negocial (i.e. diretamente entre os Estados envolvidos) ou por via jurisdicional (i.e. com intermediação de um tribunal internacional mandatado para decidir em termos estritamente jurídicos). É na segunda que a normatividade tem um papel central, atendendo a que na primeira podem prevalecer (hipoteticamente) considerações extrajurídicas.

Em matéria de delimitação marítima, há um aspeto da CNUDM que merece ênfase quando perscrutando o horizonte. Referimo-nos à delimitação de fronteiras marítimas da plataforma continental além das 200 milhas náuticas. Porque não é certo que as regras da CNUDM sobre delineação dos limites exteriores tenham caráter consuetudinário[141], porque há um número reduzido de casos em que se delimitou a fronteira marítima além das 200 milhas náuticas[142], e porque em muitas situações não existe uma delineação dos limites de plataforma continental além das 200 milhas náuticas, poder-se-ia questionar se há a possibilidade de daqui advir uma alteração ao direito da delimitação marítima. Face à jurisprudência existente, a nossa resposta é claramente negativa, sem prejuízo de aceitarmos que poderão 'despontar' aspetos que até hoje não tenham sido examinados.

Finalmente, a aplicação do regime jurídico da delimitação marítima tem envolvido um grau de incerteza e imprevisibilidade que se nos afigura incom-

rácios já serem fatorizadas através da linha equidistante provisória ajustada por ponderações de equidade.

[141] Artigo 76º, nº 4 a nº 9, da CNUDM.

[142] *Bangladesh/Myanmar*, *Bangladesh/Índia*, *Gana/Costa do Marfim*, *Somália/Quénia*.

paginável com os cânones mais ortodoxos do direito. O seu principal *acquis* refere-se a aspetos 'adjetivos' – i.e. o 'processo em três etapas' –, mais do que a aspetos 'substantivos' – i.e. as regras relativas ao traçado da linha de fronteira marítima –. Seria desejável que futuros desenvolvimentos se concentrassem em ultrapassar esta situação. No plano judicial, onde continua a prevalecer uma argumentação de princípio, a dificuldade que persiste é, sem dúvida, o facto de ainda não ter sido encontrado um grau de densificação normativo-discursiva apropriado à validação da linha de fronteira marítima adjudicada jurisdicionalmente. Este é o desafio a que os tribunais internacionais deveriam procurar dar resposta no futuro. Em última instância, esta resposta prende-se com a necessidade de incrementar a certeza jurídica e previsibilidade das delimitações marítimas. Entendemos que não se pode continuar a conceber que um tribunal decida o traçado de uma fronteira marítima em termos primacialmente intuitivos, à luz do que seja a visão dos juízes a partir de uma representação cartográfica[143].

ANEXO I

Jurisprudência Internacional – Lista de Casos Selecionados

Bangladesh/Índia: Arbitragem sobre Delimitação da Fronteira Marítima no Golfo de Bengala (Bangladesh *vs* Índia), Laudo Arbitral (TPA) de 7 de julho de 2014

Bangladesh/Myanmar: Disputa sobre Delimitação da Fronteira Marítima entre o Bangladesh e Myanmar (Bangladesh *vs* Myanmar), Acórdão do TIDM de 14 de março de 2012

Barbados/Trindade e Tobago: Arbitragem entre Barbados e Trindade e Tobago (Artigo 287 e Anexo VII da CNUDM), Laudo Arbitral (TPA) de 11 de abril de 2006

Camarões/Nigéria: Caso da Fronteira Terrestre e Marítima entre os Camarões e a Nigéria (Camarões *vs* Nigéria, intervenção da Guiné Equatorial), Acórdão do TIJ de 10 de outubro de 2002

Canadá/França: Caso da Delimitação das Áreas Marítimas entre o Canadá e a República Francesa (St. Pierre et Miquelon), Laudo Arbitral de 10 de junho de 1992

[143] A ideia de que o TIJ possa ter entendido aspetos da delimitação numa base de *what looks on the map* como a decisão mais adequada (no caso sobre prolongamento natural) já foi por nós recusada há muito (vd. Marques Antunes, supra n.3, 59-60). A preocupação que permanece é de que essa possa ser ainda a base da decisão dos tribunais (vd. Cottier, supra n.3, 558, quando refere que decisões sobre proporcionalidade possam ser tomadas *intuitively by looking at the maps*).

Costa Rica/Nicarágua: Delimitação Marítima no Mar das Caraíbas e no Oceano Pacífico (Costa Rica vs Nicarágua) e Fronteira Terrestre na Parte Norte da Ilha Portillos (Costa Rica vs Nicarágua), Acórdão do TIJ de 2 de fevereiro de 2018

Dubai/Sharjah: Arbitragem Dubai/Sharjah, Laudo Arbitral de 19 outubro de 1981

El Salvador/Honduras: Caso da Disputa sobre Território, Ilha e Fronteira Marítima (El Salvador *vs* Honduras: intervenção da Nicarágua), Acórdão do TIJ de 11 de setembro de 1992

Eritreia/Iémen: Arbitragem entre o Estado da Eritreia e a República do Iémen, Segunda Fase do Procedimento (Delimitação Marítima), Laudo Arbitral (TPA) de 17 de dezembro de 1999

Gana/Costa do Marfim: Disputa sobre a Delimitação da Fronteira Marítima entre o Gana e a Costa do Marfim no Oceano Atlântico (Gana vs Costa do Marfim), Acórdão do TIDM de 23 de setembro de 2017

Grisbadarna: Disputa sobre Fronteira Marítima entre a Noruega e a Suécia, Laudo Arbitral (TPA) de 23 de outubro de 1909

Guiana/Suriname: Arbitragem entre a Guiana e o Suriname (Artigo 287 e Anexo VII da CNUDM), Laudo Arbitral (TPA) de 17 de setembro de 2007

Guiné/Guiné-Bissau: Disputa sobre Delimitação da Fronteira Marítima (Guiné *vs* Guiné-Bissau), Laudo Arbitral de 14 de fevereiro de 1985

Guiné-Bissau/Senegal: Caso da Determinação da Fronteira Marítima (Guiné-Bissau *vs* Senegal), Laudo Arbitral de 31 julho de 1989

Golfo do Maine: Caso da Delimitação da Fronteira Marítima na Área do Golfo do Maine (Canadá *vs* Estados Unidos da América), Acórdão do TIJ (Câmara) de 12 de outubro de 1984

Jan Mayen: Caso da Delimitação Marítima na Área entre a Gronelândia e Jan Mayen (Dinamarca *vs* Noruega, Acórdão do TIJ de 14 de junho de 1993

Líbia/Malta: Caso da Plataforma Continental (Jamahiriya Árabe Líbia vs Malta), Acórdão do TIJ de 3 de junho de 1985

Mar Egeu: Caso da Plataforma Continental do Mar Egeu (Grécia *vs* Turquia), Acórdão do TIJ de 19 de dezembro de 1978

Mar Negro: Delimitação Marítima no Mar Negro (Roménia *vs* Ucrânia), Acórdão do TIJ de 3 de fevereiro de 2009

Nicarágua/Colômbia: Caso da Disputa Territorial e Marítima (Nicarágua *vs* Colômbia), Acórdão do TIJ de 19 de novembro de 2012

Nicarágua/Honduras: Caso da Disputa Territorial e Marítima entre a Nicarágua e as Honduras no Mar das Caraíbas (Nicarágua *vs* Honduras), Acórdão do TIJ de 8 de outubro de 2007

Perú/Chile: Caso da Disputa Marítima (Perú *vs* Chile), Acórdão do TIJ de 27 de janeiro de 2014

Plataforma Continental do Mar do Norte: Casos da Plataforma Continental do Mar do Norte (República Federal da Alemanha vs Dinamarca – República Federal da Alemanha vs Países Baixos), Acórdão do TIJ de 20 de fevereiro de 1969

Catar/Bahrein: Caso da Delimitação Marítima e Questões Territoriais entre o Catar e o Bahrein (Catar *vs* Bahrein), Acórdão do TIJ de 16 de Março de 2001

Plataforma Continental Anglo-Francesa: Caso da Delimitação da Plataforma Continental entre o Reino Unido da Grã-Bretanha e Irlanda do Norte e a República Francesa, Laudo Arbitral de 30 de junho de 1977

Somália/Quénia: Delimitação Marítima no Oceano Índico (Somália *vs* Quénia), Acórdão do TIJ de 12 de outubro de 2021

Terra Nova e Lavrador vs Nova Escócia: Arbitragem entre Terra Nova e Lavrador e Nova Escócia relativa a Partes dos Limites das suas Áreas Marítimas, Laudo Arbitral de 26 de março de 2002

Tunísia/Líbia: Caso da Plataforma Continental (Tunísia *vs* Jamahiriya Árabe Líbia), Acórdão do TIJ de 24 de fevereiro de 1982

9
COMENTÁRIO À PARTE VII
ALTO MAR

FERNANDO LOUREIRO BASTOS[1]

Resumo: A Parte VII, Alto mar, está dividida em duas secções, distribuídas entre os artigos 86º e 120º. A seção 1, com a designação de "Disposições gerais", cobre os artigos 86º a 115º, enquanto a seção 2, com o título de "Conservação e gestão dos recursos vivos do alto mar", integra os artigos 116º a 120º. As duas seções da Parte VII tratam de matérias distintas, tendo sido juntas em razão de um critério espacial. Na primeira secção foi agrupado um conjunto de artigos sobre matérias estruturantes do Direito Internacional do Mar, como a exclusividade de jurisdição dos Estados sobre os navios com a sua nacionalidade, as situações excecionais em que pode ser exercido o direito de visita em relação a navios estrangeiros (com destaque para a proibição do transporte de escravos, a pirataria, o tráfico ilícito de estupefacientes e substâncias psicotrópicas e as transmissões não autorizadas de rádio ou televisão a partir do mar) e os termos e limites em que pode ser usado o direito de perseguição (*hot pursuit*) a navios estrangeiros. Na segunda seção, por seu turno, foram introduzidas orientações de cooperação no que concerne ao exercício de direito de pesca no alto mar, em termos distintos dos previstos no âmbito de uma tradicional (ilimitada) liberdade de pesca no alto mar.

Palavras-chave: alto mar; cabos e ductos submarinos; conservação e gestão de recursos vivos; dever de prestar assistência; deveres do Estado de bandeira; direito de perseguição; direito de visita; exclusividade de jurisdição do Estado de bandeira; imunidade dos navios de guerra; liberdade do alto mar; mamíferos marinhos; nacionalidade dos navios; pesca; pirataria; proibição do transporte de escravos

[1] Professor Associado da Faculdade de Direito da Universidade de Lisboa e Coordenador do Grupo de Investigação de Direito Internacional e Europeu do CIDP – Centro de Investigação de Direito Público; floureirobastos@fd.ul.pt.

Abstract: Part VII, High seas, is divided into two sections, between articles 86º and 120º. Section 1, entitled 'General provisions', covers articles 86 to 115, while section 2, entitled "Conservation and management of the living resources of the high seas", includes articles 116º to 120º. The two sections of Part VII deal with different matters, having been joined due to a spatial criterion. In the first section, a set of articles deal with structuring matters of the International Law of the Sea, such as the exclusive jurisdiction of States over ships with their nationality, the exceptional situations in which the right of visit can be exercised in relation to foreign ships (with emphasis on the prohibition of the transport of slaves, piracy, the illicit traffic of narcotics drugs or psychotropic substances and the unauthorized broadcasting of radio or television from the sea) and the terms and limits in which the right of persecution (hot pursuit) can be used in relation to foreign ships. In the second section, cooperation guidelines were introduced regarding the exercise of the rights of fishing, in very terms different from those provided for in the context of a traditional (unlimited) freedom of fishing on the high seas.

Key words: conservation and management of living resources; duties of the flag State; duty to render assistance; exclusive jurisdiction of the flag State; fishing; freedom of the high seas; high seas; immunity of warships; marine mammals; nationality of ships; piracy; prohibition of the transport of slaves; right of hot pursuit; right of visit; submarine cables and pipelines

1. Considerações introdutórias

A Parte VII, Alto mar, está dividida em duas secções, distribuídas entre os artigos 86º e 120º. A seção 1, com a designação de "Disposições gerais", cobre os artigos 86º a 115º, enquanto a seção 2, com o título de "Conservação e gestão dos recursos vivos do alto mar", integra os artigos 116º a 120º. As duas seções da Parte VII tratam de matérias distintas, tendo sido juntas em razão de um critério espacial. Na primeira secção foi agrupado um conjunto de artigos sobre matérias estruturantes do Direito Internacional do Mar, como a exclusividade de jurisdição dos Estados sobre os navios com a sua nacionalidade, as situações excecionais em que pode ser exercido o direito de visita em relação a navios estrangeiros e os termos e limites em que pode ser usado o direito de perseguição (*hot pursuit*) a navios estrangeiros. Na segunda seção, por seu turno, foram introduzidas orientações de cooperação no que concerne ao exercício de direito de pesca no alto mar, em termos distintos dos previstos no âmbito de uma tradicional (ilimitada) liberdade de pesca no alto mar.

As matérias que integram a Parte VII estavam distribuídas, no âmbito das Convenções de Genebra sobre o Direito do Mar, assinadas a 29 de abril de

1958[2], entre a Convenção sobre o Alto Mar, com 37 artigos (dos quais nove artigos referentes a cláusulas diplomáticas), e a Convenção sobre a Pesca e a Conservação dos Recursos Biológicos do Alto Mar, com 22 artigos (dos quais oito artigos referentes a cláusulas diplomáticas)[3].

2. Extensão do alto mar e a sua utilização para fins pacíficos

A extensão do alto mar e o âmbito de aplicação espacial da Parte VII, nos termos do artigo 86º, é apurado pela negativa. Isto é, usando um raciocínio *a contrario*, devem ser qualificadas como alto mar "todas as partes do mar" relativamente às quais não sejam aplicáveis os regimes jurídico-internacionais de águas interiores (artigo 8º, Parte II), de mar territorial (seção 1 a 3 da Parte II), de Zona Económica Exclusiva (Parte V), ou águas arquipelágicas, quando se esteja em presença de um Estado arquipélago (Parte IV). Importa salientar que esta disposição lida fundamentalmente com a coluna de água e com a superfície do alto mar, enquanto áreas além da jurisdição nacional. No que concerne ao leito do mar, aos fundos marinhos e ao seu subsolo além da jurisdição nacional (isto é, para além da plataforma continental dos Estados, até às 200 milhas marítimas ou estendida além desse limite), o regime jurídico-internacional do alto mar também lhes será aplicável, a menos que se esteja em presença de "atividades de exploração e aproveitamento dos recursos da Área" (subalíneas 1 e 3 do nº 1 do artigo 1º e artigo 133º). Da conjugação destas disposições decorre que o início do alto mar pode variar em função da reivindicação de Zona Económica Exclusiva ter sido, ou não, feita pelo Estado costeiro. Assim sendo, caso o Estado costeiro não tenha reivindicado uma Zona Económica Exclusiva, a plataforma continental até às duzentas minhas marítimas será um espaço marítimo sujeito à jurisdição desse Estado mas a coluna de água e a superfície do mar serão regulados pelo regime jurídico-internacional do alto mar (artigo 78º).

O artigo 88º determina que o alto mar "será utilizado para fins pacíficos". Esta disposição concretiza no espaço do alto mar os objetivos que estiveram subjacentes à negociação e conclusão da Convenção das Nações Unidas sobre o Direito do Mar e que surgem enunciados no seu preâmbulo, nomeadamente como a promoção dos "usos pacíficos dos mares e oceanos". O artigo 301º (Utilização do mar para fins pacíficos), em termos gerais, impõe aos Estados

[2] Traduções oficiais em língua portuguesa podem ser encontradas no Diário do Governo, Iª Série, de 3 de agosto de 1962 (aprovação para ratificação pelo Decreto-Lei nº 44 490, de 3 de agosto de 1962).

[3] Sobre a codificação do regime jurídico-internacional do alto mar, ver Rothwell, Donald e Stephens, Tim. 2016. The International Law of the Sea, 2ª ed.. Bloomsbury, pp. 160-163.

a abstenção de "qualquer ameaça ou uso da força contra a integridade territorial ou a independência política de qualquer Estado", ou de qualquer atividade que possa ser considerada "incompatível com os princípios de direito internacional incorporados na Carta das Nações Unidas". A conjugação destas disposições não elimina, contudo, a possibilidade de uso da força nos espaços marítimos, cuja regulamentação consta de um complexo de normas convencionais e costumeiras em vigor desde o final do século dezanove e dos princípios do século vinte (normalmente integradas no âmbito do Direito Internacional Humanitário ou Direito da Guerra)[4]. Do mesmo modo que não impede a possibilidade da realização de manobras militares, ou exercícios de treino naval, desde que estes não pretendam assumir o controlo de uma parte, ou da totalidade, dos mares e oceanos e da livre prossecução dos seus usos legítimos por parte de terceiros Estados[5].

3. Liberdade do alto mar

O regime jurídico-internacional do alto mar previsto na Parte VII é aplicável a todos os Estados, independentemente de serem Estados costeiros. O artigo 87º enquadra esta matéria com base no princípio tradicional e estruturante da liberdade do alto mar, que se traduz na possibilidade de uma atuação livre por todos os Estados neste espaço marítimo, primacialmente através de navios com a nacionalidade de um qualquer Estado. O modelo subjacente aos usos do alto mar foi reforçado no artigo 89º com a afirmação da ilegitimidade de reivindicações de soberania sobre "qualquer parte do alto mar"[6]. A raiz histórica deste regime de utilização livre e aberto a todos os Estados pode ser encontrada no confronto entre os modelos de mar livre (*mare liberum*) e de mar fechado (*mare clausum*), objeto de uma intensa discussão, na primeira metade do século dezassete, no âmbito da chamada "batalha dos livros"[7].

[4] Sobre a questão, ver Loureiro Bastos, Fernando. 2018. O uso da força e a guerra no espaço marítimo. In Guerra e Paz no Século XXI. Políticas e Direito Internacional, coordenadores Roberto Correia da Silva Gomes Caldas, Jamile Bergamaschine Mata Diz, Manuel de Almeida Ribeiro e Isabel Cabrita 199-217. Almedina; e Loureiro Bastos. Fernando. 2018. O Direito Internacional do Mar e as leis da guerra, in O Direito Internacional e o Uso da Força no Século XXI, coordenadores Maria Luísa Duarte e Rui Tavares Lanceiro 17-39. AAFDL.

[5] Sobre a questão, ver Guilfoyle, Douglas. 2015. The high seas. In The Oxford Handbook of the Law of the Sea, ed. Donald R. Rothwell, Alex G. Oude Elferink, Karen N. Scoot e Tim Stephens. Oxford University Press, 210-212.

[6] Sobre a questão, ver Guilfoyle, Douglas. 2017. Article 89. In United Nations Convention on the Law of the Sea. A Commentary. Ed. Proelss, Alexander. 687-689. C.H.Beck – Hart – Nomos.

[7] Sobre a questão, ver Loureiro Bastos. 2017. Direito Internacional do Mar. Guia de Estudo, 137-138. AAFDL Editora.

A liberdade do alto mar é formulada em termos muito amplos e potencialmente expansivos, como decorre da redação do corpo do nº 1 do artigo 87º: por um lado, ao prever que a "liberdade do alto mar é exercida nas condições estabelecidas na presente Convenção e nas demais normas de direito internacional" e, por outro lado, ao usar a expressão "compreende, *inter alia*". Em conformidade com as alíneas da disposição citada, a liberdade do alto mar integra: a "liberdade de navegação"[8], a "liberdade de sobrevoo", a "liberdade de colocar cabos e ductos submarinos nos termos da parte VI", a "liberdade de construir ilhas artificiais e outras instalações permitidas pelo direito internacional, nos termos da parte VI"[9], a "liberdade de pesca nos termos das condições enunciadas na secção 2", e a "liberdade de investigação científica, nos termos das partes VI e XIII"[10]. Trata-se de uma lista não exaustiva, de modo a conseguir enquadrar a dinâmica dos usos legítimos do mar[11], como ficou demonstrado pela jurisprudência do Tribunal Internacional do Direito do Mar no Caso nº 19, *M/V Virginia G* (Panamá e Guiné-Bissau), relativamente ao *bunkering*, ou reabastecimento de navios em alto mar ou na Zona Económica Exclusiva[12].

[8] Sobre a questão, ver o *The 'Enrica Lexie' Incident (Italy v. India)*, apreciado no âmbito do Tribunal Permanente de Arbitragem, ao abrigo de uma notificação feita pela Itália à Índia, em 26 de junho de 2015, ao abrigo do artigo 287 da Convenção das Nações Unidas sobre o Direito do Mar e do artigo 1º do seu anexo VII. O Tribunal Arbitral entendeu, por unanimidade, que "by interfering with the navigation of the "St. Anthony" Italy has acted in breach of Article 87, paragraph 1, subparagraph (a), and Article 90 of the Convention". O *Award* de 21 de maio de 2020, proferido por um tribunal arbitral integrado por Vladimir Golitsyn (Presidente), Jin-Hyun Paik, Patrick Robinson, Francesco Francioni e Pemmaraju Sreenivasa Rao. https://pcacases.com/web/sendAttach/16500. Acedido em 24 maio 2021.

[9] Sobre a questão, Rothwell e Stephens, *The International Law of the Sea*, cit., 166, que sublinham que "the construction of artificial islands or installations on the high seas does not acquire for the relevant state any form of sovereignty over that area as a capacity to generate maritime claims nor does it impact upon delimitation of maritime boundaries".

[10] O artigo 2º da Convenção sobre o Alto Mar previa que a liberdade do alto mar "comporta, nomeadamente, para os Estados com e sem litoral: 1) A liberdade de navegação; 2) A liberdade de pesca; 3) A liberdade de colocar cabos e oleodutos submarinos; e 4) A liberdade de o sobrevoar".

[11] Nesse sentido, Attard, David e Mallia, Patricia. 2014. The High Seas. In The IMLI Manual on International Maritime Law, vol. I, The Law of the Sea, ed. David Joseph Attard, Malgosia Fitzmaurice e Norman A Martinez Gutiérrez, defendem, 243, que "[i]n principle, an activity which is compatible with the status of the high seas – in that it involves no claim to appropriation of the high seas – and which involves no unreasonable interference with the rights of other States or the international seabed should be admitted unless prohibited by a specific rule of provision in the UNCLOS".

[12] Sobre a questão, ver Loureiro Bastos, Fernando. 2021. Caso nº 19. Caso M/V "Virginia G" (Panamá e Guiné-Bissau). In *Tribunal Internacional do Direito do Mar. 25 anos de jurisdição em*

Assim sendo, a liberdade do alto mar funciona como um regime-padrão de atuação no mar, e deve ser entendido em contraponto ao regime jurídico-internacional previsto para as águas interiores e para o mar territorial. Nesse sentido, o nº 1 do artigo 2º estabelece que "[a] soberania do Estado costeiro estende-se além do seu território e das suas águas interiores e, no caso de Estado arquipélago, das suas águas arquipelágicas, a uma Área de mar adjacente designada pelo nome de mar territorial". A contraposição entre os regimes jurídico-internacionais do alto mar e do mar territorial permitem entender que, relativamente à Zona Económica Exclusiva, o artigo 58º preveja no nº 1 que "todos os Estados, quer costeiros quer sem litoral, gozam, no termos das disposições da presente Convenção, das liberdades de navegação e sobrevoo e de colocação de cabos e ductos submarinos, a que se refere o artigo 87º, bem como outros usos do mar internacionalmente lícitos, relacionados com as referidas liberdades, tais como os ligados à operação de navios, aeronaves, cabos e ductos submarinos e compatíveis com as demais disposições da presente Convenção", e no nº 2 que "[o]s artigos 88º a 115º e demais normas pertinentes de direito internacional aplicam-se à Zona Económica Exclusiva na medida em que não sejam incompatíveis" com a Parte V[13].

Em qualquer caso, os direitos decorrentes da liberdade do alto mar devem ser exercidos por qualquer Estado, costeiro ou sem litoral[14], "tendo em devida conta os interesses de outros Estados no seu exercício da liberdade do alto mar". Nesse sentido, o nº 2 do artigo 87º é uma concretização da obrigação geral de boa-fé consagrada no artigo 300º, em conformidade com a qual os Estados devem "exercer os direitos, jurisdição e liberdades reconhecidos na presente Convenção de modo a não constituir abuso de direito"[15].

A sedimentada afirmação da liberdade do alto mar e da possibilidade de este ser usado por todos os Estados não é incompatível com o surgimento e multiplicação de regimes jurídico-internacionais de cooperação em vários domínios, de que a seção 2 sobre a conservação e gestão dos recursos vivos do alto mar é um exemplo relevante. Tratando-se de regimes convencionais, aos potenciais participantes é conferida uma certa margem de liberdade quanto

homenagem ao Professor Vicente Marotta Rangel, organizadores André de Paiva Toledo e Tiago V. Zanella, 660-666. Editora D'Plácido.

[13] Sobre a questão da relação entre os regimes jurídico-internacionais do alto e da Zona Económica Exclusiva, ver Guilfoyle, The high seas, cit., 212-214.

[14] Sobre a contraposição entre Estados costeiros, Estados sem litoral, Estados de pavilhão ou de bandeira, e Estados do porto, ver Loureiro Bastos, Direito Internacional do Mar, 99-109.

[15] Sobre a obrigação de ter em devida conta dos interesses de outros Estados (ou claúsula de *due regard*), ver Attard e Mallia, The High Seas, cit., 244-245.

a sua vinculação, não obstante uma progressiva redução em função do aprofundamento e da sobreposição de regimes jurídico-internacionais de governação do alto mar em vários domínios[16].

4. Ilegitimidade de reivindicações de soberania sobre o alto mar e a criação de áreas marinhas protegidas ou mecanismos de proteção equivalentes

Como referido anteriormente, o artigo 89º prevê que nenhum "Estado pode legitimamente pretender submeter qualquer parte do alto mar à sua soberania". Embora continue a ser um princípio estruturante do Direito Internacional do Mar, o seu alcance deverá ser conciliado com a criação no alto mar de áreas marinhas protegidas ou mecanismos de proteção equivalentes[17].

As áreas marinhas protegidas podem ser criadas ao abrigo de compromissos internacionais de âmbito universal ou de âmbito regional. São exemplos de vinculações internacionais de âmbito universal neste domínio, a Convenção para a Proteção do Património Mundial, Cultural e Natural (*Convention concerning the Protection of the World Cultural and Natural Heritage*) assinada em Paris, a 16 de novembro de 1972[18], com a previsão do valor universal excecional (*outstanding universal value*)[19] relativamente a locais naturais situados no alto

[16] Nesse sentido, Rothwell e Stephens, The International Law of the Sea, cit., 155, abordam o alto mar como a "Managed Common Area.

[17] Sobre a questão, Ribeiro, Marta Chantal. 2010. A criação de AMPs nas zonas da plataforma continental situadas além das 200 mn: Direito do Mar, CPLP e experiência portuguesa pós-'Rainbow', Revista do CEDOUA, 25, ano XIII, nº 1: 23-39, Ribeiro, Marta Chantal. 2013. A importância das "áreas marinhas protegidas" na preservação dos oceanos. In La gobernanza de los mares y oceanos: nuevas realidades, nuevos desafios, coordenadores Jorge Pueyo Losa e Wladimir Brito, 109-123. Santiago de Compostela: Andavira Editora; e Branco, Inês Aguiar. 2020.Solving the potential conflict: high seas marine protected areas and sovereign rights over the continental shelf beyond 200 nautical miles. In Global Challenges and the Law of the Sea. Ed. Marta Chantal Ribeiro, Fernando Loureiro Bastos e Tore Henriksen, 423-442. Springer.

[18] Tradução oficial portuguesa, Diário da República, 1ª Série, nº 130, de 6 de junho de 1979, pp. 1266-1272. Em maio de 2021, a Convenção para a Proteção do Património Mundial, Cultural e Natural tinha 194 partes, incluindo a Santa Sé.

[19] Artigo 2º, prevendo que "[p]ara os fins da presente Convenção serão considerados como património cultural: (...) Os locais de interesse naturais ou zonas naturais estritamente delimitadas, com valor universal excepcional do ponto de vista da ciência, conservação ou beleza natural". São exemplos de *Outstanging Universal Value in the High Seas*, com indicação da bibliografia relevante, locais como *The Lost City Hydrothermal Field* (Oceano Atlântico), The Costa Rica Thermal Dome (Oceano Pacífico), The White Shark Café (Oceano Pacífico), The Sargasso Sea (Oceano Atlântico), e The Atlantis Bank (Oceano Índico). Sobre a matéria, ver Freestone, David, Laffoley, Dan, Douvere, Fanny e Badman, Tim. 2016. World Heritage in the High Seas: An Idea Whose Time has Come, World Heritage Reports 44, 29-42 e 60-67.

mar, e a Convenção da Diversidade Biológica (*Convention on Biological Diversity*), de 5 de junho de 1992[20], no âmbito da Decisão VII/5 (*Marine and coastal biological diversity*), e da Decisão VII/28 (*Protected áreas (Articles 8 (a) to (e)*) da Conferência das Partes (COP 7), que teve lugar em 2004. É exemplo de uma vinculação internacional de âmbito regional a Convenção para a Proteção do Meio Marinho do Atlântico Nordeste (*Convention for the Protection of the Marine Environment of the North-East Atlantic*, ou *OSPAR Convention*), assinada em Paris a 22 de setembro de 1992[21] (com as emendas introduzidas em 23 de julho de 1998[22]), através do *OSPAR's Regulatory Regime for establishing Marine Protected Areas (MPAs) in Areas Beyond National Jurisdiction (ABNJ) of the OSPAR Maritime Area*, de junho de 2009, e do *General consultation procedures for establishing Marine Protected Areas in Areas Beyond National Jurisdiction of the OSPAR Maritime Area (OSPAR Agreement 2019-09)*, de setembro de 2019[23].

Esta questão será particularmente relevante com a aprovação e a entrada em vigor de um *Agreement under the United Nations Convention of the Law of the Sea on the conservation and sustainable use of marine biological diversity of areas beyond national jurisdiction*. Tendo por referência o projeto de texto revisto, de novembro de 2019[24], após a terceira sessão da conferência intergovernamental sobre a matéria, é prevista a possibilidade de virem a ser criadas no alto mar áreas marinhas protegidas[25] e instrumentos de gestão de áreas geográfi-

[20] Tradução oficial portuguesa, Diário da República, 1ª Série, nº 140, de 21 de junho de 1993, pp. 3368-3380. Em maio de 2021, a Convenção sobre a Diversidade Biológica tinha 196 partes, incluindo o Estado da Palestina, as Ilhas Cook, Niue e a União Europeia.

[21] Tradução oficial portuguesa, Diário da República, 1ª Série, nº 253, de 31 de outubro de 1997. São Estados Partes da Convenção OSPAR: Alemanha, Bélgica, Dinamarca, Espanha, Finlândia, França, Irlanda, Islândia, Luxemburgo, Países Baixos, Noruega, Portugal, Reino Unido, Suécia, Suíça e a União Europeia.

[22] Tradução oficial portuguesa, Diário da República, 1ª Série, nº 6, de 9 de janeiro de 2006, pp. 164-166.

[23] No âmbito da Convenção OSPAR foram criadas as seguintes áreas marítimas protegidas em espaços marítimos além da jurisdição nacional: *Milne Seamount Complex MPA* (Decision 2010/1), *Charlie-Gibbs South MPA* (Decision 2010/2), *Altair Seamount High Seas MPA* (Decision 2010/3), *Antialtair Seamount High Seas MPA* (Decision 2010/4), *Josephine Seamount High Seas MPA* (Decision 2010/5), *Mid-Atlantic Ridge North of the Azores High Seas MPA* (Decision 2010/6) e *Charlie-Gibbs North High Seas MPA* (Decision 2012/1).

[24] *Revised draft text of an agreement under the United Nations Convention on the Law of the Sea on the conservation and sustainable use of marine biological diversity of areas beyond national jurisdiction*, de 27 de novembro de 2019.

[25] De acordo com o nº 10 do artigo 1º do projeto, «"[m]arine protected area" means a geographically defined marine area that is designated and managed to achieve specific [long-term biodiversity]

cas especificas[26]. A matéria aparece regulada nos artigos 14º a 20º do projeto de texto revisto, que integram a Parte III, intitulada de *Measures such as area-based management tools, including marine protected areas*[27].

5. Nacionalidade dos navios e bandeiras de conveniência

A Parte VII trata de uma das matérias fundamentais do Direito Internacional do Mar: os termos como é fixada a jurisdição relativamente aos navios que usam os diversos espaços marítimos. Por um lado, temos o exercício de jurisdição em resultado da atribuição de nacionalidade a uma embarcação, enquanto Estado de bandeira ou do pavilhão. Por outro lado, temos o exercício de jurisdição na decorrência da ligação a um território terrestre, com base na existência de poderes que são reconhecidos ao Estado costeiro, como sucede nos espaços que estão sujeitos à soberania ou jurisdição do Estado costeiro.

O princípio geral de jurisdição relativamente aos navios é, assim, que os "navios devem navegar sob a bandeira de um só Estado e (...) devem submeter-se, no alto mar, à jurisdição exclusiva desse Estado" (nº 2 do artigo 92º). Em termos excecionais, a jurisdição sobre navios pode ser exercida por outros Estados, em conformidade com o que está estabelecido na Convenção ou nos casos "previstos expressamente em tratados internacionais".

Nestes termos, os poderes reconhecidos ao Estado de bandeira permitem que este possa legislar em relação à atuação no alto mar dos navios com a sua nacionalidade e, também, sancionar os comportamentos que violem as leis e regulamentos que tiverem sido criadas para aplicação aos navios com a sua bandeira no âmbito espacial do alto mar.

conservation and sustainable use objectives [and that affords higher protection than the surrounding areas]".

[26] De acordo com o nº 3 do artigo 1º do projeto «"Area-based management tool" means a tool, including a marine protected area, for a geographically defined area through which one or several sectors or activities are managed with the aim of achieving particular conservation and sustainable use objectives [and affording higher protection than that provided in the surrounding areas]».

[27] São objetivos da Parte III, nos termos do artigo 14 (Objectives), nomeadamente: «[(a) Enhance cooperation and coordination in the use of area-based management tools, including marine protected areas, among States, relevant legal instruments and frameworks and relevant global, regional, subregional and sectoral bodies, which will also promote a holistic and cross-sectoral approach to [ocean management] [conservation and sustainable use of marine biological diversity of areas beyond national jurisdiction];]»; [(c) Conserve and sustainably use areas requiring protection, including by establishing a comprehensive system of area-based management tools, including marine protected areas;], e [(d) Establish a system of ecologically representative marine protected areas that are connected [and effectively and equitably managed];].

A atribuição da nacionalidade a navios é reconhecida a todos os Estados, quer costeiros quer sem litoral, sem qualquer limite em relação à sua dimensão ou localização geográfica. Nesse sentido, o artigo 90º estabelece expressamente que "[t]odos os Estados (...) têm o direito de fazer navegar no alto mar navios que arvorem a sua bandeira", e o nº 1 do artigo 91º prevê que os "navios possuem a nacionalidade do Estado cuja bandeira estejam autorizados a arvorar". Assim sendo, o nº 2 do artigo 92º prevê que "[u]m navio que navegue sob a bandeira de dois ou mais Estados, utilizando-as segundo as suas conveniências, não pode reivindicar qualquer dessas nacionalidades perante um terceiro Estado e pode ser considerado como um Estado sem nacionalidade"[28].

Os requisitos para a "atribuição da sua nacionalidade" e para o "registo de navios no seu território" são fixados, com inteira liberdade, pela legislação interna de cada Estado[29], em particular no que respeita aos requisitos de natureza administrativa que devem ser preenchidos. Não obstante o segmento final do nº 1 do artigo 91º prever expressivamente que "[d]eve existir um vínculo substancial entre o Estado e o navio"[30], a prática dos Estados, consolidada pela jurisprudência do Tribunal Internacional do Direito do Mar[31], é no

[28] Sobre as dificuldades da operacionalização do conceito de navio sem nacionalidade, ver Guilfoyle, The high seas, 216-218.

[29] Attard e Mallia, The High Seas, cit., sublinham, 246, que "[u]nder the UNCLOS, the freedom of navigation applies to the State and not the vessel".

[30] O equívoco que pode resultar para o interprete e para o aplicador deste segmento do nº 1 do artigo 91º, no sentido da existência de condições substanciais que devem ser preenchidas pelos navios quando solicitam o registo e a nacionalidade num determinado Estado, fica ainda mais evidente se se utilizar a versão autêntica da Convenção em língua inglesa onde que foi usada a expressão "*genuine link*". A relevância material do "*genuine link*" foi posta em destaque pela *United Nations Convention on Conditions for Registration of Ships*, cujo artigo 1º previa que "[f]or the purpose of ensuring or, as the case may be, strengthening the genuine link between a State and ships flying its flag, and in order to exercise effectively its jurisdiction and control over such ships with regard to identification and accountability of shipowner and operators as well as with regard to administrative, technical, economic and, social matters, a flag State shall apply the provisions contained in this Convention". Assinada em Genebra, a 7 de fevereiro de 1986, a *United Nations Convention on Conditions for Registration of Ships* ainda não entrou em vigor, tendo sido ratificada apenas por 15 Estados (maio de 2021).

[31] No Caso M/V Saiga (nº2) (Saint Vincent and the Grenadines v. Guinea), Judgment, 1999, § 63, foi defendido que "[a]rticle 91 leaves to each State exclusive jurisdiction over the granting of its nationality to ships. In this respect, article 91 codifies a well-established rule of general international law. Under this article, it is for Saint Vincent and the Grenadines to fix the conditions for the grant of its nationality to ships, for the registration of ships in its territory and for the right to fly its flag. These matters are regulated by a State in its domestic law. Pursuant to article 91, paragraph 2, Saint Vincent and the Grenadines is under an obligation to issue to ships to which it has granted the right to fly its flag documents to that effect. The issue of such documents is

sentido desses requisitos serem formais e não passíveis de escrutínio pelos restantes Estados ou entidades internacionais[32]. Daqui resulta o fenómeno conhecido como de "bandeiras de conveniência", que se traduz em os proprietários de navios procederem ao seu registo em Estados cujas legislações são pouco exigentes em determinados domínios, com destaque para as matérias ambientais, laborais ou fiscais, e com marinhas de guerra inexistentes ou com poucos meios para procederem à fiscalização no alto mar de navios com a sua nacionalidade. Além disso, a facilidade do regime jurídico-internacional vigente no domínio da "transferência efetiva da propriedade ou de mudança de registo", permite que os proprietários dos navios possam alterar a sua nacionalidade num muito curto lapso de tempo e modelarem, de forma expedita, a sujeição à jurisdição de um determinado Estado no alto mar.

O artigo 93ºº prevê a possibilidade de navios navegarem com bandeira das Nações Unidas, de agências especializadas das Nações Unidas e da Agência Internacional da Energia Atómica[33].

6. Deveres do Estado de bandeira

O artigo 94º prevê os deveres do Estado do pavilhão ao conceder a sua nacionalidade a um navio. Em termos gerais, o nº 1 determina que o Estado de bandeira "deve exercer, de modo efetivo, a sua jurisdição e o seu controlo em questões administrativas, técnicas e sociais sobre navios que arvorem a sua bandeira".

Em conformidade com esta disposição, o Estado de bandeira deverá:

- manter um registo de navios no qual figurem os nomes e as características dos navios que arvorem a sua bandeira, com exceção daqueles que, pelo seu reduzido tamanho, estejam excluídos dos regulamentos internacionais geralmente aceites (alínea a) do nº 2);

regulated by domestic law". Esta posição foi reafirmada no Caso M/V Virginia G (Panama/Guinea-Bissau), Judgment, 2014, § 109, em termos identicamente incisivos, ao ser defendido que "...article 91, paragraph 1, third sentence, of the Convention requiring a genuine link between the flag State and the ship should not be read as establishing prerequisites or conditions to be satisfied for the exercise of the right of the flag State to grant its nationality to ships".

[32] Sobre a questão, a análise autorizada de Attard e Mallia, The High Seas, cit., 248-256 (David Attard é juiz do Tribunal Internacional do Direito do Mar desde 1 de outubro de 2011, tendo sido seu Vice-Presidente entre 2017 e 2020), e Tanaka, Yoshifumi. 2019. The International Law of the Sea, 3ª ed.., 193-198. Cambridge University Press.

[33] Sobre a questão, ver Guilfoyle, Douglas. 2017. Article 93. In United Nations Convention on the Law of the Sea. A Commentary. Ed. Proelss, Alexander. 704-707. C.H.Beck – Hart – Nomos.

- exercer a sua jurisdição de conformidade com o seu direito interno sobre todo o navio que arvore a sua bandeira e sobre o capitão, os oficiais e a tripulação, em questões administrativas, técnicas e sociais que se relacionem com o navio (alínea b) do nº. 2);
- tomar as medidas necessárias para garantir a segurança no mar dos navios que arvorem a sua bandeira, nomeadamente no que respeita a "construção, equipamento e condições de navegabilidade do navio", "composição, condições de trabalho e formação das tripulações, tendo em conta os instrumentos internacionais aplicáveis", e "utilização dos sinais, manutenção de comunicações e prevenção de abalroamentos" (alíneas a), b) e c) do nº 3);
- assegurar que os navios devem ser inspecionados aquando do registo e periodicamente por entidades com qualificações reconhecidas internacionalmente nesse domínio (alínea a) do nº 4);
- assegurar que os navios são operados por um capitão e por oficiais devidamente qualificados, "em particular no que se refere à manobra, à navegação, às comunicações e à condução de máquinas" (alínea b) do nº 4);
- assegurar que a tripulação do navio tem as qualificações necessárias e é em número adequado ao "tipo, tamanho, máquinas e equipamento do navio" (alínea b) do nº 4)[34].

Na prossecução dos seus deveres o Estado de bandeira deve atuar em conformidade com os regulamentos, procedimentos e práticas internacionais geralmente aceites e fazer o necessário para garantir a sua observância. Caso haja "motivos sérios para acreditar" que estes deveres não estão a ser efetivamente respeitados, os terceiros Estados podem comunicar os factos relevantes ao Estado de bandeira, que deverá investigar a situação e, quando comprove o seu incumprimento, "tomar todas as medidas necessárias para corrigir a situação", nos termos do nº 6.

Quando um navio com a sua nacionalidade esteja envolvido num "qualquer acidente marítimo ou incidente de navegação no alto mar", em que "tenham perdido a vida ou sofrido ferimentos graves nacionais de outro Estado, ou se tenham provocado danos graves a navios ou a instalações de outro Estado ou ao meio marinho", o Estado de bandeira deverá proceder a um inquérito sobre

[34] Sobre os *standards* internacionalmente reconhecidos, ver Guilfoyle, Douglas. 2017. Article 84. In United Nations Convention on the Law of the Sea. A Commentary. Ed. Proelss, Alexander. 712-713. C.H.Beck – Hart – Nomos, e Yoshifumi. 2019. The International Law of the Sea, cit., 191-192.

a matéria que seja "efetuado por ou perante uma pessoa ou pessoas devidamente qualificadas". O nº 7 determina, ainda, que o Estado de bandeira e o outro ou os outros Estados de bandeira devem cooperar relativamente a qualquer investigação que seja feita sobre o incidente marítimo ou incidente de navegação. Não está previsto qualquer mecanismo específico para ultrapassar as situações em que o Estado de bandeira não prossiga as suas obrigações neste domínio, nomeadamente quando se esteja em presença de danos provocados ao meio ambiente marinho.

Importa salientar que a efetividade dos deveres impostos ao Estado de bandeira pode ser muito limitada quando se esteja em presença de um navio registado num Estado qualificado como de bandeira de conveniência. O problema tem vindo a ser corrigido através do reforço dos poderes do Estado do porto e das inspeções que as administrações dos portos podem efetuar para garantir que os navios navegam em conformidade com *standards* internacionalmente reconhecidos[35].

7. Imunidade dos navios guerra e outros navios do Estado utilizados para fins não comerciais

No seguimento da genérica declaração de imunidade dos "navios de guerra e de outros navios de Estado utilizados para fins não comerciais" inscrita no artigo 32º (subseção C da Parte II), é taxativamente afirmada a completa imunidade de jurisdição dos navios de guerra no alto mar "relativamente a qualquer outro Estado que não seja o da sua bandeira" (artigo 95º). O regime jurídico de "completa imunidade" é estendido no artigo 96º a "navios utilizados unicamente em serviço oficial não comercial"[36].

Não existindo uma definição de "navio", de "navio mercante" (ou navio utilizado em atividades comerciais), ou de "navio utilizado em serviço oficial comercial" ao longo do articulado da Convenção, a interpretação destas dis-

[35] As obrigações do Estado de bandeira ultrapassam na atualidade os deveres em relação aos navios com a sua nacionalidade, como resulta evidente do Caso nº 21 do Tribunal Internacional do Direito do Mar relativo ao *Request of an a advisory opinion submitted by the Sub-Regional Fisheries Commission (SRFC)*, emitido a 2 de abril de 20215, relativamente às situações de pesca ilegal, não declarada e não regulamentada (ou *Illegal, Unreported and Unregulated (IUU) Fishing*).

[36] No mesmo sentido, no âmbito da Parte XII, dedicada à proteção e preservação do meio marinho, o artigo 236 (Imunidade soberana), é aplicável a "navios de guerra, embarcações auxiliares, outras embarcações ou aeronaves pertencentes ou operadas por um Estado e utilizadas, no momento considerado, unicamente em serviço governamental não comercial". Sobre a questão, ver Guilfoyle, Douglas. 2017. Article 96. In United Nations Convention on the Law of the Sea. A Commentary. Ed. Proelss, Alexander. 716-721. C.H.Beck – Hart – Nomos.

posições deverá ter em consideração o artigo 29º que foi dedicado à "definição de navios de guerra"[37].

8. Jurisdição penal em caso de abalroamento ou qualquer outro incidente de navegação

Quando haja um "abalroamento" ou "qualquer outro incidente de navegação" no alto mar que possa vir a "acarretar uma responsabilidade penal ou disciplinar para o capitão ou para outra pessoa ao serviço do navio", o artigo 97º exclui expressamente a jurisdição penal de qualquer Estado que não seja o Estado de bandeira do navio ou o Estado da nacionalidade das pessoas em causa. Nesse sentido, o nº 1 prevê expressamente que "os procedimentos penais e disciplinares (...) só podem ser iniciados perante as autoridades judiciais ou administrativas do Estado de bandeira ou perante as do Estado do qual essas pessoas sejam nacionais".

A reserva de jurisdição do Estado do pavilhão é estendida ao navio envolvido no incidente, prevendo o nº 2 do artigo 97º que o seu apresamento ou retenção só poderá ter lugar pelas autoridades do Estado de bandeira. A disposição em causa é particularmente esclarecedora relativamente ao seu âmbito de aplicação, ao especificar que essas medidas não podem ser tomadas "nem mesmo como medida de investigação"[38].

Em termos mais específicos, o nº 2 do artigo 97º ainda limita a competência para a retirada de certificados de comando ou de certificados de competência ou de licença ao Estado que os tiver emitido, independentemente da nacionalidade das pessoas a quem tiverem sido concedidos. A retirada dos títulos em questão só poderá ter lugar "após o processo legal correspondente", assim procurando salvaguardar as garantias processuais e o direito a um julgamento justo aos visados.

9. Dever de prestar assistência

O dever de prestar assistência é imposto ao capitão de um navio em duas circunstâncias distintas. Por um lado, relativamente a "qualquer pessoa encon-

[37] Em conformidade com a posição assumida pelo Tribunal Internacional do Direito do Mar, no Caso *ARA Libertad* (Argentina v. Ghana), Provisional Measures, Order of 15 December 2012, § 64, "some of the provisions in this Part [Part I] may be applicable to all maritime areas, as in the case of the definition of warships provided for in article 29 of the Convention".

[38] Sobre a evolução desta matéria, tendo em consideração o Caso Lotus, apreciado pelo Tribunal Permanente de Justiça Internacional em 1927, ver Rothwell e Stephens, The International Law of the Sea, cit., 158-159.

trada no mar em perigo de desaparecer" (alínea a) do nº 1 do artigo 98º). Por outro lado, quando se esteja em presença de um "em caso de abalroamento" (alínea c) do nº 1 do artigo 98º). O dever de prestar assistência só poderá ser exigido quando não haja "perigo grave para o navio, para a tripulação ou para os passageiros". No primeiro caso, o navio deverá proceder ao socorro das pessoas em perigo "sempre que tenha possibilidade razoável" de o fazer em tempo, partindo do pressuposto de que deverá encaminhar-se para o local "tão depressa quanto possível". No segundo caso, a assistência deverá ser feita ao "navio, à sua tripulação e aos passageiros", acompanhada de um conjunto de informações sobre o seu nome, "o porto de registo e o porto mais próximo em que fará escala".

A existência de um dever de prestar assistência é muito importante em situações de naufrágio não intencional, tendo raízes históricas muito sedimentadas ao nível da navegação marítima. O enquadramento das situações de naufrágio intencional, como nos casos de embarcações de transporte de migrantes que são enviadas para o mar sem condições básicas de navegabilidade, necessitam de uma apreciação específica e articulada com outros ramos do Direito Internacional, como o Direito Internacional dos Refugiados, o Direito Internacional dos Migrantes e, em termos gerais, o Direito Internacional dos Direitos Humanos.

A formulação do nº 1 do artigo 98º impõe ao Estado de bandeira um controlo sobre a atividade dos capitães dos navios com a sua nacionalidade, o que poderá ser particularmente relevante para a apreciação das circunstâncias em que não se tenham reunido os requisitos para a concretização do dever de prestar assistência. Neste âmbito, o progressivo desenvolvimento das comunicações marítimas leva a que sejam cada vez menos numerosas as situações em que o capitão de um navio possa invocar o desconhecimento das situações em que é necessária a assistência.

O nº 2 do artigo 98º determina que os Estados devem "promover o estabelecimento, o funcionamento e a manutenção" de um serviço de busca e salvamento que seja "adequado e eficaz". O serviço de busca e salvamento deve garantir a "segurança marítima e aérea". Tendo em consideração a extensão dos espaços marítimos, a disposição em referência estimula a cooperação entre os Estados neste domínio, nomeadamente entre "Estados vizinhos"[39].

[39] O conceito de Estados vizinhos pode corresponder a uma área geográfica muito ampla, como o demonstra o Acordo entre a República Portuguesa e os Estados Unidos da América sobre Busca e Salvamento Marítimo e Aéreo – *Agreement between the United States of America and the Portuguese*

A matéria está regulada multilateralmente pela Convenção Internacional sobre Busca e Salvamento Marítimo (Convenção SAR)[40], assinada em Hamburgo, a 27 de abril de 1979, que criou as *SAR/SRR – Search and Rescue Regions*[41]. A Convenção SAR entrou em vigor a 22 de junho de 1985, com duas alterações posteriores: i) modificação do anexo em maio de 1998, com entrada em vigor a 1 janeiro de 2000; e ii) alterações aos capítulos II, III e IV em maio de 2004, com entrada em vigor a 1 de julho de 2006[42].

As dificuldades de operacionalização das normas existentes neste domínio[43] são patentes nas *Guidelines on the Treatment of Persons Rescued at Sea*, de 20 de maio de 2004, adotadas pela Organização Marítima Internacional[44], cujo objetivo é "to provide guidance to Governments and to shipmasters with regard to humanitarian obligations and obligations under the international law relating to treatment of persons rescued at sea".

Republic on Aeronautical and Maritime Search and Rescue, assinado em Oeiras, a 19 de janeiro de 2017 (Diário da República, 1ª Série, nº 108, de 5 de junho de 2017, pp. 2774-2778).

[40] *International Convention on Maritime Search and Rescue, 1979, as amended (SAR1979).*

[41] A *Search and Rescue Region (SSR)* portuguesa está dividida em três subáreas, correspondente a 5.754.848 Km2, dos quais 572.914 Km2 correspondem à SSR Lisboa (continente e Madeira) e 5.181.934 Km2 à SSR Santa Maria (Açores). Segundo a informação disponibilizada no sítio da Direção-Geral de Recursos Naturais, relativamente a "Zonas Marítimas sob Jurisdição e ou Soberania Portuguesa", os "limites geográficos para a área de responsabilidade nacional, constam no Decreto-Lei nº 15/94, de 22 de janeiro, alterado pelo Decreto-Lei nº 399/99, de 14 de outubro. Em 2007, estes limites foram alterados pela Circular IMO (*International Maritime Organization*) SAR.8/Circ.1/Corr.5 de 23 de Abril e mantiveram-se na circular IMO SAR8/CIr.4, de 1 de dezembro de 2012. Estas últimas alterações, acordadas internacionalmente, ainda não foram vertidas para a legislação nacional que define formalmente o espaço de responsabilidade" (https://www.dgrm.mm.gov.pt/am-ec-zonas-maritimas-sob-jurisdicao-ou-soberania-nacional. Acedido 24 maio 2021)

[42] Sobre os Estados parte, ver a informação disponível em IMO – International Maritime Organization, *Status of IMO Treaties. Comprehensive Information on the status of multilateral Conventions and instruments in respect of which the International Maritime Organization or its Secretary-General performs depositary or other functions*, 21 April 2021, 429-439 https://wwwcdn.imo.org/localresources/en/About/Conventions/StatusOfConventions/Status%20-%202021.pdf. Acedido 24 maio 2021).

[43] Sobre esta matéria, ver: i) capítulo 5 do Anexo da Convenção Internacional para a Salvaguarda da Vida Humana no Mar, assinada em Londres, 1 de novembro de 1974 (Convenção SOLAS). Texto oficial em português, com as modificações que lhe foram introduzidas posteriormente, no sítio da Direção-Geral de Recursos Naturais, Segurança e Serviços Marítimos (https://www.dgrm.mm.gov.pt/solas. Acedido 24 maio 2021) e ii) artigo artigo 10 da Convenção Internacional sobre Salvação Marítima, assinada em Londres, 28 de abril de 1989. Texto em inglês disponível em Costa Gomes, Manuel Januário, 2007, Leis Marítimas, 2ª ed., 643-651. Almedina.

[44] International Maritime Organization (IMO), *Resolution MSC.167 (78), Guidelines on the Treatment of Persons Rescued at Sea*, 20 May 2004 (https://www.imorules.com/MSCRES_167.78.html. Acedido 24 maio 2021).

10. Proibição do transporte de escravos

O artigo 99º proíbe o transporte de escravos, estipulando que todos os Estados devem tomar "medidas eficazes" para o impedir e o punir em navios que tenham a sua nacionalidade. O transporte de escravos é expressamente qualificado como um uso ilegal de uma bandeira ou pavilhão. Numa linguagem que remete para o combate ao trato de escravos durante o século dezanove, é ainda previsto que todo "o escravo que se refugie num navio, qualquer que seja a sua bandeira, ficará, *ipso facto*, livre"[45]. Não são previstos, no entanto, quaisquer poderes relativamente à detenção ou punição das pessoas envolvidas no transporte de escravos, o que reduz manifestamente a operacionalidade desta disposição.

Além disso, o regime jurídico-internacional previsto neste artigo é insuficiente para lidar com a matéria contemporaneamente, ao não abranger as situações de tráfico de pessoas[46]. Esta matéria é atualmente regulada no Protocolo Adicional Relativo à Prevenção, à Repressão e à Punição do Tráfico de Pessoas, em especial Mulheres e Crianças (*Protocol to Prevent, Supress and Punish Trafficking in Persons, Especially Women and Children, supplementing the United Nations Convention against Transnational Organized Crime*), de 15 de novembro de 2000[47], à Convenção das Nações Unidas contra a Criminalidade Organi-

[45] O regime previsto na Convenção deve ser completado com a Convenção Suplementar Relativa à Abolição da Escravatura, do Tráfico de Escravos e das Instituições e Práticas Análogas à Escravatura, assinada em Genebra, a 25 de setembro de 1956, no âmbito da Organização Internacional do Trabalho. Tradução oficial em língua portuguesa, Diário do Governo, Iª Série, de 2 de março de 1959, pp. 235-238.

[46] Do mesmo modo que não trata da questão do tráfico de migrantes, cujo regime jurídico-internacional está previsto no Protocolo Adicional contra o Tráfico Ilícito de Migrantes por Via Terrestre, Marítima e Aérea, assinado em 15 de novembro de 2000, no âmbito da Convenção das Nações Unidas contra a Criminalidade Organizada. Tradução oficial em língua, Diário da República, Iª Série, nº 79, de 2 de abril de 2004, pp. 2099-2106. Em conformidade com o artigo 2º, este protocolo tem por "objeto prevenir e combater a introdução clandestina de migrantes, bem como promover a cooperação entre os Estados Partes com esse fim, protegendo ao mesmo tempo os direitos dos migrantes introduzidos clandestinamente". Para mais desenvolvimentos, a síntese de Tanaka. 2019. The International Law of the Sea, cit., 210-216.

[47] Em vigor desde 25 de dezembro de 2003. Em maio de 2021, tinha 178 Partes. Em conformidade com a alínea a) do artigo 3º do Protocolo, "[p]or «tráfico de pessoas» entende-se o recrutamento, o transporte, a transferência, o alojamento ou o acolhimento de pessoas, recorrendo à ameaça ou ao uso da força ou a outras formas de coacção, ao rapto, à fraude, ao engano, ao abuso de autoridade ou de situação de vulnerabilidade ou à entrega ou aceitação de pagamentos ou benefícios para obter o consentimento de uma pessoa que tem autoridade sobre outra, para fins de exploração. A exploração deverá incluir, pelo menos, a exploração da prostituição de outrem ou outras formas de exploração sexual, o trabalho ou serviços forçados, a escravatura ou práticas similares à escravatura, a servidão ou a extracção de órgãos".

zada Transnacional (*United Nations Convention against Transnational Crime*), da mesma data[48/49].

11. Pirataria

Os artigos 100º a 107º contêm o regime jurídico-internacional do combate da pirataria. Resultado da sedimentação de uma longa prática, estas disposições foram integradas nesta parte de Convenção sem terem sido objeto de uma avaliação quanto à sua adequação a uma realidade radicalmente distinta daquela em que tinham surgido e sido utilizadas ao longo dos séculos. Com efeito, é radicalmente diferente o modelo tradicional de punição dos piratas, quando estes eram qualificados como inimigos de toda a humanidade (*hostis humani generis*), e a visão contemporânea do seu tratamento como indivíduos aos quais assiste o respeito de direitos humanos, nomeadamente ao nível dos direitos de defesa e a submissão a um julgamento justo. Além disso, a imposição a todos os Estados de um dever de cooperação na repressão da pirataria, em conformidade com o artigo 100º, não equivale à criação de mecanismos de efetivação de uma jurisdição universal nas ordens internas, em termos que sejam operativos e respeitadores das regras básicas dos direitos penais nacionais, mesmo considerando a existência de direito de visita (artigo 110º) e de direito de perseguição (artigo 111º)[50].

O artigo 100º prevê que o regime jurídico-internacional da pirataria é aplicável ao "alto mar" e, ainda, "em qualquer outro lugar que não se encontre sob a jurisdição de algum Estado". De acordo com o primeiro segmento, o regime jurídico-internacional da pirataria não será aplicável no mar territorial dos Estados costeiros. É bastante mais complexa a interpretação do segundo segmento, na medida em que, como já vimos anteriormente, o âmbito de aplicação do regime jurídico-internacional do alto mar é apurado pela negativa.

48 Tradução oficial em língua portuguesa, Diário da República, Iª Série, nº 79, de 2 de abril de 2004, pp. 2080-2099.

49 Sobre a questão, ver Tanaka. 2019. The International Law of the Sea, cit. 199-200.

50 Sobre o regime jurídico-internacional da pirataria, ver Petrig, Anna. 2015. Piracy. In *The Oxford Handbook of the Law of the Sea*, Oxford University Press, ed. Donald R. Rothwell, Alex G. Oude Elferink, Karen N. Scoot e Tim Stephens, 843-864. Oxford University Press. que conclui, 864, que "[t]he LOSC rules on piracy are not without ambiguity, especially as regards the definitions of piracy and pirate ship. Furthermore, the LOSC is silent in terms of legal constraints on enforcement powers, and limits inferred from other bodies of law, notably human rights law, remain vague"; e Ribeiro, Marta Chantal. 2021. Está o direito penal português preparado para o regresso da pirataria marinha?. In Direito Internacional e Comparado: Trajetória e Perspectivas. Homenagem aos 70 anos do Professor Catedrático Rui Manuel Moura Ramos, coordenação Gustavo Ferraz de Campos Monaco e Maria Rosa Loula, vol. II. 391- 401. Editora Quartier Latin do Brasil: São Paulo.

O regime jurídico-internacional previsto nos artigos 100º a 107º está baseado em duas definições: pirataria e navio ou aeronave pirata. A qualificação de pirataria e de navio ou aeronave pirata decorre da atuação que seja prosseguida pela tripulação ou pelos passageiros de um navio ou de uma aeronave que deva passar a ser qualificada como pirata, não obstante não existir uma definição expressa dos indivíduos ou de grupos de indivíduos como pirata ou piratas (embora sejam referenciados como tal no artigo 105º).

De acordo com o artigo 101º, o ato de pirataria implica que haja a reunião dos seguintes requisitos: i) um "ato ilícito de violência ou de detenção ou todo o acto de depredação"; ii) que seja cometido pela "tripulação ou pelos passageiros de um navio ou de uma aeronave privados"; iii) para "fins privados"[51]; iv) e que seja dirigido contra "um navio ou uma aeronave em alto mar" ou "pessoas ou bens a bordo dos mesmos" (ou "um navio ou uma aeronave, pessoas ou bens em lugar não submetido à jurisdição de algum Estado"). Da definição de pirataria prevista na alínea a), decorre a qualificação como ato de pirataria, na alínea b), de qualquer atuação voluntária por quem tenha consciência de que a utilização de um navio ou aeronave "deêm a esse navio ou a essa aeronave o carácter de navio ou aeronave pirata". A alínea c) qualifica, ainda, como pirataria, "[t]oda a acção que tenha por fim incitar ou ajudar intencionalmente a cometer um dos actos enunciados na alínea a) ou b)". Em conformidade com o artigo 103º, são qualificados como navios ou aeronaves piratas aqueles que sejam utilizados para "cometer qualquer dos actos mencionados no artigo 101º", ou "tenham servido para cometer qualquer de tais actos".

Sendo um pressuposto da qualificação de ato de pirataria a utilização de navios privados, o artigo 102º determina a transformação em navio privado de qualquer navio de guerra ou de qualquer navio ou aeronave de Estado "cuja tripulação se tenha amotinado e apoderado do navio ou aeronave". Em

[51] A definição tradicional é insuficiente para o enquadramento de atos de detenção de um navio que tenham na sua base motivações de natureza política, de terrorismo, ou equivalentes, e não ganhos patrimoniais por parte de pessoas privadas. Em conformidade, a aplicação do regime jurídico-internacional relativo à pirataria previsto na Convenção deverá ter em consideração a Convenção para a Supressão de Actos Ilícitos contra a Segurança da Navegação Marítima (ou Convenção SUA), de 10 de março de 1988, com as alterações introduzidas pelo Protocolo de 2005 Relativo à Convenção para a Supressão de Atos Ilícitos contra a Segurança da Navegação Marítima, adoptado em Londres a 14 de outubro de 2005. Tradução oficial em língua portuguesa, Diário da República, Iª Série, nº 186, pp. 4667-4671, e Diário da República, Iª Série, nº 131, de 8 de julho de 2015, pp. 4699-4708). A Convenção SUA entrou em vigor em 1 de março de 1992 e, em maio de 2021, tinha 166 partes; o Protocolo de 2005 entrou em vigor em 28 de julho de 2010 e, em maio de 2021, tinha 51 partes.

resultado desta desqualificação como navio de guerra ou equiparado, deixa de ser aplicável o regime de imunidade previsto nos artigos 95º e 96º anteriormente referenciado.

O artigo 105º prevê que todos os Estados podem apresar "um navio ou aeronave pirata, ou um navio ou aeronave capturados por actos de pirataria e em poder dos piratas", assim como podem "prender as pessoas" que estão a cometer atos pirataria e, ainda, "apreender os bens que se encontram a bordo" de um navio ou aeronave pirata. O apresamento só poderá ser efetuado, nos termos do artigo 107º, por "navios de guerra ou aeronaves militares, ou, outros navios ou aeronaves que tragam sinais claros e sejam identificáveis como navios ou aeronaves ao serviço de um governo e estejam para tanto autorizados".

Os tribunais do Estado que procedeu ao apresamento podem "decidir as penas a aplicar e as medidas a tomar no que se refere aos navios, às aeronaves ou aos bens sem prejuízo dos direitos de terceiros de boa fé", de acordo com o estipulado no artigo 105º. Não existe, no enquanto, qualquer atribuição de competência ao Estado que efetuou o apresamento relativamente às pessoas que tenham sido presas, isto é, relativamente aos indivíduos que possam ser qualificados como "piratas".

A qualificação como navio pirata não implica a perda da nacionalidade da embarcação, nos termos do artigo 104º. A manutenção desse vínculo jurídico por parte do navio poderá ser relevante quando o apresamento de um navio ou aeronave tiver lugar e não venham a ficar provados os atos de pirataria que lhe tinham sido imputados. A responsabilidade por qualquer "perda ou dano causado pelo apresamento" terá lugar, segundo o artigo 106º, quando este tiver lugar por "suspeita de pirataria, sem motivo suficiente".

12. Tráfico ilícito de estupefacientes e substâncias psicotrópicas

O nº 1 do artigo 108º estabelece uma obrigação genérica de todos os Estados cooperarem na repressão do "tráfico ilícito de estupefacientes e substâncias psicotrópicas que seja praticado por navios no alto mar com violação das convenções internacionais", sem a previsão de qualquer mecanismo específico para a operacionalizar.

O nº 2 do artigo 108º prevê que os Estados do pavilhão podem solicitar a cooperação de outros Estados quando tenham "motivos sérios para acreditar que um navio arvorando a sua bandeira se dedica ao tráfico ilícito de estupefacientes ou substâncias psicotrópicas". Nestes termos, será afastada a jurisdição exclusiva do Estado da nacionalidade, prevista no nº 1 do artigo 92º, em resultado desta solicitação do Estado de bandeira e conferidos poderes específicos aos navios de terceiros Estados para atuar neste domínio. Em contraponto, não foi prevista qualquer possibilidade de terceiros Estados poderem atuar autonomamente na repressão e na punição do tráfico ilícito de estupefacientes e de substâncias psicotrópicas, nomeadamente através da previsão de um direito de visita (artigo 110º).

Em razão da insuficiência do regime jurídico previsto na Convenção, a matéria do combate ao tráfico ilícito de estupefacientes por mar deve ter em consideração um conjunto de vinculações internacionais de âmbito universal, regional e bilateral[52]. Ao nível do âmbito universal, deve ser posta em destaque a Convenção das Nações Unidas contra o Tráfico Ilícito de Estupefacientes e Substâncias Psicotrópicas (*United Nations Convention against Illicit Traffic in Narcotic Drugs and Pyschotropic Substances*), assinada em Viena, a 20 de dezembro de 1988[53], em razão do artigo 17º[54]. Ao nível do âmbito regional, podem ser referidos o *Agreement on Illicit Trafic by Sea, implementing Article 17 of the United Nations Convention against Illicit Traffic in Narcotic Drugs and Psychotropic Substances*, Estrasburgo, 31 de janeiro de 1995 (Conselho da Europa)[55], o *Agreement Concerning Co-operation in Supressing Illicit Maritime and Air Trafficking in Narcotic and Psychotropic Substances in the Caribbean Area*, assinado em San José,

[52] Sobre a questão, United Nations Office on Drugs and Crime. 2019. Maritime Crime: A Manual for Criminal Justice Practitioners. Global Maritime Crime Programme. United Nations: Vienna.

[53] Tradução oficial portuguesa, Diário da República, Iª Série, nº 205, de 6 de setembro de 1991, pp. 4726-4740. Entrou em vigor a 11 de novembro de 1990. Em maio de 2021 tinha 191 partes, em que se incluíam o Estado da Palestina, as Ilhas Cook, Nuie, a Santa Sé e a União Europeia. Sobre a questão, ver United Nations. 1998. Commentary on the United Nations Convention Against Illicit Traffic in Narcotic Drugs and Psychotropic Substances 1998. Done at Vienna on 20 December 1988. New York, e United Nations Office on Drugs and Crime. 2004. Practical Guide for competente national authorities under article 17 of the United Nations Convention against Illicit Traffic in Narcotic Drugs and Psychotropic Substances of 1988. New York.

[54] Em conformidade com o nº 4 do artigo 17º, "[d]e acordo com o nº 3 ou com os tratados em vigor entre as Partes ou com qualquer outro acordo ou protocolo por elas celebrado, o Estado do pavilhão pode autorizar o Estado requerente a, *inter alia*: a) Ter acesso ao navio; b) Inspeccionar o navio; c) Se se descobrirem provas de envolvimento no tráfico ilícito, adoptar medidas adequadas em relação ao navio, às pessoas e à carga que se encontram a bordo. Por seu turno, o nº 3 do artigo 17º prevê que a "Parte que tenha motivos razoáveis para suspeitar que um navio no uso da liberdade de navegação de acordo com o direito internacional e que arvore o pavilhão ou tenha matrícula de uma outra Parte é utilizado para o tráfico ilícito, pode notificar desse facto o Estado do pavilhão e solicitar a confirmação da matrícula; se esta for confirmada, pode solicitar ao Estado do pavilhão autorização para adoptar as medidas adequadas a esse navio".

[55] Convenção nº 156 do Conselho da Europa. Entrou em vigor a 1 de maio de 2000. Em maio de 2021, tinha 15 Estados ratificantes, onde não estava incluído Portugal. Texto em língua inglesa, https://rm.coe.int/CoERMPublicCommonSearchServices/DisplayDCTMContent?documentId=090000168007cdab. Acedido 24 maio 2021.

Costa Rica, a 10 de abril de 2003[56], e a Convenção sobre a Assistência Mútua Administrativa entre Estados de Língua Oficial Portuguesa em Matéria de Luta contra o Tráfico Ilícito de Estupefacientes e de Substâncias Psicotrópicas, assinada a 26 de setembro de 1986[57]. Ao nível do âmbito bilateral podem ser referenciadas, o *Exchange of Notes concerning Co-operation in the Suppression of Unlawful Importation of Narcotic Drugs into the United States*, de 1981, entre os Estados Unidos da América e o Reino Unido, assinado em Bridgetown, a 25 de junho de 1997[58] e o Tratado entre a República Portuguesa e o Reino de Espanha para a Repressão do Tráfico Ilícito de Droga no Mar, Lisboa, 2 de março de 1998[59].

13. Transmissões não autorizadas de rádio ou televisão a partir do alto mar

O artigo 109º trata com bastante detalhe o regime jurídico-internacional de repressão e de punição de transmissões não autorizadas de rádio ou de televisão a partir de embarcações ou instalações no alto mar. Em conformidade com o nº 1, esta disposição visa impedir "transmissões de rádio ou de televisão difundidas a partir de um navio ou instalação no alto mar e dirigidas ao público em geral com violação dos regulamentos internacionais". É previsto que todos os Estados devem cooperar nesta matéria, podendo as pessoas que efetuem as transmissões não autorizadas serem processadas num leque muito alargado de tribunais. Com efeito, em termos muito pouco comuns em matérias de Direito Internacional do Mar, em conformidade com o nº 3, é atribuída jurisdição: i) ao "Estado de bandeira do navio" (alínea a)); ii) ao "Estado de registo da instalação" (alínea b)); iii) ao "Estado do qual a pessoa é nacional" (alínea c)); iv) a "qualquer Estado em que possam receber-se as transmissões"

[56] Texto em língua inglesa, https://2009-2017.state.gov/s/l/2005/87198.htm. Acedido 24 maio 2021.

[57] Texto em língua portuguesa, Diário da República, Iª Série, nº 124, de 28 de maio de 1988. Entrou em vigor a 27 de julho de 2008.

[58] Texto em língua inglesa, https://www.state.gov/wp-content/uploads/2019/02/12872-Barbados-Maritime-Matters-Conter-Narcotics-6.25.1997.pdf. Acedido em 24 maio 2021. Numa exceção ao regime previsto no artigo 111º da Convenção, o nº 1 do artigo 6º (Pursuit and Entry) prevê expressamente que "where a suspect vessel or aircraft locted seaward of the territorial sea of any State is pursued by a law enforcement vessel, the suspected vessel or aircraft may be followed by that law enforcement vessel into the territorial sea of either Party".

[59] Texto oficial em língua portuguesa, Diário da República, Iº Série, nº 23, de 28 de janeiro de 2000, pp. 369-371. A presente vinculação internacional foi concluída em conformidade com o nº 9 do artigo 17º Convenção das Nações Unidas contra o Tráfico Ilícito de Estupefacientes e Substâncias Psicotrópicas, de 20 de dezembro de 1988, tendo entrado em vigor a 21 de janeiro de 2001. Em conformidade com o nº 3 do artigo 10º, as partes acordaram em "excluir, nas relações recíprocas estabelecidas ao abrigo do presente Acordo, a competência do Tribunal Internacional de Justiça".

(alínea d)): e, ainda, v) a "qualquer Estado cujos serviços autorizados de radiocomunicação sofram interferências" (alínea e)). A atribuição de poderes para o sancionamento destas atividades é acompanhada de uma jurisdição alargada para o apresamento de navios e para a detenção de pessoas, nos termos do nº 4 do artigo 109º e da alínea c) do nº 1 do artigo 110º.

14. Direito de visita

O artigo 110º prevê um conjunto de situações em que um navio ou aeronave de guerra (ou navio ou aeronave que traga sinais claros e seja identificável como navio e aeronave ao serviço de um governo) pode exercer o direito de visita no alto mar relativamente a uma embarcação que não tenha a sua nacionalidade. Trata-se de uma exceção ao princípio da exclusividade de jurisdição do Estado de bandeira ou Estado de pavilhão em relação aos navios que não têm a sua nacionalidade.

O direito de visita só poderá ser levado a cabo por um navio ou aeronave de guerra (ou navio ou aeronave que traga sinais claros e seja identificável como navio ou aeronave ao serviço de um governo) e apenas pode ser exercida relativamente a "navio estrangeiro que não goze de completa imunidade de conformidade com os artigos 95º e 96º" (nº 1).

Em conformidade com o nº 1, com um elenco fechado de situações[60], o direito de visita só será possível, em termos gerais, quando "exista motivo razoável para suspeitar" que a embarcação privada estrangeira se dedica à pirataria ou ao tráfico de escravos, não tem nacionalidade ou "tem, na realidade, a mesma nacionalidade que o navio de guerra, embora arvore uma bandeira estrangeira ou se recuse a içar a sua bandeira". Em termos mais circunscritos, a alínea c) do nº 1 prevê que os navios de guerra com jurisdição ao abrigo do artigo 109º possam exercer o direito de visita em relação a navios que estejam a efetuar transmissões não autorizadas.

Os poderes reconhecidos ao navio ou aeronave de guerra estrangeiro são muito circunscritos e não permitem um adequado exercício de poderes de

[60] Nesse sentido, o Tribunal Internacional do Direito do Mar, no Caso *M/V Virginia G (Panama/Guinea-Bissau, Judgment*, 1999, § 344, esclarece que o "article 110 authorizes a warship of any State which encounters a foreign ship, other than a ship entitled to complete immunity in accordance with articles 95 and 96 of the Convention, to send a boat under the command of an officer to that ship and to proceed toa further examination on board the ship, which must be carried out with all possible consideration. However, such boarding and examination may be undertaken only if the ship is suspected of committing on of the five acts specifically referred to in article 110, paragraph 1...".

controlo e repressão de atividades que põem em causa interesses comuns[61]. O nº 2 prevê que podem ser verificados os "documentos que autorizam o uso da bandeira" e, no caso de persistirem as suspeitas, será possível proceder "a bordo do navio a um exame posterior, que deverá ser efetuado com toda a consideração possível". Quando as suspeitas não venham a ser confirmadas, o navio visitado deverá ser "indemnizado por qualquer perda ou dano que possa ter sofrido" (nº 3).

As estas exceções de carácter geral, o direito de visita ainda poderá ter lugar nos "casos em que os actos de ingerência são baseados em poderes conferidos por tratados" (nº 1), daqui resultando que os poderes conferidos ao navio ou aeronave de guerra resultarão do regime concreto que tenha sido previsto em cada um dos compromissos internacionais que prevejam essa possibilidade.

15. Direito de perseguição

O artigo 111º regula o direito de perseguição, ou *hot pursuit*, como é genericamente designado o poder reconhecido ao Estado costeiro de perseguir navios estrangeiros (ou uma das suas lanchas ou outras embarcações) que tenham violado legislação emitida ao abrigo dos seus poderes de soberania ou de jurisdição sobre os diversos espaços marítimos[62]. Nestes termos, em conformidade com o nº 1, a "perseguição de um navio estrangeiro pode ser empreendida quando as autoridades competentes de um Estado costeiro tiverem motivos fundados para acreditar que o navio infringiu as suas leis e regulamentos". O direito de perseguição, em conformidade com o nº 5, "só pode ser exercido por navios de guerra ou aeronaves militares, ou por outros navios aeronaves que possuam sinais claros e sejam identificáveis como navios e aeronaves ao serviço de um governo e estejam para tanto autorizados".

O direito de perseguição pode iniciar-se quando o navio estrangeiro se encontrar em "águas interiores, nas águas arquipelágicas, no mar territorial, ou Zona Contígua do Estado perseguidor" (nº 1) ou "na Zona Económica Exclusiva ou na plataforma continental, incluindo as zonas de segurança em

[61] Nesse sentido, em termos muito enfáticos, Guilfoyle, The high seas, cit., 220-221, defende que "[t]he emergence of new high-seas threats to public order has not been met with the creation (or even the unilateral assertion) of new general rights of interdiction. Instead, bilateral and multilateral treaty arrangements – and occasionally Security Council resolutions – have had to fill the gap".

[62] Para mais desenvolvimentos, a síntese de Tanaka. 2019. The International Law of the Sea, cit., 202-207.

volta das instalações situadas na plataforma continental" (nº 2). O navio perseguidor deve assegurar-se que o navio estrangeiro se encontra no âmbito de um espaço marítimo sujeito à soberania ou jurisdição do Estado costeiro antes de iniciar a perseguição. O fundamento para o exercício do direito de perseguição vai depender de cada um dos espaços marítimos e dos poderes de soberania ou de jurisdição que são reconhecidos ao Estado costeiro pela Convenção e, em termos mais genéricos, pelas diversas fontes de Direito Internacional do Mar. Além disso, embora a Convenção não trate expressamente da questão, os poderes reconhecidos ao Estado costeiro devem ser adequados ao sancionamento das condutas violadoras das suas leis e regulamentos que legitimaram a perseguição, nomeadamente no respeitante à utilização das força adequada e necessária ao apresamento do navio e à detenção da sua tripulação[63].

A perseguição inicia-se com a emissão de "sinal de parar, visual ou auditivo, a uma distância que permita ao navio estrangeiro vê-lo ou ouvi-lo" (nº 4). O exercício da perseguição deverá ser contínuo e só poderá prosseguir se esta "não tiver sido interrompida" (nº 1)[64]-[65]. Tendo em consideração os poderes de soberania exercidos pelo Estado costeiro, o "direito de perseguição cessa no momento em que o navio perseguido entre no mar territorial do seu próprio Estado ou no mar territorial de um terceiro Estado" (nº 3).

Quando o navio estrangeiro perseguido tiver sido apresado, seja num espaço marítimo sujeito à soberania ou jurisdição do Estado costeiro, seja no

[63] A questão foi inicialmente abordada na arbitragem *I'am Alone*, entre o Canadá e os Estados Unidos da América, decidido em 30 de junho de 1933 e 5 de janeiro de 1935 (Reports of International Arbitral Awards/Recueil des Sentences Arbitrales, S.S. "I'am Alone" (Canada, United States), 30 June 1933 and 5 January 1935), vol. III, pp. 1609-1618, disponível como https://legal.un.org/riaa/cases/vol_III/1609-1618.pdf) que está na base do direito vigente nesta matéria. Sobre a questão, ver Attard e Mallia, The high seas, cit., 265-266.

[64] A alínea b) do nº 6 detalha a situação nos seguintes termos: "[p]ara justificar o apresamento de um navio fora do mar territorial, não basta que a aeronave o tenha descoberto a cometer uma infracção, ou que seja suspeito de a ter cometido, é também necessário que lhe tenha sido dada ordem para parar e que tenha sido empreendida a perseguição sem interrupção pela própria aeronave ou outras aeronaves ou navios".

[65] A prática neste domínio demonstra que a extensão e a duração da perseguição podem ser muito longas e implicar a colaboração de navios com a nacionalidade de outros Estados, como sucedeu no caso do *Viarsa I* e do *South Tomi*. No primeiro caso, a detenção feita pelo Southern Supporter, de bandeira da Austrália deu-se após uma perseguição de vinte e um dias e uma longa viagem de três e novecentas milhas marítimas. Sobre a matéria, ver Molennar, Erik Jaap. 2004. Multilateral Hot Pursuit and Illegal Fishing in the Southern Ocean: The Pursuits of the *Viarsa 1* and the *South Tomi*". International Journal of Marine and Coastal Law, 19, nº 1: 19-42.

alto mar (ou Zona Económica Exclusiva de terceiro Estado), o Estado costeiro tem o direito de o conduzir a um seu porto "para investigação pelas autoridades competentes" (nº 7). No caso de não se justificar o exercício do direito de perseguição, a paragem ou o apresamento do navio estrangeiro pode fundamentar uma reparação "por qualquer perda ou dano que possa ter sofrido em consequência disso" (nº 8)[66].

16. Cabos e ductos marítimos

No seguimento da alínea c) do nº 1 do artigo 87º, o nº 1 do artigo 112º prevê que "[t]odos os Estados têm o direito de colocar cabos e ductos submarinos no leito do mar além da plataforma continental"[67]. A colocação dos cabos e ductos submarinos deve ter "em devida conta os cabos e ductos já instalados", nomeadamente para que não seja dificultada a sua reparação, nos termos da remissão do nº 2 do artigo 112º para o nº 5 do artigo 79º.

Sendo a rutura ou danificação de cabos e ductos submarinos muito prejudicial, com destaque para as comunicações telegráficas ou telefónicas, a Convenção prevê que todos os Estados devem adotar leis e regulamentos que regulem atuações que podem ser levadas a cabo por navios com o seu pavilhão ou por pessoa submetida à sua jurisdição. Nesse sentido, no artigo 113º

[66] Relativamente ao exercício do direito de perseguição no Caso *M/V Saiga (nº2) (Saint Vincent and the Grenadines v. Guinea), Judgment*, 1999, o Tribunal Internacional do Direito do Mar concretizou no § 171 que "[r]eparation may be in the form of 'restitution in kind, compensation, satisfaction and assurances and guarantees of non-repetition, either singly or in combination' (article 42, paragraph 1, of the Draft Articles of the International Law Commission on State Responsibility). Reparation may take the form of monetary compensation for economically quantifiable damage as well as for non-material damage, depending on the circumstances of the case. The circumstances include such factors as the conduct of the State which committed the wrongful act and the manner in which the violation occurred. Reparation in the form of satisfaction may be provided by a judicial declaration that there has been a violation of a right".

[67] A aplicação das disposições da Convenção sobre cabos submarinos deve ter em consideração a Convenção Internacional para a Proteção de Cabos Submarinos, assinada em Paris a 14 de março de 1884, que entrou em vigor a 1 de maio de 1888. Em maio de 2021, este compromisso internacional mantinha-se em vigor, com 36 partes, incluindo Portugal (com assinatura a 14 de março de 1884 e ratificação a 16 de abril de 1885). Sobre um incidente entre os Estados Unidos da América e a União das Repúblicas Socialistas Soviéticas, ver Department of State Bulletin, April 20, 1959, 555-558 (https://archive.org/details/departmentofstat4059unit. Acedido 24 maio 2021). A atuação neste domínio é coordenada pelo *International Cable Protection Committee*, fundado em 1958, cujos membros integram "governamental administrations and commercial companies that own or operate sumarine telecommunications or power cables, as well as other companies that have na interest in the submarine cable industry" (https://www.iscpc.org/about-the-icpc/. Acedido 24 maio 2021).

é previsto que os Estados devem sancionar as ruturas ou danificações que sejam "causadas intencionalmente ou por negligência culposa", salvo se estas tiverem ocorrido "com o propósito legítimo de proteger a própria vida ou a segurança dos seus navios, depois de terem tomado todas as precauções necessárias para evitar tal ruptura ou danificação". No mesmo sentido, o artigo 114º estabelece que devem ser criadas leis e regulamentos que regulem os termos como devem ser reparadas as situações em que as ruturas ou as danificações resultem da colocação ou reparação de cabo ou ducto submarino feitas por pessoas sob a sua jurisdição (identificadas como "pessoas sob a sua jurisdição que sejam proprietárias de um cabo ou um ducto submarino no alto mar"). Finalmente, o artigo 115º determina a criação de leis e regulamento relativas à indemnização dos proprietários de navios "que possam provar ter perdido uma âncora, uma rede ou qualquer outro aparelho de pesca" para evitar danificar um cabo ou um ducto submarino desde que tenham sido tomadas "todas as medidas de precaução razoáveis".

17. Conservação e gestão dos recursos vivos do alto mar

A seção 2 da Parte VII, nos artigos 116º a 119º, regula o direito de pesca no alto mar com base numa perspetiva de conservação e gestão dos recursos vivos. Nestes termos, o artigo 116º prevê que "[t]odos os Estados têm direito a que os seus nacionais se dediquem à pesca no alto mar", desde que tenham em devida consideração o enquadramento jurídico-internacional vigente neste domínio, em consonância com a previsão da alínea e) do nº 1 do artigo 87º. As alíneas a) e b) do artigo 116º, estabelecem a necessidade de serem consideradas as "obrigações convencionais" assumidas e, ainda, os direitos e os deveres dos Estados costeiros no âmbito das suas zonas económicas exclusivas, nomeadamente ao abrigo do "nº 2 do artigo 63º e nos artigos 64º a 67º"[68]. Trata-se de uma visão muito diferente do modelo da liberdade ilimitada de pesca no alto mar de séculos passados, mas que continua influenciado por uma persistente conceção de recursos marinhos vivos potencialmente inesgotáveis e a sua importância como recursos para aproveitamento económico pelos Estados e as suas populações. Com efeito, durante milénios, em particular a partir do momento em que o género humano passou a ter a experiência física da imensidão dos oceanos, os recursos naturais marinhos vivos foram tidos como inesgotáveis. Ao nível do Direito Internacional, esta conceção transformou-se

[68] Sobre a questão, ver Rayfuse, Rosemary. 2017. Article 116. In United Nations Convention on the Law of the Sea. A Commentary. Ed. Proelss, Alexander. 791-803. C.H.Beck – Hart – Nomos.

num axioma praticamente indiscutido com base na argumentação utilizada por Hugo Grócio no seu *Mare Liberum*[69]. O apelo do acesso livre a recursos naturais comuns é, no entanto, tão intenso, que atualmente ainda continua a ter uma influência muito significativa na forma como os Estados e os seus cidadãos percecionam a questão das pescas no alto mar.

Na verdade, apesar de a realidade de base estar radicalmente alterada, as raízes da conceção dos recursos inesgotáveis são tão profundas que o enquadramento geral das pescas no alto mar continua a ter como ponto de referência a liberdade de pesca. Essa continua a ser a abordagem da alínea e) do nº 1 do artigo 87º, não obstante o seu regime jurídico só poder ser adequadamente compreendido tendo em consideração a seção II. Determinante para a compreensão do regime jurídico vigente neste domínio são as limitações potenciais à atuação livre e unilateral dos Estados no alto mar, nomeadamente através de atuações de cooperação na regulamentação da conservação e da gestão dos recursos naturais marinhos vivos. Isso é, aliás, manifesto na diversidade das atuações que a podem concretizar, na medida em que a cooperação tanto pode traduzir-se na assunção de um compromisso internacional bilateral circunscrito a uma pequena área, como implicar a criação de organizações internacionais de pesca com um âmbito de atuação espacial muito amplo. Nesse sentido, o artigo 117º estabelece que todos os "Estados têm o dever de tomar ou de cooperar com outros Estados para tomar as medidas que (...) possam ser necessárias para a conservação dos recursos vivos do alto mar". Do mesmo modo que o artigo 118º determina, em termos muito expressivos, que os Estados devem cooperar entre si, nomeadamente através do estabelecimento de "organizações sub-regionais ou regionais" destinadas à conservação e à gestão dos "recursos vivos nas zonas do alto mar".

O artigo 119º estabelece que, ao fixarem as capturas permissíveis e as medidas de conservação, os Estados devem ter em consideração "os melhores dados científicos" disponíveis e, periodicamente, comunicar ou trocar "informações científicas disponíveis, estatísticas de captura e de esforço de pesca e outros dados pertinentes para a conservação das populações de peixes". A cooperação entre os Estados continua a estar baseada no aproveitamento económico dos recursos naturais marinhos vivos. Nesse sentido, a alínea a) do nº 1 do artigo 119º prevê as medidas a tomar devem visar o "máximo rendimento sustentá-

[69] Em 2009, coincidindo com os quatrocentos anos de *Mare Liberum*, a editora Brill fez uma edição da obra, com o original em latim e uma tradução em revista em língua inglesa, com o título *Hugo Grotius Mare Liberum 1609-2009*, com a coordenação de Robert Feenstra e uma introdução de Joroen Vervliet.

vel" das espécies a capturar, tendo por ponto de referência os "factores ecológicos e económicos pertinentes". A alínea b) do nº 1 do artigo 119º, por seu turno, visa atenuar os efeitos de uma abordagem estritamente económica, ao determinar que as medidas assumidas devem ter em consideração os "efeitos sobre as espécies associadas às espécies capturadas, ou delas dependentes"[70].

Apesar da alteração de perspetiva relativamente à pesca no alto mar, não foi possível criar, até ao momento, um sistema global de conservação e de gestão dos recursos naturais marinhos vivos, não existindo uma entidade de âmbito global que possa fixar, com carácter obrigatório, baseada em dados científicos, as espécies e as quantidades que podem ser capturadas e aquelas que devem ser objeto de abstenção ou de moratórias, de forma a permitir a recuperação das respetivas populações. No âmbito dos trabalhos da Convenção, as propostas de criação de uma entidade de gestão dos recursos naturais marinhos vivos com âmbito global não foram objeto de qualquer atenção, por duas razões principais. Por um lado, dado que os Estados costeiros tinham concentrado os seus esforços na submissão à jurisdição nacional do espaço das 200 milhas marítimas, com o objetivo de se apropriarem da parte mais significativa dos recursos naturais marinhos vivos existentes. Por outro lado, na medida em que os Estados em desenvolvimento estavam apostados na criação de uma entidade internacional para proceder ao aproveitamento dos recursos naturais não vivos existentes no espaço submerso adjacente às plataformas continentais (Autoridade Internacional dos Fundos Marinhos).

A gestão internacionalizada dos recursos marinhos vivos não foi atribuída à Organização das Nações Unidas para a Alimentação e Agricultura ((*Food and Agriculture Organization of the United Nations*, ou FAO)[71], instituída em 16 de outubro de 1945, não obstante esta organização internacional intergovernamental proceder à recolha e à divulgação de dados relativos à pesca. Com efeito, nos termos das alíneas a) e b) dos números 1 e 2 do artigo I da Consti-

[70] Sobre a questão, ver Rayfuse, Rosemary. 2017. Article 119. In United Nations Convention on the Law of the Sea. A Commentary. Ed. Proelss, Alexander. 830-859. C.H.Beck – Hart – Nomos

[71] A Organização das Nações Unidas para a Alimentação e Agricultura (FAO) foi fundada em 16 de outubro de 1945, como uma agência especializada das Nações Unidas, e tem a sua sede em Roma, na Itália. Em maio de 2021, tinha cento e noventa e quatro Estados membros, a que acrescem a União Europeia (desde 26 de novembro de 1991) e dois membros associados: as Ilhas Faröe, desde 17 de novembro de 2007, e Tokelau, desde 25 de junho de 2011. Sobre a atividade da FAO no âmbito da Convenção, ver Telesetsky, Anastasia. 2020. UN Food and Agriculture Organization: exercising legal personality to implement the UN Convention on the Law of the Sea. In Global Challenges and the Law of the Sea. Ed. Marta Chantal Ribeiro, Fernando Loureiro Bastos e Tore Henriksen, 203-220. Springer.

tuição da FAO[72], o objetivo desta entidade de âmbito de atuação e participação universais é fomentar ações nacionais e internacionais tendentes a conseguir uma melhoria da conservação e da gestão dos recursos naturais marinhos vivos. Tendo em consideração a evolução das condições da pesca, foi criado, em 1963, um Departamento de Pescas (*Fisheries Division*), que conta atualmente com subdivisões (*Fishery Policy, Economics and Institutions Branch; Aqualculture Branch; Product, Trade and Marketing Branch*; *Statistics and Information Branch; Fishing Operations and Technology Branch;* e *Marine and Inland Fisheries Branch*). No seu âmbito existe um comité consultivo, com dois subcomités: um sobre aquacultura e outro sobre comércio de pescado. O Comité de Pesca (*Committee on Fisheries* ou COFI), criado em 1965, é o único *forum* intergovernamental onde são examinados periodicamente os problemas da pesca ao nível planetário, e tem dedicado uma grande atenção à discussão de princípios gerais e de técnicas de gestão dos recursos haliêuticos e à identificação das zonas que devem ser geridas por organizações internacionais regionais de pesca. Com esse objetivo, tem colaborado na elaboração de projetos adequados à criação das correspondentes organizações internacionais regionais de pesca. Procede igualmente à realização de estudos sobre as medidas apropriadas à melhoria e à racionalização das vinculações internacionais existentes, de molde a reforçar a cooperação internacional em conformidade com a Convenção.

Nestes termos, em contraponto à inexistência de uma entidade de âmbito global, funcionam mais de cinco dezenas de organizações internacionais intergovernamentais na área das pescas[73], com um âmbito regional mais ou menos alargado, e poderes em geral bastante circunscritos[74]. Nuns casos, organizam a

[72] O texto da *Constitution* da FAO, em língua inglesa, pode ser encontrado em *Basic texts of the Food and Agriculture of the United Nations, volumes I and II 2017 edition*, FAO, 2017 (texto disponível em http://www.fao.org/3/k8024e/k8024e.pdf.) Acedido em 24 maio 2021). Importa salientar que não foi possível encontrar a tradução oficial da Constituição da FAO em língua portuguesa, não obstante ser expressamente referido no portal do Governo português que Portugal é membro desta organização internacional (https://www.portugal.gov.pt/pt/gc21/area-de-governo/negocios-estrangeiros/informacao-adicional/organizacoes-internacionais-de-que-portugal-e-membro.aspx). A versão em língua portuguesa publicada no Brasil, em anexo ao Decreto nº 7752, de 14 de junho de 2012, pode ser encontrada em http://www.planalto.gov.br/ccivil_03/_ato2011-2014/2012/decreto/D7752.htm. Acedido 24 maio 2021.

[73] O sítio da FAO, no âmbito da Fisheries Division, apresenta informação sobre cinquenta e três organizações regionais de pesca (*regional fishery bodies*). http://www.fao.org/fishery/rfb/search/en, acedido em 24 maio 2021. Sobre a questão, ver a síntese de Molenaar, Erik J.. 2020. Regional Fisheries Management Organizations. In Global Challenges and the Law of the Sea. Ed. Marta Chantal Ribeiro, Fernando Loureiro Bastos e Tore Henriksen, 81-109. Springer.

[74] Sobre a questão, ver Rayfuse, Rosemary. 2017. Article 118. In United Nations Convention on the Law of the Sea. A Commentary. Ed. Proelss, Alexander. 827-830. C.H.Beck – Hart – Nomos.

sua atuação relativamente a uma determinada área geográfica, enquanto noutros concentram os seus esforços numa espécie marinha específica ou num conjunto de espécies com características semelhantes. A criação de organizações internacionais de pesca teve lugar a partir do início do século XX, sendo o primeiro exemplo o Conselho Internacional para a Exploração do Mar (ICES – *International Council for the Exploration of the Sea*), constituído em 1902, em Copenhaga, por oito Estados bálticos e do Mar do Norte, com o objetivo de criar um programa de investigação internacional sobre o espaço marinho[75].

Daqui resulta que a compreensão do regime jurídico-internacional da pesca no alto mar previsto na Convenção deva ter em consideração quatro aspetos. Em primeiro lugar, em conformidade com a relatividade dos compromissos internacionais em relação a terceiros, que os efeitos das medidas de conservação parecem ficar circunscritos aos nacionais dos Estados que as concluíram. Em segundo lugar, que os Estados estão obrigados a cooperar na tomada de medidas de conservação nas regiões em que pescam navios com a sua nacionalidade, não obstante não ter sido avançado qualquer critério relativamente à dimensão dessa presença. Em terceiro lugar, que apesar da existência de uma obrigação de cooperação, a pesca no alto mar não está condicionada à participação na aprovação de medidas de conservação e de gestão dos recursos naturais marinhos vivos do alto mar pelos Estados potencialmente interessados nas capturas, como o comprova o artigo 116º. E, finalmente, em quarto lugar, que os Estados que participam na adoção das medidas de conservação e de gestão não podem atuar de forma discriminatória em relação aos nacionais dos Estados não participantes, mesmo que os nacionais desses Estados pesquem nessa região, em conformidade com o estabelecido no nº 3 do artigo 119º, ao prever que os Estados participantes "devem assegurar que as medidas de conservação e a aplicação das mesmas não sejam discriminatórias, nem de direito nem de facto, para os pescadores de nenhum Estado".

18. Mamíferos marinhos

O artigo 120º estabelece que o "artigo 65º aplica-se também à conservação e gestão dos mamíferos marinhos no alto mar". Em conformidade com o artigo 65º, os "Estados devem cooperar com vista a assegurar a conservação

[75] A ICES é actualmente regulada pela *Convention for the International Council for the Exploration of the Sea*, de 12 de setembro de 1964, que entrou em vigor em 22 de julho de 1968. Texto em inglês, https://www.ices.dk/about-ICES/who-we-are/Documents/ICES_Convention_1964.pdf. Acedido 24 maio 2021.

dos mamíferos marinhos e, no caso dos cetáceos, devem trabalhar em particular, por intermédio de organizações internacionais apropriadas, para a sua conservação, gestão e estudo"[76].

As primeiras referências à captura sistemática de baleias remontam ao século XI e à atividade pesqueira prosseguida com esse objetivo pelos bascos no Golfo da Biscaia. A partir do século XVI essa pesca passa a ser desenvolvida por ingleses, holandeses, alemães e franceses, com tal intensidade que nos dois séculos seguintes já tinham sido exterminadas algumas das espécies existentes. O esgotamento das espécies tornou-se ainda mais rápido com o surgimento dos navios movidos a vapor e a utilização do arpão inventado pelo norueguês Svend Foyd, na segunda metade do século XIX, e com a progressiva sofisticação dos navios-fábrica, a partir do início do século XX, ao permitirem um processamento completamente autónomo das capturas efetuadas.

A regulação da captura de baleias foi iniciada com a conclusão, em 24 de setembro de 1931, da *Convention for the Regulation of Whaling*[77], em conformidade com as conclusões de uma reunião de peritos que tinha tido lugar, em Berlim, no ano anterior, sob os auspícios do Comité Económico da Sociedade das Nações. Os efeitos produzidos por este compromisso internacional foram, no entanto, pouco significativos, não obstante ter entrado em vigor em 16 de janeiro de 1935, com a participação de 18 Estados, entre os quais se incluíam alguns dos Estados pesqueiros mais importantes. Por essa razão, foi concluído um novo *International Agreement for the Regulation of Whaling*, assinado em Londres a 8 de junho de 1937, e modificado por protocolos de 24 de junho do ano seguinte e de 26 de novembro de 1945, com resultados identicamente pouco relevantes[78]. Após o final da Segunda Guerra Mundial, foi substituído pela Comissão Baleeira Internacional (*International Whaling Commission*), criada pela Convenção Internacional para a Regulação da Actividade Baleeira, assinada em Washington, em 2 de dezembro de 1946, e que entrou em vigor em 10 de novembro de 1948[79]. Paralelamente à Comissão Baleeira Internacional

[76] Sobre a questão, ver Rayfuse, Rosemary. 2017. Article 120. In United Nations Convention on the Law of the Sea. A Commentary. Ed. Proelss, Alexander. 850-857. C.H.Beck – Hart – Nomos.

[77] O texto da *Convention for the Regulation of Whaling* pode ser encontrado em *League of Nations Treaty Series*, vol. CLV (1934-1935), pp. 349-365 e https://www.loc.gov/law/help/us-treaties/bevans/m-ust000003-0026.pdf. Acedido em 24 maio 2021.

[78] O texto do *International Agreement for the Regulation of Whaling* pode ser encontrado em League of Nations Treaty Series, vol. CXC (1938), pp. 79-93 (https://treaties.un.org/doc/Publication/UNTS/LON/Volume%20190/v190.pdf. Acedido em 24 maio 2021).

[79] Tradução em língua portuguesa da Convenção Internacional para a Regulação da Actividade Baleeira, assinada em Washington em 2 de dezembro de 1946, bem como o Protocolo da Convenção

de âmbito universal, foi criada a *North Atlantic Marine Mammal Commission* (NAMMCO), em 1992, com a participação da Ilhas Faröe, da Gronelândia, da Islândia e da Noruega, cujo objetivo é contribuir para a conservação, gestão racional e estudo dos mamíferos marinhos do Atlântico Norte, através de consulta e de cooperação regional[80].

Importa sublinhar que a passagem das baleias de um recurso natural marinho vivo, passível de ser capturado e consumido à medida dos desejos e das necessidades humanas, a um bem ambiental merecedor de conservação enquanto tal é um processo que ainda não se encontra concluído, como pode ser comprovado pela retoma das capturas comerciais de baleias, em 2019, por parte do Japão[81].

Internacional para a Regulação da Actividade Baleeira, assinado em Washington em 9 de fevereiro de 1956, Diário da República, Iª Série, nº 102, de 3 de maio de 2002. Sobre a evolução histórica do regime jurídico-internacional da conservação dos mamíferos marinhos, ver a nota introdutória de Malgosia Fitzmaurice, sobre a *International Convention for the Regulation of Whaling, Washington, D.C., 2 December 1946*, na Audiovisual Library of International Law, das Nações Unidas (https://legal.un.org/avl/ha/icrw/icrw.html. Acedido 24 maio 2021). Sobre a matéria, em termos gerais, Fitzmaurice, Malgosia. 2015. Whaling and International Law. Cambridge University Press.

[80] *Agreement on Cooperation in Research, Conservation and Management of Marine Mammals in the North Atlantic*, assinado em Nuuk,a 9 de Abril de 1992. http://nammco.wpengine.com/wp-content/uploads/2016/10/nammco-agreement-with-signatures-and-logo.pdf, acedido a 24 maio 2021.

[81] O Japão abandonou a Comissão Baleeira Internacional a 26 de dezembro de 2018, tendo sido membro desde 1951. Anteriormente as atividades de captura não comercial de cetáceos por parte do Japão, ao abrigo de programas de natureza científica, tinham sido objeto de censura por parte do Tribunal Internacional de Justiça, no caso *Whaling in the Antarctic (Australia v. Japan; New Zealand intervening)*, decidido a 31 de março de 2014, ao ordenar, § 254, "that Japan shall revoke any extant authorization, permit or licence to kill, take or treat whales in relation to JARPA II, and refrain from granting any further permits under Article VIII, paragraph 1, of the Convention, in pursuance of that programme". Outros Estados que deixaram de ser membros da Comissão Baleeira Internacional, com referência à data de admissão e saída, são: o Canadá (1949-1982), o Egito (1981-1989), as Filipinas (1981-1988), a Guatemala (2006-2017), a Grécia (2007-2013), e a Venezuela (1991-1999).

10
COMENTÁRIO À PARTE VIII
REGIME DAS ILHAS

Vasco Becker-Weinberg[1]

Resumo: A definição do que é uma ilha e a sua distinção face a outras formações terrestres, como rochedos e baixios a descoberto, assim como a identificação dos espaços marítimos que pode projectar e a sua relevância para a delimitação de fronteiras marítimas, são, ainda hoje, alguns dos aspectos mais controversos do Direito do Mar. Com efeito, para além da Convenção das Nações Unidas sobre o Direito do Mar recorrer a uma fórmula ambígua para definir o que é uma ilha e a distinguir de outras formações terrestres, a Convenção não estipula qual a relevância a atribuir à presença de uma ilha para efeitos de delimitação de fronteiras marítimas, ainda que o Direito do Mar reconheça que os Estados têm o mesmo título jurídico, o qual permite projectar os mesmos espaços marítimos a partir de uma ilha como do território continental. Acontece, porém, que a jurisprudência internacional tem recorrido a uma distinção artificial sempre que está em causa a presença de uma ilha, atribuindo-lhe geralmente um efeito parcial e até mesmo nenhum efeito na delimitação de fronteiras marítimas. Acresce que, para além da jurisprudência internacional ter sempre *evitado*, pelo menos até recentemente, esclarecer este e outros aspetos do regime jurídico vertido na única disposição que integra a Parte VIII, os Estados tão pouco têm tido uma prática uniforme relativamente a alguns desses elementos mais controversos.

Palavras chave: ilhas, rochedos, espaços marítimos, linhas de base, delimitação de fronteiras marítimas

[1] Professor Auxiliar na Faculdade de Direito da Universidade Lusófona, Professor Auxiliar Convidado da Nova Lisbon School of Law, Assessor no Tribunal Constitucional.

Abstract: The definition of what an island is and its distinction from other offshore features, such as rocks and low-tide elevations, as well as the identification of the maritime spaces it may project and its relevance for the delimitation of maritime boundaries are, still today, some of the most controversial aspects of the Law of the Sea. Indeed, the United Nations Convention on the Law of the Sea employs an ambiguous formula to define what an island is and to distinguish it from other offshore features. Moreover, the Convention does not stipulate the relevance to be granted to the presence of an island for the purpose of delimitation of maritime boundaries, even though the Law of the Sea recognizes that States have the same legal title that allows for the projection of maritime spaces from an island as from the mainland. In this regard, international jurisprudence has been unclear whenever the presence of an island is concerned, generally giving partial or even no effect to an island in the context of maritime boundary delimitation. Furthermore, States practice regarding some of the controversial issues involving islands and other offshore features has not been consistent.

Keywords: islands, rocks, maritime spaces, baselines, delimitation of maritime boundaries

1. Enquadramento

A Parte VIII da Convenção das Nações Unidas sobre o Direito do Mar (CNUDM) inclui apenas uma disposição, o artigo 121º. Todavia, a definição do que constitui uma ilha e dos espaços marítimos que esta pode projetar são aspetos essenciais do regime jurídico internacional aplicável a ilhas. Desde logo, porque a sua presença pode alterar de modo significativo os limites exteriores dos espaços sujeitos a jurisdição nacional.

Com efeito, dado que uma ilha pode projectar os mesmos espaços marítimos que a massa ou território continental de um Estado, uma pequena ilha pode permitir a um Estado projectar uma Zona Económica Exclusiva (ZEE) de 200 milhas náuticas (M) e estender a respectiva plataforma continental para além desse limite, nos termos do artigo 76º da CNUDM.

O regime jurídico aplicável a ilhas foi um dos temas mais controversos da Terceira Conferência das Nações Unidas sobre o Direito do Mar (III Conferência), que opôs, por um lado, os interesses dos Estados que têm ilhas, e por outro, os interesses dos Estados que defendiam que todas as ilhas não deveriam ser tratadas do mesmo modo, ou seja, ilhas pequenas não deveriam projectar os mesmos espaços como se de uma ilha grande se tratassem.

A este respeito, será de notar que a jurisprudência internacional tem entendido que o tamanho de uma ilha não deve ser tido em conta,[2] ainda que essa

[2] Qatar/Bahrain, para. 185; Nicaragua/Colombia, para. 37.

mesma jurisprudência internacional tenha sempre *evitado*, pelo menos até recentemente, esclarecer os principais aspectos previstos no artigo 121º da CNUDM.

Perante as diferentes posições manifestadas durante as negociações da III Conferência, o compromisso possível entre os Estados resultou na adoção da fórmula ambígua que consta do artigo 121º, nº 1, da CNUDM[3], o qual define uma ilha como "*uma formação natural de terra, rodeada de água, que fica a descoberto na preia-mar.*"

Para além da definição legal de ilha, o artigo 121º identifica no nº 2 os espaços marítimos que esta pode projectar, os quais, conforme referido, são idênticos aos espaços que podem ser projectados a partir de um território continental.

O nº 3 dessa disposição estabelece, *a contrario*, e utilizando uma fórmula pouco precisa, a definição de rochedos e identifica os espaços marítimos que essas formações terrestres podem projetar. Ou seja, enquanto os n.os 1 e 2 incluem, respectivamente, uma definição e uma regra geral, o nº 3 consagra uma exceção.

Igualmente relevante é a definição de baixios a descoberto, prevista no artigo 13º, nº 1, que são identificados na Convenção como "*uma extensão natural de terra rodeada de água, que, na baixa-mar, fica acima do nível do mar, mas que submerge na preia-mar.*"

A relevância da definição baixios a descoberto prende-se, fundamentalmente, com a possibilidade conferida pela Convenção destes serem utilizados para o traçar de linhas de base, a partir das quais se mede a largura do mar territorial.

Enquanto que os baixios a descoberto que se encontrem dentro do limite das 12M podem ser utilizados para medir a largura do mar territorial, quando situados além desse limite não podem projetar por si só qualquer espaço marítimo, conforme resulta do disposto no artigo 13º, nº 2, assim como do artigo 121º, segundo o qual apenas as ilhas e rochedos podem projectar espaços marítimos adjacentes.

No mesmo sentido, o artigo 47º, nº 4, da CNUDM permite a utilização de baixios a descoberto para traçar linhas de base arquipelágicas. Um Estado arquipelágico pode também utilizar rochedos para o mesmo efeito[4].

Importa referir que em muitos casos os conflitos relativos à soberania territorial de uma ilha ou de outra formações terrestres têm como intuito o

[3] Tanaka, Yoshifumi. *The International Law of the Sea* (Cambridge University Press, 2019, p. 75.

[4] Artigos 46º e 47º da CNUDM.

controlo do espaço marítimo adjacente[5]. Nestas situações, e na medida que a Convenção não inclui nenhuma referência a este respeito, dado que esta é uma matéria que não é regulada pelo Direito do Mar, qualquer disputa sobre a soberania territorial de uma ilha ou de outra formação terrestre deve ser vista à luz do Direito Internacional Público geral.

2. Qualificação e estatuto de ilhas

Conforme referido, o artigo 121º da CNUDM inclui uma fórmula ambígua no que respeita à qualificação e estatuto jurídico de ilhas e rochedos, e aos espaços marítimos que podem projetar[6].

A ambiguidade dessa a fórmula é idêntica à que resulta do artigo 10º, nº 1, da Convenção de Genebra sobre o Mar Territorial e a Zona Contígua de 1958.

Presentemente, a definição legal de ilha que consta do artigo 121º, nº 1, da CNUDM é amplamente considerada como parte do costume internacional,[7] tal como a identificação dos espaços marítimos que uma ilha pode projectar prevista no nº 2. Porém, o mesmo não acontece relativamente ao terceiro parágrafo dessa disposição, uma vez que a sua redação não é isenta de controvérsia, quer ao nível da doutrina internacional como da própria prática dos Estados[8].

[5] Becker-Weinberg, Vasco. *Joint Development of Hydrocarbon Deposits and the Law of the Sea*, Springer Verlag, Heidelberg, Nova Iorque, Dordrecht, Londres, 2014, pp. 104-111.

[6] Sobre a redação do artigo 121º, ver Talmon, Stefan. "Article 121", in: *United Nations Convention on the Law of the Sea: A Commentary*, editado por Alexander Proelss, C.H.Beck, Munique, 2017, pp. 858-861. Ver ainda Nordquist, Myron H.. "Textual interpretation of article 121 in the UN Convention on the Law of the Sea", in: *Coexistence, Cooperation and Solidarity. Liber Amicorum Rüdiger Wolfrum*, vol. 1, edited by Holger P. Hestermeyer, Doris König, Nele Matz-Lück, Volker Röben, Anja Seibert-Fohr, Peter-Tobias Stoll and Silja Vöneky (Martinus Nijhoff Publishers: Leiden, Boston, 2012), pp. 991-1036; Schofield, Clive. "The trouble with islands: the definition and role of islands and rocks in maritime delimitation", in: *Maritime Boundary Disputes, Settlement Processes, and the Law of the Sea*, edited by Seoung-Yong Hong and Jon Van Dyke (Martinus Nijhoff Publishers: 2009), pp. 21-37; Prescott, Victor; Schofield, Clive. *The Maritime Political Boundaries of the World* (Martinus Nijhoff Publishers: Leiden, Boston, 2005), pp. 57-89; Kwiatkowska, Barbara; Soons, Alfred H. A.. "Entitlement to maritime areas of rocks which cannot sustain human habitation or economic life of their own", in: 21 *Netherlands Yearbook of International Law* (1990), pp. 139-181.

[7] *Maritime Delimitation and Territorial Questions between Qatar and Bahrain, supra note 26 in Chapter 6*, paras. 167, 185 and 195; *Territorial and Maritime Dispute (Nicaragua v. Colombia) 2012, supra note 53 in Chapter 3*, para. 139. No caso entre o Qatar e Bahrain, o TIJ não fez referência ao nº 3, mas referiu que o título jurídico que permite a uma ilha projectar espaços marítimos nos termos do nº 2 está limitado pelas referências previstas no nº 3. No caso entre a Nicarágua e a Colômbia, o Tribunal considerou que o regime jurídico aplicável a ilhas era indivisível e teria estatuto de costume internacional.

[8] Talmon, p. 861.

No que concerne à análise do regime jurídico que consta do artigo 121º da CNUDM, o primeiro aspeto a salientar prende-se com o facto dessa disposição aplicar-se à qualificação de ilhas individualmente consideradas, e não a um grupo de ilhas ou a Estados arquipelágico. A estes últimos aplica-se o disposto na Parte IV da Convenção.

Acresce que, de acordo com o artigo 121º da CNUDM, uma ilha deve incluir uma área terrestre ou de terra, o que exclui, desde logo, as formações que flutuem, como é o caso dos icebergues, pois não estão ligadas ao solo de forma permanente.

Uma ilha também deve estar rodeada de água, excluindo assim, as formações terrestres que estão ligadas a uma massa continental, ainda que essa ligação não esteja sempre acima do nível do mar.

Também são excluídas as ilhas artificiais, dado que uma ilha deve corresponder a uma formação natural de terra. De acordo com a Convenção, as ilhas artificias não podem projectar qualquer espaço marítimo, e os Estados costeiros apenas podem criar zonas de segurança em torno delas, conforme resulta do disposto no artigo 60º, n.os 7 e 8 da CNUDM.

Acresce que, o próprio processo de formação de uma ilha não pode ser artificial, tal como também não se pode procurar alterar a qualificação jurídica de uma formação terrestre já existente através de intervenção humana, como seria o caso, por exemplo, se um Estado procurasse alterar um rochedo ou baixio a descoberto, tendo em vista a sua qualificação jurídico-internacional como uma ilha.

Contudo, daqui não decorre que toda e qualquer intervenção humana possa colocar em risco essa qualificação jurídico-internacional. Seria o caso de um Estado que, para proteger a linha de costa de uma ilha, levasse a cabo obras para impedir ou mitigar a erosão costeira causada pelo aumento do nível do mar. Nestes casos, a intervenção dos Estados não seria incompatível com o regime jurídico previsto no artigo 121º da CNUDM. Porém, já não seria admissível que um Estado, invocando a necessidade de proteger as zonas costeiras de um rochedo, procurasse alterar artificialmente o estatuto jurídico dessa formação terrestre.

Por fim, uma ilha deve ficar *"a descoberto na preia-mar"*. Este critério não é totalmente evidente, na medida que não há um entendimento uniforme entre Estados sobre o que constitui *uma ilha estar a descoberto na preia-mar*. No limite, a distinção entre ilhas e baixios a descoberto poderá não ser completamente óbvia em todas as situações[9].

[9] Tanaka, pp. 77, 87-88. De acordo com o artigo 13º, nº 1, da CNUDM, um baixio a descoberto *"é uma extensão de terra rodeada de água, que, na baixa-mar, fica acima do nível do mar, mas que submerge*

3. Qualificação e estatuto de rochedos

A Convenção não inclui uma definição de rochedos. De acordo com a redação do artigo 121º, nº 3, os rochedos são formações terrestres que se distinguem das ilhas de acordo com critérios sócio-económicos. A mesma disposição esclarece, *a contrario*, que os rochedos apenas podem projetar um mar territorial e uma Zona Contígua.

Com a introdução do nº 3 no artigo 121º, os Estados procuraram introduzir na CNUDM uma forma de prevenir que Estados promovessem revindicações excessivas de ZEE e de plataforma continentais a partir de rochedos, limitando, assim, essa possibilidade apenas aos casos em que estão em causa ilhas.

Sem prejuízo, a prática dos Estados relativamente a esta matéria é muito variada e frequentemente geradora de situações de conflito quando a qualificação de uma formação terrestre como rochedo ou ilha é motivo de disputa entre dois ou mais Estados.

A primeira vez que um tribunal internacional analisou e se pronunciou de forma detalhada sobre a distinção entre ilhas e rochedos, foi durante a Arbitragem do Mar do Sul da China[10].

Um dos aspectos sublinhados pelo tribunal arbitral foi o facto de a realidade geomorfológica não ser relevante para a definição de um rochedo para efeitos da Convenção[11].

Com efeito, os únicos critérios que constam no nº 3 do artigo 121º, e que permitem distinguir um rochedo de uma ilha, são a 'habitação humana' e a 'vida económica', ainda que, na interpretação do tribunal arbitral, esses critérios sejam alternativos, ou seja, basta que apenas se verifique um deles para que a formação terrestre possa projectar uma ZEE e plataforma continental[12].

Especificamente no que respeita ao critério de 'vida económica', o tribunal arbitral sublinhou que o que está em causa é a atividade em torno da própria formação terrestre, e não actividades dependentes exclusivamente dos espaços marítimos adjacentes, designadamente, do mar territorial, ou actividades relacionadas com recursos externos. Para o tribunal arbitral, a atividade

na preia-mar." A falta de uniformização da prática dos Estados pode suscitar dúvidas quando à distinção, com base neste critério, entre ilhas e baixios a descoberto.

[10] Sobre a Arbitragem do Mar do Sul da China, verBecker-Weinberg, Vasco. "From legal warefare to legal cooperation: the China-Philippines relation in the South China Sea beyond the arbitration", in: CXIX-III, *Il Diritto Marittimo* (2017), pp. 621-646.

[11] Arbitragem do Mar do Sul da China, para. 540.

[12] Ibid., paras. 496, 543-545. O tribunal arbitral referiu também que existe uma ligação entre estes dois critérios, na medida que a vida económica poderá depender habitação humana, pelo que, na maioria dos casos, os dois critérios estarão presentes.

económica de uma formação terrestre que se limite à extracção dos recursos encontrados nos espaços marítimos adjacentes, sem a presença de uma "*comunidade local estável*",[13] não preenche o critério de 'vida económica'[14].

Daqui resultam duas possíveis conclusões. A primeira, que a alusão a rochedos no artigo 123º, nº 3, pode ser entendida como uma referência a uma categoria distinta ou até mesmo uma subcategoria de ilha, e não como uma referência a um rochedo no sentido geomorfológico[15].

A segunda conclusão prende-se com a admissibilidade da probabilidade de uma determinada formação terrestre que tenha tido no passado a capacidade para suportar habitação humana ou vida económica, poder vir a perder essa capacidade com o decurso do tempo.

De igual modo, pode-se inferir como concebível a possibilidade de uma formação terrestre que no presente não permite suportar habitação humana ou vida económica, mas vir a adquirir essa capacidade no futuro.

A esse respeito, o tribunal arbitral parece admitir a possibilidade da qualificação jurídico-internacional de uma formação terrestre poder evoluir ao longo do tempo, à medida que perde ou ganha a capacidade para suportar habitação humana ou vida económica[16]. Talvez, a situação mais ilustrativa seja o caso de uma ilha que fica desabitada, por exemplo, devido à ocorrência de um fenómeno natural ou desastre ambiental, ou em caso de conflito armado, e que posteriormente, decorrido algum tempo, é novamente habitada, verificando-se o cumprimento dos critérios de 'habitação humana' e 'vida económica'[17].

Porém, o tribunal arbitral sublinha que, no caso de um rochedo nunca ter suportado habitação humana, tal provavelmente dever-se-á ao facto de historicamente as condições nessa formação terrestre terem sido extremamente difíceis ou incompatíveis com a habitação humana. Nesses casos, será necessário avaliar se estão em causa as condições intrínsecas da formação terrestre, ou se há outros factores independentes dessas condições que têm impedido a habitação humana[18].

[13] Ibid., para. 542.Tanaka interpreta o entendimento do tribunal arbitral como excluindo do conceito de "comunidade local estável" a presença de militares, faroleiros, pescadores, etc. (cfr. Tanaka, p. 82).

[14] Nota 10, paras. 503, 547, 550, 623.

[15] Tanaka, p. 78.

[16] Nota 10, para. 545.

[17] O tribunal arbitral considerou que as condições de sobrevivência dependem da existência de água, alimentação e abrigo, em quantidades suficientes que permitam a sobrevivência de um grupo de pessoas na formação terrestre, por um período indeterminado de tempo (cfr. Nota 10, para. 546).

[18] Ibid., para. 550.

4. Relevância para a delimitação de fronteiras marítimas

O regime jurídico previsto no artigo 121º não inclui qualquer referência à delimitação de fronteiras marítimas, tal como as disposições da Convenção relativas à delimitação de fronteiras, a saber, os artigos 15º, 74º e 83º, não incluem qualquer menção à relevância a atribuir a ilhas e rochedos para efeitos de delimitação de fronteiras marítimas. A jurisprudência internacional tem considerado a presença de ilhas ou de rochedos como *circunstâncias especiais*, a par de outras, a serem tidas em consideração no âmbito do processo de delimitação de fronteiras marítimas[19].

Conforme referido anteriormente, várias disputas em torno de ilhas são motivadas pelo propósito de os Estados pretenderem controlar o espaço marítimo adjacente e os respetivos recursos naturais, sejam essas disputas relativas à soberania territorial ou à qualificação jurídica de uma determinada formação terrestre. A este respeito, tendo em conta que é estimado que possam existir aproximadamente meio milhão de formações terrestres eventualmente consideradas como ilhas, e que, consequentemente, podem projectar diferentes espaços marítimos, consoante a sua qualificação jurídica,[20] não é surpreendente que o tema de ilhas seja particularmente relevante e muito discutido no contexto da delimitação de fronteiras marítimas[21].

Contudo, no que respeita à importância a dar a ilhas no âmbito de um processo de delimitação de fronteiras marítimas, a jurisprudência internacional tem recorrido a uma distinção artificial quanto à importância ou ao impacto a atribuir a ilhas, ainda que, conforme referido anteriormente, a projeção de espaços marítimos a partir de ilhas dependa exatamente do mesmo título

[19] Marques Antunes, Nuno; Becker-Weinberg, Vasco. "Entitlement to maritime zones and their delimitation: in the doldrums of uncertainty and unpredictability", in: *Maritime Boundary Delimitation: The Case Law: Is it Consistent and Predictable?*, edited by Alex G. Oude Elferink, Tore Henriksen and Signe Veierud Busch, Cambridge University Press, Cambridge, pp. 84-85.

[20] Tanaka, p.75.

[21] Sobre a relevância de ilhas para a delimitação de fronteiras marítimas, ver Becker-Weinberg, nota 4; Marques Antunes/Becker-Weinberg, pp. 84-85; Bowett, Derek W.. "The arbitration between the United Kingdom and France concerning the continental shelf boundary in the English Channel and South-Western approaches", in: 49 *British Yearbook of International Law* (1978), pp. 1-29; Beckman, Robert; Schofield, Clive. "Moving beyond disputes over island sovereignty: ICJ decision sets stage for maritime boundary delimitation in the Singapore Strait", in: 40 *Ocean Development and International Law* (2009), pp. 1-35; Schofield, Clive; Wang, Dustin Kuan-Hsiung. "The regime of islands under UNCLOS: implications for the South China Sea", in: *Maritime Energy Resources in Asia: Legal Regimes and Cooperation*, edited by Clive Schofield (The National Bureau of Asian Research: Seattle, 2012), pp. 61-77.

jurídico que permite a um Estado projectar os mesmos espaços marítimos a partir do território continental, *i.e.* 'a terra domina o mar'[22].

Com efeito, a jurisprudência internacional tem considerado por diversas vezes, que pequenas ilhas não devem ser tidas em conta ou produzir todos os seus efeitos, se daí resultar um efeito desproporcional para a linha de delimitação provisória e, consequentemente, um resultado não equitativo[23].

[22] Marques Antunes/Becker-Weinberg, p. 64.

[23] *North Sea Continental Shelf cases*, para. 57; *Continental Shelf (Tunisia/Libya)*, paras. 129-131; *Continental Shelf (Libya/Malta)*, paras. 53-54, 64-73; *Maritime Delimitation and Territorial Questions between Qatar and Bahrain*, paras, 185, 191-195, 201, 219; *Case Concerning Maritime Delimitation in the Black Sea*, paras. 102, 166-168, 179-188; *Maritime Delimitation in the Area between Greenland and Jan Mayen*, paras. 68, 69, e *Separate Opinion of Judge Schwebel*, para. 128; *Delimitation of the Maritime Boundary in the Gulf of Maine Area*, para. 157; *Land and Maritime Boundary between Cameroon and Nigeria*, para. 301; *Arbitration between the United Kingdom of Great Britain and Northern Ireland and the French Republic on the Delimitation of the Continental Shelf, Decision of the Court of Arbitration dated 30 June 1977*, in: 54 *International Law Reports* (1979), p. 6, paras. 194-203; *Territorial and Maritime Dispute (Nicaragua v. Colombia) 2012*, para. 180; *Aegean Sea Continental Shelf case*, para. 83.

11
COMENTÁRIO À PARTE IX
MARES FECHADOS OU SEMIFECHADOS

Rodrigo Fernandes More[1]

Resumo: A Convenção das Nações Unidas sobre o Direito do Mar (CNUDM) dá um tratamento especial aos mares fechados ou semifechados em dois artigos – 122º e 123º. A situação geográfica daqueles mares coloca seus Estados ribeirinhos em desvantagem comparativa em relação aos Estados costeados por mares abertos. Este estudo apresentará o conceito de mar fechado e semifechado, e os aspectos jurídicos e políticos relativos aos artigos 122º e 123º da CNUDM. Também destacará alguns exemplos relevantes que justifiquem a criação de um tratamento especial para mares fechados e semifechados, e a importância da cooperação regional, especialmente em torno de temas de proteção e preservação do meio marinho.

Palavras-chave: mares fechados, mares semifechados, meio marinho, cooperação regional

Abstract: The United Nations Convention on the Law of the Sea (UNCLOS) gives special treatment to enclosed or semi-enclosed seas in two articles – 122 and 123. The geographic situation of those seas places their coastal states at a comparative disadvantage compared to coastal states at open seas. This study will present the concept of the enclosed and semi-enclosed sea, the legal and political aspects related to articles 122 and 123 of UNCLOS. It will also highlight some relevant examples that justify creating a special treatment for enclosed and semi-enclosed seas and the importance of cooperation, especially on protecting and preserving the marine environment.

Keywords: closed seas, semi-enclosed seas, marine environment, regional cooperation

[1] Professor do Instituto do Mar da Universidade Federal de São Paulo, Brasil. rodrigo.more@unifesp.br

1. Introdução

A Convenção das Nações Unidas sobre o Direito do Mar (CNUDM) dá um tratamento especial aos mares fechados ou semifechados em dois artigos – 122º e 123º. A situação geográfica daqueles mares coloca seus Estados ribeirinhos em desvantagem comparativa em relação aos Estados costeados por mares abertos, em especial por não terem uma zona econômica exclusiva no próprio mar fechado ou semifechado em que se encontram, ou que os torne "dependentes do aproveitamento dos recursos vivos das zonas econômicas exclusivas de outros Estados da sub-região ou região para permitir um adequado abastecimento de peixe para fins nutricionais da sua população"[2]. São desvantagens comparativas geográficas, econômicas e ambientais emolduradas por elementos jurídicos e políticos que permeiam toda a CNUDM.

Assim, este artigo tem como objetivo apresentar o conceito e os aspectos jurídicos e políticos relativos aos artigos 122º e 123º da CNUDM, destacando alguns exemplos relevantes que justifiquem a criação de um tratamento especial para mares fechados e semifechados, e a importância da cooperação regional, especialmente em torno de temas de proteção e preservação do meio marinho.

2. Conceitos

A expressão "mar fechado ou semifechado" não é um conceito consolidado no direito internacional[3]. Milan destaca que antes da Terceira Conferência das Nações Unidas sobre o Direito do Mar (III Conferência), o termo jamais havia sido empregado, nem na Conferência de Codificação da Haia de 1930, nem pela Comissão de Direito Internacional no relatório final de sua oitava sessão em Genebra (1956)[4].

Durante a sessão de Caracas da III Conferência (20 junho – 19 agosto de 1974), coube ao Segundo Comitê abordar novos conceitos do direito do mar, entre eles o de mar fechado ou semifechado[5]. A adoção de uma regra especial não era um consenso. Alemanha, Dinamarca, Irã, Iraque, Suécia, Tailândia reconheceram a importância do debate do tema, em especial em relação

[2] Artigo 70º, nº 2 da CNUDM.

[3] A/CONF.62/C.2/SR.8, 1974. p. 276, para. 34. https://legal.un.org/diplomaticconferences/1973_los/docs/english/vol_2/a_conf62_c2_sr38.pdf. Acedido 15 Maio 2021.

[4] MILAN, Shapour S. 1987. The Legal Status of the Persian Gulf as a Semi-Enclosed Sea." *Archiv Des Völkerrechts* 25, no. 1 (1987): 92-105. http://www.jstor.org/stable/40798265. Acedido 15 Maio 2021.

[5] Íntegra do A/CONF.62/C.2/SR.8. 1974. https://legal.un.org/diplomaticconferences/1973_los/docs/english/vol_2/a_conf62_c2_sr38.pdf. Acedido 15 Maio 2021.

ao manejo de recursos, liberdade de navegação e preservação do meio marinho em mares semifechados. Já a França, questionou a criação de uma regra especial e a Rússia[6], a inclusão dos mares fechados, que reputou como espaços geográficos com normas jurídicas particulares, baseadas no costume, incidentes sobre águas que não são utilizadas por todos os países para a navegação internacional[7].

Na 55ª sessão plenária (18 de abril de 1975), da 3ª sessão da III Conferência, em Genebra, o presidente do Segundo Comitê apresentou o primeiro draft de artigos[8] sobre mares fechados ou semifechados, então numerado como artigos 129º e 130º, cuja redação foi mantida no texto final da CNUDM, definitivamente como artigos 122º e 123º.

O artigo 122º da CNUDM define mar fechado ou semifechado:

> "Para efeitos da presente Convenção, 'mar fechado ou semifechado' significa um golfo, bacia ou mar rodeado por dois ou mais Estados e comunicando com outro mar ou com o oceano por uma saída estreita, ou formado inteira ou principalmente por mares territoriais e zonas econômicas exclusivas de dois ou mais Estados costeiros."

Trata-se de uma definição de conceito único, embora haja entre eles, evidentemente, uma distinção geográfica: a necessária comunicação de um mar semifechado com outro mar ou oceano[9]. Apesar desta circunstância geográfica, o mar fechado ou semifechado pode ser identificado:

[6] A Rússia (União Soviética) e o Irã tinham em vigor dois tratados sobre fronteiras no mar Cáspio. O Tratado de 1921 fixava fronteiras entre eles, a partir do acesso ao Cáspio pelo controle da União Soviética sobre Geógia, Armênia e Azerbaijão. O Tratado de 1940, além de fronteiras, fixava uma Área exclusiva de pesca de 16 milhas náuticas entre eles. Nenhum dos dois tratados cuidou de recursos do subsolo, como petróleo e gás.

[7] A/CONF.62/C.2/SR.8. 1974. p. 277, para. 34 e 49. https://legal.un.org/diplomaticconferences/1973_los/docs/english/vol_2/a_conf62_c2_sr38.pdf. Acedido 15 Maio 2021.

[8] A/CONF. 62/WP. 8/REV. I /Part II – https://legal.un.org/diplomaticconferences/1973_los/docs/english/vol_5/a_conf62_wp8_rev1_part2.pdf. Acedido 15 Maio 2021.

[9] Essa evidência geográfica foi expressa nos debates da 38ª Reunião da Segunda Comissão de 13 de agosto de 1974. A Rússia, adicionou um elemento político ao referir-se indiretamente ao caso do Cáspio, onde a navegação internacional não éperitida: First, a clear distinction must be made between enclosed and semi-enclosed seas. *"From a juridical point of view, enclosed seas were comparatively small, had no outlet to the ocean, and did not serve as international shipping routes in the broadest sense."* (A/CONF.62/C.2/SR.8, op. cit., p. 277, para. 49).

a) por nomes genéricos de "golfo" ou "bacia"[10];
b) pelas locuções "mar rodeado por dois ou mais estados" e "saída estreita";
c) pela necessária comunicação com outro mar ou oceano;
d) ou pode ser formado inteira ou principalmente por mares territoriais e zonas econômicas exclusivas de dois ou mais Estados costeiros.

São exemplos de mares semifechados o mar Mediterrâneo, o mar Adriático, o mar do Caribe, a baía de Bengala, o golfo Pérsico, o mar Negro, o mar Vermelho e o mar do Sul da China.

No que se refere aos mares fechados, a interpretação do artigo 122º da CNUDM merece ser ampliada para além dos elementos em comum com os mares semifechados e mesmo da geografia de não comunicação com outros mares e oceanos. Há dois elementos políticos relevantes. O primeiro, considera que a maioria dos corpos d'água que são denominados mares – como o mar Morto – são definidos e tratados juridicamente como lagos salgados[11] pelos Estados lindeiros. O segundo, comporta uma intepretação política e tratamento jurídico de direito internacional costumeiro que é bem evidenciado pelos debates em torno do status jurídico do mar Cáspio: o maior corpo d'água fechado do mundo é ou não um mar fechado[12]?

[10] A evidência do uso genérico e, portanto, de seu caráter exemplificativo, está na nomenclatura de oceanos e mares adotada pela Organização Hidrográfica Internacional que, ao descrever a delimitação de seus limites na Publicação Especial nº 23, de 1953, usa termos genéricos como oceano, mar, golfo, baía, enseada, estreito, estuário, canal e passagem. https://iho.int/uploads/user/pubs/standards/s-23/S-23_Ed3_1953_EN.pdf. Acedido 15 Maio 2021.

[11] São lagos salgados formados numa bacia hidrográfica endorreica, ou seja, uma bacia ou depressão para onde as águas e rios correm e se acumulam.

[12] Barbara Janusz-Pawletta destaca que Rússia e Irã defendiam o conceito de "closed sea" como um conceito criado originalmente entre Estados ribeirinhos do Cápio que, portanto, não poderia ser confundido com o conceito de "enclosed sea" descrito na CNUDM: "The Soviet–Iranian concept of a "closed sea" is a legal concept originally drafted by the former Caspian littoral states, which should not be confused with the "enclosed sea" within the meaning of the UNCLOS. According to the international law 'closed sea' means a sea that has no connection to the world ocean and is surrounded by two or more states. The closed seas are excluded from the provisions of the Convention of 1982 and thus remain entirely under the exclusive control of the littoral states, which may exercise their sovereignty without any restriction either in the entire sea or its parts." (Janusz-Pawletta, Barbara. 2015. The Legal Status of the Caspian Sea. Current Challenges and Prospects for Future Development, Berlin Center for Caspian Region Studies. Heidelberg: Springer-Verlag, p. 21).

2.1. O *status* do Mar Cáspio

Após o colapso da União Soviética em 1991, a Rússia sugeriu em 1994 aos demais Estados do Cáspio um tratado para estabelecer um condomínio no mar Cáspio além do limite das 20 milhas náuticas da "zona de influência" costeira de cada estado litorâneo, com a criação de uma junta comum para controlar o uso do restante do mar. Ao mesmo tempo, apresentou uma declaração à Assembleia Geral da ONU do mar Cáspio como um lago[13].

Sem atingir consenso e com disputas sobre campos de petróleo e outros recursos que alternaram a Rússia, Irã, Azerbaijão, Cazaquistão e Turcomenistão ora como aliados, ora como antagonistas, um acordo sobre o status do mar Cáspio foi concluído apenas em 12 de agosto de 2018, com a assinatura da Convenção sobre o Status Legal do Mar Cáspio[14].

O mar Cáspio é rico em petróleo, fato que impõe uma constante preocupação com a poluição por óleo, e tem um reconhecido estoque pesqueiro, que tem como destaque o famoso esturjão-beluga do Cáspio. Assim, como um repositório de recursos que necessitam ser gerenciados por cinco estados, as questões de delimitação do mar Cáspio sempre esbarraram em divergências históricas, sejam políticas ou jurídicas, cuja equalização deveria passar pela solução do seu status jurídico, que interessa muito a outros Estados menos pela possibilidade de acesso à navegação e outros direitos relacionados à CNUDM, mas pelo interesse no petróleo da região, seja como investidores, competidores ou compradores, como os Estados Unidos.

Em linhas gerais, da Convenção sobre o Status Legal do Mar Cáspio não recorre a qualquer referência à CNUDM como fonte de direito entre as partes. Preferiu-se referir de forma genérica a princípios e normas da Carta das Nações Unidas e ao direito internacional para estabelecer um status legal, cuja definição declara ser de exclusiva competência das partes. Definitivamente, a Convenção deixa explícito que a CNUDM não se aplica ao Cáspio. Vejam-se alguns exemplos:

a) O conceito de águas territoriais abrange uma faixa de até 15 milhas náuticas, medidas de acordo com a Convenção do Cáspio, cuja delimitação será negociada entre as partes em acordos específicos;

[13] Disputed drilling rights in the Caspian Sea. 2002. In: Sonia G. Benson, Editor. History Behind the Headlines. The origin of conflicts worldwide, volume 3, p. 27.

[14] Foi assinada em Aktau, no Cazaquistão, em 12 de agosto de 2018, em uma cópia original no idioma do Azerbaijão, farsi, cazaque, russo, turcomano e inglês, sendo todos os textos igualmente autênticos. A versão em inglês está disponível em http://en.kremlin.ru/supplement/5328. Acedido 15 Maio 2021.

b) É estabelecido uma Área de pesca de 10 milhas marítimas adjacente às águas territoriais;
c) Proíbe a navegação de navios de bandeira não pertencente às partes, ou seja, não dá abrigo ao princípio da liberdade de navegação; e,
d) Restringe a regulação, autorização e realização da investigação científica marinha à exclusiva discricionariedade da soberania do estado costeiro.

Enfim, à medida que a Convenção do Cáspio resolve um ponto de divergência doutrinário – é um mar, cria um espaço de exclusiva competência dos estados signatários[15] e exclui a aplicação da CNUDM ao maior e mais relevante mar fechado do mundo.

3. O dever de Cooperação

O artigo 123º da CNUDM estabelece um dever de cooperação para o exercício de direitos e obrigações pelos estados costeiros de um mar fechado ou semifechado, de forma direta ou através de uma organização regional de cooperação

> Artigo 123º. Cooperação entre Estados costeiros de mares fechados ou semifechados.
>
> Os Estados costeiros de um mar fechado ou semifechado deverão cooperar entre si no exercício dos seus direitos e no cumprimento dos seus deveres nos termos da presente Convenção. Para esse fim, diretamente ou por intermédio de uma organização regional apropriadas, devem procurar:
>
> a) coordenar a conservação, gestão, exploração e aproveitamento dos recursos vivos do mar;
>
> b) coordenar o exercício dos seus direitos e o cumprimento dos seus deveres no que se refere à proteção e preservação do meio marinho;
>
> c) coordenar suas políticas de investigação científica e empreender, quando apropriado, programas conjuntos de investigação científica na área;
>
> d) convidar, quando apropriado, outros Estados interessados ou organizações, internacionais a cooperar com eles na aplicação das disposições do presente artigo.

[15] Entre os signatários, o Azerbaijão e Rússia são partes na CNUDM; o Irã é signatário, mas não ratificou a CNUDM, além de ter saída para os golfos Pérsico e de Omã; o Cazaquistão e Turcomenistão não são parte da CNUDM.

A primeira parte do *caput* do artigo 123º dispõe que os estados costeiros de um mar fechado ou semifechado têm o dever de cooperar entre si no exercício de seus direitos e cumprimento de deveres previstos na CNUDM. O "dever", contudo, não consiste num mandamento cogente, como pode induzir sua tradução não-oficial para o nosso idioma. O dever, na versão oficial em inglês, corresponde a uma obrigação não cogente, expressa pelo uso do verbo modal *should* (*should cooperate*), ao invés de *shall*, de natureza cogente. A seguir com sublinhado nosso:

> *States bordering an enclosed or semi-enclosed sea should cooperate with each other in the exercise of their rights and in the performance of their duties under this Convention.*

Depreende-se desta parte do dispositivo, ainda, haver deveres em relação não apenas aos demais estados costeiros no mar fechado ou semifechado, como também aos demais estados-partes da CNUDM, como a liberdade de navegação, argumento utilizado por críticos do status legal do mar Cáspio como um mar fechado, quiçá com um lago, na medida em que lá não se permitia o acesso a navios de bandeira de outros estados que não os ribeirinhos[16].

Já em relação à segunda parte do mesmo *caput*, apesar do uso do verbo modal *shall* (*shall endeavour*) denotar um comando cogente, o verbo modificado *endeavour* não expressa uma obrigação de fim, mas de meio. A tradução não-oficial para o nosso idioma, neste caso, demonstra-se bem fidedigna ao expressar um comando normativo de "devem procurar"[17]. A seguir com nosso sublinhado:

> *To this end they shall endeavour, directly or through an appropriate regional organization:*
>
> Para esse fim, diretamente ou por intermédio de uma organização regional apropriadas, devem procurar:

A lista, não taxativa, de objetos de cooperação por iniciativa direta ou por meio de uma organização regional entre estados ribeirinhos de um mar fechado ou semifechado contempla quatro temas: a) a conservação, gestão, exploração e aproveitamento dos recursos vivos do mar; b) o exercício dos seus

[16] A Convenção sobre o Status Legal do Mar Cáspio soluciona os debates sobre sua natureza jurídica e abre outro sobre um regime sobre um mar fechado fora do guarda-chuva da CNUDM.

[17] Não há uma obrigação cogente de negociar e de se chegar a um acordo. Neste mesmo sentido decidiu a Corte Internacional de Justiça no caso Bolivia vs. Chile: Obligation to Negotiate Access to the Pacific Ocean (Bolivia v Chile) International Court of Justice [ICJ], judgment, October 1, 2018.

direitos e o cumprimento dos seus deveres no que se refere à proteção e preservação do meio marinho; e, c) as políticas de investigação científica marinha. Além destes, há um tema que se projeta além dos ribeirinhos, "quando apropriado", que prevê a possibilidade de convite a outros Estados interessados ou organizações, internacionais para a cooperar com eles na aplicação das disposições do artigo 123º:

> "a) coordenar a conservação, gestão, exploração e aproveitamento dos recursos vivos do mar;
>
> b) coordenar o exercício dos seus direitos e o cumprimento dos seus deveres no que se refere à proteção e preservação do meio marinho;
>
> c) coordenar suas políticas de investigação científica e empreender, quando apropriado, programas conjuntos de investigação científica na área;
>
> d) convidar, quando apropriado, outros Estados interessados ou organizações, internacionais a cooperar com eles na aplicação das disposições do presente artigo."

Note-se que a natureza jurídica do dever de cooperar expresso neste artigo 123º exige dos estados ribeirinhos uma ação de iniciar e manter uma negociação, seja bilateral, multilateral ou a partir de uma organização regional criada para esse fim ou que o abrigue, mas não os obriga a chegar a um acordo sobre qualquer dos temas ali listados[18].

3.1. Cooperação para a proteção e preservação do meio marinho

O golfo do México é um exemplo de mar semifechado entre os Estados Unidos, México e Cuba, no qual cada uma das agências ambientais dos estados ribeirinhos exerce e responde diretamente por todos os todos direitos e deveres dentro das áreas sob respectiva jurisdição e soberania[19].

Já mares semifechados como o mar Mediterrâneo, Mar do Caribe, Mar do Norte, Mar Báltico, Baía de Bengala, Golfo Pérsico, Mar Negro e Mar Verme-

[18] Idem, para. 175 e 176.

[19] Os Estados Unidos tem um Conselho de Estados – Gulf of Mexico Fishery Management Council (https://gulfcouncil.org/) e um programa – *Gulf of Mexico Program* – junto à *Environmental Protection Agency* (EPA), (https://www.epa.gov/gulfofmexico) com foco no Golfo do México. Há também a iniciativa da Convenção de Cartagena (Convenção para Proteção e Desenvolvimento do Meio Marinho na Região Ampliada do Caribe) e seus três protocolos. Os Estados Unidos, México e Cuba ratificaram o Protocolo de Vazamento de Óleos; apenas Estados Unidos e Cuba ratificaram o Protocolo de Biodiversidade Marinha; e apenas os Estados Unidos, o Protocolo de Controle de Poluição.

lho contam com acordos regionais de cooperação no sentido do artigo 123 (b) da CNUDM. A Tabela 1 exemplifica algumas das convenções, planos e organizações intergovernamentais em cada um daqueles mares semifechados. Note-se que alguns deles, como a Estratégia Mediterrânea para o Desenvolvimento Sustentável (1975) e Convenção de Helsínquia para a proteção do mar Báltico (1974/rev.1992) são anteriores à CNUDM e serviram como inspiração para acordos de cooperação de proteção do meio marinho para mares semifechados.

Tabela 1. Acordos de cooperação sobre proteção do meio marinho em mares semifechados

Mar, baía ou golfo	Convenção, plano ou organização
Mar Mediterrâneo	• Convenção de Barcelona para Proteção do Meio Marinho e da Região Costeira do Mediterrâneo, de 1995[20] • Estratégia Mediterrânea para o Desenvolvimento Sustentável, de 1975[21]
Mar do Caribe	• Convenção de Cartagena para Proteção e Desenvolvimento do Meio Marinho na Região Ampliada do Caribe, de 1983[22]. • Plano de Ação Caribenho sobre Saúde e Mudança Climática, de 2018[23].
Mar do Norte	• Convenção para a Proteção do Meio Marinho do Atlântico Nordeste, de 1992[24].
Mar Báltico	• Convenção de Helsínquia para a proteção do mar Báltico, de 1974/ver.1992[25].

[20] The Barcelona Convention for the Protection of the Marine Environment and the Coastal Region of the Mediterranean. https://ec.europa.eu/environment/marine/international-cooperation/regional-sea-conventions/barcelona-convention/index_en.htm. Acedido 15 Maio 2021.

[21] Mediterranean Action Plan (MAP).https://web.unep.org/unepmap/mediterranean-strategy-sustainable-development-mssd-2016-2025. Acedido 15 Maio 2021.

[22] Convention for the Protection and Development of the Marine Environment in the Wider Caribbean Region. https://www.unep.org/cep/who-we-are/cartagena-convention. Acedido 15 Maio 2021.

[23] Caribbean Action Plan on Health and Climate Change. Disponível em https://reliefweb.int/report/world/caribbean-action-plan-health-and-climate-change. Acedido 15 Maio 2021.

[24] Convention for the Protection of the Marine Environment of the North-East Atlantic. Disponível em https://www.ospar.org/convention. Acedido 15 Maio 2021.

[25] Convenção de Helsínquia para a proteção do mar Báltico. https://eur-lex.europa.eu/legal-content/PT/TXT/?uri=celex%3A21994A0316%2802%29. Acedido 15 Maio 2021.

Baía de Bengala	• Programa da Baía de Bengala, de 2003[26]
Golfo Pérsico	• Convenção Regional do Kuwait para Cooperação na Proteção do Meio Ambiente Marinho da Poluição Protocolo relativo à Cooperação Regional no Combate à Poluição por Óleo e Outras Substâncias Nocivas em Casos de Emergência, de 1978. • Organização Regional para a Proteção do Meio Ambiente Marinho, de 1978[27]
Mar Negro	• Medida de Proteção Ambiental da Cooperação Econômica do Mar Negro, de 1998[28]
Mar Vermelho	• Convenção de Jeddah, 1982 e Organização Regional para a Conservação do Meio Ambiente do Mar Vermelho e Golfo de Aden, de 1995[29]

4. Conclusões

Os artigos 122º e 123º da CNUDM não são referidos expressamente nas convenções de cooperação para a proteção e preservação do meio marinho, mas é evidente que as circunstâncias geográficas das costas de estados ribeirinhos já estimulavam a cooperação, com inicial destaque para a poluição marinha por óleo e posterior ampliação para o controle da poluição em geral e até da proteção à biodiversidade.

Alguns dos mares semifechados mais importantes do mundo, como o Golfo Pérsico e o Mar Vermelho, são também espaços geopolíticos sensíveis para o tráfego internacional de navios, com reflexos sobre a liberdade de navegação, por exemplo, como também para mercados importantes como petróleo e gás. Outros, como o Mar do Norte[30], o Mar Negro[31] e a Baía de Bengala[32],

[26] Bay of Bengal Program (BOBP). https://www.bobpigo.org/. Acedido 15 Maio 2021.

[27] Regional Organization for the Protection of the Marine Environment (ROPME). http://ropme.org/home.clx. Acedido 15 Maio 2021.

[28] Environmental Protection Measure by the Black Sea Economic Cooperation. http://www.bsec-organization.org/areas-of-cooperation/environmental-protection. Acedido 15 Maio 2021.

[29] Regional Organization for the Conservation of the Environment of the Red Sea & Gulf of Aden (PERSGA). http://www.persga.org/. Acedido 15 Maio 2021.

[30] Sea Continental Shelf Cases (Federal Republic of Germany/Denmark; Federal Republic of Germany/The Netherlands), International Court of Justice (ICJ), Judgment, February 20, 1969.

[31] Maritime Delimitation in the Black Sea (Romania v. Ukraine), International Court of Justice (ICJ), Judgment, February 3, 2009.

[32] Litigation Concerning the Delimitation of the Maritime Boundary between Bangladesh and Myanmar in the Bay of Bengal (Bangladesh/Myanmar), International Tribunal for the Law of the Sea (ITLOS), Judgment, March 14, 2012. The Bay of Bengal Maritime Boundary Arbitration (Bangladesh/India), Permanent Court of Arbitration (PCA), Judgment, July 7, 2014.

foram espaços de disputas por delimitação marítima, revelando a importância da delimitação do exercício de jurisdição e soberania sobre recursos da Área econômica exclusiva, da plataforma continental, bem como do controle sobre o tráfego marítimo. O Mar do Sul da China, outro mar semifechado, tem sido palco de disputas regionais[33] e grande interesse internacional por aspectos econômicos e geopolíticos, que incluem atores extrarregionais como os Estados Unidos.

Os mares fechados ou semifechados são relevantes em todos os aspectos, justificando o tratamento especial na CNUDM e todos os esforços para o aprofundamento do seu descobrimento científico, que aguçam o interesse sobre seus recursos, sejam aqueles sob soberanias, sejam compartilhados com toda a humanidade.

[33] South China Sea Arbitration (Philippines/China), Permanent Court of Arbitration (PCA), Judgment, July 12, 2016.

12
COMENTÁRIO À PARTE X
DIREITO DE ACESSO AO MAR E A PARTIR DO MAR DOS ESTADOS SEM LITORAL E LIBERDADE DE TRÂNSITO

Tiago V. Zanella[1]

Resumo: a Convenção das Nações Unidas sobre o Direito do Mar (CNUDM), de 1982, procurou atender os mais diferentes interesses e anseios estatais em seus articulados. Isto não foi diferente em relação aos Estados sem litoral, que não tem nenhuma costa marítima. Estes Estados reivindicaram direitos no novo sistema internacional de regulação do Direito do Mar que o texto convencional estava a criar. Disto, surgiu a Parte X da CNUDM que normatiza o "direito de acesso ao mar e a partir do mar dos Estados sem litoral e liberdade de trânsito". Apesar da opção legislativa de regular os direitos e deveres dos Estados sem litoral em diversos articulados esparsos no texto, a Convenção reservou uma parte exclusiva para normatizar como deve se dar o acesso ao mar por estes Estados sem litoral. Isto porque, em grande medida, a falta de acesso aos espaços marítimos pode ser um terrível obstáculo ao desenvolvimento socioeconômico para alguns Estados. Deste modo, este comentário se debruça sobre a Parte X do texto convencional de 1982 para analisar como foi regulamentado o direito de acesso ao mar e a partir do mar dos Estados sem litoral.

Palavras chave: Estados sem litoral; Estados interiores; Acesso ao mar.

[1] Pós-Doutor pela Escola de Guerra Naval (EGN). Doutor em Ciências Jurídico-Internacionais e Europeias pela Faculdade de Direito da Universidade de Lisboa (FDL); Mestre em Direito Internacional e Relações Internacionais pela FDL; graduado em Direito pela Faculdade de Direito de Curitiba; graduado em Relações Internacionais pelo UNICURITIBA; Presidente do IBDMar (Instituto Brasileiro de Direito do Mar); Professor da Escola de Guerra Naval (EGN).

Abstract: the United Nations Convention on the Law of the Sea (UNCLOS) of 1982 tried to satisfy its articles' most different interests and state aspirations. The same was true for landlocked states, which have no coastline. These States claimed rights in the new international system of the Law of the Sea that the conventional text was creating. From this claim, Part X of the UNCLOS emerged, regulating the "right of access to and from the sea of landlocked States and freedom of transit". Despite the legislative option of regulating the rights and duties of landlocked States in various clauses in the text, the Convention reserved an exclusive part to regulate how access to the sea by these landlocked States should be given. This is because, to a large extent, the lack of access to maritime spaces can be a terrible obstacle to socioeconomic development for some States. Thus, this commentary focuses on Part X of the 1982 conventional text to analyze how the right of access to the sea and from the sea of landlocked States was regulated.

Keywords: Landlocked States; interior states; right of access to the sea.

1. Introdução

A Parte X da Convenção das Nações Unidas sobre o Direito do Mar (CNUDM ou Convenção) regulamenta o "direito de acesso ao mar e a partir do mar dos Estados sem litoral e liberdade de trânsito", nos seus artigos 124º a 132º. Assim como para outros Estados, os oceanos são importantes para os Estados sem litoral, seja como meio de comunicação ou como acesso aos recursos naturais marinhos[2]. Portanto, a salvaguarda dos interesses dos Estados sem litoral tornou-se uma significativa questão no Direito do Mar e, consequentemente para a CNUDM[3]. De fato, o preâmbulo da Convenção afirma explicitamente que "os interesses e as necessidades da humanidade, em geral, e, em particular, os interesses e as necessidades especiais dos países em desenvolvimento, quer costeiros quer sem litoral".

[2] Como afirma Tanaka, Yoshifumi. 2019. The International Law of the Sea. Cambridge University Press, 3 ed., Reino Unido. P. 479: "From economic and strategic viewpoints, it would be no exaggeration to say that the survival and prosperity of land-locked States rely on their freedom to communicate and to trade".

[3] Importante observação sobre as fontes que regulamentam os direitos e deveres dos Estados sem litoral no direito internacional é feita por Uprety, Kishor. 2006. The transit regime for landlocked states: international law and development perspectives. World Bank Publications, Washington – EUA. p. 117: "It is important to note, too, that, although the 1982 Convention has entered into force, the previous instruments have not been abrogated. As a result, the status of LLS is governed by a series of complex instruments, universal as well as regional or bilateral in scope, whose coexistence often creates confusion, difficulties, and incoherence. A sort of sedimentation of successive layers of 1921, 1958, 1965, and 1982 legal regimes can be noticed, which leaves jurists and researchers in a confusing situation."

Todavia, imprescindível, desde já, alertar para o fato de que a Parte X da CNUDM, objeto do presente comentário, não regulamenta todos os direitos e deveres dos Estados sem litoral. Esta parte, em específico, normatiza tão somente o "direito de acesso ao mar e a partir do mar dos Estados sem litoral e liberdade de trânsito", sem entrar em outros aspectos, como, por exemplo, o aproveitamento dos recursos naturais vivos e não vivos do mar. A opção legislativa na Terceira Conferência das Nações Unidas sobre o Direito do Mar (III Conferência) foi a de regular tais questões em disposições dispersas no texto. Em outras palavras, a Convenção não normatizou os direitos específicos dos Estados sem litoral a exploração dos recursos marinhos em Parte própria do texto, mas dentro das regras de cada espaço marítimo[4]. A título exemplificativo, as regras especiais de exploração em zona econômica exclusiva de outros Estados por estes sem litoral foram objeto de positivação no artigo 69º da CNUDM e não na Parte X do texto[5].

Dito isso, no passado, os Estados sem litoral eram muito poucos em número, localizadas com mais frequência na Europa ou na América Latina do que em qualquer outro continente[6]. Porém, como consequência do processo de descolonização, que possibilitou à independência a muitos Estados e, consequentemente, o exercício pleno de seus direitos de soberania, o número de Estados

[4] Neste sentido, resume por todos Tuerk, Helmut. 2015. Forgotten Rights? Landlocked States and the Law of the Sea. In. Wolfrum, Rüdiger; Seršić, Maja; Šošić, Trpimir M. (eds) Contemporary Developments in International Law. Chapter 18. P. 337-359. Leiden; Boston: Brill Nijhoff. P. 349: "UNCLOS contains a number of provisions relating to the maritime rights of landlocked States. Article 17 affirms that ships under the flag of landlocked States enjoy the right of innocent passage through the territorial sea of other States in the same manner as those of coastal States. Article 87 provides that the high seas are open to all States, whether coastal or landlocked – both kinds of States enjoying exactly the same rights regarding the freedom of the high seas. Article 90 reaffirms the right of landlocked States to sail ships flying their flags on the high seas."

[5] Sobre este tema ver Tuerk, Helmut. Landlocked and Geographically disadvantaged States In.: Rothwell, Donald R.; Elferink, Alex G. Oude; Scott, Karen N.; Stephen, Tim. The Oxford Handbook of the Law of the Sea. P. 325-345. Oxford University Press: Reino Unido. P. 332-337; Ou Sinjela, A. Mpazi. 1989. Landlocked states rights in the exclusive economic zone from the perspective of the UN convention on the law of the sea: An historical evaluation, Ocean Development & International Law, vol. 20:1, 63-81, DOI: 10.1080/00908328909545880; Ou ainda Telesetsky, Anastasia. The Freedom to Fish and Land-Locked Developing States: an Equitable Proposal for Allocating Catch Shares to Land-Locked Developing States. In The Belt and Road Initiative and the Law of the Sea. Ed. Keyuan Zou, pp. 200-213. Leiden; Boston: Brill Nijhoff.

[6] Sobre a evolução histórica dos Estados sem litoral ver Tuerk, Helmut. 2012. Reflections on the Contemporary Law of the Sea. Leiden; Boston; Brill Nijhoff. Chapter 4. Ou ainda Tuerk, Helmut. 2020. The Rights of Land-locked States in the Law of the Sea. In The Belt and Road Initiative and the Law of the Sea. Ed. Keyuan Zou, 181-199. Leiden; Boston; Brill Nijhoff. Item 3.

sem litoral aumentou significativamente durante a segunda metade do século XX, até os atuais 44 Estados[7].

Fato muitas vezes negligenciado, estes 44 Estados sem litoral também têm interesses marítimos. Por exemplo, um grande número destes – Azerbaijão, Bolívia, República Checa, Etiópia, Cazaquistão, Laos, Luxemburgo, Moldávia, Mongólia, Paraguai, Eslováquia, Suíça e Turquemenistão – possuem Embarcações mercantes sob sua própria bandeira. A Bolívia, por exemplo, além disso tem uma pequena frota de pesca de alto mar[8]. Ademais, atualmente a CNUDM foi ratificada por 167 Estados mais a União Europeia. Destes, 30 são Estados sem litoral[9].

Além de ter navios navegando sob sua bandeira, os Estados sem litoral também desenvolveram outros interesses marítimos. Vários deles têm sido por um longo tempo membros da Comissão Oceanográfica Intergovernamental (COI)[10]. Os Estados sem litoral também têm conduzido pesquisas científicas marinhas e empresas de petróleo desses países foram engajadas em atividades de perfuração offshore e de exploração de petróleo[11]. Vários países sem litoral também adotaram legislação interna expressamente tipificando a

[7] Afeganistão, Andorra, Armênia, Áustria, Azerbaijão, Bielo-Rússia, Butão, Bolívia, Botsuana, Burkina Faso, Burundi, República Centro-Africana, Chade, República Tcheca, Cidade do Vaticano, Eslováquia, Etiópia, Hungria, Cazaquistão, Quirguistão, Laos, Lesoto, Liechtenstein , Luxemburgo, Macedônia do Norte, Malawi, Mali, Moldávia, Mongólia, Nepal, Níger, Paraguai, Ruanda, San Marino, Sérvia, Suazilândia, Sudão do Sul, Suíça, Tadjiquistão, Turcomenistão, Uganda, Uzbequistão, Zâmbia e Zimbábue. Ou 45 Estados se incluído o Kosovo, país com reconhecimento internacional limitado.

[8] Dados disponíveis em https://unctadstat.unctad.org/wds/TableViewer/tableView.aspx. Acedido em 21 Mar 2021.

[9] Dados disponíveis em https://www.un.org/Depts/los/reference_files/chronological_lists_of_ratifications.htm. Acedido em 21 Mar 2021. Para um estudo histórico sobre o Estados sem litoral (nomeadamente Afeganistão, Bolívia, Uganda) ver Glassner, Martin Ira. 1970. Access to the Sea for Developing Land-Locked States Martinus Nijhoff; Netherlands.

[10] Afeganistão, Áustria, Azerbaijão, República Checa, Etiópia, Cazaquistão, Sérvia e Suíça. Veja a Comissão Oceanográfica Internacional (da UNESCO), os Estados-Membros da Comissão estão disponíveis em http://legacy.ioc-unesco.org/index.php?%20option=com_oe&task=viewDocumentRecord&docID=4017. Acedido em 21 Mar 2021.

[11] Um exemplo exploração de petróleo entre Chade e Camarões. A fim de desenvolver os campos de refino de petróleo em Doba no Chade, foi construído um duto de 1.070 quilômetros para transportar o petróleo offshore extraído na costa atlântica de Camarões (trânsito) até Chade (sem litoral). O tratado (Accord Le Gouvernement de la République du Tchad et Le Gou – Vernement de la République du Cameroun Relatif à La Construção Et à l'Exploração Système de Transporte des Hydrocarbures Par Pipeline) foi assinado em 8 de fevereiro de 1996 e fez referências claras e inequívocas em seu preâmbulo do GATT, a Convenção sobre o Comércio em Trânsito dos Estados sem litoral, de 1965, e a CNDUM.

pirataria[12] – o que muitos costeiros Estados ainda não fizeram. Ademais, os Estados sem litoral também participam da Organização Marítima Internacional (OMI), que atualmente conta com 18 membros sem litoral[13]. Vários destes Estados tornaram-se partes em convenções internacionais no âmbito da OMI[14].

Deste modo, a posição geográfica de um Estado não pode ser um impedimento para a utilização das potencialidades marítimas. No entanto, Estados sem litoral, diferem dos costeiros em relação a um aspecto fundamental: como eles não fazem fronteira com o mar, precisam de trânsito em todo o território de outros países para acessarem o mar. A localização geográfica dos Estados sem litoral, com distâncias do porto mais próximo às vezes superiores a 2.000 quilômetros, os coloca em uma desvantagem grave em relação às suas contrapartes costeiras[15].

Deve-se notar que todos os países sem litoral da África, Ásia e América do Sul, bem como dois deles na Europa Central e Oriental, são países em desenvolvimento, enfrentando, alguns, sérios desafios ao seu crescimento econômico. A falta de acesso ao mar pode causar um isolamento de mercados mundiais e altos custos de trânsito podem impor sérias consciências para o desenvolvimento socioeconômico destes Estados. Portanto, não é de todo surpreendente que dos 44 Estados sem litoral, 32 sejam considerados como em desenvolvimento. Além disso, entre estes, 17 são classificados como menos desenvolvidos, sendo que 12 deles são Estados africanos[16].

[12] Por exemplo, Áustria, Azerbaijão, Cazaquistão, Liechtenstein, Moldávia, República Checa e Sérvia.

[13] Dados disponíveis em http://www.imo.org/About/Membership/Pages/MembersStates.aspx. Acedido em 21 Mar 2021.

[14] Todos os dados disponíveis em https://wwwcdn.imo.org/localresources/en/About/Conventions/StatusOfConventions/x-Status.xlsx. Acedido em 21 Mar 2021.

[15] Sobre a questão, destaca Huettmann, Falk. 2020. What It Is Like to Be a Land-Locked Nation: Some Discriminatory Examples and Details from National Watersheds of the Hindu Kush-Himalaya Under the Neoliberal 'Free Market' Participation Paradigm. In. Huettmann, Falk; Regmi, Ganga Ram. Hindu Kush-Himalaya Watersheds Downhill: Landscape Ecology and Conservation Perspectives. Chapter 12. P. 229-247. Springer: Switzerland. P. 243: So what should land-locked nations do? They have clear profiles, they have problems with the modern world and how business is run, and are widely on the poorer side of the global community; their options are few. The concept of a global nation states – the free world – locked them in, and they cannot get out on their own. Boundaries are set. Keep in mind, most land-locked nations were not only proud kingdoms for centuries (e.g Nepal) but they also were dominating even entire continents, e.g. Mongolia! Nowadays, they cannot compete with the ruling mega nations, hardly with industrialization or super-urban centers.

[16] Dados disponíveis em http://unohrlls.org/about-lldcs. Acedido em 21 Mar 2021.

Muitos desses Estados participaram ativamente da III Conferência, o que tornou possível a incorporação no texto convencional de muitas disposições relacionadas à proteção de interesse para estes Estados. Algumas delas já existiam no direito internacional geral ou convencional, mas muitas outras foram inovadoras e levaram em conta a necessidade destes Estados sem litoral.

Neste viés, pode-se subdividir a análise jurídica da Parte X da Convenção sobre o Direito do Mar em três principais pontos: 1) Direito de Acesso ao Mar e a Partir do Mar; 2) Liberdade de Trânsito. Vale destacar que em relação ao Estados sem litoral, outro ponto é fundamental para que se entenda seus direitos e deveres na regulação jurídica internacional: a participação na exploração dos recursos marítimos, como a pesca, e a repartição dos benefícios da exploração da Plataforma Continental e da Área. Todavia, tais regulações não estão dispostas na Parte X da CNUDM, mas em nas partes e artigos da Convenção. Por este motivo não serão objeto de apreciação do presente comentário.

2. Questões semânticas

A questão semântica de como melhor designar esses Estados é amplamente discutida na doutrina, no entanto, adotaremos nestes comentários a expressão simples usada pela Convenção das Nações Unidas sobre o Direito do Mar: Estados sem litoral. Deixando de lado outras expressões utilizadas como: Estados interiores, Estados sem costa marítima, Estados encravados, ou ainda Estados mediterrâneos[17].

Sobre o conceito de "Estados sem litoral" pode ser encontrado na CNUDM, artigo 124º, nº 1, que afirma que "significa um Estado que não tenha costa marítima". Indo um pouco além, o termo é composto de dois vocábulos: *Estados* e *sem litoral*. Em primeiro lugar, a definição de *Estados* – ou país, ou nação – é uma questão bastante discutida no direito internacional, entretanto, neste estudo, podemos definir o Estado como um sujeito das relações internacionais, com personalidade jurídica, território, governo e legislação própria. Ainda, um Estado deve ser reconhecido por outros Estados para ser considerado como tal. Neste sentido, o fato de ser membro das Nações Unidas ou de alguma de suas instituições especializadas – ou ainda ter aderido ao estatuto da Corte Internacional de Justiça – bastaria para ser reconhecido como

[17] Termo utilizado por Valladão, Haroldo. 1975. Status dos Países sem Litoral Marítimo. Conferência inaugural do I Encontro da Comissão Internacional Permanente de Juristas do Instituto de Direito Internacional Público– IAEGS – em Porto Alegre, proferida aos 16 de abril de 1975. p. 246.

um Estado soberano pelos demais[18]. Em segundo lugar, a definição de *sem litoral* pode ser entendida pelo conceito geográfico, no qual se entende que o país que não faz fronteira com nenhum espaço marítimo, braço de mar ou oceano aberto. Assim, o Estado que não possua nenhuma saída direta para mar aberto é considerado *sem litoral*.

Com relação à expressão "Estado de trânsito", a Convenção de 1958 sobre o Alto Mar usa a expressão "Estados situados entre o mar e um Estado sem litoral"[19]. Juntamente com este critério de localização geográfica, o artigo 124º, nº 1 alínea c) da CNUDM, exige um segundo critério para definir um "Estado de trânsito": a passagem do tráfego em trânsito pelo seu território. Se a localização geográfica fosse o único critério, um Estado sem litoral poderia gozar de amplo poder discricionário para determinar quais dos seus Estados vizinhos são Estados de trânsito. O segundo critério restringe esta discricionariedade ao definir o Estado de trânsito como um Estado por cujo território passa o tráfego em trânsito. Vale destacar que esta definição não se limita aos Estados vizinhos ou aos Estados por cujo território passa o acesso mais curto para o mar. Pode incluir também os países que não possuem uma costa marítima e estão, eles próprios, sem litoral ao abrigo da definição do artigo 124º, nº 1 alínea a).

Por sua vez, o termo "tráfego em trânsito" "significa a passagem de pessoas, bagagens, mercadorias e meios de transporte através do território de um ou mais Estados de trânsito, quando a passagem através de tal território, com ou sem transbordo, armazenamento, fracionamento da carga ou mudança de modo de transporte, seja apenas uma parte de uma viagem completa que comece ou termine dentro do território do Estado sem litoral"[20].

Esta definição levanta o problema particular de saber se o trânsito inclui a passagem pelas águas internas dos Estados de trânsito costeiro. De acordo com a Convenção sobre o Comércio em Trânsito dos Estados sem litoral, de 1965, o tráfego em trânsito abrange o "transporte marítimo imediatamente anterior ou posterior a tal passagem"[21]. Esta fórmula, proposta durante consultas informais na Terceira Conferência das Nações Unidas sobre o Direito do Mar[22], não foi adotada na Convenção de 1982.

[18] Uprety, Kishor. 2006. The transit regime for landlocked states: international law and development perspectives. World Bank Publications, Washington – EUA. p. 4.

[19] Convenção sobre o Alto mar, de 1988. Artigo 3º.

[20] Artigo 124º, nº 1 alínea c) da CNUDM

[21] Convention on Transit Trade of Land-Locked States. 1965. Art. 1, (b) "sea transport directly preceding or following such passage".

[22] Neste sentido Nordquist, Myron H. 1995. United Nations Convention on the Law of the Sea, 1982: A Commentary. Vol. III, Martinus Nijhoff Publishers, Netherlands. p. 406.

A questão de saber se o trânsito inclui a passagem por águas interiores é parcialmente esclarecida pelo artigo 2º da CNUDM, do qual se segue que o território de um Estado inclui as suas águas interiores em virtude de ter soberania sobre essas águas. A prática de alguns Estados de incluir até mesmo o mar territorial em sua legislação interna relativa ao seu "território" poderia justificar uma extensão do regime de trânsito da Parte X ao mar territorial. Isso se reflete no artigo 17º, segundo o qual os Estados sem litoral gozam do direito de passagem inocente pelo mar territorial. Seguindo essa linha de raciocínio, o tráfego em trânsito mar territorial constituiria um acréscimo ao direito de passagem inocente de que gozam todos os Estados.

A Convenção de 1982 sobre o Direito do Mar, em seu artigo 124.º, nº 1 alínea d) enumera os "meios de transporte" que podem ser utilizados no tráfego em trânsito, incluindo "material ferroviário rolante, as embarcações marítimas, lacustres e fluviais e os veículos rodoviários". Além disso, inclui, "quando as condições locais o exigirem, os carregadores e animais de carga".

Isso leva em consideração a situação particular de alguns Estados sem litoral em desenvolvimento. Dada a falta de uma rede desenvolvida de estradas ou ferrovias, esses Estados dependem em grande medida desses meios de transporte (carregadores e animais de carga). Durante as negociações que levaram à inclusão desses meios, houve objeções por parte dos Estados de trânsito. Alguns Estados argumentaram que esse modo de transporte afetava o comércio local, e não o acesso ao mar, e que não seguia rotas estabelecidas e, portanto, escapava ao controle do Estado de trânsito[23]. Todavia, formulações semelhantes são frequentemente usadas em acordos de trânsito bilaterais ou regionais. Por exemplo, no Acordo de Trânsito do Corredor Norte de 1985 entre Burundi, Quênia, Ruanda, Uganda e Zaire (atualmente renomeado como República Democrática do Congo), meio de transporte é definido como "um determinado veículo, vagão ferroviário, navio ou outro dispositivo usado para o transporte de mercadorias ou pessoas, incluindo – quando a situação local assim o exigir – carregadores e animais de carga"[24].

Ainda, a inclusão proposta de aeronaves civis na definição de "meio de transporte" foi debatida na III Conferência, mas não foi incluída porque a opinião foi expressa nas negociações de que as novas regras de tráfego aéreo

[23] Neste sentido Nordquist, Myron H. 1995. United Nations Convention on the Law of the Sea, 1982: A Commentary. Vol. III, Martinus Nijhoff Publishers, Netherlands. p.407.

[24] Northern Corridor Transit Agreement, February 1985. Art. 2: "a particular vehicle, railway wagon, vessel or other device used for the transport of goods or persons, including – where the local situation so requires – porters and pack animals."

entrariam em conflito com os complicados regulamentos existentes que regem aviação civil internacional[25].

Por fim, a CNUDM destacou que os Estados sem litoral e os Estados de trânsito podem, por mútuo acordo, incluir como meios de transporte dutos e gasodutos e outros meios de transporte diferentes[26]. Sobre esta questão, é essencial que seja lida em conjunto com o número 1 do artigo 124º. Isto é, é fundamental que haja um acordo entre o Estado sem litoral e o Estado de trânsito. De toda forma, os acordos a que se refere o parágrafo 2 constituirão *lex specialis* em relação à disposição geral do artigo 311º, que rege a relação da Convenção de 1982 com outras convenções e acordos internacionais.

3. Direitos e deveres dos Estados sem litoral

3.1. Navegação

Quanto ao direito de navegação dos Estados sem litoral, até a primeira guerra mundial não era consenso que estes países tinham o direito de possuir frota naval própria. Contra o exercício deste direito, se posicionavam vários países, entre estes algumas potências navais e políticas como o Reino Unido, França e Prússia. O principal argumento contrário era de que, sem uma frota de guerra e portos marítimos, não era possível verificar a nacionalidade e exercer qualquer controle e fiscalização sobre as embarcações destes Estados interiores. Todavia, percebe-se um forte viés político neste posicionamento, pois estas potências não pretendiam ceder espaço e poder aos demais Estados, inclusive os sem litoral[27].

Foi a partir da segunda guerra mundial que este direito de navegação dos Estados sem litoral foi consolidado no sistema internacional[28]. Atualmente,

[25] Neste sentido Proelss, Alexander (ed). 2017. United Nations Convention on the Law of the Sea: A Commentary. Nomos Verlagsgesellschaft. p. 897.

[26] Artigo 124º, nº 2 da CNUDM.

[27] Sobre esta questão histórica, destaca Tanaka, Yoshifumi. 2019. The International Law of the Sea. Cambridge University Press, 3 ed., Reino Unido. p. 486: "In the nineteenth century, Switzerland raised an issue in relation to the navigational rights of land-locked States. In 1864, the Swiss government obtained from the Swiss Parliament permission to form a merchant marine under the Swiss flag. Subsequently, however, the Swiss government abandoned its plan and ships belonging to Swiss nationals were obliged to sail under the flag of foreign States. It was not until new land-locked States – Austria, Hungary, Czechoslovakia – appeared on the map of Europe at the end of World War I that the right of ships of land-locked States to fly a national flag was recognised. This right was recognised by the Treaty of Versailles of 1919, and was confirmed by the Declaration of Barcelona of 1921".

[28] Sobre a questão, Zanella, Tiago V. 2017. Manual de direito do mar. Belo Horizonte, Editora D'Plácido. P. 100: "A partir da primeira grande guerra e da criação da Sociedade das Nações, iniciou-se

não há dúvida de que os Estados sem litoral têm direitos de navegação. A esse respeito, o artigo 2 da Convenção de 1958 em Alto Mar deixa claro que o alto mar está aberto a todas as nações e que tanto os Estados costeiros como não costeiros gozam de liberdade de navegação. Por sua vez, a CNUDM, no artigo 87º estabelece claramente que: "o alto mar está aberto a todos os Estados, quer costeiros quer sem litoral".

Logicamente, não estamos diante de um conceito de liberdade dos mares *tout court*, expresso em suas formulações mais radicais como, por exemplo, no *De mare liberum* de Grotius, que cobria a totalidade dos oceanos além do mar territorial. Na ordem estabelecida pela CNUDM, essa liberdade, como resultado da criação de novas zonas dos oceanos: a Zona Contígua, a Área econômica exclusiva (ZEE) e a plataforma continental, passou a ter importantes constrangimentos. No entanto, também é verdade que, no âmbito dos direitos de navegação, nada parece ter mudado demasiadamente, uma vez que o princípio da liberdade continua a ser aplicado não só ao alto mar, mas também à ZEE e à Zona Contígua nela incluída. Como consequência, ao interpretar o artigo 87º, deve-se também ter em mente o artigo 58º, que se refere ao ZEE expressamente que "todos os Estados, quer costeiros quer em litoral, gozam, nos termos das disposições da presente Convenção, das liberdades de navegação"[29].

De toda forma, o exercício desta liberdade de navegação, em seus mais diversos aspectos, depende, necessariamente, de um acesso ao mar por esses Estados sem litoral. Por este motivo, o foco central da Parte X da CNUDM foi justamente regular o "direito de acesso ao mar e a partir do mar dos Estados sem litoral e liberdade de trânsito".

3.2. Direito de acesso ao mar e liberdade de trânsito

Superada a discussão sobre os direitos de navegação dos Estados sem litoral – que não estão diretamente normatizados na Parte X, mas que são fundamentais para justificar esta parte da CNUDM – o direito internacional passa

um processo internacional de ascensão do direito de navegação pelos Estados sem litoral. Alguns tratados foram assinados permitindo que estes países possuíssem frota marítima e liberdade de navegar – ou pelo menos não proibindo. Entre estes, pode-se citar: a Convenção de Barcelona (de 1921) relativo à liberdade de trânsito marítimo; a Convenção de Genebra (de 1923) referente ao Estatuto Internacional sobre o regime dos portos marítimos; e a posição e recomendação do GATT."

[29] Neste mesmo sentido Sarubi, Óscar Cabello. 2020. Land locked States in contemporary law of the sea. In. Zanella, Tiago V.; Subtil, Leonardo C.; Todelo, André de P.; Borges, Thiago C. (eds). Direito do Mar: reflexões, tendências e perspectivas. Vol.4. p. 15-34. Belo Horizonte, Editora D'Plácido.

a tutelar o direito de acesso ao mar, pois, definido a possibilidade e o direito de possuir frota naval, surge então a necessidade de se normatizar o acesso à costa marítima e quais as regras para tal. O direito de navegação somente pode ser exercido se os Estados sem litoral conseguirem acessar os oceanos. Uma vez que não possuem costa, um direito depende da efetividade do outro. Neste sentido, a disposição central da Parte X da Convenção é o artigo 125º, que consagra o direito de acesso dos Estados sem litoral de e para o mar e a liberdade de trânsito pelo território dos Estados de trânsito por todos os meios de transporte[30].

O título do artigo 125º vincula os dois direitos tratados neste artigo: o "direito de acesso" e a "liberdade de trânsito". Os dois direitos são inseparáveis – sem a liberdade de trânsito, um Estado sem litoral seria incapaz de exercer seu direito de acesso de e para o mar; e sem o direito de acesso, a liberdade de trânsito levaria à necessidade de acordos adicionais relativos ao acesso. Seria impossível para um Estado sem litoral exercer os direitos garantidos pela Convenção (incluindo a navegação e a exploração dos recursos da Área) sem um direito expresso de acesso de e para o mar; do mesmo modo, esses direitos não podem ser exercidos sem um direito correspondente de livre trânsito no território de um Estado de trânsito costeiro.

Vale destacar, desde já, que este direito de acesso ora analisado, restringe-se ao exercício de direitos previstos na CNUDM em geral e, em especial, ao direito de acesso e liberdade de trânsito à "liberdade do alto mar" e "ao patrimônio comum da humanidade", dois princípios de direito internacional que têm diferentes estatutos jurídicos[31].

A expressão "liberdade do alto mar" está diretamente vinculada ao artigo 87º, segundo o qual o alto mar é "aberto a todos os Estados, costeiros ou sem litoral". A CNUDM não incluiu a liberdade dos mares em geral (esta é enten-

[30] Neste víeis, afirma Sarubi, Óscar Cabello. 2020. Land locked States in contemporary law of the sea. In. Zanella, Tiago V.; Subtil, Leonardo C.; Todelo, André de P.; Borges, Thiago C. (eds). Direito do Mar: reflexões, tendências e perspectivas. Vol.4. pp. 15-34. Belo Horizonte, Editora D'Plácido. P. 22: "At this point we can face more closely the, possibly, more important matter in the Law of the Sea for the Land-locked States: the freedom of transit and the resulting right of access to and from the sea, which is a corollary in our opinion of the wider freedom of the High Seas. To the Land-locked States, to all effects, the above mentioned general freedom would be left empty of any value without the existence of the latter freedom and right; and here we are referring not only to the freedom of navigation but also to all the other freedoms, explicit or not in article 87 of UNCLOS".

[31] Neste mesmo sentido Tuerk, Helmut. 2020. The Rights of Land-locked States in the Law of the Sea. In The Belt and Road Initiative and the Law of the Sea. Ed. Keyuan Zou, 181-199. Leiden; Boston; Brill Nijhoff. p. 188.

dida como parte da solução de compromisso relativa ao estatuto jurídico das águas da Área econômica exclusiva). O artigo 58º, nº 1, no entanto, deixa claro que, no que diz respeito à navegação e comunicação, a liberdade do alto mar se estende à Área econômica exclusiva. Assim, as liberdades a que se refere o artigo 125º, nº 1, estendem-se às gozadas na Área econômica exclusiva, inclusive o direito de participar da exploração dos recursos vivos dessa Área (de acordo com o artigo 69º). Outros "direitos previstos nesta Convenção" – não necessariamente no alto mar – incluem o direito de passagem inocente pelo mar territorial (artigo 17º), o direito de passagem de trânsito por estreitos utilizados para a navegação internacional (artigo 38º), o direito de passagem pelas rotas marítimas arquipelágicas (artigo 53º), e o direito de participação em pesquisas científicas marinhas (artigo 254º). Ainda, a referência ao direito relativo ao "patrimônio comum da humanidade" vincula a Parte X à Parte XI sobre a Área e, especialmente, às disposições relacionadas aos Estados sem litoral, que inclui o artigo 148º e o artigo 160º, nº 2 alínea k), e as disposições práticas daí derivadas.

As regras do artigo 125º destinam-se a proteger os direitos e interesses tanto dos Estados sem litoral (números 1 e 2) quanto dos Estados de trânsito (números 2 e 3).

O número 1 do artigo 125º estabelece o direito fundamental dos Estados sem litoral ao acesso ao mar e do mar para determinados fins. Este direito implica uma obrigação correspondente por parte dos Estados de trânsito de permitir que os Estados sem litoral exerçam esse direito. Embora opiniões divergentes tenham sido expressas durante a Conferência sobre a caracterização jurídica desse direito e a obrigação correspondente[32], a Convenção não deixa dúvidas de que o acesso de e para o mar é um direito dos Estados sem litoral, o que acarreta certas obrigações por parte dos Estados de trânsito. A caracterização do acesso como um direito, entretanto, é acompanhada da exigência do número 2 dos termos e modalidades a serem acordados entre os Estados interessados[33].

[32] Sobre a questão ver Nordquist, Myron H. 1995. United Nations Convention on the Law of the Sea, 1982: A Commentary. Vol. III, Martinus Nijhoff Publishers, Netherlands. Art. 125.

[33] Neste sentido e sobre os poderes e direitos do estado de Transito, destaca Uprety, Kishor. 2006. The transit regime for landlocked states: international law and development perspectives. World Bank Publications, Washington – EUA. p. 88. "The definition underscores that the right to access raises obligations for at least two states, one landlocked and one the transit State through which the right of access can be enjoyed. In other words, there must be equilibrium between the rights and interests of the two categories of states. Essentially, therefore, in practice a transit State may at any time refuse a convenient transit for an LLS".

O número 2 proporciona um certo equilíbrio entre o direito de acesso e a liberdade de trânsito previstos no parágrafo 1. Exige que sejam celebrados acordos entre os Estados interessados sobre os termos e modalidades de exercício da liberdade de trânsito. O principal objetivo é proteger o Estado de trânsito contra reclamações excessivas em questões de trânsito, privando a liberdade de trânsito de qualquer caráter auto executável e de executoriedade automática[34/35]. Todavia, vale ressaltar que, ao contrário de outros documentos anteriores[36], a CNUDM exclui de seus articulados a necessidade de um acordo de reciprocidade[37].

Por sua vez, o número 3 do artigo 125º traz uma espécie de cláusula de salvaguarda. O principal objetivo deste articulado é proteger o Estado de trânsito quando este acredita que sua soberania está ameaçada pelos direitos de trânsito atribuídos aos Estados sem litoral e para alcançar um equilíbrio entre os direitos e obrigações de um Estado sem litoral e seu Estado de trânsito. O exercício por um Estado sem litoral de seu direito de trânsito não deve, de forma alguma, representar uma ameaça à soberania ou a qualquer outro interesse legítimo do Estado de trânsito. Além disso, a inclusão da referência a "medidas necessárias" enfatiza que as medidas tomadas pelo Estado de

[34] Sobre a questão, afirmou o Julio A. Baez, Senior Legal Officer, OLA/DOALOS na conferencia sobre a "UNCLOS and Landlocked Developing Countries: Practical Implications": "that while the provision used mandatory language in relation to access and transit rights, its effect was that landlocked States did not have a self-executing right to access". UN OHRLLS. 2012. UNCLOS and Landlocked Developing Countries: Practical Implications: Summary Report. Conference Room 6 NLB. United Nations Headquarters, New York. p. 2.

[35] Por outro lado, destaca Hafner, Gerhard. 2007. Land-Locked States. MPEPIL. Disponível em: http://www.mpepil.com. Acedido em 25 Mar 2021: Para. 12: "For most developed Land-Locked States, the transit problem has lost significance, since the economic integration systems presently remove trade obstacles". Ainda, como afirma Sarubi, Óscar Cabello. 2020. Land locked States in contemporary law of the sea. In. Zanella, Tiago V.; Subtil, Leonardo C.; Todelo, André de P.; Borges, Thiago C. (eds). Direito do Mar: reflexões, tendências e perspectivas. Vol.4. P. 15-34. . Belo Horizonte, Editora D'Plácido. P. 23: "Regional or sub regional agreements could offer a completely different perspective to land-locked States, if we for instance take into consideration legal instruments like those that established the European Union or Mercosur, that imply a more or less perfect freedom of movement for persons, goods and services among all member States, that make unnecessary to recur to reciprocity clauses. However, these are exceptional conditions for most land-locked States".

[36] Como a Convenção sobre o Alto Mar, de 1958, Artigo 3º, nº 1 alínea a) e a Convenção sobre o Comércio em Trânsito dos Estados sem litoral, de 1965, Artigo 15º.

[37] Neste sentido ver Tuerk, Helmut. 2015. Forgotten Rights? Landlocked States and the Law of the Sea. In. Wolfrum, Rüdiger; Seršić, Maja; Šošić, Trpimir M. (eds) Contemporary Developments in International Law. Chapter 18. P. 337-359. Leiden; Boston: Brill Nijhoff. p. 347.

trânsito para proteger sua soberania não devem exceder os limites do que é essencial para garantir que o trânsito não infrinja seus interesses legítimos.

No entanto, seria inaceitável que os Estados de trânsito adotassem medidas que negassem totalmente a liberdade de trânsito dos Estados sem litoral à luz do princípio da boa fé e da proibição de abuso de direito prevista no Artigo 300º da CNUDM[38]. Deve-se notar também que o Artigo 130º, nº 1 obriga os Estados de trânsito a tomar todas as medidas apropriadas para evitar atrasos ou outras dificuldades de natureza técnica no tráfego em trânsito[39].

Por fim, vale destacar que as disposições da Parte X encontraram sua formulação final somente após negociações extremamente difíceis[40]. Os Estados sem litoral enfatizaram que seu direito de livre acesso de e para o mar era um dos princípios básicos do direito do mar e fazia parte integrante dos princípios do direito internacional. Por sua vez, os Estados de trânsito estavam preocupados com as limitações de sua soberania e os possíveis efeitos econômicos adversos que resultam da concessão de direitos de trânsito muito generosos. O resultado dessas negociações, com base em sobretudo na posição dos Estados sem litoral que também são Estados de trânsito – ou seja, ao mesmo tempo que recebem direitos também precisam ceder parte de sua soberania – provou ser a regulação mais equitativa e acabou sendo positivada nos termos acima analisados[41].

3.3. Cláusula de nação mais favorecida – não aplicabilidade

Outra questão trazida prela Parte X da CNUDM, no contexto do regime de trânsito de Estados sem litoral, é a exclusão pelo artigo 126º da CNUDM da aplicabilidade da cláusula de nação mais favorecida às disposições da Convenção e aos acordos especiais relativos ao exercício do direito de acesso ao

[38] Sobre a proibição de abusos ver Rothwell, Donald R.; Stephens, Tim. 2016. The International law of the sea. 2 ed. Hart Publishing: Oxford. p. 198.

[39] Sobre este dever do cooperar, em geral, ver Pinto, M. C. W. 1986. The Duty of Cooperation and the United Nations Convention on the Law of the Sea in Realism In Law-Making. In. Bos, Adriaan; Siblesz, Hugo. Realism in Law-Making – Essays on International Law in Honour of Willem Riphagen. pp. 137-154. Martinus Nijhoff Publishers: Netherlands.

[40] Tuerk, Helmut. 2020. The Rights of Land-locked States in the Law of the Sea. In The Belt and Road Initiative and the Law of the Sea. Ed. Keyuan Zou, 181-199. Leiden; Boston; Brill Nijhoff. p. 190.

[41] Sobre a questão, destaca Tuerk, Helmut. 2015. Forgotten Rights? Landlocked States and the Law of the Sea. In. Wolfrum, Rüdiger; Seršić, Maja; Šošić, Trpimir M. (eds) Contemporary Developments in International Law. Chapter 18. pp. 337-359. Leiden; Boston: Brill Nijhoff. P. 348: "The outcome of these negotiations, based in particular on the efforts by landlocked States like Austria which are also transit States, was sharply criticized at the Conference, both by some land- locked and some transit countries. In the end, however, it proved to be the generally acceptable compromise".

mar e do mar. Este artigo encontrou poucas objeções[42]. Sua presença atesta a necessidade particular de um Estado sem litoral ter o direito de acesso ao mar, derivado da posição geográfica especial do Estado sem litoral. No entanto, isso não justifica uma extensão desses direitos a outros Estados por meio da aplicação de uma cláusula de nação mais favorecida. Vale destacar que tal disposição havia sido positivada na Convenção sobre o Comércio em Trânsito dos Estados sem litoral, de 1965[43].

A questão foi apoiada durante a III Conferência por alguns Estados sem litoral com o raciocínio de que se o regime de trânsito fosse estendido igualmente a todos os Estados, o tratamento privilegiado concedido a eles pela Convenção devido à sua condição geográfica especial, poderia estar esvaziado[44].

Assim, tal disposição serve para preservar o status preferencial concedido aos Estados sem litoral nos termos da Convenção devido à sua posição geográfica especial, excluindo a aplicação de cláusulas de nação mais favorecida que estabelece a obrigação aos Estados de trânsito de estender a outros Estados os mesmos direitos e concessões que fizeram aos Estados sem litoral. O artigo 126º identifica certos direitos concedidos aos Estados sem litoral devido à sua posição geográfica especial. Em outras palavras, estes direitos – de trânsito, por exemplo – aplicam-se apenas aos Estados sem litoral, sem possibilidade de extensão aos demais, justamente como uma compensação em razão de sua desigualdade geográfica, com o intuito de atenuar os obstáculos ao seu comércio e desenvolvimento.

[42] Neste sentido Nordquist, Myron H. 1995. United Nations Convention on the Law of the Sea, 1982: A Commentary. Vol. III, Martinus Nijhoff Publishers, Netherlands. p. 427.

[43] Convenção sobre o Comércio em Trânsito dos Estados sem litoral, de 1965. Artigo 10º.

[44] Interessante discussão sobre o tema é trazido por Sarubi, Óscar Cabello. 2020. Land locked States in contemporary law of the sea. In. Zanella, Tiago V.; Subtil, Leonardo C.; Todelo, André de P.; Borges, Thiago C. (eds). Direito do Mar: reflexões, tendências e perspectivas. Vol.4. P. 15-34. Belo Horizonte, Editora D'Plácido. P. 24: "What is not clear, in our opinion, in the present formula is how the clause non applicability could affect, not all States, but the third land-locked States, that is to say to all the other States that find themselves in the same geographical situation. Why shouldn't the same more favourable treatment, conceded by a Transit State to a neighboring land-locked State, be extended automatically to all of them?
A proposal in that sense was even presented to the attention of the Conference by a group of 17 land-locked States during its Second Session. The intention of these States was "not prevent the extension of facilities and special rights that would be accorded to land-locked States under the new convention or in special agreements in favor of a land-locked State which would not become a party to this convention on the basis of the most favored nation clause...".
In the final version of UNCLOS this interpretation was ignored, however it could give ground to a new revision in a jurisdictional or consultative instance".

Como esses direitos criam um status preferencial para os Estados sem litoral, estas prerrogativas poderiam ser prejudicadas se concedida a todos os demais Estados. O direito de acesso ao mar, decorrente do princípio da liberdade dos mares, constitui um direito específico dos Estados sem litoral, vinculado à sua posição geográfica. Portanto, um Estado de trânsito que concede vantagens especiais em apoio ao livre acesso ao mar não é obrigado a conceder os mesmos direitos a um terceiro Estado em virtude do tratamento da nação mais favorecida.

3.4. Não discriminação e facilidades

A Parta X da Convenção de Direito do Mar traz ainda algumas outras disposições relativas ao combate a qualquer forma de discriminação contra estes Estados sem litoral e também procura normatizar algumas facilidades e prerrogativas a fim de compensar a posição geográfica desfavorável destes Estados[45].

Em primeiro lugar, segundo o artigo 127º, o tráfego em trânsito não estará sujeito a quaisquer direitos aduaneiros, impostos ou outros encargos, exceto encargos cobrados por serviços específicos prestados em conexão com esse tráfego. Tal norma visa auxiliar na aplicação do direito de acesso concedido aos Estados sem litoral no artigo 125º, garantindo eficiência e competitividade no tráfego em trânsito.

O principal objetivo deste artigo é impedir o Estado de trânsito de cobrar taxas e impostos discriminatórios sobre os meios de transporte utilizados por um Estado sem litoral, a fim de obter benefícios econômicos desse tráfego em trânsito. Estas podem ser aplicadas apenas a taxas de serviços específicos (número 1) e taxas de meios de transporte e outras instalações fornecidas pelo Estado de trânsito (número 2). A isenção de direitos, impostos ou taxas ao tráfego em trânsito há muito é considerada amplamente reconhecida e aceita. Vários tratados contêm essa regra, que visa impedir que os Estados de trânsito tirem proveito da situação particular e necessidades dos Estados sem litoral e para facilitar o comércio[46].

[45] Como bem resumem Churchill, Robin Rolf; Lowe, Alan Vaughan. 1999. The law of the sea. 3° ed, Manchester University Press; Reino Unido. P. 326: "Furthermore, such terms and modalities and unilateral measures must comply with the provisions of articles 127 and 130, which deal with customs duties and other charges and measures to avoid delays in a manner similar to that of the 1965 Convention on Trade in Transit from Countries Without Coastlines".

[46] Vide, por exemplo, Treaty of the Economic Community of West African States (ECOWAS), 1975, Revised in 1993. Artigo 45º, nº 2 e artigo 68º.

Em segundo lugar, os Estados sem litoral só podem se aproximar do mercado internacional indiretamente – tomando emprestado o meio de transporte de um Estado estrangeiro. No caso de Estados sem litoral com baixos níveis de infraestrutura e equipamentos, essa deficiência é ainda mais grave e pode prejudicar significativamente o seu desenvolvimento econômico. Consequentemente, os Estados de trânsito podem fornecer certas concessões a fim de permitir que as mercadorias desses Estados sem litoral transitem de e para o mar

Nesse contexto, o artigo 128º da CNUDM visa auxiliar na aplicação do direito de acesso e garantir a segurança e eficiência no tráfego de trânsito, facilitando a celebração de acordos entre o Estado sem litoral e o Estado de trânsito para que possam têm acesso a zonas francas e outras facilidades alfandegárias para a conveniência do tráfego em trânsito[47]. O artigo não prevê a obrigação dos Estados de trânsito de estabelecer zonas francas ou chegar a um acordo para fazê-lo, e deve ser visto como uma tentativa de encorajar e facilitar acordos dessa natureza, com o intuito de que o "acesso de e para o mar" pode ser realizado mais facilmente[48].

Em terceiro lugar, quando nos Estados de trânsito não existam meios de transporte que permitam dar efeito ao exercício efetivo da liberdade de trânsito – ou quando os meios existentes, incluindo as instalações e equipamentos portuários, sejam deficientes, sob qualquer aspecto – os Estados de trânsito e Estados sem litoral interessados podem cooperar na construção ou no melhoramento desses meios de transporte[49]. Tal disposição reflete a preocupação dos Estados sem litoral de que possa ocorrer uma situação em que eles gozem de liberdade de trânsito (conforme estabelecido no artigo 125º, número 1), mas não haja meios – ou, na melhor das hipóteses, meios inadequados – de transporte ou comunicação para eles para exercer essa liberdade. O artigo 129º não impõe aos Estados de trânsito a obrigação de fornecer meios de transporte adequados para atender às necessidades do Estado sem litoral, mas traz um dever de cooperar em tal sentido[50].

[47] Sobre a aplicabilidade prática destes dispositivo, afirma Tuerk, Helmut. 2012. Reflections on the Contemporary Law of the Sea. Leiden, Boston: Brill Nijhoff. Tuerk. P. 63: "The probably most far-reaching agreement was signed between Peru and Bolivia in 1992 by which Bolivia was granted an industrial and commercial free zone on the Peruvian coast, including port installations as well as the right of free transit to and from that zone."

[48] Para uma análise histórica da aplicação e implementação destas zonas francas, ver Delupis, Ingrid. 1975. Land-locked states and the law of the sea. Stockholm institute for Scandinavian Law: Estocolmo.

[49] Artigo 129º da CNUDM.

[50] Sobre o tema, afirma Proelss, Alexander (ed). 2017. United Nations Convention on the Law of the Sea: A Commentary. Nomos Verlagsgesellschaft. P. 924: "In general, UNCLOS focuses on

O objetivo e a função desta norma, que claramente adota uma abordagem ampla e orientada para o desenvolvimento, é a efetivação da liberdade de trânsito prevista no artigo 125º e para encorajar os Estados de trânsito a construir, desenvolver e manter meios de transporte que sejam convenientes para o tráfego de trânsito.

Embora o artigo 129º não se refira especificamente a acordos entre os Estados interessados, quaisquer acordos relativos à construção ou melhorias nos meios de transporte precisam ser lidos em conjunto com o artigo 125º, nº 2, relativo aos acordos sobre os termos e modalidades de exercício da liberdade de trânsito. Ainda, o artigo 311º, nº 5 (relativo à relação da Convenção com outros acordos internacionais), também será aplicável.

Em quarto lugar, também existe um dever dos Estados de trânsito em tomar todas as medidas para evitar ou eliminar atrasos ou outras dificuldades de caráter técnico no tráfego em trânsito, segundo o artigo 130º, nº 1. E ainda, em caso de atrasos ou dificuldades, as autoridades competentes dos Estados de trânsito e Estados sem litoral interessados devem cooperar para a sua pronta eliminação, conforme disposto no artigo 130º, nº 2. Tais disposições visam garantir que o tráfego em trânsito seja livre e regular, servindo para fortalecer o direito de acesso de e para o mar para os Estados sem litoral contido no artigo 125º. Faz criando uma dupla obrigação para os Estados de trânsito: devem tomar todas as medidas adequadas para evitar atrasos e dificuldades de natureza técnica para o tráfego de trânsito no seu território; e, se tais dificuldades ocorrerem, eles devem cooperar com os Estados sem litoral a fim de eliminá-las de maneira rápida.

Atrasos ocasionais no tráfego em trânsito são muitas vezes inevitáveis – por exemplo, de avaria ou outra falha no meio de transporte ou outras instalações de trânsito, ou como resultado de disputas trabalhistas. O artigo 130º aplica-se quando os atrasos ou dificuldades enfrentados pelos Estados sem litoral podem ser considerados "de natureza técnica". Embora essas "dificuldades" não sejam elaboradas, devem ser distinguidas das dificuldades políticas – artigo 125º, nº 3. Pode-se obter alguma indicação das atividades em que podem ser encontradas dificuldades, revisando-se o significado de "tráfego em trânsito" no artigo 124º, nº 1 alínea c).

Da mesma forma, não há uma indicação clara do que se entende por "todas as medidas apropriadas". Assim, estas medidas a serem tomadas pelo Estado

cooperative conduct on the part of the transit States vis-à-vis LLS, especially for transit facilitation. Most provisions implicitly contemplate collaboration between LLS and transit States, while some articles provide for cooperation expressly".

de trânsito são aquelas "apropriadas" para as circunstâncias fáticas, a fim de evitar dificultar, atrasar ou negar a passagem do tráfego em trânsito.

Em quinto lugar, o artigo 131º da Parte X da CNUDM traz expressamente o dever de igualdade de tratamento nos portos marítimos dos navios arvorando bandeiras de Estados sem litoral, ao afirmar que estes "devem gozar nos portos marítimos do mesmo tratamento que o concedido a outros navios estrangeiros"[51]. Interessante notar que este dispositivo tem um escopo mais amplo do que os outros artigos da Parte X, pois a obrigação contida ali não se limita à relação entre o Estado sem litoral e os Estados de trânsito, mas se aplica a todos os Estados Partes da Convenção. Em outra palavras, todos os Estados devem agir sem discriminação no tratamento dos navios que arvoram a bandeira de Estados sem litoral[52].

E, por fim, em sexto lugar, o artigo 132º prevê que a concessão de facilidades de trânsito – cujas especificidades serão contempladas nos termos e modalidades estabelecidas nos acordos bilaterais, sub-regionais ou regionais previstos no artigo 125º, nº 2 – podem ser maiores que as previstas no Convenção. O mesmo princípio se aplica a acordos futuros. Este dispositivo constitui uma *lex specialis* em relação ao artigo 311º, sobre a relação da presente

[51] Sobre a questão, destaca Tuerk, Helmut. 2015. Forgotten Rights? Landlocked States and the Law of the Sea. In. Wolfrum, Rüdiger; Seršić, Maja; Šošić, Trpimir M. (eds) Contemporary Developments in International Law. Chapter 18. P. 337-359. Leiden; Boston: Brill Nijhoff. P. 349: "Pursuant to Article 131 ships of landlocked States are accorded treatment equal to that of other foreign ships in maritime ports, whereas Article 3 of the 1958 Convention on the High Seas provided for combined most-favoured nation or national treatment, the more advantageous being applicable. Although this provision amounts to no more than a corollary of the right of landlocked States to sail ships under their own maritime flags and not to be discriminated against in maritime ports, it is nevertheless more favourable than Article 3 of the 1958 Convention: it does not make access to ports and their use dependent on the prior conclusion of an agreement between the landlocked State and the port State, and furthermore covers all maritime ports and not just those of the coastal transit States."

[52] Sobre a questão, interessante discussão é trazida por Tuerk, Helmut. Landlocked and Geographically disadvantaged States In.: Rothwell, Donald R.; Elferink, Alex G. Oude; Scott, Karen N.; Stephen, Tim. The Oxford Handbook of the Law of the Sea. P. 325-345. Oxford University Press: Reino Unido. p. 334 "Pursuant to Article 131 of the LOSC, ships of landlocked States are accorded treatment equal to that of other foreign ships in maritime ports, whereas Article 3 of the HSC provided for combined most-favoured-nation or national treatment, the more advantageous being applicable. Although Article 131 amounts to no more than a corollary of the right of landlocked States to sail ships under their own maritime flag and thus may not be discriminated against in maritime ports, it is nevertheless more favourable than Article 3 of the HSC: it does not make access to ports and their use dependent on the prior conclusion of an agreement between the landlocked State and the port State and, furthermore, maritime ports and not only those of coastal transit States".

convenção com outras convenções e acordos internacionais. É especialmente preservado pelo artigo 311º, nº 5, que indica que o dispositivo "não afeta os acordos internacionais expressamente autorizados ou salvaguardados por outros artigos da presente Convenção".

Em outras palavras, o artigo 132º da CNUDM é essencialmente uma cláusula de preservação de direitos, em que maiores facilidades de trânsito que já foram concedidas não são reduzidas pelas disposições da Parte X, e facilidades adicionais podem ser negociadas a qualquer tempo. O artigo é especificamente relevante para acordos negociados nos termos do artigo 125º, nº 2, sobre os termos e modalidades do direito de acesso de e para o mar e liberdade de trânsito[53].

4. Conclusão

A maioria dos Estados sem litoral, ao longo de muitas décadas, enfrentou problemas resultantes de sua incapacidade de garantir o acesso ao mar. Isto prejudicou seu desenvolvimento e, em muitos casos, contribuiu para sua extrema pobreza. Para dirimir esta questão, os Estados sem litoral têm historicamente buscando uma regulamentação jurídica internacional para reclamar seu direito de acesso ao mar. Em resposta, a Convenção das Nações Unidas para o Direito do Mar atendeu a este anseio e positivou na Parte X do texto o "direito de acesso ao mar e a partir do mar dos Estados sem litoral e liberdade de trânsito".

Embora a Convenção tente atingir um equilíbrio cuidadoso entre os direitos dos Estados costeiros e as liberdades desfrutadas por outros Estados, como os sem litoral, deve ser admitido que o pêndulo claramente balançou do princípio do *Mare Liberum* para o *Mare Clausum*. O reconhecimento de direitos e jurisdições soberanas acerca de parcelas importantes dos espaços marítimos pelos Estados costeiros prevalece no texto convencional em geral.

No entanto, é justo dizer que, em geral, a Parte X da CNUDM, busca proporcionar um equilíbrio entre os interesses dos Estados sem litoral, por um lado, e os dos Estados de trânsito, por outro, constituindo uma conquista significativa dos Estados sem litoral. Embora convenções e tratados anteriores tenham contribuído, ainda que moderadamente, para este processo evolutivo, a assinatura da Convenção de 1982 foi fundamental para sedimentar e

[53] Neste sentido, resume, por todos Tuerk, Helmut. 2012. Reflections on the Contemporary Law of the Sea. Leiden, Boston: Brill Nijhoff. Tuerk. p. 348: "Finally, unclos as a whole does not derogate from any greater transit facilities that landlocked States may enjoy by agreement with particular transit States, nor is the grant of greater facilities in the future precluded".

regulamentar de forma ainda mais precisa os direitos dos Estados sem litoral, sobretudo, na Parte X em relação ao direito de acesso ao mar.

Ao considerar a concretização dos direitos dos Estados sem litoral reconhecidos pela CNUDM, deve-se ter em mente que durante as últimas décadas a integração econômica regional fez progressos substanciais em várias partes do mundo. Esse processo sem dúvida contribuiu para amenizar as dificuldades enfrentadas pelos Estados sem litoral, ao fornecer também uma nova base para o acesso de e para o mar. Isso é particularmente verdadeiro para os Estados sem litoral desenvolvidos, especialmente os que se tornaram membros da União Europeia. Com relação a estes, pode-se dizer que ocorreu uma mudança fundamental e que, apesar de não possuírem uma costa marítima, na prática eles possuem um acesso ao mar quase idêntico aos Estados costeiros. Por outro lado, ainda existem problemas consideráveis para o desenvolvimento de Estados sem litoral na África, Ásia e América do Sul. Estes têm sofrido historicamente com as decisões unilaterais tomadas pelos Estados de trânsito. Por este motivo, a Parta X da CNUDM vem para regulamentar os direitos e deveres no que tange ao acesso ao mar por estes Estados sem litoral.

Assim, em suma, demorou para que certos interesses legítimos dos Estados sem litoral no que diz respeito ao mar fossem reconhecidos no direito internacional. A CNUDM representa, sem dúvida, um grande avanço a este respeito, reafirmando e normatizando de forma relativamente precisa o direito de acesso ao mar e a partir do mar dos Estados sem litoral.

13
COMENTÁRIO À PARTE XI
A ÁREA

María Teresa Ponte Iglesias[1,2*]

Resumo: A adoção, em 1982, da Convenção das Nações Unidas sobre Direito do Mar e do Acordo relativo à aplicação da Parte XI, em 1994, conduziu, pelo menos em parte, à cristalização de um novo regime de governança para a Área, confiando a organização e controlo das atividades neste espaço e a administração dos seus recursos à Autoridade Internacional dos Fundos Marinhos, e a competência exclusiva de interpretação da Parte XI e respetivos anexos, assim como dos regulamentos pertinentes aplicáveis à Área, à Câmara de Controvérsias dos Fundos Marinhos como instituição judicial cujo papel é contribuir para a boa governança da Área. O objetivo é examinar como a gestão da Área constitui, sem sombra de dúvidas, um dos expoentes mais claros da necessidade de melhorar a governança dos *global commons*, sobretudo numa altura em que as atividades de mineração e exploração do solo e subsolo submarinos se converteram em realidade, o que torna necessário articular um modelo de gestão baseado no incremento e reforço da adoção de normas adequadas que conciliem o acesso aos minerais da Área com a necessidade de proteger o meio ambiente marinho; e contar com uma Autoridade com capacidade institucional e disponibilidade operacional necessárias para a regulação

[1] Catedrática de Direito Internacional Público e Relações Internacionais, Universidade de Santiago de Compostela-Espanha

[2] Este trabalho enquadra-se no projeto de investigação: "La implementación del ODS 14 en España y la UE: Desafíos regulatorios para la cooperación internacional y la seguridad marítima. (ESPODS14)", PID2019-109680RB-I00, financiado pela Agência Estatal de Investigação, Plano Nacional do Ministério da Ciência, Inovação e Universidades.

das atividades na Área de forma a contribuir para a prossecução dos Objetivos de Desenvolvimento Sustentável.

Palavras-chave: Autoridade Internacional dos Fundo Marinhos; Critério da precaução, Desenvolvimento sustentável; Diversidade biológica; Governança; Impacto ambiental; Investigação científica marinha; Mineração marinha; Objetivo 14, Património comum da humanidade; Planos regionais de ordenação ambiental; Responsabilidade por danos; Câmara de controvérsias dos Fundos Marinhos; Segurança ambiental.

Abstract: The adoption in 1982 of the United Nations Convention on the Law of the Sea and of the Agreement on the application of Part XI in 1994 has led, at least in part, to the crystallization of a new governance regime for the Area, trusting the organization and control of the activities in this space and the administration of its resources to the International Seabed Authority, and the exclusive task of interpreting Part XI and its annexes as well as the pertinent regulations applicable to the Area to the Seabed Disputes Chamber as a judicial institution whose role is to contribute to the good governance of the Area. The objective is to examine how the management of the Area constitutes, without a doubt, one of the clearest exponents of the need to improve the governance of the global commons, especially at a time when mining activities to exploit the bottom and subsoil have become a reality, which makes it necessary to articulate a management model based on increasing and reinforcing the adoption of adequate standards that reconcile access to minerals in the Area with the need to protect the marine environment; and have an Authority with the institutional capacity and operational availability necessary to regulate activities in the Area in a way that contributes to the achievement of the Sustainable Development Goals.

Keywords: International Seabed Authority – Precautionary Criteria – Sustainable Development – Biodiversity – Governance – Environmental Impact – Marine Scientific Research – Marine Mining – Objective 14 – Common Heritage of Mankind – Regional Environmental Management Plans – Liability for Damage – Seabed Disputes Chamber-Environmental safety.

1. Introdução

A "Declaração de princípios que regulam os fundos marinhos e oceânicos e o seu subsolo fora dos limites da jurisdição nacional", aprovada em 1970 no seio da Assembleia Geral das Nações Unidas, marca o início da internacionalização dos fundos marinhos e oceânicos. A partir deste momento, tem início um processo negocial no seio da Terceira Conferência das Nações Unidas sobre o Direito do Mar, que exige a procura de um equilíbrio entre os direitos e interesses dos Estados e os da comunidade internacional no seu conjunto, sobre um espaço situado fora da jurisdição nacional[3].

A adoção, em 1982, da Convenção das Nações Unidas sobre o Direito do Mar (doravante Convenção) implicará, pelo menos em parte, a cristalização de um novo regime de gestão aplicável a um novo espaço até então sujeito ao regime tradicional do Alto Mar: *Área Internacional dos Fundos marinhos e Oceânicos* (adiante designada por "Área"). A parte XI da Convenção, os seus Anexos III, IV, VI, IX, bem como as resoluções I e II anexas à Ata Final da Terceira Conferência, articulam, como é sabido, o regime de prospeção e exploração dos recursos da Área, confiando a organização e controlo das atividades neste espaço, bem como a administração dos seus recursos, a uma organização internacional: a *Autoridade Internacional dos Fundos Marinhos* (adiante designada por Autoridade) e a tarefa exclusiva de interpretação da Parte XI e dos respetivos anexos, bem como dos regulamentos pertinentes aplicáveis na Área, à *Câmara de Controvérsias dos Fundos Marinhos* (adiante designada por "SCFM"), como instituição judicial cujo papel é contribuir para a boa gestão da Área[4].

[3] A 17 de agosto de 1967, a delegação de Malta junto das Nações Unidas solicitou a inclusão, no programa provisório da XXIII sessão da Assembleia Geral, do tema intitulado "Declaração e tratados relativos à utilização exclusiva, para fins pacíficos, dos fundos marinhos e oceânicos em zonas situadas fora dos limites das jurisdições nacionais atuais, bem como à exploração dos seus recursos no interesse da humanidade". Volvidos três meses, o embaixador de Malta, Arvid Pardo, apresentava uma proposta na qual reivindicava um regime internacional em que os fundos marinhos e oceânicos e o seu subsolo, bem como os seus recursos, em zonas situadas fora da jurisdição nacional, fossem considerados património comum da humanidade. Anos mais tarde, a sua alegação encontrou eco na resolução 2749 (XXV) da Assembleia Geral de 17 de dezembro de 1970, que contém a referida "Declaração de princípios que regulam os fundos marinhos e oceânicos e o seu subsolo fora dos limites da jurisdição nacional".

[4] Artigo 186º da Convenção. Além disso, a própria SCFM, no seu parecer consultivo de 2011, sublinhou que "[a] Câmara é um órgão judicial distinto do Tribunal e, por força da sua competência contenciosa e consultiva, tem a tarefa exclusiva de interpretar a parte XI da Convenção e os anexos e regulamentos pertinentes que constituem a base jurídica da organização e da gestão das atividades desenvolvidas na área."

"O papel da Câmara, descrito na Parte XI da Convenção, é contribuir para a boa 'gestão' da área. O Secretário-Geral sublinhou este ponto durante a audição: "A Câmara tem uma grande responsabilidade, que consiste em garantir que as disposições da Convenção que figuram na Parte XI e no Acordo de 1994, bem como o regime geral de extração mineira nos grandes fundos marinhos, sejam corretamente interpretados e aplicados " (ITLOS/PV.2010/1, p. 8, linhas 28 a 30).", Responsibilities and obligations of States with respect to activities in the Area, Advisory Opinion, 1 February 2011, ITLOS Reports 2011, parágrafos 25 e 29.

Segundo Loureiro Bastos, o papel da SCFM "is particularly interesting considering that the SDC gave particular importance to matters to International Environmental Law applicable to the marine space. Indeed, although the Convention has a part exclusively dedicated to the protection

As reticências dos Estados industrializados, pouco convencidos com o sistema de gestão da Área[5], fez com que, no final dos anos oitenta, surgisse um movimento de consulta e negociação destinado a "envidar todos os esforços para facilitar a participação universal na Convenção", que levou à adoção do "Acordo relativo à aplicação da Parte XI da Convenção das Nações Unidas sobre o Direito do Mar", de 28 de julho de 1994 (adiante designado por "Acordo de aplicação")[6].

O Acordo, objeto de profundas críticas[7], introduziu uma série de *alterações substantivas* à parte XI da Convenção, destinadas a adaptar o regime da

and preservation of the marine environment (Part XII, Articles 192 to 237), the influence of an environmental perspective in the Law of the Sea is not significant enough in some of the traditional regimes, with particular emphasis on the content and the exercise of the freedoms of the high seas. It is, therefore, necessary to highlight the importance that the SDC gave to the interpretative arguments throughout the text of the Advisory Opinion." Loureiro Bastos, Fernando. 2014. Some notes on the Advisory Opinion of 1 February 2011 of the Sea-bed Disputes Chamber. Are we in the presence of a glimpse of the future evolution of the jurisprudence of the International Tribunal for the Law of the Sea? The Contribution of the United Nations Convention on the Law of the Sea to Good Governance of the Oceans and Seas. Dir. José Manual Sobrinho Heredia, 357. Napoli: Editoriale Scientifica.
Ver também Pueyo Losa, Jorge e Ponte Iglesias, Mª Teresa. 2019. El compromiso de la Sala de Controversias de Fondos Marinos en la defensa de la seguridad ambiental de la Zona. El sistema de solución de controversias de la Convención de las Naciones Unidas sobre el Derecho del Mar: contribuciones de su experiencia Comp. Leopoldo M. A. Godio, Buenos Aires: Editorial Universitaria de Buenos Aires.

[5] A elaboração de um regime jurídico para a Área deparou-se, ao longo da sua negociação na "Terceira Conferência das Nações Unidas sobre o Direito do Mar", com uma série de dificuldades decorrentes essencialmente da necessidade de articular um sistema internacional de prospeção e exploração em benefício de toda a humanidade. Era necessário traçar os critérios de organização e regulação de uma nova atividade económica internacional que não se enquadrava nos esquemas clássicos da soberania nacional. Os *Estados industrializados* defendiam a máxima liberdade na prospeção e exploração do fundo marinho, em benefício próprio e, como mal menor, um simples regime de controlo e gestão a nível internacional, com base num sistema de licenças. Os *Estados em desenvolvimento*, aglutinados em torno do "Grupo dos 77", defendiam um regime internacional forte para os fundos marinhos, alicerçado num mecanismo institucional de cariz democrático, cujos poderes se estendessem não só à regulação da exploração e ao controlo da sua aplicação, como também à gestão direta.

[6] Um exame detalhado e rigoroso do Acordo de aplicação em Salamanca Aguado, M. Esther. 2003. La Zona Internacional de los Fondos Marinos. Patrimonio Común de la Humanidad. 121-183. Madrid: Dykinson.

[7] Desta forma, nomeadamente no que se refere ao princípio do património comum da humanidade, consideramos que este sofreu uma depreciação, tanto no plano normativo como institucional. O Acordo de 1994 constituiu um retrocesso no desenvolvimento do referido princípio, cerceando as aspirações dos Estados em desenvolvimento, com vista a uma ordem internacional mais solidária, Ponte Iglesias, Mª Teresa. 1998. La Zona Internacional de Fondos Marinos como patrimonio común

Área tanto às alterações políticas e económicas ocorridas na cena internacional –entre as quais, os sistemas orientados para a economia de mercado e livre iniciativa–, como às perspetivas reais da prospeção e exploração mineira dos fundos marinhos[8]. Com todas as suas fissuras e desafios, o Acordo de aplicação possibilitou, porém, a preparação e desenvolvimento do regime que permitirá a exploração dos recursos minerais da Área.

Desde a entrada em vigor da Convenção e do Acordo de aplicação, a gestão da Área constitui, sem dúvida, um dos expoentes mais claros da necessidade de melhorar a gestão dos *global commons*[9]. sobretudo numa altura em que as atividades de exploração do fundo e do subsolo marinho deixaram de ser uma possibilidade longínqua para se tornarem uma realidade. A conjugação dos avanços tecnológicos na extração e tratamento dos recursos minerais marinhos com a crescente procura de minerais, suscitada pela globalização e pela industrialização do mundo em desenvolvimento, tornou-se um dos principais fatores impulsionadores do renovado interesse suscitado pela exploração comercial dos minerais marinhos. Em meados deste século, a *mineração marinha* constituirá uma atividade económica de natureza estratégica que transferirá para o domínio marinho as tensões geopolíticas e ambientais até agora experimentadas pelas regiões emergentes onde se concentram os principais recursos naturais[10].

de la humanidad: Una aspiración truncada. Cursos de Derecho Internacional de Vitoria-Gasteiz 1997. 1: 181-205.

[8] O Acordo de aplicação, embora caracterizado como um instrumento interpretativo, vai além da mera aplicação da Convenção. Implica, na realidade, uma alteração substancial da Parte XI da Convenção relativamente aos seus principais elementos, realizada através de um procedimento que, além de ignorar o mecanismo de alteração previsto nesse instrumento, permite certas liberdades em relação ao direito dos tratados, *Ibid.*, p. 205.

[9] Juste Ruiz, José. 2018. La gobernanza de los *global commons* como patrimonio colectivo en el Derecho internacional. Anuario Español de Derecho Internacional 34: 133-149, DOI: https://doi.org/10.15581/010.34.133-149

[10] Por outro lado, a inter-relação do meio marinho ligada à possibilidade aberta pela Convenção de os Estados costeiros poderem estender o limite externo da sua plataforma continental para além das 200 milhas marítimas, constitui outro dos desafios que começaram a concretizar-se. O alargamento do âmbito de aplicação da jurisdição estatal sobre vastíssimas áreas oceânicas obrigará estes Estados a assumirem responsabilidades de vigilância e proteção, multiplicando, por sua vez, as possibilidades de disputa territorial aquando do estabelecimento das delimitações desses novos espaços. Ao mesmo tempo, a possibilidade de prospeção científica e exploração económica de tal superfície de leito marinho oferece enormes expetativas de atividade industrial em áreas como a farmacologia, cosmética, atividade mineira ou energia, que exigem extrema segurança ambiental. Sobre este assunto, ver Ponte Iglesias, Mª Teresa. 2018. La seguridad marítima en el horizonte 2050: Minería marina y seguridad ambiental. Boletín IEEE. 12: 931-950.

2. O regime do património comum da humanidade

De acordo com o artigo 136º da Convenção, "[a] Área e [os] seus recursos são património comum da humanidade." Isto pressupõe que a "utilização do património comum da humanidade para qualificar a [Área] e os recursos naturais pode ser apreciada através de [duas abordagens] diferentes. Por um lado, e[m] termos espaciais, significa que estamos e[m] presença de um espaço submerso situado para além das zonas submetidas à jurisdição nacional[,] onde existe um regime jurídico-internacional distinto daquele que é normalmente aplicado ao alto mar. Por outro lado, em termos funcionais, a qualificação deste espaço marítimo como património comum da humanidade significa que se trata de um espaço internacionalizado com as características previstas na Convenção relativamente ao aproveitamento dos recursos naturais minerais"[11].

Encontramo-nos, portanto, perante um regime de património comum da humanidade que assenta em dois pilares essenciais. O pilar normativo contido nos artigos 137º, 140º, 141º, 150º alínea b), 145º e 148º da Convenção, que estabelecem a não apropriação e exclusão da soberania, o benefício da humanidade e a repartição equitativa dos benefícios, a utilização da Área exclusivamente para fins pacíficos, a gestão sustentável dos recursos e a proteção eficaz do meio marinho contra os possíveis efeitos nocivos das atividades da Área, e a participação dos Estados em desenvolvimento nas atividades da Área[12]. E o pilar institucional, consubstanciado na autoridade que representa a humanidade e por meio da qual os Estados Parte na Convenção organizam e controlam as atividades na Área tendo em vista a administração dos seus recursos em nome e benefício da humanidade.

Por outro lado, o artigo 133º especifica que os recursos da Área são "todos os recursos minerais sólidos, líquidos ou gasosos *in situ* na Área, localizados nos fundos marinhos ou no seu subsolo, incluindo os nódulos polimetálicos"[13].

[11] Loureiro Bastos, Fernando. (2014). Setting the field for future 'mineral rushes': Some reflections on the international regime for the exploration and exploitation of marine minerals. The exploration of mineral resources in the Area. 30 years after of the signature of the United Nations Convention on the Law of the Sea: The protection of the environment and the future of the Law of the Sea. Coord. Marta Chantal Ribeiro, 120. Coimbra: Coimbra Editora

[12] Além disso, as atividades na Área deverão ter em conta a proteção da vida humana. Deverão igualmente respeitar os direitos e interesses legítimos dos Estados costeiros, bem como outras atividades realizadas no meio marinho; e não deverão afetar o estatuto jurídico das águas sobrejacentes da Área nem o do espaço aéreo situado sobre as mesmas, artigos 146º, 142º, 147º e 135º, respetivamente, da Convenção.

[13] Além dos nódulos polimetálicos localizados na Área abissal de todos os oceanos, em profundidades entre os 4.000 e os 6.000 metros (particularmente abundantes no Oceano Índico Central,

Ora, os conhecimentos científicos e o desenvolvimento da capacidade de investigação e da tecnologia marinhas permitiram demonstrar a existência de recursos biológicos associados aos minerais localizados na Área, não abrangidos pela definição do artigo 133º da Convenção. Nas fontes hidrotermais, nomeadamente, foram encontrados crustáceos, poliquetos, equinodermes, moluscos e, acima de tudo, microrganismos (como as bactérias hipertermófilas)[14] com genes e processos biológicos e bioquímicos únicos, devido a condições que envolvem alta temperatura, frio e pressão extrema, pH –baixo ou elevado– e níveis tóxicos de metais e gases dissolvidos[15].

Atualmente, não é possível prever a rapidez de recuperação dos ventiladores destinados à prospeção e exploração mineiras. Além disso, há evidências

no Pacífico Central e Oriental e no sul do Atlântico), estão os sulfuretos maciços –localizados em vulcões submarinos, espalhados em fundos isolados perto dos 2.500 metros–, e as crostas de manganês ricas em cobalto, localizadas geralmente a profundidades entre os 1.000 e os 3.000 metros nos flancos das montanhas submarinas, nas ilhas, nas áreas com vulcões ativos e nas caldeiras submersas fora da margem continental, e sobre as montanhas marinhas. Nas chaminés de sulfuretos maciços e nas crostas ricas em cobalto estão localizadas percentagens de elementos como ouro, prata, cobalto, níquel e platina, em quantidades, nalguns casos, superiores às concentrações encontradas em terra firme. Ver ainda Escobar, Jairo. 2000. Una aproximación a los efectos ambientales generales de la minería de los fondos marinos. CEPAL-SERIE Recursos Naturales e Infraestructuras No. 6. https://repositorio.cepal.org/bitstream/handle/11362/6413/S00154_es.pdf?sequence=1&isAllowed=y Consultado a 6 de maio de 2021. Ver também Escobar, Jairo. 2004. El impacto producido por la actividad minera en los fondos profundos oceánicos sobre los recursos genéticos y el Reglamento para la prospección y exploración de nódulos polimetálicos en la Zona. CEPAL. https://repositorio.cepal.org/bitstream/handle/11362/31913/S0412914_es.pdf?sequence=1 Consultado a 6 de maio de 2021.

[14] Essas bactérias poderiam ser utilizadas no tratamento de resíduos, processamento de alimentos, especialidades farmacêuticas, serviços de perfuração de petróleo, processamento de papel e aplicações mineiras. O mercado potencial para usos industriais das bactérias hipertermófilas foi estimado em 3 biliões de dólares. Quanto aos aspetos ligados às possibilidades biotecnológicas dos fundos marinhos, ver Artigas, Carmen. La Autoridad Internacional de los Fondos Marinos: Un nuevo espacio para el aporte del Grupo de Países Latinoamericanos y Caribeños (GRULAC). CEPAL-SERIE Recursos Naturales e Infraestructuras No. 6. https://repositorio.cepal.org/handle/11362/6413?locale-attribute=es Consultado 6 May 2021.

[15] Nomeadamente, os depósitos de sulfuretos polimetálicos ricos em cobre, ferro, zinco, prata e ouro, localizados nas bordas das placas tectónicas situadas a cerca de 2.000 metros ao longo das dorsais centro-oceânicas, das cristas e dos arcos vulcânicos ativos, formados por efeito da atividade hidrotermal, apresentam fumarolas submarinas conhecidas por "chaminés negras". Estas fumarolas subaquáticas ativas formam ecossistemas únicos. As bactérias quimiossintéticas, que utilizam o sulfureto de hidrogénio como fonte de energia, constituem o primeiro elo da rede alimentar da fumarola, que consiste numa variedade de anelídeos tubícolas gigantes, crustáceos, moluscos e outras espécies, muitas das quais são consideradas endémicas destes locais, o que lhe confere um valor científico intrínseco.

de possíveis efeitos perturbadores das atividades de mineração marinha sobre estes recursos biológicos. A maquinaria utilizada nas atividades de mineração pode destruir diretamente alguns organismos, enquanto outros, localizados nas proximidades, correm o risco de asfixia pelo material que é decantado das plumas de matéria em suspensão. Os indivíduos que sobrevivessem a estes distúrbios estariam sujeitos a uma alteração radical de *habitat*, e os locais teriam menor valor científico. Uma concentração de atividades mineiras nos referidos locais poderia ter efeitos irreversíveis nos processos biológicos e na abundância de organismos, a ponto de comprometer seriamente a sobrevivência de certas espécies[16].

É indubitável que o regime da Área, concebido exclusivamente para a prospeção e exploração de minerais, se depara agora com a tarefa de dar respostas às interrogações suscitadas pela descoberta de recursos vivos em torno das fontes termais dos fundos marinhos que sobrevivem sem luz solar e, sobretudo, de conciliar a exploração dos recursos minerais com a conservação e utilização sustentável da diversidade biológica da Área.

Nem a Convenção nem o Acordo de aplicação contêm previsões a este respeito[17]. A necessidade de elaborar medidas práticas para melhorar a conservação e a utilização sustentável dos recursos vivos, sobretudo dos recursos genéticos, através de políticas orientadoras destinadas a estabelecer um equilíbrio entre a proteção do meio ambiente, a liberdade de investigação

[16] Como assinala Lodge, "é evidente que a atividade mineira afetará o meio marinho de alguma forma, sobretudo nas proximidades imediatas das operações de extração. Entre os impactos, importa referir a destruição de organismos vivos, o desaparecimento do habitat do substrato e a criação de plumas de sedimentos. Podem ocorrer igualmente outros danos ambientais, devido ao mau funcionamento do sistema de elevação e transporte, fugas hidráulicas e poluição sonora e luminosa. Grande parte do trabalho da Autoridade consistiu, até à data, em exigir que os contratantes encarregados da exploração recolhessem dados de referência, nomeadamente sobre a composição e a distribuição das espécies de águas profundas, e efetuassem investigações científicas para compreender melhor os possíveis efeitos, a longo prazo, da exploração mineira dos fundos marinhos", Lodge, Michael. 2017. La Autoridad Internacional de los Fondos Marinos y la explotación minera de los fondos marinos, ONU Crónica, LIV, Números 1 e 2.
https://unchronicle.un.org/es/article/la-autoridad-internacional-de-los-fondos-marinos-y-la-explotaci-n-minera-de-los-fondos. Consultado a 6 maio de 2021.

[17] Durante o processo de negociação da Convenção, foram os próprios Estados, que sentiram a necessidade de limitar a noção de "recursos" exclusivamente aos "recursos minerais" localizados na Área, dadas as dificuldades que, por si só, apresentava o Acordo sobre os minerais e a convicção de que a prospeção e exploração dos fundos oceânicos não era uma empresa rentável num futuro imediato. Importa referir, porém, que, na Resolução 2749 (XXV), o termo "recursos naturais" é utilizado de forma genérica, o que permitiria defender que abrange tanto os recursos vivos como não vivos da Área.

científica e os benefícios proporcionados à comunidade internacional está a ser objeto de discussão no âmbito do novo "Acordo de aplicação da Convenção das Nações Unidas sobre o Direito do Mar para a proteção da biodiversidade em zonas situadas fora da jurisdição nacional" (conhecido por processo BBNJ)[18]. Neste contexto, surgiram duas posições distintas sobre a forma de articular as relações entre o regime jurídico da Área e os seus recursos e o novo regime relativo à conservação e utilização sustentável da biodiversidade marinha em zonas situadas fora da jurisdição nacional[19]. A primeira, atendendo ao princípio do património comum da humanidade e à relação simbiótica existente entre os recursos genéticos e os recursos marinhos não vivos e outros recursos vivos presentes na coluna de água circundante sustenta que "o acesso aos recursos genéticos dos fundos marinhos fora da Área de jurisdição nacional deveria basicamente ser igual ao acesso aos recursos minerais da Área, na qual os benefícios devem ser distribuídos de forma equitativa. Além disso, o mandato da autoridade "poderia ser alargado de modo a abranger todas as questões relacionadas com a diversidade biológica dos fundos marinhos, nomeadamente dos recursos genéticos." A segunda das posições, por seu lado, defende que qualquer medida que pudesse ser tomada fora das zonas de jurisdição nacional deveria estar em conformidade com o regime de alto mar estabelecido na Parte VII da Convenção[20].

[18] Os progressos na negociação e o Projeto de texto revisto de um Acordo no âmbito da Convenção das Nações Unidas sobre o Direito do Mar relativo à conservação e à utilização sustentável da diversidade biológica marinha das zonas situadas fora da jurisdição nacional podem ser consultados em https://www.un.org/bbnj/

[19] Existem mesmo correntes doutrinárias que consideram não ser possível empreender uma exploração sustentável da Área. Uma análise em Jiménez Morán Sotomayor, Fabiola. 2021. La Autoridad Internacional de los Fondos Marinos y la explotación sostenible de la Zona. Anuario Colombiano de Derecho Internacional. 14: 21-25. https://doi.org/10.12804/revistas.urosario.edu.co/acdi/acdi.v14i1 Niner, Holly et al. 2018. Deep-Sea Mining with No Net Loss of Biodiversity-an Impossible Aim. Frontiers in Maritime Science. 5 No. 53: 53-65. https://doi.org/10.3389/fmars.2018.00053 Socovazzi, Tulio. 2020. The Rights to Genetic Resources beyond National Jurisdiction: Challenges for the Ongoing Negotiations at the United Nations. Ed. Catherine Bonet. 213-237. Leiden-Boston: Brill/Nijhoff.

[20] Relatório do Grupo de Trabalho especial oficioso, de composição aberta, encarregado de estudar as questões relativas à conservação e à utilização sustentável da diversidade biológica marinha fora das zonas de jurisdição nacional, Doc. A/61/65, 20 de março de 2006, parágrafos 29-30 e 71. Ver também Doc. A/65/68, 17 de março de 2010, parágrafos 70-76. Sobre a natureza jurídica dos recursos genéticos da Área, ver Salamanca Aguado, Mª Esther. 2006. El régimen jurídico aplicable a la bioprospección de los recursos genéticos de los fondos oceánicos fuera de los límites de la jurisdicción nacional", Revista Española de Derecho Internacional, vol. LVIII 2: 1072-1078.

Para além destas posições, constata-se como o "Projeto de texto revisto de um acordo no âmbito da Convenção das Nações Unidas sobre o Direito do Mar relativo à conservação e à utilização sustentável da diversidade biológica marinha das zonas situadas fora da jurisdição nacional" refere apenas o princípio do património comum da humanidade no artigo 5. c), como um possível princípio a seguir pelos Estados, a fim de alcançarem o objetivo do Acordo[21]. E a Autoridade figura no artigo 51º nº 6 relativamente à sua participação juntamente com outros organismos na administração do Mecanismo de troca de informações[22].

Em todo o caso, parece oportuno sublinhar que a prioridade da Autoridade, nos termos do artigo 145º da Convenção, como analisaremos seguidamente, tem sido o estabelecimento de políticas, regulamentos e ferramentas que permitem garantir que, após o início das atividades de exploração mineira, estas sejam realizadas de forma sustentável, em conformidade com a abordagem de precaução e com as melhores práticas ambientais[23]. Além disso, o facto de nenhuma parte da Área poder ser explorada sem a autorização da Autoridade garante que os impactos ambientais da exploração mineira dos fundos marinhos sejam monitorizados e controlados pela mesma, o que, por si só, já configura uma abordagem de precaução nas atividades de exploração dos fundos marinhos[24].

3. A Autoridade: o seu papel na gestão da Área

A Autoridade, peça fundamental do regime internacional dos fundos marinhos, iniciou a sua atividade em novembro de 1994, quando entrou em vigor

[21] Tladi, Dire. 2014. The Common Heritage of Mankind and the Proposed Treaty on Biodiversity in Areas beyond National Jurisdiction: The choice between Pragmatism and Sustainability. Yearbook of International Law. 25: 113-132. https://doi.org/10.1093/yiel/yvv060

[22] Texto disponível em: https://undocs.org/Home/Mobile?FinalSymbol=a%2Fconf.232%2F2020%2F3&Language=F&DeviceType=Desktop
Ver também Abegón Novella, Marta. 2020. Hacia una regulación sobre la conservación y el uso sostenible de la diversidad biológica marina de las zonas situadas fuera de la jurisdicción nacional: el futuro acuerdo como un tratado de protección de intereses generales. Revista Catalana de Dret Ambiental Vol. XI Núm. 2: 1–50. https://doi.org/10.17345/rcda2919. Vázquez Gomez, Eva M. 2019. La protección de la diversidad biológica marina más allá de la jurisdicción nacional. Hacia un nuevo acuerdo de aplicación de la Convención de Naciones Unidas sobre el Derecho del Mar. Revista Electrónica de Estudios Internacionales, https://doi.org/10.17103/reei.37.06

[23] Sobre este tema, ver Abegón Novella, Marta. 2019. The adoption of rules, regulations and procedures to protect the marine environment by the International Seabed Authority: Limitations and reinforcement measures. Transforming the Ocean Law by Requirement of the Marine Environment Conservation. Coord. Patrick Chaumette. 313-327. Madrid: Marcial Pons.

[24] Lodge, Michael. 2017, cit. *supra*.

a Convenção, e desde então atua como uma organização internacional autónoma dentro do sistema das Nações Unidas[25]. O estabelecimento e o funcionamento dos seus órgãos principais e subsidiários baseia-se num critério evolutivo, a fim de que estes possam cumprir eficientemente as suas responsabilidades nas diversas etapas do desenvolvimento das atividades na Área[26]. Nos seus primeiros anos de vida, dedicou-se sobretudo à adoção dos instrumentos necessários para o seu adequado funcionamento, tendo iniciado o seu trabalho substantivo em 1997, com a aprovação dos planos de trabalho dos sete primeiros investidores inscritos.

De acordo com os artigos 153º nº 1 e 157º nº 1 da Convenção e com a Seção 1.1 do Anexo ao Acordo de aplicação, a Autoridade tem as funções expressamente atribuídas pela Convenção, as quais consistem na organização, realização e controlo das atividades na Área, bem como nas "faculdades acessórias, compatíveis com a Convenção, que sejam implícitas e necessárias para o exercício das faculdades e funções em relação às atividades na [Á]rea", a fim de gerir e proteger os interesses gerais da comunidade internacional.

Compete, portanto, à Autoridade, através do seu apoio institucional[27] e regulamentar, organizar as atividades na Área, definindo políticas sobre qualquer questão do seu foro; a adoção e aplicação de regras, regulamentos e procedimentos para o desempenho das suas funções, enunciadas na Parte

[25] Artigo 2.2 do Acordo de relações entre as Nações Unidas e a Autoridade, de 14 de março de 1997 (Doc. A/52/260, 28 de julho de 1997). Importa sublinhar igualmente a estreita colaboração que a Autoridade mantém com outras organizações internacionais e instituições especializadas, com as quais celebrou Acordos e Memorandos de entendimento. Entre elas, a Organização Marítima Internacional; Organização Hidrográfica Internacional; Comissão Oceanográfica Intergovernamental da UNESCO; Comissão OSPAR; Comunidade do Pacífico; Organização Consultiva Jurídica Asiático-Africana; Comité Internacional de Proteção de Cabos e a Autoridade Internacional dos Fundos Marinhos. Os textos destes instrumentos estão disponíveis em https://www.isa.org.jm/legal-documents.
Refira-se que Jarmache considera a Autoridade como uma instituição híbrida, a meio caminho entre uma estrutura intergovernamental de cariz clássico que integra os Estados Parte na Convenção e operadores mineiros que contratam com outros operadores mineiros e, portanto, com potenciais concorrentes, Jarmache, Elie. La Zone, un concept révolutionnaire, ou un rêve idéaliste ?, Annales des Mines – Responsabilité et Environnement. 70: 72. Ver também Giardina, Andrea. 1976. L'International Sea-be Authority: Verso un nuovo esperimento di organizzazione internazionale. RDI. LXI: 247-267. Otero, Paulo. A. 1988. Autoridade Internacional dos Fundos Marinhos. Análise estrutural e natureza jurídica. Lisboa: AAFDL.

[26] Acordo de aplicação, Anexo, Secção 1.3.

[27] Artigo 158º da Convenção. A composição, competências, tomada de decisões e relações entre órgãos figuram nos artigos 159º a 170º da Secção 4ª da Convenção, alterados substancialmente pelo Acordo de aplicação. Para uma análise mais aprofundada, ver Ponte Iglesias. 1998, *supra*, pp. 201-204.

XI; a transmissão de diretrizes à Empresa relativamente à realização de atividades nas áreas reservadas à Autoridade[28]; a tomada de decisões relativas à aprovação, rejeição ou continuação dos planos de trabalho, bem como de ordens destinadas a excluir da exploração, por parte de contratantes ou pela Empresa, de certas áreas, caso existam provas que indiquem o risco de causar danos graves ao meio marinho[29]; a proteção dos Estados em desenvolvimento através da formulação de medidas adequadas relativamente aos efeitos adversos na sua economia e à distribuição equitativa dos benefícios financeiros e de outros benefícios económicos decorrentes das atividades na Área, através de um mecanismo adequado, de forma não discriminatória[30].

De igual modo, nos termos do número 4 do artigo 153º da Convenção, compete à autoridade, em cooperação com os Estados Parte, exercer o controlo considerado necessário relativamente às atividades na Área, para garantir o cumprimento das disposições pertinentes da Parte XI e respetivos anexos, das normas, regulamentos, procedimentos e planos de trabalho aprovados[31].

Um dos aspetos mais importantes e prioritários do trabalho da Autoridade durante a sua fase inicial –entrada em vigor da Convenção e a aprovação do primeiro plano de trabalho para exploração– foi dar cumprimento à sua obrigação de aprovar "as normas, regulamentos e procedimentos necessários para a realização das atividades na Área à medida que estas forem avançando", através da adoção do denominado "Código de Atividade Mineira", composto por um conjunto de Regulamentos que regulam a prospeção e exploração, na Área, dos nódulos polimetálicos, dos sulfuretos polimetálicos e das crostas de ferromanganês com alto teor de cobalto[32]. Neste momento, o seu maior

[28] Secção 2. 2 Anexo Acordo de aplicação em relação ao número 2 do artigo 170º da Convenção.

[29] Secção 1.9 e secção 3.11 Anexo Acordo de aplicação e artigo 162. 2. x) da Convenção.

[30] Artigos 162. 2. m) e 140. 2, respetivamente, da Convenção.

[31] Ver *infra*.

[32] Regulamento sobre prospeção e exploração de nódulos polimetálicos na Área, aprovado a 13 de julho de 2000 e alterado por decisão da Assembleia da Autoridade Internacional dos Fundos Marinhos, aprovada na sua 142ª sessão, realizada a 25 de julho de 2013 (ISBA/19/A/9, Anexo, 25 de julho de 2013); Regulamento sobre prospeção e exploração de sulfuretos polimetálicos aprovado por decisão da Assembleia na sua 130ª sessão, de 7 de maio de 2010 (ISBA/16/A/12/Rev.1, Anexo, 15 de novembro de 2010); Regulamento sobre prospeção e exploração de crostas de ferromanganês com alto teor de cobalto, aprovado por decisão da Assembleia na sua sessão 138ª, de 27 de julho de 2012 (ISBA/18/A/11, Anexo, 22 de outubro de 2012).
Como observa Lodge "The three sets of regulations are broadly similar in format, scope and content, with differences primarily to reflect the different spatial and geological characteristics of the mineral resources they deal with", Lodge Michael et al. 2014. Seabed mining International Seabed Authority environmental management plan for the Clarion-Clipperton Zone. A partnership

desafio consiste em alcançar os resultados previstos no Plano estratégico da Autoridade para o período 2019-2023 (adiante designado por "Plano estratégico 2019-2020")[33], e assim contribuir para "a implementação oportuna e efetiva dos objetivos do Desenvolvimento Sustentável, nomeadamente o objetivo 14, mediante a execução dos mandatos económicos, ambientais e sociais que lhe foram conferidos nos termos da Convenção e do Acordo de 1994". Atualmente, a aprovação de regulamentos sólidos e equilibrados para a exploração da Área em conformidade com as melhores normas e práticas internacionais e com os princípios do desenvolvimento sustentável constitui um dos objetivos da Autoridade[34].

4. O regime da Área

A Convenção e o Acordo de Aplicação constituem um complexo regime unitário de direitos, obrigações, deveres e responsabilidades em relação às atividades na Área, que engloba todo um conjunto de partes interessadas (Estados Parte, Estados patrocinadores, Estados do pavilhão, Estados costeiros, organizações intergovernamentais, empresas públicas e investidores privados). Todos eles desempenham um papel no desenvolvimento, aplicação e cumprimento dos regulamentos e normas que regulam as atividades na Área, a fim de garantirem que essas atividades sejam realizadas em prol de toda a humanidade e de forma sustentável, competindo à Autoridade, como órgão regulador, colaborar com as partes interessadas na aplicação do regime para a Área[35].

O modelo de gestão das atividades na Área faz com que uma das principais preocupações da Autoridade seja aumentar e reforçar a adoção de normas adequadas que conciliem o acesso aos minerais na Área com a necessidade de proteger o meio marinho[36].

approaches. Marine Policy. 49: 66-67. Ver também Madureira, Pedro. 2014. The exploration of mineral resources in the Area. 30 years after of the signature of the United Nations Convention on the Law of the Sea: The protection of the environment and the future of the Law of the Sea. Coord. Marta Chantal Ribeiro, 113-118. Coimbra: Coimbra Editora.

[33] Decisão da Assembleia da Autoridade Internacional dos Fundos Marinhos relativa ao plano estratégico da Autoridade para o período 2019-2023, ISBA/24/A/10, 27 de julho de 2018.

[34] Plano estratégico, III. 10 e 11. Ver Díaz Galán, Elena. 2019. Las normas del Derecho del Mar sobre la protección del medio marino y el objetivo 14 de la Agenda 2030: Utopía o realidad. HAL. Archiversouverts.fr. HAL https://halshs.archives-ouvertes.fr/halshs-02398888

[35] Plano estratégico I. 2.

[36] Artigos 145º e 209-º da Convenção; artigo 17º, número 1, alínea b), subalínea xii) e número 2, alínea f), do Anexo III da Convenção; Secção 1, número 5 g), h) i) e k) do Anexo do Acordo de aplicação.

A) Prospeção e exploração na Área

Até ao momento, como já indicámos, a Autoridade elaborou três regulamentos para regular as atividades de exploração[37]. Estes regulamentos são complementados pelas recomendações formuladas pela Comissão Técnica e Jurídica (adiante designada por "CTJ"), para orientar os contratantes[38].

Os regulamentos impõem obrigações gerais de proteção ambiental aos Estados patrocinadores e às pessoas e entidades patrocinadas em relação às atividades de prospeção e exploração desenvolvidas na Área, estabelecendo ainda que a autoridade e os Estados patrocinadores aplicarão o critério de precaução e as melhores práticas ambientais para conseguirem a proteção eficaz do meio marinho contra os possíveis efeitos nocivos das atividades de prospeção e exploração na Área[39].

Os regulamentos de sulfuretos e de crostas de ferromanganês contemplam ainda, respetivamente, a natureza particularmente sensível dos locais onde se localizam recursos biológicos associados aos minerais. Ambos os Regulamentos estabelecem, em termos semelhantes, que a CTJ deverá elaborar e aplicar procedimentos para determinar, com base nas melhor informação científica e técnica disponível, se as atividades de exploração propostas na Área poderão causar graves efeitos nocivos em ecossistemas marinhos vulneráveis e, se

[37] Foram ainda aprovados 30 contratos de exploração nos oceanos Pacífico, Índico e Atlântico, abrangendo mais de 1,3 milhões de quilómetros quadrados de fundo oceânico. Ver https://www.isa.org.jm/exploration-contracts Dezoito destes contratos referem-se à exploração de nódulos polimetálicos: 16 na Área de fratura Clarion-Clipperton, 1 na Bacia do Oceano Índico Central e 1 no Oceano Pacífico Ocidental. Sete contratos para a exploração de sulfuretos polimetálicos no South West Indian Ridge, Central Indian Ridge e Mid-Atlantic Ridge e cinco contratos para a exploração de crostas ricas em cobalto no Oceano Pacífico Ocidental. O último é o da República da Coreia, que expira a 26 de março de 2033.

[38] Até à data, a CJT publicou as seguintes recomendações: Recomendações para a orientação de contratantes e Estados patrocinadores relativas aos programas de desenvolvimento de competências, de acordo com os planos de trabalho para a exploração (ISBA/19/LTC/14); Recomendações para informação dos contratantes sobre a avaliação dos eventuais efeitos ambientais decorrentes da exploração de minerais marinhos na Área (ISBA/19/LTC/8), as quais foram revistas pela Comissão em março de 2019 (ISBA/25/LTC/6); Recomendações relativas às orientações dos contratantes para a apresentação de relatórios sobre as despesas de exploração efetivas e diretas ISBA/21/LTC/11); Recomendações para orientar os contratantes quanto ao conteúdo, formato e estrutura dos seus relatórios anuais (ISBA/21/LTC/15).

[39] Artigo 31.2 do Regulamento dos nódulos; artigos 5.1 e 33.2 do Regulamento dos sulfuretos. A mesma obrigação consta, enquanto obrigação contratual, da cláusula-tipo contida nos contratos de exploração prevista no artigo 5º, número 1, do Anexo 4 do Regulamento de sulfuretos. Disposições idênticas constam igualmente do regulamento relativo às crostas de ferromanganês (artigos 5.1, e 33. 2 e 5 e a cláusula 5.1 do Anexo IV relativa a "Cláusulas uniformes do contrato de exploração").

assim for, garantir que as referidas atividades sejam geridas de forma a prevenir esses efeitos ou a impedir que o seu prosseguimento seja autorizado.[40]

Em relação à exploração dos nódulos polimetálicos, e aplicando o critério de precaução previsto no Regulamento de nódulos, a CTJ estabeleceu um Plano regional de gestão ambiental numa Área específica localizada na parte oriental do Pacífico central, a fim de conservar os habitats representativos e a biodiversidade, conhecido por "Plano de ordenamento ambiental para a Área Clarion-Clipperton"[41].

O Plano, concebido para facilitar a exploração mineira marinha, minimizando tanto quanto possível os efeitos das atividades de extração nos fundos marinhos, procura preservar e conservar de forma sustentável a biodiversidade marinha e a estrutura e função dos ecossistemas mais representativos e peculiares na Área *Clarion-Clipperton*, mediante o estabelecimento de uma rede de "áreas de especial interesse ambiental" que evite a sobreposição com a distribuição atual das zonas sujeitas a concessão e reservadas e que ofereça um grau de certeza aos contratantes atuais e futuros, delimitando as zonas vedadas às atividades de extração mineira[42].

As recomendações aprovadas pela CTJ para orientar os contratantes sobre a avaliação dos eventuais impactos ambientais causados pela exploração de minerais marinhos na Área[43] constitui mais um progresso na proteção do meio marinho. O seu objetivo é indicar os procedimentos a aplicar para a recolha de dados de referência, bem como o trabalho de vigilância a realizar

[40] Artigos 33. 4 e 31.4 dos referidos regulamentos. O Regulamento relativo à prospeção e exploração de sulfuretos polimetálicos refere-se nomeadamente aos ventiladores hidrotermais.

[41] ISBA/17/LTC/7, de 13 de julho de 2011. A Assembleia aprovou, no seu 17º período de sessões, em julho de 2011, a "Decisão do Conselho relativa a um Plano de ordenamento ambiental da Área de fratura Clarion-Clipperton" (ISBA/17/C/19, a 21 de julho de 2011). Durante a sua 18ª sessão, o Conselho aprovou o plano de gestão ambiental para a Área de fratura de Clarion-Clipperton recomendado pela CJT, que inclui a designação, a título provisório, de uma rede de zonas de particular interesse ambiental, ao mesmo tempo que aplica o critério de precaução (ISBA/18/C/22).

[42] Sobre este tema ver, entre outros, Lodge, Michael. 2011. Some Legal and Policy Considerations Relating to the Establishment of a Representative Network of Protected Areas in the Clarion-Clipperton Zone. The International Journal of Marine and Coastal Law. 26: 463-480. LODGE et al. 2014, *supra*, pp. 66-77. Ponte Iglesias, Mª Teresa. 2012. La protección y exploración de la Zona internacional de los fondos marinos y oceánicos de una manera ambientalmente responsable. Aportes de la primera opinión consultiva de la Sala de Controversias de Fondos Marinos. Protección de intereses colectivos en el Derecho del Mar y cooperación internacional. Coords. Julio Jorge Urbina e Mª Teresa Ponte Iglesias, 87-90. Madrid: Iustel.

[43] Recomendações para informação dos contratantes sobre a avaliação dos eventuais efeitos ambientais da exploração de minerais marinhos na Área, ISBA/19/LTC/8, 1 de março de 2013.

durante e após a execução de atividades na Área de exploração suscetíveis de causar danos graves ao meio marinho. Para o efeito, estabelece-se que qualquer plano de trabalho para a exploração de minerais marinhos deverá ter em conta estudos ambientais de referência. A avaliação dos efeitos ambientais deverá utilizar a melhor tecnologia e metodologia de amostragem disponíveis. As recomendações descrevem ainda, entre outros aspetos, uma série de requisitos adicionais específicos para diferentes tipos de recursos (nódulos polimetálicos, sulfuretos polimetálicos, crostas de ferromanganês com alto teor de cobalto).

Atualmente, a Autoridade está a desenvolver outros *planos regionais de ordenamento ambiental* (adiante designados por "REMP") na dorsal e província de nódulos do ponto triplo do Oceano Índico, no noroeste do Pacífico e no Atlântico sul no caso das montanhas submarinas e na dorsal meso-atlântica, onde decorrem atividades de prospeção[44].

B) Para um regime de exploração para a Área

No contexto das dificuldades levantadas pela transição da prospeção para a exploração na Área, a principal prioridade da Autoridade é, neste momento, como assinalámos, elaborar um regime jurídico para a exploração dos recursos da Área que garanta a proteção eficaz do meio marinho, além de ter em conta os aspetos pertinentes dos objetivos do Desenvolvimento Sustentável[45].

Para o efeito, no âmbito do Plano estratégico para o período 2019-2023, a Autoridade está a trabalhar na preparação de uma Estratégia preliminar para a elaboração dos REMP como pré-requisito para o início das atividades de exploração[46] e de um projeto de regulamento relativo à exploração

[44] Estes planos, que procuram condicionar as licenças de exploração à existência dos referidos planos, levantam, como adverte Salamanca Aguado, discrepâncias quanto à sua natureza jurídica. O Secretariado da Autoridade assinalou o seu caráter de mero instrumento de política ambiental face ao grupo de Estados ocidentais que consideram que as suas disposições deveriam ser vinculativas. Em todo o caso, não existe um modelo único para uniformização dos REMP, Salamanca Aguado, Mª Esther. 2019. La política Ambiental de la Autoridad Internacional de los Fondos Marinos: El equilibrio entre la explotación y la conservación del patrimonio común de la humanidad. Revista Catalana de Dret Ambiental. Vol. X Núm. 2: 37-39.

[45] Uma visão geral em Badia Martí, Ana M. 2020. La explotación de los fondos marinos, una visión desde la gobernanza internacional de los océanos. La construcción jurídica de un espacio marítimo europeo. Coods. José Manuel Sobrino Heredia e Gabriela A. Oanta, 715-730. Barcelona: Bosch Editor.

[46] Estratégia preliminar para a elaboração de planos regionais de gestão ambiental para a Área, ISBA/24/C/2, 16 de janeiro de 2018.

dos minerais do fundo oceânico na Área (adiante designado por "Projeto de regulamento").

Os REMP, cuja elaboração e execução fazem parte do quadro normativo da Autoridade para a gestão ambiental, afiguram-se como um mecanismo claro e coerente para que a Organização possa determinar as áreas específicas consideradas representativas de toda a diversidade de habitats, da biodiversidade e das estruturas e funções dos ecossistemas dentro da Área de gestão pertinente, proporcionando simultaneamente níveis de proteção adequados nessas áreas[47]. O seu objetivo é oferecer aos órgãos competentes da Autoridade, bem como aos contratantes e respetivos Estados patrocinadores, um mecanismo de gestão dinâmico baseado em zonas geográficas e destinado a agilizar a tomada de decisões fundamentadas que contrabalancem o desenvolvimento de recursos com a conservação.

Considera-se que as zonas geográficas definidas no contexto dos REMP são essenciais para promover a conservação e a gestão eficazes da diversidade biológica em zonas marinhas situadas fora dos limites da jurisdição nacional, contribuindo assim significativamente para a consecução do Objetivo de Desenvolvimento Sustentável 14. Além disso, essas zonas podem servir de referência científica para controlar a variabilidade natural e as alterações a longo prazo do meio marinho, o que será particularmente importante para que a Autoridade possa cumprir a sua responsabilidade de gerir os efeitos das atividades mineiras e também para orientar os contratantes na recolha e compilação dos dados ambientais necessários, que permitam gerir a exploração mineira dos fundos marinhos e outras atividades associadas no meio marinho.

Por sua vez, o Projeto de regulamento[48] em fase de elaboração é um instrumento complexo, no qual a Autoridade enfrenta o desafio de formular um quadro que garanta que a exploração mineira: reverta a favor de toda a humanidade, incluindo as gerações futuras; e promova a exploração comer-

[47] Isto ajudaria a Autoridade a alcançar as metas acordadas internacionalmente pelo PNUMA no Plano Estratégico para a Diversidade Biológica 2011-2020 (mais conhecido como Metas Aichi, meta 11)

[48] Informações disponíveis em https://www.isa.org.jm/mining-code/ongoing-development-regulations-exploitation-mineral-resources-area
A sua preparação teve início na 17ª sessão (2011) do Conselho, que solicitou ao Secretariado a preparação de um plano de trabalho para a elaboração do Regulamento relativo à exploração dos minerais do fundo oceânico na Área (ISBA/17/C/21). A 15 de março de 2019, a CJT publicou um Projeto de Regulamento revisto, juntamente com um comentário que o acompanhava e introduzia alterações ao texto ISBA/25/C/WP.1e ISBA/25/C/18, disponível em https://isa.org.jm/files/files/documents/isba_25_c_wp1-s_0.pdf

cial viável e sustentável dos recursos minerais da Área com benefícios económicos razoáveis[49].

Uma questão importante a debater é a incorporação de disposições que prevejam danos graves ao meio marinho da Área ou o risco de ocorrência de incidentes derivados das atividades mineiras ou provocados pelas mesmas[50].

Garantir a proteção eficaz do meio marinho, incluindo a diversidade biológica e a integridade ecológica, contra os efeitos nocivos que possam resultar da exploração constitui um dos princípios fundamentais do Projeto de regulamento. Esta proteção deverá ser efetuada em conformidade com a política ambiental da Autoridade, incluindo os REMP, com base em vários critérios, incluindo a aplicação do critério de precaução, a abordagem ecossistémica, o princípio poluidor-pagador e o acesso a dados e informações relacionados com a proteção e preservação do meio marinho.

A parte IV do Projeto de regulamento consagrada à "proteção e preservação do meio marinho" prevê uma série de obrigações relacionadas com o meio marinho. Entre elas, a obrigação de a Autoridade, os Estados patrocinadores e os contratantes elaborarem, aplicarem e alterarem, consoante o caso, as medidas necessárias para assegurarem a proteção eficaz do meio marinho contra os efeitos nocivos, em conformidade com as normas, regulamentos e procedimentos aprovados pela Autoridade no que respeita às atividades na

[49] Towards the Development of a Regulatory Framework for Polymetallic Nodule Exploitation in the Area. Technical Study: No. 11. https://www.isa.org.jm/documents/towards-development-regulatory-framework-polymetallic-nodule-exploitation-area-isa

[50] Atualmente, o Projeto de regulamento exige que os requerentes apresentem um relatório de avaliação do âmbito da sua atividade antes de efetuarem uma avaliação do impacto ambiental e que, posteriormente, apresentem uma declaração de impacto ambiental. Inclui ainda várias disposições que requerem que os Estados patrocinadores tomem medidas, sem prejuízo das responsabilidades e obrigações gerais que, nos termos da Convenção, competem aos Estados patrocinadores, tendo em conta sobretudo o Parecer consultivo emitido pela SCFM em 2011.
Em relação a este Projeto de regulamento, a delegação dos Países Baixos apresentou, em 2017, um documento intitulado "Desenvolvimento de tecnologias de exploração mineira ecologicamente corretas: elaboração de um processo de aprovação de equipamentos mineiro", no qual, tendo em conta que a exploração de nódulos polimetálicos na Área está cada vez mais próxima, convida o Conselho a solicitar à CJT que examine a possibilidade de elaborar: a) uma metodologia de avaliação dos equipamentos, procedimentos operacionais e processos utilizados nas atividades de exploração mineira em águas profundas; b) um processo de aprovação para garantir que os equipamentos, procedimentos operacionais e processos utilizados nas atividades de exploração satisfaçam os requisitos que ainda estão por estabelecer, para evitar ou minimizar os efeitos adversos no ambiente. Para o efeito, o documento inclui um Anexo relativo à elaboração de uma metodologia de avaliação e ao processo subsequente de aprovação de uma tecnologia de exploração mineira que respeite o ambiente, ISBA/23/C/5, 1 de junho de 2017.

Zona[51]; a obrigação de elaborarem normas ambientais[52]; e a obrigação de o contratante aplicar e manter um sistema de gestão ambiental.

Além disso, o Projeto de regulamento refere-se à preparação da Declaração de impacto ambiental e do plano de gestão e vigilância ambiental, bem como ao cumprimento dos planos de gestão e vigilância ambiental e das avaliações da conformidade. De acordo com o plano de gestão e vigilância ambiental e com as normas e orientações aplicáveis, o contratante é obrigado a tomar as medidas necessárias para prevenir, reduzir e controlar a poluição do meio marinho e outros perigos para o meio ambiente marinho decorrentes de atividades na Área.

Outro componente a destacar no Projeto de regulamento é o estabelecimento de um fundo de indemnização ambiental com a finalidade de: i) financiar a aplicação de todas as medidas necessárias para prevenir, limitar ou reparar os danos que se verifiquem na Área como consequência de atividades realizadas na mesma, quando não for possível obter do contratante ou do Estado patrocinador o ressarcimento dos custos; ii) promover a investigação sobre os métodos da engenharia aplicada à atividade mineira marinha e sobre as respetivas práticas que possam reduzir os danos ou efeitos nocivos ambientais resultantes das atividades na Área; iii) financiar programas de desenvolvimento de competências relacionados com a proteção do meio marinho; iv) financiar a investigação sobre as melhores técnicas disponíveis para restaurar e reabilitar a Área.

Para concluir este ponto, importa referir o já mencionado Plano estratégico, que se mostra particularmente relevante no tema em apreço, nomeadamente no que se refere à proteção ambiental da Área.

Partindo do repto, que se coloca à Autoridade, de contribuir para a implementação atempada e efetiva dos Objetivos de Desenvolvimento Sustentável, nomeadamente o Objetivo 14, mediante a execução dos mandatos económicos, ambientais e sociais que lhe foram confiados nos termos da Convenção e do Acordo de Aplicação, esta deverá analisar escrupulosamente as perspetivas da exploração mineira comercial dos fundos marinhos, bem como o

[51] Para o efeito deverão: i) aplicar o critério de precaução à avaliação e à gestão do risco de danos ao meio marinho resultante da exploração na Área, utilizando as melhores técnicas e práticas ambientais disponíveis; ii) integrar os melhores conhecimentos científicos disponíveis na tomada de decisões relativas ao ambiente; e iii) promover a prestação de contas e a transparência na análise, avaliação e gestão dos efeitos ambientais da exploração na Área.

[52] Estas deverão incluir objetivos de qualidade ambiental, nomeadamente sobre a situação da biodiversidade, bem como sobre a densidade e a extensão da pluma e as taxas de sedimentação, e ainda procedimentos de vigilância e medidas de mitigação.

desenvolvimento da tecnologia necessária. "A necessidade de certeza regulamentar, com requisitos claros para garantir a proteção do meio ambiente e cláusulas financeiras claras, é um elemento fundamental na promoção da atividade mineira dos fundos marinhos"[53].

O Plano estratégico recomenda que a Autoridade reforce o quadro regulatório para as atividades na Área. Para o efeito, deverá: i) providenciar para que as normas, os regulamentos e os procedimentos destinados a reger a exploração dos recursos minerais incorporem as melhores práticas para a gestão do ambiente e se baseiem em princípios comerciais sólidos para promover o investimento em condições de igualdade; ii) procurar que o quadro jurídico se ajuste às novas tecnologias e conhecimento e aos progressos no direito internacional aplicável à Área, nomeadamente no que respeita às normas em matéria de responsabilidade; iii) assegurar e promover a participação dos Estados em desenvolvimento, bem como tentar minimizar as consequências da produção mineira da Área para a economia dos Estados em desenvolvimento que sejam produtores terrestres desses minerais e que possam ser mais gravemente afetados, mediante a prestação de ajuda para o seu reajustamento económico[54].

A proteção e preservação do meio marinho da Área constitui, sem dúvida, uma das principais orientações do Plano estratégico. A Autoridade é encarregada de tomar as medidas necessárias para garantir a *proteção eficaz do meio marinho* contra os possíveis efeitos nocivos de atividades na Área. Para o efeito, como já referimos, o artigo 145º da Convenção prevê que a Autoridade estabeleça normas, regulamentos e procedimentos adequados para prevenir, reduzir e controlar a poluição do meio marinho e outros riscos para este que possam perturbar o seu equilíbrio ecológico, bem como para proteger e conservar os recursos naturais da Área e prevenir danos à flora e fauna marinhas.[55]

Esta cláusula é completada pelo artigo 209º da Convenção relativa ao estabelecimento de regras internacionais e legislação nacional para prevenir, reduzir e controlar a poluição do meio marinho resultante das atividades na Área.

Por seu lado, o Acordo de aplicação, no seu Anexo, assinala que a Autoridade deverá encarregar-se, nomeadamente, da aprovação de normas, regulamentos e procedimentos que incorporem as normas aplicáveis em matéria de proteção e preservação do meio marinho; da promoção de investigações científicas marinhas no que respeita às atividades realizadas na Área, com especial ênfase nas investigações relativas aos efeitos ambientais dessas atividades;

[53] Plano estratégico, III. 10 e 12.

[54] Plano estratégico, Orientação estratégica 2.

[55] Ver também artigo 17, número 1, alínea b), subalínea xii), e número 2, alínea f), do Anexo III.

do acompanhamento do desenvolvimento da tecnologia marinha relevante para as atividades na Área, sobretudo a tecnologia relacionada com a proteção e preservação do meio marinho; e da elaboração atempada de normas, regulamentos e procedimentos para a exploração, entre os quais os relativos à proteção e preservação do meio marinho. Além disso, todos os pedidos de aprovação de um plano de trabalho deverão ser acompanhados de uma avaliação do impacto ambiental das atividades propostas[56].

De igual modo, os Regulamentos pelos quais se rege a prospeção e exploração na Área, as recomendações aprovadas pela CTJ para orientar os contratantes no que diz respeito à avaliação dos possíveis impactos ambientais causados pela exploração de minerais marinhos na Área, a Estratégia preliminar para a elaboração de planos regionais de gestão ambiental para a Área e o projeto de regulamento sobre a exploração representam um importante avanço para garantir uma eficaz proteção e preservação do meio marinho contra os possíveis efeitos nocivos das atividades na Área.

Esta evolução foi favorecida pelo Parecer Consultivo já referido, sobre as responsabilidades e obrigações dos Estados patrocinadores de pessoas singulares e coletivas em relação às atividades na Área. Através deste Parecer, a SCFM, recorrendo à aplicação de princípios de Direito internacional ambiental, clarificou e delimitou o regime dos patrocinadores em relação à prospeção e exploração dos fundos marinhos, realçando que as atividades mineiras exigem a salvaguarda dos interesses gerais da comunidade internacional no seu conjunto, de forma que o desenvolvimento social e económico seja compatível com a gestão sustentável dos recursos naturais do nosso planeta. A Câmara veio reforçar as ferramentas da Autoridade Internacional de Fundos Marinhos no cumprimento das suas funções[57]. Estados Parte, Estados patrocinadores, entidades patrocinadas e Autoridade passam a dispor de diretrizes que, sem dúvida, contribuirão para o desenvolvimento do quadro jurídico aplicável às atividades de exploração mineira marinha, o que se traduziria na defesa da segurança ambiental da ZIFMO e na consecução do ODS 14[58].

[56] Acordo de aplicação, Anexo, Secção 1.5 g), h), i). k) e Secção 1.7.

[57] Neste sentido, ver Cabrera Mirassou, Martín. 2014. La competencia consultiva del tribunal internacional del derecho del mar en el contexto del régimen de los océanos. Revista de la Secretaría del Tribunal Permanente de Revisión, 2, N° 4: 107.

[58] "Se for gerida de forma eficaz, com respeito pelos princípios do estado de direito, como previsto na Convenção, a exploração mineira dos fundos marinhos poderá contribuir para a consecução do Objetivo de Desenvolvimento Sustentável 14, nomeadamente no caso dos países sem litoral e em situação geográfica desfavorável e dos pequenos Estados insulares em desenvolvimento que

C) Uma Política ambiental para a Área

A política ambiental da Área tem vindo a ser gradualmente delineada em "circunstâncias de grande incerteza científica, técnica e comercial", marcada pela necessidade de promover a administração ordenada, segura e racional dos recursos em prol da humanidade e pela responsabilidade dos Estados de garantirem que as atividades realizadas dentro da sua jurisdição ou sob o seu controlo não causem danos ao ambiente de outros Estados ou de zonas situadas fora dos limites da jurisdição nacional, o que se traduz numa série de obrigações para a Autoridade, para os Estados patrocinadores e para os contratantes. Entre elas: i) algumas das estabelecidas na Parte XII da Convenção; ii) a aplicação do critério de precaução e das melhores práticas ambientais; iii) a obrigação de avaliar o impacto ambiental; iv) a reparação dos danos causados.

A *Parte XII da Convenção*, nos artigos 192º, 194º números 1, 2 e 5, 196.1, 204º e 206º, respetivamente, contempla as obrigações dos Estados Parte que se aplicam tanto aos Estados patrocinadores como aos contratantes no que respeita à tomada das medidas necessárias para prevenir, reduzir e controlar a poluição resultante das atividades na Área[59].

O *critério de precaução* contemplado nas disposições dos regulamentos sobre prospeção e exploração[60] e no Projeto de regulamento sobre a exploração na Área[61] e incorporado como princípio orientador do Plano estratégico já comentado[62] tornou-se uma obrigação de caráter vinculativo[63]. No seu Parecer consultivo de 2011, a SCFM sustenta que o critério de precaução foi incorporado a um número crescente de tratados e outros instrumentos internacionais, muitos dos quais refletem a formulação do princípio 15 da declaração do Rio, criando um movimento segundo o qual esse critério deverá ser considerado como fazendo parte do direito internacional consuetudinário[64].

dependem principalmente do oceano e dos seus recursos para o seu desenvolvimento económico." Lodge. 2017, *supra*.

[59] Ver *infra* Comentário à Parte XII da Convenção.

[60] Ver *supra*.

[61] Projeto de artigo 2. e), ii) no que constitui um dos vários princípios fundamentais; e o projeto de artigo 44.a), que estabelece a obrigação de a Autoridade, os Estados patrocinadores e os contratantes aplicarem esse critério à avaliação e à gestão do risco de danos ao meio marinho.

[62] Plano estratégico, I. 4 i).

[63] Ver Jaeckel, Aliene L. 2017. The International Seabed Authority and the Precautionary Principle. Balancing Deep Seabed Mineral Mining and Marine Environmental Protection. Leiden-Boston: Brill/Nijhoff.

[64] Advisory Opinion, parágrafo 135.

O Parecer sublinha a importância deste critério ao exigir que a Autoridade e o Estado patrocinador apliquem medidas cautelares para protegerem eficazmente o meio marinho contra os possíveis efeitos nocivos das atividades na Área. O critério de precaução é parte integrante da obrigação de diligência devida que compete aos Estados patrocinadores, tendo um âmbito de aplicação mais abrangente do que o dos dois regulamentos relativos aos nódulos e sulfuretos[65]. Além disso, o critério de precaução constitui uma das obrigações contratuais dos contratantes patrocinados, cuja observância deverá ser garantida pelo Estado patrocinador[66]. Os Estados deverão aplicar o critério de precaução "de acordo com as suas capacidades"[67].

O critério de precaução não deverá ser entendido como elemento isolado. Deverá estar em pé de igualdade com outros princípios, aborda-

[65] Para a SCFM, a obrigação de diligência devida exige que os Estados patrocinadores tomem todas as medidas apropriadas para prevenirem danos e prejuízos que possam resultar das atividades dos contratantes patrocinados. Esta obrigação aplica-se a situações em que as provas científicas sobre o âmbito e os possíveis efeitos negativos das atividades em causa sejam insuficientes, mas em que também existam provas plausíveis dos riscos potenciais. Um Estado patrocinador não cumprirá a sua obrigação de diligência devida se não tomar em consideração estes riscos. Não tomar em consideração tais riscos significaria ainda ignorar o critério de precaução (*Ibid*, parágrafos 127 e 131). A relação entre a obrigação de diligência devida e o critério de precaução já fez referência à portaria de 27 de agosto de 1999 ditada pelo Tribunal Internacional do Direito do Mar nos "casos do atum-de-barbatana-azul do Sul (Nova Zelândia c. Japão; Austrália c. Japão)", *TIDM Recueil* 1999, parágrafos 77-80.

[66] A este respeito, a já referida "cláusula-tipo" que figura no artigo 5º, número 1, do Anexo 4 do Regulamento de sulfuretos estabelece que "[o]s prospetores deverão tomar as medidas necessárias para evitarem, reduzirem e controlarem, tanto quanto razoavelmente possível, a poluição e outros riscos para o meio marinho resultantes da prospeção, aplicando um critério de precaução e as melhores práticas ambientais".
Embora a disposição paralela do artigo 5º, número 1 do Anexo 4 do Regulamento de nódulos não contenha nenhuma referência ao critério de precaução, importa referir que o Estado patrocinador deverá tomar as medidas dentro da sua ordem jurídica a fim de obrigar os contratantes patrocinados a adotarem esse critério.

[67] Advisory Opinion, parágrafo 242. O princípio 15 da Declaração do Rio estabelece que as medidas de precaução deverão ser aplicadas pelos Estados, "de acordo com as suas capacidades". Consequentemente, a SCFM observa que os critérios para a implementação da obrigação de aplicar o critério de precaução poderão ser mais rigorosos para os Estados desenvolvidos patrocinadores do que para os Estados patrocinadores em desenvolvimento. A referência às diferentes capacidades que figuram na Declaração do Rio não se aplica, porém, à obrigação de empregar "as melhores práticas ambientais" enunciada no artigo 33, número 2, do Regulamento de sulfuretos. Além disso, a referência às "capacidades" faz apenas alusão, de forma geral e imprecisa, às diferenças entre os Estados em desenvolvimento e os Estados desenvolvidos. É o nível de conhecimentos científicos e de capacidades técnicas de que dispõe um determinado Estado nos campos científicos e tecnológicos que se mostra determinante numa situação particular (*Ibid*, parágrafos 161-162).

gens e obrigações ambientais que o complementam, como a aplicação de uma abordagem ecossistémica, a obrigação de seguir as melhores práticas ambientais e a exigência de integrar os melhores conhecimentos científicos disponíveis[68].

A aplicação do critério de precaução é completada com o uso das "*melhores práticas ambientais*", a fim de assegurar uma proteção eficaz do meio marinho contra os efeitos nocivos das atividades de prospeção e exploração na Área. Tanto os Regulamentos sobre prospeção e exploração de sulfuretos polimetálicos e de crostas de ferromanganês com alto teor de cobalto como o Projeto de regulamento sobre exploração, como já indicámos, enunciam a aplicação das melhores práticas ambientais[69]. Além disso, a CTJ deverá fazer recomendações ao Conselho em conformidade com o critério de precaução e com as melhores práticas ambientais.

A *obrigação de avaliar o impacto ambiental* contemplada na Declaração do Rio (princípio 17) e incorporada no Acordo de aplicação (Secção 1, ponto 7 do Anexo) exige que todos os pedidos de aprovação de um plano de trabalho sejam acompanhados de uma avaliação do impacto ambiental das atividades propostas, bem como de uma explicação de um programa de estudos oceanográficos e de estudos de referência sobre o ambiente, em conformidade com as normas, regulamentos e procedimentos aprovados pela Autoridade.

No seu Parecer consultivo, a SCFM configura a obrigação que referimos como uma obrigação de diligência devida, de natureza consuetudinária, a qual, além de constituir uma obrigação dos contratantes, é igualmente estabelecida como obrigação direta de todos os Estados no artigo 206º da Convenção

[68] Aplicação do critério de precaução às atividades realizadas na Área. Nota do Secretariado, ISBA/25/C/8, 9 de janeiro de 2019, parágrafo 5. Esta Nota indica ainda que a aplicação do critério de precaução comporta três vertentes, a saber: a institucional (em relação à capacidade), a processual e a de proteção. As medidas que se enquadram nessas vertentes são componentes essenciais do quadro normativo que está a ser desenvolvido, nomeadamente no que se refere à elaboração das "medidas necessárias" mencionadas no artigo 145º da Convenção.

[69] Ver *supra*. O Regulamento de nódulos, pelo contrário, não contém nenhuma referência às "melhores práticas ambientais". A cláusula contratual que figura no artigo 5º, número 1, do Anexo 4 do Regulamento nódulos refere-se apenas à "melhor tecnologia" à disposição do contratante. Em todo o caso, porém, como sublinhou a Câmara no seu Parecer consultivo, a recente adoção de normas mais rigorosas no Regulamento dos sulfuretos aconselha que os Estados patrocinadores apliquem de forma geral "as melhores práticas ecológicas", de tal modo que estas possam ser consideradas como parte integrante da obrigação de diligência devida que compete aos Estados patrocinadores. Na ausência de indicação expressa em contrário, podemos considerar que o Referido regulamento deverá ser interpretado à luz da evolução do direito, como o demonstra a posterior adoção do Regulamento de sulfuretos, Advisory Opinion, parágrafos 136-137.

e como um aspeto da obrigação de o Estado patrocinador prestar assistência à Autoridade, contemplada no número 4 do artigo 153º da Convenção[70].

Na sequência da aprovação do plano de trabalho de exploração sob a forma de contrato, e antes de iniciar as atividades em causa, o contratante deverá apresentar à Autoridade uma avaliação do impacto que examine os possíveis efeitos, sobre o meio marinho, de todas as atividades propostas, acompanhada de uma proposta de um programa de vigilância para determinar os possíveis efeitos, sobre o meio marinho, das atividades a realizar, e verificar se a prospeção e exploração não acarretam danos graves ao meio marinho, bem como dos dados necessários para estabelecer uma base de referência ambiental que permita avaliar os efeitos das atividades futuras[71]. Ficam excluídas as atividades que a CTJ entender não terem possibilidade de causar efeitos nocivos ao meio marinho.

Por sua vez, o Projeto de regulamento sobre exploração exige que o pedido e a informação que deve acompanhar o plano de trabalho contenha uma Declaração de impacto ambiental, com o objetivo de documentar e comunicar os resultados do processo de avaliação[72].

Em relação à *reparação de danos* causados, o artigo 22º do Anexo III da Convenção prevê que "o contratante deverá responder pelos danos causados pelos atos ilícitos cometidos na realização das suas operações, tendo em conta a parte de responsabilidade por ação ou omissão imputável à Autoridade. Do mesmo modo, a Autoridade deverá responder pelos danos causados pelos atos ilícitos cometidos no exercício dos seus poderes e funções, incluindo o incumprimento do número 2 do artigo 168º, tendo em conta a parte de responsabilidade por ação ou omissão imputável ao contratante. Em qualquer caso, a reparação deverá ser equivalente ao dano efetivo."

O Projeto de regulamento de exploração especifica que se consideram "danos graves" os efeitos das atividades realizadas na Área no meio marinho que constituam uma alteração adversa importante do meio marinho, determinada em conformidade com as normas, regulamentos e procedimentos aprovados pela Autoridade, com base em normas e práticas internacionalmente reconhecidas e nos melhores conhecimentos científicos disponíveis."

[70] Advisory Opinion, parágrafos 141-144 e 148.

[71] Ver revisão atualizada das Recomendações para informação dos contratantes sobre a avaliação dos possíveis efeitos ambientais da exploração de minerais marinhos na Área, publicadas pela CJT, ISBA/25/LTC/6, 18 de abril de 2019.

[72] Artigo 7. 3.d). A Declaração deverá ser preparada em conformidade com o artigo 47 da Secção 2 e seguindo o formato indicado no anexo IV do Projeto de regulamento.

O contratante é responsável, perante a Autoridade, pelo montante efetivo dos danos causados ao meio marinho, decorrentes de atos ou omissões ilícitos cometidos por ele ou pelos seus funcionários, subcontratantes, agentes e pessoas que trabalhem para os mesmos ou atuem em seu nome na realização das suas operações por força do contrato de exploração, incluindo o custo das medidas razoáveis para prevenir ou limitar os danos ao meio marinho, tendo em conta ainda qualquer ato ou omissão da Autoridade ou de terceiros que tenham contribuído para esses danos[73].

No que diz respeito à responsabilidade do Estado patrocinador, deverá existir uma relação de causalidade entre o incumprimento desse Estado em relação às obrigações que lhe competem e o dano causado pelo contratante patrocinado[74]. A Convenção, no seu artigo 139º, número 2, prevê que compete aos Estados patrocinadores garantirem que as atividades desenvolvidas na Área o sejam de acordo com a Parte XI da Convenção, o que, no entender da SCFM, "significa que a responsabilidade do Estado patrocinador não é o resultado de um incumprimento por parte da entidade privada, mas sim pelo Estado que não cumpriu as suas próprias obrigações. Para imputar a responsabilidade ao Estado patrocinador, é necessário estabelecer que existe um dano e que este dano resulta do incumprimento das obrigações por parte do Estado patrocinador. Esta relação de causalidade não poderá ser presumida e deverá ser demonstrada. As normas relativas à responsabilidade dos Estados patrocinadores, enunciadas no artigo 139º, número 2, da Convenção e nos respetivos instrumentos, estão em conformidade com as normas do direito internacional consuetudinário sobre esta questão." No Direito internacional, os atos de uma entidade privada não são diretamente imputáveis a um Estado, a menos que a entidade esteja autorizada a atuar como um órgão desse Estado ou que o seu comportamento seja reconhecido e adotado pelo Estado como

[73] Esta cláusula permanecerá em vigor após a rescisão do contrato e deverá ser aplicada a todos os danos causados pelo contratante, independentemente de estes terem sido causados antes, durante ou após a conclusão das atividades de exploração ou do prazo de vigência do contrato. Além disso, o contratante isentará a Autoridade, os seus funcionários, subcontratantes e agentes das exigências e obrigações de terceiros decorrentes de atos ou omissões ilícitas do contratante e dos seus funcionários, agentes e subcontratantes e de todas as pessoas que trabalhem para os mesmos ou que atuem em seu nome na realização das suas operações por força do presente contrato, Anexo X. Cláusulas uniformes do contrato de exploração, cláusula 7, números 1 e 2.

[74] Advisory Opinion, parágrafo 181. Ver Messiga Kokougan. 2019. La responsabilité internationale des États dans les espaces internationaux : Le cas de la Zone Internationale des Fons Marines. Transforming the Ocean Law by Requirement of the Marine Environment Conservation. Coord. Patrick Chaumette. 343-360. Madrid: Marcial Pons.

seu próprio, conforme assinalado nos artigos 5º e 11º do Projeto de artigos da CDI sobre a responsabilidade [do] Estado por factos internacionalmente ilícitos, de 2001. O regime de responsabilidade estabelecido no Anexo III da Convenção e nos respetivos instrumentos não prevê que as atividades dos contratantes patrocinados sejam imputadas ao Estado patrocinador[75], a não ser que o Estado patrocinador não tenha tomado todas as medidas necessárias e adequadas para conseguir o seu cumprimento efetivo.

Sob esta abordagem, o SCFM conclui que "a responsabilidade do Estado patrocinador e a responsabilidade do contratante patrocinado existem paralelamente, não sendo solidárias. A responsabilidade do primeiro surge quando este não cumpre as suas obrigações nos termos da Convenção e dos respetivos instrumentos. A responsabilidade pelo segundo decorre do incumprimento das obrigações que lhe competem por força do seu contrato e dos seus compromissos posteriores. A responsabilidade do Estado patrocinador depende da circunstância de o incumprimento do contratante patrocinado ter causado danos. Ora, isto não terá, por si só, o efeito de o Estado patrocinador se tornar diretamente responsável pelos danos causados pelo contratante patrocinado. O dano não é automaticamente atribuível ao Estado patrocinador[76].

Caso ocorra um défice de responsabilidade ambiental, a SCFM, valendo-se da possibilidade oferecida pelo artigo 235.3 da Convenção, propõe que a Autoridade, através de um fundo fiduciário especial, possa garantir a reparação do dano não coberto[77]. Fazendo eco desta proposta, o futuro Projeto de regulamento sobre a exploração estabelece, na sua Secção 5, o *Fundo de indemnização ambiental*[78]. Uma das suas finalidades é financiar a aplicação de todas as medidas necessárias para prevenir, limitar ou reparar os danos que ocorram na Área como consequência de atividades realizadas na mesma, quando não for possível obter do contratante ou do Estado patrocinador, consoante o caso, ressarcimento dos custos[79].

[75] Advisory Opinion, parágrafo 182.

[76] *Ibid.*, parágrafos 204 e 201.

[77] *Ibid.*, parágrafo 205.

[78] Artigos 54º a 56º do Projeto de regulamento.

[79] O Secretariado da Autoridade considera que, de modo geral, a finalidade deste Fundo deveria limitar-se exclusivamente à proposta apresentada pela SCFM no seu Parecer consultivo de 2011 sobre a possibilidade de se verificar um défice de responsabilidade ambiental, pelo que seria necessário estabelecer outros fundos para financiar a investigação e o desenvolvimento de competências, Observações acerca do projeto de regulamento sobre exploração de recursos minerais na Área, Nota do Secretariado, ISBA/26/C/2, 4 de dezembro de 2019, parágrafo 32.

Outro dos princípios essenciais relacionados com a preservação e proteção do meio marinho é o *princípio da transparência*[80]. O Plano estratégico configura a transparência como elemento essencial da boa gestão, que constitui, portanto, um princípio orientador para a organização dos trabalhos da Autoridade, na sua qualidade de instituição internacional sujeita à prestação pública de contas[81]. Garantir uma participação mais ativa e mais informada dos membros da Autoridade e de outras partes interessadas através da adoção de métodos de trabalho precisos, seletivos e eficazes que sejam aplicados em condições de transparência e que deem origem a uma abordagem mais inclusiva para a tomada de decisões é uma das orientações estratégicas da Autoridade para melhorar o seu desempenho institucional[82].

D) A investigação científica marinha

A *investigação científica marinha*, além da sua importância para a proteção do meio marinho, desempenha um papel essencial na gestão responsável da Área e dos seus recursos. A Convenção permite à Autoridade realizar investigações científicas marinhas relativas à Área e aos seus recursos e celebrar contratos para este efeito, bem como promover e impulsionar a realização destas investigações e coordenar e difundir os seus resultados e análises quando estejam disponíveis. Para o efeito, a Autoridade deverá tomar, bem como promover, medidas destinadas à aquisição da tecnologia e dos conhecimentos científicos relacionados com as atividades na Área, para que a Empresa e todos os Estados Parte –nomeadamente os Estados em desenvolvimento– possam beneficiar dos mesmos[83].

[80] O Projeto de regulamento sobre a exploração estabelece um dos princípios fundamentais destinados a garantir, nos termos do artigo 145º da Convenção, a proteção eficaz do meio marinho contra os possíveis efeitos nocivos da exploração, em conformidade com a política ambiental da Autoridade, incluindo os REM. Contempla ainda “a transparência na análise, avaliação e gestão dos efeitos ambientais da exploração na Área, o que inclui o fornecimento dos dados e informações ambientais pertinentes e o acesso a esses dados em tempo útil, bem como dar às partes interessadas oportunidades de participação” (Artigo 2.e) vi) e artigo 44.d) do Projeto de regulamento).

[81] “Isto inclui a transparência na administração interna da Autoridade, bem como nos seus procedimentos internos, nos procedimentos dos seus vários órgãos e órgãos subsidiários e nos seus procedimentos com os Estados. A transparência desempenha um papel fundamental na promoção da confiança na Autoridade e na melhoria da responsabilização, da credibilidade e do apoio da sua base de partes interessadas.”, Plano estratégico, parágrafo 5.

[82] Plano estratégico, orientação estratégica 8.

[83] Artigos 143º e 256º da Convenção e Secções 1 e 5 e) Anexo ao Acordo de aplicação. E artigos 144º, 273º e 274º da Convenção. Importa assinalar que a Autoridade carece de competências para organizar e controlar as atividades de investigação científica marinha.

Entre as orientações estratégicas e as prioridades definidas no Plano Estratégico, figuram igualmente o *desenvolvimento da capacidade e a transferência da tecnologia*. Em conformidade com a Parte XI da Convenção, a Autoridade é obrigada a tomar as medidas necessárias para adquirir tecnologia e conhecimentos científicos relacionados com as atividades na Área e a garantir uma série de mecanismos para o desenvolvimento da capacidade e da transferência de tecnologia para os Estados em desenvolvimento. Para o efeito, os Estados deverão cooperar ativamente com as organizações internacionais competentes e com a Autoridade, a fim de promoverem e facilitarem a transmissão de conhecimentos práticos e de tecnologia marinha em relação às atividades na Área para os Estados em desenvolvimento, para os seus cidadãos e para a Empresa[84].

Para a Autoridade, o desafio, neste domínio, consiste tanto em encontrar mecanismos –nomeadamente programas de desenvolvimento da capacidade para adquirir a tecnologia e os conhecimentos científicos relacionados com as atividades na Área – como em promover e impulsionar a transmissão dessas tecnologias e conhecimentos científicos para os Estados em desenvolvimento, de modo a garantir a sua plena participação nas atividades na Área a todos os níveis, conforme expressamente previsto no artigo 148º da Convenção[85].

E) Controlo das atividades na Área

As atividades da Área, como sublinhámos, deverão ser controladas pela Autoridade em nome da humanidade, de acordo com a Parte XI da Convenção, com os anexos pertinentes e com as normas, regulamentos e procedimentos aprovados. Trata-se de um controlo necessário, que visa fazer cumprir as disposições assinaladas, exercido pela Autoridade em colaboração com os Estados Parte mediante o cumprimento da obrigação estabelecida no artigo 139º da Convenção[86].

Além disso, a Convenção confere à autoridade o direito de tomar, em qualquer momento, qualquer uma das medidas previstas para o exercício das suas funções de controlo, nos termos da Parte XI ou por força de um contrato. Para

[84] Artigos 144º, 274º e 273º da Convenção.

[85] Sobre as oportunidades para os países em desenvolvimento no regime da Área, ver Ascensio-Herrera, Alfonso. 2020, Oportunidades en zonas marinas más allá de la jurisdicción nacional: El papel de la Autoridad Internacional de los Fondos marinos. Maritime Transportation and Ocean Policies. Conference Papers 6. WMU RESEARCH REPORT SERIES No. 15: 123-124. DOI: 10.21677/srca201909

[86] Artigos 153º, números 1 e 4. O art. 4.6 b) do Anexo III da Convenção estabelece que os requerentes, sem exceção, se comprometem, no seu pedido, a aceitar o controlo da Autoridade sobre as atividades na Área da forma autorizada pela Convenção.

o efeito, o artigo 153º nº 5 define o direito de a Autoridade inspecionar todas as instalações utilizadas em relação às atividades na Área.

Por seu lado, o artigo 165º nº 2 alínea c) da Convenção atribui à CTJ a competência de supervisionar, a pedido do Conselho, as atividades na Área, em concertação e colaboração, se for caso disso, com as pessoas coletivas ou singulares que desenvolvam essas atividades, ou com o Estado ou Estados interessados, e de apresentar um relatório ao Conselho. A alínea m) da mesma disposição refere-se ao poder da CTJ de formular recomendações ao Conselho sobre a supervisão e a direção de um corpo de inspetores enquanto órgão encarregado de examinar se as atividades realizadas na Área cumprem as disposições da Parte XI, e, nos termos do número 2, alínea z), do artigo 162º, compete ao Conselho estabelecer os mecanismos adequados para dirigir e supervisionar um corpo de inspetores que fiscalize a conformidade.

O futuro Projeto de regulamento de exploração introduz propostas inovadoras e ambiciosas sobre "inspeção, conformidade e exigência de conformidade". Entre elas, as que regulam os poderes dos inspetores, bem como as que dizem respeito à formulação de instruções, se, na sequência de uma inspeção, se tiver conhecimento de que alguma circunstância, prática ou situação representa ou pode representar um perigo para a saúde ou para a segurança de qualquer pessoa, ou uma ameaça de danos graves ao meio marinho, ou viola, de qualquer outra forma, os termos do contrato de exploração; ou as que dizem respeito à preparação de um relatório para que o contratante introduza melhorias nos procedimentos ou práticas[87].

Inclui igualmente um sistema de acompanhamento eletrónico à distância, que permitirá contar todos os navios e equipamentos de extração. A sua

[87] Artigos 98º, 99º e 100º do Projeto de regulamento. Nas observações ao Projeto de regulamento, ficou patente que é fundamental garantir que a Autoridade possa examinar o cumprimento das suas obrigações por parte dos contratantes e aplicar sanções adequadas. Neste contexto, sublinhou-se a necessidade de examinar uma série de aspetos, entre os quais os direitos, as obrigações e as responsabilidades de todos os agentes que tenham a ver com as atividades de inspeção; a forma como os custos de um mecanismo de inspeção seriam suportados pela Autoridade, pelos contratantes ou pelos Estados patrocinadores; as questões relativas ao estabelecimento, composição, funções e conduta de uma equipa de inspetores; o âmbito das atividades de inspeção; e os critérios para se dar início a uma inspeção. Foi ainda sugerida a elaboração de normas e procedimentos para um mecanismo de inspeção. Foi igualmente proposto o estabelecimento de um mecanismo de inspeção antes do início de qualquer atividade de exploração, bem como a criação de uma comissão de conformidade. Em conclusão, é necessário continuar a trabalhar no seu conteúdo, tentando garantir, nomeadamente, a sua consonância com a Convenção, Observações sobre o projeto de regulamento sobre a exploração de recursos minerais na Área. Nota do Secretariado, ISBA/26/C/2, 4 de dezembro de 2019, parágrafo 23.

finalidade é possibilitar o registo, entre outros dados, da data, hora e localização de todas as atividades de extração. Caso se detete que decorreram ou estão a decorrer atividades de extração não autorizadas, o Secretário-Geral da Autoridade deverá enviar um aviso de conformidade, estando a Autoridade habilitada a suspender ou rescindir os direitos do contratante, se as atividades por ele realizadas implicarem um [in]cumprimento grave, reiterado e doloso das disposições fundamentais do contrato, da Parte XI da Convenção e das normas, regulamentos e procedimentos da Autoridade[88].

A Autoridade poderá igualmente suspender ou rescindir os direitos do contratante, caso este não cumpra uma decisão definitiva e obrigatória da SCFM. A própria Convenção prevê a possibilidade de a Autoridade poder impor ao contratante sanções pecuniárias proporcionais à gravidade da infração.

A conceção de um mecanismo de inspeção eficaz e transparente será fundamental para o sucesso da aplicação do quadro regulamentar da Autoridade. Embora a finalidade do mecanismo de inspeção previsto na Convenção seja garantir o cumprimento das regras da Autoridade, isso não deve impedir que o mecanismo de inspeção seja encarado como uma oportunidade para melhorar a segurança e reduzir os riscos ambientais das atividades na Área, mediante a divulgação das melhores práticas e experiências de aprendizagem[89].

O Plano estratégico não diz respeito à criação deste corpo de inspetores. Refira-se, porém, que, nos termos do Acordo de aplicação, o estabelecimento e funcionamento dos órgãos e órgãos subsidiários da Autoridade deverão basear-se num critério evolutivo, tendo em conta as necessidades funcionais dos órgãos e órgãos subsidiários em causa, para que possam cumprir eficazmente as suas responsabilidades nas diversas etapas do desenvolvimento das atividades na Área[90].

Em suma, o que se pretende é "uma Autoridade com capacidade institucional, aceitação pública, credibilidade e disponibilidade operacional necessárias para regular, de forma adequada aos objetivos, as atividades na Área, de acordo com os parâmetros atuais, que atue como órgão de supervisão publicamente responsável, facilite o acesso à informação e valorize as contribuições

[88] Artigo 18º Anexo III da Convenção.

[89] Aplicação de um mecanismo de inspeção às atividades na Área. Nota do Secretariado, ISBA/25/C/5, 20 de dezembro de 2018, parágrafo 5.

[90] Plano estratégico, III.23. E, no âmbito da sua orientação estratégica 8: "Reforçar a sua capacidade institucional e o seu funcionamento através da afetação de recursos e de pessoal especializado suficientes para a execução dos seus programas de trabalho."

das partes interessadas." Uma Autoridade com maior eficácia e abrangência no desempenho das suas funções, que contribua efetivamente "para a consecução dos Objetivos de Desenvolvimento Sustentável através da harmonização dos seus programas e iniciativas"[91] .

[91] *Ibid.*, V. 35.e), f) e g).

14
COMENTÁRIO À PARTE XII PROTEÇÃO E PRESERVAÇÃO DO MEIO MARINHO

Julio Jorge Urbina[1]
Marta Chantal Ribeiro[2]

Resumo: O presente comentário não segue o modelo clássico de anotação, antes procura oferecer um tratamento de síntese da Parte XII da CNUDM, fazendo-se a ponte entre a mundividência das questões da proteção e preservação do meio marinho à época da negociação e assinatura da CNUDM, em 1982, e a contemporaneidade. Foi, também, manifesta para os autores a impossibilidade de abordar, com a mesma medida de incursão, a vastidão das matérias contidas e problemáticas suscitadas pelos artigos 192º a 237º e disposições dispersas complementares. Assim, após apresentação dos traços gerais do conteúdo e regime da Parte XII, foram selecionados alguns dos tópicos mais importantes para os desafios e metas ambientais do presente e que preenchem a agenda do oceano: a proteção dos ecossistemas e da biodiversidade marinha nos diversos espaços marítimos e a poluição marinha de origem terrestre e proveniente de embarcações. No seu desenvolvimento, problematiza-se a tensão entre o dever de proteger e preservar o meio mari-

[1] Professor Titular de Direito Internacional Público, Faculdade de Direito da Universidade de Santiago de Compostela. Email: julio.jorge@usc.es. O autor é responsável pelo ponto 3 do presente Capítulo. O autor realizou este trabalho no quadro do Projeto de Investigação intitulado "La implementación del ODS 14 en España y la UE: desafíos regulatorios para la cooperación internacional y la seguridad marítima", (ESPODS14) (PID2019-109680RB-I00), financiado pela Agência Estatal de Investigación (DOI: 10.13039/501100011033) no quadro do *Programa Estatal de I+D+i Orientada a los Retos de la Sociedad.*

[2] Professora Auxiliar, com nomeação definitiva, da Faculdade de Direito da Universidade do Porto; Investigadora Principal do *Centro Interdisciplinar de Investigação Marinha e Ambiental* (CIIMAR). Email: mchantal@direito.up.pt. A autora é responsável pelos pontos 1 e 2 do presente Capítulo.

nho, associado ou não ao desenvolvimento de uma atividade, e a salvaguarda dos direitos e liberdades do mar – que dá lugar a um complexo e nem sempre bem definido sistema de competências estatais –, bem como se dá nota de contributos jurisprudenciais mais recentes e de iniciativas que poderão vir a marcar as próximas décadas.

Palavras-chave Proteção e preservação; Ambiente marinho; Biodiversidade marinha; Poluição marinha; Poderes e deveres dos Estados

Abstract: This commentary does not follow the classic model of annotation, but rather seeks to offer a synthesis of Part XII of UNCLOS, bridging the gap between the understanding of the issues concerning the protection and preservation of the marine environment at the time of negotiation and signature of UNCLOS, in 1982, and today. It was also clear to the authors that would be impossible to address, with the same degree of analysis, the vastness of the matters contained and problems raised by Articles 192 to 237, and other complementary provisions. Thus, the commentary starts by a general presentation of the content and regime of Part XII and, thereafter, the authors selected some of the most important topics for the environmental challenges and goals of today and which fill the ocean agenda. That is, the protection of ecosystems and marine biodiversity in the different maritime zones as well as marine pollution from land-based sources and from vessels. In the development of these topics, it is problematised the tension between the duty to protect and preserve the marine environment, whether or not associated with the development of an activity, and the safeguarding of the rights and freedoms of the sea, which gives rise to a complex and not always well-defined system of state powers. Moreover, the authors highlight recent case law and initiatives that may shape the coming decades.

Keywords: Protection and preservation; Marine environment; Marine biodiversity; Marine pollution; Powers and duties of the States

1. Génese da Parte XII

1.1. Razões próximas e conteúdo geral

Contrastando com as escassas disposições constantes da Convenção sobre o Alto Mar (cfr. artigos 24º e 25º) e da Convenção sobre a Plataforma Continental (cfr. artigo 5º), ambas de 29 de abril de 1958, genericamente integradas no grupo das Convenções de Genebra sobre o direito do mar[3], a Parte XII

[3] Na sequência da Primeira Conferência das Nações Unidas sobre o Direito do Mar, foram adotadas e entraram sucessivamente em vigor a Convenção sobre o Alto Mar, a Convenção sobre a Plataforma Continental, a Convenção sobre o Mar Territorial e a Zona Contígua, e a Convenção sobre a Pesca e a Conservação dos Recursos Biológicos do Alto Mar. Estes instrumentos são completados pelo

relativa à proteção e preservação do meio (sinónimo de ambiente) marinho é uma parte significativa e de intuito inovador da Convenção das Nações Unidas sobre o Direito do Mar (CNUDM), de 10 de dezembro de 1982, representando a *"primeira codificação compreensiva de direito internacional"*[4] *dedicada à temática, uma "verdadeira mini-convenção ambiental"*[5]. A Parte XII da CNUDM caracteriza-se, por um lado, pela sistematização e sedimentação de princípios e regimes desenvolvidos, de forma avulsa, no domínio da poluição marinha, fundamentalmente, no seio da Organização Marítima Internacional (OMI)[6] e, por outro lado, pela intenção prospetiva de lançar os alicerces de quadros normativos especiais, que despontavam ou se antecipavam na década de setenta e dealbar dos anos oitenta do século XX. Destes últimos são exemplo a poluição proveniente de atividades relativas aos fundos marinhos (em especial, o aproveitamento de recursos minerais), a avaliação de impacte ambiental e a proteção dos ecossistemas e da biodiversidade marinha. Efetivamente, fruto dos graves acidentes ocorridos com petroleiros (*v.g.*, *Torrey Canyon*, 1967, Reino Unido; *Amoco Cadiz*, 1978, França) e em poços petrolíferos (*Ekofisk*, 1977, Mar do Norte; *Ixtoc-I*, 1979, Golfo do México), os quais tiveram consequências desastrosas para o ambiente, recursos naturais e saúde humana, e estimulado tanto pelos trabalhos relativos ao solo e subsolo marinhos além da jurisdição nacional[7] como pelos resultados da Conferência das Nações Unidas sobre o

Protocolo de Assinatura Opcional relativo à Solução Compulsória de Controvérsias. Por todos, ver Guedes, Armando M. Marques. 1998. Direito do Mar. 2ª edição: 41 et seq. Coimbra: Coimbra Editora. Bastos, Fernando Loureiro. 2005. A Internacionalização dos Recursos Naturais Marinhos, Lisboa: AAFDL. Czybulka, Detlef. 2017. In: United Nations Convention on the Law of the Sea. A Commentary. München: Verlag C. H. Beck. Alexander Proelss (Ed.): 1281.

[4] Czybulka. 2017. In: United Nations Convention on the Law of the Sea. A Commentary: 1281, *cit.*

[5] Blanco-Bazán, Agustín. 2000. IMO interface with the Law of the Sea Convention. IMO: 2. *Idem.* 2018. The IMO: Working within the UNCLOS Framework and Global Ocean Governance. Oxford: Oxford University Press. In: Attard, Balkin and Greig (Eds). The IMLI Treatise on Global Ocean Governance. Vol. III: The IMO and Global Ocean Governance.

[6] Para uma enunciação das convenções internacionais relevantes da OMI no contexto, ver, *inter alia*, Rosenne, Shabtai; Yankov, Alexander (Eds/volume). 1990. United Nations Convention on the Law of the Sea, 1982. A Commentary. Center for Oceans Law and Policy, University of Virginia, Dordrecht – Boston – London: Martinus Nijhoff Publishers. Nordquist, Myron H. (Ed.). Vol. IV: 6 *et seq.* (ponto XII.9) e 23-33 (Appendix).

[7] Para o processo negocial e na delineação de princípios gerais constantes da Parte XII foram decisivos os trabalhos no âmbito do Comité Ad Hoc para Estudar as Utilizações Pacíficas do Leito e Fundo do Mar além dos limites da Jurisdição Nacional [Resolução 2340 (XXII), de 18 de dezembro de 1967, da Assembleia Geral das Nações Unidas (AGNU)], do Comité que lhe sucedeu sobre as Utilizações Pacíficas do Leito e Fundo do Mar além dos limites da Jurisdição Nacional [Resolução 2467 A (XXIII), de 21 de dezembro de 1968, da AGNU] e a Declaração de Princípios que Regem

Ambiente Humano, realizada em Estocolmo, de 5 a 16 de Junho de 1972[8], o plano de trabalhos da Terceira Conferência das Nações Unidas sobre o Direito do Mar (III Conferência), cuja primeira sessão teve lugar em dezembro de 1973, incluía na lista dos assuntos a tratar *"a preservação do ambiente marinho (incluindo, inter alia, a prevenção da poluição)"*[9]. As longas negociações em torno desta temática integraram o mandato do Terceiro Comité da III Conferência, presidido pelo búlgaro Alexander Yankov, tendo culminado na Parte XII da CNUDM, a qual se prolonga do artigo 192º ao artigo 237º[10].

O regime de proteção e preservação do meio marinho não se esgota, porém, na Parte XII, havendo disposições dispersas integradas noutras partes que requerem uma interpretação sistémica do todo que se complementa. Citem-se os exemplos do artigo 19º, nº 2, alínea h), artigo 21º, nº 1, alínea f), e artigo 27º, nº 5 (sobre a passagem inofensiva de navios no mar territorial), dos artigos 56º e 59º (jurisdição na zona económica exclusiva), do artigo 79º, nº 2 (relativo à colocação ou manutenção de ductos submarinos na plataforma continental), do artigo 145º (relativo à 'área'), do artigo 240º, alínea d), e artigo 263º, nº 3 (relativos à investigação científica marinha), do artigo 246º, nº 5, alínea b) (relativo à investigação científica marinha na zona económica exclusiva e na plataforma continental), do artigo 290º, nº 1, do artigo 297º, nº 1, alínea c), e nº 2, alínea a), ii), e do Anexo VIII (em matéria de solução de controvérsias).

Fazendo justiça à equiparação celebrizada no discurso do embaixador Tommy Koh, que se referiu à CNUDM como *"Constituição para os Oceanos"*[11], a Parte XII consagra os princípios e enquadramento jurídico essencial, à luz

o Leito e o Fundo do Mar, e o Seu Subsolo, além dos Limites da Jurisdição Nacional, contida na Resolução 2749 (XXV) da AGNU, de 17 de dezembro de 1970 (*Declaration of Principles Governing the Sea-Bed and the Ocean Floor, and the Subsoil Thereof, beyond the Limits of National Jurisdiction*), que estiveram mais diretamente na origem da Área. Por todos, Rosenne, Shabtai; Yankov, Alexander (Eds/volume). 1990. United Nations Convention on the Law of the Sea, 1982. A Commentary. Vol. IV: 9-10 (ponto XII.12). *Cit.*

[8] Nesta Conferência, a proteção do meio marinho foi amplamente debatida e são lançadas as bases para um regime jurídico compreensivo. Cite-se, em especial, o Princípio 7 da Declaração de Estocolmo e as Recomendações contidas no Plano de Ação (*v.g.*, Recomendações 86 a 94).

[9] *Vide* Resolução 2750C (XXV), de 17 de dezembro de 1970, e Resolução 3067 (XXVIII), de 16 de novembro de 1973, da Assembleia Geral das Nações Unidas. Por todos, Dupuy, René-Jean; Vignes, Daniel (Eds). 1991. A Handbook on the New Law of the Sea. Dordrecht – Boston – Lancaster: Martinus Nijhoff Publishers. Vol. II: 1151; Churchill, Robin R.; Lowe, A. Vaughan. 1999. The Law of the Sea. Manchester: Manchester University Press, Juris Publishing. 3rd ed.: 328.

[10] Por todos, Rosenne, Shabtai; Yankov, Alexander (Eds/volume). 1990. United Nations Convention on the Law of the Sea, 1982. A Commentary. Vol. IV: xiii. *Cit.*

[11] Embaixador de Singapura. Presidente da Terceira Conferência das Nações Unidas sobre o Direito do Mar, que utilizou publicamente a expressão no discurso apresentado aquando da adoção do

da época, dentro dos quais os Estados Partes são instados a cooperar, tanto no plano global como regional, diretamente ou por intermédio de organizações internacionais competentes, com vista ao respetivo desenvolvimento, regulamentação e adequação prática (cfr. artigo 197º, que abre a Secção 2 sobre cooperação mundial e regional). Neste ensejo, o artigo 237º, sobre obrigações contraídas em virtude de outras convenções sobre proteção e preservação do meio marinho determina, no número 1, que as disposições da Parte XII não afetam as *"obrigações específicas"* contraídas pelos Estados em virtude de *"convenções e acordos especiais"* concluídos anteriormente na matéria[12], nem os *"acordos"* que possam ser concluídos em aplicação dos princípios gerais enunciados na CNUDM. Esta regra de solução de conflitos orientadora do aplicador e intérprete das normas é guiada, para futuro, pelo carácter *constitucional* da CNUDM, cuja supremacia é expressamente estabelecida no número 2 do artigo 237º no plano da execução das obrigações assumidas pelos Estados[13]. Mais claramente, o número 2 acrescenta que as obrigações específicas contraídas pelos Estados em virtude de convenções especiais, relativas à proteção e preservação do meio marinho, *"devem ser cumpridas de modo compatível com os princípios e objetivos gerais da CNUDM"*. Retomamos esta questão no ponto 1.3 *infra*.

1.2. Dicotomia conservação de recursos *vs* proteção e preservação do meio marinho

O texto da CNUDM tem subjacente um critério terminológico claro, que facilita a interpretação e o desenvolvimento dogmático dos regimes aplicáveis aos recursos marinhos *per se* e ao ambiente marinho. De facto, na CNUDM a proteção e preservação do meio marinho e a conservação dos recursos naturais, em particular dos recursos vivos (sinónimo de biológicos) no âmbito da pesca, mantiveram-se impermeáveis à mistura e diluição de conceitos a que se assistiu na evolução do direito internacional do ambiente em geral, e da biodiversidade (sinónimo de diversidade biológica) em particular[14]. Pese

texto da CNUDM. O conteúdo do discurso está disponível no sítio http://www.un.org/Depts/los/convention_agreements/texts/koh_english.pdf.

[12] Uma lista é providenciada em Rosenne, Shabtai; Yankov, Alexander (Eds/volume). 1990. United Nations Convention on the Law of the Sea, 1982. A Commentary. Vol. IV: 23-33 (Appendix). *Cit.*

[13] Para mais desenvolvimentos sobre o artigo 237º e a sua precedência sobre o artigo 311º, *vide* Czybulka. 2017. In: United Nations Convention on the Law of the Sea. A Commentary: 1597 *et seq.*, *cit.*

[14] Para mais desenvolvimentos, *vide* Ribeiro, Marta Chantal. 2013. A protecção da biodiversidade marinha através de áreas protegidas nos espaços marítimos sob soberania ou jurisdição do Estado: discussões e soluções jurídicas contemporâneas. O caso português. Coimbra, Coimbra Editora: 106 *et seq.*

embora os efeitos simétricos que as medidas adotadas num sector produzem no outro, pois a melhoria do estado geral do ambiente marinho terá consequências positivas na abundância de recursos biológicos e a gestão sustentável destes repercute-se no desenvolvimento das espécies e saúde dos ecossistemas marinhos[15], os regimes de cada sector não se confundem, orientados que são por finalidades primárias distintas. Num caso, viabilizar e perpetuar a atividade económica da pesca, noutro caso, assegurar o funcionamento saudável do ecossistema marinho como um todo, promovendo a qualidade do meio abiótico e biótico, a diversidade das espécies e habitats e o equilíbrio dos ecossistemas, cuja matriz se vai buscar ao direito ambiental. Ainda que na prática contemporânea esta separação não seja completamente linear, verificando-se amiúde interpenetração de objetivos (por exemplo, medidas de cariz ambiental destinadas a proteger espécies e ecossistemas adotadas no âmbito da pesca[16] ou promoção de pesca sustentável no seio de áreas marinhas protegidas holísticas[17]), os dois domínios são tratados na CNUDM de modo predominantemente separado: Parte V (artigo 61º *et seq.*) e Parte VII, Secção 2 (artigo 116º *et seq.*), quanto à *conservação de recursos vivos*, e Parte XII quanto à *proteção e preservação do meio marinho*[18].

No que concerne ao alcance da composição textual *"proteção e preservação do meio marinho"*, pela qual se optou na CNUDM, há que apurar, por um lado, o significado de meio (noutras versões linguísticas: *"milieu"*, *"environ-*

[15] *Cfr.* Tribunal Internacional do Direito do Mar (TIDM), Casos nº 3 e nº 4, *Southern Bluefin Tuna Cases (New Zealand v. Japan; Australia v. Japan)*, decisão de 27 de agosto de 1999: *"a conservação dos recursos biológicos do mar constitui um elemento essencial da proteção e da preservação do ambiente marinho"* (ponto 70).

[16] Por constituir um instrumento de desenvolvimento do quadro consagrado na CNUDM, citem-se o artigo 5º, alíneas d) a g), o artigo 7º, nº 2, alíneas d) e f) (abordagem com base no ecossistema e proteção da biodiversidade), e o artigo 6º (abordagem cautelar) do Acordo Relativo à Aplicação das Disposições da CNUDM Respeitantes à Conservação e Gestão das Populações de Peixes Transzonais e das Populações de Peixes Altamente Migradores, concluído em Nova Iorque em 4 de agosto de 1995. Ver, também, a importante decisão do tribunal arbitral constituído no caso *South China Sea Arbitration (Philippines vs China)*, Permanent Court of Arbitration (PCA), Caso nº 2013-19, decisão de 12 de julho de 2016, parágrafo 956.

[17] Para mais desenvolvimentos, *vide* Ribeiro, Marta Chantal. 2021. Concepts of Marine Protected Area. In: Encyclopedia of the UN Sustainable Development Goals. Life Below Water. Berlin: Springer. Filho, Walter Leal *et al.* (Eds).

[18] Onde a separação é menos evidente, para um contexto próprio e tributário da história que lhe subjaz (*v.g.*, *Declaração de Princípios...*, Resolução 2749 da AGNU, de 1970, supracitada), veja-se o artigo 145º, relativo à proteção do meio marinho na Área e onde se incumbe a Autoridade de adotar normas, regulamentos e procedimentos apropriados para, *inter alia*, *"proteger e conservar os recursos naturais da Área e prevenir danos à flora e à fauna do meio marinho"*.

ment", "medio") marinho e, por outro lado, o porquê da distinção semântica entre proteção e preservação, termos que, no uso corrente, são por vezes usados como sinónimos. Toda a história que antecede[19]-[20] e acompanha a negociação da CNUDM, bem como a combinação de diferentes normativos são claramente indiciadoras de que se pretendeu conferir amplitude máxima à expressão *"meio marinho"* (cfr. artigo 1º, nº 1, ponto 4, e artigos 145º, 194º e 211º). A obrigação de proteger e preservar o meio marinho que o artigo 192º impõe aos Estados refere-se, pois, a todo o ecossistema marinho, *grosso modo*, no seu componente abiótico (*maxime*, a massa líquida com todos os aspetos inorgânicos, físicos, químicos ou físico-químicos correlativos) e no seu componente biótico, onde se subsume toda a vida marinha nas suas diversas manifestações (perspetiva *ratione materiae*). Numa formulação mais sucinta, *"todo o conjunto da natureza marinha, viva ou não viva, os seus ecossistemas e componentes"*[21]. Além disso, a expressão é transversal a todos os espaços marítimos, das águas interiores, incluindo as zonas estuarinas e podendo projetar-se no litoral, até ao alto mar e 'área' (perspetiva *ratione loci*). Quanto à opção pela combinação *"proteção e preservação"*, terá estado na intenção de quem negociou a CNUDM transmitir a ideia quer de ações corretivas ou preventivas dirigidas a afastar consequências negativas para o meio marinho (medidas de proteção face a danos existentes, iminentes ou futuros), quer de uma ação proactiva no sentido de manter ou melhorar a condição ambiental e o equilíbrio ecológico do mar (medidas ativas para preservação do oceano), o que projeta para um processo contínuo e de longo prazo. Em suma, impõe-se aos Estados a obrigação positiva de tomar medidas legislativas e administrativas para proteger e preservar o ambiente marinho e, por reflexo, a obrigação negativa de tudo fazer para não o degradar[22].

[19] Ver, por exemplo, os parágrafos 11 e 13, alínea b), da *Declaração de Princípios...*, Resolução 2749 da AGNU, de 1970, supracitada.

[20] Em 1972, no *Draft Articles on the Preservation of the Marine Environment* [UN Doc. A/Ac.138/SC.III/L.33 (1972)], o Grupo de Trabalho de Malta (Comité do Leito e Fundo do Mar) integrou no ambiente marinho *"a superfície do mar, o espaço aéreo sobrejacente, a coluna de água e o leito do mar além da marca da maré alta, incluindo os biossistemas neles contidos ou deles dependentes"*. *Vide* Czybulka. 2017. In: United Nations Convention on the Law of the Sea. A Commentary: 1287, *cit.*

[21] *Cfr.* Czybulka. 2017. In: United Nations Convention on the Law of the Sea. A Commentary: 1287, *cit.*

[22] Por todos, Rosenne, Shabtai; Yankov, Alexander (Eds/volume). 1990. United Nations Convention on the Law of the Sea, 1982. A Commentary. Vol. IV: 11-12 (ponto XII.13) e 39-42. *Cit.*; PCA: Caso nº 2013-19, *South China Sea Arbitration*, 12 de julho de 2016, *cit.*, parágrafo 941 (remissão para diversa jurisprudência); Czybulka. 2017. In: United Nations Convention on the Law of the Sea. A Commentary: 1286, *cit.*

1.3. O difícil equilíbrio entre direitos e liberdades no mar

Nove anos aproximadamente de negociações da CNUDM (dezembro de 1973 até à assinatura em 10 de dezembro de 1982) denotam a sensibilidade das questões debatidas e o cuidado colocado na redação dos preceitos, cujo conteúdo é revelador em muitos casos de compromissos ditados pelos diferentes interesses estaduais em concurso, com realce para os problemas da proteção e preservação do ambiente marinho. Assim, à época como agora, se de um lado do elástico, em prol da jurisdição ambiental reconhecida (*v.g.*, artigos 19º, 21º-22º, 42º, 52º, 56º, 79º, 246º), o Estado costeiro e o Estado do porto tendem a pugnar pela adoção de leis e regulamentos e a tomada de medidas mais conformes aos impactos nocivos que as atividades económicas produzem no ambiente marinho e, concomitantemente, reclamam poderes de polícia (que se integram nos poderes de *"execução"*, usando a terminologia usada na CNUDM)[23] e de punição[24] mais amplos e eficazes, do outro lado do elástico, o Estado de bandeira com maior presença no mar e o Estado tecnologicamente melhor posicionado para a exploração e aproveitamento[25] dos recursos a grandes distâncias ou profundidades (cfr. alto mar e 'área') pugnam pela manutenção do *status quo* normativo (*v.g.*, jurisdição exclusiva do Estado de bandeira[26]) e amplitude de atuação (menos regras, menos restrições) em sal-

[23] As limitações na zona económica exclusiva consagradas no artigo 220º são óbvias, pelos requisitos exigentes habilitadores da ação fiscalizadora e repressiva do Estado (*v,g.*, comparece-se o nº 5 e o nº 6). A criação de áreas marinhas protegidas tem igualmente posto a nu a fragilidade do sistema criado, pois, consoante a localização (mar territorial, zona económica exclusiva, plataforma continental, alto mar ou 'área') e o tipo de atividade a proibir ou condicionar (pesca, navegação, investigação científica, por exemplo) fica em evidência a capacidade maior ou menor de o Estado costeiro ou do conjunto dos Estados assegurarem a adoção das medidas necessárias a uma gestão eficaz, bem como garantirem o respeito das mesmas.

[24] Dê-se o exemplo do artigo 230º quanto à discussão em torno dos requisitos (ato intencional e grave) para o mar territorial e, além deste, da limitação às penas pecuniárias no caso de infração às leis e regulamentos nacionais ou às regras e normas internacionais aplicáveis para prevenir, reduzir e controlar a poluição do meio marinho proveniente de embarcações estrangeiras.

[25] Os termos *"exploration and exploitation"* da versão inglesa da CNUDM foram traduzidos para a língua portuguesa, respetivamente, como exploração (no sentido de prospeção, pesquisa, revelação) e aproveitamento (no sentido de extração do recurso para fins económicos).

[26] Quanto à trasfega de combustível ou gás (*ship-to-ship transfer*) na zona económica exclusiva, um caso que poderia ter lançado luz sobre a interpretação atual do regime tendo em confronto a liberdade de navegação invocada pelo Estado de bandeira e as preocupações ambientais do Estado costeiro, seria o Caso 29 no TIDM [*M/T San Padre Pio (No. 2) Case (Switzerland/Nigeria)*], mas acabou por ser retirado em 29 de dezembro de 2021. Quanto ao abastecimento de combustível (*bunkering*) num contexto de atividade pesqueira na zona económica exclusiva e o reconhecimento do poder de o Estado costeiro o regular (autorizar e cobrar emolumento administrativo), ver a decisão do

vaguarda dos clássicos direitos e liberdades do mar oriundos do período pré-CNUDM[27]. Donde, em sede de proteção e preservação do meio marinho, por virtude dos equilíbrios acordados (alguns herdados de convenções anteriores), não se encontra na CNUDM uma matriz normativa uniforme ou semelhante para todos os espaços marítimos, seja na horizontal, seja na vertical (Figura 1) e, dentro de cada um, em particular nos espaços sob soberania ou jurisdição nacional (para o efeito relevam as águas interiores, as águas arquipelágicas, o mar territorial, a zona económica exclusiva e a plataforma continental), há variações de jurisdição ambiental prescritiva (ou normativa), de polícia e adjudicatória[28] do Estado costeiro, do Estado do porto e do Estado de bandeira consoante a tipologia de atividade e impacto, aspetos que serão desenvolvidos no ponto 3. Acresce às normas específicas de índole ambiental, a sujeição das medidas de proteção e preservação do meio marinho à apreciação potencial da respetiva razoabilidade no quadro das normas supletivas gerais inseridas em diferentes partes da CNUDM, de se que realçam o artigo 24º (mar territorial), os artigos 56º, nº 2, e 58º, nº 3 (zona económica exclusiva: dever de tomar *"em devida conta"* os direitos e deveres dos outros Estados ou do Estado costeiro), o artigo 59º (zona económica exclusiva: quando a CNUDM não atribua direitos ou jurisdição, recurso ao juízo de equidade e consideração de todas as circunstâncias pertinentes) e o artigo 194º, nº 4 (todos os espaços: medidas relativas à poluição marinha, aos ecossistemas e biodiversidade *versus* ingerência injustificável)[29]. Em suma, do confronto e

TIDM de 14 de abril de 2014, Caso 19 [*The M/V "Virginia G" Case (Panama/Guinea-Bissau)*], parágrafos 217, 232 e 234. Neste caso o Tribunal evitou abordar a questão ambiental suscitada no processo. Do mesmo Tribunal, em matéria de *bunkering*, ver o Caso 2 [*The M/V "SAIGA" (No. 2) Case (Saint Vincent and the Grenadines v. Guinea)*], de 1 de julho de 1999, e o Caso 25 [*The M/V "Norstar" Case (Panama v. Italy)*], de 10 de abril de 2019.

[27] *Inter alia*, passagem inofensiva, navegação, investigação científica marinha, colocação de cabos e ductos submarinos, acesso livre aos recursos naturais além da jurisdição nacional, sobrevoo (*v.g.*, artigos 18º-19º, 34º, 53º, 58º-59º, 78º, 87º, 135º, 246º, 256º-257º).

[28] Jurisdição prescritiva (*"prescriptive jurisdiction"*) ou normativa corresponde ao poder de o Estado adotar leis e regulamentos. Jurisdição de polícia (*"enforcement jurisdiction"*) corresponde aos poderes de visita, inspeção e apresamento pelos agentes competentes do Estado. Jurisdição adjudicatória (*"adjudicatory jurisdiction"*) remete para os poderes de investigar, acusar e julgar pelas autoridades competentes do Estado no sentido mais amplo, abrangendo procedimentos administrativos e judiciais. Os poderes de execução (*enforcement*), a que frequentemente se alude na CNUDM (*v.g.*, artigos 217º, 218º, 220º, etc.) integram poderes de polícia e poderes incluídos na jurisdição adjudicatória, embora com maior ênfase nos primeiros.

[29] Sobre o dever de tomar em "devida conta" (*"due regard"*) e o seu equivalente funcional "ingerência injustificável", por todos, Elferink, Alex G. Oude. 2018. Coastal States and MPAs in ABNJ: Ensuring Consistency with the LOSC. *The International Journal of Marine and Coastal Law* 33(3): 437-466.

arranjo dos interesses prevalecentes nos anos de negociação da CNUDM – e não obstantes interpretações jurisprudenciais de cariz prospetivo e atualista sempre que o contexto o permite[30] – as possibilidades de proteção efetiva e eficaz do ambiente marinho saíram notoriamente dificultadas, como a realidade dos factos ao longo das três últimas décadas tem vindo a demonstrar[31], aspeto que se desenvolverá no ponto 3.2.2,b). Para este resultado tem, também, concorrido a moldura jurídica dentro da qual os Estados são chamados a cooperar para o desenvolvimento e implementação continuados da arquitetura normativa estabilizada na CNUDM. Referimo-nos aos preceitos gerais contidos nos artigos 197º e 237º que são de índole a perpetuar o estado das coisas, visto que, ancorados que estão no caráter *constitucional* da CNUDM, têm sido, pela força das circunstâncias, um travão a interpretações mais favoráveis ao fortalecimento da jurisdição ambiental dos Estados. O artigo 197º é uma manifestação de um princípio costumeiro internacional – o dever de cooperação[32] –, ao fixar aos Estados o dever de cooperarem, tanto no plano mundial como regional, diretamente ou por intermédio de organizações internacionais competentes, na formulação e elaboração de regras e normas, bem como práticas e procedimentos recomendados de carácter internacional que sejam compatíveis com a CNUDM, para a proteção e preservação do meio marinho. Este requisito de compatibilidade com a CNUDM é reforçado no artigo 237º que, na sua intenção de garante da paz ao definir regras de solução de conflitos, determina no nº 2 que as obrigações específicas contraídas pelos

[30] *Inter alia*, Proelss, Alexander. 2019. The Contribution of the ITLOS to Strengthening the Regime for the Protection of the Marine Environment. In: Interpretations of the United Nations Convention on the Law of the Sea by International Courts and Tribunals. Springer Nature Switzerland. Del Vecchio, Angela; Virzo, Roberto (Eds): 93-106.

[31] Um exemplo próximo que foi amplamente discutido na doutrina é o do acidente do navio *Prestige*, com pavilhão das Bahamas, ao largo da Galiza em Espanha, no ano 2002, que ocasionou a multiplicação dos argumentos dos Estados costeiros no sentido de verem aumentados os seus poderes de polícia (*v.g.*, inspeção e apresamento) e punição na zona económica exclusiva por razões de proteção ambiental, em detrimento da jurisdição preeminente do Estado do pavilhão e da liberdade de navegação (cfr. artigo 220 da CNUDM). Por todos, Pueyo Losa, Jorge; Lirola Delgado, Isabel; Jorge Urbina, Julio. 2003. En torno a la revisión del régimen jurídico internacional de seguridad marítima y protección del medio marino a la luz del accidente del Prestige, *Revista Española de Derecho Internacional* LV(1): 43-77; Bou Franch, Valentín. 2005. Freedom of navigation versus pollution by oil from vessels: the point of view of coastal States. In: Casado Raigón, Rafael (Ed.), L'Europe et la Mer (pêche, navigation et environnement marin) / Europe and the Sea (fisheries, navigation and marine environment). Bruxelles: Bruylant, 253-288.

[32] Sobre o princípio da cooperação, *vide*, *inter alia*, TIDM, Caso 10 [*The MOX Plant Case (Ireland v. United Kingdom)*], decisão de 3 de dezembro de 2001, parágrafo 82; PCA: Caso nº 2013-19, *South China Sea Arbitration*, 12 de julho de 2016, *cit.*, parágrafos 984-985.

Estados em virtude de convenções especiais, relativas à proteção e preservação do meio marinho, *"devem ser cumpridas de modo compatível com os princípios e objetivos gerais da CNUDM"*. Esta imposição tem sido reiterada em diversos tratados internacionais, com vocação universal ou regionais, que exprimem o dever de cooperação consagrado no artigo 197º. Exemplifique-se com o artigo 22º, nº 2, da Convenção sobre a Diversidade Biológica, adotada em 20 de maio de 1992, o artigo 3º, nº 3, da Convenção para a Proteção do Meio Marinho e da Região Costeira do Mediterrâneo (Convenção de Barcelona), de 10 de junho de 1995, o artigo 4º do Anexo V da Convenção para a Proteção do Meio Marinho do Atlântico Nordeste (Convenção OSPAR), de 22 de setembro de 1992[33]. O quadro jurídico que viemos de descrever é de alcance não despiciendo, na medida em que, como dissemos, atenta a especificidade dos equilíbrios de interesses tutelados por diversas disposições da CNUDM, tem constituído um entrave a uma interpretação e evolução dos regimes de proteção e preservação do ambiente marinho mais consentâneas seja com a dimensão e características atuais do transporte marítimo, seja com o avanço da ciência e tecnologia, e, por conseguinte, mais coerentes com os graves desafios ambientais contemporâneos[34]. Voltamos à questão nos pontos 2.4 e 3.

[33] O Anexo V sobre a Proteção e Conservação dos Ecossistemas e da Diversidade Biológica das Zonas Marítimas foi adotado em 23 de julho de 1998.

[34] Paulatinamente, na doutrina como na jurisprudência, tornou-se recorrente o recurso a interpretações da CNUDM baseadas no espírito progressista e dinâmico que lhe subjaz. É inúmera a doutrina dedicada à interpretação evolutiva e atualista que se extrai do artigo 31º, nº 3, da Convenção de Viena sobre o Direito dos Tratados, de 23 de maio de 1969. Alguns exemplos em Pueyo Losa, Jorge; Lirola Delgado, Isabel; Jorge Urbina, Julio. 2003, *cit.*; Ribeiro, Marta Chantal. 2013: 523 *et seq.*, *cit.*; Bastos, Fernando Loureiro. 2015. O contributo do Tribunal Internacional do Direito do Mar para a clarificação dos poderes dos Estados costeiros na Zona Económica Exclusiva. In: 20 Anos da Entrada em Vigor da CNUDM. Porto: CIIMAR-FDUP 37-53. Ribeiro, Marta Chantal (Ed.) Ebook disponível em https://sigarra.up.pt/fdup/pt/pub_geral.pub_view?pi_pub_base_id=20041. Na jurisprudência é clássica a decisão do Tribunal Internacional de Justiça (TIJ) no processo relativo ao projeto *Gabcíkovo – Nagymaros (Hungria / Eslováquia)*, acórdão de 25 de setembro de 1997, parágrafo 112. Mais recentemente, o artigo 31º da Convenção de Viena foi por diversas vezes invocado na decisão do Tribunal Arbitral constituído para o caso do Mar do Sul da China, de 12 de julho de 2016 [PCA: Case No. 2013-19, *South China Sea Arbitration, cit.*].

Figura 1:

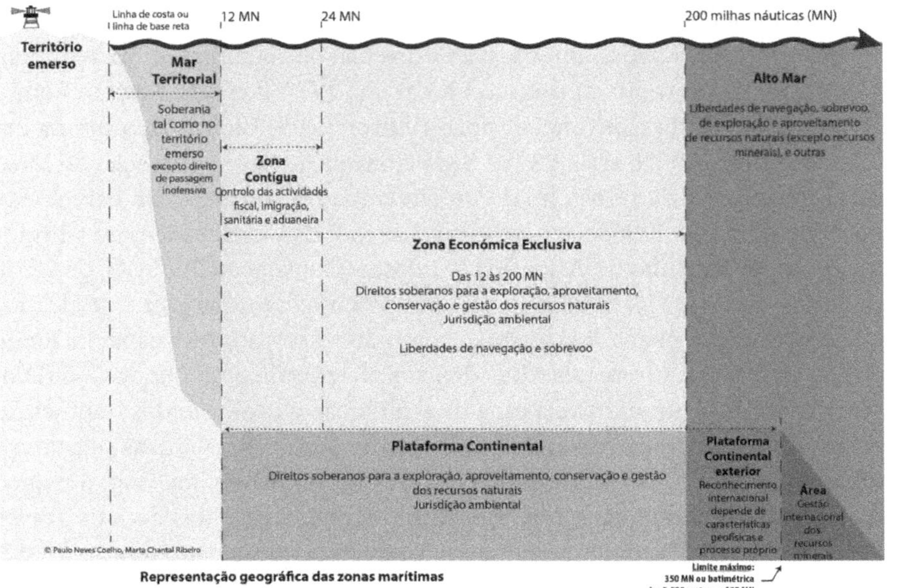

Representação geográfica das zonas marítimas

2. Decomposição da Parte XII

2.1. Perspetiva geral

A Parte XII da CNUDM decompõe-se em onze Secções, compreendendo os artigos 192º a 237º. As Secções são de finalidade e extensão muito diversa, evidenciando-se a matéria da poluição marinha. Na Secção 1, com a epígrafe "disposições gerais", consagram-se princípios e normas gerais fundamentais para a interpretação do regime da proteção e preservação do meio marinho transversal à convenção. Nos artigos 192º a 196º são enunciados princípios programáticos, de índole constitucional e maioritariamente costumeira, de natureza abstrata (artigos 192º e 193º) ou concretamente formulados para diferentes impactos, isto é, prevenção, redução e controlo da poluição marinha das mais diversas fontes (artigo 194º, n.os 1, 2, 4, e artigo 195º), proteção e preservação dos ecossistemas raros ou frágeis, bem como o habitat de espécies e outras formas de vida marinha em vias de extinção, ameaçadas ou em perigo (artigo 194º, nº 5) e introdução intencional ou acidental de espécies estranhas ou novas que nele possam provocar mudanças importantes e prejudiciais (artigo 196º).

O foco mais detido nas questões da poluição não tem prejudicado a aplicação de alguns princípios noutros contextos por via interpretativa, por exemplo, a extensão do disposto no número 4 do artigo 194º (ingerência injustificável) ao número 5 do mesmo artigo[35]. A par da enunciação de princípios gerais, no número 3 do artigo 194º exemplificam-se as medidas que os Estados devem tomar para reduzir todas as fontes de poluição do meio marinho: de origem terrestre ou atmosférica, proveniente de embarcações, de instalações, dispositivos ou de utilização de tecnologias, ou por alijamento. O disposto no número 3 do artigo 194º é depois desenvolvido com mais detalhe nas Secções 5 a 8 (artigos 207º a 234º)[36], que são objeto do ponto 3 *infra* e, tal como as Secções 9 a 11 (artigos 235º a 237º)[37], de outros contributos contidos nesta publicação. A Secção 2, por sua vez, tem por epígrafe "cooperação mundial e regional", compreendendo os artigos 197º a 201º.

O artigo 197º sobre o dever de os Estados cooperarem diretamente ou por intermédio de organizações internacionais competentes é de alcance geral (ver supra pontos 1.1 e 1.3) e reflete o objetivo, comum a diversos domínios, da formulação e adoção de regras e normas, bem como de práticas e procedimentos recomendados de caráter internacional relativos à proteção e preservação do meio marinho, com vista à harmonização das leis e regulamentos nacionais. A realização deste objetivo é significativa e evidente no que concerne, em particular, à poluição proveniente de embarcações, fundamentalmente por obra da OMI (*v.g.*, artigos 194º, nº 1, e 211º), ao domínio da proteção dos ecossistemas e da biodiversidade marinha, sendo diversos os tratados ambientais de cariz global ou regional adotados[38], e ao âmbito da exploração e aproveitamento dos recursos minerais da Área, sob gestão da Autoridade Internacional dos Fundos Marinhos (artigo 145º, artigo 156 e seguintes)[39].

[35] Designadamente, Elferink, Alex G. Oude. 2018: 437-466. *Cit.* Na jurisprudência internacional cite-se, PCA: *Chagos Marine Protected Area Arbitration (Mauritius vs United Kingdom),* Tribunal Arbitral constituído ao abrigo do Anexo VII da CNUDM, decisão de 18 de março de 2015, parágrafos 540 e 541.

[36] Secção 5: *Regras internacionais e legislação nacional para prevenir, reduzir e controlar a poluição do meio marinho*; Secção 6: *Execução*; Secção 7: *Garantias*; Secção 8: *Áreas cobertas de gelo.*

[37] Secção 9: *Responsabilidade*; Secção 10: *Imunidade soberana*; Secção 11: *Obrigações contraídas em virtude de outras convenções sobre proteção e preservação do meio marinho.*

[38] *Vide* De Sadeleer, Nicolas; Born, Charles-Hubert. 2004. Droit International et Communautaire de la Biodiversité. Paris: Dalloz; Ribeiro, Marta Chantal. 2013. A protecção da biodiversidade marinha através de áreas protegidas..., *cit.*, 251 *et seq.*; *Idem.* 2021. Concepts of Marine Protected Area. In: Life Below Water. Encyclopedia of the UN Sustainable Development Goals. Springer, Cham: 7 *et seq.* Leal Filho, W.; Azul, A.M., Brandli L.; Lange Salvia, A.; Wall, T. (eds).

[39] Sobre o Código Mineiro e o conjunto de regulamentos que o compõem, consultar a seguinte hiperligação: https://www.isa.org.jm/mining-code. Por todos, ver, Jaeckel, Aline L. 2017. The

Noutros sectores, ao contrário, nenhuma iniciativa de cooperação internacional foi ainda tomada, como é o caso da poluição do meio marinho, proveniente direta ou indiretamente de atividades (*v.g.*, extração de petróleo ou gás, extração de minerais sólidos, energias renováveis) relativas aos fundos marinhos sob jurisdição nacional (i.e., plataforma continental) e proveniente de ilhas artificiais, instalações e estruturas sob jurisdição nacional (artigo 208º, nº 1, 3 e 5)[40]. Uma situação que em parte se pode justificar na inexistência de um organismo ou organização internacional intergovernamental relevante, seja a nível global ou regional. O dever geral de cooperação consagrado no artigo 197º é objeto de aplicação concreta em disposições específicas da CNUDM, designadamente, o artigo 43º, alínea b) (cooperação entre os Estados usuários e os Estados ribeirinhos de um estreito), o artigo 123º, alínea b) (cooperação entre Estados costeiros de mares fechados ou semifechados), o artigo 94º, nº 7 (cooperação entre o Estado de bandeira e um outro Estado na realização de qualquer investigação que este último efetue em relação a um acidente marítimo ou incidente de navegação que tenha provocado danos graves ao meio marinho), e o artigo 235º, nº 3 (cooperação com o fim de assegurar indemnização pronta e adequada por todos os danos resultantes da poluição do meio marinho).

Os artigos 198º a 201º voltam a estar dominados pela questão da poluição do meio marinho, estabelecendo o dever de notificação de danos iminentes ou reais, o dever de os Estados elaborarem e promoverem em conjunto planos de emergência para enfrentar incidentes de poluição no meio marinho, que são fundamentais para mitigar riscos e danos, o dever de cooperação para promover estudos, realizar programas de investigação científica e estimular a troca das informações e dos dados obtidos relativamente à poluição do meio

International Seabed Authority and the Precautionary Principle. Balancing Deep Seabed Mineral Mining and Marine Environmental Protection. Leiden: Brill.

[40] Por todos, Markus, Till; Singh, Pradeep. 2016. Promoting Consistency in the Deep Seabed: Addressing Regulatory Dimensions in Designing the International Seabed Authority's Exploitation Code. *Review of European Community & International Environmental Law* (RECIEL) 25(3): 347-362 (358); Churchill, Robin. 2016. The Exercise of Coastal State Rights on the Outer Continental Shelf Pending Establishment of its Outer Limit. In: Law of the Sea – UNCLOS as a Living Treaty. London: *British Institute of International and Comparative Law* 137-166 (149-152). Barrett and Barnes (Eds); Ribeiro, Marta Chantal. 2017. A Protecção da Biodiversidade da Plataforma Continental além das 200 milhas náuticas em Sede de Poderes e Deveres do Estado Costeiro: estado da arte e antevisão de uma evolução possível. In: A extensão das plataformas continentais. Portugal e Espanha, perspetivas e realidades. Porto: Fronteira do Caos 159-208 (191). García Perez, Rafael; Coelho, Paulo Neves; Rodrigues, Teresa Ferreira (Eds).

marinho e, consequentemente, estabelecerem critérios científicos apropriados para a formulação e elaboração de regras e normas, bem como práticas e procedimentos recomendados. A Secção 3 tem por epígrafe "assistência técnica" mas, na realidade, é votada à assistência científica e técnica aos Estados em desenvolvimento (artigo 202º) e ao tratamento preferencial que as organizações lhe devem dar em matéria de distribuição de fundos, assistência técnica e utilização de serviços especializados (artigo 203º). A Secção 4, intitulada "controlo sistemático e avaliação ecológica", é composta pelo artigo 204º (controlo sistemático dos riscos de poluição ou efeitos de poluição), o artigo 205º (publicação de relatórios[41]) e o artigo 206º (avaliação dos efeitos potenciais de atividades). É uma secção imbuída dos princípios da prevenção e precaução e que impõe aos Estados uma obrigação relativa (*"devem... na medida do possível"*: artigos 204º, nº 1, e 206º) ou absoluta (*"devem"*: artigos 204º, nº 2, e 205º) de, mediante métodos científicos reconhecidos, recolher informação contínua e monitorizar o estado e qualidade do ambiente marinho, de vigiar as atividades por eles autorizadas e de avaliar os riscos ou efeitos de poluição do meio marinho. Na ausência de especificações sobre critérios, valores e limites na avaliação e monitorização dos riscos e efeitos de poluição, a CNUDM limita-se a definir um enquadramento suficientemente elástico para desenvolvimento futuro, como a prática dos Estados tem vindo a demonstrar, designadamente, no que toca à avaliação de impacto/impacte ambiental (artigo 206º)[42]. Na atualidade, a avaliação de impacto/impacte ambiental é uma matéria central nos trabalhos desenvolvidos no seio da Autoridade Internacional dos Fundos Marinhos, no que respeita ao aproveitamento dos recursos minerais da Área[43], e no âmbito das negociações internacionais de um instrumento jurídico vinculativo para o desenvolvimento da CNUDM no domínio da conservação e uso sustentável da biodiversidade marinha nos espaços além da jurisdição nacional[44].

[41] Ver também o artigo 200º e 244º, nº 1.

[42] Dê-se o exemplo da Convenção sobre Avaliação dos Impactes Ambientais num Contexto Transfronteiriço (Convenção de Espoo), adotada em 25 de fevereiro de 1991. Para mais desenvolvimentos, *vide* Blitza e a bibliografia aí citada. 2017. In: United Nations Convention on the Law of the Sea. A Commentary. München: Verlag C. H. Beck oHGProelss. Alexander Proelss (Ed.):1356-1378.

[43] Por todos, ver, Levin, Lisa A. et al. 2016. Defining "serious harm" to the marine environment in the context of deep-seabed mining. *Marine Policy* 74:245-259; e Jaeckel, Aline L. 2017. *Cit.*

[44] Ver a Resolução A/RES/69/292, de 19 de junho de 2015, parágrafo 2, e a Resolução A/RES/72/249, de 24 de dezembro de 2017, parágrafo 2, ambas da AGNU. Hiperligação: https://www.un.org/bbnj/.

2.2. Os artigos 192º e 193º: o poder-dever para proteção de um bem comum

A vocação programática da CNUDM está bem patente nos dois primeiros artigos que abrem a Parte XII. A afirmação categórica no artigo 192º de que *"os Estados têm obrigação de proteger e preservar o meio marinho"* exprime um princípio geral transversal a todos os espaços marítimos, dentro e fora da jurisdição nacional, e aplicável a todos os Estados e às organizações internacionais que sejam parte da CNUDM. No artigo 192º converge todo um processo histórico[45], sendo a primeira consagração explícita num tratado de vocação universal da obrigação geral de proteção e preservação do meio marinho. Obrigação esta que se configura como *direito* e *dever* erigidos em princípio geral de direito internacional. Donde o artigo 192º é de aplicação a todos os Estados, sejam ou não parte da CNUDM[46], e o seu incumprimento poderá determinar a responsabilidade do Estado em conformidade com o direito internacional (artigo 235º e artigo 297º, nº 1, alínea c), da CNUDM). A obrigação de os Estados protegerem e preservarem o meio marinho é ampliada no artigo 195º, pelo qual os Estados ficam obrigados a não transferir, direta ou indiretamente, os danos ou riscos associados a poluição de uma área para outra e a não transformar um tipo de poluição em outro. A fórmula extremamente generalista do artigo 192º é depois trabalhada no artigo 193º, que incide nos espaços marítimos sob soberania ou jurisdição nacional: *"Os Estados têm o direito de soberania para aproveitar os seus recursos naturais de acordo com a sua política em matéria de meio ambiente e de conformidade com o seu dever de proteger e preservar o meio marinho"*. Esta redação reflete em larga medida o teor do Princípio 21 da Declaração de Estocolmo, de 1972, antecâmara do paradigma do desenvolvimento sustentável. Conforme se refere no comentário editado por Myron Nordquist, *"pela primeira vez os três conceitos foram combinados – quer dizer, o direito soberano de explorar os recursos naturais, o direito de aplicar as políticas ambientais nacionais a essa exploração e a obrigação geral de proteger e preservar o meio marinho"*[47].

[45] Na sua influência mais próxima, o artigo 192º reflete, no âmbito do direito do mar, o nível de consciência ditado pelo ponto 2 do Preâmbulo e Princípio 1 da Declaração de Estocolmo, de 1972, supracitada, dos quais decorre o dever solene de os Estados protegerem e melhorarem o ambiente em prol das gerações presentes e futuras. O princípio 7 da Declaração de Estocolmo especificava o alcance desse dever no domínio marinho.

[46] *Vide* Rosenne, Shabtai; Yankov, Alexander (Eds/volume). 1990. United Nations Convention on the Law of the Sea, 1982. A Commentary. Vol. IV: 36 e 39. *Cit.*

[47] *Vide* Rosenne, Shabtai; Yankov, Alexander (Eds/volume). 1990. United Nations Convention on the Law of the Sea, 1982. A Commentary. Vol. IV: 47. *Cit.*

O dever[48] de os Estados costeiros protegerem o meio marinho foi tecido à imagem da *"loi du dédoublement fonctionnel"*, uma construção teórica famosa desenvolvida por Georges Scelle[49]. Por outras palavras, na ausência de um organismo internacional mandatado pela comunidade internacional para assegurar a proteção do meio marinho, o Estado assume a veste de *"órgão da ordem jurídica internacional"*, exercendo o poder de proteção ambiental, não apenas no próprio interesse, mas também no interesse da humanidade, respeitados que estejam os limites estabelecidos pela CNUDM. Dupuy e Rémond-Gouilloud referem-se à Parte XII como testemunha de uma conciliação incerta: *"A proteção do ambiente marinho é ao mesmo tempo afirmada como um dever coletivo' (cf. artigo 192º) e a justificação de direitos individuais' (ver, por exemplo, os artigos 210º, nº 5, 211º, nº 3 a 6, ou 220º). [...] A efetividade da proteção por todos do meio marinho dependerá, em definitivo, da consciência que cada um terá da convergência entre os seus interesses próprios e os da coletividade internacional, para lutar contra a alteração dos mares e dos oceanos"*[50]. Embora o pensamento dos Autores estivesse dominado pelo regime aplicável à poluição marinha, a sua formulação contém uma verdade universal extensiva a toda e qualquer ação do Estado dirigida à proteção do meio marinho, incluindo ações primariamente dirigidas à proteção e preservação dos ecossistemas e biodiversidade marinha.

2.3. Alcance do artigo 192º na economia da Parte XII: o contributo do caso do *Mar do Sul da China*

A aferição do alcance do artigo 192º é informada pelas outras disposições da Parte XII, por disposições dispersas noutras partes e por outras normas aplicáveis do direito internacional como, por exemplo, tratados gerais ou regionais relativos à proteção dos ecossistemas e biodiversidade marinha. A sentença do Tribunal Arbitral de 12 de julho de 2016, no caso do *Mar do Sul da China*, é uma referência na compreensão atual deste quadro legal intrincado[51]. A sentença

48 Na Parte XII os termos 'dever' e 'obrigação' são considerados sinónimos. *Vide* Rosenne, Shabtai; Yankov, Alexander (Eds/volume). 1990. United Nations Convention on the Law of the Sea, 1982. A Commentary. Vol. IV: 40 (ponto 192.8). *Cit.*

49 Para mais desenvolvimentos, *vide* Ribeiro, Marta Chantal. 2013: 494 *et seq.*, *cit.*

50 *Vide* Dupuy, P. M.; Rémond-Gouilloud, M. 1985. La preservation du milieu marin. In: Traité du Nouveau Droit de la Mer. Paris: Economica, 1044-1045. Dupuy, René-Jean; Daniel Vignes, Daniel (Eds). Ver, também, Dupuy, René-Jean; Vignes, Daniel (Eds). 1991. A Handbook on the New Law of the Sea. Vol. II: 1230-1232, *cit.*

51 PCA: Tribunal arbitral constituído ao abrigo do Anexo VII da CNUDM, Caso nº 2013-19, *South China Sea Arbitration (Philippines vs China)*, 12 de julho de 2016, *cit.*, parágrafo 925 *et seq.* e parágrafo 939 *et seq.*

é realmente notável em múltiplos aspetos, uma vez que consolida e sintetiza diversas posições interpretativas de tribunais internacionais com relevo para a proteção e preservação do meio marinho. Sumariamente:

Primeiro, os Estados estão obrigados a respeitar e a assegurar o respeito do disposto na Parte XII independentemente do lugar de realização das atividades sob a respetiva jurisdição e controlo, sejam estas empreendidas por organismo público ou entidade privada. Para o caso é indiferente se o lugar em causa é objeto de disputa de soberania ou controvérsia sobre delimitação de fronteiras marítimas[52]. Portanto, além do dever de o fazer nos espaços marítimos sob soberania ou jurisdição nacional, como se refere na decisão, o *corpus* de direito internacional que informa o conteúdo da obrigação geral constante do artigo 192º exige, também, que os Estados *"assegurem que as atividades sob sua jurisdição e controlo respeitem o ambiente de outros Estados ou de áreas fora da jurisdição nacional"*[53]. Os artigos 194º, nº 2, e 195º da CNUDM ampliam a obrigação em contexto de impacto transfronteiras ou de transferência de zona[54].

Segundo, o dever resultante do artigo 192º desdobra-se na obrigação *positiva* de os Estados tomarem ativamente todas as medidas necessárias à proteção e preservação do meio marinho e na obrigação *negativa* de não o degradarem, estando compreendidos todos os tipos de causa (poluição ou outra) ou impacto (*v.g.*, degradação da qualidade da água, depredação de espécies ou destruição de habitats).

Terceiro, das duas primeiras premissas resulta que a obrigação de os Estados assegurarem o respeito da Parte XII é uma *"obrigação de conduta"*, isto é, uma *"obrigação de meios"* e não sistemática ou forçosamente (em todo e qualquer caso) de resultado. Mais concretamente, requer-se dos Estados que sejam devidamente diligentes (*"due diligence"*), num primeiro momento, através da adoção das normas, legislativas ou regulamentares, e medidas apropriadas e, num segundo momento, pelo exercício responsável de um *certo nível* de vigilância e fiscalização do cumprimento do quadro normativo aplicável e garantia do seu respeito[55]. Quando as operações de vigilância e fiscalização forem

[52] *Idem*, parágrafos 927, 940 e 944.

[53] *Idem*, parágrafo 941 (remissão para diversa jurisprudência).

[54] *Vide* Czybulka. 2017. In: United Nations Convention on the Law of the Sea. A Commentary: 1305-1306; 1318-1319, *cit.*

[55] *Idem*, parágrafos 944 e 964, com remissão para diversa jurisprudência, assinaladamente, TIDM, Caso nº 21, *Request for an Advisory Opinion Submitted by the Sub-Regional Fisheries Commission (SRFC)*, Parecer Consultivo de 2 de abril de 2015, parágrafos 118-136; Caso nº 17, *Responsibilities and obligations of States sponsoring persons and entities with respect to activities in the Area (Request for Advisory Opinion submitted to the Seabed Disputes Chamber)*, Parecer Consultivo de 1 de fevereiro de 2011, parágrafos

passíveis de ser efetuadas por autoridades de um outro Estado, após receber relatórios de incumprimento, o Estado que exerce jurisdição ou controlo sobre a atividade *sub judice* tem a *"obrigação de investigar o assunto e, se necessário, tomar quaisquer medidas necessárias para remediar a situação, bem como informar o Estado declarante dessa ação"*[56]. É certo que o conteúdo e alcance da obrigação de *"devida diligência"* não é fácil de precisar, sendo de interpretação caso a caso. No entanto, o padrão de diligência tem de ser mais severo para as atividades mais arriscadas e/ou potencialmente mais lesivas, como são exemplo as atividades de aproveitamento de minerais no mar profundo[57], certos tipos de atividade pesqueira pelos métodos empregues ou espécies visadas[58] e construção de ilhas artificiais, instalações ou estruturas[59].

Quarto, a obrigação de natureza costumeira, consagrada no artigo 206º da CNUDM, de os Estados realizarem avaliações de impacto ambiental (AIA) reunidos que estejam determinados requisitos se, por um lado, contém elementos de apreciação discricionária devido aos termos utilizados no articulado do artigo 206º (*v.g.*, *"motivos razoáveis"* e *"na medida do possível"*), por outro lado, feita a AIA, integra o dever absoluto de os Estados publicarem e comunicarem os relatórios sobre os resultados das avaliações nos termos previstos no artigo 205º da CNUDM[60].

Quinto, o dever de cooperação entre os Estados é transversal a toda a Parte XII e decorre, também, de disposições específicas da CNUDM, no caso o artigo 123º, alínea b), aplicável aos Estados costeiros de mares fechados ou semifechados. O dever de cooperação é um princípio fundamental em sede de gestão dos riscos de dano ao ambiente que podem ser criados por planos de realização de atividades por um ou mais Estados e para prevenir o dano em questão[61].

108-112, 117; TIJ, *Pulp Mills on the River Uruguay (Argentina v. Uruguay)*, decisão de 20 de abril de 2010, parágrafo 197.

56 *Mutatis mutandis*, é este o racional constante do parágrafo 118 do Parecer Consultivo emitido pelo TIDM no Caso nº 21, *Request for an Advisory Opinion... (SRFC), cit.*

57 *Cfr.* TIDM, Caso nº 17, *Request for Advisory Opinion... Seabed Disputes Chamber*, Parecer Consultivo de 1 de fevereiro de 2011, parágrafo 117, *cit.* Ver, *inter alia*, Ribeiro, Marta Chantal. 2017. A Protecção da Biodiversidade da Plataforma Continental além das 200 milhas náuticas em Sede de Poderes e Deveres do Estado Costeiro..., *cit.*

58 PCA: Caso nº 2013-19, *South China Sea Arbitration*, 12 de julho de 2016, *cit.*, parágrafo 950 *et seq.*

59 *Idem*, parágrafo 983.

60 *Idem*, parágrafos 948, 988 *et seq.*

61 *Idem*, parágrafos 946, 984 e 985. Na fundamentação o tribunal invoca jurisprudência clássica na matéria: o caso *MOX Plant* (Caso 10), decisão do TIDM de 3 de dezembro de 2001, e o caso *Pulp Mills on the River Uruguay*, decisão do TIJ de 20 de abril de 2010.

Sexto, todo o racional de interpretação do artigo 192º em harmonia com outras disposições gerais ou fontes de direito internacional sustenta e é sustentado, também, pela norma contida no artigo 194º, nº 5, que pela importância que tem é desenvolvida no ponto seguinte.

2.4. O artigo 194º, nº 5: a proteção dos ecossistemas e da biodiversidade marinha

A preocupação expressa com a proteção e preservação dos ecossistemas e da biodiversidade marinha patente no número 5 do artigo 194º da CNUDM foi introduzida por insistência da delegação americana à Terceira Conferência das Nações Unidas sobre o Direito do Mar, numa proposta apresentada, em 1978, na sétima sessão da Conferência: *"As medidas tomadas de conformidade com a presente Parte devem incluir as necessárias para proteger e preservar os ecossistemas raros ou frágeis, bem como o habitat de espécies e outras formas de vida marinha em vias de extinção, ameaçadas ou em perigo"*[62]. Outras disposições da CNUDM demonstram preocupação com os ecossistemas e a vida marinha em si mesmo considerados – em particular, o artigo 145º para a Área –, mas nenhuma possui o alcance material e transzonal do artigo 194º, nº 5.

Apesar da inserção da norma no artigo 194º, não restam quaisquer dúvidas de que a obrigação de proteger e preservar os ecossistemas e a biodiversidade marinha, embora possa estar associada, é independente das medidas para prevenir, reduzir e controlar a poluição marinha. O processo negocial quanto ao arranjo do texto poderá não ter ditado a melhor inserção sistemática, mas é a própria letra do articulado que autonomiza o disposto no número 5 ao referir-se a *"medidas tomadas em conformidade com a presente parte"*, quer dizer, Parte XII. Esta conclusão foi confirmada de modo inequívoco em sede de jurisprudência[63]. Em especial, na decisão de 18 de março de 2015 do Tribunal Arbitral constituído para o caso da *área marinha protegida do arquipélago de Chagos*[64], e na decisão de 12 de julho de 2016 do Tribunal Arbitral constituído para o caso do

[62] A proposta foi aprovada no mesmo ano. Rosenne, Shabtai; Yankov, Alexander (Eds/volume). 1990. United Nations Convention on the Law of the Sea, 1982. A Commentary. Vol. IV: 63 e 68 (ponto 194.9 e ponto 194.10(o)). *Cit.*

[63] Na doutrina, por todos, ver Ribeiro, Marta Chantal. 2013: 503 *et seq.*, *cit.*; *Idem*. 2012. A protecção da biodiversidade marinha: importância do poder do Estado na prossecução deste 'interesse geral'. In: Protección de intereses colectivos en el Derecho del mar y cooperación internacional. Madrid: Iustel, 37 *et seq.* Jorge Urbina, Julio; Ponte Iglesias, Maria Teresa (Eds).

[64] PCA: *Chagos Marine Protected Area Arbitration (Mauritius vs United Kingdom)*, Tribunal Arbitral constituído ao abrigo do Anexo VII da CNUDM, decisão de 18 de março de 2015, parágrafos 320 e 538.

Mar do Sul da China[65]. Com efeito, na fundamentação das sentenças tiram-se todas as consequências do princípio geral consagrado no artigo 192º e da sua especificação no artigo 194º no que concerne à proteção dos ecossistemas e biodiversidade marinha. Além da autonomia do nº 5 do artigo 194º dentro do sistema da CNUDM, as decisões acolhem todo o potencial interpretativo dos preceitos, tendo presentes as premissas ambientais atuais.

Primeiro, a conservação dos recursos pesqueiros é um elemento da proteção e preservação do ambiente marinho e, consequentemente, as obrigações que derivam conjuntamente do artigo 192º e do número 5 do artigo 194º são aplicáveis no domínio da pesca, devendo os Estados exercer devida diligência para evitar, designadamente, a extração de espécies reconhecidas internacionalmente como estando em risco de extinção e que requerem proteção internacional[66]. Soma-se o dever de prevenir danos que possam afetar indiretamente espécies em vias de extinção, ameaçadas ou em perigo através da destruição do seu habitat[67]. Com este entendimento, na decisão arbitral responde-se em parte à seguinte pergunta: o dever que resulta do número 5 do artigo 194º limita-se aos *ecossistemas* e *habitats* de espécies e outras formas de vida marinha que reúnam os critérios ali indicados? Nem a letra do número 5, nem o seu homólogo artigo 145º, nem a prática subsequente dos Estados, pelo menos nas relações *inter-partes*, parecem suportar tal interpretação. Pelo contrário, o modo como está redigido o número 5 do artigo 194º não é excludente, pois o facto de se afirmar que as medidas *"devem incluir as necessárias para proteger e preservar os ecossistemas raros ou frágeis, bem como o habitat de espécies e outras formas de vida marinha em vias de extinção, ameaçadas ou em perigo"* isso não exclui, desde logo, outro tipo de medidas adotadas com o fim de proteger e preservar as ditas espécies e outras formas de vida marinha *per se* – como se conclui no caso do *Mar do Sul da China*[68] – e, até, ecossistemas e a biodiversidade em geral mediante critérios complementares (*v.g.*, representatividade; significado ecológico) ou diferentes (*v.g.*, coerência ecológica). É neste sentido mais amplo que está formulado o artigo 145º, que se dirige à Autoridade Internacional dos Fundos Marinhos com mandato para organizar, controlar e gerir as atividades de mineração na Área. O nº 5 do artigo 194º é de aplicação transzonal obrigando os Estados em qualquer espaço marítimo.

[65] PCA: Caso nº 2013-19, *South China Sea Arbitration, cit.*, parágrafos 945 e 964.

[66] TIDM, Casos nº 3 e nº 4, *Southern Bluefin Tuna Cases*, 27 de agosto de 1999, *cit.* ponto 70; PCA: Caso nº 2013-19, *South China Sea Arbitration, cit.*, parágrafos 956, 959, 964 e 970.

[67] *Idem*, parágrafo 959.

[68] PCA: Caso nº 2013-19, *cit.*, parágrafos 950 *et seq.*, em particular, mas não só, 956, 959, 960.

Seria, por isso, estranho sujeitar os Estados a um regime menos exigente do que aquele que se adotou para aquela Autoridade. É também defensável que a forma como estão redigidos os artigos 192º e 194º, nº 5, aponta para o dever de adoção de medidas independentemente de, no momento, haver registo de impactos ou ameaças sensíveis provenientes de atividades humanas[69]. A prática dos Estados, tanto a nível global (*v.g.*, os trabalhos no âmbito da Convenção sobre a Diversidade Biológica e da Convenção CITES[70]) como regional (*v.g.*, trabalhos no âmbito da Convenção OSPAR, supracitada[71], e a Diretiva *Habitats* da União Europeia[72]), incluindo no domínio da proteção de certas espécies dos impactos da pesca, vem no sentido das posições aqui sustentadas.

Segundo, a criação de áreas marinhas protegidas é uma das medidas que os Estados podem-devem adotar para a consecução dos fins consagrados no referido número 5[73], como de resto a prática e tratados internacionais há muito haviam confirmado[74]. Do caso da *área marinha protegida do arquipélago de Chagos*, que possui contornos muito especiais devido ao envolvimento na disputa de dois países com um laço histórico colonial (Reino Unido e Maurícia), decorre que a adoção de medidas – no caso, a criação de área marinha protegida – pode eventualmente, dependendo das circunstâncias específicas do caso (*v.g.*, legítimas expetativas criadas; direitos tradicionais de pesca), obrigar a consulta prévia de Estado terceiro interessado ao abrigo do artigo 2º, nº 3, artigo 56º, nº 2, e artigo 194º, nº 4, da CNUDM[75].

Estas decisões arbitrais são de facto importantes para pacificar a melhor interpretação a dar ao número 5 do artigo 194º, pois dentro da Parte XII a norma é singular, não conhecendo qualquer desenvolvimento quanto à jurisdição prescritiva, de polícia e adjudicatória dos Estados, em contraste com

[69] *Cfr.* Ribeiro, Marta Chantal. 2013: 504 *et seq.*, *cit.* Em geral sobre a questão, Czybulka. 2017. In: United Nations Convention on the Law of the Sea. A Commentary: 1309 *et seq.*, *cit.*

[70] Convenção sobre o Comércio Internacional de Espécies da Fauna e da Flora Selvagem Ameaçadas de Extinção, de 3 de março de 1973 (Convenção de Washington). Ambas as convenções são citadas no caso do *Mar do Sul da China*.

[71] Por exemplo, Criteria for the Identification of Species and Habitats in need of Protection and their Method of Application (The Texel-Faial Criteria), OSPAR Agreement 2019-03.

[72] Diretiva nº 92/43/CEE, do Conselho, de 21 de maio, relativa à preservação dos habitats naturais e da fauna e da flora selvagens (JO L 206 de 22.7.1992), artigos 3º e 12º *et seq.*, e anexos III e IV.

[73] PCA: *Chagos Marine Protected Area Arbitration, cit.* parágrafos 320 e 538.

[74] Cite-se o exemplo do artigo 11º (Áreas especialmente protegidas) da Convenção para a Cooperação em matéria de Proteção e Desenvolvimento do Meio Marinho e das Zonas Costeiras da Região da África Ocidental e Central, concluída em Abidjan, em 23 de março de 1981. Para mais desenvolvimentos, ver Ribeiro, Marta Chantal. 2013: 530 *et seq.*, *cit.*

[75] PCA: *Chagos Marine Protected Area Arbitration, cit.*, parágrafos 519-541.

a matéria da poluição. Neste ponto também não ajudam as normas isoladas que se encontram noutras partes da CNUDM (ver ponto 1.1, *supra*). Donde, esta é claramente uma das matérias que mais solicita a cooperação mundial e regional a que insta o artigo 197º. Considerando as metas do Objetivo 14 – *conservar e utilizar de forma sustentável os oceanos, mares e recursos marinhos para o desenvolvimento sustentável* – da Agenda 2030 para o Desenvolvimento Sustentável, um bom exemplo é o da criação de redes coerentes e eficazes de áreas marinhas protegidas, tanto nos espaços marítimos sob soberania ou jurisdição nacional como além destes[76]. Esta medida é desafiante em diversas perspetivas, nomeadamente, pela complexidade da sua execução do ponto de vista científico (informação, critérios, modelos, monitorização), institucional (criação e gestão) e operacional (fiscalização e garantia), como ainda pelo conflito de interesses provável entre o Estado costeiro e Estados terceiros (quando a área marinha protegida é criada por ato unilateral do primeiro num espaço sob jurisdição nacional) ou entre os Estados em presença (quando a área marinha protegida é criada por organismo internacional)[77]. Independentemente do espaço marítimo em causa, para assegurar compatibilidade com o feixe de direitos e liberdades consagrados na CNUDM, a criação de uma área marinha protegida e das respetivas redes poderá implicar a articulação

[76] AGNU, A/RES/70/1, de 25 de setembro de 2015: *Transforming our world: the 2030 Agenda for Sustainable Development* (*Transformar o nosso mundo: Agenda 2030 para o desenvolvimento sustentável*).
O Objetivo 14 (ODS 14) compreende as seguintes metas:
14.1. Prevenir e reduzir significativamente a poluição marinha de todos os tipos, incluindo o lixo marinho;
14.2. Gerir de forma sustentável e proteger os ecossistemas marinhos e costeiros;
14.3. Minimizar e enfrentar os impactos da acidificação dos oceanos;
14.4. Promover a pesca sustentável;
14.5. Conservar, pelo menos, 10% das zonas costeiras e marinhas;
14.6. Proibir subsídios à pesca que contribuem para a sobrecapacidade e a sobrepesca;
14.7. Aumentar os benefícios económicos para os pequenos Estados insulares em desenvolvimento e os países menos desenvolvidos, a partir do uso sustentável dos recursos marinhos;
14.a. Aumentar o conhecimento científico, desenvolver capacidades de investigação e transferir tecnologia marinha;
14.b. Proporcionar o acesso dos pescadores artesanais de pequena escala aos recursos marinhos e mercados;
14.c. Reforçar a conservação e o uso sustentável dos oceanos e seus recursos através da implementação da CNUDM.
Ver, posteriormente, a Resolução A/RES/71/312, da AGNU, de 6 de julho de 2017.

[77] Por todos, Ribeiro, Marta Chantal. 2013. A protecção da biodiversidade marinha através de áreas protegidas..., *cit.*; *idem*. 2017. A Protecção da Biodiversidade da Plataforma Continental além das 200 milhas náuticas em Sede de Poderes e Deveres do Estado Costeiro..., *cit.*; *idem*, 2021. Concepts of Marine Protected Area..., *cit.*

de diferentes níveis de decisão, atendendo a mandatos internacionais atribuídos (*v.g.*, OMI, Autoridade Internacional dos Fundos Marinhos, organismos regionais de pesca, organismos regionais para o ambiente marinho, União Europeia)[78]. A complexidade da criação de redes de áreas marinhas protegidas em águas arquipelágicas, mar territorial, zona económica exclusiva ou plataforma continental multiplica-se, não obstante, quando se prossegue o mesmo intento nas áreas além da jurisdição nacional. Os trabalhos na Autoridade Internacional dos Fundos Marinhos em torno da designação de *Areas of Particular Environmental Interest* (APEIs)[79] e as negociações internacionais em curso de um instrumento jurídico vinculativo para o desenvolvimento da CNUDM no domínio da conservação e uso sustentável da biodiversidade marinha nos espaços além da jurisdição nacional poderão vir a culminar, no tópico em apreço, em algumas das grandes realizações do presente século. Com efeito, as medidas de gestão espacial, incluindo áreas marinhas protegidas, são um dos elementos do pacote negocial, a par dos recursos genéticos marinhos, incluindo questões sobre a partilha de benefícios, avaliações de impacto/impacte ambiental e, por último, criação de capacidades e transferência de tecnologia marinha[80].

3. O regime da prevenção, redução e controlo da poluição do meio marinho, seja qual for a sua fonte

3.1. Uma regulação genérica, harmonizadora e omnicompreensiva

Tendo em conta as obrigações gerais estabelecidas na Secção 1 e a importância conferida à cooperação internacional na luta contra a poluição marinha,

[78] *Ibidem*. Ver, também, Sobrido-Prieto, Marta. 2020. North East Atlantic marine protected areas beyond national jurisdiction. Geographical and material scope. In: Global challenges and the law of the sea. Springer: Berlin: 443-467. Ribeiro, MC; Bastos, FL; Henriksen, T (Eds).

[79] Por todos, Dunn, Daniel C.; Van Dover, Cindy *et al.* 2018. A strategy for the conservation of biodiversity on mid-ocean ridges from deep-sea mining. *Science Advances* 4(7). Para a diferenciação entre áreas marinhas protegidas holísticas e sectoriais, onde entram as APEIs, ver Ribeiro, Marta Chantal. 2021. Concepts of Marine Protected Area..., *cit.*

[80] Ver a Resolução A/RES/69/292, de 19 de junho de 2015, parágrafo 2, e a Resolução A/RES/72/249, de 24 de dezembro de 2017, parágrafo 2, ambas da AGNU. Hiperligação: https://www.un.org/bbnj/. Já é abundante a bibliografia sobre as negociações internacionais em curso. Cite-se, *inter alia*, Gjerde, Kristina *et al.* 2016. Protecting Earth's last conservation frontier: scientific, management and legal priorities for MPAs beyond national boundaries. *Aquatic Conservation: Marine and Freshwater ecosystems* 26 (Suppl. 2): 45-60; AAVV. 2017. Southern Hemisphere Beyond National Jurisdiction. *The International Journal of Marine and Coastal Law.* Special Issue: 32(4); Elferink. 2018. Coastal States and MPAs in ABNJ..., *cit.*; Nordquist, Myron H; Long, Ronán (Eds). 2021. Marine biodiversity of areas beyond national jurisdiction. Leiden, The Netherlands: Koninklijke Brill NV.

as Secções 5 e 6 da Parte XII contêm um vasto conjunto de disposições que especificam os direitos, responsabilidades e obrigações dos Estados, para prevenirem, reduzirem e controlarem a poluição do meio marinho, seja qual for a sua fonte[81]. Juntamente com as normas específicas contidas noutras partes da CNUDM –já referidas anteriormente–, as disposições de ambas as secções da Parte XII, que contemplam a preocupação com a luta contra a poluição marinha[82], delimitam as competências normativas, de execução e sancionadoras que competem aos Estados, para fazerem face a esta ameaça nos diversos espaços marítimos. Este quadro normativo caracteriza-se por adotar uma abordagem preventiva e não reativa –embora este objetivo não seja plenamente atingido– e por ser omnicompreensivo, pois abrange todas as formas de poluição e todos os espaços marítimos. No entanto, a CNUDM, fruto do delicado compromisso entre os interesses ambientais dos Estados costeiros e do respeito pela liberdade de navegação, optou por uma aproximação zonal aquando da delimitação das obrigações dos Estados, isto é, em função do espaço marítimo em que ocorre a poluição, o que vai retirar eficácia a algumas das suas disposições, nomeadamente no que respeita à poluição causada por navios.

Outro aspeto que caracteriza as disposições relativas à prevenção, redução e controlo da poluição nas Secções 5 e 6 da Parte XII é o facto de não conterem normas detalhadas, nem especificações técnicas relativas às diferentes fontes[83]. Em vez disso, a CNUDM define um quadro jurisdicional (*jurisdictional framework*) de caráter geral, no qual se integram estas normas técni-

[81] A este respeito, *vide* Salpin, Charlotte. 2017. La protection de l'environnement marin. In Traité de droit international de la mer, ed. Mathias Forteau; Jean-Marc Thouvenin, 788, Paris: Editions A. Pedone.

[82] Esta preocupação ficou contemplada na *Agenda 2030 para o Desenvolvimento Sustentável*, em cujo ODS 14 é dada particular importância à luta contra a poluição dos mares, pois esta continua a constituir uma séria ameaça para a saúde dos oceanos. Daí o facto de a primeira meta deste Objetivo consistir em prevenir e reduzir significativamente qualquer tipo de poluição marinha, até 2025, nomeadamente a produzida por atividades realizadas em terra, incluindo os detritos marinhos e contaminação por nutrientes. *Vide Transformar o nosso mundo: Agenda 2030 para o desenvolvimento sustentável*, AGNU, A/RES/70/1, de 25 de setembro de 2015, supracitada. Esta preocupação foi reiterada na declaração intitulada *Os nossos oceanos, o nosso futuro: apelo à ação*, que exortou os Estados a "[a]*celerarem as medidas para prevenir e reduzir significativamente qualquer tipo de poluição marinha*". Esta declaração, que foi aprovada a 9 de junho de 2017 pela Conferência das Nações Unidas para Apoiar a Consecução do Objetivo de Desenvolvimento Sustentável 14: Conservar e Utilizar de Forma Sustentável os Oceanos, os Mares e os Recursos Marinhos para o Desenvolvimento Sustentável, figura em anexo à Resolução A/RES/71/312, da AGNU, de 6 de julho de 2017.

[83] *Vide.* Harrison, James. 2017. Saving the Oceans Through Law. The International Legal Framework for the Protection of the Marine Environment, 20, Oxford, Oxford University Press.

cas, que estão definidas em convenções específicas, de natureza universal ou regional, e às quais a Parte XII remete quando se trata de delimitar com maior precisão as competências dos Estados para adotarem e executarem leis e regulamentos em relação às diferentes fontes de poluição marinha[84]. Isto permite ir incorporando neste quadro geral os desenvolvimentos legislativos na prevenção, redução e controlo da poluição que vão ocorrendo em resposta aos problemas que vão surgindo neste domínio e, de certo modo, obriga os Estados a incorporarem estas alterações na sua própria legislação nacional[85]. Ao adotar esta abordagem, a CNUDM não pretende substituir as obrigações que competem aos Estados por força de outros tratados internacionais nesta matéria; em vez disso, favorece a atualização permanente do conteúdo técnico das competências ambientais atribuídas aos Estados, nomeadamente as de natureza legislativa. No entanto, a CNUDM configura-se como o quadro normativo de referência para as demais convenções específicas em matéria de luta contra a poluição.

A natureza omnicompreensiva do quadro normativo definido na Parte XII é contemplada no artigo 194º, nº 3, e reflete-se nas Secções 5 e 6, nas quais se regula a poluição marinha, seja qual for a sua fonte. A este respeito, a CNUDM identifica seis fontes possíveis de poluição: poluição resultante de fontes terrestres, poluição resultante de atividades relativas aos fundos marinhos sujeitos à jurisdição nacional, poluição resultante de atividades na Área, poluição por alijamento, poluição causada por navios e poluição da atmosfera ou através dela.

A CNUDM opta por regular separadamente as competências dos Estados em matéria de prevenção, redução e controlo da poluição consoante a fonte da mesma. A utilização deste critério, porém, não deve conduzir a uma errónea visão fragmentária da luta contra a poluição marinha, em que a regulação destas fontes de poluição seja feita de forma autónoma, sem ter em conta a inevitável interação entre elas, pois, além dos problemas específicos suscitados em cada uma delas, muitas vezes os processos de degradação do meio marinho não provêm de uma única fonte de poluição, como acontece, por exemplo, com os plásticos e microplásticos; em vez disso, têm uma natureza transversal e afetam várias destas fontes. Por conseguinte, as medidas destinadas a fazer face aos problemas ambientais devem necessariamente ser tomadas em relação a qualquer fonte suscetível de ser afetada.

[84] Juste Ruiz, José. 1999. Derecho internacional del medio ambiente, 160, Madrid: McGraw-Hill.

[85] A este respeito, *vide* Salpin, Charlotte. 2017. La protection de l'environnement marin. In Traité de droit international de la mer: 800. *Cit.*

Consoante a fonte de poluição e, como vimos, em função do espaço marítimo em que ocorre o ato de poluição, a Secção 5 (artigos 207º a 212º) centra-se na delimitação das competências normativas dos Estados – na sua qualidade de Estados do pavilhão, Estados costeiros e Estados do porto – para prevenirem, reduzirem e controlarem a poluição do meio marinho. Para o efeito, reconhece-se a obrigação dos Estados de ditarem leis e regulamentos nesta matéria, mas estes não dispõem de uma liberdade total na definição desta legislação; em vez disso, procura-se uma certa harmonização, respeitando as particularidades de cada região, através da elaboração de regras, normas, práticas e procedimentos recomendados, ou práticas de navegação internacionais, no âmbito de organizações e conferências internacionais com competência nesta matéria, que funcionarão como limiar mínimo de proteção[86].

Por sua vez, na Secção 6 (artigos 213º a 223º), estabelece-se uma repartição de competências de execução entre o Estado do pavilhão, o Estado costeiro, o Estado do porto e qualquer outro Estado, relativamente a cada uma das fontes de poluição e nos diferentes espaços marítimos[87]. Estas competências permitem aos Estados, de forma mais ou menos alargada, agirem no sentido de prevenir, controlar e, se for caso disso, sancionar os atos de poluição marinha.

3.2. Medidas para a prevenção, redução e controlo da poluição marinha

3.2.1. Poluição marinha de origem terrestre

A poluição proveniente de fontes terrestres constitui atualmente a ameaça mais grave para o meio marinho. Oitenta por cento da poluição dos mares e oceanos tem origem em atividades industriais e agrícolas e nos resíduos provenientes de áreas urbanas. O alijamento de substâncias tóxicas e materiais radioativos, bem como o aumento de nutrientes, águas residuais, lixo marinho e microplásticos[88], provoca um impacto ambiental assinalável sobre os ecossistemas das zonas costeiras e marinhas –mas também sobre o alto mar–, cujos efeitos afetam a saúde humana e podem atingir a cadeia alimentar, nomea-

[86] Esta natureza harmonizadora reflete-se nas cláusulas contidas nesta secção, segundo as quais tais leis e regulamentos *"não serão menos eficazes"* ou *"terão pelo menos o mesmo efeito"* que as referidas regras e normas internacionais (artigos 208º, nº 3; 209º, nº 2; 210º, nº 6; ou 211º, nº 2). *Vide* Tanaka, Yoshifumi. 2019. The International Law of the Sea, 3rd edition, 333, Cambridge: Cambridge University Press.

[87] Rosenne, Shabtai; Yankov, Alexander (Eds/volume). 1991. United Nations Convention on the Law of the Sea, 1982. A Commentary. Vol. IV: 18. *Cit.*

[88] Assim o proclamou a Assembleia das Nações Unidas sobre Meio Ambiente do Programa das Nações Unidas para o Meio Ambiente na sua Resolução 4/11, aprovada a 15 de março de 2019, sobre proteção do meio marinho contra as atividades realizadas em terra (UNEP/EA.4 / Res.11).

damente através da acumulação de metais pesados em determinadas espécies marinhas. Sem prejuízo dos efeitos negativos de outro tipo de resíduos, considera-se atualmente que os plásticos e os microplásticos, que constituem entre 60% e 80% do lixo marinho[89], "representam um grave problema ambiental a nível mundial, que afeta negativamente a diversidade biológica marinha, os ecossistemas, o bem-estar animal, as sociedades, os meios de subsistência, a pesca, o transporte marítimo, a recreação, o turismo e as economias"[90].

A importância desta fonte de poluição marinha contrasta com as dificuldades na sua regulação[91]. Não existe um tratado internacional de caráter universal que aborde todos os aspetos deste tipo de poluição[92]. Até à data, as únicas tentativas para enfrentar este problema ambiental a nível global deram lugar a instrumentos não vinculativos, como declarações, programas e planos de ação[93],

[89] *Processo preparatório da Conferência das Nações Unidas de 2020 para Apoiar a Implementação do Objetivo de Desenvolvimento Sustentável 14: "Conservar e utilizar de forma sustentável os oceanos, os mares e os recursos marinhos para o desenvolvimento sustentável"*, Doc. A/74/630, 24 de dezembro de 2019, parágrafo 12, p. 4.

[90] Resolução 4/6 da Assembleia das Nações Unidas sobre Meio Ambiente, aprovada a 15 de março de 2019, sobre lixo plástico e microplásticos marinhos (UNEP/EA.4/Res.6).

[91] Há vários fatores que dificultam a elaboração de regras uniformes e detalhadas que regulem a poluição de origem terrestre a nível mundial ou regional: o facto de as atividades que estão na origem da poluição terrestre decorrerem ao abrigo da soberania do Estado e serem frequentemente consideradas essenciais para o seu desenvolvimento económico, industrial e social; a complexidade das fontes e substâncias poluentes, bem como a diversidade de agentes e atividades (industriais, agrícolas e urbanas) envolvidos; as divergências geográficas e ecológicas nos oceanos; e as diferenças económicas e tecnológicas entre os países desenvolvidos e em desenvolvimento. Sobre esses fatores, *vide* Tanaka, Yoshifumi. 2006. Regulation of land-based marine pollution in international law: A comparative analysis between global and regional legal frameworks, *ZaöRV*, 66: 548-549.

[92] *Vide* Salpin, Charlotte. 2017. La protection de l'environnement marin. In: Traité de droit international de la mer: 802. *Cit.* No entanto, certos tratados internacionais de âmbito universal têm um impacto indireto nesta fonte de poluição, como os que se destinam a regular a gestão dos resíduos e substâncias e produtos perigosos. Sobre estes tratados, *Vide* Bou Franch, Valentin. 2014. La lucha contra la contaminación marina resultante de fuentes y actividades de origen terrestre. Especial referencia al Mediterráneo. In: Derecho del mar y sostenibilidad ambiental en el Mediterráneo, ed. Valentín Bou Franch; José Juste Ruiz; José Manuel Sánchez Patrón, 324-328, Valencia: Tirant lo Blanch.

[93] Entre estes instrumentos, refiram-se as Diretrizes de Montreal para a proteção do meio marinho contra a poluição proveniente de fontes terrestres, aprovadas a 24 de maio de 1985; a Declaração de Washington sobre a proteção do meio marinho contra as atividades realizadas em terra e o Programa de Ação Mundial para a Proteção do Meio Marinho contra as Atividades Realizadas em Terra, aprovados a 3 de novembro de 1995; a Declaração de Manila sobre a Aplicação do Programa de Ação Mundial para a Proteção do Meio Marinho contra as Atividades Realizadas em Terra, aprovada a 26 de janeiro de 2012; ou a Declaração de Bali sobre a Proteção do Meio Marinho contra as Atividades Realizadas em Terra, aprovada a 1 de novembro de 2018.

que se enquadram na categoria do *soft law*[94]. Foi no plano regional que os Estados elaboraram instrumentos jurídicos de caráter obrigatório para regularem esta forma de poluição, respondendo assim à obrigação de cooperação prevista no artigo 207º, nº 4.

Neste vazio normativo, pelo menos no plano universal, a CNUDM é o único instrumento jurídico internacional que atribui competências normativas e de execução para prevenir, reduzir e controlar esta fonte de poluição marinha[95]. Contém, porém, uma regulação muito exígua, que se limita a formular obrigações muito gerais – em grande parte obrigações de conduta, como no artigo 207º, nºs 3 e 4 –, que carecem de conteúdo concreto, pois, ao contrário de outras fontes, não foram definidas, a nível universal, regras e normas internacionais em relação a este tipo de poluição, que sirvam de quadro de referência e de limiar mínimo de proteção para a elaboração da legislação estatal. Isto é, sem dúvida, consequência da preponderância conferida à soberania na regulação desta fonte de poluição, pois a ação normativa do Estado incide sobre atividades localizadas no seu território[96].

Nos termos do artigo 207º – que desenvolve o disposto no artigo 194º, nº 3, alínea a) –, os Estados comprometem-se a ditar leis e regulamentos e a tomar "outras medidas que possam ser necessárias" para prevenirem, reduzirem e controlarem a poluição do meio marinho proveniente de fontes terrestres. Não se identificam as fontes –isto é, as atividades geradoras de poluição –[97],

[94] *Vide* Bou Franch, Valentín. 2014. La lucha contra la contaminación marina resultante de fuentes y actividades de origen terrestre. Especial referencia al Mediterráneo. In: Derecho del mar y sostenibilidad ambiental en el Mediterráneo: 321. *Cit.*

[95] Tanaka, The International Law of the Sea: 336. *Cit.*

[96] *Vide* Rosenne, Shabtai; Yankov, Alexander (Eds/volume). 1991. United Nations Convention on the Law of the Sea, 1982. A Commentary, Vol. IV: 132. *Cit.* No entanto, os Estados estão sujeitos a um dever de devida diligência, que lhes impõe a obrigação de supervisionarem se os efeitos das atividades que autorizam ou realizam podem poluir o meio marinho (artigo 204º, nº 2). E "devem tomar todas as medidas necessárias para garantir que as atividades sob sua jurisdição ou controlo se efetuem de modo a não causar prejuízos por poluição a outros Estados e ao seu meio ambiente" (artigo 194º, nº 2). Nesta linha, *vide* Harrison, James. 2017. Saving the Oceans Through Law: 67. *Cit.*

[97] Embora a CNUDM não concretize o que entende por "fontes terrestres", as orientações de Montreal de 1985 recorrem a este termo para se referirem às fontes urbanas, industriais ou agrícolas, tanto fixas como móveis, que se encontram em terra e cujas descargas poluentes chegam ao meio marinho, nomeadamente pela costa, por rios, canais e outros cursos de água, incluindo os subterrâneos, e através da atmosfera; e as fontes de poluição marinha por atividades realizadas em instalações fixas ou móveis fora da costa, dentro dos limites da jurisdição nacional, salvo se essas fontes forem regidas por acordos internacionais apropriados [parágrafo 1, b)]. Como decorre destas Diretrizes, bem como de alguns tratados de caráter regional, a poluição atmosférica –regulada no artigo 212º– está incluída na poluição proveniente de fontes terrestres. A este respeito, *vide*

mas apenas as vias através das quais as descargas chegam ao mar, como rios, estuários, condutas e estruturas de drenagem.

Esta competência não se circunscreve ao Estado costeiro em que é gerada a poluição e que também experimenta os seus efeitos, estendendo-se igualmente a qualquer outro Estado que sofra as suas consequências, nomeadamente no caso de mares fechados ou semifechados. Entre estes, incluem-se os Estados sem litoral, que também estão sujeitos a esta obrigação, dado que as atividades realizadas no seu território são fonte de poluição que pode chegar ao mar através de rios, aquíferos ou outros cursos de água[98].

Na prática, os Estados dispõem de vasta discricionariedade no que diz respeito à aprovação de legislações mais ou menos restritivas em relação a esta fonte de poluição, e as possibilidades de harmonização dessa regulamentação estatal neste domínio têm um alcance muito limitado, circunscrevendo-se, sobretudo, ao plano regional[99]. É verdade que a CNUDM impõe aos Estados a obrigação de se esforçarem por estabelecer regras e normas, práticas e procedimentos recomendados, à escala mundial ou regional, para prevenirem, reduzirem e controlarem a poluição, tendo em conta as características próprias de cada região, a capacidade económica dos Estados em desenvolvimento e a sua necessidade de desenvolvimento económico (artigo 207º, nº 4). Estamos, porém, perante uma obrigação de conduta, que apenas impõe aos Estados o compromisso de tentarem acordar estas regras e normas, e não de as estabelecerem efetivamente. Além disso, os Estados só são obrigados a contemplar estas regras e normas, caso existam no momento em que aprovam as suas leis e regulamentos, e não a adaptar-se às mesmas[100]. Daí que o caráter obrigatório, para os Estados, destas regras e normas dependa da natureza do instrumento em que foram acordadas. No entanto, esta regulação nacional, bem como as regras e normas internacionais, deve conter disposições destinadas a *"reduzir o mais possível a evacuação, no meio marinho, de substâncias tóxicas,*

Sands, Philippe; Peel, Jacqueline; Fabra, Adriana, MacKenzie, Ruth. 2018. *Principles of International Environmental Law*, 4th Edition, 476, Cambridge: Cambridge University Press.

98 A este respeito, as Diretrizes de Montreal de 1985 exortam os Estados sem litoral a cooperarem na prevenção, redução e controlo da poluição originada no seu território e que possa afetar o meio marinho [parágrafo 5, b)]. *Vide* Harrison, James. 2017. Saving the Oceans Through Law: 66. *Cit.*

99 O artigo 207º, nº 3, visa tentar evitar a excessiva heterogeneidade das legislações nacionais nesta matéria. *Vide* Rosenne, Shabtai; Yankov, Alexander (Eds/volume). 1991. United Nations Convention on the Law of the Sea, 1982. A Commentary, Vol. IV: 64-65. *Cit.*

100 Apesar da sua natureza voluntária, poderiam tomar-se em consideração as Diretrizes de Montreal de 1985, as quais especificam algumas medidas que poderiam ser tomadas pelos Estados. *Vide* Tanaka, The International Law of the Sea: 337. *Cit.*

prejudiciais ou nocivas, nomeadamente as de natureza persistente" (artigo 207º, nº 5)[101]. Isto implica que a legislação aprovada pelos Estados deva, no mínimo, regular as atividades geradoras dessas substâncias, para prevenirem ou reduzirem as descargas poluentes no mar[102].

Nos termos do artigo 213º, os Estados comprometem-se a zelar pela execução das leis e regulamentos que tenham adotado para prevenir, reduzir e controlar a poluição de origem terrestre, devendo, nomeadamente, tomar as medidas legislativas, administrativas e de outro tipo que se revelem necessárias para porem em prática as regras e normas internacionais nesta matéria. Reconhecidamente, os Estados são obrigados a garantir o cumprimento da legislação que tenham aprovado nesta matéria, bem como das regras e normas internacionais. Tratando-se, porém, de obrigações muito genéricas, carentes de um conteúdo substantivo concreto, a discricionariedade dos Estados continua a ser vasta[103], pois não se precisa o âmbito ou o conteúdo dessas obrigações, nem as medidas que poderiam ser tomadas. Tudo isto decorre da importância conferida ao respeito pela soberania do Estado na regulação desta fonte de poluição marinha[104].

3.2.2. Poluição proveniente de embarcações

A poluição causada por navios, que pode ser operacional –decorrente de operações rotineiras da embarcação– ou acidental –originada por acidentes marítimos–[105], não deve confundir-se com a poluição por alijamento, regulada nos artigos 210º e 216º[106]. Esta fonte de poluição é objeto de uma regulação com-

[101] Dado que não existe uma definição, na CNUDM, destas substâncias tóxicas, prejudiciais ou nocivas, os Estados deverão decidir quais as substâncias a incluir na sua regulação nacional, para prevenirem, reduzirem e controlarem o seu alijamento no meio marinho. *Vide* Wacht, Frank. 2017. Article 207. In: United Nations Convention on the Law of the Sea. A Commentary: 1390. *Cit.*

[102] No âmbito da regulamentação destas atividades, adquire particular relevância a obrigação de vigilância dos possíveis efeitos poluentes das atividades que os Estados autorizarem ou realizarem no seu território (artigo 204º, nº 2) e a obrigação de avaliação de impacto ambiental das atividades projetadas sob a sua jurisdição ou controlo (artigo 206º).

[103] *Vide* König, Doris. 2017. Article 213. In United Nations Convention on the Law of the Sea. A Commentary: 1458. *Cit.*

[104] *Vide* Rosenne, Shabtai; Yankov, Alexander (Eds / volume). 1991. United Nations Convention on the Law of the Sea, 1982. A Commentary, Vol. IV: 219-220. *Cit.*

[105] Inclui-se aqui a poluição marinha por alijamento (incluindo os esgotos sanitários), a poluição marinha por resíduos (incluindo plásticos e microplásticos), a poluição marinha através de emissões, a poluição marinha por águas de lastro ou a poluição sonora.

[106] Embora ambas as fontes de poluição tenham origem em navios, a CNUDM circunscreve o termo alijamento, segundo o artigo 1º, nº 1, ponto 5), alínea a), a "[q]*ualquer lançamento deliberado no mar de detritos e outras matérias, a partir de embarcações, aeronaves, plataformas ou outras construções"*, bem como ao seu afundamento deliberado. Exclui-se, assim, desta noção a poluição acidental causada

plexa e detalhada, contemplada em grande parte das Secções 5 e 6 da Parte XII. Para isso contribuiu, sem dúvida, a importância do tráfego marítimo internacional – cerca de 80% do comércio mundial é feito por via marítima –, bem como as tragédias ambientais provocadas pelo naufrágio de grandes petroleiros, como foram, na altura, o *Exxon Valdez* (1989), o *Erika* (1999), o *Prestige* (2002) ou, mais recentemente, o *Sanchi* (2018)[107]. A complexidade desta regulação, porém, decorre igualmente dos interesses contrapostos que incidem sobre esta fonte de poluição marinha, ligados à proteção e preservação do meio marinho, à segurança marítima (na componente de *maritime safety*) e à liberdade de navegação. Isto deu origem a uma intrincada rede de competências concorrentes – normativas e de execução (entre elas, poderes de visita, inspeção, apresamento e sanção) –, que se articulam de forma diferente nos diferentes espaços marítimos para alcançar um delicado equilíbrio entre os poderes atribuídos ao Estado do pavilhão, ao Estado costeiro e ao Estado do porto[108], embora seja concedida certa primazia ao primeiro deles. No entanto, este equilíbrio de competências, que privilegia os interesses da navegação internacional, suscita dúvidas sobre se deve manter-se ou atribuir-se um maior protagonismo aos Estados costeiros[109].

A regulação da poluição causada por navios envolve a tomada de um conjunto de medidas destinadas, de acordo com o artigo 194º, nº 3, alínea b), a *"reduzir tanto quanto possível"* o risco de poluição do meio marinho[110]. Esta regulação – e a delicada repartição de competências associada à mesma – baseia-se na existência de *"regras e normas de caráter internacional para prevenir, reduzir e controlar a poluição do meio marinho proveniente de embarcações"*, que os Estados devem acordar no seio da organização internacional competente – ou seja, da

por navios e, nos termos do artigo 1º, nº 1, ponto 5), alínea b), i), "[o] *lançamento de detritos ou outras matérias resultantes ou derivadas da exploração normal de embarcações, aeronaves, plataformas ou outras construções, bem como o seu equipamento"*.

[107] *Vide* Salpin, Charlotte. 2017. La protection de l'environnement marin. In Traité de droit international de la mer : 807. *Cit.*

[108] *Vide* Juste Ruiz, José. 2014. Freedom of navigation and responsibility for damage to the marine environment. In 30 anos da assinatura da convenção das Nações Unidas sobre o direito do mar: proteção e o futuro do direito do mar. Coord. Marta Chantal Ribeiro, 89, Coimbra: Coimbra Editora.

[109] Assim se pronunciou a Comissão, na sequência dos acidentes do *Erika* ou do *Prestige. Comunicação da Comissão ao Parlamento Europeu e ao Conselho sobre o reforço da Segurança marítima na sequência do naufrágio do petroleiro Prestige*, COM (2002) 681 final, 3.12.2002, 14-15.

[110] Entre elas, o artigo 194º, nº 3, alínea b), inclui *"medidas para prevenir acidentes e enfrentar situações de emergência, garantir a segurança das operações no mar, prevenir descargas intencionais ou não e regulamentar o projeto, construção, equipamento, funcionamento e tripulação das embarcações"*.

OMI[111] – ou de uma conferência diplomática geral (artigo 211º, nº 1). Este conjunto de normas uniformes de âmbito universal – contidas, nomeadamente, na Convenção internacional para a prevenção da poluição por navios, de 1973, com a redação que lhe foi dada pelo Protocolo de 1978 (MARPOL 73/78), na Convenção internacional para a segurança da vida humana no mar, de 1974, alterada pelo Protocolo de 1988 (SOLAS), e noutros instrumentos jurídicos promovidos e desenvolvidos no seio da OMI[112] – estabelecem uma série de requisitos técnicos para garantir a segurança marítima e prevenir qualquer ato de poluição. Tais regras e normas internacionais, que incluem aspetos relativos ao projeto, construção, tripulação e equipamento dos navios, são uma consequência direta na natureza global do transporte marítimo internacional[113]. Por isso mesmo, têm uma função harmonizadora, isto é, procuram garantir uma regulação básica de natureza uniforme, que sirva como elemento de referência para a elaboração das legislações estatais nesta matéria (artigo 211º, nº 2), e delimitar a extensão dos poderes dos Estados[114]. É prova da sua importância o facto de a elaboração de regras e normas internacionais pela OMI, juntamente com *"as melhores práticas do setor de transporte marítimo, terem resultado numa redução significativa dos acidentes marítimos e dos incidentes de poluição"*[115].

a) Papel principal do Estado de bandeira na prevenção e controlo da poluição proveniente de embarcações

O Estado do pavilhão tem a responsabilidade principal de garantir que os navios que arvorem a sua bandeira acatem os regulamentos internacionais

[111] De acordo com o artigo 1º, alínea a), da Convenção que instituiu a Organização Marítima Internacional (OMI) de 6 de março de 1948, um dos objetivos desta organização é *"encorajar e facilitar a adoção geral de normas tão perfeitas quanto possível no que diz respeito à segurança marítima, à eficiência da navegação e à prevenção e controlo da poluição do meio marinho causada pelos navios"*.

[112] Sobre o papel da OMI na elaboração de regras e normas internacionais, *vide* Beckman, Robert, Sun, Zhen. 2017. The Relationship between UNCLOS and IMO Instruments, *Asia-Pacific Journal of Ocean Law and Policy*, 2: 221-227. https://doi.org/10.1163/24519391-00202003

[113] *Vide* Molenaar, Erik Jaap. 2016. Shipping: Vessel-source pollution. In Routledge Handbook of Maritime Regulation and Enforcement, ed. Robin Warner; Stuart Kaye, 179, London: Routledge.

[114] *Vide* Jorge Urbina, Julio. 2008. Prevención y control de la contaminación causada por buques en el mar territorial: competencias del Estado ribereño y contribución de las organizaciones internacionales, *Revista Española de Derecho Internacional*, 60: 72.

[115] Assim o reconheceu a Assembleia Geral das Nações Unidas na Resolução 75/239, de 31 de dezembro de 2020 (par. 187). Na mesma linha, *vide Relatório da Comissão ao Parlamento Europeu e ao Conselho. Avaliação intercalar do Regulamento (UE) Nº 911/2014 relativo ao financiamento plurianual da ação da Agência Europeia para a Segurança Marítima a nível da luta contra a poluição marinha causada por navios e instalações de hidrocarbonetos e de gás*. COM(2018) 564 final, 31.7.2018, 2.

existentes, exercendo de forma efetiva a sua jurisdição e controlo sobre os mesmos. Para o efeito, são obrigados a adotar leis e regulamentos que, no mínimo, devem garantir a aplicação das regras e normas internacionais geralmente aceites (artigo 211º, nº 2). Deste modo, não poderão adotar legislação abaixo do limiar estabelecido por essas regras e normas, cujo respeito devem assegurar, embora, se o considerarem oportuno, possam adotar uma legislação mais rigorosa, a fim de garantir que os navios que arvorem o seu pavilhão não representem um risco de poluição.

A posição do Estado do pavilhão é reforçada pela atribuição de uma competência de execução preferencial das normas internacionais e nacionais adotadas em matéria de segurança marítima e de luta contra a poluição marinha. O artigo 217º impõe a estes Estados uma obrigação de devida diligência[116]. Para o efeito, devem tomar as medidas necessárias para garantir a aplicação das regras e normas internacionais, bem como das leis e regulamentos que tenham adotado a este propósito, incluindo a proibição de zarpar até os navios cumprirem essas regras e normas. Deverão igualmente providenciar para que os navios mantenham a bordo os certificados exigidos pelas regras e normas internacionais e para que sejam submetidos a inspeções periódicas que considerem adequadas, a fim de verificar a concordância desses certificados com a sua situação real.

Em caso de infração, os Estados do pavilhão deverão dar início às investigações adequadas e, se necessário, desencadear um processo independentemente do local onde a infração tenha sido cometida ou onde a poluição tenha sido detetada, quer por iniciativa própria, quer por solicitação de qualquer outro Estado[117]. Durante o decorrer das investigações, poderão contar com a ajuda e cooperação de qualquer outro Estado para esclarecerem as circunstâncias do caso. Finalmente, a este vasto conjunto de competências de execução atribuído ao Estado do pavilhão no artigo 217º acresce uma última obrigação de caráter dissuasivo, pois estabelece-se que as sanções previstas para tais infrações deverão ser suficientemente severas para desencorajar a sua repetição.

No entanto, a preferência concedida aos Estados do pavilhão não se revelou a opção mais satisfatória. Por um lado, a CNUDM não prevê qualquer incen-

[116] *Vide* Harrison, James. 2017. Saving the Oceans Through Law: 141. *Cit.*

[117] Para o efeito, a Convenção MARPOL obriga os Estados do pavilhão a perseguirem e sancionarem as infrações às regras e normas nele contidas (artigo 4º nº 1). No entanto, estas infrações só resultarão na imposição de sanções pecuniárias caso a infração implique um ato de poluição intencional e grave no mar territorial (artigo 230º da CNUDM).

tivo para que estes Estados exerçam efetivamente estas competências[118]. E, por outro lado, os empresários navais podem evitar as legislações mais estritas, arvorando nos seus navios a bandeira de Estados que oferecem certas vantagens, como um menor rigor no controlo das regras e normas internacionais sobre segurança marítima e prevenção da poluição. Em consequência disso, a falta de um controlo efetivo por parte do Estado do pavilhão –nomeadamente as chamadas "bandeiras de conveniência"– continua a constituir um fator que aumenta o risco de poluição[119]. Daí a relevância conferida às competências dos Estados costeiros e dos Estados do porto.

b) Desigual atribuição de competências ao Estado costeiro em função do espaço marítimo no qual tenha lugar o ato de poluição

As competências normativas e de execução do Estado costeiro são o resultado do delicado equilíbrio entre a necessidade de proteger o meio marinho e a salvaguarda da navegação internacional, sendo ambos os interesses objeto de tutela por parte da CNUDM. Desta forma, procurou garantir-se que as medidas tomadas por estes Estados para prevenirem e controlarem a poluição causada por navios não constituíssem um obstáculo à navegação internacional, tendo em conta a importância do transporte marítimo para a economia e para o comércio mundiais. No entanto, este equilíbrio irá variar em função do espaço marítimo, decidindo-se em prol dos interesses do Estado costeiro no mar territorial, em função da soberania que exerce sobre este espaço; e privilegiando os interesses marítimos quando a poluição ocorrer na zona económica exclusiva, por força da liberdade de navegação que vigora neste espaço. Com base nesta premissa, serão analisadas as competências dos Estados costeiros em ambos os espaços marítimos.

No mar territorial, o Estado costeiro dispõe de ampla competência para regulamentar as diferentes atividades que decorrem neste espaço. Para o efeito, poderá adotar leis e regulamentos relativos ao exercício do direito de passagem inofensiva em domínios como a segurança da navegação, o ordena-

[118] *Vide* Khee-Jin Tan, Alan. 2006. Vessel-Source Marine Pollution. The Law and Politics of International Regulation, 203, Cambridge: Cambridge University Press.

[119] Para fazer face a esta situação, a Assembleia Geral das Nações Unidas instou os Estados do pavilhão a *"estabelecerem ou melhorarem a infraestrutura e a capacidade legislativa e de aplicação da lei necessárias para assegurar o cumprimento efetivo e a execução e aplicação das suas obrigações ao abrigo do direito internacional, nomeadamente a Convenção, e, até tomarem essas medidas, a considerarem a possibilidade de recusar a novos navios a autorização para arvorarem o seu pavilhão, de suspender o seu registo ou de não instituir um sistema de matrícula"*. Resolução 75/239 (parágrafo 185).

mento do tráfego marítimo ou a preservação do meio marinho e a prevenção, redução e controlo da poluição. Assim se reconhece, de forma genérica, no artigo 21º, nº1, e, em relação ao último aspeto referido, no artigo 211º, nº4[120]. No entanto, a discricionariedade do Estado costeiro, aquando da aprovação destas leis e regulamentos, encontra-se limitada, pois estas medidas não poderão implicar uma recusa ou impedimento do exercício do direito de passagem inofensiva (artigo 211º, nº 4) e, no que diz respeito ao projeto, construção, tripulação ou equipamento dos navios estrangeiros, estas leis e regulamentos deverão limitar-se à aplicação das *"regras ou normas internacionais geralmente aceites"* (artigo 21º, nº 2). Esta restrição, que visa evitar as dificuldades de navegação no mar territorial decorrentes da existência de uma multiplicidade de legislações heterogéneas nestes aspetos, não se aplica quando os navios estrangeiros se dirijam às águas interiores ou a uma instalação portuária.

A posição do Estado costeiro no mar territorial é reforçada pelo reconhecimento de uma ampla competência de execução que lhe permite garantir o respeito das leis e regulamentos, bem como das regras e normas internacionais geralmente aceites, em matéria de segurança marítima e preservação do meio marinho. Estes poderes de execução estendem-se às infrações à legislação do Estado costeiro cometidas em portos e águas interiores, mesmo que o navio já não se encontre neste espaço; e às infrações às leis e regulamentos ou às regras e normas internacionais geralmente aceites, inclusive em matéria de projeto, construção, tripulação ou equipamento dos navios, cometidas no mar territorial. Não se aplicam, porém, às infrações ocorridas na zona económica exclusiva, mesmo que o navio se encontre no mar territorial, visto que, nesse caso, deverão aplicar-se as limitadas competências de execução previstas para o referido espaço marítimo (artigo 220º, n.os 5 e 6).

Embora nem todas as violações das leis do Estado costeiro em relação ao mar territorial impliquem uma perda do direito de passagem inofensiva, os poderes de execução atribuídos a este pelo artigo 220º estendem-se a todas as infrações cometidas por navios estrangeiros neste espaço marítimo que representem um risco de poluição e legitimam certas interferências na navegação –visita e inspeção do navio, retenção ou condução ao porto– que não impliquem necessariamente um entrave ou impedimento do direito de passagem inofensiva, desde que sejam razoáveis, necessárias e aplicadas sem qualquer

[120] Estas leis e regulamentos poderão ser mais rigorosos do que as regras e normas internacionais. Neste espaço, ao contrário do que acontece na zona económica exclusiva, constituem o limiar mínimo de proteção ambiental. *Vide* Salpin, Charlotte. 2017. La protection de l'environnement marin. In Traité de droit international de la mer : 803. *Cit.*

discriminação. Com efeito, o artigo 24º, nº 1, impõe ao Estado costeiro uma obrigação de não dificultar a passagem inofensiva, mas esta não é de natureza absoluta. Ao introduzir a expressão *"a não ser de conformidade com a presente Convenção"*, dá-se a entender que poderá haver casos de interferência na navegação de um navio no mar territorial, sem que isso implique uma recusa do direito de passagem inofensiva.

A este respeito, o artigo 220º, nº 2, autoriza o Estado costeiro a inspecionar qualquer navio que navegue no seu mar territorial caso tenha *"motivos sérios"* para acreditar que aquele violou, neste espaço, as suas leis e regulamentos ou as regras e normas internacionais aplicáveis para a prevenção, redução e controlo da poluição. Se for caso disso, quando as provas o confirmarem, poderá instaurar um processo contra o navio, incluindo a sua retenção e a sua condução ao porto, apesar de a disposição não o referir expressamente, mas não poderá proceder à expulsão do navio do seu mar territorial[121]. O Estado poderá tomar tais medidas contra o navio mesmo antes de ter ocorrido qualquer ato de poluição, o que lhe permitirá agir de forma preventiva. Em caso de retenção e de condução do navio ao porto, esta só poderá durar o tempo que seja imprescindível para o decorrer das investigações e, em caso de confirmação da infração, após a constituição de uma caução ou de outra garantia financeira apropriada [artigo 226º, nº 1, alínea b)]. No entanto, caso o navio, em função das suas condições de navegabilidade, represente um risco excessivo para o meio marinho, a sua libertação poderá ser recusada ou ficar condicionada à exigência de se dirigir ao estaleiro mais próximo para efetuar as reparações adequadas [artigo 226º, nº 1, alínea c), da CNUDM e artigo 5º, nº 2 da Convenção MARPOL]. O exercício destas competências de execução não fica ao arbítrio do Estado costeiro, devendo basear-se num critério de razoabilidade, tendo em conta as circunstâncias e as informações disponíveis. Este elemento, que é determinado pela exigência de *"motivos sérios"*, é o que faz com que a ação empreendida pelo Estado costeiro não possa ser considerada como um entrave ou recusa do direito de passagem inofensiva ao arrepio da CNUDM.

Ao contrário do que sucede no mar territorial, as competências funcionais atribuídas ao Estado costeiro na zona económica exclusiva deverão ser de

[121] Esta medida só poderá ser adotada no caso de o navio violar o regime da passagem inofensiva. A expulsão do navio só ocorrerá, de acordo com o disposto no artigo 19º, nº 2, alínea h), da CNUDM, quando for cometido um *"qualquer ato intencional e grave de poluição contrário à Convenção"*. *Vide* Jorge Urbina, Julio. 2008. Prevención y control de la contaminación causada por buques en el mar territorial: competencias del Estado ribereño y contribución de las organizaciones internacionales: 74-76. *Cit.*

âmbito extremamente limitado, sobretudo em matéria de poluição. O reconhecimento da liberdade de navegação neste espaço marítimo influencia de forma decisiva a delimitação das competências relativas à preservação do meio marinho. A ele se deve o caráter limitado e paliativo – e não preventivo – dos poderes que lhe são conferidos pela CNUDM para fazer face à poluição destas águas pelos navios que navegam ao largo das suas costas, visto que que, na prática, só poderá tomar medidas quando o ato de poluição já tiver ocorrido.

Quanto à sua competência normativa, o Estado costeiro não pode adotar as leis e regulamentos que considere oportunos para a proteção e preservação do meio marinho na zona económica exclusiva. Está limitado, pelo artigo 211º, nº 5, a aplicar as regras e normas internacionais geralmente aceites, sem que possa impor unilateralmente uma regulação mais rigorosa ou sistemas de gestão do tráfego marítimo destinados a minimizar o risco de acidentes que possam causar poluição. Na zona económica exclusiva, competiria à OMI sua adoção, bem como a determinação das regras e diretrizes aplicáveis a esses sistemas (artigo 211º, nº 1)[122].

No entanto, onde o Estado costeiro encontra maiores restrições é nas competências de execução, estabelecendo-se uma gradação destas em função do âmbito e natureza da infração, bem como da gravidade do dano. Caso tenha *"motivos sérios"* para acreditar que um navio que navega na sua zona económica exclusiva terá incorrido em violação das regras e normas internacionais ou das leis e regulamentos adotados para prevenir, reduzir e controlar a poluição, só poderá solicitar informação sobre a sua identidade e o seu porto de registo, as suas escalas anterior e seguinte e quaisquer outros dados pertinentes (artigo 220º, nº 3). Para proceder à inspeção física do navio, é necessário que essa infração já tenha dado origem a uma *"descarga substancial que provoque ou ameace provocar uma poluição importante no meio marinho"*, que o navio se tenha recusado a facultar a informação ou o tenha feito de forma contraditória com a situação real e que as circunstâncias o justifiquem (artigo 220º, nº 5).

[122] No entanto, o artigo 211º, nº 6, oferece ao Estado costeiro a possibilidade de tomar medidas especiais em relação a determinadas partes da sua zona económica exclusiva que, devido às suas características especiais, merecem uma maior proteção no que toca à prevenção dos riscos de poluição causada por navios. A decisão de criar áreas específicas sujeitas a medidas especiais de proteção –ou mesmo zonas marinhas particularmente sensíveis nos termos da Resolução A.982 (24), de 1 de dezembro de 2005– não fica exclusivamente ao critério do Estado costeiro, estando sujeita à aprovação da OMI. Sobre a criação de áreas específicas, *vide* Bartenstein, Kristin. 2017. Article 211. In United Nations Convention on the Law of the Sea. A Commentary, 1437-1440, *Cit.*

E só quando tiver uma *"prova objetiva e clara"* de que a infração tenha dado origem a *"uma descarga que provoque ou ameace provocar danos importantes"* ao meio marinho é que é permitido ao Estado costeiro dar início a um processo contra o navio, incluindo a sua retenção (artigo 220º, nº 6)[123]. Contudo, o início de um processo relativo a essa infração pelo Estado do pavilhão terá o efeito de suspender o início do processo pelo Estado costeiro, desde que ocorra no prazo de seis meses a contar do início do mesmo e não se refira a um caso de danos graves infligidos ao Estado costeiro ou que o Estado do pavilhão tenha violado de forma reiterada a sua obrigação de aplicar eficazmente as regras e normas internacionais por parte dos seus navios (artigo 228º, nº 1)[124].

Apenas nos casos em que a poluição ou a ameaça de poluição resultar de um acidente marítimo é que será concedido ao Estado costeiro um poder geral de intervenção mais além do mar territorial, isto é, na zona económica exclusiva –e até em alto mar– para tomar todas as medidas que se revelem necessárias e proporcionadas ao dano real ou potencial, com o intuito de proteger as suas costas ou interesses conexos (artigo 221º, nº 1), sem que o Estado costeiro se veja constrangido pelas restrições impostas pelo artigo 220º.

[123] Estas medidas de execução tão severas estão subordinadas ao cumprimento de duas condições: que a infração cometida pelo navio tenha provocado uma descarga que cause ou ameace causar graves danos ao Estado costeiro e que fique provado que o navio em causa é o autor dessa infração. A este respeito, a exigência de uma *"prova manifesta e objetiva"* [artigo 220º, nº 6] estende-se tanto ao cometimento de uma infração pelo navio como aos graves danos ou à ameaça de causar tais danos ao Estado costeiro, provocados por uma descarga decorrente da infração. A este respeito, *vide* Acórdão do Tribunal de Justiça (Terceira Secção) de 11 de julho de 2018, Bosphorus Queen Shipping Ltd Corp./Rajavartiolaitos, C-15/17, ECLI:EU:C:2018:557, parágrafo 61-62.

[124] As limitações aos poderes do Estado costeiro para prevenir eficazmente atos de poluição na sua zona económica exclusiva, nomeadamente perante a navegação de navios que não cumpram as normas, levaram alguns Estados a empreender ações unilaterais que iam além do disposto no artigo 220º, dado que permitiam tomar medidas de execução mais severas contra navios que tivessem cometido uma infração, mesmo que não esta não tivesse dado origem a qualquer ato de poluição. Entre estas ações unilaterais encontra-se o acordo alcançado entre Espanha e França no âmbito da XV Cimeira Hispano-francesa, realizada a 26 de novembro de 2002, na sequência do acidente do *Prestige*. Neste acordo, ambos os Estados instituíram controlos mais rigorosos nas respetivas zonas económicas exclusivas relativamente aos navios com mais de quinze anos que tivessem um casco único, que transportassem combustível ou alcatrão e que não estivessem equipados com dispositivos de medição do nível e da pressão dos hidrocarbonetos. Estes mecanismos de controlo podiam dar lugar à inspeção do navio e até à sua expulsão da zona económica exclusiva, caso as autoridades competentes concluíssem que o mesmo constituía uma ameaça para o Estado costeiro. Sobre este Acordo, *vide* Bou Franch, Valentin. 2005. Freedom of navigation *versus* pollution by oil from vessels: the point of view of coastal States. In L'Europe et la mer: 267-273. *Cit.*

c) Fortalecimento do papel do Estado do porto na prevenção e controlo da poluição proveniente de embarcações

Perante a incapacidade de alguns Estados do pavilhão assegurarem de forma eficaz o respeito pelas normas internacionais em matéria de segurança marítima e de prevenção da poluição, e tendo em conta os limitados poderes do Estado costeiro para tomar as medidas preventivas adequadas, nomeadamente quando a descarga ocorre na zona económica exclusiva, reconhece-se aos Estados o exercício de certas competências sobre os navios que se encontrem voluntariamente nos seus portos. Estas competências abrangem as que são atribuídas aos Estados costeiros sobre os seus portos e, mais especificamente, as que competem aos Estados do porto, independentemente do seu estatuto de Estado costeiro, em relação a infrações às leis e regulamentos, ou às regras e normas internacionais, cometidas por um navio estrangeiro e que tenham ocorrido no mar antes de o navio ter entrado no porto, nomeadamente quando forem cometidas fora das águas sob a sua soberania ou jurisdição ou nas de outro Estado.

No âmbito das competências normativas reconhecidas ao Estado costeiro sobre os seus portos, este pode estabelecer *"requisitos especiais para prevenir, reduzir e controlar a poluição do meio marinho, como condição para a admissão de embarcações estrangeiras nos seus portos ou nas suas águas interiores ou para fazerem escala nos seus terminais ao largo da costa"*, dando-lhes a devida publicidade e comunicando-os à organização internacional competente (artigo 211º, nº 3). Esta competência é particularmente ampla, visto que o Estado costeiro, ao contrário do que acontece no mar territorial (artigo 21º, nº 2), não se limita às *"regras ou normas internacionais geralmente aceites"* relativas ao projeto, construção, tripulação ou equipamento de navios estrangeiros. Embora a CNUDM não se refira expressamente, na Parte XII, às competências do Estado costeiro para exigir o cumprimento de tais requisitos específicos, estas decorrem do seu direito de tomar as medidas necessárias *"para impedir qualquer violação das condições a que está sujeita a admissão desse*[s] *navios nessas águas interiores ou nessa instalação portuária"* (artigo 25º, nº 2)[125].

[125] Estes requisitos especiais poderão ser estabelecidos unilateralmente ou em conjunto com outros Estados costeiros. Este segundo pressuposto abre caminho à harmonização das respetivas políticas nacionais, reforçando simultaneamente as possibilidades de controlo pelos Estados costeiros participantes nesses acordos de cooperação, já que "[t]*odo o Estado deve exigir ao capitão de uma embarcação que arvore a sua bandeira ou que esteja registada no seu território que, quando navegar no mar territorial de um Estado participante nos aludidos ajustes, informe, a pedido desse Estado, se se dirige a um Estado da mesma região que participe em tais ajustes e, em caso afirmativo, indique se a embarcação reúne os requisitos estabelecidos por esse Estado para a admissão nos seus portos"* (artigo 211º, nº 3, *in fine*).

Além disso, reconhecem-se ao Estado costeiro competências de execução sobre os navios que permaneçam voluntariamente num dos seus portos ou numa instalação terminal ao largo da costa de um Estado por "*qualquer infração às suas leis e regulamentos adotados de conformidade com a presente Convenção ou com as regras e normas internacionais aplicáveis para prevenir, reduzir e controlar a poluição proveniente de embarcações*" e que tenham sido cometidas antes de aqueles entrarem nas suas águas interiores e, por conseguinte, no mar territorial ou na zona económica exclusiva desse Estado (artigo 220º, nº 1). Neste caso, as medidas de execução tomadas pelo Estado do porto baseiam-se nas regras e normas que tenha aprovado no âmbito da competência normativa que lhe é atribuída como Estado costeiro em relação ao mar territorial e à zona económica exclusiva[126].

Para além das competências reconhecidas ao Estado costeiro sobre os seus portos, importa considerar as que decorrem do seu estatuto de Estado do porto, ou seja, as que lhe permitem controlar, por sua própria iniciativa ou a pedido de terceiros, o cumprimento das regras e normas internacionais em matéria de navegabilidade por um navio fundeado num dos seus portos ou instalações terminais ao largo da costa, bem como verificar se esse navio representa uma ameaça para o meio marinho. O artigo 218º permite ao Estado do porto dar início a um processo sancionatório em relação a infrações cometidas por um navio fundeado no porto e que tenha causado uma descarga nas águas sob a soberania ou jurisdição de outro Estado[127]. Além disso, em caso de violação das regras e normas internacionais em matéria de navegabilidade que ameacem causar danos ao meio marinho, atribui-se ao Estado do porto uma competência de execução que lhe permite tomar, "*na medida do possível*" (artigo 218º, nº 3), medidas administrativas para impedir que zarpe qualquer navio fundeado num dos seus portos, até este ter realizado as reparações oportunas. Só poderá prosseguir a navegação para se dirigir ao estaleiro mais próximo [artigo 219º em relação ao artigo 226º, nº 1, alínea c)][128].

A figura do Estado do porto pode contribuir para reforçar a proteção do meio marinho contra a poluição causada por navios. Surgem, porém, dúvidas

[126] *Vide* Harrison, James. 2017. Saving the Oceans Through Law: 152. *Cit.*

[127] O Estado do porto, porém, não deverá dar início de moto próprio a este processo sancionatório, mas sim a pedido do Estado afetado, do Estado do pavilhão ou de qualquer outro Estado lesado ou ameaçado pela descarga, a não ser que a infração ameace causar contaminação nas suas águas (artigo 218º, nº 2).

[128] Se o navio não for libertado ou se a libertação estiver condicionada a determinados requisitos, o Estado do pavilhão poderá solicitar um procedimento de pronta libertação dos navios nos termos do artigo 292º.

sobre a predisposição do Estado a agir de forma unilateral no exercício destas competências, pois a aplicação de uma política de vigilância e controlo desta natureza poderá acarretar-lhe consequências desfavoráveis para os seus interesses comerciais. Por isso mesmo, a operacionalidade desta figura dependerá de os controlos se realizarem sob um regime de cooperação entre Estados e de forma generalizada e uniforme em todos os portos localizados, pelo menos, num determinado cenário regional ou sub-regional. Desta forma, evitam-se os problemas de concorrência desleal que podem surgir entre os portos da região, reforçando-se simultaneamente a eficácia dos controlos através da coordenação e do intercâmbio de informação[129].

3.2.3. Outras fontes de poluição

A natureza omnicompreensiva e global do quadro jurídico estabelecido na CNUDM no que respeita à proteção e preservação do meio marinho implica igualmente a regulação das competências dos Estados em relação a outras fontes de poluição, como a poluição marinha resultante de atividades realizadas nos fundos marinhos ou a poluição por alijamento.

Em relação à primeira, a poluição resulta de atividades realizadas nos fundos marinhos sujeitos à jurisdição nacional ou na Área (isto é, a zona internacional dos fundos marinhos e oceânicos). No primeiro caso, o artigo 208º atribui competência aos Estados costeiros para aprovarem leis e regulamentos – e tomarem outro tipo de medidas – em matéria de poluição por atividades nos fundos marinhos sob jurisdição nacional e nas ilhas artificiais, instalações e estruturas sob a sua jurisdição, nos termos dos artigos 60º e 80º. Além disso, obriga-os a adotarem regras, normas, práticas e procedimentos recomendados, a nível regional ou mundial, para prevenirem e controlarem a poluição resultante de tais atividades. Estas regras funcionam como limiar mínimo de proteção ambiental, e as legislações estatais deverão adaptar-se às mesmas (artigo 208º, nº 5)[130]. No caso de atividades na Área, o artigo 209º remete para as disposições da Parte XI da CNUDM no que diz respeito à aprovação de normas, regulamentos e procedimentos internacionais para a

[129] *Vide* Jorge Urbina, Julio. 2007. El régimen jurídico internacional de seguridad marítima y protección del medio marino a la luz del accidente del *Prestige*. In: La responsabilidad por los daños causados por el hundimiento del *Prestige*. Coord. María Paz García Rubio; Santiago Álvarez González: 237-238. Madrid: Iustel.

[130] Em relação à execução das leis e regulamentos adotados neste domínio, o artigo 214º dá primazia ao Estado costeiro, ao qual se impõe uma obrigação de devida diligência. Ver a nota 40 *supra* (Markus, Till; Singh, Pradeep. 2016, *cit.*; e Ribeiro, Marta Chantal. 2017, *cit.*).

prevenção e controlo da poluição marinha[131]. As leis e regulamentos aprovados pelos Estados do pavilhão não deverão ser menos eficazes do que essas normas, regulamentos e práticas internacionais (artigo 209º, nº 2)[132].

Em relação à poluição por alijamento, os Estados deverão estabelecer regras, normas, práticas e procedimentos recomendados a nível mundial ou regional[133], que servirão de limiar mínimo de proteção para as leis e regulamentos que aprovarem (artigo 210º). Em todo o caso, deverá garantir-se que as descargas não possam ser efetuadas sem uma autorização prévia da autoridade estatal competente (artigo 210º, nº 3) e, no caso do mar territorial, da zona económica exclusiva ou da plataforma continental, o alijamento deverá contar com o consentimento prévio do Estado costeiro (artigo 210º, nº 4). As competências de execução das leis e regulamentos, bem como das regras e normas internacionais, são repartidas entre o Estado do pavilhão, ao qual se atribui uma competência geral; o Estado costeiro, quando o alijamento é efetuado em espaços sob a sua soberania ou jurisdição; e o Estado do porto, quando o alijamento ocorre em instalações portuárias (artigo 216º).

131 O artigo 145º, alínea a), confere competência normativa à Autoridade Internacional dos Fundos Marinhos para aprovar estas normas, regulamentos e procedimentos internacionais. Sobre as competências da Autoridade Internacional, *vide* Tanaka, The International Law of the Sea: 381-383. *Cit.*

132 A execução das referidas normas, regulamentos e procedimentos internacionais é regida pela parte XI (artigo 215º).

133 A este respeito, refira-se a Convenção sobre Prevenção da Poluição Marítima por Despejo de Detritos e Outras Matérias, de 29 de dezembro de 1972 (Convenção de Londres de 1972), e o Protocolo de 1996 relativo a essa Convenção, de 7 de novembro de 1996.

15
COMENTÁRIO À PARTE XII – SECÇÃO 7 GARANTIAS

Vasco Becker-Weinberg[1]

Resumo: A aprovação da Parte XII da Convenção das Nações Unidas sobre o Direito do Mar foi um dos principais avanços alcançado com a Convenção, o qual resultou, fundamentalmente, do progressivo desenvolvimento do Direito do Mar e do esforço de codificação levado a cabo pelo Estados. Um dos aspectos essenciais da Parte XII da Convenção é o alargamento dos poderes de jurisdição dos Estados do porto e costeiros previstos na Seção 6 da Parte XII, embora procurando salvaguardar a prevalência da jurisdição dos Estados bandeira. Esse delicado equilíbrio foi conseguido através da inclusão na Seção 7 da Parte XII de um regime de garantias, que salvaguardasse, por um lado, os *novos* poderes de jurisdição dos Estados do porto e costeiros e, por outro lado, a jurisdição do Estado bandeira, sem perder de vista o objetivo fundamental: garantir o cumprimento das regras e práticas internacionais, através do exercício efetivo de jurisdição, seja esta do Estado bandeira, do porto ou costeiro.

Palavras-chave: protecção e preservação do meio ambiente marinho, jurisdição, princípio de cooperação, utilização da força, garantias

Abstract: The approval of Part XII of the United Nations Convention on the Law of the Sea was one of the main advances achieved by the Convention, which was the outcome of the progressive development of the Law of the Sea and the codification efforts carried out by States. One of the main novel aspects of Part XII was the extension of the

[1] Professor Auxiliar na Universidade Lusófona, Professor Auxiliar Convidado na Nova Lisbon School of Law, Assessor no Tribunal Constitucional.

powers of jurisdiction of port and coastal States in Section 6, while simultaneously safeguarding the principle of flag State preemption. This delicate balance was achieved with the inclusion Section 7 that seeks to safeguard, on the one hand, the powers of jurisdiction of port and coastal States and, on the other hand, flag State jurisdiction, but without losing sight of the fundamental goal of ensuring compliance with applicable international rules and standards and the effective exercise of jurisdiction by flag, port or coastal States.

Keywords: protection and preservation of the marine environment, jurisdiction, principle of cooperation, use of force, safeguards

1. Enquadramento

Uma das principais características do meio ambiente marinho é a sua interconetividade, a par da sua tridimensionalidade, *i.e.* a superfície e coluna de água, o solo e subsolo. A própria Convenção das Nações Unidas sobre o Direito do Mar (CNUDM) refere expressamente no seu preâmbulo que os Estados-Partes da Convenção reconhecem que "*os problemas do espaço oceânico estão estreitamente inter-relacionados e devem ser considerados como um todo.*"

Nesse sentido, os danos causados por *poluição do meio marinho*[2] ou *alijamento*[3] não estão sujeitos aos limites estabelecidos por fronteiras marítimas ou aqueles que demarcam os próprios espaços marítimos, tal como identificados na CNUDM, e que se distinguem, de uma modo geral, entre espaços sujeitos a jurisdição nacional (águas interiores[4], mar territorial[5], Zona Contígua[6], Zona

[2] O artigo 1º, nº 1(4), da CNUDM define poluição do meio marinho como "*a introdução pelo homem, direta ou indiretamente, de substâncias ou de energia no meio marinho, incluindo os estuários, sempre que a mesma provoque ou possa vir a provocar efeitos nocivos, tais como danos aos recursos vivos e à vida marinha, riscos à saúde do homem, entrave às actividades marítimas, incluindo a pesca e as outras utilizações legítimas do mar, alteração da qualidade da água do mar, no que se refere à sua utilização e deterioração dos locais de recreio.*"

[3] O artigo 1º, nº 1(5), da CNUDM define alijamento como "*i) Qualquer lançamento deliberado no mar de detritos e outras matérias, a partir de embarcações, aeronaves, plataformas ou outras construções; ii) Qualquer afundamento deliberado no mar de embarcações, aeronaves plataformas ou outras construções.*" Para efeitos da Convenção, alijamento não inclui "*i) O lançamento de detritos ou outras matérias resultantes ou derivadas da exploração normal de embarcações, aeronaves plataformas ou outras construções, bem como o seu equipamento, com excepção dos detritos ou de outras matérias transportadas em embarcações, aeronaves, plataformas ou outras construções no mar ou para ele transferidos que sejam utilizadas para o lançamento destas matérias ou que provenham do tratamento desses detritos ou de matérias a bordo das referidas embarcações, aeronaves, plataformas ou construções; ii) O depósito de matérias para outros fins que não os do seu simples lançamento desde que tal depósito não seja contrário aos objectivos da presente Convenção.*"

[4] Artigo 8º da CNUDM.

[5] Artigo 2º da CNUDM.

[6] Artigo 33º da CNUDM.

Económica Exclusiva[7] (ZEE) e plataforma continental[8]) e os espaços internacionais, ou seja, aqueles que ficam além da jurisdição nacional de qualquer Estado (alto mar[9] e Área[10]).

A interconetividade do meio ambiente marinho implica, necessariamente, que o impacto e os danos causados por um ato de poluição, para além de afetarem o território marítimo do Estado onde esse ato tem lugar, podem fazer-se sentir no território de outros Estados, sejam estes geograficamente mais ou menos próximos daquele Estado. Acresce que, e sem prejuízo do avanço significativo nos últimos anos em matéria de contenção e remoção de poluição, os danos provocados podem prolongar-se por muito tempo, podendo até ser irreparáveis.

Assim, é particularmente significativo que a CNUDM inclua uma parte inteiramente dedicada à proteção e preservação do meio ambiente marinho, que consagra logo na sua primeira disposição que todos *os Estados têm a obrigação de proteger e preservar o meio ambiente marinho*, independentemente de serem signatários da Convenção, ou do seu estatuto como Estados bandeira[11], costeiros ou do porto, ou ainda de serem Estados com ou sem litoral. Essa obrigação é extensível aos espaços marítimos dentro e além da jurisdição nacional dos Estados, incluindo as áreas marítimas disputadas.

Daí que a Parte XII da CNUDM, e em particular o artigo 192º, constitua um dos principais contributos da III Conferência das Nações Unidas sobre o Direito do Mar (III Conferência) para o progressivo desenvolvimento e codificação do Direito do Mar.

Um dos objetivos orientadores da negociação e aprovação da Parte XII foi precisamente o alargamento e reforço da jurisdição dos Estados do porto e costeiros, através do exercício efetivo dos poderes de jurisdição previstos na Seção 6.

Esse alargamento e reforço de jurisdição visam garantir um maior cumprimento das regras e práticas internacionais por parte dos Estados, relativas à prevenção de poluição e ao seu controlo. A esse respeito, um dos aspetos

[7] Artigo 55º da CNUDM.

[8] Artigo 76º da CNUDM.

[9] Artigo 86º da CNUDM.

[10] Artigo 133º da CNUDM.

[11] Em conformidade com o artigo 91º, nº 1, da CNUDM, a nacionalidade de um navio é determinada pela bandeira que arvora, cabendo aos Estados respeitar a nacionalidade de um navio, assim como a jurisdição do Estado bandeira relativamente ao mesmo. Ver P.C.I.J., *The Case of the S.S. "Lotus"* (França v. Turquia), Julgamento de 7 de septembro de 1927, Série A, Nº 10, para. 64, 65, 68.

essenciais introduzidos pela CNUDM foi a possibilidade de os Estados adotarem medidas preventivas, em vez de medidas meramente reativas que visam, sobretudo, minimizar o impacto dos danos ambientais. Com efeito, no que concerne à proteção e preservação do meio ambiente marinho, a abordagem reativa, que era o paradigma dominante até à entrada em vigor da CNUDM, deu lugar à atuação preventiva por parte dos Estados, designadamente no que respeita ao exercício dos seus poderes de jurisdição.

A Convenção procurou ainda salvaguardar a coerência entre diferentes regimes jurídicos internacionais e, consequentemente, garantir a unidade do Direito Internacional no que respeita à proteção e preservação do meio ambiente marinho, designadamente ao referir no seu artigo 237º, nº 2, que as obrigações dos Estados – e não apenas dos Estados-parte da Convenção – relativas à proteção e preservação do meio ambiente marinho previstas em outros instrumentos legais internacionais, devem ser cumpridas de forma consistente com os princípios gerais e os objetivos da CNUDM.[12]

As negociações da Parte XII também foram particularmente concentradas na poluição com origem no transporte marítimo, em grande parte devido aos incidentes que envolveram os navios *Torrey Canyon* e *Amoco Cadiz*, respetivamente, em 1967 e 1978. Esses acontecimentos alertaram a comunidade internacional para a necessidade de serem adotadas e implementadas medidas preventivas de combate à poluição marítima, uma vez que as normas incluídas na Convenção de Genebra de 1958 sobre o Mar Territorial e a Zona Contígua não eram manifestamente adequadas perante um sector marítimo em expansão. Era necessário adotar medidas mais rigorosas relativamente à aproximação e entrada de navios em espaços marítimos sujeitos a jurisdição nacional, com o objetivo de eliminar os navios desconformes às regras e melhores práticas internacionais[13].

O crescimento do sector do transporte marítimo sublinhava ainda a evidência que não era possível aos Estados bandeira garantirem, a todo o tempo, o cumprimento das regras e melhores práticas internacionais por parte de todos os navios que arvorassem a sua bandeira. Foi precisamente essa perceção que deu lugar ao reconhecimento da necessidade do alargamento da capacidade de intervenção dos Estados do porto e costeiros, através do exercício de poderes de jurisdição, tendo em conta, desde logo, as alterações introduzidas pela CNUDM, como foi o caso do regime jurídico da ZEE que passou a incluir sob jurisdição nacional áreas marítimas que antes integravam o alto mar.

[12] Artigo 311º, nº 2, da CNUDM.

[13] Churchill, R. R.; Lowe, A. V.. *The Law of the Sea* (Juris Publishing: 1999), p. 328.

Outro aspeto a salientar é o facto da Convenção de Genebra de 1958 sobre o Mar Territorial e a Zona Contígua não prever a possibilidade de um Estado costeiro interferir com o exercício do direito de passagem inofensiva quando estivesse em causa a proteção do meio ambiente marinho. As únicas disposições relevantes constavam dos artigos 24º e 25º da Convenção de Genebra de 1958 sobre o Alto Mar, que consagravam a obrigação dos Estados prevenirem o alijamento de petróleo e de lixo radioativo.

Importa referir que, apesar do alargamento dos poderes de jurisdição dos Estados do porto e costeiros, a Parte XII procurou salvaguardar os direitos dos Estados bandeira, e em particular a prevalência da sua jurisdição relativamente à jurisdição dos Estados do porto e costeiros.

Nesse sentido, a III Conferência procurou alcançar um compromisso entre, por um lado, o princípio de prevalência da jurisdição do Estado bandeira e, por outro lado, o alargamento dos poderes de jurisdição dos Estados do porto e costeiros previstos na Seção 6[14], sendo que, qualquer abuso desses poderes pode constituir uma violação do Direito Internacional[15].

Foi precisamente no contexto agora descrito que os Estados decidiram incluir na Parte XII da Convenção uma seção que salvaguardasse o equilíbrio entre, por um lado, os *novos* poderes de jurisdição dos Estados do porto e costeiro e, por outro lado, a jurisdição do Estado bandeira, sem perder de vista o objetivo fundamental de garantir o cumprimento das regras e práticas internacionais, através do exercício efetivo de jurisdição, seja esta do Estado bandeira, do porto ou costeiro.

Assim, da leitura dos onze preceitos que compõem a Seção 7 da Parte XII destaca-se a prevalência do princípio de cooperação entre Estados no que se refere a procedimentos contra navios, sempre que esteja em causa a proteção e preservação do meio ambiente marinho. De certa maneira, a Seção 7 visa equilibrar o exercício dos poderes previstos na Seção 6, designadamente no que concerne à possibilidade de interferência com a jurisdição do Estado bandeira, estabelecendo as condições e os limites para o exercício desses poderes, quando exercidos pelos Estados do porto e costeiros.

2. Princípio de Cooperação

O princípio de cooperação é transversal a todo o Direito Internacional, incluindo o Direito do Mar, e em particular, no que ora releva, à Seção 7 da

[14] Becker-Weinberg, Vasco. "Article 223", in: *United Nations Convention on the Law of the Sea: A Commentary*, editado por Alexander Proelss, C.H.Beck, Munique, 2017, p. 1528.

[15] *The Case of the S.S. "Lotus"*, para. 47.

Parte XII. Com efeito, a cooperação entre Estados é fundamental para garantir o exercício eficaz da jurisdição do Estado bandeira, do porto e costeiro.

Nesse sentido, o preâmbulo da CNUDM refere logo no seu primeiro parágrafo, que os Estados-Partes celebram a Convenção "[a]*nimados do desejo de solucionar, num espírito de compreensão e cooperação mútuas, todas as questões relativas ao direito do mar e conscientes do significado histórico desta Convenção como importante contribuição para a manutenção da paz, da justiça e do progresso de todos os povos do mundo.*"

O preâmbulo sublinha ainda o facto dos Estados-Partes celebrarem a Convenção "[c]*onvencidos de que a codificação e o desenvolvimento progressivo do direito do mar alcançados na presente Convenção contribuirão para o fortalecimento da paz, da segurança, da cooperação e das relações de amizade entre todas as nações, em conformidade com os princípios de justiça e igualdade de direitos, e promoverão o progresso económico e social de todos os povos do mundo, de acordo com os propósitos e princípios das Nações Unidas, tais como enunciados na Carta.*"

No âmbito da Seção 6, o princípio de cooperação tem particular relevância no que respeita aos procedimentos previstos na Parte XII, como acontece, por exemplo, quando está em causa a necessidade de serem adotadas medidas que facilitem a audição de testemunhas ou a admissão de prova, desde logo, porque a noção da real dimensão e do impacto ambiental causado por poluição poderá apenas ser percetível apenas após o navio que causou o ato de poluição já não se encontrar em nenhuma das situações previstas nos artigos 218º e 220º da CNUDM, que permitem, respetivamente, a atuação pelo Estado do porto e costeiro. Nesse caso, a partilha de prova permitirá identificar o impacto e os danos ambientais, assim como estabelecer o nexo de causalidade entre o ato praticado, o seu impacto e os danos causados.

Daqui resulta que a cooperação entre Estados é um aspeto essencial para a eficácia do sistema desenhando na CNUDM e, em última análise, para prevenir e dissuadir futuros atos de poluição, desde logo, porque poderá levar os Estados bandeira a adotarem medidas mais eficazes de controlo relativamente aos navios que arvorem a sua bandeira, conforme previsto no artigo 217º da Convenção.

Embora a adoção de medidas por parte de um Estado seja discricionária, uma vez que não existe um dever de atuação, tal não significa que não exista uma obrigação de cooperação relativamente à prossecução dos objetivos previstos na Parte XII. Com efeito, o facto de não existir uma obrigação substantiva para a adoção de medidas, não significa que o não cumprimento de deveres procedimentais a que um Estado se encontre vinculado, seja admissível à luz do Direito Internacional. A mesma *ratio* decorre de outras disposições da CNUDM[16], segundo as quais os Estados devem apoiar ou disponibilizar os meios, ou garantir a não-interferência com procedimentos em curso, designadamente criando obstáculos ou adotando medidas que impeçam, por exemplo, a produção de prova ou a participação de entidades oficiais estrangeiras em procedimentos[17]. Evidentemente, a verificação do cumprimento desses deveres procedimentais depende da especificidade da situação em concreto, bem como da avaliação das medidas consideradas apropriadas em cada caso.

No âmbito do dever de cooperação, o artigo 223º pretende salvaguardar a possibilidade de os Estados – que não aquele que inicia os procedimentos – e organizações internacionais de participarem em procedimentos em curso, fornecendo provas[18]. Essa disposição visa reforçar a cooperação entre Estados contra a violação de regras e standards internacionais, bem como de leis e regulamentos nacionais adotados em conformidade com a CNUDM.

O artigo 223º sublinha o importante papel da Organização Marítima Internacional (OMI), uma vez que os poderes de jurisdição dos Estados previstos na Seção 7 incluem a aplicação das regras e standards internacionais estabelecidos por essa Organização[19]. Note-se que, relativamente à referência na CNUDM a *organização internacional competente*, como acontece no artigo 223º, deve entender-se como uma referência à OMI, desde logo, por força do próprio mandato dessa Organização e das funções que desempenha[20].

Outras disposições da CNUDM também fazem referência à cooperação entre Estados no âmbito de uma investigação de violações e de procedimentos. Em conformidade, os Estados e a OMI podem submeter provas e participar em procedimentos relativos a violações da Parte XII, tendo em vista reunir informação sobre os incidentes e garantir uma maior eficácia do sistema de controlo previsto na CNUDM[21].

[16] Artigos 27º, nº 3, 72º, nº 3, 239º, 255º, 268º, alíneas a) e c), 270º, 273º, 274º, alínea c) e 275º, nº 2, da CNUDM.

[17] Por exemplo, artigos 217º, nº 6, 218, nºs 2 e 3, 220º, nº 3 e 4 da CNUDM.

[18] Este artigo faz referência a representantes oficiais. Tratam-se das entidades ou pessoas nomeadas para o efeito, de acordo com as leis e regras aplicáveis pelo Estado bandeira ou qualquer Estado afetado pela poluição, ou pela OMI. Outros instrumentos incluem uma referência semelhante. Ver Becker-Weinberg, note 13, pp. 1530-1531.

[19] Sobre a OMI, ver Becker-Weinberg, Vasco. "Organização Marítima Internacional", in: *Dicionário Portugal Multilateral,* volume II, editado por Nuno Severiano Teixeira e Alice Cunha, Almedina, Coimbra, 2021.

[20] IMO LEG/MISC.6, 10 September 2008, *Implications of the United Nations Convention on the Law of the Sea for the International Maritime Organization*, pp. 7-9.

[21] Artigos 217º, nºs 5 e 6, 218º, nº 2, da CNUDM.

Ainda no âmbito do princípio de cooperação previsto na Seção 7, e em particular no artigo 231º[22], assim como do dever geral de diligência[23], inclui-se a obrigação dos Estados do porto e costeiro de notificarem e informarem o Estado bandeira, ou outro Estado interessado, de qualquer medida adotada, assim como de entregarem todos os relatórios oficiais relativos a procedimentos em curso no âmbito da Seção 6[24].

Embora a CNUDM não esclareça o que se entende por Estado interessado[25] ou relatórios oficiais, o objetivo dessa disposição é salvaguardar que o Estado bandeira é informado das circunstâncias em que se encontra o navio, assim como das medidas implementadas, conferindo-lhe, desde logo, a possibilidade de promover a suspensão dos procedimentos em curso, nos termos do artigo 228º.

Sem prejuízo, importa referir que o dever de notificação e de informação não inclui as medidas adotadas fora dos procedimentos resultantes dos poderes conferidos pela Seção 6, como é o caso dos poderes de jurisdição que são próprios do Estado costeiro e que estão previstos na CNUDM. Assim, a Convenção pretende manter o equilíbrio entre a preferência da jurisdição do Estado bandeira e a jurisdição dos Estados do porto e costeiro[26].

Já o artigo 233º procura salvaguardar o direito de trânsito em estreitos utilizados para a navegação internacional previsto na Parte III[27], ao referir a possibilidade dos Estados costeiros dos estreitos exercerem direitos de juris-

[22] Artigos 192º, 197º, 198º, 211º, nº 7, 217º, nº 5 e 7, e 218º, nº 3, da CNUDM.

[23] ICJ, *Legality of the Threat or Use of Nuclear Weapons*, Advisory Opinion of 8 July 1996, ICJ Reports 1996, p. 242, para. 29.

[24] Artigos 218º e 220º da CNUDM. Essa obrigação é consistente com outras obrigações semelhantes e previstas na própria Convenção, designadamente nos artigos 27º, nº 1, alínea c), nº 3, 28º , 73º, nº 4, e 94º, nº 1, da CNUDM, assim como em outros instrumentos legais internacionais. Ver Becker-Weinberg, Vasco. "Article 231", in: *United Nations Convention on the Law of the Sea: A Commentary*, editado por Alexander Proelss, C.H.Beck, Munique, 2017 pp. 1557-1560.

[25] Uma versão preliminar do artigo apenas incluia a referência ao Estado bandeira, sem mencionar outro Estado interessado. Ver Becker-Weinberg, ibid, p. 1560.

[26] Artigos 217º, nº 1, e 228º, nºs 1 e 3, da CNUDM.

[27] Sobre estreitos utilizados para a navegação internacional, ver Bing Bing Jia, *The Regime of Straits in International Law* (Clarendon Press: Oxford, 1998), pp. 129-167; López Martín, Ana G.. *International Straits – Concept, Classification and Rules of Passage* (Springer Verlag: Berlin, Heidelberg, 2010); Van Dyke, Jon M.. "Transit passage through international starits", in: *The Future of Ocean Regime-Building: Essays in Tribute to Douglas M. Johnston*, eds. Aldo Chircop, Ted L. McDorman e Susan J. Rolston (Martinus Nijhoff Publishers: Leiden, Boston, 2009), pp. 177-232; Nandan, S. N.; Anderson, D. H.. "Straits used for international navigation: a commentary on Part III of the United Nations Convention on the Law of the Sea 1982", in: 60 *British Year Book of International Law* (1989), pp. 159-204.

dição no âmbito da sua legislação nacional aplicável à passagem em trânsito, designadamente quanto à segurança da navegação e à regulamentação do tráfego marítimo, assim como para efeitos de prevenção, redução e controlo de poluição[28]. Essa disposição exclui os navios que beneficiem de imunidade[29].

Note-se que o acordo obtido relativamente à redação da Parte III foi o resultado do compromisso alcançado durante as negociações da CNUDM e que está relacionado com a definição da largura do mar territorial em 12M, o que levou a que áreas marítimas onde antes prevalecia a liberdade de navegação, ficassem agora sujeitas à jurisdição dos Estados costeiros. O resultado do consenso alcançado foi, por um lado, a proteção do direito de passagem em trânsito e, por outro lado, permitir aos Estados costeiros a adoção de leis e regulamentos relativos a essa passagem[30].

3. Exercício de jurisdição

O exercício de jurisdição dos Estados do porto e costeiros é central ao sistema de controlo de navios desenhado pela CNUDM, relativo à proteção e preservação do meio ambiente marinho. Trata-se de uma matéria extremamente complexa, que envolve, como anteriormente referido, um delicado equilíbrio entre o exercício da jurisdição desses Estados e a jurisdição do Estado bandeira.

O exercício de jurisdição no mar, seja esta espacial ou funcional, é um aspeto muito sensível do Direito do Mar, desde logo porque a liberdade de navegação e o direito de passagem inofensivo são dois pilares fundamentais do Direito do Mar, que apenas permitem uma interferência muito limitada[31]. Como tal, os Estados devem adotar, implementar e aplicar regras relativas à proteção e preservação do meio ambiente marinho, embora sem interferir de modo injustificado com o exercício dos demais direitos e liberdades previstos na CNUDM[32].

A Convenção estabelece as circunstâncias em que essa interferência é admissível, tendo em conta os direitos dos Estados bandeira e os interesses e obrigações de todos os Estados relativamente à proteção e preservação

[28] Artigo 42º, nº 1, alínea a) e b), da CNUDM.

[29] Artigo 236º, da CNUDM. Ver também artigos 32º, 95º e 96º da CNUDM.

[30] Artigos 3º, 38º e 42º da CNUDM.

[31] Artigos 17º, 24º, nº 1, 27º, nº 5, 45º, nº 1, 52º, nº 1, 58º, nº 1 e 3, 73º, 78º, nº 2, 87º, nº 1, alínea a), 105º e 211º, nº 4, da CNUDM. Ver Guilfoyle, Douglas. *Shipping Interdiction and the Law of the Sea* (Cambridge 2009); Wendel, Phillipp. *State Responsibility for Interferences with the Freedom of Navigation in Public International Law* (Springer Verlag: Berlin, Heidelberg, 2007).

[32] Artigos 192º, 194º, nº 4, e 300º da CNUDM.

do meio ambiente marinho[33]. Desde logo, os Estados bandeira podem definir as condições para a interceção de navios que arvorem a sua bandeira[34]. Com efeito, os trabalhos preparatórios da Convenção referem, na parte relativa ao exercício da jurisdição por Estados costeiros, que os procedimentos desencadeados não podem impedir o exercício da jurisdição do Estado bandeira[35].

O artigo 224º define as condições gerais para a atuação dos Estados do porto e costeiro no âmbito do exercício dos seus poderes de jurisdição. Em conformidade, a Convenção determina que esse exercício deve ser efetuado através da utilização de embarcações identificáveis e facilmente reconhecíveis como estando ao serviço do Estado,[36] de modo a evitar equívocos quanto à presença e às ações adotadas pela mesma, bem como instar o navio estrangeiro ao cumprimento das ordens transmitidas, sem prejuízo da responsabilidade internacional dos Estados por abusos resultantes do exercício dos poderes de jurisdição, tal como resulta do artigo 232º. O mesmo aplica-se a um navio estrangeiro que se encontre voluntariamente num porto ou ancoradouro, assim como aos representantes oficiais que levarem a cabo as investigações[37].

A CNUDM não esclarece o que se deve entender por *oficiais*, ou qual o seu papel, embora outras disposições da Convenção também utilizem a mesma referência. Sem prejuízo, existem regras internacionais que clarificam o âmbito das ações a desempenhar por oficiais, as quais podem complementar a normas incluídas na CNUDM. Esse é o caso, por exemplo, da Diretiva da União Europeia relativa à inspeção de navios pelo Estado do porto[38], ou o Memorando de Paris do Controlo pelo Estado do Porto (Memorando de Paris)[39], que adotam critérios mais exigentes no que espeita ao exercício de poderes de inspeção.

A Convenção também não inclui uma definição de *aeronave militar*, apesar de incluir uma definição de navios de guerra no artigo 29º. A única distinção na Convenção, e que também consta de outros instrumentos legais interna-

[33] Artigo 87º, nº 2, da CNUDM.

[34] Artigo 94º, da CNUDM.

[35] Becker-Weinberg, Vasco. "Article 224", in: *United Nations Convention on the Law of the Sea: A Commentary*, editado por Alexander Proelss, C.H.Beck, Munique, 2017, p. 1532.

[36] Artigos 216º, nº 1, alínea a) e b), 218º e 220º da CNUDM. Becker-Weinberg, ibid, pp. 1533-1534.

[37] Becker-Weinberg, ibid.

[38] Artigos 4º, nº 2, e 22º, e Anexo 11, da Diretiva 2009/16/CE do Parlamento Europeu e do Conselho, de 23 de abril de 2009, relativa à inspeção de navios pelo Estado do porto.

[39] Secção 3.3 e Anexo 6 (https://www.parismou.org/).

cionais, respeita a aeronaves civis e públicas ou pertencentes a um Estado, incluindo as militares[40].

No caso de serem utilizados outros navios ou aeronaves, esses devem ser facilmente identificáveis, de modo a tornar a sua missão evidente e assim conseguir produzir o mesmo efeito inteligível que resulta da utilização de navios de guerra e de aeronaves militares. A mesma *ratio* resulta do regime jurídico aplicável à repressão da pirataria[41], ao exercício do direito de visita[42] e de perseguição[43].

Importa referir que, relativamente ao exercício de jurisdição, o artigo 225º prevê que o mesmo deve ser exercido de forma diligente, com a adoção das medidas necessárias que evitem colocar em risco a segurança da navegação ou a criação de um perigo para o navio. Os Estados devem ainda impedir que sejam tomadas quaisquer medidas que resultem na criação desse risco ou perigo.

O citado preceito inclui ainda a obrigação dos Estados não conduzirem um navio a um porto ou ancoradouro que não seja seguro, e ainda a obrigação de não expor o meio ambiente marinho a um risco que não seja razoável[44]. A esse respeito, o artigo 225º distingue-se de outras disposições incluídas na Seção 7 quanto ao exercício dos poderes de jurisdição, como é o caso dos artigos 224º e 227º, onde a referência inicial à Convenção foi alterada para a atual redação que limita a sua aplicação à Parte XII[45].

Embora o artigo 225º faça referência a Estados, sem qualquer distinção, os poderes de execução nele referidos são os dos Estados do porto ou costeiro[46], sem prejuízo dos Estados bandeira também estarem sujeitos ao dever de garantir a segurança marítima[47] dos navios que arvorem a sua bandeira[48], bem como à proteção e preservação do meio ambiente marinho[49].

Por outro lado, e tendo em conta a referência abrangente nessa disposição a poderes de jurisdição no âmbito da CNUDM, esses poderes devem

[40] Artigo 39º, nº 3, alínea a), da CNUDM.

[41] Artigo 107º da CNUDM.

[42] Artigo 110º, nº 5, da CNUDM.

[43] Artigo 111º, nº 5, da CNUDM.

[44] Becker-Weinberg, Vasco. "Article 225", in: *United Nations Convention on the Law of the Sea: A Commentary*, editado por Alexander Proelss, C.H.Beck, Munique, 2017, pp. 1534-1537.

[45] Ibid, p. 1535.

[46] Artigo 218º, 220º e 211º, nº 5, da CNUDM.

[47] A referência a segurança marítima neste contexto deve ser entendida no âmbito da proteção ambiental ("*safety*"), em oposição à dimensão securitária ("*security*").

[48] Artigos 94º, nº 4, alínea c), e 5, da CNUDM.

[49] Artigos 192º, 211º, nº 2, 216º, nº 1, alínea b), e 217º, da CNUDM.

incluir os exercidos no âmbito da jurisdição espacial dos Estados costeiros no mar territorial[50], na Zona Contígua[51], na ZEE[52], na plataforma continental[53], assim como em estreitos utilizados para navegação internacional[54]. Os Estados exercem ainda poderes no âmbito dos direitos de visita[55] e de perseguição[56], e da repressão de pirataria[57] e das transmissões não autorizadas efetuadas a partir do alto mar[58].

A segurança da navegação também é referida relativamente ao direito de passagem inofensiva e à passagem em trânsito, onde o Estado costeiro pode adotar leis e regulamentos que garantam o exercício desses direitos em segurança[59]. Nesses casos, a segurança de navegação dependerá da adoção de regras e regulamentos relativos a rotas marítimas ou esquemas de separação de tráfego[60], sem prejuízo do cumprimento das leis e regulamentos do Estado bandeira relativos às condições de navegabilidade do navio[61] e de outras regras internacionais[62].

O não cumprimento por parte de um Estado das obrigações previstas no artigo 225º pode colocar em perigo a navegação ou criar um risco para navios e, consequentemente, dar lugar a responsabilidade internacional[63], sobretudo numa situação de colisão ou de dano ambiental. Seria o caso, por exemplo, se não fosse permitida a paragem num porto ou ancoradouro de um navio em perigo[64], sem prejuízo dos casos em que um navio estrangeiro comete um ato deliberado e sério de poluição[65].

A referência a um risco injustificado implica que os Estados, no exercício dos seus poderes de jurisdição, não podem adotar medidas que constituam

[50] Artigos 2º, nº 3, 21º, nº 1, 22º, nº 1, 25º, 27º, nº 2, 28º, nº 3, e 30º, da CNUDM.

[51] Artigo 33º da CNUDM.

[52] Artigo 73º da CNUDM.

[53] Artigo 78º, nº 2, da CNUDM.

[54] Artigo 42º, nº 1 e 4, 44º e 233º da CNUDM.

[55] Artigo 110º, nº 1, da CNUDM.

[56] Artigo 111º, nºs 1 e 2, da CNUDM.

[57] Artigo 100º e 105º da CNUDM.

[58] Artigo 109º, nº 4, da CNUDM.

[59] Artigo 21º, nº 1, alínea a), 22º, 42º, nº 1, alínea a), 3, e 54º da CNUDM.

[60] Artigos 21º, nº 3, 22º, nº 4, 24º, nº 2, 25º, nº 3, 41º, nºs 2 e 6, 42º, nº 3, 44º, 52º, nº 2, 53º, nº 7 e 10, 60º, nº 3 e 5, 80º, 211º, nºs 3 e 6, e 217º, nº 7, da CNUDM.

[61] Artigo 94º, nº 3, alínea a) e nº 4, alínea a), da CNUDM.

[62] Becker-Weinberg, nota 43, p. 1536.

[63] *ICJ*, Case Concerning the Dispute Regarding Navigational and Related Rights (Costa Rica v. Nicaragua), Judgment 13 July 2009, ICJ Reports 2009, para. 148

[64] Artigo 18º, nº 2, 24º, nº 1, alínea a), 211º, nºs 3 e 4, 232º e 233º, da CNUDM.

[65] Artigo 19º, nº 2, alínea h), da CNUDM.

uma ameaça considerável ao meio ambiente marinho. Os Estados estão legalmente obrigados a avaliar o impacto ambiental das ações e medidas que pretendam adotar. A esse respeito, o Tribunal Internacional do Direito do Mar (TIDM) reconheceu a existência de uma obrigação internacional de "*environmental impact assessment*", sempre que uma atividade possa ter um impacto ambiental adverso num contexto transfronteiriço. A verificação da razoabilidade das ações adotadas por um Estado depende das circunstâncias de cada caso[66].

Um Estado pode ainda ser responsabilizado por permitir a saída de um navio que constitua uma ameaça injustificada de dano para o meio ambiente marinho[67], ou ainda na eventualidade de um Estado impedir, sem fundamento, um navio de navegar ou o detiver com base numa ameaça injustificada[68]. Nesses casos, é necessário alcançar um equilíbrio entre, por um lado, os poderes relativos ao exercício da jurisdição do Estado no âmbito da Seção 6 e, por outro lado, o direito de passagem e a liberdade de navegação.

A utilização da força deve ser evitada sempre que possível e está sujeita a critérios de razoabilidade e necessidade, tendo em conta as circunstâncias de cada caso[69], uma vez que o uso excessivo de força constitui uma violação do direito do Estado bandeira e pode dar lugar a responsabilidade internacional[70]. Com efeito, um Estado que sofra um dano como consequência de um ato ilícito praticado por outro Estado tem direito à reparação do dano sofrido[71].

Acresce que, o dever de impedir consequências adversas inclui a obrigação de adotar medidas nesse sentido, bem como a obrigação de abstenção relativamente a qualquer conduta que possa resultar num perigo para a segurança da navegação, que crie um risco para o navio ou que exponha o meio ambiente

[66] Responsibilities and Obligations of States Sponsoring Persons and Entities with Respect to Activities in the Area, Advisory Opinion, 1 February 2011, paras. 147-150; *Pulp Mills on the River Uruguay (Argentina v. Uruguay), Judgment, I.C.J. Reports 2010*, para. 204.

[67] Artigo 226º, nº 1, alínea c), da CNUDM.

[68] Artigos 219º e 292º da CNUDM.

[69] TIDM, *The M/V "Saiga" (No.2) Case*, Julgamento de 1 de julho de 1999, para. 155. Ver Becker-Weinberg, Vasco; Verdirame, Guglielmo. "*Proliferation of weapons of mass destruction and shipping interdiction*", in: *The Oxford Handbook of The Use of Force in International Law*, edited by Marc Weller, Oxford University Press, 2015, pp. 1022-1025.

[70] Artigo 232º da CNUDM.

[71] *The M/V "Saiga" (No.2) Case*, para. 170; P.C.I.J., *Factory at Chorzów*, Merits, Judgment No. 13, 1928, Series A, No. 17, para. 47. Ver Crawford, James. *The International Law Commission's Articles on State Responsibility: Introduction, Text and Commentaries* (Cambridge University Press: Cambridge, 2005), pp. 77-80; *Brownlie's Principles of Public International Law* (Oxford University Press: Oxford, 2019), pp. 552-576.

marinho a um risco injustificado, sem prejuízo das situações de necessidade que possam afastar a ilicitude[72].

Outro aspeto fundamental do sistema de controlo consagrado na Parte XII é o princípio de não discriminação em função da nacionalidade dos navios, previsto no artigo 227º. Trata-se de um princípio transversal ao Direito do Mar e à CNUDM,[73] bem como, num sentido mais amplo, ao Direito Internacional, pois qualquer discriminação com base na nacionalidade de um navio constitui um tratamento diferenciado entre Estados bandeira, o qual seria inadmissível.[74] Consequentemente, o princípio de não discriminação aplica-se a todos os Estados, e não apenas aos Estados-Parte da CNUDM[75], o que é desde logo percetível pela referência nessa disposição a *qualquer outro Estado*. Este princípio é ainda extensível à própria tripulação do navio[76].

Importa referir que a possibilidade prevista na referida Diretiva da União Europeia relativa à inspeção de navios pelo Estado do porto[77], de um Estado recusar o acesso a um porto ou ancoradouro de um navio cuja bandeira se encontre na lista cinzenta ou negra do Memorando de Paris[78], não constitui uma situação de discriminação para efeitos do artigo 227º.

O mesmo acontece no caso de navios cujos Estados bandeira não sejam parte de um determinado instrumento internacional ou cuja tripulação não possua um certificado STCW, *i.e.*, emitido ao abrigo da Convenção Internacional sobre Normas de Formação, de Certificação e de Serviço de Quartos (STCW)[79].

Em ambos os casos, o Estado do porto procura implementar os procedimentos necessários para prevenir que os navios que não estejam em condições tenham acesso ao porto, tendo em vista a implementação de um sistema de controlo efetivo pelo Estado do porto.

[72] ICJ, *Case Concerning the Gabčíkovo-Nagymaros Project* (Hungary v. Slovakia), Judgment of 25 September 1997, ICJ Reports 1997, para. 51, 52; ITLOS, *The M/V "Saiga" (No.2) Case*, para. 133; ICJ, *The Corfu Channel Case* (United Kindgom v. Albania), Judgment 9 April 1949, ICC Reports 1949, p. 23.

[73] Artigos 24º, nº 1, alínea b), 25º, nº 3, 26º, nº 2, 42º, nº 2 e 52º, nº 2, 131º, 141º, 152º, nº 1, 211º, nº 3, 234º da CNUDM.

[74] Resolução das Nações Unidas (Assembleia Geral) 2625(XXV), 24 de outubro de 1970.

[75] Veja-se, por exemplo, os Artigos 97º e 139º da CNUDM.

[76] Artigo 10º, nº 5, da STCW; artigo 5º, nº 7, da Convenção do Trabalho Marítimo.

[77] Artigo 16º, nota 37.

[78] Sec. 1.2 and 4.1.1, nota 38.

[79] Esta matéria é regulada em Portugal pelo Decreto-Lei nº 166/201,9 de 31 de outubro, que estabelece o regime jurídico da atividade profissional do marítimo.

A jurisdição dos Estados do porto e costeiros é efetuada através de procedimentos, os quais podem incluir a inspeção de navios. Note-se que a inspeção ora referida é sobretudo documental, ou seja, com base na verificação da documentação e certificados que devem acompanhar um navio, sem prejuízo de outras medidas que possam ser adotadas, designadamente a inspeção física do navio, tal como previsto no artigo 217º, nº 2.

Porém, as medidas a adotar, como a inspeção física do navio, devem ter em conta as circunstâncias de cada situação e devem ser devidamente fundamentadas, para além da necessidade de respeitarem os limites previstos na CNUDM e em outros instrumentos legais internacionais.

Em Portugal, o Decreto-Lei nº 141/2019, de 19 de setembro, que estabelece o regime de carreiras especiais das inspeções setoriais, estipula no artigo 46º[80] o conteúdo funcional específico da carreira especial de inspeção de navios

[80] *"1 – O conteúdo funcional da carreira especial de inspeção de navios e segurança marítima consubstancia -se na realização de inspeções, levantamento de autos de notícia, fiscalizações, averiguações, inquéritos, instrução e investigação processual no âmbito de ações de controlo e fiscalização de navios e embarcações nacionais e estrangeiros, de instalações portuárias, da conformidade da execução de projetos de construção ou modificação de embarcações e de planos de proteção de navios, de instalações portuárias e de portos, da certificação de segurança e da prevenção da poluição, no quadro da legislação e regulamentação nacional, da União Europeia e internacional aplicável.*
2 – A carreira especial de inspeção de navios e segurança marítima implica, em especial, o exercício das seguintes funções:
a) Realizar inspeções, vistorias e auditorias a navios nacionais no âmbito da legislação nacional, Convenções da Organização Marítima Internacional (OMI), da Organização Internacional do Trabalho (OIT) e da regulamentação da União Europeia com vista à certificação de segurança, da prevenção da poluição e da proteção (security);
b) Realizar inspeções a navios ro-ro de passageiros para início de atividade de transporte de pessoas entre portos nacionais no quadro de regulamentação da União Europeia, determinando o impedimento em caso de incumprimento dos requisitos técnicos e operacionais aplicáveis;
c) Realizar inspeções a navios estrangeiros que praticam os portos nacionais, no âmbito do Memorando de Paris do Controlo pelo Estado do Porto, para verificação do cumprimento das Convenções da OMI, OIT e regulamentação da União Europeia aplicável;
d) Determinar a detenção ou a interrupção da operação dos navios estrangeiros em caso de deteção de incumprimento da regulamentação internacional aplicável, quando esse incumprimento seja considerado como constituindo um perigo para a embarcação, para a carga, para a navegação ou para as pessoas embarcadas;
e) Avaliar planos de proteção (security) de navios, instalações portuárias e dos portos;
f) Realizar auditorias e verificações a navios, instalações portuárias e portos, com vista à certificação no âmbito da proteção (security);
g) Realizar auditorias e verificações a navios e Companhias de forma a assegurar o cumprimento do Regulamento (CE) nº 336/2006, do Parlamento Europeu e do Conselho, de 15 de fevereiro de 2006, relativo à aplicação do Código Internacional de Gestão da Segurança na Comunidade;
h) Analisar, certificar e verificar os sistemas de registo de dados de passageiros dos navios de passageiros que escalam portos nacionais;

e segurança marítima, bem como, nos artigos 48º, nº 1, 49º, e 50º, respetivamente, os deveres específicos,[81] os poderes de autoridade[82] e os documentos

i) Assegurar o cumprimento, através de análise, certificação e verificação, do Regulamento (CE) nº 782/2003, do Parlamento Europeu e do Conselho, de 14 de abril de 2003, relativo à proibição dos compostos organoestânicos nos navios;
j) Monitorizar a atividade e auditar Organizações Reconhecidas, que tenham celebrado acordos de delegação com o Governo Português para a realização de tarefas estatutárias de certificação de navios nacionais, incluindo as Companhias, no âmbito das Convenções da OMI, OIT e regulamentação da União Europeia;
k) Realizar ações de fiscalização aos equipamentos marítimos instalados ou a instalar em navios nacionais, no âmbito da fiscalização de mercado da União Europeia;
l) Fiscalizar a conformidade dos terminais graneleiros com o disposto na legislação aplicável e impedir ou suspender uma operação de carga ou de descarga quando tiver indicações claras de que a segurança do navio ou da tripulação está em risco;
m) Fiscalizar a conformidade dos teores de enxofre dos combustíveis navais, utilizados pelos navios nacionais e pelos navios estrangeiros em portos nacionais, com a legislação aplicável;
n) Elaborar relatórios e proceder ao levantamento de autos de notícia, quando aplicável, no âmbito das inspeções, auditorias e fiscalizações;
o) Analisar e aprovar projetos de construção ou modificação de navios, no enquadramento legal e técnico dado pela legislação nacional, Convenções da OMI, da OIT e regulamentação da União Europeia aplicável;
p) Proceder à certificação de segurança, de prevenção da poluição, de proteção de navios nacionais, no quadro da legislação e regulamentação nacional, da União Europeia e internacional aplicável;
q) Acompanhar e participar nos trabalhos desenvolvidos nos Comités, Subcomités e grupos de trabalho da OMI, da OIT e da União Europeia;
r) Analisar e emitir pareceres relativos a iniciativas e propostas de regulamentação de segurança, prevenção da poluição e proteção marítima e preparação da sua introdução no direito interno."

[81] *"a) Exibir previamente prova da sua qualidade quando aplicarem medidas ou emitirem qualquer ordem ou mandado legítimo;*
b) Observar estritamente e com a diligência devida a tramitação, os prazos e os requisitos exigidos pela lei;
c) Atuar com a decisão e a prontidão necessárias quando da sua atuação dependa impedir a prática de ato ilícito, imediato e irreparável, observando os princípios da adequação, da oportunidade e da proporcionalidade na utilização dos meios;
d) Agir com a determinação exigível para cumprir uma tarefa da ação inspetiva legalmente exigida ou autorizada;
e) Agir com integridade de caráter, através de uma conduta honesta, diligente e responsável, garantindo a verdade e a fiabilidade dos resultados obtidos;
f) Desenvolver de forma permanente a sua aptidão, competência e formação profissionais."

[82] *"1 – Os trabalhadores integrados na carreira especial de inspeção de navios e segurança marítima podem, no exercício das suas funções, livremente e sem necessidade de aviso prévio, aceder e transitar em quaisquer navios ou embarcações, instalações portuárias e portos, estaleiros navais, instalações ou estabelecimentos de ensino náutico e entidades de formação no âmbito da náutica de recreio.*
2 – Para efeitos do disposto no número anterior, os inspetores gozam ainda dos seguintes poderes de autoridade:
a) Permanecer nos locais inspecionados, pelo tempo necessário à execução das respetivas diligências inspetivas, nomeadamente à análise de documentos necessários e à recolha de matéria de prova;
b) Obter a colaboração e fazer -se acompanhar de peritos ou técnicos de serviços públicos, devidamente credenciados;

profissionais[83] dos trabalhadores integrados na carreira especial de inspeção de navios e segurança marítima.

A razão da inspeção de navios ser sobretudo documental prende-se com diversos fatores, sendo o mais evidente a morosidade e a dificuldade que representa efetuar uma inspeção física de um navio, sobretudo quando considerado o crescimento do setor e do tráfego marítimo e a necessidade de garantir o funcionamento das cadeias de abastecimento.

Por outro lado, a existência de um sistema de controlo rigoroso de navios tem uma influência muito significativa na decisão dos armadores relativamente à escolha da bandeira sob a qual pretendem que os seus navios naveguem. Com efeito, a escolha de uma bandeira com uma boa reputação internacional, *i.e.* cujo Estado exerce uma jurisdição efetiva sobre os navios que arvoram a sua bandeira, confere aos respetivos navios um acesso a um maior número de portos, evitando inspeções *extraordinárias*.

Contrariamente, navios que arvorem bandeiras de Estados que não são cumpridores das regras e práticas internacionais, como é caso das bandeiras de conveniência, podem ser impedidos de acederem a portos ou ainda estarem sujeitos a mais inspeções.

Também não podem ser ignoradas as situações em que Estados do porto ou costeiros contribuem para a criação de um ambiente permissivo ao incumprimento, por exemplo, por não exercerem efetivamente os seus poderes de jurisdição, ao arrepio do sistema previsto na Parte XII.

c) Identificar qualquer pessoa que se encontre no local inspecionado;
d) Requisitar, examinar e copiar quaisquer documentos ou registos, independentemente do suporte em que se encontrem, necessários ao exercício da atividade inspetiva;
e) Efetuar registos fotográficos, videográficos, pesagens ou medições que se mostrem relevantes para a ação inspetiva;
f) Adotar, com efeitos imediatos, as medidas cautelares necessárias e proporcionais à ação inspetiva;
g) Recolher informações sobre as atividades inspecionadas, proceder a exames de quaisquer vestígios de infrações, bem como a perícias, medições e colheitas de amostras para exame laboratorial;
h) Solicitar a colaboração de autoridades policiais, militares ou de outros serviços de inspeção, sempre que a mesma se mostre necessária ou adequada ao exercício da atividade inspetiva."

[83] *"1 – Os trabalhadores integrados na carreira especial de inspeção de navios e segurança marítima têm direito ao uso de documento de identificação profissional e livre-trânsito de modelo aprovado por portaria do membro do Governo responsável pela área do mar.*
2 – O documento de identificação profissional e livre-trânsito a que se refere o número anterior é válido dentro e fora do território nacional.
3 – No exercício das suas funções, os inspetores exibem prontamente a sua identificação profissional, para certificar a sua qualidade.
4 – O uso do cartão de livre-trânsito para fins alheios ao exercício das funções do respetivo titular é considerado falta grave, punida nos termos da lei."

4. Limites ao exercício de jurisdição

O artigo 226º da CNUDM define os limites aplicáveis ao exercício dos poderes de jurisdição dos Estados do porto e costeiros previstos na Seção 6, procurando minimizar a interferência com a jurisdição dos Estados bandeira[84].

À semelhança de outros instrumentos legais internacionais, a CNUDM determina que um navio deve ser inspecionado periodicamente, podendo estar sujeito a inspeções adicionais quando existam indícios de ter sido cometida uma violação de legislação e boas práticas relativas à protecção e preservação do meio ambiente marinho[85].

Conforme referido anteriormente, é do interesse de todos os Estados, incluindo dos Estados bandeira, bem como de armadores e operadores, que essas inspeções sejam efetuadas por forma a estabelecer um sistema eficiente de controlo, que permita inspeções regulares do maior número de navios[86]. As investigações devem ser céleres a fim de evitar atrasos e eventuais repercussões económicas, que podem dar lugar ao pagamento de compensações financeiras[87]. Por esse motivo, como referido, a Convenção limita as inspeções ao exame de certificados, registos e de outra documentação.

Embora a CNUDM não regule o conteúdo ou a emissão de documentação, cabe ao Estado bandeira fazê-lo, em conformidade com as regras internacionais aplicáveis, uma vez que a limitação da inspeção ao controlo de documentos presume a veracidade dos mesmos[88]. Assim, o Estado bandeira deve garantir que os seus navios tenham a documentação necessária e que sejam periodicamente inspecionados,[89] desde logo, porque a maior parte dos documentos tem uma validade limitada[90].

No que respeita ao teor da documentação, esta deve conter informação sobre a nacionalidade do navio[91] e a sua conformidade com os demais requisitos técnicos e de segurança. Em alguns casos é ainda necessário o comprovativo do cumprimento de obrigações adicionais, tendo em conta as característi-

[84] Artigos 94º e 211º, nº 3, da CNUDM.

[85] Artigos 94º, nº 4, alínea a), 217º, nºs 3 e 4, 218º, nº 1, e 220º, nºs 1 e 2, da CNUDM.

[86] Artigo 194º, nº 1, 197º, 211º, nºs 1 e 4, da CNUDM.

[87] Artigo 232º da CNUDM.

[88] Artigo 23º, 91º, nº 2, 110º, nº 2, 217º, nº 3, da CNUDM. A Diretiva da União Europeia relativa à inspeção de navios pelo Estado do porto e o Memorando de Paris identificam os certificados e documentos que devem ser apresentados durante uma inspeção.

[89] Artigos 94º, nº 4, alínea a), 211º, nº 3, e 217º, nº 3, da CNUDM.

[90] Becker-Weinberg, Vasco. "Article 226", in: *United Nations Convention on the Law of the Sea: A Commentary*, editado por Alexander Proelss, C.H.Beck, Munique, 2017, p. 1540

[91] Artigo 91º, nº 2, da CNUDM.

cas do navio e da sua carga, como acontece com os navios que transportam petróleo, químicos, gás, combustível nuclear, substâncias perigosas ou bens perigosos, entre outros[92].

A documentação deverá ainda comprovar o cumprimento por parte dos trabalhadores marítimos das regras relativas à formação de tripulações[93]. Cabe ao Estado bandeira verificar o cumprimento por parte da tripulação do navio das regras internacionais relativas à proteção da vida no mar e à prevenção de colisões, assim como quanto à prevenção, redução e controlo da poluição marítima[94]. Os Estados bandeira podem ainda adotar legislação relativa ao desenho, construção, navegação ou equipamento de navios[95].

Em caso de discrepância entre a documentação e as condições do navio ou do seu equipamento, ou quando esta é insuficiente ou inválida, o artigo 226º, nº 1, alínea a), prevê que o navio pode ser sujeito a inspeção física, embora a Convenção não esclareça o que constitui inspeção física adicional ou o que considera como sendo justificado para o efeito. O desenvolvimento desses conceitos depende de regulamentação internacional e da própria prática dos Estados[96].

Importa referir que a alínea b) da mesma disposição não obriga à apresentação de uma fiança ou garantia financeira do Estado bandeira, tendo em vista a libertação imediata de uma embarcação[97]. Com efeito, os Estados podem considerar outros meios mais oportunos. Desde logo, seria intolerável a libertação de um navio que constituísse uma ameaça considerável ao meio ambiente marinho. Nesse caso, o Estado poderá exigir ao Estado bandeira que assegure que o navio será destruído, colocado fora de serviço ou reparado[98]. A libertação do navio poderá ainda ser recusada ou condicionada a fim do navio se dirigir ao porto mais próximo para ser reparado. Por outro lado, o Estado que detém um navio e recuse a sua libertação a pedido do Estado bandeira tendo em vista a sua reparação, poderá ser responsabilizado, tal como

[92] Becker-Weinberg, note 89, pp. 1540-1541.

[93] Ibid, p. 1541.

[94] Artigo 94º, nº 4, alíneas b) e c), da CNUDM.

[95] Artigos 21º, nº 2, 94º, nº 3, alíneas a) e b), nº 5, 217º, nº 2, da CNUDM.

[96] Molenaar, Erik Jaap. *Coastal State Jurisdiction over Vessel-Source Pollution* (Kluwer Law International: A Haia, Boston, Londres, 1998), p. 461.

[97] Treves, Tulio. "The Proceedings Concerning Prompt Release of Vessels and Crews before the International Tribunal for the Law of the Sea", in: 11 *The International Journal of Marine and Coastal Law* (1996), p. 184.

[98] Ibid.

será o Estado bandeira se, uma vez obtida a libertação do navio, este impedir que o navio se dirija ao porto mais próximo para ser reparado[99].

Fora dos casos de ameaça ou perigo, não pode existir qualquer interferência com o direito de passagem[100] ou com o princípio de prevalência da jurisdição do Estado bandeira, em conformidade com o equilíbrio alcançado na CNUDM entre o direito dos Estados costeiros de aplicarem as suas leis[101] e o direito dos Estados bandeira de obterem a imediata libertação dos navios que arvorem a sua bandeira[102].

Em qualquer caso, o Estado bandeira deverá ser notificado da detenção de um navio que arvore a sua bandeira e deverá receber todos os relatórios oficiais[103]. Em caso de acidente com bens perigosos, certos instrumentos internacionais estabelecem ainda uma obrigação de informar os Estados do porto ou costeiro mais próximo[104].

Caso o Estado recuse a libertação do navio depois de receber uma garantia financeira, o Estado bandeira pode requerer a libertação imediata do navio, em conformidade com o disposto no artigo 226º, nº 1, alínea c)[105], sem prejuízo dos direitos estabelecidos em outros instrumentos legais internacionais relativos ao controlo do Estado do porto[106]. Nesses casos, quando exista lugar à intervenção de um tribunal internacional, a libertação dependerá da entrega de uma fiança ou outra garantia financeira, conforme estipulado no artigo 292º[107].

A referência a fiança ou garantia financeira apropriada no artigo 226º, nº 1, alínea b), assim como nos artigos 73º, nº 2, 218º, nº 4, 220º, nº 7, e 292º, nº 4, não é esclarecedora quanto ao seu modo de determinação. Assim, cabe aos Estados definir a adequação da garantia financeira, tendo em vista evitar uma situação de abuso de direito[108], sem prejuízo do recurso aos mecanismos de resolução de disputas[109].

99 Artigos 94º, nº 3, alínea a), e 219º da CNUDM.

100 Artigos 17º, 19º, nº 1, 24º, nº 1, 27º, nº 5, 211º, nº 3 e 4, e 220º, nº 4, da CNUDM.

101 Artigos 73º, nº 1, 211º, nºs 4 e 5, e 220º da CNUDM.

102 ITLOS, *The "Tomimaru" Case* (Japan v. Russian Federation), Judgment 6 August 2007, ITLOS Reports 2007, para. 74; ITLOS, *The "Monte Confurco" Case* (Seychelles v. France), Judgment 18 December 2000, ITLOS Reports 2000, para. 70.

103 Artigos 73º, nº 4, e 231º da CNUDM.

104 Becker-Weinberg, note 89, p. 1542.

105 Treves, note 96, p. 185.

106 Artigos 237º e 311º da CNUDM.

107 Artigo 292º, nº 4, da CNUDM.

108 Artigo 300º da CNUDM.

109 Artigo 283º, nº 1, da CNUDM.

No que respeita à fiança e garantia financeira, e em conformidade com os artigos 292º, nº 1 e 73º, nº 2, da CNUDM, o artigo 113º, nº 2, das Regras do TIDM determina que no âmbito de um procedimento para a libertação imediata de um navio e da sua tripulação, o Tribunal deverá calcular o montante, natureza e forma da fiança ou garantia financeira, tendo em conta a sua razoabilidade e a complexidade das circunstâncias do caso, assim como, de um modo geral, a própria CNUDM e outras fontes de Direito Internacional que sejam aplicáveis[110].

5. Procedimentos criminais e civis

A Seção 7 inclui salvaguardas aplicáveis a procedimentos criminais e civis, relacionados com os poderes de jurisdição previstos na Seção 6. Embora não resulte expressamente do texto da CNUDM, o artigo 228º aplica-se aos procedimentos criminais[111], uma vez que os procedimentos civis são regulados pelo artigo 229º.

O artigo 228º também não esclarece o sentido da referência a *penalidades*[112], pelo que caberá a cada Estado, em conformidade com a respetiva legislação nacional, determinar o seu âmbito, dentro dos limites estabelecidos na Seção 7[113]. No que respeita a penalidades aplicadas pelo Estado bandeira, a CNUDM refere que essas devem ser adequadas por forma a dissuadir futuras violações[114].

O artigo 228º salvaguarda o princípio de prevalência do exercício da jurisdição do Estado bandeira[115]. nomeadamente ao prever a possibilidade de suspensão dos procedimentos relativos a violações cometidas por navios que arvorem a bandeira daquele Estado, com o fim de serem aplicadas as leis do

[110] Sobre a jurisprudência do TIDM nesta matéria, ver White, Michael. "Prompt release cases in ITLOS", in: *Law of the Sea, Environmental Law and Settlement of Disputes: Liber Amicorum Judge Thomas A. Mensah*, editado por Tafsir Malick Ndiaye e Rüdiger Wolfrum (Martinus Nijhoff Publishers: Leiden, Boston, 2007), pp. 1025-1052.

[111] Uma versão preliminar do artigo 228º referia expressamente aplicar-se a procedimentos criminais, embora a atual redação não o faça. Ver Becker-Weinberg, Vasco. "Article 228", in: *United Nations Convention on the Law of the Sea: A Commentary*, editado por Alexander Proelss, C.H.Beck, Munique, 2017, p. 1549

[112] Artigos 218º e 220º da CNUDM.

[113] Artigos 218º e 220º da CNUDM. A Convenção inclui outras referências a medidas que podem ser adotadas ou não (cf. artigos 27º, nº 1, alíena b), 73º, nº 3 e 4, 97º nº 3, e 220º, nº 2 e 6, da CNUDM), assim como limita as situações em que podem ser impostas penalidades monetárias (cfr. artigo 230º da CNUDM).

[114] Artigo 217º, nº 8, da CNUDM.

[115] Artigo 94º, 211º, nº 2, e 217º, nº 4 e 6, da CNUDM.

Estado bandeira[116]. Contudo, a suspensão é limitada às circunstâncias previstas nessa disposição[117]. Fora delas, os procedimentos podem prosseguir contra navios estrangeiros.

Na eventualidade de um Estado do porto iniciar um procedimento contra um navio estrangeiro por violações cometidas nas águas interiores, mar territorial ou ZEE de um Estado costeiro, este último pode requerer a suspensão do procedimento iniciado, tal como o Estado bandeira poderá, subsequentemente, solicitar ao Estado costeiro a suspensão do procedimento. Nesse caso, a fiança ou garantia financeira prestada ao Estado do porto, e posteriormente entregue ao Estado costeiro, será devolvida ao Estado bandeira, conforme resulta da leitura conjugada dos artigos 228º, nº 1, e 218º, nº 4, da CNUDM[118].

Refira-se, ainda, que os Estados do porto e costeiros têm um limite de três anos para iniciar um procedimento contra um navio estrangeiro, sendo que na eventualidade de já ter sido iniciado um procedimento, nenhum outro Estado o poderá fazer. Estes dois limites visam inibir os Estados de se atrasarem no desencadeamento de procedimentos, bem como evitar o seu prolongamento[119], ou ainda a multiplicação de procedimentos contra o mesmo navio.

A suspensão de procedimentos não impede os Estados do porto e costeiro de colaborarem com o Estado bandeira na clarificação dos factos, embora não se trate de um imperativo legal[120].

Requerida a suspensão, o Estado bandeira tem seis meses para dar início aos procedimentos, a contar da data de quando estes foram iniciados, incluindo quando iniciados pelo Estado do porto e subsequentemente suspensos pelo Estado costeiro[121]. Caso o Estado bandeira não inicie os procedimentos decorrido o prazo de seis meses, os Estados do porto e costeiro podem retomar os procedimentos.

Outra limitação relativa ao exercício da jurisdição do Estado bandeira prevista no artigo 228º, pode resultar do facto de estar em causa um dano significativo para o Estado costeiro. Nesse caso, prevalecerá a jurisdição do Estado costeiro, ainda que a CNDUM não tenha esclarecido o que constitui um "*major damage*".

Assim, será necessário avaliar em cada caso se há efetivamente um dano significativo, sendo particularmente relevante para o efeito a perceção do

116 Artigo 217º, nº 4, da CNUDM.

117 Ver também artigo 218º, nº 1 e nº 2, e artigo 220º, nº 1, da CNUDM.

118 Molenaar, note 95, p. 463.

119 Artigo 226º da CNUDM.

120 Artigo 217º, nº 5, da CNUDM.

121 Artigo 218º, nº 4, da CNUDM.

Estado costeiro relativamente aos danos sofridos. Com efeito, a CNUDM confere especial relevância aos interesses do Estado costeiro como fundamento para prevenir a suspensão de procedimentos por parte do Estado bandeira. Contudo, será sempre necessário acautelar que a interpretação de conceitos ambíguos incluídos na CNUDM, não resulte numa restrição indevida do princípio de jurisdição do Estado bandeira[122]. Em caso de disputa aplicar-se-ão os mecanismos previstos na Parte XV.

A obrigação de partilha de informação também faculta aos Estados do porto e costeiros o controlo sobre os procedimentos levados a cabo pelos Estados bandeira. Embora o artigo 228º não seja taxativo quanto à existência de uma obrigação de partilha de informação, conferindo, assim, alguma discrição ao Estado quanto ao momento em que essa informação deva ser partilhada, esta disposição procura salvaguardar que os Estados bandeira mantêm os Estados do porto ou costeiros informados relativamente aos procedimentos em curso. Aliás, é do próprio interesse do Estado bandeira partilhar informação com os Estados do porto e costeiro, tendo em vista a conclusão dos procedimentos em curso, uma vez que a fiança ou garantia financeira prestada pelo Estado bandeira só será devolvida após os custos incorridos com os procedimentos tiverem sido pagos ao Estado do porto ou costeiro[123].

Na eventualidade de não ter sido entregue uma fiança ou garantia financeira e os custos não forem ressarcidos, os Estados podem recorrer aos meios de resolução de disputas previstos na Parte XV. Note-se que, no caso de um Estado bandeira não cumprir as suas obrigações previstas no artigo 228º, este poderá incorrer em responsabilidade internacional,[124] para além daquela que resultar do incumprimento da obrigação de proteção e preservação do meio ambiente marinho prevista no artigo 192º[125].

Haverá ainda lugar a responsabilidade internacional do Estado costeiro, se não forem desenvolvidos esforços significativos no âmbito de uma investigação de uma violação cometida por um navio estrangeiro[126].

Já no que concerne aos procedimentos civis, estes dependem, primeiramente, da sua admissibilidade no ordenamento jurídico do Estado relevante, conforme previsto no artigo 235º, nº 2. Sem prejuízo, determinados concei-

[122] Molenaar, note 95, p. 464.

[123] Artigo 218º, nº 4, da CNUDM.

[124] Ver também artigos 217º, nº 7, e 218º, nº 4, da CNUDM.

[125] Artigo 235º da CNUDM. Ver Tribunal Internacional de Justiça, *Case Concerning the Gabčíkovo-Nagymaros Project* (Hungary v. Slovakia), Julgamento de 25 setembro de 1997, para. 152, 170.

[126] Artigo 217º, nº 5, e 223º da CNUDM.

tos referidos na CNUDM, como responsabilidade, dano ou perda, devem ser interpretados à luz do Direito Internacional[127].

O artigo 229º configura uma alternativa à obtenção de uma compensação por perdas ou danos sofridos por poluição, tendo em conta a definição que consta do artigo 1º, nº 4. Essa definição deve ser tida em consideração na aplicação da CNUDM e de outros instrumentos internacionais, como seria o caso, por exemplo, do alijamento de substâncias no meio marinho que provocassem um dano ambiental.[128] Outras perdas e danos podem resultar do atraso injustificado da saída de um navio e as consequentes repercussões financeiras, ou da detenção e maus tratos da tripulação, o uso excessivo da força, entre outras[129]. Note-se que o artigo 232º da CNUDM estipula claramente que os Estados são responsáveis pelos danos causados no âmbito do exercício dos poderes de execução previstos na Seção 6 da Parte XII[130].

O propósito do artigo 230º em restringir as situações onde é possível a aplicação de penalidades monetárias visa, essencialmente, limitar a interferência com a navegação para além do mar territorial. Com efeito, na medida que esta disposição é a única que distingue entre passagem inocente e não-inocente, resulta da interpretação da mesma que a aplicação de penalidades para além do mar territorial limita-se às penalidades monetárias, assim como que a passagem não-inocente no mar territorial pode também estar sujeitas a penalidades monetárias[131]. Releva para o agora exposto o facto de um ato de poluição poder ser considerado passagem não-inocente, nos termos do artigo 19º, nº 2, alínea h).

Importa ainda referir que a aplicação de penalidades está sujeita à discrição do Estado e da sua legislação, embora as penalidades agora referidas não constituem uma compensação por danos ou perdas sofridas, mas antes uma sanção por atos ilícitos.

[127] Wendel, pp. 170-203; James Crawford, *The International Law Commission's Articles on State Responsibility: Introduction, Text and Commentaries* (Cambridge University Press: Cambridge, 2005), pp. 204-206

[128] Artigo 218º, nº 1, da CNUDM. Ver Vasco Becker-Weinberg, "Article 229", in: *United Nations Convention on the Law of the Sea: A Commentary*, editado por Alexander Proelss, C.H.Beck, Munique, 2017, pp. 1553-1554.

[129] *The M/V "Saiga" (No.2) Case*, para. 155, 156, 159-172, 176

[130] Este artigo refere ainda a responsabilidade de organizações internacionais.

[131] Molenaar, note 95, p. 467. Ver ainda J. Peter A. Bernhardt, "A schematic analysis of vessel-source pollution: perspective and enforcement regimes in the law of the sea conference", in: 20 *Virginia Journal of International Law* (1979-1980), p. 301.

Por fim, no que concerne aos regimes de responsabilidade dos Estados previstos na CNUDM, cabe aos Estados adotarem medidas relativas ao seu desenvolvimento e implementação, conforme referido no artigo 304º.

16
COMENTÁRIO À PARTE XIII INVESTIGAÇÃO CIENTÍFICA MARINHA

Carla Amado Gomes[1]

Resumo: a Parte XIII da Convenção das Nacões Unidas para o Direito do Mar (CNUDM) disciplina o regime da investigação científica marinha (icm), até aí objecto de pouco atenção e entregue à categoria das liberdades do mar. Da Parte XIII resultam princípios e critérios da icm, mas não uma definição, o que provoca algumas dúvidas sobre o real âmbito da sua abrangência. O propósito essencial deste regime foi construir um compromisso entre o interesse no aprofundamento do conhecimento sobre o mar e os seus recursos para a Humanidade e a soberania do Estado costeiro sobre os espaços de mar onde a investigação se desenrola (através da figura do consentimento), apelando a um espírito de cooperação entre Estados e Organizações Internacionais especializadas. A Parte XIII aborda ainda questões como a compatibilização da icm com os vários usos do mar, garantindo a segurança dos intervenientes, a responsabilidade internacional das partes num cenário de icm e a resolução de controvérsias relacionadas com projectos de icm.

Palavras chave: Investigação científica marinha * Liberdades dos mares

Abstract: Part XIII of the United Nations Convention on the Law of the Sea (UNCLOS) regulates the regime of marine scientific research, which until then has been the subject of little attention and delivered to the category of freedoms of the sea. Part XIII gives rise to marine scientific research (msr) principles and criteria, but not a definition, which raises some doubts about its real scope. The essential purpose of this regime was to build a compromise between the interest in deepening knowledge about the sea and its resources for Humanity and the sovereignty of the coastal State over the

[1] Professora Associada da Faculdade de Direito da Universidade de Lisboa

sea spaces where the investigation is taking place (through the consent form), appealing to a spirit of cooperation between States and specialized International Organizations. Part XIII also addresses issues such as the compatibility of the msr with the various uses of the sea, the safeguard of the actors' safety, the international responsibility of the parties involved in a msr scenario and the resolution of disputes related to msr projects.

Key Words: Marine scientific research * Freedoms of the sea

1. Nota introdutória: a Ciência e o Direito do Mar

A investigação científica marinha tem antecedentes nas viagens do *Challenger*, em finais do século XIX, sendo então encarada como uma das liberdades dos mares – e assim permanecendo na Convenção de Genebra de 1958 sobre o alto mar[2]. O marco determinante do início de pesquisas sistemáticas residirá, porventura, no estudo de métodos sonoros para detecção de submarinos, durante a II Guerra Mundial, tendo vindo a desenvolver-se contínua e proficuamente desde então, e relevando hoje nos mais variados domínios, do puramente científico ao assumidamente comercial, em áreas tão variadas como a alimentação, a energia, o turismo ou a geologia.

Com a criação da Comissão Oceanográfica Intergovernamental, em 1960, no âmbito da UNESCO, a investigação científica marinha institucionalizou-se. Como objectivo genérico, a Comissão promove a cooperação internacional no âmbito da investigação científica marinha, desenvolvendo neste vasto campo de acção diversos programas de espectro mundial – como o *Global Ocean Observing System* (GOOS), um observatório mundial do estado dos oceanos –, bem como, a título regional e sectorial, vários programas dedicados aos sistemas de gestão do meio marinho e da orla costeira, à prevenção de riscos tecnológicos e naturais (como o incremento de sistemas de alerta precoce contra maremotos), à observação e tratamento de dados sobre os efeitos das alterações climáticas nos oceanos e seus ecossistemas[3].

[2] Conforme explicam Churchill, R. R. e Lowe, A. V. (1999). The Law of the Sea, 3ª ed., Manchester: Juris Publishing Inc., p. 401, embora o artigo 2 da Convenção de Genebra não mencione a liberdade de investigação científica marinha entre as liberdades do alto mar, o seu carácter de cláusula exemplificativa permitia considerá-la como tal, e a prática dos Estados confirmava-o. Já no caso da investigação conduzida na plataforma continental, bem assim como nas águas territoriais, o consentimento do Estado costeiro era necessário (pp. 402-403). Ver também Doussis, Emmanuella (2017). Marine scientific research: taking stock and looking ahead. In The Future of the Law of the Sea. Ed. Gemma Andreone. 87-102. DOI 10.1007/978-3-319-51274-7. Rome: Springer, pp. 89-91.

[3] Todos os programas estão descritos no sítio da Comissão: http://www.ioc-unesco.org/

Uma das áreas que mais atenção recente tem merecido é, precisamente, a da contribuição dos oceanos para a luta contra o aquecimento global, domínio onde o GOOS tem actuado em estreita colaboração com o Painel Internacional para as Alterações Climáticas, procedendo à monitorização da absorção de carbono pelos oceanos no âmbito do *International Ocean Carbon Coordination Project* (IOCCP). A investigação científica marinha é também alvo de interesse por parte de outras entidades na órbita da ONU, como a *Food and Agriculture Organization* (FAO)[4], a *World Meteorological Organization* (WMO), a *International Hydrographic Organization* (IHO) ou o *Joint Group of Experts on the scientific aspects of marine environmental protection* (GESAMP)[5].

Ressalte-se que a ligação entre a Ciência e o Direito Internacional do Ambiente desde cedo passou pelo mar. Tal associação terá despontado na Convenção sobre os lobos marinhos do Pacífico Norte, de 1911, baseada numa decisão de um tribunal arbitral constituído em 1889, a qual, por seu turno, se fundou num extenso estudo sobre o habitat de espécies migratórias (*Bering sea arbitration*). Um segundo momento pode ser identificado na investigação iniciada em 1926 sobre poluição marinha, que culminou com a assinatura da Convenção de Londres sobre prevenção da poluição por hidrocarbonetos, de 1954, com soluções fortemente filiadas em descobertas científicas. Em terceiro lugar, refiram-se as pesquisas levadas a cabo, no âmbito do Conselho Internacional para a exploração do mar, constituído em 1902, por cientistas de Estados costeiros dos mares do Norte e Atlântico norte, cujas conclusões foram acolhidas na primeira conferência sobre Direito do Mar promovida pela Liga das Nações em 1930 – não tendo sido, infelizmente, devidamente incorporadas na regulação da pesca do arenque, hoje espécie sobre-explorada[6].

A dinâmica do ambiente marinho e as contínuas descobertas de recursos, minerais e energéticos, nos fundos marinhos, pontuaram a segunda metade do século XX e desembocaram numa intensa mediação entre a ciência e a regulação das actividades no mar, desde a prevenção e controlo da poluição, à gestão da biodiversidade marinha, até ao aproveitamento dos potenciais

[4] De relevar é a aprovação, pela FAO, de um *Código de Conduta sobre pesca responsável*, em 1995, no qual se apela tanto à investigação científica dos Estados (costeiros), como à cooperação internacional nesta sede – cfr. Tanaka, Yoshifumi (2005). Obligation to cooperate in marine scientific research and the conservation of marine living resources. In ZaöRV, 65, 937-965, p. 946 –, documento que veio, aliás, a constituir uma das bases de inspiração do regime do *1995 Straddling and highly migratory fish stocks agreement*, mais conhecido por Acordo de Nova Iorque.

[5] Cfr. Churchill, R. R., Lowe, A. V., The Law..., cit., pp. 415-416.

[6] Cfr. Birnie, Patricia (1995), Law of the Sea and ocean resources: implications for marine scientific research. In *IJM&CL*, nº 2. 229-251, pp. 231-232.

mineral e energético marinhos. Pode mesmo afirmar-se que a determinação da adopção de medidas provisórias pelo TIJ, no sentido da ordem de suspensão dos ensaios nucleares franceses à superfície nos mares do Pacífico, solicitada pela Nova Zelândia e um conjunto de Estados austrais[7], constitui um afloramento precoce da lógica de antecipação de riscos para o meio marinho, uma vez que ocorrendo a deflagração dos engenhos em alto mar, não havia certezas sobre a contaminação radioactiva extensível a espaços marinhos sob jurisdição daqueles Estados[8] – mas na dúvida e perante a urgência de evitar danos irreversíveis ao ambiente e à saúde, o Tribunal da Haia decretou a suspensão.

No âmbito do Direito do Mar, porventura a mais paradigmática jurisprudência sobre a articulação entre conhecimento científico e protecção do meio marinho é o Acórdão *Southern Bluefin Tuna*, do Tribunal Arbitral constituído no âmbito da CNUDM, prolatado em 4 de Agosto de 2000[9]. Estava em causa rebater a prática de sobrepesca do atum azul por parte do Japão, contestada pela Nova Zelândia e Austrália em virtude de provocar exaurimento de stocks, mas defendida pelos nipónicos com base na alegação de que se trataria de um programa de pesca experimental a levar a cabo entre 1998 e 2000. O atum azul é espécie protegida pela Convenção para a conservação do atum azul, celebrada entre os três Estados em 1993, à qual acresceriam as normas da CNUDM (ratificada pelos três Estados) sobre gestão racional da pesca em alto mar – nomeadamente, os artigos 64 e 116 a 119, que apontam para a necessidade de salvaguarda do melhor nível de sustentabilidade ou regenera-

[7] Caso *Nuclear tests*, decidido pelo TIJ em 20 de Dezembro de 1974.

[8] Esta decisão gerou intensa controvérsia no TIJ, tendo sido fruto de uma votação de 8 juízes contra 6. A questão principal prendeu-se com a existência de jurisdição do TIJ sobre uma Área de alto mar (e também de espaço atmosférico), ao cabo e ao resto, aquela onde a actividade de experimentação francesa teria lugar. Os votos dissidentes dos juízes vencidos focam extensamente este ponto, que está estreitamente ligado à caracterização da legitimidade dos Estados austrais para defender (ainda que devido a uma relação funcional) bens situados em espaços fora de jurisdição. O Tribunal "atirou" a decisão sobre este pressuposto para a causa principal, em nome da urgência na prevenção de danos ao meio marinho e às pessoas, mas como a providência veio a caducar em virtude da alteração da forma de realização dos ensaios pela França (de à superfície para subterrâneos), o TIJ nunca chegou a pronunciar-se sobre o problema.

[9] Veja-se também o caso nº 7, decidido pelo TIDM em 2009, que opôs o Chile à União Europeia devido à alegada pesca ilegal de peixe-espada no sudeste do Pacífico. Deste caso, ressalte-se a injunção do Tribunal no sentido da constituição de Comité Técnico-Científico Bilateral com as seguintes tarefas: promover a troca de informação e de dados sobre capturas e esforço de pesca, bem como do estado dos stocks; fornecer assessoria de base científica sobre gestão dos stocks do modo a assegurar a sustentabilidade destes; fornecer assessoria sobre medidas adicionais de conservação – cfr. o ponto 4 do Despacho de 16 de Dezembro de 2009.

bilidade da espécie piscícola em causa (*maximum sustainable yield*/rendimento máximo sustentável).

A controvérsia científica sobre o estado dos stocks levou o Japão a sustentar que se estaria perante uma controvérsia científica e não jurídica (§42). No entanto, o TIDM considerou que, estando ambas as partes de acordo quanto à severa depleção da espécie, que teria atingido mínimos históricos e constituía razão de preocupação séria em termos biológicos (§72), qualquer tipo de actividade de captura, ainda que alegadamente a título puramente experimental, poderia causar dano irreversível. Assim, e apelando à prudência e precaução (*prudence and caution*) deveria, preventivamente, ser sustada – mesmo que os dados científicos apresentados quanto às causas da depleção fossem contraditórios (§§77 a 80).

Mais recentemente, residiu no conceito de "investigação científica" a questão central do caso *Whaling in the Antartic*, decidido pelo TIJ em 31 de Março de 2014. O Japão defendeu-se das acusações de concessão ilícita de licenças de pesca na Área da Antártida e da consequente violação da Convenção Internacional sobre caça da baleia movidas pela Austrália invocando (uma vez mais) um alegado programa de pesquisa científica (*Japanese Whale Research Program under Special Permit in the Antarctic* – JARPA II). Voltarei a este caso no ponto seguinte.

De realçar nesta sede é, identicamente, a representação da Comissão Oceanográfica Intergovernamental junto do TIDM na fase oral do processo de consulta que lhe foi submetido no caso 17[10], a propósito da responsabilidade dos Estados por actividades desenvolvidas por entidades por si patrocinadas na Área. Este parecer – o primeiro a ser solicitado ao Tribunal de Hamburgo e a primeira vez que uma pronúncia reuniu a unanimidade – envolve matérias altamente complexas dos pontos de vista técnico e científico, para além de jurídico, na medida em que se prende com a fixação de *standards* de gestão preventiva do risco para o ambiente marinho em razão do desenvolvimento de actividades na Área[11].

Com efeito, no ambiente marinho – como no ambiente em geral –, a dinâmica física e biológica recomenda uma atenção constante, um estudo atento, uma avaliação criteriosa. O conceito de "abordagem ecossistémica" (*ecosystem*

[10] Bem como a União Internacional para a Conservação da Natureza.

[11] A participação de peritos nos litígios sobre questões de Direito do Mar que envolvam componente técnica e científica é, de resto, expressamente prevista no artigo 289 da CNUDM quer a pedido das partes, quer por iniciativa do tribunal que se ocupe da demanda, em número não inferior a dois e escolhidos preferencialmente a partir de uma lista previamente elaborada, e sem direito de voto.

approach), que encontramos, por exemplo, na definição do Comité da Biodiversidade da Convenção OSPAR de 1992, reflecte particularmente a perspectiva abrangente e entrecruzada dos ecossistemas entre si, e entre estes e a actividade humana:

> *"The comprehensive integrated management of human activities based on the best available scientific knowledge about the ecosystem and its dynamics, in order to identify and take action on influences which are critical to the health of marine ecosystems, thereby achieving sustainable use and ecosystem goods and services and maintenance of ecosystem integrity".*

Conforme realça TANAKA[12], a abordagem científica dos ecossistemas é especialmente relevante nos chamados grandes ecossistemas marinhos ("*large marine ecossystems*"), massas de água extensíveis por áreas de cerca de 200.000 metros quadrados desde a linha de costa e que albergam em torno de 95% das espécies piscícolas, atravessando e entrecruzando áreas marinhas sob jurisdição de diferentes Estados, cuja cooperação na investigação das suas características é decisiva. O Conselho Internacional para exploração do mar tem vindo, desde 2001, a assessorar os Estados no levantamento e partilha de informação sobre estes ecossistemas.

Este breve sumário ajuda a compreender as estreitas ligações entre a Ciência e o mar e o seu Direito.

2. Uma questão preliminar: a indefinição do conceito de "investigação científica marinha"

A doutrina do Direito do Mar converge em que não resulta da CNUDM nenhuma definição de investigação científica marinha[13], apesar de a Parte XIII da Convenção a ter por objecto[14]. TANAKA refere que a expressão tem

[12] Tanaka, Yoshifumi (2005). Obligation to cooperate..., cit., pp. 952 segs.

[13] Cfr. Birnie, Patricia (1995), Law of the Sea, cit., p. 241; Stolker, M. (1998). Marine scientific research and customary law – legal regime within the exclusive economic zone, In Thesaurus Acroasium of the Institute of Public International Law and International Relations of Thessaloniki, 23, 435-445, p. 437; Churchill, R. R., Lowe, A. V. (1999) The Law..., cit., p. 405; Tanaka, Yoshifumi (2005). Obligation to cooperate..., *cit.*, pp. 938-940; Pavliha, Marko, Martínez Gutiérrez, Norman (2010). Marine scientific research and the 1982 United Nations Convention on the Law of the Sea. In O&CLLJ, nº 1. 115-133, pp. 117-118; Matz-Lück (2017), Comentário ao artigo 238. In United Nations Convention on the Law of the Sea – A Commentary, ed. Alexander Proelss. Munique: C. Beck/Hart/Nomos. 1605-1614, p. 1609.

[14] Por último sobre o regime da Parte XIII da CNUDM, vejam-se os comentários reunidos na obra United Nations Convention on the Law of the Sea – A Commentary. 2017. Ed. Alexander Proelss, Munique: C. Beck/Hart/Nomos.

um sentido amplo que se traduz em qualquer estudo ou investigação que tenha por objecto o meio marinho (aí se compreendendo fundos marinhos e subsolo marinho, coluna de água e camada atmosférica sobre o mar). Para o Direito Internacional, contudo, a investigação científica divide-se em "pura" e "aplicada", consoante a sua finalidade seja o aprofundamento do conhecimento de um determinado meio, no primeiro caso, ou tenha por objectivo a análise desse meio funcionalmente a um aproveitamento lucrativo, no segundo[15].

DOUSSIS chama a atenção para que a vaguidade a que foi entregue a noção poderia ter sido ultrapassada através do critério utilizado na Convenção de Genebra sobre a plataforma continental, que distinguia entre investigação científica pura e aplicada com base no critério da publicação dos resultados – caracterizando-se a primeira por gerar publicação aberta, a favor da divulgação generalizada do conhecimento, e a segunda por eventual ausência de publicação tendo em atenção a protecção de determinados interesses económicos[16].

Dir-se-ia que parece resultar da interpretação sistemática da Parte XIII, nomeadamente da necessidade de consentimento do Estado costeiro (*infra*, **4.**), que as actividades de investigação aqui visadas são actividades, se não imediatamente lucrativas, pelo menos com potencial económico[17]. No entanto, tal não significa, segundo BIRNIE, que o regime se não aplique também a actividades de pesquisa pura[18]. O ponto a assinalar parece residir em que o caracter altruísta da pesquisa científica pode ser um disfarce quer para a exploração de recursos, vivos e não vivos, no espaço marinho sujeito a jurisdição de Estados que não disponham de meios para realizar tais actividades nem tão pouco de capacidade de controlar as operações desenvolvidas por outros, quer para actividades de espionagem. Certo é que quanto mais abrangente for o con-

[15] Tanaka, Yoshifumi (2005). Obligation to cooperate..., cit., p. 939 (falando em "*fundamental/pure research*" e em "*applied/resource oriented research*"). Segundo Pavliha, Marko, Martínez Gutiérrez, Norman (2010). Marine scientific research..., cit., p. 122, os projectos de investigação com "*direct significance for resource exploration and exploitation*" são aqueles dos quais se possa esperar resultados quanto à localização, avaliação e monitorização de recursos com vista à análise do seu estatuto e viabilidade de exploração económica.

[16] Doussis, Emmanuella (2017). Marine scientific research:..., cit., p. 98.

[17] Neste sentido, Birnie, Patricia (1995). Law of the Sea..., cit., p. 242. Stolker, M. (1998). Marine scientific research..., cit., p. 441, considera que, comparando o regime da CNUDM com o regime anterior, vertido na Convenção de Genebra sobre a plataforma continental, de 1958, o primeiro é mais voltado para os interesses económicos e menos para os objectivos de pesquisa pura.

[18] A autora, citando Soons, admite que a investigação científica pura possa ainda ser submetida aos cânones regulatórios da Parte XIII, tendo em mente a sua instrumentalidade – Birnie, Patricia (1995). Law of the Sea..., cit., p. 242.

ceito de icm, mais poderes tem o Estado costeiro relativamente a actividades dele integrantes e afins desenvolvidas em águas sob sua jurisdição.

Particularmente árdua se revela a distinção entre bioprospecção e icm. A bioprospecção, enquanto actividade dedicada à busca de componentes biológicos de valor actual ou potencial de comercialização, faz tangentes acentuadas com a icm, dada a similitude de métodos. O que as diferencia é a utilização que se faz do conhecimento adquirido. A discussão ganha um interesse particular quando se pensa na investigação sobre material genético a utilizar na produção de medicamentos, a qual pode não ser imediata – e portanto não ter um desígnio lucrativo a breve trecho. O potencial lucro que pode estar em causa, associado ao princípio da partilha de benefícios decorrentes da utilização de recursos genéticos, ínsito na Convenção da Biodiversidade e no Protocolo de Nagoya[19], faz com que as restrições à icm se possam avolumar, com base numa lógica de que, na dúvida, o Estado costeiro deve poder assegurar os seus direitos de partilha[20].

Refira-se que a propósito da indefinição do conceito de "investigação científica" no contexto da Convenção baleeira de 1946, referida no ponto anterior, o TIJ, no caso *Whaling in the Antartic*, debruçou-se sobre o termo, partindo da opinião de um perito (indicado pela Austrália), uma vez que a Convenção não contempla qualquer definição. Considerando o contexto, as características do conceito foram suportadas em quatro aspectos (§73): i) o estabelecimento de objectivos, testáveis a partir de hipóteses, que contribuam para aprofundar o conhecimento sobre a conservação e a gestão de stocks; ii) a utilização de métodos adequados, incluindo métodos letais apenas quando os objectivos não possam ser atingidos por técnicas menos lesivas; iii) a sujeição das conclusões a *peer review*; e iv) a evitação de efeitos prejudiciais para os stocks.

Dada a abrangência de objectivos da CNDUM, torna-se difícil transpor estes critérios como contributo interpretativo do conceito de "investigação científica marinha" em torno do qual gravita a Parte XIII. De resto, o TIJ tão pouco os utilizou. Na sua Declaração de voto, o juiz Cançado Trindade voltou ao tema e assinalou a intensa incerteza que rodeia a investigação científica e a necessidade de progredir através do método tentativa e erro. Mas sublinhou também que, havendo métodos menos agressivos, os letais devem ser evitados, uma vez que os recursos são finitos. Assinaladas as devidas diferenças entre a Convenção baleeira e a CNUDM, diria que é de reter o conceito de

[19] Cfr.os artigos 15/7 da Convenção da Diversidade Biológica, e o Protocolo de Nagoya.

[20] Cfr. Matz-Lück (2017). Comentário ao artigo 238. In United Nations Convention on the Law of the Sea – A Commentary, cit., pp. 1611-1612.

investigação cientifica – o estabelecimento de objectivos, testáveis a partir de hipóteses formuladas através de métodos utilizados pela comunidade científica, que contribuam para aprofundar o conhecimento sobre o ambiente marinho[21] – e de assinalar dois aspectos fundamentais, embora funcionais: o critério de proporcionalidade e o critério da não frustração de objectivos do instrumento convencional – o que, no caso da CNUDM, coloca a enfâse na compatibilização de objectivos, uma vez que são múltiplos.

É precisamente uma preocupação de compatibilização de objectivos que preside à questão da regulação do consentimento do Estado costeiro relativamente a actividades de investigação realizadas em áreas marinhas sob sua soberania ou jurisdição – ou seja, até ao limite da sua Zona Económica Exclusiva/plataforma – no que tange à aplicação ou não da Parte XIII. Se se aceita que, no mar territorial, qualquer actuação que se não traduza no mero atravessamento possa ser considerada passagem não inofensiva e, portanto, deva ser expressamente autorizada [cfr. o artigo 19º nº 2 alínea j)[22]][23], diferentemente se perspectiva a questão no que concerne a outros espaços de mar, como veremos em **4.** Esta delimitação competencial espacial pressupõe, contudo, a caracterização da actividade como icm, o que, dadas as "zonas cinzentas" criadas pela inexistência de um conceito suscita dúvidas, como se assinalará[24]!

3. Princípios inerentes à investigação científica marinha

Cumpre começar por ressaltar que a investigação científica marinha só se torna um tema a partir da II Guerra. Até aí, a actividade não tinha praticamente expressão, ficando absorvida pelo princípio da liberdade do mar. Só nos anos 1950 se despertou para a importância económica, ecológica e estratégica dos oceanos e consequentemente se desenvolveram competências e tecnologias com vista ao estudo destes espaços. Na Convenção de Genebra sobre a plataforma continental, de 1958, o artigo 5º dedicava atenção a esta realidade, distinguindo entre exploração económica e pesquisa oceanográfica

[21] Neste sentido, Matz-Lück (2017). Comentário ao artigo 238 – United Nations Convention on the Law of the Sea – A Commentary, cit., pp. 1609-1610.

[22] Os artigos citados, salvo indicação diversa, pertencem à CNUDM.

[23] Conforme sublinha Tanaka, Yoshifumi (2005). Obligation to cooperate..., cit., p. 942, o Estado costeiro goza de poderes decisivos sobre a actividade de investigação científica em zonas marinhas sujeitas a soberania territorial, facto que se reflecte quer no mar territorial, quer em águas arquipelágicas (cfr. o artigo 49), quer ainda nos mares fechados ou semi-fechados – aqui com a particularidade de coordenação necessária das políticas de investigação científica marinha entre os Estados costeiros que partilhem poderes de jurisdição sobre tal espaço [cfr. o artigo 123/c)].

[24] Doussis, Emmanuella (2017). Marine scientific research:..., cit., pp. 98-99.

com objectivos de construção e partilha de conhecimento, exigindo o consentimento do Estado costeiro para ambos os casos. Com a CNUDM, a regulação da investigação científica marinha ganha sede autónoma na Parte XIII.

Convém também referir, a título preliminar, que a liberdade de desenvolver icm a que se reporta o artigo 240º deve ser articulada com a liberdade dos mares. A remissão operada pelo artigo 87º nº 1 alínea f) para a Parte XIII impõe essa conclusão, sujeitando a icm aos princípios aplicáveis em Alto Mar e na Área. Do artigo 240º resultam ainda, como se verá, várias referências cruzadas com outras partes da CNUDM, daí decorrendo não ser a liberdade de investigação científica um conceito absoluto nem em espaços fora de jurisdição estatal, nem – e sobretudo – em espaços sujeitos a esta.

O artigo 240º pretende estabelecer uma pauta de princípios aplicáveis nesta sede. Porém, por um lado, fica aquém desse objectivo, uma vez que os princípios convocáveis se espraiam para além do seu núcleo dispositivo e, por outro lado, vai além do estabelecimento de princípios de acção, misturando-os com critérios de actuação, a saber:

- Princípio da liberdade de realizar investigação científica marinha (artigos 238º, 256º e 257º);
- Princípio da cooperação internacional com vista à promoção da investigação científica marinha (artigos 239º, 242º, 243º, 244º, 246º nº 3 e 143º nº 3);
- Princípio da realização de investigação científica marinha exclusivamente para fins pacíficos [artigo 240º alínea a)].

Já quanto às directrizes de actuação – ou seja, directrizes que condicionam a realização de investigação científica marinha –, elas traduzem-se nos seguintes critérios positivos:

- Compatibilidade entre métodos científicos e tecnologias utilizadas e âmbito de protecção da CNUDM [artigo 240º alínea b)];
- Compatibilidade entre actividades de icm e outros usos legítimos do espaço marinho [artigo 240º alínea c)];
- Compatibilidade entre icm e regulamentos dedicados à sua implementação, incluindo os que visam a proteção e preservação do meio marinho [artigo 240º alínea d)].

Temos ainda um critério de verificação negativa no artigo 241º[25]: insusceptibilidade de realização de actividades de icm como fonte de reivindicações.

Relativamente aos três **princípios** que referi, cumpre assinalar o seguinte:

i) O princípio da liberdade de realizar investigação científica marinha constitui uma das expressões do princípio da liberdade no alto mar, conforme anuncia o artigo 87º nº 1 alínea f), e deve ser exercida com respeito pelos direitos de outros Estados, do regime da Área e das demais limitações decorrentes de Direito Internacional. Trata-se de um princípio aplicável a Estados, OIs e sobretudo entidades privadas, uma vez que a natureza e complexidade das operações desenvolvidas leva a que sejam mormente privados, actores económicos ou científicos, a conduzi-las. Como, de resto, é sublinhado pelo artigo 263º nº 3, a responsabilidade por danos decorrentes destas actividades, quando levadas a cabo por privados, recairá subsidiariamente sobre os Estados a quem tais actores se encontrem juridicamente filiados.

A icm pode também ser desenvolvida em espaços sujeitos a jurisdição, nomeadamente a ZEE, estando aí mais condicionada pelos direitos dos Estados costeiros, embora estes os devam exercer com razoabilidade, como impõe o artigo 78º.

Ao falar em 'direitos', os artigos 238º, 256º e 257º pronunciam-se de modo programático uma vez que a imprecisão da maior parte das normas da Parte XIII, por um lado, e a quantidade de condicionamentos decorrentes de direitos dos Estados costeiros, de terceiros Estados e de objectivos de carácter geral como a protecção do ambiente são tão significativos, por outro lado, determinam que a expressão fica consideravelmente esvaziada na sua justiciabilidade. Por isso me parece mais adequado falar em princípio, numa lógica do Direito Internacional em evolução, e mesmo assim reconduzindo a sua valência ao âmbito da icm com finalidade altruísta, a favor da Humanidade, pois só aí parecem de algum modo afrouxar as prerrogativas do Estado costeiro (v. *infra*, **4.**).

ii) O princípio da cooperação internacional com vista à promoção da investigação científica marinha retira-se da conjugação dos artigos 239º e 242º e segs. Como sublinha MATZ-LÜCK, do artigo 239º nada mais se extrai do que uma exortação à facilitação da icm, visto que o preceito não elenca meios, nem

[25] Esta proibição constava de uma versão inicial do artigo 240 – cfr. Matz-Lück (2017), Comentário ao artigo 240. In United Nations Convention on the Law of the Sea – A Commentary, cit. 1617-1624. p. 1619.

recorta direitos dos sujeitos envolvidos[26]. Porventura faria sentido a promoção de icm a favor da Humanidade, mas essa referência não logrou chegar à versão final. Tal como está, a disposição, para além de iluminar a importância da icm para um melhor conhecimento do meio marinho, serve fundamentalmente de base para concretizações mais específicas.

Tais concretizações passam, em minha opinião, por deveres de cooperação – do Estado costeiro, desde logo, e de Estados e OIs entre si – com vista à criação de condições de investigação no meio marinho. É certo que o âmbito do preceito pode ser encarado tanto de uma perspectiva interna (do Estado costeiro face a instituições e sujeitos nacionais), como de uma perspectiva internacional (em face de outros Estados e sujeitos a si vinculados e de OIs), mas só nesta segunda fará sentido falar em cooperação – para efeitos de Direito Internacional.

Assim, a promoção da icm traduz-se sobretudo na geração de um ambiente de colaboração entre actores capazes de a levar a cabo, sobretudo da parte do Estado costeiro – não opondo restrições desrazoáveis[27] –, mas também da parte dos interessados em desenvolver a icm, que devem articular-se com vista a criar sinergias e a gerar projectos. Na realidade, dadas as características do meio marinho – a sua fluidez e a contiguidade de espaços com diferentes regimes –, a cooperação é intrinsecamente necessária à icm, e a complexidade das operações a desenvolver convidam à conjugação de esforços e saberes[28]. De resto, a Declaração de princípios de governação dos fundos marinhos e águas sobrejacentes para além de jurisdição estatal [Resolução da Assembleia Geral 2749 (XXV), de 17 de Dezembro de 1970] já frisava esses mesmos aspectos (pontos 10 e 11).

Ressalte-se que, no que importa à icm na Área, deve invocar-se primacialmente o artigo 143º nº 3[29]. Esta disposição é bastante mais precisa na caracterização dos deveres ínsitos à obrigação de cooperação, embora estes não deixem de ser fundamentalmente obrigações de resultado. A cooperação revela-se aqui particularmente importante na medida em que os custos de icm na Área são elevados e só um conjunto reduzido de Estados têm meios, financeiros, técnicos e humanos para a promover – o que explica o cuidado

[26] Matz-Lück (2017). Comentário ao artigo 239. In United Nations Convention on the Law of the Sea – A Commentary, cit.. 1615-1617, p. 1615.

[27] Neste sentido, Tanaka, Yoshifumi (2005). Obligation to cooperate..., cit., p. 942.

[28] Veja-se o exemplo do projecto Argo – http://www.argo.net.

[29] Cfr. Voneky/Beck (2017), Comentário ao artigo 143. In United Nations Convention on the Law of the Sea – A Commentary, cit., 989-1001.

na determinação dos fins da icm, na alínea b) do artigo 143º nº 3, que devem ter em conta o apoio a Estados menos desenvolvidos[30].

Os artigos 242º a 244º acrescem ao artigo 239º na medida em que apresentam os actores envolvidos na icm – Estados, OIs e cientistas – e concretizam a ideia de promoção da icm. Esta passa sobretudo pela difusão de informação sobre as características dos espaços marinhos com vista à elaboração de projectos de investigação – informação de dados e de resultados (artigo 244º nº 1) –, mas também pela capacitação de Estados menos desenvolvidos para a realização autónoma de projectos desta ordem (244º nº 2). O apoio de OIs especializadas é da máxima relevância, a título de fornecimento de canais de divulgação e de aproximação de cientistas, e de expertise[31].

Do ponto de vista jurídico, o artigo 242º levanta um problema evidente quando se refere aos deveres das OIs, uma vez que estas não são partes na CNUDM. Para além da Comissão Oceanográfica Internacional e da Autoridade dos Fundos Marinhos (esta, à luz dos Estatutos e do Anexo VIII/2 à CNUDM), várias outras OIs podem ser visadas nesta previsão, como o Programa das Nações Unidas para o Ambiente, a Organização Meteorológica Internacional, a Organização Hidrográfica Internacional, a Organização Marítima Internacional – mas também, embora mais lateralmente, a Agência da ONU para a Alimentação ou o Banco Mundial, e ainda organizações regionais. A doutrina tem considerado que a estatuição do artigo 242º tem um alcance meramente político em virtude, por um lado, da ineficácia relativamente a terceiros à CNUDM e, por outro lado, da sua vaguidade. No entanto, PAPANICOLOPULU entende que dele podem retirar-se três consequências: um mandado de acção; uma acção legítima; e um fundamento de aprovação de directrizes de conduta a aprovar no futuro[32].

Pressupostos do 'dever' de cooperação para a promoção de icm são aqueles a que se refere o nº 1 do artigo 242º: o respeito pela soberania e jurisdição,

[30] A questão da caracterização ou não da bioprospecção como icm adquire na Área contornos muito relevantes, uma vez que a gestão dos recursos abióticos dos fundos marinhos é missão da Autoridade. Porque o nº 1 do artigo 143 exige que icm desenvolvida na Área tenha não só fins pacíficos como reverta a favor de toda a Humanidade, a autorização de desenvolvimento de projectos comerciais está excluída – mas isso não significa que as descobertas devam ser destituídas de valor comercial – Voneky/Beck (2017). Comentário ao artigo 143. In United Nations Convention on the Law of the Sea – A Commentary, cit., p. 994.

[31] Sobre a cooperação entre Estados através de organizações internacionais, Loureiro Bastos, Fernando (2005). A internacionalização dos recursos naturais marinhos, Lisboa: AAFDL, pp. 667 segs; Tanaka, Yoshifumi (2005). Obligation to cooperate..., cit.., pp. 958 segs.

[32] Papanicolopulu, (2017). Comentário ao artigo 242. In United Nations Convention on the Law of the Sea – A Commentary, cit.,1630-1636, p. 1634

quanto a poderes do Estado costeiro, a poderes do Estado de bandeira e outros títulos baseados no Direito Internacional; a partilha efectiva de resultados entre os cooperantes; e a finalidade pacífica da investigação. Qualquer Estado a quem sejam opostas limitações diversas pode legitimamente retirar-se da cooperação.

Já se disse que a promoção da icm envolve sobretudo uma intensa partilha de informação e de conhecimento. O nº 2 do artigo 242º incide sobre divulgação de informação, mas não apenas ligada à icm – ou seja, tem um âmbito mais amplo do que o artigo 244º – e somente entre Estados. O dispositivo deve ser lido no quadro das preocupações de prevenção de riscos para as pessoas e para o ambiente marinho e subordina a cooperação dos Estados neste domínio à observância do princípio da prevenção e do imperativo de realização de avaliação de impacto ambiental antes de iniciar projectos susceptíveis de gerar impactos adversos para aqueles bens[33].

O artigo 244º, dedicado estritamente à divulgação de informação e publicitação de conhecimento decorrente de icm volta a envolver as OIs competentes, abrindo o âmbito de aplicação a um universo de sujeitos com melhor capacidade de análise. O preceito refere três tipos de realidades a partilhar: informação sobre programas, divulgação de dados científicos e publicitação de resultados de icm, presumivelmente tanto por Estados costeiros, como por OIs, como por Estados de bandeira (de embarcações que possam tomar conhecimento de informação relevante), como, enfim, por cientistas activamente envolvidos na icm. Canais de divulgação serão, primacialmente, a Comissão Oceanográfica Internacional e outras OIs especializadas (não forçosamente integradas nos projectos mas que podem surgir como amplificadoras da informação), embora não exclusivamente (cfr. os artigos 250º e 277º).

Note-se que a divulgação de informação e conhecimento, enquanto expressão de um princípio de partilha de riqueza científica comum obtida a partir de um bem de interesse para a Humanidade, como é o mar, encontra limites na reserva de soberania dos Estados costeiros relativamente à divulgação

[33] A propósito do caso *Southern Bluefin Tuna*, Tanaka, Yoshifumi (2005). Obligation to cooperate.., cit., p. 956, realça a fundamentalidade da cooperação, desde logo no estabelecimento de uma metodologia de avaliação de riscos baseada em critérios consensualmente obtidos, sob pena de se abrir constante espaço à litigiosidade. Também sobre a prevenção de riscos para o meio marinho no quadro da icm, veja-se Amado Gomes, Carla (2014). Por mares nunca de antes navegados: gestão do risco e investigação científica no meio marinho. In 30 Anos da assinatura da Convenção das Nações Unidas sobre o Direito do Mar: protecção do ambiente e futuro do Direito do Mar. Ed. Marta Chantal Ribeiro. Coimbra: Coimbra Editora.

de resultados de projectos de investigação desenvolvidos na ZEE relativos à exploração de recursos naturais (cfr. o artigo 249º nº 2) e bem assim de dados que possam pôr em causa a sua segurança (cfr. o artigo 302º).

A icm a levar a cabo em ZEE, quando não promovida pelo Estado costeiro, reclama especiais cuidados, acautelados pela necessidade de consentimento prévio (v. *infra*,**4.**). A criação das condições favoráveis a que se refere o artigo 243º passa sobretudo por esse consentimento, que pode ser agilizado através da celebração de acordos, bilaterais e multilaterais (mas também por outras formas, como as referidas no artigo 255º). Neste sentido, PAPANICOLOPULU fala de um *pactum de contrahendo* cujo objecto é, no entanto, demasiado vago, o que torna a caracterização de violação difícil[34]. A Autora observa que esta falha pode ser suprida através de outras vias, nomeadamente de decisões adoptadas no seio de OIs dedicadas à icm. De resto, não se conhece qualquer tratado celebrado com base nesta cláusula, embora a Comissão Oceanográfica Internacional, através do Observatório por si criado (o GOOS), desenvolva uma actividade da maior relevância neste domínio.

A criação de condições favoráveis à icm, tal como prescrita no artigo 243º, sofre de duas limitações significativas: por um lado, o preceito refere a icm e não a investigação no meio marinho (ou seja, investigação realizada em meio marinho mas não forçosamente para obter conhecimento sobre este espaço); por outro lado, circunscreve as actividades a desenvolver ao espaço marinho, ignorando a utilização de técnicas (principais ou acessórias) que possam, desde fora, fornecer informação sobre ele (observação por satélite ou a partir do território).

iii) O princípio da realização de investigação científica marinha exclusivamente para fins pacíficos, consagrado na alínea a) do artigo 240º, repete o que já decorre dos artigos 88 (alto mar) e 141º e 143º (Área), incidindo sobre todas as restantes áreas de mar. A definição de fins pacíficos não é isenta de dificuldades, mas o artigo 301º pode ajudar, na medida em que dele decorrem a proibição do uso da força e da formulação de ameaças à independência e integridade territorial dos Estados através de actividades desenvolvidas no meio marinho. Resta, porém, saber se o artigo 240º exclui a investigação marinha para fins militares e geoestratégicos, leitura que parece de afastar pois isso significaria que nem no mar territorial os Estados costeiros o poderiam

[34] Papanicolopulu, (2017). Comentário ao artigo 242. In United Nations Convention on the Law of the Sea – A Commentary, cit., p. 1639.

fazer[35]. Ponto é que tal icm, a acontecer, respeite as regras da CNUDM (soberania; jurisdição; protecção do ambiente; compatibilidade com usos diversos do mar) e promova a divulgação dos resultados – salvo, porventura, naquilo que puder pôr em causa a segurança do Estado costeiro (cfr. o artigo 302º).

Quanto aos **critérios positivos** a que deve subordinar-se a icm, e louvando-me nas observações de MATZ-LÜCK, as alíneas b), c) e d) do artigo 240º são redundantes. Isto porque a icm, como qualquer actividade desenvolvida no mar por Estados partes na CNUDM (e sujeitos a si juridicamente filiados), deve desenvolver-se através de métodos compatíveis com a Convenção (mesmo que não indique quais), deve pautar-se pela compatibilização com outros usos do mar (sendo certo que não resulta da CNUDM nenhuma hierarquia, o que remete para uma harmonização por apelo à equidade)[36], deve respeitar as normas de protecção do ambiente marinho[37] (muito embora não possa afirmar-se que caso provoque algum impacto negativo deva ser forçosamente considerada inadequada – mas sempre exigirá avaliação de impacto ambiental caso se afigure susceptível de o causar)[38], enfim, deve compatibilizar-se com a normatividade e axiologia da CNUDM[39].

Do artigo 241º resulta o único **critério de verificação negativa**, ou a única norma proibitiva deste elenco. O preceito espelha o princípio da não apropriação de espaços de alto mar (ínsito no artigo 89º) e da Área (artigos 137º nº1 e nº 3), bem como da liberdade de pesca em alto mar (artigo 87º nº 1). Tem uma função clarificadora, pois tal proibição já se extrai de outras normas (cfr. os artigos 56º, 77º e 82º).

A proximidade entre reivindicação de territórios e rotas marinhas e expedições exploratórias remonta aos Descobrimentos. Mais recentemente, o TIJ ocupou-se de um caso no qual se verificou uma situação tangencial entre reivindicações de direitos de soberania no mar e icm: foi o caso da plataforma continental do mar Egeu (a Turquia desenvolvia pesquisa na plataforma continental de ilhas sobrejacentes que a Grécia reclamava – o que constituiu, na verdade, um litígio sobre a quem pertencia a soberania sobre a zona, à qual

[35] Matz-Lück (2017). Comentário ao artigo 240. In United Nations Convention on the Law of the Sea – A Commentary, cit., p. 1620.

[36] Ver também os artigos 246/8 e 261.

[37] Cfr. o artigo 192.

[38] Matz-Lück (2017). Comentário ao artigo 240. In United Nations Convention on the Law of the Sea – A Commentary, cit., p. 1621.

[39] A prática dos Estados converge, em geral, com estes critérios, o que leva à caracterização do regime da Parte XIII como dando forma a normas costumeiras – Doussis, Emmanuella (2017). Marine scientific research:..., cit., p. 94.

estava acoplado o direito de pesquisa)[40]. Trata-se de um princípio perfeitamente consolidado, identicamente aplicável em sede de proibição de utilização da actividade de icm para reclamar direitos de soberania sobre recursos vivos e não vivos e sobre formas de produção de energia no mar – como se estabelece no artigo 249º nº 2.

A questão sensível levantada pelo artigo 241º diz respeito aos direitos de propriedade intelectual ligados à icm. Segundo MATZ-LÜCK, é duvidoso que eles estejam abrangidos no âmbito de protecção da norma, uma vez que tais direitos não são consequência directa da icm e esta, por seu turno, já contempla esquemas de protecção dos direitos dos Estados costeiros na partilha dos resultados [cfr. o artigo 249º nº 1 alínea c)]. Mesmo no caso de icm sobre recursos cuja utilização possa ter interesse para a Humanidade, se forem obtidos em espaços sujeitos a jurisdição estatal torna-se difícil defender que não são patenteáveis. Relativamente a um outro aspecto, o da protecção do acesso a recursos genéticos, a Convenção da Diversidade Biológica e o Protocolo de Nagoya acautelam a questão nas águas interiores e no mar territorial (pois são equiparados a território) e quanto à ZEE vale o disposto no artigo 246º nº 5 alínea a) – prevalência do interesse do Estado costeiro. O que significa que a possibilidade de patentear as descobertas sem interferência (do Estado costeiro) só se verifica relativamente a resultados de pesquisas realizados em alto mar[41].

4. Poderes de jurisdição do Estado costeiro: uma geometria variável

A icm, constituindo embora uma liberdade do mar a exercer com vista a fins pacíficos, tem de compaginar-se com diversos critérios, como já observei (métodos científicos adequados; respeito por outros usos legítimos do mar; observância das normas de protecção do ambiente marinho). Esta liberdade pode ser mais ou menos comprimida em razão do espaço marinho onde se desenvolva, dado que os poderes de jurisdição do Estado costeiro se vão atenuando à medida que nos afastamos da linha de costa. Assim, não espanta que os promotores da icm se vejam sujeitos a limites muito apertados no mar territorial, a limites significativos na ZEE e na plataforma continental, e a um lote muito menos expressivo na zona além da ZEE (v. *infra*, **5.**). Está, naturalmente em causa a afirmação da soberania do Estado costeiro, traduzida fun-

[40] Caso *Aegean Continental Shelf*, decidido a 19 de Dezembro de 1978.

[41] Matz-Lück (2017). Comentário ao artigo 241. In United Nations Convention on the Law of the Sea – A Commentary, cit., 1624-1630, p. 1629.

damentalmente na competência de autorizar a icm. Porém, esta reserva varia também em função da natureza estritamente científica ou (também) comercial da investigação a desenvolver.

O artigo 245º marca presença na Parte XIII por uma questão de coerência (cobrir todos os espaços de mar), mas nada acrescenta ao que decorre do artigo 2º: os poderes do Estado costeiro sobre o mar territorial são exclusivos, ressalvado o direito de passagem inofensiva (cfr. o artigo 17º). Ressalte-se que é considerada agressão e concomitante ameaça à paz a realização de icm no mar territorial[42], nos termos do artigo 19º nº 1 alínea j), salvo se se conformar com leis e regulamentos do Estado costeiro que a admitam, sob condições [cfr. o artigo 21º nº 1 alínea g)]. Em qualquer caso, o consentimento expresso é devido e as possibilidades da sua concessão são praticamente ilimitadas. Os contra-limites à discricionaridade irrestrita envolvem a salvaguarda de interesses protegidos pela CNUDM, como a protecção do ambiente marinho (cfr. a Parte XII).

Na ZEE, a regra quanto à possibilidade de desenvolver icm decorre do nº 2 do artigo 246º: "A investigação científica marinha na zona económica exclusiva e na plataforma continental deve ser realizada com o consentimento do Estado costeiro". Os Estados costeiros devem regulamentar os termos de exercício de icm, em conformidade com a CNUDM, nesses espaços[43], e os sujeitos que pretendam realizar tais actividades deverão compaginar-se com essa regulamentação – uma vez obtida a autorização. Note-se que os espaços de mar envolvidos nesta disposição contemplam a hipótese de extensão da plataforma continental para além das 200 milhas em zonas nas quais os Estados costeiros exercerão jurisdição em termos idênticos aos da plataforma continental delimitada desde que sinalizem, com adequada publicidade, as áreas "nas quais se estão a realizar ou venham a realizar-se, num prazo razoável,

[42] Discute-se se as actividades de oceanografia experimental, relevantes para estudos meteorológicos, se reconduzem a icm. Huh/Nishimoto (2017) explicam que, em bom rigor, a reserva de soberania subjacente ao artigo 19/2/j) indicia essa interpretação; contudo, a Organização Meteorológica Internacional não tem propugnado essa leitura, tendo em consideração a relevância desses levantamentos para a comunidade internacional – Comentário ao artigo 245. In United Nations Convention on the Law of the Sea – A Commentary, cit., 1643-1649, p. 1647-1648.

[43] Colocam-se aqui as dúvidas sobre se o consentimento para a realização de icm implica a presença de equipamento na plataforma ou na coluna de água. Huh/Nishimoto (2017) referem que o consentimento é necessário mesmo que os equipamentos não estejam presos à plataforma e também relativamente ao sobrevoo de aeronaves para observação da coluna de água (já não para observação por satélite), apelando ao paralelo do artigo 58/1 – Comentário ao artigo 246. In United Nations Convention on the Law of the Sea – A Commentary, cit.. 1651-1664, p. 1657.

actividades de aproveitamento ou operações pormenorizadas de exploração sobre essas áreas" (nº 6 do artigo 246º).

Se é verdade que a necessidade de autorização é incontornável, já a discricionaridade da competência autorizativa apresenta diversas cambiantes de intensidade, desde uma maior vinculação em face de projectos de investigação pura, que acrescem ao conhecimento dos recursos do mar, de fins exclusivamente pacíficos, desenvolvidos em "circunstâncias normais" (nº 3)[44], passando por uma discricionaridade maior quando este tipo de projectos envolver algum aspecto referido no nº 5 (ou seja, legitimando a oposição/não consentimento), até uma discricionariedade máxima sempre que a icm for desenvolvida em circunstâncias não normais e/ou não tiver apenas fins pacíficos e/ou tiver propósitos comerciais. Em suma, e nas palavras de HUH/NISHIMOTO, a única situação em que os Estados costeiros "devem" fornecer autorização é aquela em que o projecto de icm tiver em vista ampliar o conhecimento científico em benefício da Humanidade – o que acaba por ser algo tautológico uma vez que a icm, por natureza, tem por fim aumentar o conhecimento dos recursos marinhos e, como os seus resultados devem ser amplamente divulgados [cfr. o artigo 249º nº 1 alínea e)], será sempre desenvolvida a favor da Humanidade[45].

Esta autorização deverá ser emitida em prazo razoável e apenas pode ser legitimamente recusada com os fundamentos descritos no nº 5 do artigo 246º. Cruzando o nº 3 do artigo 246º com o artigo 252º, conclui-se que qualquer prazo para concessão de autorização que vá além dos quatro meses após a apresentação do pedido/projecto é desrazoável, uma vez que ao cabo de quatro meses sem resposta, o Estado/OI dono do projecto de icm pode presumir o deferimento tácito do seu pedido. Até ao limite dos quatro meses, o Estado costeiro pode: – recusar, com base em algum dos fundamentos do nº 5 do artigo 246º, ou se as circunstâncias não forem "normais"; – pedir mais informações além das já fornecidas (cfr. O artigo 248º); – exigir o prévio

[44] O que são "circunstâncias normais", a CNUDM não esclarece, dando apenas uma pista no nº 4. Huh/Nishimoto (2017). Comentário ao artigo 246. In United Nations Convention on the Law of the Sea – A Commentary, cit., pp. 1659, 1660, entendem que tal fórmula deve ser plástica o suficiente para se amoldar a diferentes contextos, embora frisem que a anormalidade das circunstâncias decorrerá, em regra, da existência de um conflito entre Estado costeiro e Estado dono do projecto, ou de a icm poder agravar um conflito regional ou constituir, por si, uma ameaça à paz. A vaguidade torna-se problemática quando a invocação de circunstâncias anormais servir de esteio à recusa de consentimento, a qual não pode ser sujeita ao procedimento compulsório de resolução de conflitos [cfr. o artigo 297/2/a) i)].

[45] Huh/Nishimoto (2017). Comentário ao artigo 246. In United Nations Convention on the Law of the Sea – A Commentary, cit., p. 1659.

cumprimento de obrigações pendentes, relativas a projecto de icm anterior desenvolvido pelo mesmo Estado/OI; – sugerir adaptações que viabilizem um projecto de icm com fins pacíficos e em benefício da Humanidade de modo a ultrapassar eventuais óbices inscritos nas alíneas do nº 5 do artigo 246º, *maxime* na alínea d).

Para além da hipótese de consentimento tácito, o artigo 247º expõe uma outra situação de consentimento não expresso, a qual DOUSSIS caracteriza como de consentimento implícito[46]: trata-se de situações em que o Estado costeiro é membro de uma OI (ou tem um acordo bilateral com ela) no seio da qual se desenvolverá um projecto de icm a desenvolver na sua ZEE/plataforma continental, projecto no qual já assentiu quando a decisão foi tomada no seio da OI, ou ao qual não se opôs nos quatro meses posteriores à notificação.

Para merecer a aprovação do Estado costeiro, o projecto de icm – que pode ser desenvolvido por Estados, OIs ou ambos – deve cumprir requisitos de descrição e de execução. Os requisitos de descrição são listados no artigo 248º, e a sua enumeração precisa releva para circunscrever a discricionaridade de recusa do Estado costeiro, uma vez que, se revelarem lacunas, este pode negar consentimento – sendo que relativamente à alínea d), entendo que deve admitir a correcção pelos autores do projecto, uma vez que se trata de icm em benefício da Humanidade [cfr. o artigo 246º nº 5 alínea d)]. Os requisitos mínimos de execução encontram-se relacionados no artigo 249/1, mas podem ser acrescidos de outros, advenientes de leis e regulamentos do Estado costeiro (nº 2 do mesmo preceito). Deve assinalar-se, no que toca a estas condições, que:

- a participação no projecto de icm é um direito do Estado costeiro, mas dentro de limites de praticabilidade. Esta condição, a ser interpretada amplamente, poderá inviabilizar o direito de participação – o que leva a propugnar uma interpretação restritiva[47], embora imputando os custos de participação (nomeadamente, salários, deslocações) ao Estado costeiro;
- a participação do Estado costeiro no projecto far-se-á mormente através de cientistas que integrarão a equipa de projecto, enquanto a representação é protagonizada por meros observadores[48];

[46] Doussis, Emmanuella (2017). Marine scientific research:..., cit., p. 92.

[47] Huh/Nishimoto (2017). Comentário ao artigo 249. In United Nations Convention on the Law of the Sea – A Commentary, cit., 1679-1690, p. 1685

[48] Cfr. Pavliha, Marko/Martínez-Gutiérrez, Norman, Marine scientific research..., cit., p. 125.

- a partilha de informação e a transmissão de resultados da icm, ao Estado costeiro e à comunidade internacional, constituem parte essencial das obrigações do dono do projecto, devendo ser concretizadas "tão depressa quanto possível" – fórmula a preencher casuisticamente e, no que tange à divulgação de resultados pela comunidade internacional, pelos canais oficiais (artigo 250º), com os limites decorrentes do nº 2 do artigo 249º;
- qualquer alteração "importante" do programa de icm deve ser comunicada ao Estado costeiro e, em última análise, se tal alteração envolver a realização de actividades a que alude o nº 5 do artigo 246º, poderá levar à revogação da autorização (cfr. o artigo 253º nº 2).

O incumprimento das condições de execução de um projecto de icm, ou a prática de actividades, no âmbito de um projecto autorizado, descritas no nº 5 do artigo 246º, legitimam a ordem de suspensão ou mesmo cessação das actividades de icm pelo Estado costeiro, nos termos do artigo 253º. Deve aqui apelar-se a um critério de proporcionalidade no manejo destas competências, optando-se pela suspensão num primeiro momento e dando oportunidade de correcção de más práticas por parte do dono do projecto de icm (vejam-se os nºs 3 e 5 do artigo 253º).

Uma última nota para referir que, na lógica de solidariedade do Estado costeiro relativamente aos Estados vizinhos sem litoral e geograficamente desfavorecidos (conforme a definição que decorre dos artigos 124º nº 1 alínea a) e 70, respectivamente), estes devem ser notificados dos pedidos de realização de icm na ZEE e na plataforma continental do Estado costeiro sempre que tais projectos visem exclusivamente fins pacíficos e tenham o propósito de aumentar o conhecimento científico do meio marinho em benefício de toda a Humanidade (ou seja, aqueles a que se reporta o nº 3 do artigo 246 e relativamente aos quais a discricionaridade de aprovação do Estado costeiro se encontra mais reduzida). Na sequência desta notificação, poderão manifestar o seu desejo de participar no projecto, sempre que isso seja praticável (o que deve ser objecto de interpretação restritiva, para que não se criem obstáculos desproporcionados a esta participação), mas sempre nas condições impostas pelo Estado costeiro. Com efeito, ao contrário do direito reconhecido ao Estado costeiro no artigo 249º nº 1 alínea a), o artigo 254º nº 3 atribui ao Estado costeiro um direito de vetar a designação de determinados peritos pelos outros Estados vizinhos participantes no projecto – embora não se possa opor à participação através de outro tipo de participantes. No contexto desta participação, os Estados participantes têm direito a receber "a informação pertinente especificada no artigo 248º e na alínea f) do nº 1 do artigo 249º" (artigo 254º nº 3), bem assim como "as informações e a assistência especificadas na alínea d) do nº 1 do artigo 249º, salvo o disposto no nº 2 do mesmo artigo" (artigo 254º nº 4).

5. Investigação científica marinha na Área e em alto mar

Depois de "prestar vassalagem" ao princípio da soberania do Estado costeiro, a Parte XIII debruça-se sobre a icm desenvolvida em espaços marinhos fora de jurisdição. O primeiro é a Área, zona que se encontra sob gestão da Autoridade e deve ser utilizada a favor da Humanidade. Não surpreende, por isso, que o artigo 256º remeta para a Parte XI os termos em que a icm pode ser implementada, nomeadamente para o artigo 143º nº 3. Existe, contudo, uma diferença substancial entre o artigo 143º nº 3 e o artigo 256º: o primeiro refere-se a Estados-partes e o segundo a Estados e a OIs. Esta circularidade é equívoca mas parece poder interpretar-se o artigo 256º como ecoando a liberdade de icm nos espaços fora de jurisdição como uma liberdade dos mares [cfr. o artigo 87º nº 1 alínea f)], da qual usufruem todos os Estados (partes e não partes); já o artigo 143º nº 3 equivaleria a todo um "pacote" de obrigações, aplicável apenas entre partes da CNUDM[49]. A dúvida que pode surgir é sobre se os Estados não partes, não se encontrando ao abrigo da CNUDM e da Parte XIII, podem eximir-se ao controlo da Autoridade – arriscaria que tal submissão já decorre de um princípio de base costumeira e por isso sempre tal autorização deverá suportar qualquer investigação científica sobre recursos da Área a desenvolver na Área.

Têm direito a desenvolver icm na Área todos os Estados, com e sem litoral, e as OIs com competências para tal, para além evidentemente, da Autoridade. A (in)definição de icm mostra-se aqui particularmente problemática uma vez que a investigação exploratória, *maxime* a bioprospecção, pode ser reconduzida a icm se não revelar um propósito comercial imediato. Duvidoso é igualmente o âmbito de aplicação do artigo 256 no que toca a saber se abarca qualquer icm desenvolvida *na* Área (dentro dos limites da Área) ou apenas investigação que *tenha por objecto* a Área e os seus recursos. Tendo em conta, por um lado, que a Área é constituída pelos fundos marinhos e que o

[49] Neste sentido, Huh/Nishimoto (2017). Comentário ao artigo 256. In United Nations Convention on the Law of the Sea – A Commentary, cit., 1717-1724, p. 1718 (falando em *lex generalis* relativamente ao artigo 256 e de *lex specialis* no tocante ao artigo 143/3).

equipamento para tal investigação teria que se movimentar nessa zona e que, por outro lado, a zona correspondente à coluna de água está abrangida pelo artigo 257º, parece ser de entender que o artigo 256º diz respeito a icm que tem por objecto os recursos da Área.

Já o mesmo não sucederá relativamente ao âmbito de aplicação do artigo 257º, uma vez que um equipamento instalado na coluna de água além dos limites da ZEE pode orientar-se para icm tanto sobre os recursos existentes nos fundos marinhos – e compreendidos dentro dos poderes de jurisdição da Autoridade (cfr. o artigo 133º) – como sobre outros. O princípio da liberdade de realização de icm, afirmado no artigo 238º, de uma banda, e o princípio da especialidade das competências da Autoridade, de outra banda, recomendam uma leitura traduzida em que, não incidindo a icm sobre os recursos da Área, a Autoridade terá de ser informada mas não será chamada a exercer poderes de autorização – muito embora, por força do artigo 240º alínea a), a investigação sempre deva ser orientada para fins pacíficos. A icm desenvolvida nesta zona de mar sobre recursos livres da tutela da Autoridade encontra-se especialmente solta de fiscalização, uma vez que não necessita de qualquer autorização, mas isso não isenta a entidade que a conduza de respeitar os princípios e critérios a que aludi *supra*, mormente no que toca à protecção do ambiente marinho (cfr. esp. os artigos 192º e 206º).

Um ponto especialmente sensível neste momento concerne a saber se a Autoridade detém competência para desenvolver e/ou aprovar projectos de icm na Área sobre recursos biológicos, nomeadamente genéticos. Com efeito, em 2015, a Assembleia Geral da ONU decidiu, através da Resolução 69/292, de 19 de Junho, adoptar um instrumento internacional vinculativo, no âmbito da CNUDM, sobre a conservação e uso sustentável da biodiversidade marinha em áreas fora de jurisdição estatal – ou seja, em Alto Mar. Dado que a jurisdição (e razão de existir) da Autoridade incide apenas sobre recursos na acepção do artigo 133º – ou seja, minerais –, parece inquestionável que as suas competências não se estendem a outros recursos presentes nos fundos marinhos. Em contrapartida, o facto de tais recursos poderem consubstanciar material genético[50] com potencial relevante para a Humanidade recomendaria que a investigação e exploração fosse colocada sob tutela de uma entidade que garanta a sua utilização equitativa – embora não forçosamente a Autoridade.

[50] Material genético é "qualquer material vegetal, animal, microbiano ou de outra origem que contenha unidades funcionais de hereditariedade"– Convenção da Diversidade Biológica, artigo 2.

Estando os recursos biológicos fora do âmbito competencial da Autoridade, esta não poderá opor-se à realização de icm *in situ* sobre recursos não minerais/abióticos. No entanto, dada a vinculação situacional dos fundos marinhos aos objectivos de exploração a favor da Humanidade prosseguidos pela Autoridade, os quais impõem a actuação disciplinada naquele espaço, qualquer icm sobre recursos genéticos marinhos deverá pautar-se por determinadas directrizes, assim sumariadas por YU[51]:

- finalidade de criação e divulgação de conhecimento a favor da Humanidade, de acordo com o artigo 240º alínea a);
- observação dos critérios enunciados no artigo 240º alíneas b, c) e d);
- publicitação dos resultados da investigação, nos termos do artigo 244º; e
- cumprimento das obrigações listadas no artigo 143º nº 3.

6. Investigação científica marinha e segurança no mar

A secção IV da Parte XIII incide sobre equipamentos utilizados na icm no meio marinho – não apenas na icm. O que releva para esta secção é mais a presença do equipamento no meio marinho do que a finalidade científica da investigação[52]. Note-se que estes equipamentos têm características muito peculiares que, ao contrário do que parece pressupor o artigo 258º, nem sempre se fixam em determinadas zonas do mar (sob jurisdição ou fora dela), como boias e plataformas. Remetendo o preceito a regulação da utilização destes mecanismos para os artigos 245º, 246º, 256º e 257º, não é de excluir que haja sobreposição de regimes – se for possível prever a deslocação dos equipamentos. Tendo em mente que os equipamentos podem mesmo mover-se entre águas de várias jurisdições, parece evidente que o artigo 258º é insuficiente na sua remissão e tais equipamentos devem merecer regulação autónoma[53]. Acresce que a remissão para os artigos da Parte XIII não exclui a necessidade de recorrer ao artigo 60º (e 80º) quando se trate da instalação de ilhas artificiais, estruturas para geração de energia e outras finalidades económicas e outras estruturas que possam interferir com os direitos do Estado costeiro – ou seja, quando

[51] Yu, Chuxiao (2020). Implications of the UNCLOS Marine Scientific Research Regime for the Current Negotiations on Access and Benefit Sharing of Marine Genetic Resources in Areas Beyond National Jurisdiction. In OD&IL, 51:1, 2-18. DOI: 10.1080/00908320.2019.1677018, pp. 10-11.

[52] Cfr. Papanicolopulu (2017). Comentário ao artigo 258. In United Nations Convention on the Law of the Sea – A Commentary, cit. 1731-1737, p. 1734.

[53] Papanicolopulu (2017). Comentário ao artigo 258. In United Nations Convention on the Law of the Sea – A Commentary, cit., p. 1736.

a icm envolva a utilização destes tipos de equipamentos, a autorização deve ser sempre expressa, seja qual for a natureza daquela (nomeadamente, se for em benefício da Humanidade).

O artigo 259º esclarece que estes equipamentos não têm o estatuto jurídico de ilhas, o que significa que não "criam" zonas de jurisdição a favor da entidade que os dirige. Apesar de o preceito ser similar aos artigos 60º nº 8 e 147º nº 2 alínea e), ele tem um duplo alcance próprio: por um lado, abarca qualquer equipamento utilizado no meio marinho para fins de icm e, por outro lado, aplica-se fora da ZEE e da plataforma continental (zonas visadas naquelas disposições). O preceito não elucida sobre o estatuto dos equipamentos, nem se pronuncia sobre os poderes de jurisdição que sobre eles incidem, diferentemente das estruturas e instalações visadas no artigo 60º (e 80º, por remissão), o que significa que este aspecto continua em aberto[54].

A segurança da navegação constitui a razão de ser dos artigos 260º, 261º e 262º, os quais devem ser lidos em conjunto. O artigo 260º estabelece uma zona de segurança de 500 metros relativamente a "instalações", termo que resulta indefinido mas que seguramente se distingue de "equipamentos" (conceito utilizado pelos artigos 258º e 259º) pelo tamanho, ou seja, por poder constituir um perigo para embarcações. O preceito pressupõe que estas instalações sejam fixas, o que deixa instalações errantes a descoberto – as quais deverão pelo menos fazer-se identificar através dos meios previstos no artigo 262º.

Fixadas as instalações em zonas sob jurisdição, o direito a que sejam estabelecidas zonas de segurança pertence em primeira linha ao Estado costeiro (à semelhança, de resto, do que preveem os artigos 60º e 80º). Já se se encontrar no alto mar, o direito a proteger a instalação pertence a quem a utiliza. Sobre os Estados de bandeira incumbe uma obrigação positiva de velar no sentido de evitar danos a estas instalações por embarcações (mas não por pessoas ou outros meios) que arvorem o seu pavilhão, sob pena de responsabilização internacional.

Em qualquer caso, a constituição de zonas de segurança deverá observar as demais regras da CNUDM, entre as quais os já conhecidos artigos 60º (e 80º) e bem assim o disposto nos artigos 111º nº 2 e 208º. Note-se que enquanto do artigo 260º e destes dispositivos se extrai um condicionamento à colocação de instalações, em torno da quais deverá existir uma zona de segurança, já do artigo 261º resulta uma proibição, vedando a presença de instalações de

[54] Papanicolopulu (2017). Comentário ao artigo 260. In United Nations Convention on the Law of the Sea – A Commentary, cit.. 1740-1744, p. 1740

icm que possam representar "obstáculo" a rotas de navegação internacional. Que rotas são estas é algo que o preceito não avança e a formulação mais próxima desta, no contexto da CNUDM, encontra-se no artigo 60º nº 7, mas aí assinalando rotas "essenciais" para a navegação internacional. Do confronto entre os artigos 60º nº 7 e 261º retira-se que este último tem um âmbito mais amplo e por isso mais restritivo relativamente à colocação deste tipo de instalações. Em contrapartida, o facto de se mencionar um "obstáculo" constitui uma expressão mais generosa do que a que consta do artigo 60º nº 7, que proíbe meras interferências com a navegação, generosidade que pode justificar-se à luz de um concreto balanceamento de interesses[55].

O facto de o artigo 261º se reportar apenas a obstáculos à navegação não deve fazer esquecer que do artigo 240º alínea c) se extrai um critério positivo de compatibilidade da icm com os interesses protegidos pela CNUDM, como a pesca e o ambiente, o que recomenda a ponderação de todas essas dimensões[56].

Finalmente, do artigo 262º decorre um dever de registo das instalações e equipamentos utilizados em icm a Estados e OIs a que pertençam, bem como sinais de aviso à navegação, marítima e aérea. Este dever de registo é menos exigente do que o relativo a navios (cfr. o artigo 91º nº 1) e a prática dos Estados demonstra que esta obrigação é muitas vezes descurada – o que pode dificultar a prova perante demandas com vista à responsabilização por danos[57]. Acresce a este dever de registo o dever de sinalização da presença destas estruturas, cumprindo aqui fazer referência às regras aprovadas pela organização Marítima Internacional na Resolução A.50 (III), de 18 de Outubro de 1963.

7. Responsabilidade internacional

O artigo 263º dispõe, por um lado, sobre a responsabilidade de Estados e OIs pelos danos causados por icm realizada por si ou por sujeitos por si autorizados (nº 1) e, por outro lado, sobre a responsabilidade daqueles por interferência na icm levada a cabo por outros Estados, OIs e sujeitos privados (nº 2). Esta disposição deve ser articulada com o artigo 304º (onde se estatui que as regras da CNUDM sobre responsabilidade devem ser lidas em conjugação

[55] Cfr. Papanicolopulu (2017). Comentário ao artigo 262. In United Nations Convention on the Law of the Sea – A Commentary, cit.. 1746-1749, p. 1746.

[56] Papanicolopulu (2017). Comentário ao artigo 262. In United Nations Convention on the Law of the Sea – A Commentary, cit., p. 1746.

[57] Papanicolopulu (2017). Comentário ao artigo 262. In United Nations Convention on the Law of the Sea – A Commentary, cit., p. 1748.

com outras normas de Direito Internacional, existentes e a criar) e faz eco de menções similares em outros locais da CNUDM (cfr. os artigos 139º nº 1 e 235º nº 2 – para cujo regime este último é objecto de remissão expressa por parte do 263º nº 3).

A posição de garante (*responsibility to ensure*) que Estados e OIs assumem, no plano do nº 1 do artigo 263º foi afirmada pela Câmara de Disputas sobre os Fundos Marinhos do TIDM, no parecer de 1 de Fevereiro de 2011 sobre a responsabilidade por actividades desenvolvidas na Área. O efeito mais relevante do artigo 263º nº 1 prende-se precisamente com a criação de um vínculo de monitorização de actividades de terceiros usando da *due diligence* necessária à evitação ou minimização de danos (veja-se também o artigo 3º dos *Draft articles on prevention of transboundary harm*, da CDI), *due diligence* essa cujo grau variará consoante o tipo e intensidade dos riscos e sempre em diálogo com a melhor tecnologia disponível.

O nº 2 do artigo 263º assume uma outra perspectiva, a qual pressupõe o compromisso entre a afirmação da liberdade de desenvolver icm e os poderes do Estado costeiro elencados no artigo 245º (ou de uma OI na qual este haja delegado poderes de monitorização). O que dele resulta é cristalino: se um Estado ou uma OI regulam o exercício de icm por terceiros de modo incompatível com a CNUDM, estão a infringi-la e por isso incorrem em responsabilidade. Esta responsabilidade, que parece resumir-se a compensação pecuniária, não exclui outras formas de reparação de danos previstas nos *Draft articles on State responsability*, da CDI[58].

A reparação de danos ao ambiente marinho decorrentes de actividades de icm é devolvida ao artigo 235º nº 2 pelo artigo 263º nº 3, sendo que as disposições se complementam. Enquanto o artigo 235º nº 2 refere a necessidade de os Estados assegurarem a atribuição de indemnizações prontas e adequadas ou outras formas de reparação de danos ao meio marinho por poluição causada por parte de sujeitos, singulares ou colectivos, sob sua jurisdição, o artigo 263º nº 3 acrescenta que essa obrigação vale também para a reparação a promover pelos Estados ou OIs a quem tenha sido autorizado conduzir icm. Questão que nenhum dos artigos parece resolver é a da reparação de danos ao meio marinho provocados na sequência de interferência do Estado costeiro com icm realizada por terceiros – o caso a que respeita o nº 2 do artigo 263º –, uma vez que o Estado lesado será o agente do dano. Inexistindo um

[58] Neste sentido, Tams/Devaney (2017). Comentário ao artigo 263 na obra *United Nations Convention on the Law of the Sea – A Commentary*, cit., 1749-1756, p. 1756.

regime de reparação do dano ecológico em Direito Internacional[59] e estando, de resto, vedado o acesso de actores altruístas a tribunais internacionais para reclamar a sua reparação, restará a organizações não governamentais dirigir-se aos tribunais do Estado costeiro para promover a reparação possível.

8. Solução de controvérsias e medidas provisórias

O regime da Parte XIII, em razão da sua novidade e alguma ambiguidade, é susceptível de gerar controvérsias entre as Partes de um projecto de icm. O artigo 264 refere-se a "controvérsias" (*disputes*) relativas à interpretação e aplicação da Parte XIII mas quaisquer disposições da CNUDM que se refiram a icm podem estar em causa: vejam-se os artigos 21º, 40º, 54º, 56º, 143º, 266º, 275º, 276º, 277º e 297º e o Anexo VIII, artigo 2-º.

O conceito de "controvérsia" foi estabelecido pelo Tribunal Permanente de Justiça Internacional, no caso *Mavrommatis Palestine Concessions*, que opôs a Grécia ao Reino Unido, julgado em 30 de Agosto de 1942. Desta decisão resulta que uma controvérsia consiste num "*specific disagreement concerning a matter of fact, law or policy in which a claim or assertion of one party is met with refusal, counter-claim or denial by another. In the broadest sense, an international dispute can be said to exist whenever such a disagreement involves governments, institutions, juristic persons or private individuals in different parts of the world*". Desde logo, a controvérsia mais evidente que o sistema pode gerar é a da qualificação da natureza do projecto de icm – investigação pura ou aplicada, como se viu *supra* –, sendo certo que, na dúvida, o regime se aplicará. Algumas versões anteriores do artigo 264 aludiam especificamente a esta questão prévia, mas a referência a ela acabou por não constar da versão final.

A disposição é fundamentalmente remissiva, para as secções 2 e 3 da Parte XV. Tal não significa que a secção I seja descartada, uma vez que nesta se dispõe sobre as primeiras opções em caso de disputa, ou seja, através de meios que não envolvem a tomada de decisões vinculativas. Não sendo estas possíveis ou suficientes para resolver a controvérsia, passar-se-à às vias compulsórias que, no caso da icm, podem envolver os tribunais ou a conciliação compulsória, no que tange à particular hipótese descrita no artigo 297º nº 2 alínea b). Note-se que a conciliação facultativa é sempre possível fora desta situação, por apelo ao artigo 284º.

[59] Cfr. Amado Gomes, Carla (2016). A responsabilidade internacional do Estado por dano ecológico: uma miragem?. In Questões de responsabilidade internacional – Atas da Conferência realizada na Escola de Direito da Universidade do Minho no dia 4 de dezembro de 2015. Braga. 11-42 (livro digital disponível aqui: https://issuu.com/comunicadireito/docs/questoes_de_responsabilidade_intern).

Durante a pendência de uma controvérsia, é em regra possível lançar mão de medidas provisórias, as quais podem ter por objectivo a manutenção do *status quo*, a salvaguarda da utilidade da decisão final, a conservação de bens, a preservação de meios de prova, entre outros. O artigo 265º, admitindo embora a utilização de medidas provisórias, deve ser lido no contexto da preservação da soberania do Estado costeiro no quadro do regime da Parte XIII, uma vez que afasta a possibilidade de concessão, pelo órgão encarregado da resolução, de qualquer medida antecipatória de viabilização das operações de icm sem o consentimento expresso daquele Estado. O mesmo é dizer que esta disposição consagra uma limitação aos poderes de justiça cautelar, reservando a palavra decisiva ao Estado costeiro.

17
COMENTÁRIO À PARTE XIV DESENVOLVIMENTO E TRANSFERÊNCIA DE TECNOLOGIA MARINHA

WAGNER MENEZES[1]

Resumo: O presente artigo tem como objetivo analisar o contexto e inserção da transferência de tecnologia marítima na Convenção das Nações Unidas Sobre o Direito do Mar, sua dimensão conceitual, extensão normativa, bem como examinar, criticamente, as dificuldades que limitam sua eficácia e efetividade à luz da teoria normativa. A proposta metodológica é elaborar, a partir da matéria regulada pela Convenção, por seu disciplinamento normativo e sua descrição histórica e teórica, uma abordagem analítica com desenvolvimento de pensamento crítico para fundamentar uma posição com base na confirmação da hipótese de que o tema, embora tenha sido inserido de forma inovadora na Convenção, não tem tratamento adequado e tem tido pouco impacto nas relações internacionais no mar, necessitando novas discussões.

Palavras Chave: Transferência de Tecnologia, Convenção das Nações Unidas sobre Direito do Mar; Direito do Mar

Abstract: This article aims to analyze the context and insertion of the transfer of maritime technology in the United Nations Convention on the Law of the Sea, its conceptual dimension, normative extension, as well as examining, critically, the difficulties that limit its efficiency and effectiveness in the light of normative theory. The metho-

[1] Wagner Menezes é professor Associado da Faculdade de Direito da USP e Diretor do Centro de Estudos em Direito do Mar da Universidade de São Paulo -USP; Presidente da Academia Brasileira de Direito Internacional e membro da Association Internationale du Droit de la Mer – AssIDMer.

dological proposal is to elaborate, from the matter regulated by the convention, by its normative discipline and its historical and theoretical description, a analytical approach with the development of critical thinking to support a position based on the confirmation of the hypothesis that the theme, although it has been inserted innovatively in the Convention, has no adequate treatment and has had slight impact on international relations at sea, requiring further discussions.

Key Words: Technology Transfer, United Nations Convention on the Law of the Sea; Law of the Sea

1. Introdução

A Convenção das Nações Unidas Sobre o Direito do Mar, pactuada por um expressivo número de Estados para disciplinar o uso compartido dos espaços oceânicos, trouxe muitas inovações ao Direito Internacional. Além de contribuir para sua expansão, ela é considerada um documento de vanguarda nas relações internacionais.

Temas até então não consensuais entre os Estados apresentados na Terceira Conferência das Nações Unidas Sobre o Direito do Mar, obtiveram, ao longo de 10 anos, entendimento e consolidação das diretrizes normativas concernentes à jurisdição dos Estados no mar, à utilização dos recursos naturais, à proteção do meio ambiente marinho, à solução de controvérsias entre os Estados, dentre outros temas que dão a ela caráter multidisciplinar.

Paradoxalmente, é justamente o longo processo de discussão iniciado em 1973 e finalizado em 1982, com a postergação de sua entrada em vigor somente em 1994, que dá à Convenção uma dimensão contraditória de ser um velho novo documento. Novo na medida que passou a disciplinar temas ainda não tratados pelos Estados, abrindo novas dimensões de interpretação normativa de caráter multi e transdisciplinar, estabelecendo um marco jurídico no mar. Velho porque alguns dos temas tratados, devido à sua natureza e especificidades, acabaram por perder o frescor face o tempo que foi disciplinado e a demora para a entrada em vigor, tornando, em certa medida, anacrônicos os dispositivos da Convenção.

Um dos temas que sofre com o envelhecimento precoce certamente é o referente à transferência de tecnologia marinha, especialmente porque foi justamente após a entrada em vigor da Convenção que a sociedade humana teve um acelerado processo de desenvolvimento tecnológico e a compreensão por parte dos Estados da necessidade de investir em conhecimento científico para exploração dos espaços oceânicos.

O presente artigo tem como objetivo desvelar o contexto e inserção da transferência de tecnologia marítima na Convenção das Nações Unidas Sobre o Direito do Mar, sua dimensão conceitual, extensão normativa, e analisar criticamente as dificuldades que limitam sua eficácia e efetividade à luz da teoria normativa, frente a uma sociedade humana que demanda conhecimento como estratégia de desenvolvimento.

A proposta metodológica é elaborar, a partir da matéria regulada pela Convenção em seu disciplinamento normativo e sua descrição histórica e teórica, uma abordagem analítica com desenvolvimento de pensamento crítico para fundamentar uma posição com base na confirmação da hipótese de que o tema, embora tenha sido inserido de forma inovadora na Convenção, não teve tratamento adequado e tem tido pouco impacto nas relações internacionais no mar, demandando rediscussão na contemporaneidade.

O artigo tem a pretensão de provocar, no meio acadêmico, discussão sobre um tema pouco debatido no contexto do Direito do Mar e propor mecanismos para aprimoramento de seu tratamento normativo.

2. Dimensão conceitual de tecnologia marítima

A origem etimológica da palavra tecnologia deriva do grego "*techne*", ou seja, técnica, e "*logos*" como razão ou racionalidade, inteligência e estudo, originando daí sua compreensão semântica para o conhecimento racional de uma técnica.

A apreciação conceitual sobre tecnologia deve, contudo, levar em conta sua polissemia, conjugando em si uma multiplicidade de atividades, técnicas, metodologias, processos e *know-how* usados na produção de um bem ou atividade, ou no domínio da implementação de procedimentos que levem à realização de objetivos, seja para desenvolvimento de uma funcionalidade ou produto, seja para resolução de um problema ou necessidade. A ideia de tecnologia sempre vem acompanhada do domínio de conhecimento avançado sobre uma prática ou objeto, processo, composição, mecanismo, utilidade, fórmula que produz ganhos competitivos de tempo e de produção[2].

A tecnologia também não se esgota no tempo, ela se retroalimenta à medida que conhecimentos vão sendo aprimorados por novas técnicas e metodologias, impulsionando a sociedade humana a obter crescentemente domínio de informação que atenda suas expectativas e necessidades, implicando em um constante aperfeiçoamento do processo produtivo pela inovação.

[2] Pinto, Álvaro Vieira. 2005. O Conceito de Tecnologia. Rio de Janeiro: Editora Contraponto, v.I e II.

Nesse aspecto, à medida que os conhecimentos são aprimorados, eles impactam na sociedade, sendo, inclusive, referencial de valor por se deter domínio da última tecnologia sobre um produto ou bem, repercutindo em ganhos para seu detentor. Por outro lado, o avanço tecnológico pode levar a uma disrupção sobre práticas e padrões dominados pela antiga tecnologia estabelecida nas relações sociais ou mesmo no mercado, modificando completamente a compreensão sobre uma determinada técnica ou prática, tornando-a obsoleta e arcaica, tendo, assim, múltiplas repercussões, implicando, igualmente, numa análise de sua dimensão sociológica entre os que dominam e empregam novas tecnologias e os que não têm acesso a elas ou estão à sua margem, ou aqueles que tornam-se seus reféns.

No que toca à repercussão sociológica, cabe discutir a extensão entre o domínio de técnicas e a sua partilha, bem como os limites que devem ser estabelecidos para que a detenção da tecnologia não seja utilizada para escravizar, mas emancipar o ser humano, ou ainda no estabelecimento de parâmetros para reconhecimento de que o investimento feito para melhoria tecnológica tenha um retorno e seja respeitado por normas protetivas ao seu detentor.

Em relação aos espaços marítimos, cabe lembrar que a história da humanidade foi escrita, em parte, pelas tecnologias empregadas no mar, decidindo a sorte das Nações, desde a utilização de embarcações como estratégia de guerra, comércio e transporte de mercadorias, passando pelo domínio das navegações, inaugurando uma época histórica e o redesenho do mapa mundial entre etnias e povos, pela apropriação territorial de parcela do uso do mar, reconhecimento da plataforma continental, exploração de recursos de energia no mar, entre outras tecnologias que mudaram a rota da humanidade até os dias atuais.

Por tecnologia marítima pode-se compreender métodos, técnicas e conhecimento aplicados no uso, manutenção e exploração do mar, por meio da utilização de aparelhos, navios, sistemas, fórmulas, análises ou procedimentos.

É importante lembrar que à medida que a informatização do conhecimento avança, o desenvolvimento de tecnologia é diretamente impactado e isso explica o grande progresso na utilização do mar como espaço de aplicação de novos mecanismos de inovação. Além disso, os espaços marítimos estão interconectados a múltiplos aspectos da sociedade, como meio ambiente; Direitos Humanos; comércio; segurança; política; comunicações e passa a contar com um conjunto vasto de novas tecnologias que são aplicadas para diferentes finalidades e influenciam atividades em várias indústrias oceânicas.

Atualmente, os Estados e principalmente o setor privado estão investindo milhões de dólares para produção de tecnologia no mar, com o objetivo de enfrentar desafios globais e alcançar resultados em seu uso, que impactam na adoção de medidas que orientam a perspectiva política dos Estados, especialmente no que tange ao combate ao aquecimento global e à estratégica corrida para a utilização dos recursos naturais, da pesca, da produção de energias alternativas e da engenharia naval, sendo previsão que a economia marítima tenha mais que o dobro de tamanho até 2030, o que significa muito em termos de transformação do perfil de um setor com amplo espaço de desenvolvimento econômico. Para os Estados, portanto, investir em tecnologia marítima acaba sendo fundamental para o fortalecimento de sua estrutura econômica[3].

Empresas transnacionais, sediadas em países economicamente centrais, têm investido crescentemente em tecnologia marítima para as mais variadas finalidades, apontando uma verdadeira corrida internacional para a tecnologia marinha. Podem ser citados como exemplos, o desenvolvimento de aparelhos para navegação autônoma de cargas, o que repercutirá de forma disruptiva nos custos de transporte de mercadorias e na contratação internacional, bem como em toda regulamentação do setor; velocidade de transmissão de dados utilizados pelos cabos e dutos submarinos que devem fortalecer, nos próximos anos, a intercomunicação entre os povos, impactando nas relações globais; produção de energia proveniente do mar com o desenvolvimento de captadores e geradores de energia com capacidades maiores, levando a uma mudança substancial do setor hoje ainda dominado por energias fósseis; mineração no mar, que resultará certamente em um debate sobre a utilização de processos de explotação e sua repercussão crescente no bioma marinho; desenvolvimento de sensores com finalidades variadas que vão desde o rastreamento de derramamento de óleo a outras substancias contaminantes, ou medidores de salinidade, temperatura e qualidade da água do mar, sensores subaquáticos voltados à psicultura ou ao controle de estoque monitorando cardumes e espécies de plantas, rastreadores de gelo para evitar colisões dos navios a *Icebergs* ou mesmo o choque de grandes objetos de gelo às plataformas de petróleo; satélites; o desenvolvimento progressivo da engenharia naval para a construção de navios mais seguros e estáveis, plataformas e ilhas artificiais, bem como infraestrutura industrial; sistemas de comunicação e rastreamento em qualquer parte do globo, que possibilitem um maior controle de embar-

[3] Pring-Mill, David. 2018. Saving the Seas: new Technologies to protect the Ocean. https://singularityhub.com/2018/12/15/saving-the-seas-new-technologies-to-protect-the-oceans/#sm.0000lorbbcbdyzdwqqka628lta7hy. Acedido em 12 de agosto de 2021.

cações e cargas, bem como localização exata de navios e seus tripulantes e dados administrativos como registros no seu país de bandeira demandando para isso um acordo global inexistente nos dias atuais e que repercutirá em navegação mais segura.

Todos os exemplos apontados acima, que já estão em curso, remetem ao questionamento sobre o benefício da produção de tecnologia e a quem pode ser direcionada, criando um fosso ainda maior entre países economicamente fortes e países em desenvolvimento ou países economicamente fracos, modificando o escopo da Convenção das Nações Unidas Sobre o Direito do Mar e abrindo flancos em seu tratamento normativo, especialmente pela regulamentação da exploração e explotação econômica de espaços marinhos.

3. Os *drafts* dos debates sobre tecnologia nas conferências preparatórias para a Convenção das Nações Unidas Sobre o Direito do Mar

A introdução do tema da transferência de tecnologia na Terceira Conferência das Nações Unidas Sobre o Direito do Mar, na década de 1970, partiu principalmente do esforço de países carentes de estrutura e conhecimento científico na utilização dos espaços marinhos, alimentando grande expectativa quanto as suas repercussões e resultados no contexto das conferências em seus debates.[4]

A base normativa que desencadeou a discussão acerca da transferência de tecnologia, se deu no contexto dos debates no quadro das Nações Unidas referente à configuração de uma nova ordem econômica mundial mais justa, inspirada sobre três pilares derivados de Resoluções adotadas pela Assembleia Geral: a) a Declaração sobre o Estabelecimento de uma Nova Ordem Econômica Internacional, AG Res. 3201 (S-VI) de 1 de maio de 1974; b) o Programa de Ação para o Estabelecimento de uma Nova Ordem Econômica Internacional, AG Res. 3202 (S-VI) de 1 de maio de 1974; e c) a Carta dos Direitos e Deveres Econômicos dos Estados, AG Res. 3281 (XXIX) de 12 de dezembro de 1974).

Influenciadas por esse contexto discursivo como um direito econômico dos países em desenvolvimento, as negociações da Parte XIV tiveram início na Sessão de Caracas em 1974, com a constituição do Terceiro Comitê, presidido por Alexander Yankov, da Bulgária, dando continuidade ao trabalho

[4] A redação desse tópico, bem como outras citações correlatas, contou com a contribuição decisiva das pesquisadoras Adriana Isabelle Barbosa Lima Sá Leitão e Julia Schütz Veiga do Centro de Estudos em Direito do Mar da USP – CEDMAR, que fizeram detalhado percurso dos debates nas atas preparatórias da Convenção, a quem expresso reconhecimento e agradecimento.

anteriormente iniciado pelo Subcomitê III do Comitê do Fundo do Mar, estabelecido em 1971, que era composto por três temas fundamentais: a) preservação do meio ambiente marinho; b) pesquisa científica; e c) desenvolvimento e transferência de tecnologia[5].

Como reflexo de um debate anteriormente inexistente e embrionário, as discussões iniciais foram marcadas pela superficialidade e por um ambiente pouco produtivo, restando ao Presidente da sessão, diante da falta de propostas específicas, convidar as delegações a apresentarem recomendações sobre o tema.

Assim, representantes do governo da Nigéria levaram para debate uma ambiciosa e bem elaborada proposta na qual assimilavam a transferência de tecnologia como um patrimônio comum da humanidade no espaço oceânico, propondo que os Estados com capacidade para pesquisas científicas marinhas deveriam associar, em todos os seus níveis, aos recursos humanos de países em desenvolvimento, garantindo, desta forma, compartilhamento de conhecimento. Além disso, propuseram a criação de centros regionais de investigação científica, como sub órgãos da Autoridade Internacional dos Fundos Marinhos com o objetivo de promover pesquisa multidisciplinar de aspectos que envolvem o mar, treinamento e gestão, estudos avançados, publicação de resultados com compartilhamento de conhecimento científico, vinculando a licença e contratos de exploração e explotação à contratação de pessoal e formação técnica.[6]

Pela proposta da Nigéria, caberia à Autoridade promover, a partir de seus recursos e centralidade para tratar com empresas detentoras de tecnologia avançada, a partilha de conhecimentos técnicos com os demais Estados para aquisição de *"know-how"*, invocando, ao final, o dever dos Estados em cooperar.

Nesse contexto, e como proposta ambiciosa, teve início o debate sobre transferência de tecnologia como parte da Convenção das Nações Unidas Sobre o Direito do Mar, seguido da proposta de representantes do governo do Sri Lanka e de um conjunto de 28 Estados em desenvolvimento (entre eles Nigéria e Sri Lanka) que apresentaram quatro projetos de artigos. A Proposta Conjunta manteve a concepção de que os países com domínio de tecnologia deveriam transferi-las aos países carentes de conhecimento técnico, por via de organismos internacionais, especialmente a Autoridade.

[5] Embora os grupos de trabalho sobre poluição marinha e pesquisa científica estabelecidos no Subcomitê III tenham preparado vários projetos de artigos, nenhum trabalho preliminar havia sido realizado no campo de desenvolvimento e transferência de tecnologia marinha.

[6] Nordquist, Myron H. et. al. (eds). 2013. United Nations Convention on the Law of the Sea, 1982: A commentary Online. Martinus Nijhoff Publishers.

Obviamente que a ambiciosa proposta gerou resistência por parte dos países detentores de tecnologia, iniciando discussão para elaboração de uma proposta conjunta que atendesse todos os interesses no contexto das negociações diplomáticas.

Somente durante a sessão de Nova York, em 1976, após reuniões informais, o Texto de Negociação Único Revisado (RSNT) foi produzido, incluindo um conjunto de onze projetos de artigos, que formava um capítulo sobre o desenvolvimento e a transferência de tecnologia marinha. Depois de reuniões informais e discussões sobre o poder da Autoridade Internacional dos Fundos Marinhos e o equilíbrio adequado entre fornecedores e destinatários de tecnologia, o texto de negociação foi apresentado durante a sessão de 1977, em Nova York, marcando o fim das negociações substantivas sobre a Parte XIV, restando apenas algumas alterações de redação, sem modificação do conteúdo, sendo consolidado em um texto de negociação revisado e adotado na Sessão de Genebra de 1979.

No contexto das discussões sobre a Parte XIV, cabe destacar os debates que orientaram a redação dos dispositivos da Convenção a partir da proposta dos países em desenvolvimento com fundamento na ideia inicial de concepção universalista da transferência de tecnologia como patrimônio comum a ser partilhado obrigatoriamente. A primeira reação diz respeito ao "dever de cooperar no que tange à transferência de tecnologia", tendo os representantes dos Estados Unidos contestado a proposta afirmando que não concordava com qualquer previsão que impusesse dever de transferência do governo porque "*nos Estados Unidos, essa tecnologia era propriedade privada e, portanto, não estava sujeita a transferência do governo. Sua delegação acharia impossível concordar com tal disposição.*"

Outro ponto de enfrentamento entre os Estados foi a discussão sobre a competência atribuída à Autoridade Internacional dos Fundos Marinhos (AIFM) para intermediar a transferência de tecnologia, opondo a proposta dos Estados que buscavam uma garantia institucional de seus interesses de transferência, e dos Estados que possuíam tecnologia e tinham temor que as concessões institucionais levassem a regras que ameaçassem seus interesses políticos e econômicos, especialmente as empresas de prospecção, o que resultou em uma redação mais flexível e restritiva dos poderes da Autoridade, além de que não se sabe qual o grau de poder que pode ser concedido a organizações internacionais e quais seriam elas, para gerenciar processos de transferência de tecnologia.

A redação do excerto normativo que citava conjuntamente ciência e tecnologia marinha, gerou igualmente distensão entre os Estados justamente pela ausência de uma definição sobre o que justificaria diferenciar os dois institutos. Algumas delegações consideraram, durante as primeiras negociações, um escopo restrito da questão ao estabelecer um vínculo entre a pesquisa científica marinha e a transferência de tecnologia marinha, como apontado pela República dos Camarões quanto "*a questão era se a pesquisa marinha promoveria a solidariedade humana genuína e o desenvolvimento de todos os povos, ou se serviria ao desejo de dominação e aos interesses egoístas de uma minoria de potências tecnicamente avançadas.*" A Delegação dos Estados Unidos foi mais longe a ponto de sugerir que, dado este vínculo, 'tecnologia marinha' deveria ser entendida como 'tecnologia de pesquisa científica marinha'. Na prática, seria a mesma coisa, porém, na essência retirava a transferência de tecnologia industrial, o que atendia substancialmente aos interesses dos países com tecnologia[7].

Também, o dever de transferir tecnologia marinha como um patrimônio comum da humanidade foi substituído no contexto da Convenção pelo "dever de promover", levando a uma flexibilidade do tratamento normativo em razão da multiplicidade de sentidos que comporta o compromisso de "promover" e não fazer a transferência de tecnologia, o que acabou modificando o sentido inicial da proposta, retirando a responsabilidade dos países detentores de tecnologia marítima. Além de tais alterações, desidratou-se a proposta da assistência técnica ser um direito de todo Estado, restando ao Estado solicitá-la quando necessário, o que leva a uma dificuldade estrutural, especialmente porque, ao não deter certas tecnologias, não se sente a necessidade de solicitar assistência técnica para operacionalizá-las.

Conforme apontado, a proposta inicial atribuía à Autoridade Internacional dos Fundos Marinhos (AIFM) a responsabilidade de garantir que todos os projetos e patentes relacionados às atividades na Área fossem disponibilizados a todos os Estados em desenvolvimento, isso gerou, no contexto das negociações diplomáticas, grande polêmica, especialmente com relação aos direitos de propriedade intelectual e industrial. A primeira proposta formal que tratou da questão da justiça foi feita pelo Brasil com a orientação de que a transferência de tecnologia se daria em "*termos, condições e preços justos e razoáveis*". Por sua vez, a proposta não oficial irlandesa, feita em nome dos Estados-Membros da Comunidade Europeia, propunha que "*ao promover essa cooperação, os Estados devem ter em devida conta todos os interesses legítimos, incluindo, inter alia, os direitos e deveres dos detentores, fornecedores e destinatários de tecnologia*",

[7] Proelss, Alexander. 2017. Development and Transfer of Marine Technology. In United Nations Convention on the Law of the Sea: A Commentary, Proelss, Alexander. (ed.). 1764–1812. Bloomsbury Collections. München: Nomos Verlagsgesellschaft.

surgindo daí o conceito de interesse legítimo que se consolidou na redação do dispositivo da Convenção, garantindo esfera protetiva de direitos às empresas detentoras de tecnologia[8].

Assim, entre uma proposta ambiciosa que criava obrigações objetivas para transferência de tecnologia, pode-se observar que o consenso para um regime flexível levando em conta os interesses dos países industrializados se consolidou, embora tais debates tiveram o mérito de ser referência para o aprimoramento na discussão sobre transferência de tecnologia que confronta os Estados detentores e os Estados carentes de tecnologia marítima e que, no futuro, pode-se buscar um espaço de entendimento necessário sobre mecanismos de compartilhamento, ambiente inexistente no momento que ocorreu a discussão.

4. A transferência de tecnologia e seu regime jurídico na Convenção das Nações Unidas Sobre o Direito do Mar

A Convenção das Nações Unidas Sobre o Direito do Mar se configura como um tratado que consubstancia um acordo convencional como expressão do consentimento dos Estados, tendo caráter obrigatório o que gera, em caso de seu descumprimento, a possibilidade de os signatários serem demandados em foros internacionais.

O Direito dos tratados desenvolvido a partir de normas costumeiras, e que encontrou sistematização normativa nas Convenções de Havana de 1929 e na Convenção de Viena sobre Direito dos Tratados de 1969, firmado sob princípios do *pacta sunt servanda*, da boa fé e livre consentimento, parte sempre de uma perspectiva rígida no cumprimento de seus dispositivos e, assim, tem sido ensinado e estudado nas universidades.

Nas últimas décadas, contudo, percebe-se a emersão de outros mecanismos de produção normativa, derivados de instituições internacionais, e ainda textos normativos de caráter discutível, propositivo, como as *soft law*, têm sido produzidos em conferências e foros internacionais, e imprimindo uma nova característica ao Direito Internacional contemporâneo, uma nova linguagem que levam, igualmente, a uma eficácia no objetivo final da norma, mas que não obrigam os Estados a rigorosamente cumprirem.

Não só isso, parece ser tendência em foros internacionais a inclusão de dispositivos com o mesmo estilo de redação, em Tratados, o que modifica, subs-

[8] Nordquist, Myron H. et. al. (eds). 2013. United Nations Convention on the Law of the Sea, 1982: A commentary Online. Martinus Nijhoff Publishers.

tancialmente, a extensão de sua juridicidade e caráter obrigatório e que, para o leitor desatento, pode levar a certas confusões epistemológicas. O texto do tratado é produzido, em parte, contendo dispositivos que geram direitos e obrigações, mas também trechos que são indicativos de um direito a ser aplicado, prescritivos de um comportamento a ser adotado pelos Estados.

A Convenção das Nações Unidas Sobre o Direito do Mar, representa bem tal fenômeno, possuindo diferentes dimensões normativas de acordo com o tema que disciplina. A Parte XIV, sobre desenvolvimento e transferência de tecnologia marinha, possui certa flexibilidade na obrigatoriedade de seus dispositivos.

Conforme já analisado, a pretensão inicial de países em desenvolvimento e carentes de tecnologia era ter um texto com caráter normativo mais rígido, que traduzisse a obrigatoriedade dos Estados no compartilhamento de tecnológica, pelo mecanismo de gerenciamento por parte da Autoridade e de outras organizações internacionais, o que gerou resistência e a discussão da redação de um texto mais brando.

No que toca objetivamente ao desenvolvimento e à transferência de tecnologia, o ponto positivo é que houve esforço diplomático empregado para que o tema fosse disciplinado no quadro da Convenção pela primeira vez na história, tornado um tema que pauta a agenda normativo das relações internacionais no mar. Assim, o Artigo 266º, no número 1, estabelece que "*os Estados devem cooperar, individualmente ou no quadro de organizações internacionais e ainda na medida de suas capacidades, para promover o desenvolvimento e a transferência da ciência e da tecnologia marinhas em condições equitativas razoáveis*".

Além de não traduzir caráter obrigatório objetivo, o texto deixa critérios vagos para a decisão dos Estados sobre a oportunidade de transferir ou não ciência e tecnologia, por exemplo "incentivar os Estados a promover nas medidas de suas capacidades e em condições equitativas" é algo tão frívolo que pode caber em qualquer discurso diplomático, mas não em ações concretas o que seria desejável em um dispositivo normativo.

É de se observar que a transferência de tecnologia só vai ocorrer a depender da capacidade econômica e política estratégica dos Estados e ainda em condições equitativas razoáveis, o que abre lacuna casuística circunstancial para a transferência.

No número 2 do referido dispositivo, como uma preocupação de gerar desenvolvimento econômico dos Estados vulneráveis, a exemplo dos Estados sem litoral ou ainda em situação geográfica desfavorável, a Convenção entendeu bem ao prescrever a importância do desenvolvimento da capacidade científica e tecnológica marinha dos Estados no que tange à exploração, aproveitamento, conservação e gestão dos recursos marinhos,[9] mas estabeleceu como critério a necessidade e desde que os Estados interessados solicitem assistência técnica neste domínio, deixando, assim, a decisão quanto à capacitação aos Estados detentores de tecnologia que ainda poderão julgar o grau de necessidade do Estado que eventualmente possa solicitar a capacitação e o que é adequado capacitar ou não. Na prática, ainda é mais complexo que um Estado que não detém conhecimentos tecnológicos saiba exatamente o que solicitar e o domínio que o tema envolve, o que pode afastar a aplicabilidade do dispositivo e o sentido original positivo que ele tem.

Da mesma forma, no número 3, a Convenção, ao estabelecer o dever dos Estados no sentido de procurar favorecer condições econômicas e jurídicas adequadas à transferência de tecnologia marinha, numa base equitativa, em benefício de todas as partes interessadas, criou uma falsa obrigação porque ato contínuo a palavra "devem" utilizam outra como suporte superficial "procurar", o que na prática remete ao dever de se esforçar, e, além disso, retira ao final o caráter de hipossuficiência dos países em desenvolvimento ao afirmar que o critério para o favorecimento será em base equitativa em benefício das partes interessadas.

5. Os objetivos fundamentais do desenvolvimento e medidas para atingir a transferência de tecnologia marinha na Convenção

Após redação flexível sobre as normas que norteiam a transferência de tecnologia, a Convenção, em tom assertivo, relaciona os objetivos fundamentais do marco desejável das ações a serem implementadas como produção e transferência de tecnologia e seu alcance material e prático, seja pelo entendimento direto de Estado para Estado, em suas relações bi ou multilaterais, seja ainda no quadro de organizações internacionais.[10]

Concretamente, a Convenção estabelece, no artigo 268º, que cabe aos Estados promover *"a) a aquisição, avaliação e divulgação de conhecimentos de tecnologia*

[9] Existe uma exortação aos Estados no sentido de melhorar seus regimes econômicos e jurídicos a fim de facilitar a transferência de tecnologia. Esta disposição foi proposta pelos Países Baixos, em nome da Comunidade Europeia.

[10] Ao longo dos anos, várias organizações internacionais, especialmente aquelas dentro do sistema das Nações Unidas, desempenharam um papel ativo para capacitação, como a FAO na transferência de tecnologia de pesca; a Organização Marítima Internacional (IMO) com o 'Programa de Cooperação Técnica' para capacitação humana e institucional dos Estados; a *World Maritime University* e o *International Maritime Law Institute* com treinamento de pessoal marítimo; a UNESCO, por meio de programas de pesquisa e treinamento de pessoal e a Autoridade Internacional para os Fundos Marinhos segundo suas responsabilidades prescritas na Convenção.

marinha bem como facilitar o acesso à informação e dados pertinentes." A ideia central de tal prática é fazer com que a comunidade internacional tenha conhecimento das tecnologias desenvolvidas pelos Estados, o que facilitaria acesso ao conhecimento sobre o que está sendo feito de mais inovador no setor, e levaria a uma corrida ao desenvolvimento ou permitiria o exercício do direito de solicitar acesso à tecnologia. A Convenção não diz como isso poderia ser feito, mas se pode interpretar que tal ação se daria pelos governos detentores de tecnologia em publicações institucionais, em revistas científicas ou relatórios junto a órgãos governamentais. Igualmente, a facilitação quanto aos dados, se daria a partir de mecanismos e critérios criados, o que deixa as ações de difusão de conhecimentos ainda limitadas à conveniência do detentor de conhecimento tecnológico.

Outro objetivo é o *"b) o desenvolvimento de tecnologia marinha apropriada"*; que vai indicar que é desejável que o Estado avance com a tecnologia marinha, mas que ela deve atender fins pacíficos e não causar impacto ao meio ambiente marinho, dialogando com outros dispositivos da Convenção e funciona como um indicativo complementar à capacitação, para que sejam desenvolvidos instrumentos compatíveis com o uso do mar.

É objetivo do desenvolvimento e transferência de tecnologia *c) o desenvolvimento da infra-estrutura tecnológica necessária para facilitar a transferência da tecnologia marinha."* Nesse sentido, caberia aos Estados detentores de tecnologia e àqueles que buscam ter acesso à tecnologia estabelecerem meios apropriados para equipar e criar ambientes organizados para fluidez da transferência de tecnologia, não só no sentido de regulamentação normativa, mas, também, na criação de espaços apropriados para o desenvolvimento de transferência de tecnologia como auditórios, laboratórios que serviriam como ambiente para capacitação dos países que não detém conhecimento tecnológico ou criariam espaços para pesquisa e desenvolvimento. As universidades públicas têm desenvolvido espaços de pesquisa e estudo, bem como governos têm estruturado centros de pesquisa, mas envolve sempre uma decisão dos Estados no sentido de promover política de incentivo à ciência e à pesquisa, o que é raridade nos países em desenvolvimento ou pobres, em razão de outras prioridades políticas.

A Convenção objetiva também *"d) o desenvolvimento dos recursos humanos através da formação e ensino a nacionais dos Estados e países em desenvolvimento e, em especial dos menos desenvolvidos entre eles"*[11]. Tal propósito é sem dúvida o centro motriz da transferência de tecnologia, a formação humana, de pessoal, com

[11] A primeira proposta formal sobre transferência de tecnologia exigia "treinamento e educação avançados", assim como a proposta do Sri Lanka. A transferência de conhecimento e treinamento

capacidade para compreender e manipular as tecnologias e conhecimentos científicos existentes e até aprimorá-los, prática que tem sido empreendida em centros de pesquisa governamentais e universidades a partir da concessão de bolsas em universidades ou programas de capacitação.

À exceção do problema da *"fuga de cérebros"*, de pesquisadores e técnicos que saem de seus países para pesquisar e aprimorar conhecimento e não retornam ao seu país de origem, as iniciativas de fomento à formação de recursos humanos sempre são excelente estratégia. Sem embargo, é importante salientar que de nada adianta enviar pessoal para realizar pesquisa e receber formação técnica, se, ao retornarem eles não tiverem infraestrutura mínima para desenvolver suas práticas e técnicas. Os Estados precisam dar condições para atuação local de seus recursos humanos. Algumas iniciativas positivas têm sido empreendidas reconhecidamente pelo Instituto de Direito Marítimo Internacional e a Universidade Marítima Mundial, bem como vários outros atores, como o Programa TRAIN-SEA-COAST, que auxiliam no treinamento teórico, prático e na educação.

Por fim, a Convenção objetiva *"e) a cooperação internacional em todos os níveis, particularmente em nível regional, sub-regional e bilateral"*[12] o que tem oportunizado um processo de aprimoramento das relações internacionais a partir da criação da Organização das Nações Unidas, segundo seus propósitos expressos na Carta de São Francisco, através de negociações complexas que consideram a particularidade dos Estados, e tem gerado, por meio de acordos institucionais, excelentes inciativas. Deve-se destacar que a inserção do tema ainda é bastante tímida em organismos regionais e a implementação da cooperação marítima, para fins de desenvolvimento de tecnologia, passa ao largo dos debates e discussões das pautas regionais e poderia ter um tratamento mais institucionalizado a partir de desenvolvimento estratégico por parte dos Estados de uma dada região.

Além de estabelecer os objetivos para transferência de tecnologia, a Convenção estimula a adoção de medidas de ação para atingi-los, disciplinando mecanismos concretos a serem adotados pelos Estados unilateralmente ou

são cruciais para garantir que a transferência de tecnologia crie um efeito duradouro de capacitação nos Estados destinatários.

[12] Mencionada pela primeira vez na proposta do Sri Lanka, sua redação foi simplificada pela Proposta Conjunta. A exortação do G77 de 'promover o desenvolvimento dos recursos humanos, particularmente nos níveis regional, sub-regional e bilateral, implica apenas cooperação. Embora a cooperação internacional pareça ser um meio de capacitação no projeto irlandês, tornou-se um objetivo distinto no texto final, que foi proposto pela primeira vez pelo documento da sala de conferências.

ainda em ambiente internacional associativo que deverão, em suas ações, *"a) estabelecer programas de cooperação técnica para a efetiva transferência de todos os tipos de tecnologia marinha aos Estados que necessitem e solicitem assistência técnica"*, trata-se de atribuição aos países com condições de transferir tecnologia e que, de forma discricionária, de acordo com seus interesses, poderão estabelecer tais programas, com capacidade de ocorrer mesmo quando não há a transferência de tecnologia de última geração. Em certas circunstâncias, os programas desenvolvidos pelos Estados passam a tecnologia que dispõem ou que podem dispor, mas que atendem aos países mais carentes de recursos que não têm nenhuma capacidade tecnológica no âmbito da ciência marinha ou na exploração de recursos, o que já é algo positivo, mesmo que limitado[13].

Em razão de residir na órbita decisória de países tecnologicamente desenvolvidos, ainda é duvidoso que Estados ofereçam tais programas sem contraprestações, ou quando ofereçam, limitam o conteúdo parcialmente, pois a extensão dos programas dependerá das condições que tenha para transferir conhecimentos tecnológicos ou práticas e técnicas.

Outro meio para alcançar os objetivos da transferência de tecnologia é *"b) promover condições favoráveis à conclusão de acordos, contratos e outros ajustes similares em condições equitativas e razoáveis."* Embora seja um tanto quanto vago a recomendação sobre *"promover condições favoráveis"* o dispositivo tem como finalidade instar os Estados a buscarem mecanismos para realização de acordos para fins de transferência de tecnologia marítima e, além disso, condiciona que os entendimentos sejam em condições equitativas razoáveis o que é o ponto fundamental de qualquer acordo, o equilíbrio.

A Convenção recomenda também a realização de *"c) conferências, seminários e simpósios sobre temas científicos e tecnológicos, em particular sobre políticas e métodos para a transferência de tecnologia marinha."* Tal pressuposto leva, naturalmente, à conclusão de acordos aproximando as partes e são altamente recomendáveis, além de que é possível criar um ambiente para o desenvolvimento da cultura marítima voltada para o aprimoramento de conhecimentos e estudos técnicos. Nesse sentido, as conferências são excelentes espaços propulsores para intercâmbio científico[14].

[13] Os programas de cooperação técnica que se enquadram no âmbito de aplicação do art. 269 (a) foram criados por várias organizações internacionais (FAO: http://www.fao.org/tc/index_en.asp; IHO: http:// www.iho.int/srvl/index.php?option=com_content&view=article&id=399&Item id=407; IMO:http://www.imo.org/OurWork/TechnicalCooperation/Pages/Default.aspx; IOC: http://www.ioc-cd.org/).

[14] A proposta de realizar conferências, reuniões e seminários sobre assuntos científicos e tecnológicos apropriados foi formulada pela Proposta Conjunta, permanecendo inalterada até o

A promoção de "*d) intercâmbio de cientistas e peritos em tecnologia e outras matérias*" é igualmente uma estratégia fundamental para que países em desenvolvimento recebam técnicos e cientistas que possam fomentar conhecimento local, ou mesmo quando utilizando programas específicos desenvolvidos pelos Estados que detém tecnologia, possam receber informações que serão potencializadas em seu Estado de origem, especialmente no ambiente acadêmico.

Por fim, a Convenção incentiva os Estados a "*e) realizar projetos e promover empresas conjuntas e outras formas de cooperação bilateral e multilateral*", o que pode se dar especialmente para o desenvolvimento de "*joint venture*" e parcerias para desenvolvimento tecnológico onde cada Estado pode oferecer o que tem de mais avançado em um campo específico e, ainda, em um trabalho de esforço conjunto, desenvolver "*know how*" em determinado tema marítimo, existindo uma grande oportunidade para a elaboração de projetos nos mais variados campos que envolvam o espaço marítimo.

Todos esses mecanismos são importantes e devem ser incentivados. O ideal é que as autoridades e lideranças marítimas e políticas de cada Estado tivessem, permanentemente em mãos, os dispositivos dos artigos 268º e 269º da Convenção para guiar sua estratégia de desenvolvimento no mar, fomentando diferentes estratégias para desenvolvimento e transferência de tecnologia marítima.

Uma crítica à redação do artigo, que infelizmente não apareceu na Convenção, mesmo se compreendendo que seja um documento firmado entre Estados, foi a inclusão, em algum formato, de empresas privadas de tecnologia marítima, onde os Estados de alguma forma pudessem envolver seus entes nacionais que produzem tecnologia de última geração, e que são os que mais investem e desenvolvem tecnologia marítima, contribuindo, sobremaneira, com os Estados em matéria de desenvolvimento e de formação de recursos humanos.

6. Mecanismos de cooperação internacional para transferência de tecnologia

A Convenção das Nações Unidas Sobre o Direito do Mar expressa concretamente a crença de que os processos de transferência de tecnologia se deem no plano internacional por meio da cooperação entre os Estados.

RSNT, que moldou a redação final principalmente pela introdução da cláusula "em particular", que revela o foco especial do Art. 269.

Cabe ressaltar que cooperar não é apenas um verbo para o Direito Internacional, mas um princípio jurídico que define contornos normativos para adoção de ações consertadas que serão empreendidas pelos Estados no plano internacional em diferentes inciativas com o objetivo de impactar na boa relação entre os diferentes povos, em sua aproximação, para manutenção da paz e segurança internacionais.

A cooperação internacional implica no desenvolvimento de um ambiente internacional de relação entre Estados, voltado para a ajuda, apoio e auxílio no enfrentamento de desafios comuns. Além disso, a ideia de um processo cooperativo leva, também, à uma estratégia de trocas de conceitos e ações que, em razão dos temas objeto da cooperação, fortalece a celebração de documentos normativos conjuntos.

Desejar um mundo mais justo e distante de conflitos, pela implementação da cooperação, não é uma quimera idealista, mas um caminho estratégico e princípio basilar das Nações Unidas que impacta no desenvolvimento das relações entre diferentes Estados e povos, repercutindo diretamente no bem-estar e na melhoria de qualidade de vida de diferentes sociedades estatais.

Nesse diapasão, a Convenção motiva o estabelecimento de cooperação internacional para produção e transferência de tecnologia marinha também por conta da natureza interconectada dos espaços marinhos e a interdependência que os Estados possuem na utilização dos recursos marinhos, indicando, para esse fim, que as formas de cooperação internacional devem ser efetuadas *"quando praticável e apropriado, através de programas bilaterais, regionais ou multilaterais existentes, bem como através de programas ampliados e de novos programas para facilitar a investigação científica marinha, a transferência de tecnologia marinha, particularmente em novos domínios e o financiamento internacional apropriado da investigação e desenvolvimento dos oceanos"* propondo que os acordos de cooperação sejam realizados por meio de pactos que estipulem programas de transferência de tecnologia, buscando promover o fomento das pesquisas ou programas pelo financiamento adequado de tais inciativas, haja visto que a Convenção não criou uma dotação de fundos especificamente para desenvolvimento e transferência de tecnologia[15], redação que foi inserida após texto

[15] Em 1996, o Departamento das Nações Unidas para Assuntos Oceânicos e o Direito do Mar (UN DOALOS) listou as seguintes organizações/órgãos internacionais como aqueles relevantes para "programas bilaterais, regionais ou multilaterais" nos termos do art. 270: FAO, IAEA, IHO, IMO, ISBA/Autoridade, UNCTAD, UNDP, UNEP, UNESCO IOC, UNIDO, WIPO, WMO e o Banco Mundial. Em sua resolução 55/7, adotada em 2000, a Assembleia Geral da ONU solicitou ao Secretário-Geral que revisse os esforços que estão sendo feitos para desenvolver capacidades em

único de negociação revisado como finalidade complementar e reforçar o papel da promoção de investimentos necessários ao desenvolvimento e transferência de tecnologia o que tem sido feito, em parte, pela iniciativa de diferentes organismos internacionais[16].

Da mesma forma, a Convenção estabelece diretrizes, critérios e normas, geralmente aceitos, em que os Estados devem promover a cooperação pautada pelo interesse e as necessidades dos Estados em desenvolvimento, levando ao entendimento que as relações concebidas no quadro cooperativo seguirão norteadas pelas regras tradicionais do direito, não se estabelecendo, portanto, nenhuma obrigação diferente, mas reconhecendo que serão consideradas as necessidades dos Estados em desenvolvimento. Por outro lado, a Convenção exorta o papel das organizações internacionais no sentido de expedir documentos normativos recomendatórios com o objetivo de amoldar a relação cooperativa entre os Estados para o compartilhamento de conhecimentos tecnológicos.

Cabe relatar que na Terceira Sessão (1975) da Conferência, a Comunidade Econômica Europeia (CEE) submeteu uma proposta informal apelando à cooperação internacional no *"desenvolvimento de diretrizes voluntárias universalmente aceitas para a transferência de tecnologia marinha"*, o que se daria pela estandardização de normativas que aproximariam ou harmonizariam entendimento normativo sobre mecanismos de transferência de tecnologia marítima, como a utilização de práticas e métodos, instrumentos, metodologias e conceitos, entre outras diretrizes[17/18].

cooperação com a Organização Internacional do Trabalho e bancos de desenvolvimento regional, além daqueles listados pela UN DOALOS. Também convidou o PNUMA e o Banco Mundial a considerar como poderiam participar da construção de parcerias com Estados em desenvolvimento para transferência de tecnologia e recomendou que o Processo Consultivo organizasse suas discussões sobre o desenvolvimento e transferência de tecnologia.

[16] Vários fundos ou programas financeiros foram estabelecidos em relação à capacitação e/ou transferência de tecnologia marinha. Por exemplo, o Banco Mundial estabeleceu o Programa Global de Pesca (PROFISH), que é uma parceria de programação e financiamento envolvendo doadores do setor de pesca e aquicultura e Estados em desenvolvimento. O Fundo Global para o Meio Ambiente financia vários programas relacionados à conservação da biodiversidade e águas internacionais.

[17] UNCLOS III, Ireland (on behalf of the nine Member States of the EEC): Draft Articles on the Transfer of Technology (1975, mimeo.), reproduced in: Renate Platzo¨der, Third United Nations Conference on the Law of the Sea: Documents of the Geneva Session 1975 (1975), 299, 300.

[18] Proelss, Alexander. 2017. Development and Transfer of Marine Technology. In United Nations Convention on the Law of the Sea: A Commentary, Proelss, Alexander. (ed.). 1764–1812. Bloomsbury Collections. München: Nomos Verlagsgesellschaft.

A Convenção espera que a cooperação entre os Estados para transferência marinha seja coordenada por organizações internacionais. Assim, o artigo 272 expressa tal recomendação no sentido de que seja desejável que os Estados assegurem que *"as organizações internacionais competentes coordenem as suas atividades, levando em conta os interesses e necessidades dos Estados em desenvolvimento, em particular dos Estados sem litoral e daqueles em situação geográfica desfavorecida"*. Nesse sentido, em 2010, o Secretário-Geral da ONU apresentou uma lista de atividades promovidas por organizações internacionais para capacitação e transferência de tecnologia no campo das ciências marinhas motivando os Estados a aderirem a tais projetos.

Cabe ressaltar que seguindo exemplo de outros dispositivos, há um particularismo para favorecimento de transferência de tecnologia para Estados em desenvolvimento ou sem litoral ou geograficamente desfavorecidos, mas não é algo que se possa pensar como um padrão obrigatório como processo regular[19].

No que tange à cooperação no quadro de organizações internacionais, a Convenção, em seus artigos 273º e 274º, cuida especialmente das atividades desenvolvidas na Área, no sentido de que *"os Estados devem cooperar ativamente com as organizações internacionais competentes e com a Autoridade para encorajar e facilitar a transferência de conhecimentos especializados e de tecnologia marinha relativos às atividades na Área aos Estados em desenvolvimento, aos seus nacionais e à Empresa"*. Como se verá adiante, o anexo III da Convenção possui conteúdo normativo bastante rígido no que toca à obrigação de transferência de tecnologia. Se a Convenção possui linguagem branda, em uma interpretação integrada, em razão da especialidade do anexo III é possível perceber que o dispositivo faz uma invocação para que os Estados detentores de tecnologia aceitem a gestão da Autoridade e da Empresa, o que se dará dentro de parâmetros normativos do anexo III, que atende especificamente a proposta inicial que tinha maior rigidez na obrigatoriedade sobre a transferência de tecnologia e considerado como um patrimônio comum da humanidade.

A propósito, no que toca às competências da Autoridade dos fundos marinhos, a Convenção a coloca como organização central no que tange à cooperação para fins de transferência de tecnologia, muito provavelmente pela crença de que a exploração dos fundos oceânicos levaria a uma corrida tecnológica

[19] United Nations World Ocean Assessment: http://www.worldoceanassessment.org; A Regular Process for Global Reporting and Assessment of the State of the Marine Environment, including Socio-economic Aspects (Regular Process): http://www.un.org/depts/los/global_reporting/global_reporting.htm.

para exploração de metais preciosos, o que é verdade e tem motivado empresas privadas a uma corrida pelo desenvolvimento de tecnologia nos fundos marinhos. Não obstante, nos dias atuais existem, igualmente, outras pautas de tecnologia no mar em diversos campos, especialmente na instrumentalização de energias alternativas a partir do mar e da biologia marinha com a utilização de diferentes espécies na produção de remédios, cosméticos e fórmulas.

Ainda assim, no que tange às atividades de Área, sem prejuízo e com a ressalva dos interesses legítimos e dos direitos e deveres dos possuidores de tecnologia, à Autoridade[20] foi atribuída a gestão para troca de tecnologia, na relação entre possuidores, fornecedores e recebedores de tecnologia, especialmente para assegurar que: "*a) os nacionais dos Estados em desenvolvimento, costeiros, sem litoral ou em situação geográfica desfavorecida, sejam admitidos para fins de estágio, com base no princípio da distribuição geográfica equitativa, como membros do pessoal de gestão, de investigação e técnico recrutado para as suas atividades*[21]; que *b) a documentação técnica relativa ao equipamento, maquinaria, dispositivos e processos pertinentes seja posta à disposição de todos os Estados; c) sejam tomadas pela Autoridade disposições apropriadas para facilitar a aquisição de assistência técnica no domínio da tecnologia marinha pelos Estados; e d) seja prestada aos Estados a assistência técnica de que necessitem e solicitem nesse domínio, bem como assistência na aquisição de equipamento, instalações, processos e outros conhecimentos técnicos necessários, mediante qualquer ajuste financeiro previsto na Convenção*"[22].

[20] Souza, Henrique Santos Costa de. 2018. O Direito do Mar e seus três nós: A regulamentação jurídica dos fundos marinhos internacionais. Belo Horizonte: Arraes Editores.

[21] Os programas são mencionados nos relatórios anuais do Secretário-Geral da Autoridade e explicados em detalhes no site da Autoridade. (https://www.isa.org.jm/contractor/training-activities ISA, Report of the Secretary-General of the International Seabed Authority under Article 166, Paragraph 4, of the United Nations Convention on the Law of the Sea, ISA Doc. ISBA/21/A/2 (2015), para. 84).

[22] Em 2006, a Autoridade estabeleceu o Fundo de Dotação para Pesquisa Científica Marinha, para promover e encorajar a realização de pesquisas científicas marinhas na Área para o benefício da humanidade, em particular apoiando a participação de cientistas qualificados e pessoal técnico de Estados em desenvolvimento. O capital inicial do Fundo consistia no saldo remanescente das taxas de aplicação pagas pelos investidores pioneiros registrados, nos termos da Resolução II da Conferência, à Comissão Preparatória para a Autoridade Internacional dos Fundos Marinhos e para o Tribunal Internacional para o Direito do Mar. As atividades financiadas pela dotação são mencionadas no relatório anual do Secretário-Geral e explicadas no site da Autoridade. *(ISA, Resolution Establishing an Endowment Fund for Marine Scientific Research in the Area, ISA Res. – ISBA/12/A/11 of 16 August 2006, para. 1. The resolution refers to Art. 143 of the Convention but not to Art. 274 – ISA, Resolution Establishing an Endowment Fund for Marine Scientific Research in the Area, ISA Res. – 2015 Report of the Secretary-General of ISA, para. 32 https://www.isa.org.jm/contractors/endowment-fund. -ISBA/12/A/11 of 16 August 2006, para. 2).*

Ao dispor sobre as atividades de exploração e exploração na Área, o anexo III da Convenção estabeleceu regras bastante rígidas para as empresas que desejam investir, determinando obrigações objetivas de transferência de tecnologia e formação de pessoal, depósito de documentação técnica e equipamentos.

É de se recordar que houve embate nas negociações convencionais e um dos temas de discórdia entre os países desenvolvidos tecnologicamente e os que não têm acesso à tecnologia ou em desenvolvimento foi justamente sobre o papel da Autoridade no sentido de mediar a transferência de tecnologia. A última proposta apresentada na negociação convencional, previa que a Autoridade deveria garantir que *'projetos e patentes [...] na exploração da Área internacional, a exploração de seus recursos e atividades relacionadas fossem disponibilizados aos Estados em desenvolvimento'*, prevendo ainda um fundo especial para países em desenvolvimento aprimorarem seu conhecimento tecnológico, sendo retirado do texto final a menção feita em relação a projetos e patentes, porque se entendeu que seria de propriedade privada e que não estaria sujeita à transferência do governo, tendo sido substituído por "documentação técnica". Contudo, a previsão de um fundo especial foi, igualmente, esquecida.[23]

Objetivando também a cooperação, o artigo 275º da Convenção incentiva que os Estados, por intermédio de organismos internacionais, *"promovam, especialmente em Estados costeiros em desenvolvimento, o estabelecimento de centros nacionais e regionais de investigação científica e tecnológica marinha"*.

A Convenção insta também os Estados a *"reforçar os centros nacionais existentes para estimular e impulsionar a realização de investigação científica marinha pelos Estados costeiros em desenvolvimento e de aumentar a sua capacidade nacional para utilizar e preservar os seus recursos marinhos em seu próprio benefício econômico"*. A ideia é que tais centros *"passem a fornecer serviços de formação avançada, e equipamento e conhecimentos práticos e técnicos necessários, bem como peritos técnicos, aos Estados que necessitem e solicitem tal assistência"*.

Obviamente que a criação e a manutenção de tais centros dependerão da capacidade de investimentos dos Estados em desenvolvimento, mas é inegável sua importância para o desenvolvimento de tecnologia marinha, e para que os Estados desenvolvam cultura marítima. O ideal é que houvesse um fundo a ser repassado para Estados em desenvolvimento dentro de certos critérios de

[23] Proelss, Alexander. 2017. Development and Transfer of Marine Technology. In United Nations Convention on the Law of the Sea: A Commentary, Proelss, Alexander. (ed.). 1764–1812. Bloomsbury Collections. München: Nomos Verlagsgesellschaft.

produtividade e avaliação de resultados, administrado por uma organização internacional, cuja missão fosse justamente desenvolver centros nacionais e organizar atividades de trabalho, o que ainda não existe, mas resta aqui como proposta para futura discussão.

Os artigos 276º e 277º estimulam os Estados de uma dada região a criarem centros regionais de investigação científica e tecnológica marinha que trabalhem em coordenação com organismos internacionais, também com o objetivo de incentivar o aprimoramento dos conhecimentos tecnológicos em grau de cooperação internacional para desenvolver programas de formação e ensino, gestão, proteção e preservação do meio marinho, realização de conferências, registro e pesquisa, divulgação de políticas nacionais e iniciativas que versem sobre tecnologia marítima, cooperação técnica entre outros. Conforme já apontado, no quadro regional, as iniciativas ainda são tímidas e o tema não tem sido pauta dos debates em organismos regionais, mas se espera que o cenário se modifique e que, progressivamente, sejam criados centros regionais com base na cooperação para desenvolvimento de conhecimento científico e tecnologia.

Em seu artigo 278º, a Convenção não deixou de lado sua preocupação com a cooperação entre organizações internacionais, processo liderado pela ONU em conjunto com outras instituições internacionais como a Organização Marítima Internacional, o Tribunal Internacional do Direito do Mar, a Autoridade, além daquelas que possuem pautas e atividades que dialogam com temas marítimos com a finalidade de buscar o fomento da produção e transferência de tecnologia marinha, assim como aprimorar mecanismos de colaboração entre os Estados e desenvolver compreensão sobre o uso racional e ético dos espaços marítimos.

Poderia haver crítica quanto à natureza da redação da Convenção quando trata da cooperação para fins de desenvolvimento e transferência de tecnologia, mas é importante que se compreenda o contexto de sua redação em um ambiente árido quando da negociação da Convenção e ainda hoje. A Convenção visou justamente fornecer bases bastante concretas e um arcabouço jurídico indicativo de ação desejável dos Estados, oferecendo um mapa do percurso para aprimoramento da tecnologia no mar a partir de inciativas coletivas, que trazem consigo o compartilhamento de conhecimentos e o intercâmbio de ideias para alavancar o conhecimento tecnológico dos Estados em desenvolvimento de uma dada região.

7. A proteção dos interesses legítimos

É inegável a importância da transferência de tecnologia de Estado para Estado, especialmente em um processo em que o adensamento de conhecimento científico se retroalimenta gerando ainda maior aprimoramento e, por conseguinte, avanços nos mais variados campos.

Mesmo quando de uma proposta ambiciosa inicial sobre a obrigatoriedade de transferência de tecnologia, os Estados em desenvolvimento compreenderam que produção de tecnologia e conhecimento têm um valor, um preço, um custo.

Por outro lado, é importante reconhecer que o desenvolvimento tecnológico só vem com altos investimentos e que duram vários anos para apresentar resultados e, se um Estado investiu seus recursos para que se desenvolvesse um projeto, esse mérito é dele e efetivamente merece ter uma compensação pela partilha desses conhecimentos que correspondam aos seus esforços e, conforme se estabeleceu na Convenção, na medida de suas possibilidades e critérios.

Essa circunstância se acentua ainda mais quando envolve capital privado e a Convenção, embora tenha sido criada para regular as relações entre os Estados, possui repercussão para os particulares, mas aqui existe uma peculiaridade na medida que os investimentos e custos foram bancados por uma empresa no quadro de sua funcionalidade, no sentido de buscar maximizar lucros a partir do desenvolvimento de tecnologia.

O artigo 267º da Convenção, como uma advertência à redação do artigo 266º que versa sobre a produção e transferência de tecnologia e como os Estados devem operacionalizar isso, estabelece que os interesses legítimos devem ser protegidos, e que *"os Estados devem ter em devida conta todos os interesses legítimos, incluindo, inter alia, os direitos e deveres dos possuidores, fornecedores e recebedores de tecnologia marinha"*.

O dispositivo expressa, em conteúdo, uma preocupação dos países com capacidade tecnológica e industrializados que temiam pela não observação da propriedade intelectual, cuja base jurídica consolidada se assenta na reserva de direitos em razão do esforço intelectual e da criatividade empregados para sua existência e desenvolvimento. Assim, a proteção dos interesses legítimos previsto na Convenção, reforçado mais tarde com dispositivos da Ata de Marraquexe da Organização mundial do Comércio em 1995, solidificou entendimento no plano internacional de que a transferência de tecnologia para países em desenvolvimento é desejável, mas deve respeitar direitos de propriedade legitimamente prescritos nos países com domínio de tecnologia e no plano internacional.

Além disso, é de se destacar que a redação dada, sem identificar o que poderiam ser os legítimos interesses e sua proteção frente ao desenvolvimento e transferência de tecnologia, concedendo a ele amplitude para interpretação, leva a crer que diversos elementos podem ser invocados, além dos direitos de propriedade intelectual, que serviram como justificativa para sua inserção, como, por exemplo, fatores econômicos, políticos e sociais, ficando, desse modo, garantidos os direitos aos titulares de tecnologia marinha no sentido de que não há uma obrigação de transferir e, ainda mais, que os direitos dos detentores estão protegidos sob o ponto de vista do Direito Internacional.

8. Dispositivos esparsos sobre transferência de tecnologia e diálogo normativo na Convenção

As normativas internacionais podem ter um efeito mais amplo, se considerar uma leitura transversal expressa em textos normativos que estabelecem particularismos em alguns casos, a depender de uma interpretação sistêmica e com juízo de ponderação.

Outros dispositivos da Convenção das Nações Unidas Sobre o Direito do Mar estabelecem algumas possibilidades de concessão de transferência de tecnologia, como, por exemplo, o artigo 62º que versa sobre a utilização dos recursos vivos na Área Econômica Exclusiva, em seu número 4, alínea a) indica que a concessão de licenças, cobranças de taxas e outros encargos impostos pelo Estado costeiro para autorizar a pesca, pode ser substituído por uma compensação adequada em matéria de financiamento, equipamento e tecnologia da pesca, o que, de certa forma, dá ao Estado costeiro a oportunidade de impor ou negociar a transferência de tecnologia de pesca com as companhias de pesca.

O artigo 144º exorta a Autoridade a adquirir tecnologia e conhecimento científico relativo às atividades desenvolvidas na Área promovendo, via cooperação internacional, a sua transferência em benefício dos Estados partes, especialmente aqueles em desenvolvimento, viabilizando programas, formação de pessoal, ressaltando que é um objetivo mais modesto, frente à proposta inicial em que, de fato, a Autoridade teria tal competência de forma expressa.

No que tange às atividades empreendidas na Área, gerenciadas pela empresa, o artigo 150º volta-se à preocupação sobre o desenvolvimento econômico dos Estados no sentido de fomentar o equilíbrio no comercio internacional a partir de apoio aos países em desenvolvimento, especialmente na participação das receitas para transferência de tecnologia aos Estados em desenvolvimento, o que é reforçado pelo artigo 170º, ao disciplinar as funções da Empresa. O artigo 155º, ao estabelecer uma Conferência de revisão da Parte XI, quinze anos a partir a primeira produção comercial, na vigência sobre transferência de tecnologia na Área, poderá ser pautado, o que é um ponto bastante positivo face aos avanços tecnológicos e as atividades desenvolvidas nos fundos marinhos.

A proteção e a preservação do meio marinho pelos Estados envolvem, também, a preocupação com a utilização de tecnologias que possam impactar na poluição, criando uma responsabilidade para os países detentores no sentido de utilizar mecanismos com precaução, conforme disciplina o artigo 196º.

No anexo III à Convenção, que versa sobre Condições básicas para prospecção, exploração e aproveitamento para mineração no mar, aparece também preocupação com a produção e a transferência de tecnologia. O artigo 5º estabelece, taxativamente, a obrigação de transferência de tecnologia em tais atividades. Primeiro, ele disciplina que tecnologia é *"o equipamento especializado e conhecimentos técnicos, incluindo manuais, desenhos, instruções de funcionamento, formação e assessoria e assistência técnicas, necessários para a montagem, manutenção e funcionamento de um sistema viável, e o direito legal de utilizar estes elementos para esse fim numa base não exclusiva"*, estabelecendo, assim, que só poderão ser explorados os fundos oceânicos desde que haja compartilhamento de tecnologia, o que dá à matéria o sentido inicial que se tinha quando, na negociação da Convenção, se estabeleceu que seria tido como um patrimônio comum da humanidade. Essa correlação é feita entre o princípio consagrado no artigo 136º e a exploração dos minerais existentes na Área.

O dispositivo disciplina que, ao apresentar um plano de trabalho, *"o peticionário colocará à disposição da Autoridade uma descrição geral do equipamento e dos métodos que serão utilizados na realização de atividades na Área e outras informações pertinentes que não sejam propriedade industrial acerca das características de tal tecnologia, bem como informações sobre onde essa tecnologia se encontra disponível"*. Estabelece que todo contrato de realização de atividades na Área deverá incluir, em suas cláusulas, mecanismo de transferência de tecnologia por meio de acordos especiais que autorizem a transferência e a utilização e que, se não estiver disponível, a parte não poderá empregá-la nas atividades da Área, determinando, ainda como pena, a imposição de valores pecuniários, a suspensão ou rescisão do contrato.

O anexo III representa, parcialmente, a materialização da proposta inicial sobre a transferência de tecnologia, mas apenas em relação às atividades da Área o que, inegavelmente, é um grande avanço estando em consonância com a ideia de patrimônio comum da humanidade que orienta as atividades da Área e sua exploração.

9. A Síndrome de progéria que impacta sobre a Convenção das Nações Unidas Sobre o Direito do Mar

Ao incluir o tema sobre desenvolvimento e transferência de tecnologia marinha, especialmente como estratégia para desenvolvimento econômico dos países carentes de conhecimentos, a Convenção das Nações Unidas Sobre o Direito do Mar foi assertiva e inovadora incluindo assunto nunca discutido sobre aspectos do Direito do Mar.

Esse ponto positivo, contudo, não pode esconder aspectos que, em razão do decorrer do tempo, e pela própria natureza da matéria que disciplina, acaba por não atingir, na contemporaneidade, os objetivos desejados pelos Estados.

É como se o tema do desenvolvimento e transferência de tecnologia marinha chegasse para interpretação dos juristas maristas como algo novo, que pudesse impulsionar debates jurídicos complexos e alavancar a relação entre Estados em desenvolvimento e Estados detentores de tecnologia. Contudo, paradoxalmente à inovação do texto, em razão do decurso do tempo das negociações, de sua implementação e da redação aberta, sem objetivos concretos, acabou por não produzir os efeitos esperados.

Por isso, é possível perceber que o texto da Convenção das Nações Unidas Sobre o Direito do mar sofre da *"síndrome de progéria"*: inovador, jovem, mas já com sinais de envelhecimento precoce em razão de certos elementos que configuram sua interpretação jurídica e sua aplicação. Os dispositivos negociados durante as décadas de 1970 e 1980, durante 20 anos, e em vigor no plano internacional somente desde 1994, nasceram jovens, mas velhos. Jovem, porque inseriu o tema de transferência de tecnologia marinha até então não discutido ou disciplinado juridicamente no plano internacional, já envelhecido porque a redação do texto manteve o *"status quo ante"* legitimando a distância entre países detentores de tecnologia e os Estados em desenvolvimento, bem como não criando exatamente um arcabouço jurídico normativo que pudesse impactar em um processo de transformação, mas limitou-se a normas programáticas e exortatórias.

Além disso, é de se destacar que ainda na atualidade, na prática, as iniciativas adotadas pelos Estados e patrocinadas por organizações internacionais têm se consubstanciado em transferência de tecnologia já ultrapassada, "alimento mastigado", como se fosse um processo a "conta-gotas." Os Estados detentores de tecnologia não transferem seus conhecimentos mais avançados, mas aqueles que já são de domínio público parcial, ou que pouco impactam no desenvolvimento econômico dos Estados que os recebem.

Por outro lado, a natureza conceitual de tecnologia implica em um processo contínuo de produção de conhecimento, aperfeiçoamento e inovação, o que resulta no surgimento de novos espaços e modalidades de engenhos criados no contexto de evolução de tecnologia. Deve-se ressaltar que a aceleração do desenvolvimento de tecnologia se deu após a entrada em vigor da Convenção, a partir da década de 1990, estabelecendo novos campos, modalidades e temas e perspectiva mais alargada de sua utilização no mar.

No ano de 2015, por exemplo, a ONU estabeleceu uma nova agenda de desenvolvimento sustentável, composta por 17 objetivos, envolvendo Estados, empresas e ONG, voltados ao combate dos efeitos das mudanças climáticas, tendo o setor privado assumido importância singular para implementação de novas tecnologias que pudessem ir de encontro, especificamente, ao Objetivo 7, no sentido de promover energia acessível e limpa; combinado com o Objetivo 9, para a promoção de indústria, inovação e infraestrutura com o intuito de gerar, segundo os Objetivos 11 e 12, cidades sustentáveis com padrão de consumo e produção responsáveis como estratégia de ação contra a mudança global do clima, conforme Objetivo 13, e, principalmente, o Objetivo 17 que insta os Estados a melhorarem o acesso à tecnologia e ao conhecimento com o compartilhamento de ideias e a promoção da inovação.

Este novo discurso tem levado a uma remodelação do setor de tecnologia e uma nova corrida para o desenvolvimento de conhecimentos, agora para utilização sustentável dos espaços marinhos, além do desenvolvimento de diferentes projetos para mineração no mar, ampliando ainda mais a implementação de novos conhecimentos, técnicas e investimento em pesquisa.

O tema da tecnologia marinha vai assim se redimensionando, de maneira que a discussão sobre a implementação de mecanismos de produção e de transferência de tecnologia, a partir das relações entre Estados, deve ser renovada e rediscutida como um antídoto à Síndrome de progéria, buscando contextualizar os dispositivos para que tenham efetividade e eficácia normativa no plano global, harmonizando e aproximando as distâncias entre países em desenvolvimento e detentores de tecnologia.

10. Conclusão

Existe consenso de que a sociedade internacional tem desenvolvido tecnologia avançada para chegar até outros espaços interplanetários. Entretanto, ainda se sabe pouco sobre a dimensão de seu próprio planeta, especialmente no campo do espaço marinho. É imperioso, como já argumentado, que a sociedade internacional mobilize seus esforços para promover conhecimento mais aprofundado sobre a vida marinha, sobre as profundezas oceânicas e sobre a otimização da utilização dos recursos marinhos e suas múltiplas possibilidades.

Na atualidade, novas alternativas de energia produzidas no mar, têm sido pesquisadas e implementadas. A exploração de matéria-prima para a produção de medicamentos e cosméticos, o desenvolvimento da segurança e transporte marítimo e a busca pela explotação de recursos minerais aumentaram os esforços dos Estados no sentido de desenvolver tecnologia marinha.

Em que pese, ter sido positivo e inovador a Convenção ter introduzido em sua Parte XIV a preocupação com o desenvolvimento e transferência de tecnologia marinha, seus dispositivos não produzem grande efeito concreto na efetivação de seus objetivos, reproduzindo apenas um *status quo* em que a tecnologia marinha ainda é propriedade pertencente a poucos Estados e sua utilização no mar não tem gerado benefícios a toda comunidade internacional, mas acentuando a distância entre países detentores de conhecimentos tecnológicos que exploram um espaço coletivo sem contrapartidas e, os países em desenvolvimento que ficam à mercê da boa vontade dos primeiros na medida de seu interesse e possibilidade.

A Convenção deu um viés garantista de proteção ao investimento no desenvolvimento de tecnologia, resguardando os interesses legítimos dos possuidores, fornecedores e recebedores de tecnologia, garantindo, assim, a proteção ao direito de propriedade intelectual e sobre o conhecimento desenvolvido por empresas que investem em inovação e em tecnologia marinha o que, dentro de certos limites e parâmetros que faltou se objetivar, é justificável.

Contudo, é importante que os avanços científicos e tecnológicos não sejam apropriados apenas pelos Estados que mais têm condições de investir em pesquisa e na produção de tecnologia, mas também sejam compartilhados com toda a humanidade, especialmente com aqueles que necessitam deles para sua própria subsistência. Esse seria um dos temas que poderia modificar o cenário da Convenção ao disciplinar regras sobre compartilhamento de tecnologia, onde essa fosse assegurada aos Estados em desenvolvimento dependentes do mar para subsistência, com critérios facilmente identificados.

Reforçando o propósito de institucionalização internacional do processo de transferência de tecnologia, é importante que sejam atribuídos aos organismos internacionais maior efetividade, inclusive se pensando em uma organização apropriada para trabalhar com o tema de transferência de tecnologia marítima, pois a Autoridade, embora apareça na proposta inicial do artigo e em diferentes dispositivos da Convenção, tem competência definida para atuar sobre os fundos oceânicos o que de certa forma limita a sua atuação e ainda cria uma pauta complexa, entre outros compromissos que ela tem. O desejável é que fosse confiada missão a uma organização para o desenvolvimento de tecnologia marinha que pudesse investir em conjunto com Estados para aplicar políticas estratégicas para que os países pudessem aprimorar o desenvolvimento de tecnologia marinha voltado para o progresso da humanidade.

Além disso, é fundamental que se abra uma discussão para que parâmetros de transferência de tecnologia sejam mais eficientes e objetivos, pois a Convenção adotou linguagem propositiva que se compreende no que tange aos objetivos fundamentais e nas medidas desejáveis, mas não quando tem que efetivamente assegurar um direito a Estados em desenvolvimento e uma contraprestação de Estados detentores de tecnologia marinha, compreendendo o mar além do espaço jurisdicional dos Estados, como ambiente compartido por todos os povos.

A busca pelas condições de equitatividade e razoabilidade preconizada pela Convenção deve ser levada em conta principalmente para os Estados que necessitem, e a garantia de reservas na propriedade intelectual não pode ser uma regra absoluta ou redigida de forma que não haja responsabilidades e contrapartida. Além da jurisdição dos Estados, o mar é um espaço comum, é preciso inverter o discurso implementado a partir das negociações da Convenção.

O mar, ademais das fronteiras jurisdicionais dos Estados, é patrimônio comum da humanidade, e a tecnologia empreendida nesse espaço com finalidade de exploração econômica deve ser compartilhada com todos os Estados, ou no mínimo serem aplicados critérios definidos de reserva e de transferência de tecnologia, onde existam benefícios para toda comunidade internacional para seu progresso civilizacional.

18
COMENTÁRIO À PARTE XV
SOLUÇÃO DE CONTROVÉRSIAS

José Luís Jesus[1]

Resumo: O texto procura dar uma visão abrangente do sistema de solução de controvérsias estabelecido na Convenção das Nações Unidas sobre o Direito do Mar (Convenção), identificando as várias partes e secções que constituem a estrutura desse sistema e analisando as controvérsias sobre a interpretação e aplicação da Convenção sujeitas ao regime compulsório das que o não são por via das limitações e exceções. Igualmente, o texto sublinha a flexibilidade do sistema que permite às partes numa controvérsia sobre a interpretação ou aplicação da Convenção optarem pela resolução de tal controvérsia fora da Convenção, não se fazendo valer, portanto, da Parte XV para o efeito.

Os vários mecanismos de resolução das controvérsias, ou tribunais, referidos no artigo 287º, merecem um destaque especial e são analisados do ponto de vista dos seus estatutos ou termos de referência, incluindo a sua composição e competências, sublinhando a sua natureza e as suas características especiais que os distinguem uns dos outros e salientando o papel que cada um desses tribunais vêm desempenhando na implementação da Convenção através dos casos concretos que têm recebido e resolvido. Neste contexto, um destaque especial é dado ao papel do Tribunal Internacional do Direito do Mar pelo grande número de casos relacionados com o direito do mar que já recebeu ou dirimiu.

Finalmente, o texto clarifica o papel da conciliação compulsória do Anexo V da Convenção e sublinha a sua relação com a Parte XV da Convenção.

Palavras chave: Parte XV da Convenção, solução de controvérsias, regime compulsório, exceções e limitações, tribunal de último recurso, conciliação compulsória, Estatuto do Tribunal Internacional do Direito do Mar.

[1] Juiz do Tribunal Internacional de Direito do Mar.

Abstract: The text attempts to give a birds-eye view of the dispute settlement system contained in the United Nations Convention on the Law of the Sea (Convention). It identifies the different parts and sections forming its structure, as well as the categories of disputes arising out of the interpretation and application of the Convention that are subject to the Convention's compulsory system and those that are not.

Likewise, the text underscores the system's flexibility which allows the parties to a dispute arising out of the interpretation or application of the Convention to resolve their dispute outside the Convention, thus casting out the application of Part XV of the Convention

The text also underscores the important role within the system played by the means of dispute settlement (courts and tribunals) referred to in article 287 and assesses their statutes or terms of reference. It highlights their composition and jurisdiction, as well as their special characteristics which make them different from one another. Furthermore, the role so far played by each one of these tribunals in the implementation of the Convention while dealing with concrete cases submitted to, and settled by, them is also highlighted. In this context, special attention is given to the International Tribunal for the Law of the Sea for the high number of law of the sea related cases it has dealt with.

Finally, the text explains the role of compulsory conciliation of Annex V of the Convention and its relationship with Part XV of the Convention.

Keywords: Part XV of the Convention, Disputes resolution, compulsory regime, exceptions and limitations, default procedure, compulsory conciliation, statute of the Law of the Sea Tribunal

1. Introdução

O sistema de solução de controvérsias consagrado na Convenção das Nações Unidas sobre o Direito do Mar, de 1982, (doravante Convenção ou CNUDM) é considerado por muitos como sendo complexo na sua abordagem e, ao mesmo tempo, abrangente e flexível no que diz respeito aos diferentes mecanismos postos à disposição dos Estados para a resolução, pela via pacífica, das controvérsias que resultem da sua interpretação e aplicação.

Este sistema foi o resultado de muitos esforços nas negociações e reflete um compromisso entre os interesses e posições dos diferentes países e grupos de países na Terceira Conferência das Nações Unidas sobre o Direito do Mar (III Conferência). Com efeito, havia na III Conferencia um número significativo de Estados participantes que defendia o Tribunal Internacional de Justiça (TIJ), como mecanismo único para a resolução das controvérsias, enquanto muitos outros Estados defendiam a criação de um novo tribunal que, mais tarde, viria a ser o Tribunal Internacional do Direito do Mar (doravante Tribunal do Mar ou TIDM) e outros ainda que defendiam o mecanismo da arbitragem.

Satisfazer os interesses e as posições de diferentes grupos de países – que divergiam, não só na sua preferência por diferentes mecanismos de solução de controvérsias, mas também no que diz respeito à submissão compulsória ou não das controvérsias aos tribunais e à natureza vinculativa ou não das decisões desses tribunais – exigiu, durante as negociações na III Conferencia, muito esforço e imaginação diplomática. No fim, foi adotado o sistema de resolução de controvérsias constante da Parte XV da Convenção que, de uma forma equilibrada e muito flexível, satisfez os desejos de todos os grupos de interesse nas negociações, ao deixar os Estados partes a possibilidade de, livremente, escolherem o tribunal que mais lhes aprouvesse, de entre uma gama de tribunais, que incluem dois tribunais judiciais e dois tribunais arbitrais[2]. O sistema consagrou também a liberdade dos Estados partes poderem submeter as suas controvérsias à resolução, no quadro da Convenção ou fora dela,[3] assim como a possibilidade de optarem por subtrair ou não da competência compulsória com força vinculativa dos tribunais certas categorias de controvérsias importantes.

Procuraremos neste trabalho dar uma ideia geral do que consiste o sistema de resolução de controvérsias internacionais estabelecido na Convenção. O nosso objetivo aqui não é o de analisarmos especificamente cada uma das disposições da Convenção que compõem ou integram o regime jurídico desse sistema, mas tão-somente dar ao leitor uma ideia da arquitetura geral desse regime jurídico, sublinhando, ao mesmo tempo, algumas das suas características mais marcantes e alguns aspetos resultantes da sua aplicação a casos concretos pelos tribunais referidos no artigo 287º da Convenção, especialmente o Tribunal do Mar.

Neste quadro, pretendemos dar uma ideia geral das várias partes e disposições da Convenção que, na nossa ótica, de uma ou outra forma, participam ou são relevantes na análise e compreensão do sistema, extravasando ou completando, assim, o Capítulo XV da Convenção, propriamente intitulado «Solução de Controvérsias»

[2] O Tribunal do Mar, o Tribunal Internacional de Justiça, o tribunal arbitral do Anexo VII e o tribunal arbitral do Anexo VII.

[3] Artigo 280º da CNUDM.

2. Regime Jurídico do Sistema

A nosso ver as seguintes partes são relevantes na compreensão do sistema de resolução de controvérsias da Convenção: A Parte XV, a Parte XI no que toca às disposições relativas à resolução das controvérsias sobre atividades na Área[4], o Anexo VI (Estatuto do Tribunal do Mar), os anexos VII sobre o tribunal arbitral e VIII sobre o tribunal arbitral especial para certas categorias de controvérsias e, por último, o anexo V (na parte que diz respeito à conciliação compulsória) que, não sendo um dos mecanismos de resolução de controvérsias estabelecidos no artigo 287º da Convenção, não deixa, por isso, de ter um papel no sistema da resolução de controvérsias da Convenção.

A Parte XV contém as disposições principais do sistema de solução de controvérsias da Convenção. Estas disposições estão organizadas em três secções, a saber, a secção 1, sobre disposições gerais; a secção 2, que consagra os procedimentos compulsórios que impliquem decisões vinculativas; e a secção 3 que estabelece limitações e exceções ao campo de aplicação da secção 2.

2.1. Estruturação

2.1.1. Secção 1 – Disposições Gerais

A secção 1 consagra um aspecto muito importante da flexibilidade do sistema ao permitir que as partes numa controvérsia sobre a interpretação ou aplicação da Convenção possam escolher um mecanismo para a resolução da sua controvérsia diferente dos previstos na Parte XV[5]. Os artigos 280º, 281º e 282º, desta secção, configuram situações e circunstâncias em que as partes, de comum acordo, podem escolher um mecanismo para a resolução da sua controvérsia, diferente dos estabelecidos na secção 2. Ou, seja, a flexibilidade do sistema, tal como traduzida nos artigos da Convenção que vem de ser citados, permite às partes numa controvérsia resolvê-la sem recorrer ao disposto nas secções 2 e 3 da Parte XV, escolhendo, assim, procedimentos de resolução da controvérsia fora da Convenção.

A inclusão desta flexibilidade foi importante durante a III Conferencia para congraçar o apoio de todos os Estados, já que alguns desses Estados se sentiam espartilhados com a eventual imposição de um regime de competência compulsória, implicando decisões vinculativas.

A secção 1 também estabelece, como o seu título indica, algumas disposições gerais aplicáveis à resolução de qualquer controvérsia enquadrada na Parte XV, tais como:

[4] Artigo 1º da CNUDM.

[5] Artigo 280º da CNUDM.

a) A obrigação das partes, numa controvérsia sobre a interpretação ou aplicação da Convenção, recorrerem a meios pacíficos da sua própria escolha para a sua resolução[6] [7]. Isto, como é óbvio, estabelece a liberdade dos Estados partes escolherem o mecanismo pacífico de solução de controvérsia que bem entenderem, mas, ao mesmo tempo, deixa claro que a força ou a ameaça do uso da força não é um instrumento de resolução de controvérsias entre Estados, incluindo as que resultem da interpretação e aplicação da Convenção, como, aliás, também impõem o número 3 do artigo 2º da Carta das Nações Unidas;
b) A possibilidade de as Partes poderem submeter compulsoriamente a sua controvérsia ao mecanismo da conciliação do Anexo V, a respeito de cujo regime jurídico procuraremos mais adiante comentar[8].
c) A obrigação dos Estados envolvidos numa controvérsia sobre a interpretação ou aplicação da Convenção, no quadro da Parte XV, procederem, com a necessária brevidade, a consultas sobre os mecanismos da sua escolha para a resolução da controvérsia[9]. Aqui não se trata de resolver a controvérsia pela via da negociação, mas tão-somente de uma consulta ou troca de opiniões entre as duas partes, relativamente a um possível acordo sobre a escolha do mecanismo a que a controvérsia deva ser submetida para resolução.
A alegada falta da observância deste requisito tem sido um dos argumentos frequentes e principais das partes, em muitas das controvérsias submetidas ao Tribunal do Mar, para contestar a competência deste sobre a controvérsia ou arguir a inadmissibilidade do pedido. De notar, que o Tribunal tem vindo a desenvolver uma sólida e uniforme jurisprudência a este respeito.
d) Por último, o artigo 285º da Convenção estende o regime da secção 1 às controvérsias sobre atividades na Área[10] e, nos casos em que as partes na controvérsia não sejam Estados partes na Convenção, aplicar-se-ão as disposições da secção 1, com as necessárias adaptações[11].

[6] Artigo 33º, nº 1 da Carta das Nações Unidas.
[7] Artigo 279º da CNUDM.
[8] Artigo 284º da CNUDM
[9] Artigo 283º da CNUDM
[10] Ver a definição de Área, número 1, do Artigo 1º, idem.
[11] Note-se que, pela via da Câmara da Resolução das Controvérsias dos Fundos Marinhos do Tribunal do Mar, pessoas jurídicas singulares ou coletivas podem ser partes numa controvérsia perante essa Câmara, o que representa uma inovação na adjudicação internacional, na medida em

2.1.2. Secção 2 – Controvérsias sujeitas ao procedimento compulsório conducente a decisões vinculativas

A secção 2, é a trave-mestra do sistema, estabelecendo o princípio segundo o qual todas as controvérsias submetidas para resolução no quadro da Parte XV estão sujeitas ao regime compulsório nela estabelecido, com as limitações e exceções dos artigos 297º e 298º[12]. Por isso, qualquer das partes na controvérsia pode ativar o tribunal competente de entre os referidos no artigo 287º, observadas as disposições daqueles artigos 297º e 298º da Convenção. Note-se, no entanto, que este sistema de procedimento compulsório só se aplica caso a controvérsia não tenha sido resolvida de conformidade com a secção 1[13], portanto, fora do quadro da Parte XV da Convenção.

Embora, à primeira vista, a secção 2 pareça consagrar um regime geral, pondo todas as controvérsias sobre a interpretação e aplicação da Convenção sob o regime de procedimento compulsório com efeitos jurídicos vinculativos, na realidade não é o que acontece. Efetivamente, o regime compulsório previsto na secção 2 está enfraquecido por uma série de limitações, por via das quais muitas categorias de controvérsias, porventura, as mais importantes, não estarão cobertas pelo procedimento compulsório, por força do estabelecido na secção 3.

Acresce que a Convenção permite igualmente aos Estados partes excluir do campo de aplicação da secção 2, ou seja do procedimento compulsório, algumas categorias de controvérsias[14]. Tais controvérsias estarão fora do âmbito de aplicação da secção 2, se os Estados partes, de conformidade com a secção 3, tiverem depositado com o Secretário- -Geral das Nações Unidas uma declaração escrita nesse sentido, antes da submissão da controvérsia ao tribunal competente,

2.1.3. Secção 3 – Limitações e exceções ao procedimento compulsório

Esta secção restringe, como referido, o campo de aplicação do procedimento compulsório previsto na secção 2 a algumas controvérsias sobre a interpretação e aplicação da Convenção. Assim, as controvérsias que resultam do exercício pelos Estados partes dos seus direitos de soberania ou de jurisdição ou de outros direitos protegidos pela Convenção apenas estão sujeitos ao regime compulsório da secção 2 da Parte XV quando, nomeadamente:

que, pela primeira vez, pessoas singulares ou coletivas, que não sejam Estados, podem ter *judicial standing* perante um tribunal internacional que, no caso, é a citada Câmara do Tribunal do Mar.

[12] Artigo 286º da CNUDM.

[13] Artigo 286º da CNUDM.

[14] Artigo 298º da CNUDM.

a) O Estado costeiro alegadamente agiu em violação das disposições da Convenção no que diz respeito aos direitos de navegação ou de sobrevoo ou à liberdade e o direito de colocação de cabos e ductos submarinos ou outros usos do mar internacionalmente lícitos, especificados no artigo 58º[15] da Convenção; à investigação científica marinha[16] e à pesca [17].
b) Quando um Estado no exercício das suas liberdades, direitos e usos referidos na alínea anterior, alegadamente, agiu em violação da Convenção ou contra as leis e regulamentos adotados pelo Estado costeiro em conformidade com a Convenção e com outras regras do direito internacional não incompatíveis com a Convenção;
c) O Estado costeiro, alegadamente agiu em violação de regras e standards específicos de proteção e preservação do meio marinho aplicáveis ao Estado costeiro, estabelecidos pela Convenção ou através de uma organização internacional ou conferência diplomática de conformidade com a Convenção;

A secção 3 estabelece igualmente a possibilidade do Estado parte excluir, sem prejuízo do estabelecido na secção 1, certas categorias de controvérsias do regime compulsório estabelecido na secção 2[18], a saber:

d) Controvérsias sobre a interpretação ou aplicação dos artigos 15º, 74º e 83º[19] da Convenção ou relativas a baías e títulos históricos, no entendimento de que a parte que houver feito a declaração rejeitando submeter a controvérsia ao regime compulsório da secção 2, fica sujeita à submissão da controvérsia (apenas quando esta tiver cristalizado depois da entrada em vigor da Convenção), à conciliação compulsória nos termos da secção 2 do Anexo V da Convenção.

De realçar, no entanto, que tendo em vista que a conciliação compulsória não produz efeitos jurídicos vinculativos em relação às partes (a não ser no que respeita às decisões da comissão de conciliação sobre a sua própria competência),

[15] Artigo 297º, nº 1 da CNUDM.
[16] Artigo 297º, nº 2 da CNUDM.
[17] Artigo 297º, nº 3 da CNUDM.
[18] Artigo 298º da CNUDM.
[19] Sobre a delimitação de fronteiras marítimas no mar territorial, na ZEE e na plataforma continental.

a submissão posterior da controvérsia a um dos procedimentos da secção 2 da Parte XV da Convenção só é possível mediante acordo mútuo das partes;

e) Controvérsias relativas a atividades militares, incluindo atividades militares de embarcações e aeronaves de Estado utilizadas em serviços não-comerciais;
f) Controvérsias relativas a atividades destinadas a fazer cumprir normas legais, tendo em vista o exercício dos direitos soberanos ou de jurisdição excluídos da jurisdição de um tribunal nos termos dos números 2 e 3 do artigo 297º;
g) Controvérsias em relação às quais o Conselho de Segurança da ONU esteja a exercer as funções que lhe são conferidas pela Carta das Nações Unidas, a menos que aquele Conselho retire a questão da sua ordem do dia ou convide as partes a solucioná-la pelos meios previstos na Convenção.

Completando esse regime compulsório da Parte XV da Convenção, há dois procedimentos compulsórios especiais, de carácter urgente a ter em conta, os quais tem ocupado uma boa parte do trabalho judicial do Tribunal do Mar. A secção 2 da Parte XV criou uma inovação na adjudicação internacional ao estabelecer no número 5 do artigo 290º da Convenção a figura de medidas provisórias ou cautelares a serem adotadas por um tribunal que não seja o tribunal competente para julgar as questões de mérito. Isto permite (na ausência de acordo entre as partes para submeterem o pedido de medidas cautelares a um tribunal, incluindo os referidos no artigo 287º), a qualquer das partes, submeter ao Tribunal do Mar o pedido de adoção de medidas cautelares numa controvérsia cuja resolução em matéria de fundo ou de mérito esteja, entretanto, na alçada de outro tribunal, neste caso do tribunal arbitral instituído nos termos do Anexo VII.

Na medida em que, da notificação da instituição do tribunal arbitral à sua constituição, leva algum tempo, (não menos de três meses), entenderam os negociadores da Convenção que medidas cautelares que eventualmente fossem necessárias adotar antes da constituição do tribunal arbitral deviam cair na alçada do Tribunal do Mar, apesar deste não ser o tribunal competente para julgar o mérito da causa. É neste quadro que o Tribunal do Mar recebeu até agora 9 casos de medidas cautelares na pendência da constituição do tribunal arbitral do Anexo VII.

Outros tribunais referidos ou não no artigo 287º da Convenção, têm também, mediante acordo das partes, competência para resolver este tipo de pedido, mas a partir de duas semanas após o pedido de medidas cautelares, o Tribunal do Mar passa a ser o único tribunal com competência para decidir o pedido, a menos que as partes acordem o contrário.

Quando o Tribunal do Mar recebe casos de medidas provisórias ou cautelares nos termos do número 5 do artigo 290º da Convenção, estes são tratados como casos como tal e não como acidentes de instância e são tratados como procedimentos compulsórios por força da Convenção, podendo, assim, qualquer das partes submeter o caso ao Tribunal do Mar.

Uma outra inovação introduzida pela Secção 2 da Parte XV da Convenção é o procedimento de libertação imediata de navios e tripulação, previsto no artigo 292º da Convenção.

A parte XV reconhece ao Tribunal do Mar uma competência compulsória residual ao atribuir-lhe o papel de tribunal de último recurso, se e quando as duas partes- o Estado costeiro e o Estado de bandeira do navio detido – não chegarem a um acordo, nos dez dias seguintes ao ato de detenção do navio, quanto à escolha do tribunal que deve considerar a questão da libertação imediata do navio detido.

Passado esse prazo de dez dias, o Tribunal do Mar passa a ser o único tribunal internacional que tem competência compulsória para receber e decidir a questão da libertação imediata do navio, a menos que as partes acordem o contrário. Como procedimento compulsório, basta uma parte – normalmente o Estado de bandeira – para introduzir o pedido de libertação imediata do navio e tripulação.

Este processo consiste essencialmente em estabelecer uma caução que o Tribunal do Mar considera "razoável" na linguagem do artigo 292 e ordenar ao Estado da detenção do navio que proceda à libertação imediata do mesmo, uma vez depositada a caução que tiver sido fixada pelo Tribunal do Mar. Trata-se de um procedimento urgente e compulsório, como no caso de medidas provisórias ou cautelares, descritas no parágrafo anterior.

O procedimento da libertação imediata de navios e de tripulação tem um campo de aplicação restrito, tendo sido usado apenas nos casos de detenção de navios pelo Estado costeiro na sua Zona Económica Exclusiva, por alegada violação da sua legislação de pesca. Crê-se que também se possa aplicar a navios detidos por danos causados ao meio marinho[20].

Todos os casos de processos de libertação imediata de navios e tripulação que até agora foram submetidos ao Tribunal do Mar envolviam alegadas

[20] Artigos 220º e 226º da CNUDM.

violações da legislação de pesca do Estado costeiro. O Tribunal do Mar é o único dos tribunais mencionados no artigo 287º que até agora recebeu casos de libertação imediata de navios e tripulação nos termos do artigo 292º[21].

3. Características mais salientes do regime jurídico da Parte XV

Importa assinalar aqui, de uma forma breve, algumas características mais marcantes do regime compulsório estabelecido na secção 2, tais como, o já referido procedimento urgente e compulsório de medidas provisórias ou cautelares nos termos do artigo 290º, numero 5 da Convenção, na pendência da constituição do tribunal arbitral; o procedimento, igualmente urgente e compulsório, da libertação imediata de navios e tripulação, de conformidade com o artigo 292º da Convenção; a determinação do tribunal competente numa controvérsia em particular de entre os quatro referidos no artigo 287º da Convenção e o âmbito dessa competência; as entidades com direito de acesso aos tribunais referidos no artigo 287º; o direito aplicável pelos referidos tribunais na resolução de uma controvérsia em concreto; a competência exclusiva e compulsória reservada à Câmara de Controvérsias dos Fundos Marinhos; o esgotamento dos procedimentos internos como requisito prévio para a submissão aos tribunais referidos no artigo 287º da Convenção de qualquer controvérsia que envolva a proteção diplomática[22]; e o carácter definitivo, bem como a força obrigatória das decisões desses tribunais.

À laia de resumo, diríamos que nos termos da Parte XV, as partes na Convenção, envolvidas numa controvérsia resultante da sua interpretação ou aplicação, têm, alternativamente, duas vias para a resolver: a via dum mecanismo pacífico da sua escolha mútua, fora do sistema de resolução de controvérsias da Convenção, de conformidade com a secção 1 da Parte XV; ou – na ausência de acordo entre as partes relativamente à resolução da controvérsia no quadro da secção 1 –, a via compulsória prevista na secção 2 da Parte XV, se a controvérsia, entretanto, não cair na esfera das limitações e exceções ao regime compulsório, nos termos dos artigos 297º e 298º da Convenção, respectivamente.

[21] O tribunal já recebeu 9 casos de libertação imediata de navios, tendo sido um deles retirado pelas partes antes de ser considerado pelo Tribunal do Mar

[22] Tratando-se de controvérsias entre Estados que envolvam a protecção diplomática, antes do Estado de nacionalidade do cidadão protegido intentar a acção contra outro Estado para proteger os interesses do seu nacional, este deve esvaziar ou esgotar todos os recursos judiciais ou administrativos existentes no sistema interno do Estado contra o qual se pretende intentar a acção. De notar, no entanto, que em casos de libertação imediata de navios e tripulação, o requisito de esgotamento dos recursos internos não se aplica, tendo em conta a natureza urgente do procedimento da libertação imediata de navio.

Se a controvérsia for enquadrada no regime compulsório da Parte XV, qualquer das partes pode submetê-la ao tribunal – de entre os quatro referidos no artigo 287º – que for competente para dirimir a controvérsia.

O tribunal competente será aquele que tiver sido escolhido por ambas as partes através de uma declaração escrita de conformidade com o artigo 287º da Convenção, ou através de declarações ad hoc feitas por cada uma das partes, separadamente, a reconhecer a competência no mesmo tribunal para dirimir uma controvérsia em particular[23], ou através do acordo especial entre as partes, conferindo a competência a um tribunal ou, ainda, através de uma cláusula de competência num acordo geral, regional ou bilateral[24] em que sejam partes as partes na controvérsia.

Não havendo consenso quanto ao mesmo tribunal, será automaticamente competente para receber e dirimir a controvérsia o tribunal arbitral nos termos do Anexo VII da Convenção[25]. Este tribunal arbitral é considerado como o procedimento padrão (*default procedure*) ou de último recurso.

De notar, no entanto, o regime especial aplicável aos casos dos procedimentos urgentes e compulsórios previstos nos artigos 290º, número 5 e 292º da Convenção, acima descritos.

No que toca à competência *ratione matériae* dos tribunais referidos no artigo 287º da Convenção, notamos que O Tribunal do Mar, o Tribunal Internacional de Justiça (TIJ) e o tribunal arbitral estabelecido nos termos do Anexo VII, podem, em tese, dirimir qualquer controvérsia sobre a interpretação e aplicação da Convenção[26].

A competência desses tribunais abrange ainda quaisquer controvérsias que resultem da interpretação ou aplicação de um acordo internacional relacionado com os objetivos da Convenção que lhes sejam submetidas de conformidade com o acordo[27/28].

Contrariamente aos referidos tribunais, o tribunal arbitral especial, estabelecido nos termos do Anexo VIII, tem uma competência limitada em razão da matéria, conforme mais adiante se descreve[29] e configura um caso especial

[23] Ver o caso 16 do Tribunal do Mar sobre a delimitação de fronteiras marítimas, entre Bangladesh e Mianmar.

[24] Esta é a linguagem usada na Convenção para significar acordos multilaterais ou bilaterais.

[25] Artigo 287º, nº 3 da CNUDM.

[26] Artigo 287º,nº 1, alínea d), e. Anexo VIII da CNUDM.

[27] Artigo 288º, número 2, da CNUDM.

[28] Artigo 288º, número 2, idem.

[29] Anexo VIII, idem.

de tribunal, cujos juízes são "experts" em vários domínios e não já juízes de direito como tal. Daí este tribunal ser considerado apenas para certas categorias de controvérsias.

De sublinhar que a competência dos tribunais a que se refere o número 1 do artigo 287º da Convenção não abrange as controvérsias sobre atividades na Área[30], na medida em que estas estão reservadas à Câmara das Controvérsias dos Fundos Marinhos do Tribunal do Mar[31]. Há, no entanto, algumas exceções[32] a que nos referiremos no espaço dedicado a essa Câmara.

No caso específico do Tribunal do Mar, a sua competência abarca ainda qualquer controvérsia e todos os pedidos a ele submetidos de conformidade com a Convenção, bem como todas as matérias constantes em qualquer acordo que confira especificamente competência ao Tribunal[33].

Acresce que o Tribunal tem também uma competência residual nas controvérsias sobre a interpretação e aplicação de qualquer tratado ou convenção em vigor sobre matérias cobertas pela Convenção se todos os Estados partes naquele tratado ou convenção estiverem de acordo.[34] Trata-se aqui de possíveis controvérsias sobre a interpretação ou aplicação das convenções de Genebra de 1958, de entre outras.

O Tribunal do Mar tem ainda uma competência compulsória residual de quase exclusividade que lhe é conferida pelos artigos 290º, nº 5 e 292º da Convenção, competência já atrás referida.

4. Perfil dos tribunais do artigo 287º: seu papel na interpretação e aplicação da Convenção

Dos quatro mecanismos para a resolução das controvérsias no quadro da secção 2 estabelecidos no artigo 287º da Convenção, os Estados partes, na prática, só se tem recorrido a três deles, a saber: O Tribunal do Mar, o TIJ e a arbitragem nos termos do Anexo VII, tendo esses tribunais dirimido a quási totalidade das controvérsias submetidas no quadro da Convenção. O Tribunal do Mar, além do seu papel na resolução de controvérsias[35], considerou vários pedidos de medidas provisórias ou cautelares nos termos do artigo 290º, número 5 da Convenção, bem como pedidos de libertação imediata de

[30] Artigo 1, da CNUDM.

[31] Artigo 288º, número 3, idem.

[32] Artigo 187º e números 188, número 1 e número 2 do artigo 188º, idem.

[33] Artigo 21º do Estatuto do Tribunal, Anexo VI, idem.

[34] Artigo 22º do Estatuto do Tribunal, Anexo VI, da CNUDM.

[35] Incluindo controvérsias sobre delimitação de fronteiras marítimas.

navios e tripulação, nos termos do artigo 292º da Convenção e emitiu duas opiniões consultivas, com base no artigo 21º do Estatuto do Tribunal do Mar e no artigo 191º da Convenção[36]. O Tribunal do Mar, ao todo, já recebeu 29 casos, estando os dois mais recentes por concluir[37].

O tribunal arbitral especial do anexo VIII parece não ter suscitado muito interesse da parte dos Estados partes. A sua função não parece quadrar bem na figura de um tribunal clássico, mas antes na de um órgão mais aparelhado para a determinação de factos que estão na base de uma controvérsia.

Numa breve resenha, tentaremos, em seguida, dar uma ideia do perfil e do trabalho que esses tribunais têm desenvolvido na implementação e aplicação da Convenção.

4.1. Tribunal do Mar e seu Estatuto

Tendo em conta que o Tribunal do Mar é relativamente um recém-chegado ao mundo da adjudicação internacional e considerando ainda o papel central que ocupa no sistema da resolução das controvérsias sobre a interpretação e aplicação da Convenção, de conformidade com a Parte XV e o Anexo VI[38] da Convenção, importa realçar aqui alguns aspetos mais relevantes do seu estatuto, nomeadamente o seu papel na resolução das controvérsias envolvendo o mar e as suas atividades, bem como o seu o contributo na boa governação dos oceanos.

O Tribunal do Mar é um de quatro tribunais com competência para dirimir controvérsias sobre a interpretação e aplicação da Convenção, no quadro da Parte XV. O estatuto do Tribunal do Mar consta do Anexo VI da Convenção e, como parte integrante desta, entrou em vigor em 1994, data da entrada em vigor Convenção. As suas funções começaram dois anos depois, em 1996, quando realizou a sua primeira sessão que foi dedicada essencialmente aos trabalhos preparatórios e organizacionais, tais como a preparação das suas regras processuais e de outros documentos internos, incluindo a resolução sobre a prática judicial, as diretivas sobre a preparação das alegações (*pleadings*) e as diretivas sobre a preparação e apresentação de casos.

[36] Os casos resolvidos pelo Tribunal do Mar tocam várias áreas do direito do mar, como a delimitação de fronteiras marítimas, a preservação e conservação do meio marinho, pescas, compensação por detenção ilegal de navio etc,

[37] Casos 28, Delimitação de fronteiras Marítimas – Maldives e Mauritius. Caso 29, detenção de navio – Suíça e Nigéria.

[38] Estabelece o Estatuto do Tribunal do Mar

4.1.1. Competência

O Tribunal do Mar é uma das três instituições criadas pela Convenção,[39] com uma competência abrangente, em razão da matéria, baseada no corpo principal da Convenção (Parte XV e Parte XI) e no seu Estatuto (Anexo VI). Em termos gerais, como já se referiu, essa competência abrange qualquer controvérsia sobre a interpretação ou aplicação das disposições da Convenção[40] ou sobre a interpretação ou aplicação de um acordo relacionado com os objetivos da Convenção que especificamente confere a competência ao Tribunal do Mar[41/42].

Além disso e conforme acima ficou dito, a competência do Tribunal por força do seu estatuto, estende-se a qualquer controvérsia sobre a interpretação e aplicação de tratados ou convenções em vigor[43], versando matérias cobertas pela Convenção se todas as partes nesses tratados ou convenções assim acordarem[44].

O Tribunal do Mar tem ainda uma competência compulsória residual nos casos de pedidos de medidas provisórias nos termos do artigo 290º, número 5 da Convenção e de libertação imediata de navios e tripulação, de conformidade com o artigo 292º.

Além da competência contenciosa, o Tribunal do Mar, como *plenum*, tem também uma competência consultiva. O Tribunal já teve a ocasião de exercer essa competência no caso 21[45]. Alguns países e académicos questionaram a competência consultiva do Tribunal do Mar, argumentando que não há nenhuma disposição no estatuto ou no corpo da Convenção que lhe confira essa competência, contrariamente ao caso da Câmara de Controvérsias dos Fundos Marinhos (CDFM), cuja competência consultiva está expressamente prevista na Convenção.

O Tribunal do Mar aproveitou a oportunidade que o caso 21 criou e desenvolveu uma série de argumentos para fundamentar juridicamente a sua competência consultiva.[46] Basicamente, o parágrafo 52 do Parecer Consultivo

[39] As outras instituições são a Comissão dos Limites da Plataforma Continental e a Autoridade Internacional dos Fundos Marinhos.

[40] Artigo 288º nº 1 da CNUDM.

[41] Artigo 288º, nº 2 da CNUDM.

[42] Artigo 21º do Estatuto, Anexo VI.

[43] Na data da entrada em vigor da CNUDM.

[44] Artigo 22º, idem

[45] Pedido de parecer consultivo feito pelos 7 países da sub-região de pesca da Africa Ocidental, a saber, Cabo Verde, a Guine Bissau, a República da Guine (Konakri), a Gambia, a Mauritânia o Senegal e a Serra Leoa.

[46] Parágrafos 40 a 79 do Parecer Consultivo, Case 21.

resume o essencial da fundamentação jurídica do Tribunal do Mar sobre essa sua competência.

Com base na disposição do artigo 21º do seu estatuto, que reconhece que a competência do Tribunal do Mar compreende qualquer controvérsia e qualquer pedido a ele submetido de conformidade com a Convenção, bem como todas as matérias especificamente estabelecidas em qualquer acordo que nele confira competência, o Tribunal do Mar, no caso 21, esclareceu que "em termos do artigo 21 do Estatuto, é o 'outro acordo' que confere a competência ao Tribunal. Quando o 'outro acordo' confere competência consultiva ao Tribunal, o tribunal torna-se competente para exercer tal jurisdição com respeito a 'todas as matérias' especificamente estabelecidas no 'outro acordo'. O artigo 21º e o 'outro acordo' conferindo competência ao Tribunal estão interligados e constituem a base jurídica bastante para a competência consultiva do Tribunal"[47].

Efectivamente, a leitura dos parágrafos 40 a 79 do Parecer Consultivo no caso 21, mostra que o Tribunal do Mar não se baseou nas disposições da Convenção para justificar a sua competência neste caso, antes afirmando que a fonte da sua competência residia no acordo entre os sete países da sub-região de pesca oeste africana que especificamente conferiu ao Tribunal do Mar a competência para o parecer consultivo, de conformidade com o artigo 21º do Estatuto do Tribunal, parte integrante da Convenção.

4.1.2. Composição

O Tribunal do Mar deve, na sua composição, refletir os sistemas de direito do mundo e o princípio da distribuição geográfica equitativa[48]. Assim, ele é constituído por 21 juízes, sendo 5 de países africanos[49], 5 de países asiáticos, 3 de países do Grupo de Europa Ocidental e Outros, 4 de países latino-americanos e das Caraíbas e três dos países da Europa de Leste. Um posto é rotativo entre a Ásia, África e Europa Ocidental e Outros[50]. Neste momento este posto está a ser ocupado por um juiz do grupo da Europa Ocidental e Outros.

Os membros do Tribunal do Mar são eleitos pela Reunião dos Estados Partes, para um mandato de nove anos e são reelegíveis. De três em três anos

[47] Caso 21 do Tribunal, *Advisory Opinion.*

[48] Número 2 do artigo 2º do Estatuto do Tribunal, Anexo VI da CNUDM

[49] Tratando-se de juízes dos países de língua portuguesa, durante muitos anos o Tribunal contou com a participação sucessiva de dois juízes do Brasil. Atualmente, há 1 juiz de Cabo Verde, o único juiz de língua portuguesa no Tribunal.

[50] Número 2 do artigo 2º do Estatuto do Tribunal, Anexo VI ,da CNUDM.

são eleitos 7 membros, equivalentes a um terço da totalidade dos membros. Cada Estado parte tem o direito de apresentar até dois candidatos que reúnam os requisitos prescritos no número 1 do artigo 2º do Anexo VI[51]. O Tribunal do Mar não pode ter como membro mais de um nacional do mesmo Estado. Para esse efeito, uma pessoa que tenha mais de uma nacionalidade será considerada nacional do Estado em que habitualmente cumpre os seus deveres civis e políticos[52]

4.1.3. Juízes ad hoc

Quando uma controvérsia é submetida e uma ou ambas as partes na controvérsia não tenham um juiz eleito da sua nacionalidade no Tribunal do Mar, as partes, têm o direito de escolher uma pessoa para servir como juiz ad hoc na controvérsia. O juiz ad hoc é nomeado pelo Tribunal do Mar e pode ser nacional ou não da parte que o escolheu[53]/[54]. Ele goza dos mesmos direitos e obrigações dos juízes eleitos[55]. O seu mandato termina com a conclusão do caso. Pode ser nomeado para participar num caso no Tribunal *plenum*, ou num caso submetido a uma das câmaras do Tribunal.

O quórum do Tribunal do Mar, funcionando como Tribunal *Plenum*, é de 11 membros para a sua constituição e para as suas decisões.

4.1.4. Incompatibilidades

Esta é uma questão a que os tribunais internacionais atribuem muita importância. A sua boa imagem e credibilidade não podem ser maculadas, a fim de poderem continuar a merecer a confiança dos Estados partes. Daí o cuidado com atividades incompatíveis dos seus membros. Assim, no caso do Tribunal do Mar, nenhum membro pode exercer qualquer função política ou administrativa ou estar associado ativamente ou interessado financeiramente em qualquer das operações de uma empresa envolvida na exploração ou aproveitamento dos recursos do mar ou dos Fundos Marinhos ou noutra utilização comercial do mar ou dos Fundos Marinhos[56].

[51] Os candidatos devem ser pessoas que gozem da mais alta reputação pela sua imparcialidade e integridade e sejam de reconhecida competência em matéria de direito do mar.

[52] Número 1 do artigo 3º do Estatuto do Tribunal, Anexo VI, da CNUDM.

[53] Número 6 do artigo 17º do Estatuto, Anexo VI, da CNUDM.

[54] Ver exceção no caso de nomeação de juízes ad hoc na constituição de uma câmara *ad hoc* da Câmara de Controvérsias dos Fundos Marinhos do Tribunal, Artigo 188º, da CNUDM.

[55] Número 6 do artigo 17º do Estatuto do Tribunal, Anexo VI, da CNUDM.

[56] Número 1 do artigo 7º da CNUDM.

Não pode, também, nenhum membro do Tribunal do Mar exercer funções de agente, consultor ou advogado em qualquer processo, ou ainda participar na decisão de qualquer processo em que tenha intervindo anteriormente como agente, consultor ou advogado de qualquer das partes ou como membro de um tribunal nacional ou internacional ou em qualquer outra qualidade[57].

Note-se, no entanto que, na prática, juízes do Tribunal do Mar (aliás, o mesmo tem acontecido com os seus pares do TIJ) têm participado como juiz ad hoc em processos no TIJ e como árbitros em tribunais arbitrais estabelecidos no quadro do Anexo VII da Convenção. Outrossim, aos juízes em funções tem sido permitido o exercício da função de professor.

4.1.5. Estrutura do Tribunal do Mar

O Tribunal do Mar funciona como Tribunal *plenum* e em câmaras, tais sejam:

a) Câmaras para tratar de certas categorias de conflitos, como é o caso da câmara para controvérsias sobre a delimitação marítima, da câmara para controvérsias sobre a pesca e da câmara para controvérsias sobre o ambiente marinho;[58]

b) Câmaras especiais, que são Câmaras *ad hoc*, constituídas especificamente para a resolução de uma controvérsia em particular, a pedido das partes. Estas Câmaras especiais, de um modo geral, são constituídas por 5 juízes, nomeados pelo Tribunal de entre os seus membros, com a aprovação das partes,[59] e por juízes ad hoc, quando tal se justifica, escolhidos pelas partes e nomeados igualmente pelo Tribunal do Mar. Uma vez resolvida a controvérsia, a Câmara especial deixa de existir. O tribunal já constituiu 3 Câmaras especiais ao longo do tempo;[60] O Tribunal do Mar não pode estabelecer uma Câmara especial *proprio motu* ou a pedido apenas de uma parte.

c) A Câmara de Procedimentos Sumários para ouvir e decidir controvérsias em processos sumários. Esta Câmara, apesar de existir na estrutura do Tribunal do Mar, nunca foi ativada porque, a nosso ver, esta desadaptada às necessidades dos tempos de hoje. A sua criação consta

[57] Número 2 do artigo 7º e número 1, da CNUDM

[58] Artigo 15º, nº 1, do Estatuto do Tribunal, Anexo VI da CNUDM

[59] Artigo 15º, nº 2, idem.

[60] A Câmara Especial sobre a controvérsia entre o Chile e a União Europeia (Swordfish Case), a Câmara para a Delimitação das Fronteiras Marítimas entre o Gana e a Cote d'Ivoire e a Câmara Especial para a Delimitação de Fronteiras Marítimas entre as Maldivas e as Maurícias, ainda em curso.

do estatuto do Tribunal, mas é uma figura já velha de cem anos[61], herdada do estatuto do Tribunal Permanente de Justiça Internacional do tempo da Liga das Nações. Nos dias de hoje as partes numa controvérsia têm a possibilidade de submeter a sua controvérsia a uma Câmara especial ad hoc do Tribunal do Mar, em vez da Câmara de Procedimentos Sumários. Embora ela figure também no estatuto do Tribunal Internacional de Justiça, ela é uma estrutura que tende a desaparecer, pelo desuso.

Até agora não foi recebida nenhuma controvérsia, quer nas Câmaras de delimitação marítima, quer nas Câmaras de controvérsias sobre o meio marinho ou na Câmara das controvérsias relativas à pesca. Igualmente, a Câmara de Procedimentos Sumários, cuja composição é definida anualmente, não recebeu até agora nenhum caso, talvez pelas razões acima apresentadas.

As Câmaras para certas categorias de controvérsias, as Câmaras especiais para controvérsias específicas e a Câmara de Procedimentos Sumários, referidas acima nas alíneas a), b) e c), só poderão dirimir controvérsias se as Partes assim o solicitarem[62] ou acordarem, caso contrário é o Tribunal *Plenum* que será competente. Note-se, no entanto, que há uma exceção em relação à Câmara de Procedimentos Sumários. Essa exceção ocorre em situações em que medidas provisórias ou cautelares não podem ser tomadas pelo Tribunal *Plenum* por este não estar em sessão ou por falta de quórum. Neste caso, a pedido de qualquer das partes na controvérsia, tais medidas poderão ser adotadas pela Câmara de Procedimentos Sumários[63].

Além dessa multiplicidade de Câmaras, há ainda a Câmara de Controvérsias dos Fundos Marinhos (CDFM)[64] que na realidade é um tribunal dentro da estrutura do Tribunal do Mar. Esta Câmara é permanente e foi criada pela Convenção para dirimir as controvérsias relativas às actividades na Área a que se referem as alíneas de a) a f) do artigo 187º da Convenção. A CDFM tem competência exclusiva sobre tais controvérsias[65] não podendo o Tribunal *Plenum* ou qualquer outro tribunal dos mencionados no artigo 287º da Convenção dirimir tais controvérsias, por falta de competência. No entanto, as controvérsias entre Estados partes referidas na alínea a) do artigo 187º da

[61] Artigo 29º do Estatuto do Tribunal Permanente de Justiça Internacional.

[62] Número 4 do artigo 15º do Estatuto do Tribunal; Anexo VI da CNUDM.

[63] Número 2 do artigo 25º, *in fine*, idem.

[64] Artigo 14º, idem e Artigo 186º alínea d) da CNUDM..

[65] Artigo 187º da CNUDM.

Convenção sobre a interpretação ou aplicação da Convenção, poderão alternativamente ser submetidas a:

a) uma Câmara especial de conformidade com os artigos 15 e 17 do Estatuto do Tribunal do Mar, a pedido das partes na controvérsia[66]; ou
b) uma Câmara *ad hoc* da CDFM, de conformidade com o artigo 36 do Estatuto, a pedido de qualquer das partes na controvérsia[67/68].

Igualmente, as controvérsias que resultem da interpretação ou execução de um contrato poderão ser submetidas a uma arbitragem comercial obrigatória a pedido de qualquer das partes (podendo estas ser Estados partes, a Autoridade, a Empresa, empresas estatais e pessoas jurídicas, singulares ou coletivas referidas na alínea b) do número 2 do artigo 152 da Convenção), salvo acordo em contrário destas[69/70]. Porém, se no início ou no decurso da arbitragem o tribunal arbitral determinar, a pedido de qualquer parte ou *proprio motu*, que a sua decisão depende de uma decisão da CDFM e decidir submeter a esta Câmara tal questão para decisão, o tribunal arbitral deve acatar tal decisão[71].

A CDFM, além da competência contenciosa, tem também uma competência consultiva podendo emitir pareceres consultivas a pedido da Assembleia ou do Conselho da Autoridade dos Fundos Marinhos sobre questões jurídicas que se levantem no âmbito das suas funções[72].

Os membros de qualquer uma das Câmaras do Tribunal do Mar, incluindo os da CDFM, podem ser nacionais das partes numa controvérsia a elas submetidas para resolução. Ao invés, os membros da Câmara ad hoc da CDFM estabelecida de conformidade com o artigo 36 do Estatuto do Tribunal, Anexo VI da Convenção, não podem ser nacionais de quaisquer das partes na controvérsia.

A CDFM é constituída por 11 juízes eleitos pelo Tribunal do Mar de entre os seus membros e o seu quórum é de 7 juízes. A sua composição renova-se de três em três anos, coincidindo com a duração do mandato dos seus membros. O Presidente da CDFM é um dos seus membros, eleito pelos seus pares

66 Artigo 188º, nº 1, alínea a), idem.

67 Artigo 188º, nº 1 da CNUDM

68 Número 3 do artigo 36º do Estatuto do Tribunal, Anexo VI da CNUDM..

69 Alínea a) do número 2 do artigo 188º da CNUDM.

70 Ver as restrições e a dependência desta arbitragem em relação à CDFM no que toca a certas questões, de
conformidade com as alíneas b) e c) do número 2, do artigo 188º da CNUDM.

71 Alínea b), número 2 do artigo 188º da CNUDM.

72 Artigo 19º1, idem.

na CDFM por um período de 3 anos. Os juízes não podem ser membros da CDFM por mais de dois termos consecutivos.

A CDFM até agora só recebeu um caso[73]. Trata-se de um parecer consultivo relativo às obrigações do Estado patrocinador (sponsoring State) quando este dá o seu patrocínio a pessoas singulares ou colectivas num contrato para a exploração dos recursos da Área[74].

De notar a inovação nas regras de processo introduzidas na adjudicação internacional pela Convenção, nomeadamente as regras de acesso à CDFM, permitindo que, além de Estados, outras entidades como a Autoridade[75], a Empresa[76] empresas estatais e pessoas jurídicas, singulares e coletivas, sejam partes em controvérsias perante a CDFM, podendo demandar e ser demandados.[77]

4.1.6. Direito Aplicável[78]

Uma vez que controvérsias e pedidos tenham sido submetidos no quadro da Parte XV da Convenção, põe-se a questão de saber qual é o direito que o Tribunal do Mar (ou qualquer outro tribunal constante do número 1 do artigo 287º da Convenção,[79]) aplica na sua resolução. A orientação para o efeito está no artigo 293º da Convenção que manda aplicar a Convenção e outras regras do direito internacional não incompatíveis com a Convenção. Essas outras regras do direito internacional encontram-se no chamado direito internacional convencional, como os tratados, convenções ou acordos internacionais em que as partes na controvérsia sejam partes, bem como no direito internacional geral.

Quando haja, por exemplo, um pedido de compensação de uma parte, por alegados danos causados pela outra parte na detenção de um navio em violação das disposições da Convenção, estamos perante um pedido que envolve a responsabilidade do Estado. Como a questão da responsabilidade do Estado não é regulamentada na Convenção, o Tribunal do Mar, para responder ao pedido de compensação tem que necessariamente recorrer, como manda o

[73] Ver o caso 17 do Tribunal, decidido pela Câmara de Controvérsias dos Fundos Marinhos (CDFM).

[74] Responsabilidades e obrigacões de Estados patrocinando pessoas e entidades com respeito a actividades na Área.

[75] Autoridade Internacional dos Fundos Marinhos, instituição criada pela Convenção para administrar a Área e os seus recursos.

[76] A Empresa, braço técnico da Autoridade dos Fundos Marinhos, para a exploração directa pela Autoridade dos recursos da Área.

[77] Artigo 291º da CNUDM.

[78] Artigo 23º do Estatuto do Tribunal, Anexo VI da CNUDM e artigo 293º também da da CNUDM.

[79] TIDM, TIJ, Tribunal Arbitral Anexo VII e Tribunal Arbitral Anexo VIII da CNUDM.

artigo 293º já referido, a outras regras do direito internacional não incompatíveis com a Convenção que, no caso do exemplo, seriam os Artigos sobre a Responsabilidade do Estado que reflectem o direito internacional costumeiro na matéria, compilados pela Comissão de Direito Internacional.

Assim, na prática o Tribunal do Mar primeiro verifica se a Convenção contém as disposições necessárias ao enquadramento jurídico da questão e, caso não tenha, recorre a outras regras do direito internacional não incompatíveis com a Convenção.

No caso das controvérsias submetidas à CDFM, além do artigo 293º, aplicam-se também as normas, regulamentos e procedimentos da Autoridade, adotados de conformidade com a Convenção, bem como as cláusulas dos contratos relativos à atividade na Área em matérias relacionadas com esses contratos[80].

4.1.7. Intervenção de outros Estados no processo

No figurino processual das controvérsias submetidas a tribunais internacionais, via de regra só há duas partes, não havendo lugar para, por exemplo, uma terceira parte no processo. Se, porventura, um Estado pretender proteger os seus interesses que, eventualmente, possam vir a ser afetados pela decisão do tribunal, esse Estado só poderá fazê-lo através da figura de Intervenção.

Assim, um Estado pode pedir ao Tribunal do Mar para ser autorizado a intervir no processo. O Tribunal do Mar, depois de analisar o pedido, ouvidas as partes na controvérsia, pode autorizar ou não a intervenção[81]. Note-se, no entanto ,que se o pedido for autorizado, o Estado interventor ficará obrigado à decisão do Tribunal do Mar no que toca às matérias em relação às quais interveio no processo[82].

4.1.8. Carácter definitivo e vinculativo das decisões do Tribunal em processos contenciosos

Os acórdãos do Tribunal do Mar são finais, não sujeitos a recurso e são vinculativos somente para as partes na controvérsia ou para os Estados que tiverem intervindo no processo e, neste caso, apenas em relação ao âmbito da sua intervenção[83].

De igual modo, os acórdãos das Câmaras do Tribunal do Mar são finais e vinculativos em relação às partes, não cabendo qualquer recurso das suas

[80] Artigo 38º do Estatuto do Tribunal, Anexo VI da CNUDM.

[81] Numero 1 do artigo 31º. idem.

[82] Número 3 do artigo 31º, idem.

[83] Artigo 32º, do Estatuto do Tribunal, anexo VI

decisões a qualquer instância, incluindo o Tribunal *plenum*[84/85]. Note-se, no entanto, o caso específico e excecional da sujeição à revisão pelo Tribunal plenum da decisão de medidas provisórias decretadas pela Câmara de Procedimentos Sumários na circunstância descrita no número 2 do Artigo 25º do Estatuto do Tribunal, Anexo VI da Convenção.

Um aspecto muito importante a assinalar aqui é o facto de as decisões da CDFM serem executórias no território dos Estados partes da mesma maneira que os acórdãos ou despachos do Supremo Tribunal do Estado parte em cujo território a execução for requerida[86].

4.1.9. Diferenças Estatutárias entre o Tribunal de Hamburgo e o Tribunal de Haia

Apesar do Estatuto do Tribunal do Mar ter sido em muito decalcado no Estatuto do Tribunal Internacional de Justiça, há algumas diferenças de fundo nos estatutos dos dois Tribunais que importa aqui notar:

Os estatutos dos dois tribunais divergem na linguagem usada na adoção de medidas provisórias ou cautelares. No caso do Tribunal do Mar as medidas são "decretadas" (em inglês "prescribed"), ficando assim claro que essas medidas são de cumprimento obrigatório. No caso do TIJ as medidas são "indicadas"; isto durante muito tempo levou à interpretação de que as medidas provisórias indicadas pelo TIJ não eram de cumprimento obrigatório pelas partes na controvérsia. O TIJ clarificou a sua posição nesta matéria a partir do caso LaGrand em que ficou claro que as medidas provisórias indicadas eram de cumprimento obrigatório[87].

Durante a consideração do caso LaGrand pelo TIJ, este teve que fazer um *ruling* a respeito do efeito jurídico das medidas provisórias indicadas por ele nos termos do artigo 41º das suas regras de procedimento. Até o caso LaGrand, que opôs a Alemanha aos Estados Unidos a respeito de um cidadão alemão condenado à morte nos Estados Unidos, o TIJ nunca havia declarado a força obrigatória das suas medidas provisórias. "Em muitos casos tinha adotado medidas provisórias sem nunca ter determinado se eram de cumprimento obrigatório ou não"[88].

[84] Artigo 33º, Idem.

[85] Número 5 do artigo 15º, idem.

[86] Artigo 39º idem.

[87] Artigo 290º da CNUDM. Artigo 41º do Estatuto do TIJ.

[88] World Court rules against the United States in LaGrand Case Arising from a Violation of the Vienna Convention on Consular Relations – Insights, Volume 6, Issue 16, by Frederic L. Kirgis,

O TIJ para mudar a sua prática, declarou que havia uma diferença entre os textos em francês e inglês do referido artigo 41º que estabelece que o TIJ tem autoridade para "indicar" medidas provisórias. Para afirmar que as medidas provisórias por ele "indicadas" criavam uma obrigação para os Estados partes, o TIJ teve que fazer uma interpretação teleológica, argumentando que o objeto e o fim das medidas provisórias visam capacitá-lo a resolver as controvérsias internacionais através de decisões vinculativas, esclarecendo que o poder de indicar medidas provisórias implica que tais medidas sejam de cumprimento obrigatório. Por consequência o TIJ declarou que a imposição de medidas provisórias criava uma obrigação jurídica para os Estados Unidos[89]

No caso do Tribunal do Mar nunca houve dúvida de que as medidas por ele decretadas fossem de cumprimento obrigatório para as partes na controvérsia. A própria linguagem do número 1 do artigo 25º do Estatuto do Tribunal mostra claramente a natureza obrigatória das medidas provisórias decretadas pelo Tribunal, contrariamente ao que parece resultar da palavra "indicar" do artigo 41º do Estatuto do TIJ, não tivessem o objecto e fim dessa palavra sido esclarecidos pelo seu "ruling" no caso de LaGrand.

Uma outra distinção a fazer é o facto de somente Estados poderem ser partes numa controvérsia submetida ao TIJ[90], enquanto no caso do Tribunal do Mar, especialmente através da Câmara de Controvérsias dos Fundos Marinhos, além de Estados, há toda uma serie de entidades, de organizações internacionais a pessoas jurídicas singulares ou coletivas que podem ser parte numa controvérsia, como atrás se referiu.

4.2. Tribunal Internacional de Justiça (TIJ)

No caso do TIJ, escusamos de nos referir aqui em pormenor ao seu Estatuto por ser um tribunal já bem estabelecido antes da entrada em vigor da Convenção e, portanto, muito conhecido. Apenas notar que as partes numa controvérsia sobre a interpretação e aplicação da Convenção, submetida a esse tribunal para resolução, podem fazê-lo, quer com base no artigo 287º da Convenção, se os requisitos para tal estiverem preenchidos, quer com base na cláusula compromissória do estatuto do TIJ.

July 04, 2001.

[89] Idem.

[90] Artigo 34º do Estatuto do TIJ.

4.3. Tribunal arbitral do Anexo VII da Convenção

Este tribunal arbitral foi criado para satisfazer a posição de negociação de alguns países durante a III Conferencia das Nações Unidas sobre o Direito do Mar, os quais não queriam a criação de um novo tribunal judicial, como o Tribunal do Mar, para resolver as controvérsias que resultassem da interpretação ou aplicação da Convenção, ~~antes~~ preferindo que as controvérsias fossem resolvidas através da arbitragem.

Assim se estabeleceu esta arbitragem no Anexo VII, com normas específicas quanto à sua composição e funcionamento; Este tribunal arbitral, em conjunto com os tribunais judicias (O Tribunal do Mar e o Tribunal Internacional de justiça), constituem um corpo sólido de mecanismos que têm garantido a resolução da grande parte das controvérsias já dirimidas no quadro da Parte XV da Convenção[91].

O tribunal arbitral do Anexo VII é um de quatro tribunais referidos na secção 2 da Parte XV da Convenção com competência para resolver controvérsias sobre a interpretação e aplicação da Convenção[92]. Ele tem uma situação privilegiada em relação aos demais tribunais, pois, se os Estados partes numa controvérsia sobre a interpretação ou aplicação da Convenção não tiverem feito uma declaração nos termos do referido artigo a reconhecer a competência do mesmo tribunal dos referidos no artigo 287º, o tribunal arbitral do anexo VII terá automaticamente competência para receber e dirimir a controvérsia, a pedido de tão-somente uma das partes, pois que se trata de uma competência compulsória residual [93].

Uma boa parte dos árbitros desse tipo de tribunais arbitrais, que por natureza são tribunais ad hoc, criados, portanto, só para resolver uma controvérsia em particular, tem sido nomeada, a pedido de uma das partes, pelo Presidente do Tribunal do Mar, de conformidade com o artigo 3º do Anexo VII da Convenção, por inabilidade das duas partes na controvérsia de chegarem, às vezes, a um entendimento quanto à nomeação dos três árbitros e do presidente que deveriam ser nomeados de comum acordo por elas.

[91] Já se constituíram vários tribunais arbitrais do anexo VII, tendo decidido muitas controvérsias. Habitualmente, por usarem os serviços de secretaría do Tribunal Permanente de Arbitragem esses casos acabam por ficar como sendo casos desse tribunal, que na realidade é só um tribunal de enquadramento.

[92] Artigo 287º, nº 1 da CNUDM.

[93] Um Estado parte que seja parte numa controvérsia não incluída numa declaração vigente, deve ser considerado como tendo aceite a arbitragem de conformidade com o Anexo VII. Artigo 287º, nº 3 da CNUDM.

4.3.1. Competência do Tribunal Arbitral

A competência *ratione matériae* do tribunal arbitral é a mesma da dos tribunais judiciais, no caso o Tribunal do Mar e o TIJ.

Excluídos da competência do Anexo VII estão as seguintes categorias de controvérsias:

a) Controvérsias relativas as atividades dos Fundos Marinhos que estão reservadas à Câmara de Controvérsias dos Fundos Marinhos;
b) Controvérsias que, de conformidade com as limitações do artigo 297º da Convenção estão subtraídas ao regime compulsório da secção 2 da Parte XV da Convenção;
c) Controvérsias que o Estado parte tenha excluído do regime compulsório da secção 2 da Parte XV da Convenção, de conformidade com o artigo 298º da Convenção;
d) Pedidos de libertação imediata de navios e tripulantes, de conformidade com o artigo 292º da Convenção, decorridos que sejam dez ou mais dias apos a detenção, a menos que as partes decidam a favor do tribunal arbitral.

4.3.2. Composição do tribunal arbitral

Tendo em conta os interesses em jogo e as dificuldades de diálogo que no início de uma controvérsia tendem a distanciar as partes, a Convenção teceu, em pormenor, uma série de disposições sobre a nomeação dos árbitros para impedir que houvesse impasse na constituição e funcionamento desse tipo de tribunal.

Assim, este tribunal arbitral é composto de 5 árbitros[94], mas nada impede que o número seja menor ou maior, se as partes assim acordarem[95]. Cada uma das partes tem o direito de nomear um árbitro, que pode ou não ter a sua nacionalidade[96] devendo os três árbitros restantes ser nomeados pelas partes, de comum acordo. Havendo esse acordo, as partes nomeiam o presidente do tribunal de entre esses três árbitros. Note-se que, enquanto os árbitros nomeados por cada umas das partes podem ser nacionais das partes, os três árbitros restantes não podem ser nacionais das partes, nem residentes no seu território[97].

[94] Artigo 3, Anexo VII da CNUDM.
[95] Artigo 3, alínea a), idem.
[96] Artigo 3, alíneas b) e c), idem.
[97] Artigo 3º Anexo VII da CNUDM.

No caso do árbitro que deve ser nomeado pela parte que instituiu a arbitragem, a sua nomeação deve ser feita no mesmo ato de notificação à outra parte da instituição da arbitragem, enquanto que, no caso da parte contra a qual se estabeleceu a arbitragem, a nomeação deve ocorrer nos 30 dias que se seguirem à instituição da arbitragem.[98] Se este último árbitro não for nomeado nesse período e não houver acordo entre as partes sobre uma terceira pessoa ou terceiro Estado para proceder àquela nomeação, o Presidente do Tribunal Internacional do Mar deve proceder à nomeação, a pedido de uma das partes nas duas semanas que se seguirem à aspiração do período dos 30 dias[99].

Outrossim, qualquer das partes pode pedir ao Presidente do Tribunal do Mar para proceder à nomeação dos três árbitros restantes e de nomear um de entre eles para presidir o tribunal arbitral, caso as partes não acordarem na sua nomeação nos 60 dias contados a partir da notificação da instituição do tribunal arbitral, nem tenham acordado numa terceira pessoa ou Estado para fazer aquela nomeação.[100]

O Presidente do Tribunal do Mar deve nomear os três árbitros e o presidente do tribunal arbitral dentro de 30 dias seguintes à expiração do período de 60 dias contados a partir da notificação da instituição do tribunal arbitral[101].

Caso se trate da nomeação pelo Presidente do Tribunal do Mar de um ou mais árbitros, aquela nomeação deve ocorrer 2 semanas apos a expiração do período de 60 dias[102].

Os três árbitros devem pertencer a diferentes nacionalidades e, como se disse atrás, não podem ser nacionais, nem residentes das partes. O Presidente do Tribunal do Mar frequentes vezes tem nomeado, a pedido de uma das partes na controvérsia submetida a um tribunal arbitral do anexo VII, os 3 árbitros e o presidente[103].

4.3.4. Processo

Os procedimentos a serem seguidos na arbitragem dependem da decisão do próprio tribunal arbitral, a menos que a as partes acordem em contrário. Na

[98] Artigo 3º, alínea b) e c), idem

[99] Artigo 3º, alíneas d) e e), idem

[100] Artigo 3º, alíneas d) e e), idem.

[101] Artigo 3º, alínea e), idem.

[102] Artigo 3º, alínea d) do Anexo VII da CNUDM.

[103] No caso do mar do Sul da China, entre as Filipinas e a China, por razões que tem a ver com a não participação na arbitragem da China, o Presidente do Tribunal do Mar, a pedido das Filipinas, nomeou o árbitro que deveria ser nomeado pela China, além dos três restantes árbitros e o presidente da arbitragem.

arbitragem há maior flexibilidade das regras processuais em relação aos tribunais judiciais permanentes.[104]

4.3.5. Adoção de decisões e a não-comparência

O tribunal arbitral adopta as suas decisões por maioria simples dos seus membros. A ausência ou a abstenção de menos de metade dos seus membros não impede a tomada de decisões, tendo o presidente o voto de qualidade em caso de empate.[105] A não-comparência de uma parte nos procedimentos ou a abstenção de uma parte na defesa[106] do seu caso não interrompe o andamento do processo,[107]como acontece também com os tribunais judiciais, incluindo o Tribunal do Mar.

4.4. Tribunal arbitral do Anexo VIII da Convenção

Para alguns, o recurso aos tribunais compostos por "experts" seria uma via mais fácil e menos formal da solução de controvérsias entre Estados para certas matérias. Assim, em vez dos tradicionais juízes dos tribunais, teremos experts jurídicos, administrativos e científicos para resolver controvérsias entre Estados que resultem da interpretação e aplicação da Convenção nas áreas que constituem o cerne da competência do tribunal arbitral especial.

A experiência não é nova pois já havia sido ensaiada em relação à pesca e conservação dos recursos vivos na convenção de Genebra, de 1958[108].

O tribunal arbitral especial estabelecido nos termos do anexo VIII pretende, na sua composição, seguir esta via dos "experts". Os seus membros são experts recrutados de listas existentes em várias organizações do sistema das Nações Unidas[109], cujo mandato tem a ver com as áreas de competência desse tribunal arbitral especial.

4.4.1. Submissão de controvérsias

Sem prejuízo da Parte XV da Convenção, qualquer das partes na controvérsia sobre a interpretação e aplicação dos artigos da Convenção relativos às quatro

[104] Artigo 5º do Anexo VII da CNUDM.

[105] Artigo 8º do Anexo VII da CNUDM.

[106] Ver o caso da não comparência da China no caso do mar do sul da China (*South China Sea arbitration*). Disponível para consulta em https://pca-cpa.org/en/cases/7/ (última consulta Dezembro de 2021).

[107] Artigo 9º do Anexo VII da CNUDM.

[108] Artigo 9º, número 2, Convenção sobre Pesca e Conservação de Recursos Vivos do Alto Mar, Genebra, 29 Abril, 1958.

[109] Estas organizações sao a FAO, a UNEP ou PNUE, a OMI., a COI. Artigo 2º, número 2, idem.

matérias acima indicadas pode instituir um tribunal arbitral especial previsto no Anexo VIII, através de uma notificação à outra parte na controvérsia a qual deve ser acompanhada de uma exposição das pretensões[110].

4.4.2. Competência

O âmbito da competência deste tribunal arbitral especial é muito restrito em relação ao dos demais tribunais referidos no artigo 287º, abrangendo apenas as seguintes áreas[111]:

a) Pesca;
b) Proteção e preservação do ambiente marinho;
c) Investigação científica marinha; e
d) Navegação, incluindo a poluição a partir de navios e por *dumping*.

4.4.3. Composição

Este tribunal é constituído por 5 membros, a menos que as partes decidam em contrário. Cada parte na controvérsia tem o direito de nomear dois *experts*, de preferência da lista a que se refere o número 2 do artigo 2º do Anexo VIII da Convenção, podendo um deles ser seu nacional. A parte que tiver instituído este tribunal deve indicar na notificação da instituição à outra parte, os membros por si nomeados[112].

A outra parte deve, nos 30 dias contados a partir da data da notificação, nomear dois membros, um dos quais pode ser seu nacional. Se, entretanto, estes dois membros não forem nomeados no período dos trinta dias, nem as partes tiverem acordado numa terceira pessoa ou terceiro Estado para fazer aquela nomeação, a parte que instituiu o tribunal arbitral pode, no período de duas semanas da expiração do período de 30 dias, pedir ao Secretário-Geral das Nações Unidas para fazer aquela nomeação com base na lista a que se refere o artigo 2º do Anexo VIII, em consultas com as partes na controvérsia[113].

4.4.4. Determinação de Factos (fact finding)

As partes numa controvérsia perante o tribunal arbitral especial estabelecido nos termos do anexo VIII podem, em qualquer momento, acordar pedir-lhe que investigue e determine os factos na origem da controvérsia. O tribunal

[110] Artigo 1º do anexo VIII da CNUDM.
[111] Artigo 1º, idem.
[112] Artigo 3º, número c), idem.
[113] Alíneas d) e e) do artigo 2º do Anexo VIII CNUDM.

arbitral especial pode formular recomendações que, sem ter a força de uma decisão, possam constituir somente uma base para o exame pelas partes das questões que deram origem a controvérsia[114]. Os factos assim apurados consideram-se estabelecidos entre as partes, a menos que estas acordem em contrário[115].

Sem prejuízo do estipulado no artigo 2º do Anexo VIII, o tribunal especial deve actuar com base nas disposições do Anexo VIII e, nos termos do seu artigo 4º, também nas disposições dos artigos 4º a 13º do Anexo VII da Convenção, a menos que as partes disponham em contrário.

5. Conciliação do Anexo V – Seu enquadramento

Embora o Anexo V sobre a conciliação não esteja entre os quatro mecanismos da solução de controvérsias estabelecidas no artigo 287º, convém fazer uma referência breve ao papel que este tipo de conciliação pode ter como mecanismo suplementar ou adicional aos estabelecidos no artigo 287º na resolução pacífica de controvérsias entre Estados partes na Convenção.

De lembrar aqui que o Anexo V faz referência a dois tipos de conciliação: a voluntária, referida no artigo 284º e na secção 1 do Anexo V; e a compulsória, a que se referem os artigos 297º, nº 2, alínea b); 297º, nº 3, alínea b); e 298º, nº 1, alínea a), bem como a secção 2 do Anexo V.

Faremos apenas algumas considerações sobre a conciliação obrigatória pela sua ligação com a secção 2 da Parte XV.

O regime da conciliação compulsória previsto nesse anexo da Convenção, é restrito em razão da matéria, podendo aplicar-se apenas a controvérsias envolvendo investigação científica marinha, à pesca, aos artigos 15º, 74º e 83.º (sobre o mar territorial, a Zona Económica Exclusiva e a plataforma continental) e a baías e títulos históricos[116].

Numa conciliação compulsória instituída nos termos do Anexo V os resultados da comissão de conciliação não vinculam juridicamente as partes[117]. No fundo, não passa de uma conciliação nos moldes clássicos, apenas divergindo na obrigação imposta à parte contrária que, querendo ou não, é obrigada a responder ao mecanismo da conciliação, desencadeado pela outra parte, na esperança de que, uma vez implicada e submersa no processo da conciliação,

[114] Artigo 5º, nº 3, idem.
[115] Artigo 5º, nº 2, idem.
[116] Artigo 297º, nº 2, b), e nº 3, b) e Artigo 298º nº 1, a).
[117] Artigo 7º, nº 2 do Anexo V CNUDM.

a parte recalcitrante venha a ter uma atitude mais colaboradora que possa facilitar uma resolução da controvérsia por essa via[118] .

Note-se que para que a comissão de conciliação compulsória tenha competência, além de se circunscrever apenas às matérias a que atrás se referiu, a controvérsia deve ter cristalizado depois da entrada em vigor da Convenção, em 1994 e não antes[119], e quando se observa que nenhum acordo para resolver a controvérsia foi conseguido entre as partes depois de um prazo razoável. Igualmente, a conciliação não pode considerar questões que têm a ver com controvérsias sobre a soberania ou outros direitos sobre parte do território terrestre continental ou insular.

Note-se que, apesar da conciliação ser compulsória, não exclui o direito de qualquer das partes questionar a competência da comissão de conciliação. As decisões da comissão de conciliação sobre a sua própria competência vinculam juridicamente as partes, embora as conclusões do seu relatório final sobre a controvérsia o não sejam.

Até agora só foi resolvida uma controvérsia[120] através da conciliação estabelecida nos termos do Anexo V.

[118] Parece ter sido essa a posição da Austrália no processo de conciliação com Timor-Leste. Este, por não ter outra saída para uma solução no quadro da CNUDM, abraçou e activou a conciliação compulsória nos termos do Anexo V da Convenção e obrigou a Austrália a envolver-se. Embora houvesse relutância da parte da Austrália em abraçar a conciliação, acabou por colaborar no processo quando viu que a Comissão de conciliação rejeitou a sua posição, segundo a qual a Comissão não tinha competência.

[119] Artigo 298º, nº 1, a) CNUDM.

[120] Conciliação do Mar de Timor entre a Austrália e Timor-Leste.

19
COMENTÁRIO AO ARTIGO 303º OBJETOS ARQUEOLÓGICOS E HISTÓRICOS ACHADOS NO MAR

MARIANO J. AZNAR*

Resumo: A inclusão e redação do artigo 303º da CNUDM foi complexa, tardia e incompleta, dando origem a um regime de proteção do património cultural subaquático contraditório e contraproducente. Este regime, que assume o dever genérico de proteger e cooperar na proteção desse património, inclui também uma regra específica para a Zona Contígua, que foi ultrapassada pela prática, bem como a aplicação de certas regras de direito marítimo (salvamento e achados) que não se compadecem com uma correta proteção do património cultural subaquático. A prática, porém, delimitou, e felizmente para esse património, a aplicação dessas regras, sob a influência não só dessa prática unilateral dos Estados, como também da sua prática convencional, muito particularmente da adoção da Convenção UNESCO de 2001 sobre a proteção do património cultural subaquático.

Palavras chave: património cultural subaquático – objetos arqueológicos – salvamento marítimo – caçadores de tesouros – jurisdição desenfreada

Abstract: The inclusion and drafting of article 303 in UNCLOS was complex, late and incomplete, giving rise to a contradictory and counterproductive regime for the protection of underwater cultural heritage. This regime, which supposes the generic duty to protect and cooperate in the protection of such heritage, also includes a specific rule for the contiguous zone that has been superseded by practice – as well as the application of

* Professor catedrático de Direito Internacional Público. Universitat Jaume I, Espanha. Email: maznar@uji.es.

certain maritime law rules (salvage and findings) that are not consistent with a correct protection of underwater cultural heritage. Practice has, however, and fortunately for that heritage, limited the application of these rules. This has been influenced not only by the unilateral practice of the States but also by their conventional practice, very particularly the adoption of the 2001 UNESCO Convention on the protection of Underwater cultural heritage.

Keywords: underwater cultural heritage – archaeological objects – salvage law – treasure hunting – creeping jurisdiction

1. Introdução

O artigo 303º da Convenção das Nações Unidas sobre o Direito do Mar (CNUDM)[1] encontra-se na Parte XVI, relativa às disposições gerais. Sob o título de "Objetos arqueológicos e históricos achados no mar", o seu texto é o seguinte:

> 1. Os Estados têm o dever de proteger os objetos de caráter arqueológico e histórico achados no mar e devem cooperar para esse fim.
>
> 2. A fim de controlar o tráfico de tais objetos, o Estado costeiro pode presumir, ao aplicar o artigo 33º, que a sua remoção dos fundos marinhos, na área referida nesse artigo, sem a sua autorização constitui uma infração cometida no seu território ou no seu mar territorial das leis e regulamentos mencionados no referido artigo.
>
> 3. Nada no presente artigo afeta os direitos dos proprietários identificáveis, as normas de salvamento ou outras normas do direito marítimo, bem como leis e práticas em matéria de intercâmbios culturais.
>
> 4. O presente artigo deve aplicar-se sem prejuízo de outros acordos internacionais e normas de direito internacional relativos à proteção de objetos de caráter arqueológico e histórico.

Longe de ser uma disposição de aplicação e interpretação pacíficas, o artigo 303º levanta evidentes problemas interpretativos que têm dificultado a sua aplicação cabal. Este comentário pretende analisar os referidos problemas interpretativos para, resolvidos estes tanto quanto possível, projetar a necessária aplicação da principal disposição da CNUDM relativa à proteção do património cultural subaquático[2]. Para o efeito, iremos, em primeiro

[1] Adotada em 10 de dezembro de 1982, em vigor desde 16 de novembro de 1994 (1833 UNTS 397).

[2] Juntamente com o artigo 303º, apenas outro artigo da CNUDM, – artigo 149º – se refere aos "objetos arqueológicos e históricos", neste caso os encontrados na Área Internacional dos Fundos

lugar, recordar a génese do artigo 303º, prestando particular atenção aos trabalhos preparatórios durante a Terceira Conferência das Nações Unidas sobre o Direito do Mar. Em seguida, analisaremos os números 1 e 4 do artigo 303º, cujos conteúdos não levantaram problemas relevantes de interpretação e aplicação, para depois nos concentrarmos nos números 2 e 3, cujo conteúdo e âmbito de aplicação têm gerado maiores discussões interpretativas. Deixaremos para o final algumas reflexões conclusivas, assim como algumas propostas explicativas do conteúdo e âmbito de aplicação atuais do artigo 303º da CNUDM.

2. Génese do artigo 303º

Tal como se assinala num dos principais comentários à CNUDM, "[t]he regimes for underwater archaeology resulting from the Convention are complicated and not complete"[3]. Com efeito, de modo geral, o tratamento que a CNUDM confere aos objetos que constituiriam parte do património cultural subaquático não traz nada de novo. Como se assinalou na devida altura numa reunião de especialistas da UNESCO, "o direito do mar foi elaborado por pessoas que não tinham conhecimentos específicos de arqueologia. Afirmou-se que a [CNUDM] não contemplava adequadamente o património cultural subaquático, porque a questão tinha sido levantada após a conclusão dos debates sobre a plataforma continental e, por conseguinte, tinha sido acrescentada, à última hora, às disposições relativas à Zona Contígua"[4].

Com efeito, a própria origem do artigo 303º e a sua inserção nas disposições gerais da CNUDM deveram-se ao acordo negocial de não reabrir as discussões sobre os direitos dos Estados costeiros sobre os objetos de caráter arqueológico e histórico encontrados na Zona Económica Exclusiva (ZEE) e na plataforma continental. Desde a sessão de Genebra de 1979 da Terceira Conferência das Nações Unidas sobre o Direito do Mar, foram apresentadas algumas propostas para regular o regime jurídico dos referidos objetos. A este respeito, a proposta informal apresentada em 1980 por Cabo Verde, Grécia, Itália, Malta, Portugal, Tunísia e Jugoslávia sugeria que:

Marinhos e Oceânicos (adiante designada por "Área"). Para a análise do artigo 149º, ver, nesta obra, o trabalho de Fernando Loureiro Bastos, a p. ... ss.

[3] Nordquist, Miron H. (ed). 1985. United Nations Convention on the Law of the Sea 1982 – A Commentary (vol. V) 281. Haia: Kluwer.

[4] *Relatório resumido da reunião de peritos em proteção do património cultural subaquático*, realizada em Paris, de 22 a 24 de maio de 1996 (Doc. UNESCO CLT-96/CONF.605/6, parágrafo 33).

> "[t]he coastal State may exercise jurisdiction, while respecting the rights of identifiable owners over any object of an archaeological and historical nature on or under its continental shelf for the purpose of research, recovery and protection. However, particular regard shall be paid to the preferential rights of the State or country of origin, or the State of cultural origin, or the State of historical or archaeological origin in case of sale or any other disposal, resulting in the removal of such object out of the coastal State".[5]

Perante estas pretensões, que, na opinião de alguns Estados, implicavam uma certa jurisdição desenfreada (*creeping jurisdiction*), houve várias potências marítimas –nomeadamente os Estados Unidos, o Reino Unido e a Holanda– que se opuseram firmemente, sustentando que importaria fazer uma clara destrinça entre objetos arqueológicos e recursos naturais[6]. No entanto, a prática de muitos Estados tendia a reconhecer uma certa jurisdição sobre a ZEE e sobre a plataforma continental nesse domínio, o que forçou a negociação do que viria a ser o artigo 303º. Por um lado, uma contraproposta dos Estados Unidos sugeria incluir a obrigação geral de proteger os objetos de caráter arqueológico e histórico encontrados no mar[7], o que deu origem, após muitas discussões[8], ao número 1 do referido artigo. Por outro lado, também após muitas discussões acerca do âmbito de aplicação da jurisdição do Estado costeiro sobre a sua Zona Contígua, foi incluído o texto do atual número 2 do artigo 303º[9]. A vontade de incluir a aplicação de certas regras de direito marítimo e

[5] Doc. NU A/CONF.62/C.2/Informal Meeting/43/Rev.3. Vid. a posterior proposta grega de 1980 no Doc. NU A/CONF.62/GP/10, apoiada por Portugal e pela Tunísia em nome do Grupo dos 77. Vid. a sua discussão, por exemplo, nas obras de Leanza, Umberto. 1998: La Zona archeologica marina e la protezione dei beni culturali subacquei. In La protezione internazionale e la circolazione comunitaria dei beni culturali mobili, Pascuale Paone ed., 91-116. Nápoles: Editora Scientifica; e a de Karagiannis, Symeon. 1990 : Une nouvelle zone de juridiction : la zone archéologique marine. Collection Espaces et Ressources 4:1-26.

[6] Como Edith Brown ressalvou, o receio referente a essa jurisdição desenfreada assentava no "belief that maritime jurisdiction rights granted for one purpose are likely to expand either *ratione loci* or *ratione materiae* and that there is no guarantee that they will not 'creep' out further into the high seas or that the freedom of navigation will not be further eroded". Brown, Edith D. 1973. Maritime Zones: A Survey of Claims. In New Directions in the Law of the Sea (vol. 3), ed. Robert Churchill et al., 172. Dobbs Ferry: Oceana Publications Inc.

[7] UN Doc. A/CONF.62/GP.4, de 27 de março de 1980.

[8] *Vide* Treves, Tullio. 1980. La nona sessione della Conferenza sul diritto del mare. Rivista di Diritto Internazionale 63:432-463.

[9] *Vide* Oxman, Bernard H. 1981. The Third United Nations Conference on the Law of the Sea: The Ninth Session (1980). American Journal of International Law 75: 239-241.

do direito de achados – defendida por algumas delegações, nomeadamente a dos Estados Unidos–, fez com que o atual número 3 acabasse por ser acrescentado[10]. Finalmente, tendo em conta a existência de certos acordos bilaterais que já protegiam alguns objetos de caráter arqueológico e histórico encontrados no mar[11], considerou-se oportuno incluir no número 4 do artigo 303º uma cláusula *without prejudice*: sem prejuízo de não afetar esses acordos, nem os que viessem a existir.

3. Obrigações gerais e desenvolvimento particular no artigo 303º

3.1. O número 1 do Artigo 303º

O número 1 do artigo 303º inclui um duplo dever: um de resultado – "o dever de proteger os objetos de caráter arqueológico e histórico achados no mar" –, e outro de comportamento – "devem cooperar para esse fim" –. Há porém três questões, que se colocam em relação ao enunciado geral: em primeiro lugar, saber a que se refere o artigo 303º quando fala de "objetos de caráter arqueológico e histórico achados no mar"; em segundo lugar, a aplicação espacial desse artigo; e, em terceiro lugar, a natureza jurídica da dupla obrigação (proteger e cooperar na cooperação).

Em relação ao primeiro aspeto – o conceito de "objetos de caráter arqueológico e histórico achados no mar" – a CNUDM não os define[12]. Em qualquer caso, trata-se de um conceito meta-jurídico[13] sobre o qual (tal como acontece com o património cultural em geral) existe atualmente um consenso generalizado em entendê-lo tal como atualmente está contemplado, a título indicativo, no artigo 1º, nº 1. alínea a) da Convenção UNESCO sobre a proteção do património cultural subaquático[14], como os vestígios de existên-

[10] *Vide* Arend, Anthony C. 1982. Archaeological and Historical Objects: the International Legal Implications of UNCLOS III, Virginia Journal of International Law 22:777-804.

[11] Mais especificamente, o *Agreement between the Netherlands and Australia concerning old Dutch Shipwrecks* de 6 de novembro de 1972 (Australia Treaty Series No. 18, 1972).

[12] *Vide* Walker, George K. 2012. Definitions for the Law of the Sea. Terms Not Defined by the 1982 Convention. Leiden: Brill.

[13] Na sua Carta de Sófia de 1996, o Conselho Internacional sobre Monumentos e Sítios (ICOMOS), a principal ONG que presta aconselhamento à UNESCO, considera o património cultural subaquático como sendo "o património arqueológico que se encontra num meio subaquático, ou que foi retirado do mesmo, e que inclui sítios e estruturas submersas, zonas de naufrágios, destroços de naufrágios e o seu contexto arqueológico e natural". ICOMOS, Carta internacional sobre a proteção e gestão do património cultural subaquático, 1996. https://www.icomos.org/images/DOCUMENTS/Charters/underwater_sp.pdf. Consultado a 19 de abril de 2021.

[14] Adiante designada por "Convenção UNESCO". Adotada a 2 de novembro de 2001, em vigor desde 2 de janeiro de 2009 (2562 UNTS 1). Portugal ratificou a Convenção a 21 de setembro de

cia humana que sejam de natureza cultural, histórica ou arqueológica, que tenham estado debaixo de água durante algum tempo, como, por exemplo: os sítios, estruturas, edifícios, objetos e restos humanos, juntamente com o seu contexto arqueológico e natural; os navios, aeronaves, outros meios de transporte ou qualquer parte deles, a sua carga ou outro conteúdo, juntamente com o seu contexto arqueológico e natural; e os objetos de natureza pré-histórica[15]. Nada impede que esta definição sirva para entender o conceito de "objetos de caráter arqueológico e histórico achados no mar" referidos no artigo 303º nº 1 da CNUDM.

Quanto à segunda questão – a aplicação espacial do artigo 303º – contrariamente ao artigo 149º da CNUDM, que se refere exclusivamente à Área[16], pode considerar-se que, na ausência de determinação em contrário[17], e dada a localização contextual do artigo 303º na Parte XVI da CNUDM relativa às "Disposições gerais", é aplicável a todos os espaços marinhos.

Finalmente, em relação à natureza jurídica da dupla obrigação, pode considerar-se que o dever de proteger expressa hoje uma regra geral do direito internacional, segundo a qual existiria atualmente esse dever de proteger e cooperar para esse fim, que compete a todos os Estados[18]. Longe de ser uma mera proposição, o número 1 do artigo 303º estabelece "a positive duty; it goes

2006. À data de publicação deste comentário, juntamente com Portugal, já houve mais 70 Estados a ratificar esta Convenção: África do Sul, Albânia, Arábia Saudita, Argélia, Antígua e Barbuda, Argentina, Bahrein, Barbados, Bélgica, Benim, Bolívia, Bósnia-Herzegovina, Bulgária, Cabo Verde, Camboja, Costa Rica, Croácia, Cuba, República Democrática do Congo, Egito, Equador, Eslováquia, Eslovénia, Espanha França, Gabão, Gana , Granada, Guatemala, Guiné, Guiné-Bissau, Guiana, Haiti, Honduras, Hungria, República Islâmica do Irão, Itália, Jamaica, Jordânia, Kuwait, Líbano, Líbia, Lituânia, Madagáscar, Mali, Malta, México, Micronésia, Montenegro, Marrocos, Namíbia, Nigéria, Niue, Omã, Palestina, Panamá, Paraguai, Polonia, Catar, Roménia, São Cristóvão e Névis, Santa Lúcia, São Vicente e Granadinas, Senegal, , Suíça, Togo, Trinidad e Tobago, Tunísia e Ucrânia.

[15] A Convenção UNESCO impõe um limite temporal de 100 anos de permanência total ou parcial, contínua ou periódica, limite que atualmente varia de Estado para Estado.

[16] A questão de saber se o artigo 149º é uma *lex specialis* para a Área, tornando inaplicável o artigo 303º como *lex generalis,* foi discutida – no nosso entender pouco convincentemente – por alguns autores, por exemplo, Strati, Anastasia. 1995. The Protection of the Underwater Cultural Heritage: An Emerging Objective of the Contemporary Law of the Sea. Leiden: Brill, na p. 312. *Cf.* Caflisch, Lucius. 1982. Submarine Antiquities and the International Law of the Sea. Netherlands Yearbook of International Law 13: 29.

[17] Como o faz o número 2 do artigo 303º, que se refere específica e exclusivamente à Zona Contígua.

[18] Pode considerar-se desta forma, aliás, tendo em conta a ampla ratificação da CNUDM, com 168 Partes, incluindo 167 Estados e a União Europeia. Outros 14 Estados assinaram, mas não ratificaram, a Convenção, entre eles os Estados Unidos da América, que, porém, consideram grande parte da CNUDM como expressão do direito consuetudinário.

beyond just passing legislation; it goes beyond imposing penalties. It requires a positive program of management both to extract and preserve information"[19].

Isto decorreria, além disso, de outras convenções ratificadas de forma bastante abrangente, como a Convenção sobre a Proteção do Património Mundial, Cultural e Natural de 1972 ou a Convenção para a Salvaguarda do Património Cultural Imaterial de 2003, que estabelecem a obrigação geral de proteger e cooperar nessa proteção em cada domínio particular, tendo igualmente em conta o dever geral de cooperação consagrado no número 3 do artigo 1º da Carta das Nações Unidas e que a jurisprudência internacional tem vindo a reconhecer, entre outros casos, e a referir a diversas matérias no processo *Lac Lanoux* em 1957, no processo *Mox Plant* em 2001, no processo *Pulp Mills* em 2010 ou no processo *Certain Activities / Construction of a Road (Nicaragua v.Costa Rica) em 2015.* Para um especialista na matéria, com base nesta jurisprudência,

> "[a] State which persistently refused any request by other Status to stablish some form of cooperation aiming at the protection of the underwater cultural heritage could also be held responsible of an internationally wrongful act. An obligation to cooperate is not devoid of legal meaning. It implies a duty to act in good faith in pursuing a common objective and in taking into account the situation of the other interested States".[20]

3.2. O número 4 do artigo 303º

O número 4 do artigo 303º contém uma cláusula *without prejudice* segundo a qual deverão considerar-se também aplicáveis outros acordos internacionais e outras normas de direito internacional relativos à proteção dos objetos de caráter arqueológico e histórico.

Já se chamou a atenção para o facto de a CNUDM não ter querido prejudicar acordos já existentes, como o referido entre a Austrália e os Países Baixos, datado de 1972[21]; e deve entender-se em consonância, além disso, com o

[19] *Vide* O'Keefe, Patrick. 1984. The law and nautical archaeology: an international survey. In Nautical Archaeology: Progress and Responsibility, ed S.B.M. Langley e R. W. Unger, 14. Bar International Series Nº 220; e Varmer, Ole. 2020. The duty to protect underwater cultural heritage and to cooperate for that purpose under law and policy. In The Legal Regime of Underwater Cultural Heritage and Marine Scientific Research, ed. Hakan Karan e Kübra Var Türk. 77-117. Ancara: Universidade de Ancara.

[20] Scovazzi, Tullio. 2003. A Contradictory and Counterproductive Regime. In The Protection of the Underwater Cultural Heritage, Before and After the 2001 UNESCO Convention, ed Roberta Garabello and Tullio Scovazzi 3-18, 4. Leiden/Boston: Brill.

[21] Outros acordos sobre destroços de navios seriam, por exemplo, os concluídos entre a Itália e o Reino Unido sobre o HMS *Spartan* (1952), entre a África do Sul e o Reino Unido sobre o HMS

estabelecido no número 5 do artigo 311º da CNUDM, que os limites estabelecidos nos restantes números do referido artigo 311º (nos seus números 2 e 3) não seriam aplicáveis, visto que esses "acordos internacionais e normas de direito internacional relativos à proteção de objetos de caráter arqueológico e histórico" referidos no número 4 do artigo 303º se enquadram na categoria dos "acordos internacionais expressamente autorizados ou salvaguardados por outros artigos da presente Convenção". Ainda assim, em relação à Convenção UNESCO de 2001, discutiu-se sobre a relação que essa Convenção deveria manter com a CNUDM[22]. Finalmente, ficou resolvida essa relação no seu artigo 3º, segundo o qual "[n]ada na Presente Convenção afetará os direitos, a jurisdição e os deveres dos Estados decorrentes do direito internacional, incluindo a Convenção das Nações Unidas sobre o Direito do Mar. A presente Convenção será interpretada e aplicada no contexto e em conformidade com o direito internacional, incluindo a Convenção das Nações Unidas sobre o Direito do Mar".

4. O património cultural subaquático na Zona Contígua: o número 2 do artigo 303º

Muito maiores foram os problemas levantados pelo número 2 do artigo 303º, aplicável exclusivamente à Zona Contígua, o qual se refere exclusivamente ao "controlo" do tráfico dos objetos históricos ou arqueológicos apenas nos casos de "remoção" dos mesmos, mas não da sua simples destruição ou deterioração, e nos quais se pode "presumir" que tal remoção, sem autorização do Estado costeiro, constitui uma infração, cometida no seu território ou no seu mar territorial, contra as leis e regulamentos aduaneiros, fiscais, de imigração ou sanitários a que se refere o artigo 33º da CNUDM. Trata-se, pois, de um preceito limitado, redigido como uma presunção estabelecida sobre uma ficção legal.

Birkenhead (1989), entre a França e os Estados Unidos sobre CSS *Alabama* (1989), entre o Canadá e o Reino Unido sobre o HMS *Erebus* e o HMS *Terror*, entre o Canadá, os Estados Unidos, a França e o Reino Unido sobre o RMS *Titanic* (2000), ou entre os Estados Unidos e a França sobre o *La Belle* (2003). O Acordo de 1972 entre a Austrália e os Países Baixos foi atualizado em 2017; e o relativo aos destroços do *Erebus* e do *Terror* foi alterado com uma doação final de ambos os destroços por parte do Reino Unido ao Canadá e ao povo inuíte em 2018.

[22] O resultado final fez com que alguns Estados se abstivessem ou votassem contra a Convenção UNESCO, quer por considerarem haver falta de clareza quanto à sua subordinação à CNUDM (casos da Noruega ou da Rússia), quer, justamente pelo contrário, por não desejarem que houvesse qualquer subordinação (casos da Turquia, Venezuela ou Colômbia). *Vide* Aznar, Mariano J. 2018. La Convention UNESCO pour la protection du patrimoine culturel subaquatique : une évaluation dix ans après son entrée en vigueur. *Annuaire du droit de la mer* 23 : 197-211.

Por isso, mesmo antes da conclusão e entrada em vigor da CNUDM, os Estados têm vindo a gerar uma prática interna, quer adotando ou adaptando novas legislações, quer declarando uma Zona Contígua na qual a jurisdição do Estado costeiro inclui não só a fiscalização desse tráfico como também a completa regulação jurídica e controlo do património cultural subaquático encontrado nessa zona marinha[23]. Assim o fez, por exemplo, Portugal que, ao depositar o seu instrumento de ratificação da CNUDM em 1997, declarou o seguinte:

> "Portugal declares that, without prejudice to the provisions of article 303 of the [said Convention] and to the application of other legal instruments of international law regarding the protection of the underwater archaeological heritage, any objects of a historical or archaeological nature found in the maritime zones under its sovereignty or jurisdiction may be removed only after prior notice to and subject to the consent of the competent Portuguese authorities"[24].

Portugal, através da Lei nº 34/2006 de 28 de julho, relativa à extensão das zonas marítimas sob soberania ou jurisdição nacional e os poderes que o Estado Português nelas exerce, bem como os poderes exercidos no alto mar[25], determina no número 1 do artigo 16º, que:

> "No âmbito das atividades de fiscalização, pode ser exercido, nos termos do direito internacional e do direito interno, o direito de visita sobre todos os navios, embarcações ou outros dispositivos flutuantes, nacionais ou estrangeiros, à exceção daqueles que gozem de imunidade: [...] b) Na Zona Contígua, quando necessário para evitar ou reprimir as infrações às leis ou regulamentos aduaneiros, fiscais, de imigração ou sanitários no território nacional ou no mar territorial,

[23] *Vide* Aznar, Mariano J. 2014.The contiguous zone as an archaeological maritime zone. International Journal of Marine and Coastal Law 29:1-51. https://doi.org/10.1163/15718085-12341305.

[24] Fonte: Repertório dos Tratados das Nações Unidas. https://treaties.un.org/. Consultado a 19 de abril de 2021.

[25] Diário da República nº 145/2006, Série I de 2006-07-28. Sobre a proteção do património cultural subaquático em Portugal, *vide* Bonifácio Ramos, José Luis. 2008. O achamento de bens culturais subaquáticos. Lisboa: Livraria Petrony. Em geral, podem ver-se, para outras línguas, Dromgoole, Sarah. 2013. Underwater Cultural Heritage and International Law. Cambridge: Cambridge University Press; They, Marine. 2018. La protection internationale du patrimoine culturel de la mer. Les compétences de l'État sur les biens culturels submergés. Leiden/Dordrecht: Brill/ Martinus Nijhoff; Garabello, Roberta. 2004. La Convenzione UNESCO sulla protezione del patrimonio culturale subacqueo. Milano: Giuffrè Editore; ou Aznar, Mariano. 2004. La protección del patrimonio cultural subacuático. Valência: Tirant.

ou as infrações relativas ao património cultural subaquático ocorridas naquela Área ou no mar territorial" [sublinhado nosso].

Como Portugal, muitos outros Estados – incluindo os que poderiam ser considerados como Estados particularmente interessados – proferiram declarações semelhantes, adotaram legislação análoga ou aceitaram, como partes na Convenção UNESCO, o teor do seu artigo 8º, podendo entender-se que o referido no número 2 do artigo 303º da CNUDM foi ultrapassado e mesmo alterado por essa prática generalizada, entendimento que parece também ter sido o do TIJ no recente caso que opôs a Nicarágua à Colômbia[26].

5. O património cultural subaquático: interesses gerais e direitos particulares

Há outra série de problemas jurídicos levantados pelo número 3 do artigo 303º, que foi considerado "contraditório e contraproducente"[27]. Aliás, esse número – outra cláusula *without prejudice* do artigo 303º – adverte que "[n]ada no presente artigo afeta os direitos dos proprietários identificáveis, as normas de salvamento ou outras normas do direito marítimo, bem como leis e práticas em matéria de intercâmbios culturais". Certamente, esta última menção – a das leis e práticas em matéria de intercâmbios culturais – não levanta grandes problemas[28], ao contrário do que acontece com a referência aos direitos dos proprietários identificáveis, ou às normas sobre salvamento ou outras normas do direito marítimo.

Em relação aos proprietários identificáveis, estes podem ser pessoas privadas (na maioria dos casos) ou Estados (em relação, muito particularmente, aos seus navios de Estado afundados). A antiguidade do objeto incide claramente sobre o primeiro pressuposto, para efeitos de determinar, por exemplo, o proprietário de um resto fenício no Mediterrâneo ou pré-colombiano nas Caraíbas, mas nada obsta, noutros casos, que sejam preservados os legítimos

[26] Alleged violations of sovereign rights and maritime spaces in the Caribbean Sea (Nicaragua v. Colombia), ICJ Reports 2022, parágrafos 185-186.

[27] Juntamente com os trabalhos já referidos de Oxman ou Arend, importa ver Scovazzi, Tullio. 2003. A Contradictory and Counterproductive Regime. In The Protection of the Underwater Cultural Heritage, Before and After the 2001 UNESCO Convention, ed Roberta Garabello and Tullio Scovazzi 3-18. Leiden/Boston: Brill.

[28] Sobre essas leis e práticas, pode ver-se, de modo geral, Galenskaya, Liudmila N. 1986. International cooperation in cultural affairs. Recueil des Courses de l'Académie de droit international 198 : 265-331.

direitos desses proprietários claramente identificados. Menos problemática seria a determinação do título jurídico dos navios de Estado, nomeadamente dos navios de guerra, identificado o pavilhão do navio. É omissa a este respeito a CNUDM, e a Convenção UNESCO nada resolve[29], mas, segundo a prática generalizada e a doutrina especializada, o Estado do pavilhão manteria intactos os seus direitos soberanos independentemente do local de afundamento ou do tempo decorrido desde o mesmo[30].

No que se refere às normas sobre salvamento marítimo, sobre as quais os caçadores de tesouros fundamentaram os seus argumentos jurídicos para reclamarem os objetos resgatados do fundo do mar sem qualquer precaução arqueológica, importa referir que as suas regras são claramente inadequadas ao património cultural subaquático, como a prática o tem demonstrado[31].

Além da extraterritorialidade que lhe é própria, os seus três componentes básicos –voluntariedade, perigo e efeito útil – fazem das operações de salvamento um instrumento absolutamente inadequado para ser aplicado ao património cultural subaquático[32]. Em primeiro lugar, a voluntariedade nos casos de salvamento decorre de razões completamente diferentes das presentes na recuperação do património cultural subaquático. Enquanto, no caso do salvamento marítimo, a voluntariedade se refere ao facto de o ato de salvamento não ser obrigatório por qualquer regra geral ou particular (exceto o salvamento de pessoas), quando se trata de *salvar* mercantilmente objetos arqueológicos e históricos, a vontade do *salvor* responde a critérios de oportunidade económica, de comercialização dos objetos recuperados do fundo do mar. Neste sentido, no arqueólogo subaquático, a vontade de aceder aos restos não é outra senão a necessidade de os analisar, avaliar histórica, cultural e arqueologicamente e, consoante as circunstâncias do caso, de os preservar

[29] O seu artigo 2º, número 8, estabelece – noutra cláusula *without prejudice* – que "nada na presente Convenção será interpretado como modificando as regras do direito internacional e a prática dos Estados relativa às imunidades ou quaisquer direitos de um Estado sobre os seus navios e aeronaves".

[30] *Vide* essa prática analisada e a opinião autorizada do *Institut de droit international* no seu Relatório e Resolução de 2015 sobre "The Legal regime of Wrecks of Warships and Other State-owned Ships in International Law". Yearbook of Institute of International Law, Tallinn Session, Vol. 76. Disponível em: https://www.idi-iil.org/app/uploads/2017/06/02-Ronzitti-epave.pdf. Consultado a 19 de abril de 2021.

[31] Vidde Varmer, Ole e Blanco, Caroline M. 2018. The case for using the law of salvage to preserve underwater cultural heritage: The integrated marriage of the law of salvage and historic preservation. Journal of Maritime Law & Commerce 49:401-424.

[32] Para uma opinião contrária, *vide* Bederman, David J. 1998. Historic Salvage and the Law of the Sea. University of Miami Inter-American Law Review 30:99-130.

normalmente *in situ* acompanhando-os de medidas de proteção, caso sejam escavados e trazidos à superfície.

Em segundo lugar, a existência de perigo – com todas as variantes que queiram considerar sobre o mesmo – não se compadece com a situação própria do património cultural subaquático. Como a própria UNESCO advertiu, quando se deu início às negociações da Convenção UNESCO de 2001,

> "É evidente que um navio naufragado que permaneceu no fundo do mar durante muitos séculos não está 'em risco de mar' [...] por conseguinte, a extração, do fundo do mar, de peças pertencentes ao património, em vez de facilitar o seu salvamento, provocará, na maior parte dos casos, a sua perda, a não ser que conservadores especialistas as tratem imediatamente com técnicas relativamente complicadas"[33].

No entanto, nos tribunais marítimos norte-americanos, foro habitual de discussão destas questões, o facto de não se proceder ao referido salvamento tem sido paradoxalmente aceite, por si só, como uma situação de perigo[34]. Além disso, embora pudesse observar-se, na jurisprudência norte-americana, uma tendência favorável à avaliação da aplicação de critérios arqueológicos nas operações de salvamento, esta avaliação era tida em conta não tanto para reconhecer ou não os direitos de salvamento como para avaliar a recompensa[35], argumentando ainda que a um *salvor* não se pode exigir a aplicação de critérios arqueológicos na mesma medida que a um arqueólogo[36]. Não se observava, pois, uma avaliação uniforme dos problemas relativos ao "perigo"[37].

[33] *Estudo preliminar sobre a conveniência de elaborar um instrumento internacional para a proteção do património cultural subaquático* (Doc. UNESCO 28C/39, de 4 de outubro de 1995, parágrafo 31).

[34] *Treasure Salvors I, Treasure Salvors, Inc. v. The Unidentified Wrecked and Abandoned Sailing Vessel*, 569 F.2d 330, 337, 1978 amc 1404 (5th Cir. 1978); ou *Cobb Coin II, Cobb Coin Company, Inc. v. The Unidentified Wrecked and Abandoned Sailing Vessel*, 549 F. Supp. 540, 557, 1983 amc 1081 (s.d. Fla. 1982).

[35] *Columbus-America Discovery Group v. Atlantis Mutual Ins. Co.*, [1995] A.M.C. 1985, 1992-5, 2008-9 (U.S. Court of Appeals, 4th Circuit).

[36] *Platoro Limited, Inc. v. Unidentified Remains of a Vessel*, 518 F. Supp. 816 (w.d. Tex. 1981).

[37] Em suma, e para fazermos nossas as palavras de Craig Forrest, "[a]s such, salvage law does not promote a uniform system of law applicable to [underwater cultural heritage] and is therefore inappropriate as the bases for an international agreement. The creation of an international legal regime that will be applicable to the recovery of [underwater cultural heritage], based on its historical importance, rather than the existence of marine peril, will replace the necessity of having to determine whether salvage law is applicable. The extent to which the [underwater cultural heritage] is in 'marine peril' in the sense that it is in danger of physical destruction or damage, however, will continue to be an important element of this regime as it will be a determining factor as to whether the [underwater cultural heritage] should be recovered or preserved *in situ*". Forrest,

Por último, o sucesso da operação de salvamento – o seu efeito útil – não corresponderá, portanto, aos resultados científicos e arqueológicos alcançados; não será avaliada a preservação dos destroços do navio e dos objetos que este possa trazer a bordo. O efeito útil, correspondendo ao princípio anglo-saxónico de *no cure no pay*, decorrerá dos resultados comerciais de uma operação na qual os protocolos arqueológicos serão a primeira variável a desprezar. Como já foi referido,

> "[t]he major problem is that salvage is motivated by economic considerations; the salvor is often seeking items of value as fast as possible rather than undertaking the painstaking excavation and treatment of all aspects of the site that is necessary to preserve its historic value"[38].

Os *salvors*, de modo geral, diferem dos arqueólogos na sua metodologia, incluindo a seleção dos objetos a serem "salvos" (que só correspondem a destroços de navios com grandes riquezas a bordo), a qual não costuma evitar a dispersão dos objetos retirados do mar nem respeitar devidamente os restos humanos que eventualmente permaneçam na área escavada. Adotando critérios de eficiência económica, evitam utilizar procedimentos que consumam excessivo tempo na operação.

Importa salientar, porém, o facto de esta aplicação do que tem vindo a ser designado por *historic salvage* ter sofrido profundas alterações nos últimos anos, e de os tribunais dos Estados Unidos se mostrarem hoje muito mais predispostos a valorizar de forma adequada e primacial o valor histórico e cultural dos objetos encontrados no mar, considerando-os, se for caso disso, património cultural subaquático e não meros objetos sujeitos a apropriação ou "resgate"[39]. A prática dos Estados aponta na mesma direção, embora ainda com ausências marcantes (por exemplo, nalguns países caribenhos ou banhados pelo Mar do Sul da China). Daí que, significativamente, 26 dos 75 Estados parte na Convenção de Londres sobre Salvamento Marítimo de 1989 tenham reservado, nos termos do seu artigo 30º nº 1 alínea d), a aplicação dessa Convenção "when the property involved is maritime cultural property of prehis-

Craig. 2020. A New International Regime for the Protection of Underwater Cultural Heritage. International and Comparative Law Quarterly 51:511-554, p. 535.

[38] O'Keefe, Patrick e Nafziger, James. 1994. The Draft Convention on Underwater Cultural Heritage. Ocean Developments and International Law 25:391-418, p. 408. https://doi.org/10.1080/00908329409546041.

[39] Vid. a evolução em Schoenbaum, Thomas J. 2020. Pecios históricos y salvamento marítimo: el cambio en la jurisprudencia de los Estados Unidos. Revista de Derecho del Transporte 25:13-50.

toric, archaeological or historic interest and is situated on the sea-bed"[40]. A Convenção UNESCO, por sua vez, condiciona significativamente a possível aplicação do direito de salvamento e do direito de achados ao património cultural subaquático[41].

Em ambos os casos – direitos dos proprietários legítimos e direitos de salvamento, se for caso disso – porém, deverá ponderar-se sempre a qualidade histórica, cultural e arqueológica do objeto para desfrute não só do proprietário legítimo (pessoa privada ou Estado), como também da humanidade em geral, já que – em consonância com o que reconhecem todas as grandes convenções sobre a proteção do património cultural – também a Convenção UNESCO de 2001 declara, no seu Preâmbulo, que o património cultural subaquático "faz parte integrante do património cultural da humanidade e [constitui um] elemento de particular importância na história dos povos, das nações e das suas relações mútuas no que diz respeito ao seu património comum"[42].

6. Projeção do artigo 303º

O artigo 303º estabelece, como vimos, determinadas obrigações e não afeta certos direitos. A sua projeção espacial é, por um lado, geral, pois, como dissemos, aplicar-se-ia a todos os espaços marinhos; específica, pois refere-se, em particular, a um espaço concreto – a área adjacente no seu número 2; e complementar (embora não subordinada) na Área, pois o artigo 149º estabelece um regime peculiar para esse espaço. A questão que falta analisar é a projeção do artigo 303º nos restantes espaços marinhos privados de regulação específica: as águas interiores, mar territorial e águas arquipelágicas, por um lado; a ZEE e a plataforma continental, por outro; o alto mar, em terceiro lugar; e, por fim, os estreitos utilizados para a navegação internacional.

[40] Portugal não faz parte desta Convenção. Fonte: http://www.imo.org/.

[41] O seu artigo 4º estabelece o seguinte: "*Nenhuma atividade* referente ao património cultural subaquático a que seja aplicável a presente Convenção [estará] sujeita às leis em matéria de salvados ou achados, a menos que: (a) Seja autorizada pelas competentes autoridades, *e* (b) Esteja em plena conformidade com a presente Convenção, *e* (c) Garanta a proteção máxima do património cultural subaquático durante qualquer operação de recuperação". [sublinhado nosso] Realça-se a aplicação das normas sobre salvamento e achados como exceção, e a natureza cumulativa das três condições impostas.

[42] Embora se refira apenas ao património cultural subaquático encontrado na Área, o artigo 149º assinala igualmente que "[t]odos os objetos de carácter arqueológico e histórico achados na [Zona] *serão conservados ou deles se disporá em benefício da humanidade em geral*, tendo particularmente em conta os direitos preferenciais do Estado ou país de origem, do Estado de origem cultural ou do Estado de origem histórica e arqueológica". [sublinhado nosso].

6.1. Águas interiores, mar territorial e águas arquipelágicas

Sobre as águas interiores, embora a CNUDM não refira explicitamente as competências do Estado costeiro como faz relativamente às restantes zonas, pode considerar-se que, implicitamente, se reconhece a soberania desse Estado, dado que o número 1 do artigo 2º assinala que aquela se estende "além do seu território e das suas águas interiores [...]". Neste caso, toda a legislação nacional – incluindo a legislação relativa ao património cultural subaquático – é plenamente aplicável a essas águas, dependendo dela o tratamento que possa ser dado aos direitos de Estados terceiros (nomeadamente o direito de acesso a portos)[43]. É inegável, além disso, que será nos portos ou nos acessos marítimos próximos que encontraremos um grande número de restos de património cultural subaquático. Podem surgir, pois, conflitos de interesses que o atual direito do mar resolve de forma simples, concedendo a plenitude de direitos ao Estado costeiro no que diz respeito à gestão desse património – embora não necessariamente o seu título de propriedade – e deixando à vontade de cooperar de boa fé, expressa no artigo 303º nº 1, a possível participação de Estados terceiros na conservação do património cultural subaquático sobre o qual possam ter algum interesse legítimo. Por seu lado, a Convenção UNESCO de 2001 estabelece claramente, no seu artigo 7º nº 1, que "[n]o exercício da sua soberania, os Estados Part[e] gozam do direito exclusivo de regulamentar e autorizar as intervenções sobre o património cultural subaquático nas suas águas interiores e arquipelágicas e no seu mar territorial".

Em relação ao mar territorial, o artigo 2º da CNUDM estabelece, no seu número 1, que "[a] soberania do Estado costeiro estende-se além do seu território e das suas águas interiores [...] a uma Área de mar adjacente designada pelo nome de mar territorial".[44] O número 2 desse mesmo artigo recorda-nos que essa soberania se estende nomeadamente "ao leito e ao subsolo deste mar". Em todo o caso, conclui o número 3, as competências decorrentes dessa soberania deverão ser exercidas "de conformidade com [a CNUDM] e as demais normas de direito internacional". Delimitadas de acordo com as regras que a própria CNUDM estabelece, e esclarecidas e interpretadas pela jurisprudência internacional, o Estado costeiro exercerá sobre o mar territorial, portanto,

[43] Que fica nas mãos do estado costeiro (artigo 25 (2) CNUDM). Como a CIJ recordou, é "by virtue of its sovereignty that the coastal State may regulate access to its ports" (*Military and Paramilitary Activities in and against Nicaragua (Nicaragua* v. *United States of America). Merits, Judgment. I.C.J. Reports 1986*, p. 111, parágrafo 213).

[44] O artigo 1.1 da Convenção de Genebra de 1958 sobre o mar territorial e a Zona Contígua estabelece que "[a] soberania do Estado estende-se, para além do seu território e das suas águas interiores, a uma Área de mar adjacente às suas costas, designada sob o nome de mar territorial".

as suas competências soberanas, entre as quais se encontra a legislação nacional relativa à proteção do património cultural subaquático. No mar territorial, o Estado costeiro terá plenas competências para legislar em matéria de proteção do património cultural subaquático, autorizar qualquer atividade direcionada ao mesmo e, entre outras, estabelecer as limitações de acesso ao mesmo com a única exceção de respeitar os direitos que o direito internacional possa reconhecer a terceiros.[45] Como vimos, o artigo 7º nº1 da Convenção UNESCO de 2001 também aponta no mesmo sentido.

No entanto, um dos problemas que mais dúvidas pode suscitar é o da compatibilidade do exercício do direito de passagem inofensiva com o desenvolvimento de atividades de pesquisa arqueológica subaquática. Face à mais genérica regulação que, acerca dessa passagem, estabelecia a Convenção de 1958 sobre o mar territorial e a Zona Contígua[46], a CNUDM especificou mais as condições desse direito nos seus artigos 18º a 20º. Condições que, lidas conjuntamente, deixam pouca margem para a legalidade da investigação arqueológica enquanto se exerce aquele direito de passagem: para começar, essa passagem deverá ser "contínua e rápida" [artigo 18.º nº 2], o que se compadece pouco, por exemplo, com trabalhos de teledeteção ou levantamentos cartográficos[47]; além disso, se o navio realizar "atividades de investigação ou de levantamentos hidrográficos" (artigo 19º nº 2 alínea j)) ou "[q]ualquer outra atividade que não esteja diretamente relacionada com a passagem" (artigo 19º nº 2. alínea l)), essa passagem poderá ser considerada como "prejudicial à paz, à boa ordem ou à segurança do Estado costeiro" [artigo 19º nº 2]. Se, além disso, "[n]o mar territorial, os submarinos e quaisquer outros veículos submersíveis devem navegar à superfície [...]" (artigo 20º), parte dos habituais e mais úteis recursos de investigação, deteção e observação subaquática ficarão igualmente descartados.

[45] Estas limitações podem incluir, por exemplo, o direito à passagem inofensiva reconhecido pelo artigo 17º da CNUDM; ou os direitos soberanos que cada Estado detém sobre os seus navios e aeronaves de Estado, incluindo os navios de guerra.

[46] Juntamente com a afirmação genérica de que essa passagem "é inofensiva na medida em que não seja prejudicial à paz, à boa ordem ou segurança do Estado [ribeirinho]" (artigo 14.4), na Convenção de Genebra "[a] passagem inclui o direito de parar e ancorar, mas somente na medida em que a paragem e a ancoragem constituam incidentes ordinários de navegação ou se tornem necessárias por força maior ou perigo" (artigo 14.3).

[47] É permitida a paragem e ancoragem, "mas apenas na medida em que os mesmos constituam incidentes comuns de navegação ou sejam impostos por motivos de força maior ou por dificuldade grave ou tenham por fim prestar auxílio a pessoas, navios ou aeronaves em perigo ou em dificuldade grave" (artigo 18.2).

A tudo isto acresce que a CNUDM reconhece ao Estado costeiro o direito de "adotar leis e regulamentos, de conformidade com as disposições da presente Convenção e demais normas de direito internacional, relativos à passagem inofensiva pelo mar territorial sobre [...]: *g*) [i]nvestigação científica marinha e levantamentos hidrográficos" (artigo 21º nº 1 alínea g))[48]; e impõe "[ao]s navios estrangeiros que exerçam o direito de passagem inofensiva pelo mar territorial [o dever de] observar todas essas leis e regulamentos" (artigo 21º nº 4)[49]. Embora essas leis e regulamentos não devam instituir nenhum tipo de ónus que imponha "aos navios estrangeiros obrigações que tenham na prática o efeito de negar ou dificultar o direito de passagem inofensiva" (artigo 24º nº 1 alínea a)), a verdade é que o cúmulo de condições até agora revistas parece excluir claramente as atividades direcionadas ao património cultural subaquático de entre as permitidas na passagem inofensiva pelo mar territorial.

A alínea a) do artigo 21º nº 1 poderia também incidir na relação entre a proteção do património cultural subaquático e o direito de passagem inofensiva: segundo esse artigo, o Estado costeiro poderá igualmente adotar leis e regulamentos relativos à segurança da navegação e à regulamentação do tráfego marítimo[50]. Tratar-se-ia, neste caso, de ajustar os direitos do Estado costeiro a realizar atividades direcionadas ao património cultural subaquático situado no seu mar territorial de tal modo que não interfira na passagem inofensiva de navios estrangeiros. Este, nos termos do número 3 do artigo 25º da CNUDM, só poderá ser temporariamente suspenso em determinadas áreas, sem discriminação de facto ou de direito entre navios estrangeiros, e apenas "se esta medida for indispensável para proteger a sua segurança, entre

[48] Sobre a pesquisa científica marinha pode ver-se Conde Pérez, Elena. 1998. La investigación científica marina. Régimen jurídico Madrid: Marcial Pons. Embora seja verdade que, inicialmente, a investigação científica marinha prevista na parte XIII da CNUDM não parecia incluir (embora também não a excluísse) a investigação relativa ao património cultural subaquático – pela pouca atenção que na época esta recebia –, atualmente nada parece indicar a semelhança de metodologia, técnicas e tecnologias aplicadas. Vid. Dromgoole, Sarah. 2010. Revisiting the relationship between marine scientific research and the underwater cultural heritage. The International Journal of Marine and Coastal Law 25:33-61.

[49] Importa referir que a Convenção de 1958 sobre o mar territorial e a Zona Contígua reconhecia – pela redação mais genérica do seu artigo 17º – ainda maiores poderes ao Estado costeiro, uma vez que "Os navios estrangeiros que exercem o direito de passagem inofensiva devem conformar-se com as leis e regulamentos promulgados pelo Estado ribeirinho de harmonia com os presentes artigos e as outras regras do direito internacional e, em particular, com as leis e regulamentos relativos aos transportes e navegação".

[50] Para o que o Estado costeiro, de acordo com o artigo 22.3.*a*), deverá ter em conta "[a]s recomendações da organização internacional competente".

outras, para lhe permitir proceder a exercícios com armas"[51]. Isto implica que a passagem inofensiva só poderá ser suspensa para proteger a segurança do Estado costeiro, não podendo aceitar-se que, por exemplo, a deterioração ou a destruição do património cultural subaquático afetem a segurança desse Estado[52]. No entanto, no exercício soberano do direito de adotar as leis e regulamentos relativos à segurança da navegação e à regulamentação do tráfego marítimo, o Estado costeiro *deverá* ter em conta a proteção do património cultural subaquático. Assim lho impõe a obrigação geral contida no número 1 do artigo 303º da CNUDM, quando não o faz outra obrigação convencionalmente assumida por esse Estado: tanto as particularmente dedicadas à proteção internacional do património[53] como as que, tratando da proteção conjunta de diversos interesses, podem incidir igualmente na proteção do património cultural subaquático[54].

Uma última reflexão para esses efeitos decorreria da alínea h) do artigo 21º nº 1 da CNUDM: o Estado costeiro pode também "adotar leis e regulamentos, de conformidade com as disposições da presente Convenção e demais normas de direito internacional, relativos à passagem inofensiva pelo mar territorial sobre [...] [a] [p]revenção das infrações às leis e regulamentos aduaneiros, fis-

[51] Suspensão que "só produzirá efeito depois de ter sido devidamente tornada pública" [artigo 25.3]. Observa-se teor semelhante no artigo 16.3 da Convenção de Genebra de 1958.

[52] Alguns Estados, como a Espanha, entenderam, porém, que o dano ou a busca e recuperação não autorizadas nas suas águas do património cultural subaquático podem constituir um risco ou ameaça à sua segurança nacional. Vid. *Estrategia de Seguridad Nacional 2017*, p. 66. https://www.dsn.gob.es/es/estrategias-publicaciones/estrategias/estrategia-seguridad-nacional-2017. Consultado a 19 de abril de 2021.

[53] Assim, cada um dos Estados parte na Convenção de 1972 sobre a Proteção do Património Mundial Cultural e Natural, "deverá reconhecer que a obrigação de assegurar a identificação, proteção, conservação, valorização e transmissão às gerações futuras do património cultural e natural [...] situado no seu território constitui obrigação primordial" (artigo 4) e, em conformidade com esta obrigação e "[c]om o fim de assegurar uma proteção e conservação tão eficazes e uma valorização tão ativa quanto possível do património cultural e natural situado no seu território" [artigo 5º], deverá "[t]omar as medidas jurídicas, científicas, técnicas, administrativas e financeiras adequadas para a identificação, proteção, conservação, valorização e restauro do referido património" (artigo 5.[d)]). Entre estas medidas jurídicas enquadra-se perfeitamente a adequação das vias marítimas de passagem pelo seu mar territorial.

[54] Pense-se, por exemplo, na aplicação do Protocolo sobre as zonas especialmente protegidas do Mediterrâneo, de 1995, segundo o qual, a fim de salvaguardar locais de especial importância pelo seu interesse cultural (artigo 3º nº 1. Alínea a)), um Estado parte pode tomar "gradualmente, de acordo com as normas de direito internacional [medidas relativas à] regulamentação da passagem de navios e de qualquer paragem ou ancoragem" (artigo 7.c) e artigo 6.c) no texto revisto). *Vide*, entre outros, Spadi, Fabio. 2000. Navigation in Marine Protected Areas: National and International Law. Ocean Development and International Law 31:285-302.

cais, de imigração ou sanitários do Estado costeiro". Duas questões merecem ser sublinhadas: por um lado, a relação entre o possível tráfico ilícito de bens culturais e a aplicação das leis e regulamentos aduaneiros do Estado costeiro. Tratar-se-ia, neste caso, de considerar o *objeto* arqueológico ou cultural pertencente ao património cultural subaquático como um *bem* suscetível de tráfico e, enquanto tal, sujeito à regulamentação aduaneira e fiscal[55]. Por outro lado – e realçando agora a natureza particular do património cultural subaquático – importa assinalar a semelhança entre este parágrafo h) do artigo 21º nº 1 e os poderes reconhecidos ao Estado costeiro na sua Zona Contígua de "tomar as medidas de fiscalização necessárias a: a) Evitar as infrações às leis e regulamentos aduaneiros, fiscais, de imigração ou sanitários no seu território ou no seu mar territorial [...]" (artigo 33º nº 1 da CNUDM)[56]. Implicitamente, se a remoção, na Zona Contígua, de um objeto arqueológico ou cultural – como parte do património cultural subaquático e não como simples objeto do tráfico jurídico – for contrária a essas mesmas leis e regulamentos do Estado costeiro, o mesmo teria de aplicar-se *a fortiori*, caso tal remoção fosse realizada no mar territorial (espaço *soberano* do Estado costeiro), se assim se aplica à Zona Contígua (espaço *funcional* do Estado costeiro).

Finalmente, um regime semelhante é estabelecido na CNUDM sobre as águas arquipelágicas em relação às quais o seu artigo 49º reconhece os direitos soberanos do Estado arquipélago. Direitos que se estendem a essas águas, ao seu leito e subsolo, ao espaço aéreo situado sobre essas águas e aos recursos neles contidos, não sendo afetada essa condição jurídica pelo regime de passagem pelas vias marítimas arquipelágicas estabelecido na Parte IV da CNUDM[57].

[55] E, se for caso disso, sujeito à jurisdição penal do Estado costeiro em dois dos pressupostos previstos no artigo 27º nº 1 da CNUDM (igualmente previstos no artigo 19º nº 1 da Convenção de 1958): se a infração tiver consequências no Estado costeiro (e deve entender-se que assim é caso ocorra alguma espoliação do seu património cultural subaquático) ou se a infração for de tal natureza que possa perturbar a paz do país ou a boa ordem no mar territorial (e já vimos que esta condição poderá ocorrer, de acordo com analisado *supra*, em relação ao artigo 19º nº 2, alíneas j) e l).

[56] O artigo 24º nº 1 da Convenção de 1958 assinalava o seguinte: "O Estado ribeirinho pode exercer a fiscalização necessária sobre uma Área do alto mar contígua ao seu mar territorial, para os seguintes fins: a) Prevenir as infrações às suas leis de polícia aduaneira, fiscal, sanitária ou de emigração sobre o seu território ou no seu mar territorial; b) Reprimir as infrações às mesmas leis, praticadas no seu território ou no seu mar territorial".

[57] Deve ser levado em consideração, *ex* artigo 50º da CNUDM, que "Dentro das suas águas arquipelágicas, o Estado arquipélago pode traçar linhas de fecho para a delimitação das águas interiores, de conformidade com os artigos 9º, 10º e 11º".

6.2. Zona económica exclusiva e Plataforma continental

Como já referimos, a CNUDM nada diz – além do genérico dever de proteção expresso no número 1 do 303º– sobre o regime aplicável à zona marinha que se estende para além das 24 milhas marítimas, contadas desde as linhas de base até ao limite exterior da Zona Económica Exclusiva e/ou da plataforma continental. Neste caso, desconsiderada, como vimos na Terceira Conferência sobre o Direito do Mar, a proposta de vários Estados que pretendiam estender a jurisdição do [Estado] costeiro sobre os objetos históricos e arqueológicos encontrados na plataforma continental[58], aquela zona onde se encontra grande parte do património cultural subaquático, ficou num vazio normativo. Como Tullio Scovazzi teve a oportunidade de assinalar,

> "[t]his legal vacuum greatly threatens the protection of cultural heritage, as it brings into the picture the abstract idea of freedom of the seas. It could easily lead to a "first come, first served" approach [...] If this were the case, there would be no guarantee that the objects are disposed of for the public benefit rather than for private commercial gain or personal benefit. Nor could a State which has a direct cultural link with the objects prevent the continuous pillage of its historical heritage".[59]

Em suma, pode considerar-se que, como dissemos, o princípio geral estabelecido no número 1 do artigo 303.º se aplica a todas as zonas marinhas. E que aquele princípio eleva o dever de proteção a regra geral. Convém igualmente recordar que o artigo 59º da CNUDM prevê que:

> [n]os casos em que a presente Convenção não atribua direitos ou jurisdição ao Estado costeiro ou a outros Estados na Zona Económica Exclusiva e surja um conflito entre os interesses do Estado costeiro e os de qualquer outro Estado ou Estados, o conflito deveria ser solucionado numa base de equidade e à luz de todas as circunstâncias pertinentes, tendo em conta a importância respetiva dos interesses em causa para as partes e para o conjunto da comunidade internacional.

Deste preceito, lendo-o à luz do artigo 303º nº 1, importaria extrair alguns princípios básicos que poderiam dar forma à articulação da proteção do património cultural subaquático na plataforma continental e na Zona Económica

[58] *Vide* a secção 2 deste Comentário.

[59] Scovazzi, Tullio. 2003. A Contradictory and Counterproductive Regime. In The Protection of the Underwater Cultural Heritage, Before and After the 2001 UNESCO Convention, ed Roberta Garabello and Tullio Scovazzi, 6-7. Leiden/Boston: Brill.

Exclusiva[60]: em primeiro lugar, deve ter-se presente a equidade à luz das circunstâncias pertinentes, entendida aquela de modo geral como "a general principle directly applicable as law"[61], na ausência de uma determinação das circunstâncias pertinentes a ter em conta em relação ao património cultural subaquático. Em segundo lugar, determinar a importância relativa dos interesses na presença dos diferentes Estados, sem esquecer o interesse da comunidade internacional no seu conjunto. E, aqui, tanto o Estado costeiro e os Estados com um vínculo direto aos objetos encontrados – como o dever geral de proteção em prol da humanidade – seriam interesses a ter em conta ao procurar *cooperativamente* uma solução equitativa face ao vazio legal que existe em relação à regulação do património cultural subaquático na plataforma continental e na Zona Económica Exclusiva além das 24 milhas marítimas. E, em terceiro lugar, importa não esquecer o referido artigo 58º nº 3 da CNUDM, segundo o qual:

> "No exercício dos seus direitos e no cumprimento dos seus deveres na Zona Económica Exclusiva, nos termos da presente Convenção, os Estados terão em devida conta os direitos e deveres do Estado costeiro e cumprirão as leis e regulamentos por ele adotados de conformidade com as disposições da presente Convenção e demais normas de direito internacional, na medida em que não sejam incompatíveis com a presente [P]arte".

Certamente, este regime não é suficientemente preciso. Daí que a Convenção UNESCO de 2001 tenha tentado remediá-lo. Para o efeito, o artigo 9º da Convenção UNESCO estabelece um sistema de relatórios e notificação entre os Estados Parte (através do Diretor-Geral da UNESCO) das atividades direcionadas ao património cultural subaquático localizado nessas zonas. Este sistema baseia-se na figura de "Estados interessados", ou seja, um Estado Parte interessado em ser consultado sobre a forma de garantir a proteção efetiva desse património cultural subaquático[62]. Estes Estados deverão coope-

[60] Vid. Aznar, Mariano J. 2017. The legal protection of underwater cultural heritage: concerns and proposals. In Ocean Law and Policy: Twenty Years of Development under the UNCLOS Regime, C. Esposito, J. Kraska, H.N. Scheiber and M.S. Kwon, eds., 124-147. Haia: Brill/Nijhoff. https://doi.org/63/9789004311442_006.

[61] *Continental Shelf (Tunisia/Libyan Arab Jamahiriya), Judgment, C.I.J. Reports 1982*, p. 60, par. 71.

[62] O interesse deve basear-se num vínculo verificável, nomeadamente num vínculo cultural, histórico ou arqueológico, com o património cultural subaquático em questão (artigo 9º nº 5 da Convenção). Os Estados-parte na Convenção adotaram, em 2015, as suas diretrizes operacionais, segundo as quais o interesse deve ser demonstrado (a) pelos resultados da experiência científica, (b) pela

rar sob a coordenação do chamado "Estado coordenador" (normalmente o Estado costeiro, a menos que este e os outros Estados interessados decidam o contrário)[63], que agirá em nome dos Estados Parte no seu conjunto e não no seu próprio interesse (artigo 10º nº 6 da Convenção). Esta cooperação poderá implicar a realização de investigações preliminares, a autorização de atividades arqueológicas ou a tomada de medidas urgentes e preventivas.

6.3. Alto mar

No *alto mar* rege o princípio básico de liberdade e não apropriação com os únicos limites estabelecidos na própria CNUDM e noutras regras gerais ou convencionais aplicáveis de direito internacional. Embora não expressamente previsto na lista não exaustiva de liberdades em alto mar, deverá supor-se que, entre elas, figura a liberdade de executar atividades de arqueologia submarina[64]. Atividades que, em todo o caso e como as restantes liberdades, tal como assinala a CNUDM, deverão sempre ser executadas com fins pacíficos (artigo 88º), sem qualquer pretensão soberanista (artigo 89º) e "tendo em devida conta os interesses de outros Estados no seu exercício da liberdade do alto mar, bem como os direitos relativos às atividades na área previstos na presente Convenção" (artigo 87º nº 2)[65]. Dado que qualquer atividade de

documentação histórica ou (c) por qualquer outra documentação adequada. Doc. UNESCO CLT/HER/CHP/OG 1/REV, agosto de 2015. http://unesdoc.unesco.org/images/0023/002341/234177E.pdf. Sobre a noção de interesse na Convenção UNESCO, *vide* Aznar, Mariano J. 2019. The notions of "preferential right" and "interest" of sates in the protection of the underwater cultural heritage. Revista Electrónica de Estudios Internacionales 38:1-37. Sobre a questão do "vínculo verificável", vid. Maarleveld, Thijs. 2014. The Notion of "Verifiable Links" in the 2001 UNESCO Convention on the Protection of the Underwater Cultural Heritage. Art Antiquity and Law 19:101-119.

[63] O artigo 10º nº 3.b), estabelece que "[s]empre que ocorrer uma descoberta de património cultural subaquático ou houver intenção de realizar uma intervenção sobre o património cultural subaquático na Zona Económica Exclusiva ou na plataforma continental de um Estado Parte, esse Estado deverá [...] (b) Coordenar tais consultas na qualidade de 'Estado Coordenador', a menos que declare expressamente que não deseja assumir essa função, caso em que os Estados Part[e] que se tenham declarado interessados nos termos do n[úmero] 5 do artigo 9º designarão um Estado Coordenador".

[64] Enquanto o artigo 2º da Convenção de Genebra de 1958 sobre o alto mar incluía apenas quatro liberdades (navegação, pesca, colocação de cabos e gasodutos e sobrevoo), o artigo 87 da CNUDM inclui mais duas (construção de ilhas artificiais e outras instalações e a investigação científica). Em ambos os casos, a lista não é exaustiva, como expressamente ressalvam ambos os preceitos, listando-os "entre outros". O comentário da Comissão de Direito internacional, quando elaborou a Convenção de 1958, assim o sublinha (Doc. NU A/3159, Anuário da Comissão de Direito internacional (vol. II, 1956), p. 278).

[65] É inevitável pensar em situações em que o exercício das diferentes liberdades entrará em conflito, não sendo clara a resposta jurídica em cada caso. Assim, o que deverá prevalecer: a liberdade de

arqueologia subaquática implica o desenvolvimento de atividades cada vez mais complexas numa determinada zona de alto mar, à qual o acesso deve ser de certa forma ordenado, essa "ocupação provisória" da *res communis* deverá ser avaliada e, como assinala Anastasia Strati,

> "[i]n order to consider whether marine archaeology constitutes a 'reasonable' use of the oceans in terms of *locus* and operation, the size of the area claimed, the period of time needed and the degree of interference with other sea uses need to be examined in each case. In this context, the existence of nearby fishing grounds, oil/gas provinces or sea lanes use for international navigation as well as the adequacy of the means to warn about possible hazards will be significant factors to be assessed"[66].

6.4. Estreitos utilizados para a navegação internacional

Importa fazer uma breve referência ao caso particular em que permanece o património cultural subaquático que possa encontrar-se nos estreitos utilizados para a navegação internacional[67]. Como princípio de base, recorde-se que o artigo 34º da CNUDM distingue o próprio direito de passagem do estatuto jurídico das águas:

> 1. O regime de passagem pelos estreitos utilizados para a navegação internacional estabelecido na presente Parte não afetará, noutros aspetos, o regime jurídico das águas que formam esses estreitos, nem o exercício, pelos Estados ribeirinhos do estreito, da sua soberania ou da sua jurisdição sobre essas águas, seu espaço aéreo sobrejacente, leito e subsolo."
>
> 2. A soberania ou a jurisdição dos Estados ribeirinhos do estreito é exercida de conformidade com a presente [P]arte e as demais normas de direito internacional.

navegação ou a proteção do património cultural subaquático, se esta for fatalmente afetada por aquela? Na prospeção e exploração dos recursos naturais, deverá ter-se em conta a proteção do património cultural subaquático? Será que teremos, logicamente, um regime jurídico diferente caso tal prospeção e exploração decorram na plataforma continental de um Estado ou na Zona? Aquando da colocação de cabos e tubagens submarinas, deverá alterar-se este direito por razões de proteção arqueológica a ponto de encarecer significativamente o exercício dessa liberdade?

[66] Strati, Anastasia. 1995. The Protection of the Underwater Cultural Heritage: An Emerging Objective of the Contemporary Law of the Sea. Leiden: Brill, p. 217.

[67] Os estreitos referidos no artigo 35.c, ou seja, os estreitos em que a passagem é total ou parcialmente regulada por convenções internacionais de longa data, e ainda em vigor, que se refiram especificamente a esses estreitos, deve entender-se que o regime jurídico do património cultural subaquático neles encontrado não deverá ser afetado, em princípio, por tais convenções internacionais, a não ser que seja regulado *expressis verbis*.

Por isso mesmo, nos estreitos em que rege o direito de passagem inofensiva – artigo 45º nº 1. a) da CNUDM[68] – será aplicado o regime que se aplica a essa passagem, referido *supra*, quando analisámos o regime jurídico aplicável ao mar territorial[69]. Nos outros estreitos em que rege a passagem em trânsito, ou seja, os "utilizados para a navegação internacional entre uma parte do alto mar ou uma Zona Económica Exclusiva e uma outra parte do alto mar ou uma Zona Económica Exclusiva" (artigo 37º da CNUDM), pode entender-se que, no regime de passagem previsto nos artigos 38º e 39º, não está incluída a atividade arqueológica entre as que caracterizariam um "trânsito contínuo e rápido" [artigo 88º nº 2][70]. Ora, dado que, nos termos dos artigos 44º e 45º nº 2 da CNUDM, esse direito de passagem não pode ser suspenso, o eventual conflito surgiria nos casos em que o património cultural subaquático fosse seriamente afetado pela passagem pelo estreito em causa. Salvo nos casos em que esse património pudesse vir a afetar a segurança desse trânsito, em relação aos quais seriam aplicáveis os artigos 41º a 43º, prevalece o princípio segundo o qual os Estados costeiros de um estreito não deverão dificultar a passagem em trânsito, limitando-se a divulgar, de forma adequada, qualquer perigo que, de acordo com o seu conhecimento, ameace a navegação no estreito ou o sobrevoo do mesmo. Não poderia, portanto, suspender-se ou desviar-se tal passagem pelo simples facto de estarem, por exemplo, a decorrer no estreito atividades destinadas à proteção do património cultural subaquático[71]. Ora, embora a liberdade no trânsito seja o princípio e a sua modulação só se jus-

[68] Ou seja, os casos em que "o estreito seja formado por uma ilha de um Estado ribeirinho desse estreito e o seu território continental e do outro lado da ilha exista uma rota de alto mar ou uma rota que passe por uma Zona Económica Exclusiva, igualmente convenientes pelas suas características hidrográficas e de navegação" (artigo 38.1 da CNUDM).

[69] Note-se, no entanto, que, como referido no artigo 16º nº 4 da Convenção de Genebra sobre o mar territorial e a Zona Contígua, de 1958, "[n]ão poderá ser suspensa a passagem inofensiva dos navios estrangeiros nos estreitos usados pela navegação internacional que estabeleçam comunicação entre duas zonas do alto mar ou com mar territorial de um Estado estrangeiro".

[70] Ainda com as dúvidas que assinalámos sobre a aplicação, ao património cultural subaquático, do regime de investigação marinha previsto na CNUDM, importa ainda referir que o artigo 40º desta Convenção estabelece que "[d]urante a passagem em trânsito pelos estreitos, os navios estrangeiros, incluindo navios de investigação científica marinha e navios hidrográficos, não podem efetuar quaisquer atividades de investigação ou de levantamentos hidrográficos sem autorização prévia dos Estados ribeirinhos dos estreitos".

[71] Como teve ocasião de recordar o próprio Tribunal internacional de Justiça no *Caso do Estreito de Corfu*, em tempo de paz, nem mesmo o tráfego de navios de guerra pode ser suspenso pelo Estado costeiro. *Corfu Channel (United Kingdom of Great Britain and Northern Ireland v. Albania), Judgment, C.I.J. Recueil 1949*, p. 28.

tifique em casos excecionais, entendemos que, nos casos em que o Estado costeiro puder traçar uma nova rota que, sem afetar os direitos de Estados terceiros, permita a atividade direcionada ao património cultural subaquático, poderá aceitar-se esta modulação, novamente com base no princípio de proteção que emana do artigo 303º nº 1 da CNUDM.

7. Conclusões

Ao contrário de muitos outros artigos da CNUDM, muitos dos quais declaram, cristalizam ou geraram normas de direito internacional geral, a prática relativa ao artigo 303º é certamente escassa. O dever de proteger e cooperar na proteção do património cultural subaquático estabelecido no número 1 do artigo 303º deverá ser afirmado atualmente como uma regra geral universal, oponível *erga omnes*, embora, por enquanto, e tirando declarações genéricas, seja escassa a sua aplicação ou invocação específica na prática. Perante o Tribunal Internacional para o Direito do Mar, São Vicente e Granadinas argumentou inconsistentemente a sua violação por parte da Espanha no Caso *M/V Louisa*[72]; o tribunal, porém, não teve ocasião de elaborar o conteúdo e âmbito de aplicação dessa regra.

Pelo contrário, os restantes números do artigo 303º tiveram um reflexo importante na prática. Em relação à Zona Contígua, já vimos como tal prática – geral, constante e uniforme – permite afirmar hoje que o âmbito de aplicação reduzido do direito do Estado costeiro em controlar o tráfico ilícito de objetos culturais extraídos, sem a sua autorização, da sua Zona Contígua, estabelecido no número 2 do artigo 303º, foi ultrapassado por essa prática, que afirma a existência de uma mais ampla jurisdição desse Estado sobre a sua Zona Contígua uma vez declarada, falando-se então de uma possível "zona arqueológica marinha", na qual o Estado costeiro gozaria de jurisdição para regulamentar e autorizar as atividades direcionadas ao património cultural subaquático encontrado nessa zona.

Encontraríamos igualmente, embora sem citar *expressis verbis* o artigo 303º[73], uma abundante prática judicial nacional referente à aplicação do direito

[72] *M/V "Louisa" (Saint Vincent and the Grenadines v. Kingdom of Spain), Judgment, ITLOS Reports 2013*, p. 4, pp. 38-39, parágrafos 118-119.

[73] Essa prática, como se referiu, encontramo-la essencialmente nos tribunais marítimos dos Estados Unidos, junto dos quais, dada a sua condição de não-parte na CNUDM, não poderiam alegar-se alguns dos seus preceitos. No entanto, no caso da pilhagem da fragata espanhola *Nuestra Señora de las Mercedes* – cujos restos repousam na plataforma continental portuguesa a sul do Cabo de Santa Maria –, pela companhia norte-americana Odyssey Marine Exploration, Inc., o artigo 303º foi

de salvamento ao património cultural subaquático. Como vimos, essa prática judicial é hoje relutante em valorizar tais direitos de salvamento acima da necessária proteção do património cultural subaquático. E isso não só em relação aos destroços de navios históricos de Estados – sobre os quais os caçadores de tesouros marítimos costumavam dirigir os seus interesses e suscitar os seus litígios – mas também em relação a importantes destroços de navios privados. O caso mais significativo é o do RMS *Titanic* o qual, após uma longa saga de processos e decisões judiciais, encontrou um súbito repouso nos mesmos tribunais junto dos quais antes litigava. Na última decisão relevante para o caso, de 15 de agosto de 2011[74], obriga-se o titular reconhecido dos direitos de salvamento – a empresa R. M. S. Titanic Inc. (RMST) – "to the covenants and conditions that the United States, through the United States Attorney, negotiated and finalized with RMST and the court (the 'Revised Covenants and Condition')". Estes *Covenants & Conditions* foram tornados públicos como "Exhibit A" de uma decisão anterior do mesmo tribunal[75] que, surpreendentemente, evoca as regras anexas da Convenção UNESCO de 2001, da qual os Estados Unidos não são (nem pensam no momento vir a ser) Estado parte[76].

Finalmente, o número 4 do artigo 303º ressalva qualquer acordo relativo à proteção do património cultural subaquático, tanto anterior à CNUDM como posterior à mesma, devendo-se, neste caso, resolver qualquer discrepância que possa surgir entre tratados sucessivos sobre a mesma matéria segundo as regras estabelecidas no artigo 30º da Convenção de Viena sobre Direito dos Tratados. Entre estes acordos posteriores, destaca-se a Convenção UNESCO de 2001 que, a nosso ver, reforça o dever de proteger e cooperar na proteção do património cultural subaquático a que se refere o número 1 do artigo 303º; esclarece e resolve as dúvidas sobre o âmbito de aplicação do número 2 do mesmo artigo, relativo à Zona Contígua; e limita, em relação a outras nor-

utilizado apenas por uma das partes. Pode ver-se, a este respeito, o *affidavit* do Professor John N. Moore, em defesa dos interesses do Peru. https://cases.justia.com/federal/district-courts/florida/flmdce/8:2007cv00614/197978/231/1.pdf?ts=1376416908. Consultado a 19 de abril de 2021. Sobre este assunto, pode ver-se Aznar, Mariano J. 2010. Treasure hunters, sunken State vessels and the 2001 UNESCO Convention on the Protection of Underwater Cultural Heritage. International Journal of Maritime & Coastal Law 25:209-236.

[74] *R.M.S. Titanic, Inc. v. Wrecked & Abandoned Vessel,* 804 F. Supp. 2d 508 (E.D. Va. 2011).

[75] *R.M.S. Titanic, Inc. v. Wrecked & Abandoned Vessel,* 742 F.Supp.2d at 809–824 (E.D. Va. 2011).

[76] *Vide* Nafziger, James. 2018. The UNESCO Convention on the Protection of the Underwater Cultural Heritage: Its Growing Influence. *Journal of Maritime Law and Commerce* 49:371-400. Essas regras do anexo da Convenção – que fazem parte integrante da mesma nos termos do seu artigo 33º – evocam, por sua vez, a já referida "Carta de Sófia", adotada pelo ICOMOS em 1996.

mas de direito internacional, a aplicação do direito de salvamento e de achados. Com uma taxa de ratificação crescente –embora com ausências notáveis ainda– a Convenção UNESCO constitui um elemento indispensável para interpretar o conteúdo e âmbito de aplicação do artigo 303º da CNUDM.

20
COMENTÁRIO À PARTE XVII
DISPOSIÇÕES FINAIS

Fernando Loureiro Bastos[1]
Tiago V. Zanella[2]

Resumo: A Parte XVII, Disposições finais, fecha a Convenção, entre os artigos 305º e 320º. Integra as cláusulas diplomáticas do compromisso internacional (assinatura, ratificação, adesão, entrada em vigor, denúncia, estatuto dos anexos, depositário e textos autênticos), afasta a possibilidade de os Estados usarem reservas ou exceções quanto à sua aplicação (permitindo o uso de declarações) e prevê três mecanismos de modificação do seu texto (emendas, emendas por procedimento simplificado e emendas às disposições relativas exclusivamente às disposições da Área).

Palavras-chave: declarações; denúncia; emendas; emendas por procedimento simplificado; emendas às disposições da Área; entrada em vigor; estatuto dos anexos; reservas; textos autênticos

Abstract: Part XVII, Final Provisions, between articles 305º and 320º, closes the Convention. Part XVII deals with the final clauses of the international treaty (signature, ratification, accession, entry into force, denunciation, status of annexes, depositary

[1] Professor Associado da Faculdade de Direito da Universidade de Lisboa e Coordenador do Grupo de Investigação de Direito Internacional e Europeu do CIDP – Centro de Investigação de Direito Público; floureirobastos@fd.ul.pt.

[2] Pós-doutor pela Escola de Guerra Naval (EGN). Doutor em Ciências Jurídico-Internacionais e Europeias pela Faculdade de Direito da Universidade de Lisboa (FDL); Mestre em Direito Internacional e Relações Internacionais pela FDL; graduado em Direito pela Faculdade de Direito de Curitiba; graduado em Relações Internacionais pelo UNICURITIBA; Presidente do IBDMar (Instituto Brasileiro de Direito do Mar); Professor Visitante da Escola de Guerra Naval (EGN).

and authentic texts), excludes the possibility for States to use reservations and exceptions regarding its application (allowing the use of declarations), and provides for three mechanisms for modifying provisions of the Convention (amendments, amendments by simplified procedure and amendments to the articles relating exclusively to the legal regime of the Area).

Keywords: amendment; amendment by simplified procedure; amendments to the provisions of the Area; authentic texts; declarations; denunciation; entry into force; reservations; status of annexes

1. Considerações introdutórias

A Parte XVII, Disposições finais, fecha a Convenção, entre os artigos 305º e 320º. Integra as cláusulas diplomáticas do compromisso internacional, afasta a possibilidade de os Estados usarem reservas ou exceções quanto à sua aplicação e prevê três mecanismos de modificação do seu texto (emendas, emendas por procedimento simplificado e emendas às disposições relativas exclusivamente às disposições da Área).

O objetivo da Terceira Conferência das Nações Unidas sobre o Direito do Mar (1973-1982) era a conclusão de um único instrumento internacional, de tal modo que os Estados não pudessem escolher apenas os aspetos vantajosos da regulamentação que viesse a ser produzida. A ideia era encontrar um *package deal* que satisfizesse os interesses de todos os participantes. Isto é, um regime jurídico para o conjunto das matérias, que fosse o resultado de um equilíbrio entre as diversas partes, quer em relação aos direitos e deveres, quer à forma como conciliava os diversos interesses em presença. Por essa razão, não foi possível recorrer ao processo tradicional de decisão por maioria qualificada, normalmente utilizado nas conferências internacionais realizadas no âmbito de organizações internacionais. Com efeito, os Estados Unidos da América e a União das Repúblicas Socialistas Soviéticas, com o apoio silencioso das principais potências marítimas, manifestaram de forma inequívoca a sua oposição à adoção dessa regra, no decurso da discussão das regras processuais, entre dezembro de 1973 e junho de 1974, sob pena de não participarem nas negociações. Caso contrário, independentemente da relevância das matérias para os Estados especialmente afetados, as suas posições teriam sido sistematicamente derrotadas nas votações. Além disso, estes Estados procuraram salvaguardar a sua posição através da consagração, no regulamento interno aprovado em 27 de junho de 1974, da possibilidade do recurso excecional à votação quando tivessem sido esgotadas todas as possibilidades de alcançar a conciliação das diversas posições existentes. Nestes termos, foi institucionalizado um processo negocial, incorporado num *gentleman's agreement*, confirmado pela Conferência e anexado ao regulamento interno, nos termos do qual as questões seriam debatidas até ser encontrada, por consenso, uma solução que satisfizesse os diversos interesses em jogo.

Não obstante as especificidades do esquema negocial, as previsões iniciais apontavam para a conclusão dos trabalhos da Terceira Conferência das Nações Unidas sobre o Direito do Mar num período de cerca de quatro anos. Esse prazo não foi cumprido dado que os trabalhos relativos à Parte XI (Área) se foram arrastando em resultado da intensa confrontação ideológica. Em termos contrapostos, o núcleo essencial das matérias relativas aos espaços sob jurisdição nacional ficou acordado em 1976. Estes progressos foram facilitados em virtude de alguns dos compromissos assumidos remontarem ao período dos trabalhos do Comité *ad hoc* dos Fundos Marinhos e do Comité dos Fundos Marinhos, cujos trabalhos tiveram lugar entre 1968 e 1973.

Apesar da duração das negociações, existem três aspetos muito positivos nos trabalhos da Terceira Conferência das Nações Unidas sobre o Direito do Mar que não podem deixar de ser postos em destaque. Em primeiro lugar, terminou com a conclusão de uma vinculação internacional, não obstante o grande número de participantes e a grande extensão dos assuntos que foram debatidos. Em segundo lugar, contou com a participação de todos os Estados existentes, qualquer que fosse a natureza da sua ligação ao mar ou o tipo de interesse ou especialização que tivesse nas matérias do Direito Internacional do Mar. E, finalmente, em terceiro lugar, proporcionou um *forum* de debate entre os diversos Estados e permitiu que o conhecimento sobre a existência das diversas matérias pudesse ser difundido, nomeadamente entre os Estados em desenvolvimento[3].

2. Assinatura, ratificação, adesão e entrada em vigor

Em consonância com uma participação muito alargada nos trabalhos da Terceira Conferência das Nações Unidas sobre o Direito do Mar, o nº 1 do artigo 305º previa que a Convenção estaria aberta à assinatura: i) de "[t]odos os Estados"; ii) da "Namíbia, representada pelo Conselho das Nações Unidas para a

[3] O material relacionado com a Terceira Conferência das Nações Unidas sobre o Direito do Mar está disponível em *Diplomatic Conferences*, no sítio *Codification Division Publications* da Organização das Nações Unidas. A documentação está dividida em dezassete volumes correspondentes às onze sessões de trabalho. https://legal.un.org/diplomaticconferences/1973_los/, acedido a 24 de maio de 2021.

Namíbia"[4]; iii) de "Estados autónomos associados (...) que tenham competência sobre as matérias regidas pela presente Convenção, incluindo a de concluir tratados em relação a essas matérias"; e iv) de "organizações internacionais, de conformidade com o anexo IX[5]"[6].

Nos termos do 306º, a Convenção estava sujeita a ratificação ou a confirmação formal da manifestação do consentimento a estar vinculado internacionalmente para as entidades internacionais que não fossem Estados. As organizações internacionais deveriam fazer a confirmação formal da sua vinculação nos termos previstos no Anexo IX da Convenção. Em conformidade com o artigo 308º, a Convenção está aberta a adesão "dos Estados e das outras entidades mencionadas no artigo 305º". O Secretário-Geral das Nações Unidas funciona como depositário da Convenção, exercendo as funções previstas no âmbito do Direito Internacional dos Tratados (artigos 76º e 77º da Convenção de Viena sobre o Direito dos Tratados de 1969).

A Convenção entrou em vigor a 16 de novembro de 1994, nos termos do nº 1 do artigo 308º, doze meses "após a data de depósito do sexagésimo instrumento de ratificação ou de adesão". Após a entrada em vigor, nos termos do nº 2 do artigo 308º, a Convenção produz efeitos para os novos Estados partes "no trigésimo dia seguinte à data do depósito do instrumento de ratificação ou de adesão".

Em maio de 2021, a Convenção tinha 168 Partes: i) 164 Estados membros das Nações Unidas; ii) as Ilhas Cook[7], desde 15 de fevereiro de 1995; iii) União

[4] O Conselho das Nações Unidas para a Namíbia assinou a Convenção a 10 de dezembro de 1982 e procedeu à sua ratificação a 18 de abril de 1983, dado que a Namíbia só se tornou independente a 21 de março de 1990.

[5] Em conformidade, a alínea 2 do nº 2 do artigo 1º da Convenção, prevê que a "Convenção aplica-se *mutatis mutandis* às entidades mencionadas nas alíneas b), c) d) e f) do nº 1 do artigo 305 que se tenham tornado Partes na presente Convenção de conformidade com as condições relativas a cada uma delas e, nessa medida, a expressão «Estados Partes» compreende essas entidades".

[6] Sobre a questão, ver Franckx. Erik e Banatar, Marco. 2017. Article 305. In United Nations Convention on the Law of the Sea. A Commentary. Ed. Proelss, Alexander. 1968-1979. C.H.Beck – Hart – Nomos.

[7] Estado com governo autónomo, associado da Nova Zelândia em matéria de negócios estrangeiros e de defesa. Situado no Oceano Pacífico, é composto por 15 ilhas, com cerca de 240 Km2 de território terreste e uma Zona Económica Exclusiva com cerca de 1800000 Km2. Em maio de 2021, a população estimada era de cerca de 17500 habitantes (https://worldpopulationreview.com/countries/cook-islands-population; acedido 24 maio 2021). Na reunião das partes da Convenção de 2021, as Ilhas Cook surgem representadas pela *Permanent Mission of the New Zealand to the United Nations* (Meeting of the State Parties. List of Delegations. SPLOS/30/INF/1/Ver. 1, de 10 February 2021 https://undocs.org/pdf?symbol=en/SPLOS/30/INF/1/REV.1; acedido 27 maio 2021).

Europeia, desde 1 de abril de 1998; iv) Niue[8], desde 11 de outubro de 2006; e v) o Estado da Palestina[9], desde 2 de janeiro de 2015.

A União Europeia e os seus Estados membros são autonomamente partes na Convenção, em razão da União Europeia não ter substituído os seus Estados Membros enquanto sujeitos de direito internacional. A participação da União Europeia teve lugar a 1 de abril de 1998, enquanto Comunidade Económica Europeia, em conformidade com o regime especial previsto para as organizações internacionais (de integração) no Anexo IX da Convenção[10]. O último dos Estados Membros da União Europeia a ratificar a Convenção foi a Hungria a 5 de maio de 2002.

A participação da União Europeia e dos seus Estados membros simultânea e autonomamente na Convenção dá lugar a um acordo misto[11]. Nestes termos, a ratificação por parte da União Europeia foi acompanhada de uma declaração sobre a repartição das competências entre a União Europeia (então Comunidade Económica Europeia) e os seus Estados Membros, em confor-

[8] Estado com governo autónomo, associado da Nova Zelândia em matéria de negócios estrangeiros e de defesa. Situado no Oceano Pacífico, tem cerca de 260 Km2 de território terreste e uma população estimada de cerca de 1,6013 habitantes em maio de 2021 (https://worldpopulationreview.com/countries/niue-population, acedido 24 maio 2021). Na reunião das partes da Convenção de 2021, Niue surge representada pela *Permanent Mission of the New Zealand to the United Nations* (Meeting of the State Parties. List of Delegations. SPLOS/30/INF/1/Ver. 1, de 10 February 2021 https://undocs.org/pdf?symbol=en/SPLOS/30/INF/1/REV.1; acedido 27 maio 2021).

[9] A Resolução 67/19, aprovada pela Assembleia Geral das Nações Unidas, a 29 de novembro de 2012, decidiu "to accord to Palestine non-member observer State status in the United Nations, without prejudice to the acquired rights, privileges and role of the Palestine Liberation Organization in the United Nations as the representative of the Palestinian people, in accordance with the relevant resolutions and practice". A Resolução, que recordava na sua fundamentação que o Estado da Palestina já tinha sido anteriormente reconhecido por 132 membros da Organização das Nações Unidas, foi aprovada com 138 votos a favor, 9 contra (Canadá, Estados Unidos da América, Israel, Ilhas Marshall, Micronésia, Nauru, Palau, Panamá, e República Checa), 41 abstenções, e 5 Estados não participantes na votação.

[10] O artigo 1º (Utilização do termo "organização internacional") do Anexo IX prevê que "[p]ara efeitos do artigo 305º e do presente Anexo, "organização internacional" significa uma organização intergovernamental constituída por Estados à qual os seus Estados membros tenham transferido competência em matérias regidas pela presente Convenção, incluindo a competência para concluir tratados relativos a essas matérias". Sobre o Anexo IX, ver Franckx, Erik, Banatar, Marco, Cambou, Dorothée, Janssens, Karen, Mampacy, Helena, Scotcher, Nkeiru e Tran, Thuy Van. 2017. Annex IX Participation by International Organizations. In United Nations Convention on the Law of the Sea. A Commentary. Ed. Proelss, Alexander. 2512-2552. C.H.Beck – Hart – Nomos.

[11] Sobre a questão, em termos gerais, Loureiro Bastos, Fernando. 1997. Os acordos mistos em Direito Comunitário. Contributo para a compreensão do seu fundamento jurídico. Lisboa.

midade com o nº 1 do artigo 5º do Anexo IX da Convenção[12]. Na declaração em questão, que não foi objeto de qualquer atualização desde a data sua entrega[13], é feita referência às matérias que são da exclusiva competência da União Europeia, às matérias em que existe competência partilhada com os Estados Membros, e aos domínios em que pode existir um possível impacto sobre políticas comunitárias[14].

Embora a Convenção tenha um âmbito de aplicação universal, e constituindo os mares e oceanos uma unidade, importa salientar que nem todos os Estados são partes deste compromisso internacional, algumas vezes denominado de "Constituição dos Oceanos". Os Estados membros das Nações Unidas não partes da Convenção podem ser divididos em duas categorias: Estados costeiros e Estados sem litoral. A Organização das Nações Unidas integra quarenta e quatro Estados no grupo dos Estados sem litoral, incluindo a Santa Sé (que não é um Estado membro da organização).

Fazem parte do grupo dos Estados costeiros não partes da Convenção: i) o Camboja (membro da ONU desde 14.11.1955) – com assinatura da Convenção a 1.7.1983; ii) a Colômbia (membro da ONU desde 5.11.1945), com assinatura da Convenção a 10.12.1982; iii) a Coreia do Norte (membro da ONU desde 17.9.1991), com assinatura da Convenção a 10.12.1982; iv) El Salvador (membro da ONU desde 24.10.1945), com assinatura da Convenção a 5.12.1982; v) os

[12] Em conformidade com o nº 2 do artigo 5º (Declarações, notificações e comunicações) do Anexo IX ("[u]m Estado membro de uma organização internacional deve fazer uma declaração em que especifique as matérias regidas pela presente Convenção em relação às quais tenha transferido competências para a organização, no momento da ratificação da Convenção ou de adesão a ela ou no momento do depósito pela organização do seu instrumento de confirmação formal ou de adesão, considerando-se o que for posterior".

[13] Anexo II à *Council Decison of 23 March 1998 concerning the conclusion by the European Comunity of the United Nations Convention of 10 December 1982 on the Law of the Sea and the Agreement of 28 July 1994 relating to the implementation of Part XI thereof (98/392/EC), Official Journal, L 179*, 23 de junho de 1998. Da parte dos Estados terceiros, as dúvidas que possam surgir sobre a repartição de competências entre a União Europeia e os seus Estados membros, em razão da dinâmica da integração europeia, podem ser resolvidas através do recurso ao nº 5 do artigo 5º do Anexo, em conformidade com o qual "[q]ualquer Estado Parte pode pedir a uma organização internacional e aos seus Estados membros, que forem Estados Partes, que informem sobre quem, se a organização ou os seus Estados membros, tem competência em relação a qualquer questão específica que tenha surgido". Importa ter ainda em consideração a parte final do nº 2 do artigo 6º (Responsabilidade), em conformidade com o qual os Estados membros ou a União Europeia passam a ser "conjunta e solidariamente responsáveis" caso não prestarem informação atempada ou forneçam informações contraditórias sobre "responsabilidade em relação a qualquer matéria específica".

[14] Sobre a questão, ver Paasivirta, Esa. 2015. The European Union and the United Nations Convention of the Law of the Sea. Fordham International Law Journal, 38, nº 4: 1045-1071.

Emiratos Árabes Unidos (membro da ONU desde 9.12.1971), com assinatura da Convenção a 10.12.1982; vi) a Eritreia (membro da ONU desde 28.5.1993), não assinou a Convenção; viii) os Estados Unidos da América (membro da ONU desde 24.10.1945); não assinou a Convenção; ix) o Irão (membro da ONU desde 24.10.1945), com assinatura da Convenção a 10.12.1982; x) Israel (membro da ONU desde 11.5.1949), não assinou a Convenção; xi) a Líbia (membro da ONU desde 14.12.1955), com assinatura da Convenção a 3.12.1984; xii) o Peru (membro da ONU desde 31.10.1945), não assinou a Convenção; xiii) a Síria (membro da ONU desde 24.10.1945), não assinou a Convenção; xiv) a Turquia (membro da ONU desde 24.10.1945), não assinou a Convenção; e xv) a Venezuela (membro da ONU desde 15.11.1945), não assinou a Convenção.

Fazem parte do grupo dos Estados sem litoral não partes da Convenção: i) o Afeganistão (membro da ONU desde 19.11.1946), com assinatura da Convenção a 18.3.1983; ii) Andorra (membro da ONU desde 28.7.1993), não participou nos trabalhos da III Conferência; iii) o Burundi (membro da ONU desde 18.9.1962), com assinatura da Convenção a 10.12.1982; iv) o Butão (membro da ONU desde 21.9.1971), com assinatura da Convenção a 10.12.1982; v) o Cazaquistão (membro da ONU desde 2.3.1992), não participou nos trabalhos da III Conferência; vi) a Etiópia (membro da ONU desde 13.11.1945), com assinatura da Convenção a 10.12.1984; vii) o Liechtenstein (membro da ONU desde 18.9.1990), com assinatura da Convenção a 30.11.1984; viii) Quirguistão (membro da ONU desde 2.3.1992), não participou nos trabalhos da III Conferência; ix) a República Centro Africana (membro da ONU desde 20.9.1960), com assinatura da Convenção a 4.12.1984; x) o Ruanda (membro da ONU desde 18.9.1962), com a assinatura da Convenção a 10.12.1984; xi) São Marino (membro da ONU desde 2.3.1992), não assinou a Convenção; xii) o Sudão do Sul (membro das NU desde 14.7.2011), não participou nos trabalhos da III Conferência; xiii) o Tajiquistão (membro das NU desde 2.3.1992), não participou nos trabalhos da III Conferência; xiv) o Turquemenistão (membro da ONU desde 2.3.1992), não participou nos trabalhos da III Conferência; xv) o Uzbequistão (membro da ONU desde 2.3.1992), não participou nos trabalhos da III Conferência.

A distinção entre Estados partes da Convenção e Estados que não são partes nesta vinculação internacional é muito importante no que respeita ao apuramento do Direito Internacional do Mar aplicável aos Estados e aos usos do mar tendo em consideração que o cumprimento de normas estritamente convencionais não pode ser exigido a terceiros não participantes. Com efeito, os tratados só produzem efeitos em relação aos Estados que manifestaram o seu consentimento a estar vinculados pelo compromisso internacional em causa. Em consonância com o princípio da relatividade dos tratados, os compromissos internacionais são *res inter alios ata* em relação aos restantes Estados. Isso significa que, em conformidade com a igualdade soberana e com a consequente liberdade de escolha no modo como prosseguem os seus interesses individuais, os Estados só devem executar os compromissos internacionais a que decidiram vincular-se. A questão não se põe se estivermos em presença de regimes jurídicos de natureza consuetudinária, quer estes tenham sido objeto de codificação, quer vigorem independentemente de uma formulação escrita convencionalmente acordada[15]. Nestes casos, o cumprimento é obrigatório para todos os Estados, tenham ou não participado na sua formulação. Da mesma forma que não se porá, em termos abstratos, relativamente a normas de origem convencional que sejam a expressão de normas de *ius cogens* e às normas convencionais que integrem obrigações *erga omnes*, caso se esteja em presença de compromissos internacionais em que participem a totalidade dos Estados, ou dos sujeitos de Direito Internacional, existentes.

3. Reservas e declarações

O artigo 310º prevê expressamente que a Convenção "não admite quaisquer reservas ou exceções além da por ela expressamente autorizadas noutros artigos"[16]. Por seu turno, o artigo 310º prevê que o "artigo 309º não impede um Estado Parte, quando assina ou ratifica a presente Convenção ou a ela adere, de fazer declarações, qualquer que seja a sua redação ou denominação, com o fim de, *inter alia*, harmonizar as suas leis e regulamentos com as disposições da presente Convenção, desde que tais declarações não tenham por finalidade excluir ou modificar o efeito jurídico das disposições da presente Convenção na sua aplicação a esse Estado"[17/18]. A exclusão da aposição de reservas resultou da intenção de salvaguardar o *package deal* que esteve

[15] Sobre o costume como fonte de Direito Internacional do Mar, ver Loureiro Bastos, Fernando. 2017. Direito Internacional do Mar. Guia de Estudo, 185-189. AAFDL Editora.

[16] Um exemplo de exceção é o artigo 298º (Exceções de carácter facultativo à aplicação da secção 2) que prevê expressamente que "um Estado pode, sem prejuízo das obrigações resultantes da secção 1, declarar por escrito não aceitar um ou mais dos procedimentos estabelecidos na secção 2".

[17] A Convenção prevê a possibilidade de serem feitas declarações ao abrigo do nº 1 do artigo 287º e do nº 1 do artigo 298º.

[18] Sobre a matéria, ver L.D. M. Nelson, L. D. M.. 2001. Declarations, Statements and 'Disguised Reservations' with Respect to the Convention on the Law of the Sea. International and Comparative Law Quarterly, 50, nº 4: 767-786; Tams, Christian J.. Article 309. In United Nations Convention on the Law of the Sea. A Commentary. Ed. Proelss, Alexander. 1992-2001. C.H.Beck – Hart –

subjacente às negociações, pelo que a utilização de declarações (ou declarações interpretativas) não poderá visar alcançar efeitos idênticos à utilização de uma reserva.

Embora a distinção entre reserva e declaração possa ser complexa na prática, a Comissão de Direito Internacional contribuiu com definições sobre a matéria, no âmbito do *Guide to Practice on Reservations to Treaties* de 2011, que devem ser utilizados como guia de referência neste domínio. Nestes termos, a apreciação desta distinção deverá ter em consideração as seguintes definições de "reserva", "declaração unilateral" e "declaração interpretativa":

- 1. "Reservation" means a unilateral statement, however phrased or named, made by a State or an international organization when signing, ratifying, formally confirming, accepting, approving or acceding to a treaty, or by a State when making a notification of succession to a treaty, whereby the State or organization purports to exclude or to modify the legal effect of certain provisions of the treaty in their application to that State or to that international organization;
- 1.1.2. A unilateral statement formulated by a State or an international organization at the time when that State or that organization expresses its consent to be bound by a treaty, by which that State or that organization purports to discharge an obligation pursuant to the treaty in a manner different from, but considered by the author of the statement to be equivalent to that imposed by the treaty, constitutes a reservation.
- 1.2. "Interpretative declaration" means a unilateral statement, however phrased or named, made by a State or an international organization, whereby that State or that organization purports to specify or clarify the meaning or scope of a treaty or of certain of its provisions;
- 1.3. Distinction between reservations and interpretative declarations. The character of a unilateral statement as a reservation or as an interpretative declaration is determined by the legal effect that its author purports to produce[19].

Nomos; e Tams, Christian J.. Article 310. In United Nations Convention on the Law of the Sea. A Commentary. Ed. Proelss, Alexander. 2001-2008. C.H.Beck – Hart – Nomos

[19] Um comentário ao *Guide to Practice on Reservations to Treaties* pode ser encontrado no Yearbook of the International Law Commission 2011. Volume II Part Three, 2018. United Nations: New and Geneva. https://legal.un.org/ilc/publications/yearbooks/english/ilc_2011_v2_p3.pdf; acedido 27 maio 2021.

A prática demonstra a formulação de um número significativo de declarações ao abrigo do artigo 310º[20]: i) trinta e três feitas aquando da assinatura; ii) sessenta e sete feitas aquando da ratificação; e iii) trinta e três feitas em momento posterior. Em termos semelhantes às reservas, pode ser também encontrado um número significativo de objeções às declarações feitas pelos Estados: i) contra a República Democrática do Congo: Finlândia, 28 de abril de 2015; França, 28 de abril de 2015; 10 de abril, pela Alemanha; pelos Países Baixos, 27 de abril de 2015; pela Suécia, em 24 de abril de 2015; pelo Reino Unido, em 28 de abril de 2015; ii) contra o Equador: Bélgica, 22 de outubro de 2013; Finlândia, 23 de outubro de 2013; Alemanha, 21 de outubro de 2013; Irlanda, 21 de outubro; Itália, 23 de outubro de 2013; Letónia, 21 de outubro de 2013; Países Baixos, 21 de outubro de 2013; Suécia, 18 de outubro de 2013; iii) contra as Filipinas: Austrália, 3 de agosto de 1988; Bielorrússia, 24 de junho de 1985; Bulgária, 17 de setembro de 1985; pela URSS, 25 de fevereiro de 1985; Ucrânia, 8 de julho de 1985; iv) contra Egipto: Israel, 11 de dezembro de 1984; v) contra a Guatemala: Belize, 11 de setembro de 1997; vi) contra o Iémen: Etiópia, 8 de novembro de 1984; e vii) contra Índia: Itália, 24 de novembro de 1995.

4. Relações com outras convenções e acordos internacionais

O nº 1 do artigo 311º prevê que a Convenção "prevalece, nas relações entre os Estados Partes, sobre as Convenções de Genebra sobre o Direito do Mar". A Primeira Conferência das Nações Unidas sobre o Direito do Mar (1958) terminou com a conclusão de quatro convenções internacionais e um Protocolo de assinatura facultativa, com base no projeto com 73 artigos que tinha sido elaborado pela Comissão de Direito Internacional: i) a Convenção de Genebra sobre o Alto Mar, com 37 artigos, que entrou em vigor em 30 de setembro de 1961 (após o depósito do vigésimo segundo instrumento de ratificação ou de adesão)[21]; ii) a Convenção de Genebra sobre o Mar Territorial e a Zona Contígua, com 32 artigos, que entrou em vigor em 10 de outubro de 1965 (após o depósito do vigésimo segundo instrumento de ratificação ou de adesão)[22];

[20] Os textos das declarações podem ser encontrados no sítio do *Treaty Section of the Office of Legal Affairs of the United Nations, Chapter XXI, Law of the Sea, 6. United Nations Convention on the Law of the Sea* (treaties.un.org/Pages/ViewDetailsIII.aspx?src=TREATY&mtdsg_no=XXI-6&chapter=21&Temp=mtdsg3&clang=_en; acedido em 24 de 27 maio 2021).

[21] Em maio de 2021, a Convenção de Genebra sobre o Alto Mar tinha 63 Estados partes.

[22] Em maio de 2021, a Convenção de Genebra sobre o Mar Territorial e a Zona Contígua tinha 52 Estados partes.

iii) a Convenção de Genebra sobre a Plataforma Continental, com 15 artigos, que entrou em vigor em 10 de junho de 1965 (após o depósito do vigésimo segundo instrumento de ratificação ou de adesão)[23]; iv) a Convenção de Genebra sobre a Pesca e a Conservação de Recursos Biológicos do Alto Mar, com 22 artigos, que entrou em vigor em 20 de março de 1966 (após o depósito do vigésimo segundo instrumento de ratificação ou de adesão)[24]; e v) o Protocolo de Assinatura Facultativa relativo à Regularização Obrigatória de Divergências, com 7 artigos, que entrou em vigor em 30 de setembro de 1961 (após o depósito do vigésimo segundo instrumento de ratificação ou de adesão)[25]. A opção pela conclusão de cinco instrumentos convencionais, em alternativa a uma única convenção, deveu-se à vontade de autonomizar as diversas matérias e permitir aos Estados uma maior margem de manobra em relação à vinculação aos novos regimes jurídicos-internacionais criados (o que se concretizou num número diferente de Estados partes em cada uma das convenções)[26].

Em resultado do nº 1 do artigo 311º, quando os Estados sejam simultaneamente partes das Convenções de Genebra (ou de cada uma delas nas matérias respetivas) e da presente Convenção, irá aplicar-se o texto da Convenção nas suas relações recíprocas. Daqui resulta que a Convenção não substituiu as Convenções de Genebra, que mantêm a sua autonomia enquanto vinculações internacionais, e continuam a produzir efeitos em duas situações distintas. Por um lado, entre os Estados que são partes nas Convenções de Genebra (ou em cada uma delas nas matérias respetivas) e não são partes na presente

[23] Em maio de 2021, a Convenção de Genebra sobre a Plataforma Continental tinha 58 Estados partes.

[24] Em maio de 2021, a Convenção de Genebra sobre a Pesca e a Conservação de Recursos Biológicos do Alto Mar o Alto Mar tinha 39 Estados partes.

[25] Em maio de 2021, o Protocolo de Assinatura Facultativa relativo à Regularização Obrigatória de Divergências tinha 37 Estados partes.

[26] O projeto elaborado pela Comissão de Direito Internacional pode ser encontrado no *Yearbook of the International Law Commission*, de 1956, vol. II, em duas versões: i) articulado sem comentários nas páginas 256 a 264; e ii) articulado com comentários nas páginas 256 a 301 (disponível no sítio da *International Law Commission. https://legal.un.org/ilc/publications/yearbooks/english/ilc_1956_v2.pdf*; acedido 27 maio 2021). O material relacionado com a Primeira Conferência está disponível em *Diplomatic Conferences*, no sítio *Codification Division Publications* da Organização das Nações Unidas (https://legal.un.org/diplomaticconferences/1958_los/; acedido 27 maio 2021). A documentação está dividida em sete volumes: i) vol. I – *Preparatory Documents*; ii) vol. II – *Plenary Meeting, Summary Records of Meetings and Annexes*; iii) vol. III – *First Committee (Territorial Sea and Contiguous Zone)*; iv) vol. IV – *Second Committee (High Seas General Regime)*; v) vol. V – *Third Committee (High Seas Fishing Conservation of Living Resources)*; vi) vol. VI – *Fourth Committee (Continental Shelf)*; e vii) vol. VII – *Fifth Committee (Question of Free Access to the Sea of Land Locked Countries)*.

Convenção. Por outro lado, entre os Estados que são partes nas Convenções de Genebra (ou em cada uma delas nas matérias respetivas) e não são partes na presente Convenção e os Estados que são partes na presente Convenção quando estes sejam partes das Convenções de Genebra (ou de cada uma delas nas matérias respetivas)[27].

O nº 2 do artigo 311º regula as relações entre a Convenção e compromissos internacionais sobre matérias incluídas no seu âmbito material com base numa perspetiva de harmonização ou de compatibilização. A intencionalidade específica da disposição é alcançar a produção simultânea de efeitos entre a Convenção e compromissos internacionais assumidos pelos Estados partes na Convenção, com especial destaque para aqueles que tenham sido concluídos anteriormente à entrada em vigor da Convenção. Com efeito, em conformidade com esta disposição, os Estados partes na Convenção podem assumir e executar direitos e obrigações de compromissos internacionais paralelos[28], desde que estejam reunidas duas condições. Por um lado, que o conteúdo do compromisso internacional em questão seja compatível com a Convenção. Por outro lado, que a atuação dos Estados partes da Convenção no âmbito d o compromisso internacional paralelo não ponha em causa o conteúdo dos direitos dos restantes Estados partes, nem o cumprimento das suas obrigações, ao abrigo da Convenção de 1982. Isso significa que a assunção, pelos Estados partes, de uma vinculação internacional numa matéria abrangida pelo objeto e o fim da Convenção não é, em princípio, incompatível com a sua participação neste tratado[29]. A autonomia de atuação será, no entanto, mais ampla no caso dos compromissos anteriores à sua entrada em vigor, dado que posteriormente os Estados partes estão obrigados a respeitar os números 3 e 6 do artigo 311º. O aspeto fundamental será, assim, determi-

[27] Quando os Estados não sejam partes nem das Convenções de Genebra nem da presente Convenção aplicar-se-á o Direito Internacional do Mar de natureza costumeira, não obstante poderem ser utilizadas as disposições das normas convencionais que tenham procedido à sua codificação.

[28] Sobre a noção de vinculações internacionais paralelas em confronto a tratados sucessivos, ver Rouconas, Emmanuel. 1991. Engagements parallèles et contradictoires. Recueil des Cours, vol. 206, 2-288 (35-38), que sublinha (38) que "quelle que soit leur origine ou leur ancienneté, au moment du test de compatibilité les *engagements* sont nécessairement parallèles" (itálico no original).

[29] Sobre a questão, a referência de Rosenne, Shabtai. 2001. The perplexities of modern international law. General course on public international law. Recueil des Cours, vol. 291, 9-472 (453-)454, que, já em 2001, referia que o exemplo da *Convention on the Protection of the Underwater Cultural Heritage*, desse mesmo ano, como sendo não compatível com a Convenção, apesar de ter sido elaborada sob os auspícios da UNESCO.

nar se os compromissos internacionais em questão são compatíveis, qualquer que tenha sido o momento da sua conclusão.

Os números 3 e 6 do artigo 311º, por seu turno, determinam que os Estados partes não podem assumir compromissos internacionais no âmbito material da Convenção quando estes se relacionam com "disposição cuja derrogação seja incompatível com a realização efetiva do objeto e fins da presente Convenção", possam afetar a "aplicação dos princípios fundamentais enunciados" na Convenção, possam afetar "o gozo por outros Estados Partes dos seus direitos ou o cumprimento das suas obrigações nos termos da mesma Convenção", ou que possam derrogar o "princípio fundamental relativo ao património comum da humanidade estabelecido no artigo 136º".

Esta determinação é particularmente relevante relativamente à Parte XI e ao regime jurídico-internacional da Área. Em conformidade com o nº 6 do artigo 311º, a salvaguarda do "princípio fundamental relativo ao património comum da humanidade estabelecido no artigo 136º" é uma tarefa atribuída aos Estados partes da Convenção, na medida em que estes acordam que não irão subscrever quaisquer emendas à Convenção que possam conflituar com este princípio e se comprometem a não ser partes em qualquer vinculação internacional que possa pôr em causa esse princípio. A não produção de efeitos da Parte XI em relação a terceiros Estados não impede, contudo, que a sua existência não deva ser respeitada por todos os Estados não partes na Convenção, em resultado da oponibilidade *erga omnes* da sua regulamentação. Com efeito, não só os terceiros Estados devem ter em consideração a sua existência nas atividades que venham a desenvolver no espaço marítimo em questão, ao abrigo da liberdade do alto mar, como não devem praticar quaisquer atos que intencionalmente possam pôr em causa o seu funcionamento.

Finalmente, o nº 5 do artigo 311º prevê que o "presente artigo não afeta os acordos internacionais expressamente autorizados ou salvaguardados por outros artigos da presente Convenção"[30].

5. Emendas

A criação de uma norma jurídica congela a passagem do tempo por um determinado momento. Consequentemente, a norma estabiliza a ordem jurídica. No entanto, uma sociedade, nacional ou internacional, está em constante

[30] Sobre o artigo 311º da Convenção, ver Matz-Lück, Nele. Article 311. In United Nations Convention on the Law of the Sea. A Commentary. Ed. Proelss, Alexander. 2009-2019. C.H.Beck – Hart – Nomos.

mudança. Logo, a antítese entre estabilidade e progresso torna-se uma questão fundamental de direito, e o Direito Internacional do Mar não é exceção.

O principal mecanismo para o desenvolvimento de tratados é por meio de procedimentos de emenda. O poder de emendar encontra-se no Direito Internacional geral. A Convenção de Viena sobre o Direito dos Tratados (CVDT) de 1969 já estabelece o princípio de que "um tratado poderá ser emendado por acordo entre as partes"[31]. Esta disposição básica especifica quem deve estar envolvido no processo, deixando os detalhes de adoção e aprovação para serem elaborados por cada tratado individualmente, levando em consideração suas necessidades particulares.

A Convenção não é uma "convenção-quadro", no sentido aplicado, por exemplo, a uma série de tratados ambientais[32]. Ou seja, não prevê formalmente a adoção de outros protocolos e anexos como meio de desenvolver seu regime jurídico para atender novas realidades e situações. Tal como acontece com a maioria dos tratados multilaterais modernos[33], a Convenção estabelece seus próprios procedimentos de emenda específicos. O processo formal de emenda é tratado em uma série de artigos encontrados na Parte XVII, nos artigos 312º a 316º[34].

A Convenção é, e permanecerá, fundamental para o regime do Direito Internacional do Mar por longo período. Assim, a capacidade da Convenção de se ajustar e se atualizar é essencial para sua longevidade. Existem três maneiras pelas quais isso pode ocorrer. A primeira é por meio do mecanismo adotado pelo Acordo de Implementação de 1994[35]; no entanto, esta foi

[31] Artigo 39º da CVDT.

[32] Como, por exemplo, a Convenção de Viena para a Proteção da Camada de Ozônio, de 1985 ou a Convenção-Quadro das Nações Unidas sobre Mudanças Climáticas, de 1992. Ambas as convenções são acordos delineados em vigor que exigem negociações adicionais de disposições de implementação mais detalhadas, como, por exemplo, o Protocolo de Montreal de 1987 e o Protocolo de Quioto de 1995, respetivamente.

[33] Anthony Aust destaca que antes da Segunda Guerra Mundial era relativamente raro um tratado multilateral ter seu próprio procedimento de emenda e, se tivesse, geralmente incorporava a regra da unanimidade. Aust, Anthony. 2013. Modern Treaty Law and Practice. 3rd ed. 212. Cambridge University Press: Cambridge.

[34] Sobre a possibilidade de alterações e emendas ao texto, resumem Freestone, David; Elferink, Alex G. Oude. 2005. Flexibility and Innovation in the Law of the Sea: Will the LOS Convention amendment procedures ever be used? In Stability and Change in the Law of the Sea: The Role of the LOS Convention, (edit) Elferink, Alex G. Oude Elferink, 163-216. Martinus Nijhoff: Netherlands, "the Convention is thus not particularly geared towards maintaining the package-deal intact" (179).

[35] Acordo Relativo à Implementação da Parte XI da Convenção das Nações Unidas sobre o Direito do Mar, concluído em Nova York, em 29 de julho de 1994.

claramente uma resposta a uma situação única que é improvável que volte a surgir. A segunda é por meio do mecanismo que criou o Acordo de Estoque de Peixes de 1995[36], que efetivamente complementa o texto convencional de 1982. Atualmente está a ser discutido um novo Acordo sobre conservação e uso sustentável da biodiversidade marinha além das áreas de jurisdição nacional (BBNJ). O terceiro mecanismo é baseado nos procedimentos de emendas formais previstos no texto da Convenção, dos quais três tipos estão previstos: o artigo 312º, com procedimentos ordinários; o artigo 313º, com um procedimento simplificado; e, por fim, o artigo 314º que regula as emendas relacionadas à Área.

Todavia, vale destacar desde já que, até o presente momento, o regime jurídico de emendas à Convenção nunca foi utilizado. Não obstante seu caráter inovador, "quiçá mesmo revolucionário"[37], a opção, até o presente momento, por parte dos Estados partes foi realizar acordos de implementação em detrimento das emendas, por razões que serão analisadas neste comentário[38]. Entretanto, fundamental entender o sistema instituído pelo texto nos artigos 312º a 316º da Convenção, até para que se compreenda a opção pela sua não utilização até o momento.

Embora a Convenção tenha criado um regime atualizado – para a época – de regulação dos espaços marítimos, representando, de modo indiscutível, um marco histórico para todo o Direito Internacional do Mar, o texto não é "eterno" e precisa, com o passar do tempo – e cada vez mais – de atualizações. Para isso, a Convenção, na sua Parte XVII – Disposições finais, criou mecanismos próprios de emenda ao texto convencional. Contudo, diante da complexidade e dificuldade de implementação, não é de se estranhar que passados quase três décadas de sua entrada em vigor, esses procedimentos

[36] Acordo para Implementação das Disposições da Convenção das Nações Unidas sobre o Direito do Mar de 10 de dezembro de 1982 sobre a Conservação e Ordenamento de Populações de Peixes Transzonais e de Populações de Peixes Altamente Migratórios, adotado em Nova York, em 4 de agosto de 1995.

[37] Expressão utilizada por Martins, Ana Maria Guerra. 1993. Algumas notas sobre o regime jurídico da revisão da convenção de Montego Bay. Revista da Ordem dos Advogados. Ano 53, n.3: 609-672 (610).

[38] Sobre a questão, afirma Boyle, Alan. 2005. Further Development Of The Law Of The Sea Convention: Mechanisms For Change International and Comparative Law Quarterly. P. 563-584, 54, Issue 03: 563-584, que "[s]ince its adoption, the most significant additions to the corpus of UNCLOS law have come in the form of two "implementing" agreements, the 1994 Agreement Relating to Part XI, and the 1995 UN Fish Stocks Agreement" (564) e que "[g]iven their success, it seems unlikely that the consensus/non-objection amendment procedures contemplated by Articles 312 and 313 will be used in the immediate future" (565).

de emenda ainda não tenham sido invocados. Dada a ameaça ao arcabouço jurídico universal, é questionável se os Estados partes confiam nos procedimentos de emendas formais encontrados na Convenção. Nessas circunstâncias, na prática, os Estados partes têm se utilizado de outros mecanismos para evoluir o regime jurídico internacional dos mares, como, por exemplo, com a utilização de acordos multilaterais.

a. Procedimento ordinário

O artigo 312º da Convenção é a primeira das cinco disposições finais relativas às emendas ao texto. Essas disposições acrescentam um aspeto dinâmico à Convenção, no sentido de que abrem caminhos para que os Estados partes adaptem o regime definido em 1982, após sua entrada em vigor e conforme a necessidade surgir em um momento futuro. Assim, este artigo 312º trata do procedimento de alteração ordinário para todas as disposições da Convenção que não se relacionem com as atividades na Área[39]. Sobre este procedimento ordinário, o dispositivo em questão traz termos bastantes minuciosos e com características e regras muito particulares.

Em primeiro lugar, foi criado um limite temporal de revisão. O nº 1 do artigo 312º, estipula um prazo de dez anos, a partir da entrada em vigor do texto, durante o qual não poderia ter ocorrido nenhuma proposta de revisão[40]. Durante este período a Convenção vigorou sem qualquer possibilidade de emenda à luz do artigo 312º. Esta opção se justifica para a proteção do texto convencional por um período determinado. Até porque a função e o objetivo das emendas são de possibilitar uma atualização do texto para que se mantenha atento aos anseios da sociedade internacional. A Convenção foi discutida e elaborada em cerca de nove anos. Entendeu-se então não haver necessidade de uma atualização imediata – ou muito próxima – do texto. Deste modo, preserva-se o acordado por um prazo mínimo, para a própria proteção da Convenção[41]. Por outro lado, como o mesmo prazo não está disposto nos demais procedimento (que serão vistos a seguir), parece, portanto, que a

[39] Para estas, a Convenção criou um procedimento próprio no artigo 314º.

[40] Como a Convenção entrou em vigor em 16 de novembro de 1994, até o dia 16 de novembro de 2004 não poderia ser apresentada nenhuma proposta de emenda ao texto com base no artigo 312º.

[41] Sobre a questão, é ilustrativa a afirmação de Martins, Ana Maria Guerra. 1993. Algumas notas sobre o regime jurídico da revisão da convenção de Montego Bay. Revista da Ordem dos Advogados. P. 609-672, Ano 53, n.3: 609-672, que "[a]dmitir a revisão a todo o tempo seria repor continuamente em questão a letra da lei, contribuindo para a instabilidade do Direito e para a insegurança jurídica. Seria um convite implícito à destruição de uma construção jurídica acabada de elaborar" (627-628).

limitação não pretendia impedir emendas iniciais à Convenção, mas sim evitar a convocação de uma conferência de alterações dos Estados partes muito rapidamente após a adoção do texto. Ainda, vale o destaque de que tal revisão não era obrigatória. Isto é, o texto não criou um mecanismo obrigatório de revisão após dez anos de vigor.

Em segundo lugar, apenas um "Estado Parte" possui legitimidade para propor emenda. Todavia, visto anteriormente, a Convenção estava aberta à assinatura por parte de outros sujeitos de Direito Internacional para além dos Estados. Durante os trabalhos da Terceira Conferência das Nações Unidas sobre o Direito do Mar, também foi objeto de atenção os interesses de outros atores. Deste modo, o artigo 305º ampliou o rol de entidades com legitimidade para ser signatária da Convenção. Assim, nada mais justo, do que incluir estes legitimados, nomeadamente os dispostos no artigo 305º, nº 1, b), c), d), e), e f)[42].

Sobre a possibilidade de organizações internacionais apresentarem propostas de emendas, o Anexo IX da CNUDM – que rege a participação destes organismos – é expresso, na alínea (i) do parágrafo b) no artigo 8º, ao afirmar que uma organização internacional que seja parte da Convenção terá capacidade exclusiva no que diz respeito à aplicação do artigo 312º. Para tal, deve ter competência nos termos do artigo 5º do Anexo IX sobre o assunto da alteração. Em outras palavras, uma organização internacional pode apresentar uma proposta de emenda à Convenção, desde que tenha competência e legitimidade material sobre o tema da emenda em questão, isto é, desde que haja uma pertinência temática sobre a emenda[43].

Em terceiro lugar, o artigo 312º traz uma dupla função ao Secretário-Geral das Nações Unidas. Por um lado, é ele que deve – trata-se aqui de uma obrigação: o "Secretário-Geral deve" – convocar uma conferência para examinar as emendas propostas se, nos 12 meses seguintes à data de solicitação por um

[42] Neste mesmo sentido, Vrancken, Patrick H. P. Article 312. In United Nations Convention on the Law of the Sea. A Commentary. Ed. Proelss, Alexander. 2022. C.H.Beck – Hart – Nomos.

[43] Ainda, sobre a questão, destaca Nordquist, Myron H. 1989. United Nations Convention on the Law of the Sea, 1982: A Commentary. Vol. V, Martinus Nijhoff Publishers, Netherlands, 266, que "[b]y paragraph (b)(ii), its instrument of formal confirmation of or accession to an amendment, the entire subject matter over which the organization has competence under article 5 of that Annex, shall be considered to be the instrument of ratification or accession of each of the member States which are States Parties for the purpose of calculating the number of ratifications or accessions received in application of article 316. It would similarly follow that an organization's favorable reply under paragraph 1 of this article would be counted as the favorable reply of all its member States which are States Parties to the Convention."

Estado, pelo menos metade dos Estados partes responder favoravelmente a esse pedido. Como dito, trata-se aqui de uma obrigação e não de um poder discricionário do Secretário-Geral. Contudo, questão diversa é saber se o Secretário pode – poder discricionário – convocar a conferência mesmo sem que 50% dos Estados Partes concordem com esse pedido de emenda. Como o texto não faz qualquer menção a tal possibilidade, a interpretação não deve ser extensiva no sentido de dar mais poderes ao Secretário-Geral do que o dispositivo expressamente determina. Neste caso, então, o secretário não poderia chamar a conferência[44]. Por outro lado, o Secretário-Geral da ONU tem também a função de depositário das futuras emendas à Convenção, nos termos do artigo 319º – além de depositário da própria Convenção. Além disso, este dispositivo traz também algumas outras funções administrativas do secretário, como, por exemplo, transmitir aos Estados partes as emendas adotadas a fim de que possam ratificá-las.

Em quarto lugar, as conferências de emendas estão abertas a todos os Estados partes da Convenção. Mesmo os que não foram favoráveis à instalação de tal conferência – e talvez até por isso – estão aptos a participar. Por outro lado, não há qualquer obrigatoriedade de tal participação. Fica a critério de cada Estado parte definir sua participação ou não. Ainda, o texto da Convenção não faz referência à participação de Estados não partes nas conferências de emenda. No entanto, é provável que estes sejam convidados a participar, pelo menos como observadores. Contudo, é possível que os interesses de terceiros não sejam levados em consideração na formulação de emendas. No entanto, esse resultado depende da operação bem-sucedida das técnicas de tomada de decisão por consenso. Em última análise, a participação de Estados não partes na adoção de emendas é limitada, pois eles não teriam direito a voto[45].

Por fim, em quinto lugar, nos termos do nº 2 do artigo 312º, a menos que a conferência de emenda decida de outra forma, deve aplicar o mesmo procedimento de tomada de decisão utilizado durante a Terceira Conferência das Nações Unidas sobre o Direito do Mar. A conferência deve fazer "todo o

[44] Em sentido diverso, ver Martins, Ana Maria Guerra. 1993. Algumas notas sobre o regime jurídico da revisão da convenção de Montego Bay. Revista da Ordem dos Advogados. A.53, n.3: 609-672, (623).

[45] A Convenção não traz expressamente como se daria a participação destes observadores, mas é bastante provável que as Regras de procedimentos das reuniões dos Estados Partes (*Rules of the Procedure for Meetings of the States Parties*) das Nações Unidas (SPLOS/2/Rev.3. 26 July 1995) sejam utilizadas, nomeadamente, em relação aos observadores (artigo 18 das Regras).

possível" para chegar a um acordo sobre quaisquer emendas por consenso. Qualquer votação apenas pode ser realizada depois que se esgotarem todos os esforços para se chegar ao consenso entre os Estados parte[46].

Segundo as Regras de Procedimento da Terceira Conferência das Nações Unidas sobre o Direito do Mar, as decisões deveriam ser tomadas da seguinte forma: a) consenso; b) unanimidade, sem contar as abstenções; c) maioria qualificada de dois terços, nas questões de fundo; d) maioria simples, nas questões de processo[47].

Assim, preferencialmente, deve-se engendrar todos os esforços no sentido de atingir um consenso para a aprovação de qualquer emenda. Todavia, em última forma, é possível a aprovação e adoção de uma emenda ao texto da Convenção sem tal consenso, bastando uma unanimidade – que não conta as abstenções – ou mesmo uma maioria qualificada de dois terços. Ainda, se for uma questão meramente de processo e não de fundo, seria virtualmente possível a aprovação por maioria simples. De toda forma, a expressão "fazer todo o possível para chegar" ao consenso, utilizado no nº 2 do artigo 312º, é um tanto indeterminada. Contudo, se analisada a Regra 37 das Regras de Procedimento da Terceira Conferência das Nações Unidas sobre o Direito do Mar, existe um mecanismo próprio para se determinar quando pode-se entender que todos os esforços para atingir um consenso foram realizados.

A Convenção traz um procedimento ordinário de emendas ao texto bastante complexo e de difícil aplicabilidade, tanto que até o presente momento nenhuma emenda foi aprovada sob seus auspícios. Entretanto, um procedimento tão complexo foi considerado necessário para tentar proteger o equilíbrio entre reivindicações concorrentes e ao próprio texto de 1982 que, como já dito, demorou aproximadamente nove anos de discussões para ser finalizado[48].

b. Procedimento simplificado

Além do procedimento ordinário do artigo 312º, a Convenção prevê um outro, que pode ser apontado como simplificado, em seu artigo 313º. Como o nome

[46] Sobre o consenso, afirma Nordquist, Myron H. 1989. United Nations Convention on the Law of the Sea, 1982: A Commentary. Vol. V, Martinus Nijhoff Publishers, Netherlands, que "[t]hat language may exclude tacit approval of the request" (265).

[47] Rules of Procedure: (adopted at Its 20th Meeting on 27 June 1974 and Amended at Its 40th, 52nd and 122nd meetings on 12 July 1974, 17 March 1975 and 6 March 1980 Respectively). New York: United Nations, 1981. UN Doc. A/CoNF.62/30/Rev.3. Ver, em especial o capítulo VI sobre "decision-making".

[48] Neste mesmo sentido Dupuy, René-Jean; Vignes, Daniel. 1991. A handbook on the new law of the sea. Vol 2, Martinus Nijhoff Publishers, Netherlands. 1341.

já sugere, este procedimento oferece uma via mais simples para alterar a Convenção, que não envolve a convocação de uma conferência dos Estados partes nos termos do artigo 312º, um processo complexo e demorado. O artigo 313º, em vez disso, fornece um procedimento de alteração mais célere.

Existem várias características deste procedimento que são dignas de nota. Em primeiro lugar, não há um limite temporal para que uma proposta de emenda simplificada fosse realizada, ao contrário do procedimento ordinário que exigia um prazo de dez anos[49]. O artigo 313º não faz nenhuma referência a tal prazo de espera. Assim, a qualquer momento uma emenda à luz do processo simplificado poderia ser proposta, o que de fato não ocorreu até o presente momento[50].

Em segundo lugar, qualquer Estado parte[51] pode submeter a proposta de emenda simplificada ao Secretário-Geral das Nações Unidas. Este deve transmitir aos demais Estados parte a proposta, não lhe competindo nenhum juízo de valor ou discricionariedade acerca da proposta. Aqui, ao contrário do

[49] Neste sentido, resume Oxman, Bernard. 1981. The Third United Nations Conference on the Law of the Sea: The Ninth Session (1980). American Journal of International Law. Vol. 75, nº 2, P. 211-256. doi:10.2307/220125, que "[a]lternatively, an amendment in the first category may be circulated directly to states parties for adoption by a simplified procedure without convening a conference and without any 10-yeardelay" (252).

[50] Em sentido contrário, argumenta Martins, Ana Maria Guerra. 1993. Algumas notas sobre o regime jurídico da revisão da convenção de Montego Bay. Revista da Ordem dos Advogados. P. 609-672, Ano 53, n.3: 609-672 que "[o] prazo de dez anos é estabelecido como meio de salvaguardar a certeza e a segurança jurídicas. Ora, se se permitisse a alteração imediata da convenção mal ela entrasse em vigor, isso conduziria à insegurança e à instabilidade jurídicas, não permitindo averiguar como as normas funcionam "no terreno". Não parece ser essa a interpretação mais correta numa convenção cujas negociações demoraram cerca de nove anos. Em conclusão, é de observar, no procedimento simplificado, o prazo de dez anos, a contar da data da entrada em vigor da Convenção, estipulado no art. 312.°, pois não se descortinam razões para o afastar". Opinião da qual não compactuamos, posto que se fosse a intenção, o texto convencional poderia facilmente ter incluído tal prazo expressamente. Ademais, os outros mecanismos que serão vistos a seguir, como a necessidade de nenhuma objeção, preserva a Convenção e derruba o argumento da instabilidade jurídica. O direito internacional é produto da vontade dos Estados. Isto é especialmente válido no Direito do Mar e na CNUDM. Deste modo, se os Estados entendessem consensualmente ("sem nenhuma objeção") pela necessidade de uma emenda mesmo antes dos 10 anos (o que não ocorreu na prática) eles deveriam ter um mecanismo para tal, que é justamente o artigo 313 da Convenção" (627). Neste mesmo sentido, afirma Vrancken, Patrick H. P. Article 314. In United Nations Convention on the Law of the Sea. A Commentary. Ed. Proelss, Alexander, C.H.Beck – Hart – Nomos, que "[t]he time limitation set in Art. 312 does not exist in the case of the simplified procedure provided for in Art. 313 because, in contrast with the ordinary procedure of Art. 312, it does not involve the convening of a conference of States Parties" (2024).

[51] Aqui vale a mesma definição dos legitimados do artigo 312º visto acima.

procedimento ordinário, não há a convocação de uma conferência[52]. O Secretário-Geral tem ainda a obrigação de comunicar a todos os Estados parte a adoção ou rejeição de tal proposta[53].

Em terceiro lugar, a proposta será aprovada se nos 12 meses seguintes a contar da data de transmissão da comunicação pelo Secretário-Geral, nenhum Estado parte apresentar qualquer objeção à emenda proposta. Trata-se aqui de um consentimento tácito[54]. Por outro lado, a proposta pode ser rejeitada por apenas uma objeção, isto é, basta que apenas um Estado parte comunique ao Secretário-Geral a sua não aceitação para que a proposta seja descartada. Assim, em suma, o procedimento simplificado permite a qualquer Estado parte rejeitar a emenda proposta pela simples apresentação de uma objeção à emenda. Portanto, um só Estado parte pode impedir a adoção da emenda, mesmo que todos os outros concordem com ela. Com efeito, trata-se de um verdadeiro poder de veto que cada Estado parte pode exercer sobre qualquer proposta. Tal opção pode parecer extremada, porém se justifica na medida que tal proposta não passou por nenhuma discussão através de uma conferência própria para tal.

Há desvantagens na falta de supervisão institucional, pois não permite qualquer discussão substantiva das emendas propostas. De toda forma, se um Estado parte, que porventura apoia a emenda, mas não deseja que ela seja adotada sem a convocação de uma conferência, pode se opor à proposta de não convocar tal conferência simplesmente apresentando uma objeção à proposta de alteração. Em tal caso, a emenda é considerada rejeitada, mas o Estado parte proponente teria a opção de iniciar o procedimento ordinário do artigo 312º[55].

[52] Como explica Vrancken, Patrick H. P. Article 313. In United Nations Convention on the Law of the Sea. A Commentary. Ed. Proelss, Alexander. C.H.Beck – Hart – Nomos, "[i]n its written communication to the UN Secretary-General, the State or entity must indicate, on the one hand, which specific amendment to UNCLOS it proposes and, on the other hand, that it proposes that the amendment be adopted without convening an amendment conference" (2024).

[53] Nº 1 do artigo 313º da Convenção.

[54] Sobre este dispositivo, resume Nordquist, Myron H. 1989. United Nations Convention on the Law of the Sea, 1982: A Commentary. Vol. V, Martinus Nijhoff Publishers, Netherlands, como, 268, "device of institutionalizing the well-known procedure of the law of treaties – tacit consent to be presumed after the lapse of a fixed period of time".

[55] Neste mesmo sentido Vrancken, Patrick H. P. Article 313. In United Nations Convention on the Law of the Sea. A Commentary. Ed. Proelss, Alexander. 2025. C.H.Beck – Hart – Nomos. Em sentido contrário, afirma Martins, Ana Maria Guerra. 1993. Algumas notas sobre o regime jurídico da revisão da convenção de Montego Bay. Revista da Ordem dos Advogados. Ano53, n.3: 609-672 que "[e]sta solução parece-nos criticável devido ao facto de um só Estado poder impedir a

Outra desvantagem, é a necessidade de esperar um ano para a adoção de uma proposta, bem como a necessidade subsequente de aceitação pelos Estados parte, o que torna este procedimento menos atraente para a adoção de soluções rápidas.

Por fim, vale destacar, novamente, que nenhum Estado parte da Convenção utilizou até o momento o procedimento simplificado. Contudo, a possibilidade de usar o artigo 313º foi considerada para a prorrogação do prazo de apresentação de submissões à Comissão de Limites da Plataforma Continental (CLCS), contida no artigo 4º do Anexo II da Convenção[56]. No entanto, a prorrogação desse prazo foi alcançada por decisão em Reunião dos Estados Partes (SPLOS), e não pelo procedimento contido no artigo 313º[57]. A razão para esta escolha é que provavelmente foi considerada a forma mais segura, bem como a mais ágil para alcançar uma extensão deste limite de tempo[58].

c. *Procedimento relativo a atividades na Área*

Ambos os procedimentos analisados – ordinário e simplificado – não são aplicáveis a emendas relacionadas à Área, uma vez que os artigos 312º e 313º expressamente proíbem qualquer emenda que "se relacione com atividades na área". Por sua vez, as alterações ao regime dos fundos marinhos estão previstas no artigo 314º, que também prevê um mecanismo próprio, com regras e características particulares.

Em primeiro lugar, as disposições do artigo 314º aplicam-se apenas exclusivamente a atividades na Área e incluem a Seção 4 do Anexo VI sobre a Câmara de Controvérsias dos Fundos Marinhos do Tribunal Internacional do Direito do Mar. A inserção da palavra "exclusivamente" no título e no parágrafo 1 deste artigo foi deliberada, devendo notar-se que a palavra foi

adopção de uma emenda desejada por todos com um fundamento meramente processual. podendo inviabilizar para sempre a adopção da mesma pelo procedimento ordinário, devido a dificuldades várias que. entretanto, possam surgir. Não se compreende tal solução, pois o valor jurídico da emenda adoptada, com base neste procedimento, é em tudo idêntico ao da emenda adoptada com base no procedimento ordinário. Se o fundamento da objecção for substancial então a solução parece-nos correcta" (638).

56 Sobre a questão ver Issues with respect to article 4 of Annex II to the United Nations Convention on the Law of the Sea – Background paper prepared by the Secretariat. Doc. SPLOS/64 of 1 may 2001. Par. 23.

57 Idem.

58 Neste sentido e sobre a questão ver Freestone, David; Elferink, Alex G. Oude. 2005. Flexibility and Innovation in the Law of the Sea: Will the LOS Convention amendment procedures ever be used? In. Stability and Change in the Law of the Sea: The Role of the LOS Convention. Ed. Elferink, Alex G. Oude. P. 163-216. Martinus Nijhoff: Netherlands. P. 177-178.

suprimida das disposições correspondentes dos artigos 312º e 313º[59]. Ainda, nota-se a inclusão expressa da possibilidade de emenda às regras da Câmara de Controvérsias dos Fundos Marinhos, mas não do estatuto integral do Tribunal Internacional do Direito do Mar. Este, se necessário, deve ser emendado pelos dispositivos anteriores.

Em segundo lugar, não há previsão de qualquer limite temporal. Nem em relação ao prazo para se propor uma emenda – como é o caso dos 10 anos do artigo 312º – nem em relação ao prazo de aceitação, tácita ou expressa – como é o caso dos 12 meses do artigo 313º[60]. Esta opção se justifica pelo processo particular que é necessário para a adoção dessa emenda, como o envolvimento de órgãos permanentes, em vez do processo de convocação de uma conferência de Estados partes, que é exigido no procedimento ordinário do artigo 312º[61].

Em terceiro lugar, todos os Estados partes têm legitimidade para propor tais emendas, nos termos já analisados acima. Contudo, a principal diferença aqui é que tal proposta deve ser submetida, através de comunicação escrita, ao Secretário-Geral da Autoridade Internacional do Fundos Marinhos (AIFM), que, por sua vez, fará circular a proposta a todos os outros Estados membros do organismo. Nota-se, desde já, a diferença para os procedimentos anteriores que exigiam o envio ao Secretário-Geral da ONU. Como é a Autoridade Internacional dos Fundos Marinhos que tem competência fundamental em relação à Área, optou-se por dar legitimidade a esta organização internacional para gerir o processo de emendas em relação às atividades nos fundos marinhos além da jurisdição nacional.

[59] Neste sentido. Nordquist, Myron H. 1989. United Nations Convention on the Law of the Sea, 1982: A Commentary. Vol. V, Martinus Nijhoff Publishers, Netherlands. P. 271. Ainda sobre esta expressão, destaca Proelss, Alexander (ed). 2017. United Nations Convention on the Law of the Sea: A Commentary. Nomos Verlagsgesellschaft, que "[t]hat insertion makes it clear that amendments which relate only partially to activities in the Area, such as amendments relating to Arts. 135 to 138, 141, 143 and 149, are not governed by Art. 314" (2027).

[60] Sobre a questão, afirmam Freestone, David; Elferink, Alex G. Oude. 2005. Flexibility and Innovation in the Law of the Sea: Will the LOS Convention amendment procedures ever be used? In. Stability and Change in the Law of the Sea: The Role of the LOS Convention. Ed. Elferink, Alex G. Oude. P. 163-216. Martinus Nijhoff: Netherlands: 163-216, que "[a] note by the President of UNCLOS III explains that it was believed that such a moratorium would prevent earlier amendments which experience might prove to be necessary to keep the Convention up-to-date. The procedure for the adoption of amendments under Article 314 also is more flexible than that of either Article 312 or 313" (178).

[61] Em sentido contrário, novamente, Martins, Ana Maria Guerra. 1993. Algumas notas sobre o regime jurídico da revisão da convenção de Montego Bay. Revista da Ordem dos Advogados. Ano 53, n.3: 609-672, P. 646.

Em quarto lugar, o Secretário-Geral da Autoridade Internacional dos Fundos Marinhos deve então submeter a proposta à Assembleia da Autoridade para análise. Uma vez aprovada pela Assembleia, a proposta é então enviada ao Conselho, o órgão executivo da Autoridade, que também dará seu parecer favorável ou não à emenda. Só então é que "a emenda proposta, tal como aprovada pelo conselho e pela assembleia, considera-se adotada"[62]. A votação na Assembleia é regida pelo artigo 159º da Convenção, em especial o seu número 8 que exige, em questões de fundo, uma maioria de dois terços dos membros presentes e votantes. Já a votação no Conselho da Autoridade é regida pelo nº 8 do artigo 161º, que exige "maioria dos membros presentes e votantes".

Em quinto lugar, cabe ainda ao Conselho e a Assembleia da Autoridade assegurar que a proposta de emenda não afete o sistema de exploração e aproveitamento dos recursos da área até à realização da Conferência de Revisão do artigo 155º da Convenção. É neste ponto que o artigo 314º demonstra toda sua limitação. As propostas de emendas apenas poderão incidir sobre questões menores, que afetem o sistema de exploração e aproveitamento dos recursos da Área criados pela Convenção – ou mesmo pelo Acordo de 1994 – enquanto não houver a Conferência de Revisão do artigo 155º. Em outra palavras, até a realização de tal conferência – que ocorrerá apenas "quinze anos após o dia 1 de Janeiro do ano do início da primeira produção comercial" (nº 1 do artigo 155º) – não há que se falar em aplicação do artigo 314º no que tange a emendas de natureza substancial, que alterem o regime de exploração instituído.

d. *Vigência das emendas*

Uma vez adotadas, as emendas devem ficar, regra geral, abertas à assinatura pelos Estados partes por um período de 12 meses a contar da data da sua adoção[63]. Contudo, mesmo quando uma emenda vier a ser aprovada – se vier – ela não entra em vigor imediatamente após sua aprovação, independente do processo escolhido. Também não entra em vigor para todos os Estados partes da Convenção ou que tenham votado favoravelmente a determinada proposta. Nem em relação ao reconhecimento tácito é também desta forma. Assim, uma vez que as emendas tenham sido adotadas de acordo com o artigo 312º ou 313º, elas são novamente distribuídas aos Estados partes pelo Secretariado da ONU para ratificação antes de entrarem em vigor. Aqui, a Convenção traz um regime duplo: de um lado regras para a entrada em vigor dos

[62] CNUDM. Art. 314, nº 1.

[63] O nº. 1 do artigo 315º, que ainda estipula este prazo pode ser alterado pela própria emenda.

procedimentos ordinário e simplificado e, de outro, normas para a vigência de emendas relacionadas às atividades na Área.

Em relação à Convenção em termos gerais – excetuando-se as emendas da Área – seja pelo procedimento ordinário ou pelo simplificado, o artigo 316º traz algumas regras para a entrada em vigor destas emendas. Em primeiro lugar, elas entram em vigor no trigésimo dia após o depósito do último instrumento de ratificação ou adesão de dois terços dos Estados partes (nº 2 do artigo 316º.). Em segundo lugar, podem entrar em vigor após a ratificação de sessenta Estados partes, se este número fosse maior, o que não é mais o caso[64]. Em terceiro lugar, se um Estado parte ratificar uma emenda que já esteja em vigor, esta passa a vigorar, para este Estado parte, 30 dias após seu depósito de ratificação (nº 1 do artigo 316º).

Aqui vale destacar duas questões importantes. Primeiro, a própria emenda pode aumentar este número de dois terços de Estados signatários para que entre em vigor. Nos termos do nº 2 do artigo 316º "uma emenda pode prever, para a sua entrada em vigor, um número de ratificações ou de adesões maior do que o requerido pelo presente artigo". Segundo, as emendas apenas passam a vigorar para aqueles Estados partes que as ratificaram. Para os Estados partes que não o fizeram, a Convenção continua em vigor sem as alterações previstas na emenda. Por outro lado, os Estados que venham a ratificar a Convenção depois da entrada em vigor de uma emenda e que não se manifestem em contrário, passam a se vincular ao texto convencional tal como emendado (nº 4 do artigo 316º)[65].

Embora esse processo atribua um alto valor ao consentimento e à soberania dos Estados, ele representa uma ameaça à unidade do Direito Internacional do Mar. Como consequência, os procedimentos de emenda formal ameaçam uma fragmentação do Direito Internacional do Mar. É possível que duas disposições alternativas coexistem: um texto emendado aplicável às relações entre os Estados partes que o aceitaram e o texto original aplicável a todos os outros Estados partes.

[64] Como referido anteriormente, atualmente a Convenção tem 168 ratificações, pelo que dois terços seriam 112 Estados partes. Ainda, sobre esta questão dos sessenta Estados, explica Nordquist, Myron H. 1989. United Nations Convention on the Law of the Sea, 1982: A Commentary. Vol. V, Martinus Nijhoff Publishers, Netherlands, que "the phrase "or by 60 States Parties, whichever is greater," was intended to ensure that an amendment to the Convention should not be brought into force by a majority of States less than that required for the entry into force of the Convention itself under article 308, paragraph 2" (277).

[65] O nº 4 corresponde quase literalmente ao nº 5 do artigo 40º da Convenção de Viena sobre o Direito dos Tratados de 1969, relativo à emenda de tratados multilaterais.

Em relação às emendas das regras da Área, o nº. 5 do artigo 316º. estipula que estas passam a vigorar "para todos os Estados partes" após um ano do depósito de ratificação de três quartos dos Estados. Nota-se aqui uma questão bastante interessante e inovadora, posto que a emendas passam a viger para todos os Estados partes e não apenas para os que as ratificarem. Ainda, o Estado que venha a ser parte da Convenção depois da entrada em vigor de emendas em relação à Área, sujeitam-se ao texto conforme emendado (nº 6 do artigo 316º).

Assim, os Estados que não votem a favor da emenda na Assembleia da Autoridade e nem ratifiquem posteriormente à sua aprovação, ficam vinculados necessariamente ao novo texto. A única opção para estes seria a denúncia da Convenção à luz do artigo 317º. Em outras palavras, uma vez que a emenda tenha sido aprovada e entrado em vigor, ela passa a valer para todos os Estados, independente de adesão ou ratificação à emenda em questão.

Trata-se aqui de uma forma não usual no Direito internacional[66]. Todavia, não significa verdadeiramente uma quebra o princípio da *pacta tertiis nec nocent nec prosunt,* pelo qual um tratado não gera efeitos para produzir direitos ou obrigações aos Estados não signatários[67]. Neste caso, em última instância, a aprovação da emenda deve ser realizada por um organismo internacional – a Autoridade Internacional dos Fundos Marinhos – da qual os Estados são partes. E ainda, as regras são pré-estabelecidas. Isto é, todo signatário da Convenção se vincula, desde o princípio, à regra estabelecida pelo nº. 5 do artigo 316º. Ainda, para trazer mais segurança jurídica, o período para a entrada em vigor da emenda foi aumentado para doze meses e o número de ratificações ou adesões necessárias para a emenda entrar em vigor foi ampliado para três quartos dos Estados partes, uma excecionalmente alta proporção.

[66] Sobre a questão, afirma Martins, Ana Maria Guerra. 1993. Algumas notas sobre o regime jurídico da revisão da convenção de Montego Bay. Revista da Ordem dos Advogados. P. 609-672, Ano.53, n.3: 609-672, que "[u]ltrapassa-se, assim, o princípio clássico de Direito Internacional Público de que a ratificação é um acto livre e político, pois os Estados poderão ficar vinculados à emenda independentemente da ratificação ou da adesão. Verifica-se nesta matéria também a supremacia do princípio internacionalista sobre o princípio nacionalista e o afastamento de regras clássicas do Direito Internacional Público, como sejam as da Convenção de Viena sobre Direito dos Tratados" (664).

[67] Sobre o tema em questão ver Loureiro Bastos, Fernando. 2011. Algumas considerações sobre a produção de efeitos dos tratados de protecção do ambiente no espaço marinho. Revista do Programa de Pós-Graduação em Direito da UFC. Vol. 31, nº 1: 213-250; e Zanella, Tiago V. 2015. Os tratados internacionais de direito do mar e seus efeitos sobre terceiros Estados. Revista de Direito Internacional. Vol. 12: 86-107. Brasília.

6. Disposições finais

Por fim, a Convenção traz alguns articulados finais, com questões burocráticas e administrativas padrões, que são normas de Direito Internacional em geral e a devem ser interpretadas à luz da Convenção de Viena sobre o Direito dos Tratados, de 1969 em especial.

Em primeiro lugar, o artigo 317º regulamenta a possibilidade de denúncia do tratado, ou seja, a rescisão unilateral por uma das partes de sua participação no tratado. Este dispositivo tem três elementos principais: (i) reconhece expressamente o direito de denúncia; (ii) estipula os efeitos da denúncia e o procedimento a ser seguido; e (iii) esclarece quais obrigações não são afetadas pela denúncia (números 1, 2 e 3, respetivamente). Até o momento, nenhuma parte fez uso da possibilidade de denunciar a Convenção.

As denúncias à Convenção devem ser distinguidas das emendas. Como medida unilateral, as denúncias afetam apenas os direitos e obrigações do Estado denunciante – e de outras partes em relação a ele – e não afetam a substância do tratado. É importante notar também que, ao contrário de outros tratados multilaterais[68], a Convenção não contém nenhuma disposição sobre sua expiração como consequência de múltiplas denúncias que reduzam seus signatários[69].

Em segundo lugar, os tratados multilaterais frequentemente tratam de aspetos específicos na forma de anexos, não sendo a Convenção diferente. Os nove anexos ao texto são, cada um, muito diferentes em natureza e finalidade. À medida que as negociações progrediram, tornou-se mais evidente que cada um deles fazia parte tão intimamente do "pacote" da Convenção[70]. Desta forma, o artigo 318º cumpre uma função importante ao determinar que todos os anexos são parte integrante do texto convencional e devem ser lidos e aplicados em conjunto. Este dispositivo, portanto, desempenha um papel essencial na Convenção, ligando inextricavelmente os anexos ao texto principal.

[68] A título exemplificativo, pode-se citar a *Convention Regarding the Measurement and Registration of Vessels Employed in Inland Navigation of 1956*, que prevê no artigo 10 qie "[t]he present Convention shall cease to be in force as from the date when the denunciation which reduces the number of Contracting States to less than three becomes effective".

[69] Em conformidade com o artigo 55º da Convenção de Viena sobre o Direito dos Tratados, de 1969. Sobre a questão, resume bem Villiger, Mark E. 2009. Commentary on the 1969 Vienna Convention on the Law of Treaties. Martinus Nijhoff Publishers: Netherlands, ao afirmar que "[o]ccasionally, multilateral treaties provide for the termination of a treaty if withdrawals reduce the number of parties below a particular figure" (692).

[70] Neste sentido Nordquist, Myron H. 1989. United Nations Convention on the Law of the Sea, 1982: A Commentary. Vol. V, Martinus Nijhoff Publishers, Netherlands.P. 287.

Disposições como essa são comuns em tratados que contêm anexos[71]. Eles têm uma função útil de esclarecimento e ajudam a distinguir os anexos de outros documentos intimamente relacionados ao tratado principal, mas que são textos juridicamente autônomos, como, por exemplo, os protocolos opcionais ou acordos posteriores.

Em terceiro lugar, o artigo 319º designa o Secretário-Geral da ONU como "centro administrativo" da Convenção. Este dispositivo traz um rol de funções administrativas do Secretário-Geral como, por exemplo, a de depositário da Convenção e de suas futuras emendas, como já citado (nº 1 do artigo 319º). Ademais, os números 2 e 3 mencionam outras funções administrativas que o Secretário-Geral deve desempenhar. Por serem intimamente relacionados, optou-se por incluí-los na mesma disposição. Todavia, o artigo 319º. não esgota as funções de depositário do Secretário-Geral. Há, durante o texto, vários outros dispositivos que trazem funções específicas ao Secretário-Geral, como o nº 2 do artigo 16º e o nº 2 do artigo 75º.

E, por fim, em quarto lugar, o artigo 320º determina as línguas em que o tratado será oficialmente produzido: árabe[72], chinês, espanhol, francês, inglês e russo. O dispositivo declara que seis versões linguísticas fazem fé, mas nada diz sobre as consequências da decisão. Estas decorrem das regras gerais de interpretação do tratado, conforme codificadas no artigo 33º da Convenção de Viena sobre o Direito dos Tratados de 1969.

O conteúdo do artigo 320º é comum em cláusulas finais e cumpre três funções: (i) determina as línguas autênticas da Convenção; (ii) prevê o depósito do original da Convenção junto ao Secretário-Geral da ONU; e (iii) contém (em parágrafos separados) o testemunho ("Em fé do que os plenipotenciários") e uma referência ao local e data da adoção da Convenção ("Feito em Montego Bay, no dia 10 de Dezembro de 1982"). Destes, o primeiro aspeto

[71] Por exemplo, o artigo 25º da Convenção das Nações Unidas sobre as imunidades jurisdicionais dos Estados e dos seus bens, de 2004.

[72] Sobre o árabe, afirma Nordquist, Myron H. 1989. United Nations Convention on the Law of the Sea, 1982: A Commentary. Vol. V, Martinus Nijhoff Publishers, Netherlands, que "[t]he records of the Conference disclose that the Arabic authentic text caused some problems, not because of the recognition of Arabic as an official language of the Conference but because of the absence of authentic Arabic texts of so many of the fundamental documents underlying the 1982 Convention. (...) when the official [authentic] Arabic version is compared with the other official versions, it becomes clear that in some cases the Arabic text does not exactly correspond to the other versions in that it fails to reflect precisely the content of certain provisions of the Convention" (303-304).

é o mais relevante. A identificação das línguas autênticas de um tratado é importante nomeadamente para fins de interpretação[73].

Durante a Terceira Conferência das Nações Unidas sobre o Direito do Mar, a delegação de Cabo Verde mencionou os esforços que estavam a ser feitos pelos serviços de língua portuguesa no sentido de produzir uma versão da Convenção em português, que poderia tornar-se um documento oficial[74]. Contudo, o português não foi incluído como língua oficial do texto. Assim, o texto em português não é oponível aos textos autênticos das seis línguas oficiais.

[73] Sobre a questão, destaca Tams, Christian J.. Article 320. In United Nations Convention on the Law of the Sea. A Commentary. Ed. Proelss, Alexander. 2022. C.H.Beck – Hart – Nomos.Proelss, que "[b]y contrast, it does not mean that all languages mentioned were used equally during all stages of the drafting process: In this respect, while the Rules of Procedure of UNCLOS III from 1974 recognized Arabic, Chinese, English, French, Russian and Spanish as the working languages of the Conference, in practice, most written negotiations were conducted in English only" (2045).

[74] A/CONF.62/SR.139. 139th Plenary Meeting (1980), P. 64. para. 43: "Lastly, he wished to draw attention to the efforts being made by the Portuguese-language countries to produce a Portuguese version of the informal composite negotiating text which might in due course become an official document".

BIBLIOGRAFIA

Abegón Novella, Marta. 2019. The adoption of rules, regulations and procedures to protect the marine environment by the International Seabed Authority: Limitations and reinforcement measures. Transforming the Ocean Law by Requirement of the Marine Environment Conservation. Coord. Patrick Chaumette. 313-327. Madrid: Marcial Pons.

Abegón Novella, Marta. 2020. Hacia una regulación sobre la conservación y el uso sostenible de la diversidad biológica marina de las zonas situadas fuera de la jurisdicción nacional: el futuro acuerdo como un tratado de protección de intereses generales. Revista Catalana de Dret Ambiental Vol. XI Núm. 2: 1–50. https://doi.org/10.17345/rcda2919.

Anand, R.P. *Origin and Development of the Law of the Sea*. Haia: The Hague, 1983.

Anderson, David. Modern Law of the Sea – Selected Essays. Leiden/Boston: Martinus Nijhoff Publishers, n.d.

Antunes, Nuno Marques e Becker-Weinberg, Vasco. "Entitlement to maritime zones and their delimitation: in the doldrums of uncertainty and unpredictability", in: *Maritime Boundary Delimitation: The Case Law: Is it Consistent and Predictable?*, edited by Alex G. Oude Elferink, Tore Henriksen and Signe Veierud Busch, Cambridge University Press, Cambridge

Antunes, Nuno Marques. 2000. The Importance of the Tidal Datum in the Definition of Maritime Limits and Boundaries. Durham: IBRU.

Armas, Frida M. Pfirter de. *Argentina y el derecho del mar,* Revista del Colegio de abogados 5, 1973

Artigas, Carmen. La Autoridad Internacional de los Fondos Marinos: Un nuevo espacio para el aporte del Grupo de Países Latinoamericanos y Caribeños (GRULAC). CEPAL-SERIE Recursos Naturales e Infraestructuras No. 6. https://repositorio.cepal.org/handle/11362/6413?locale-attribute=es

Ascensio-Herrera, Alfonso. 2020, Oportunidades en zonas marinas más allá de la jurisdicción nacional: El papel de la Autoridad Internacional de los Fondos marinos. Maritime Transportation and Ocean Policies. Conference Papers 6. WMU RESEARCH REPORT SERIES No. 15: 123-124. DOI: 10.21677/srca201909

Attard, David e Mallia, Patricia. 2014. The High Seas. In The IMLI Manual on

International Maritime Law, vol. I, The Law of the Sea, ed. David Joseph Attard, Malgosia Fitzmaurice e Norman A Martinez Gutiérrez

Aust, Anthony. 2013. Modern Treaty Law and Practice. 3rd ed. 2012. Cambridge University Press: Cambridge

Azcarraga y de Bustamante, José Luiz. 1983. Derecho del Mar, 3 volumes, Madrid.

Badía Martí, Ana M. 2020. La explotación de los fondos marinos, una visión desde la gobernanza internacional de los océanos. La construcción jurídica de un espacio marítimo europeo. Coods. José Manuel Sobrino Heredia y Gabriela A. Oanta, 715-730. Barcelona: Bosch Editor.

Barnes, Richard A. e Massarella, Carmino. "Article 52", in: *United Nations Convention on the Law of the Sea: A Commentary*, editado por Alexander Proelss, C.H.Beck, Munique, 2017, pp. 390-392.

Bastos, Fernando Loureiro. 1997. Os acordos mistos em Direito Comunitário. Contributo para a compreensão do seu fundamento jurídico. Lisboa.

Bastos, Fernando Loureiro. 2011. Algumas considerações sobre a produção de efeitos dos tratados de protecção do ambiente no espaço marinho. Revista do Programa de Pós-Graduação em Direito da UFC. Vol. 31, nº 1: 213-250

Bastos, Fernando Loureiro. A Internacionalização dos Recursos Naturais Marinhos, AAFDL, Lisboa, 2005

Bastos, Fernando Loureiro. 2017. Direito Internacional do Mar. Guia de Estudo, 185-189. AAFDL Editora

Bastos, Fernando Loureiro. 2017. Direito Internacional do Mar. Guia de Estudo, AAFDL Editora

Bastos, Fernando Loureiro. 2018. O uso da força e a guerra no espaço marítimo. In Guerra e Paz no Século XXI. Políticas e Direito Internacional, coordenadores Roberto Correia da Silva Gomes Caldas, Jamile Bergamaschine Mata Diz, Manuel de Almeida Ribeiro e Isabel Cabrita. Almedina;

Bastos, Fernando Loureiro. 2021. Caso nº 19. Caso M/V "Virginia G" (Panamá e Guiné-Bissau). In *Tribunal Internacional do Direito do Mar. 25 anos de jurisdição em homenagem ao Professor Vicente Marotta Rangel*, organizadores André de Paiva Toledo e Tiago V. Zanella, Editora D'Plácido

Bastos. Fernando Loureiro. 2018. O Direito Internacional do Mar e as leis da guerra, in O Direito Internacional e o Uso da Força no Século XXI, coordenadores Maria Luísa Duarte e Rui Tavares Lanceiro. AAFDL

Baumert, Kevin, e Brian Melchior. 2015. The Practice of Archipelagic States: A Study of Studies. Ocean Development & International Law 46, nº 1: 60–80. https://doi.org/10.1080/00908320.2015.995970.

Beazley, Peter B. 1986. Maritime Limits and Baselines – A Guide to Their Delineation. 3ª, Special Publication Nº 2. London: The Hydrographic Society.

Becker-Weinberg, Vasco e Verdirame, Guglielmo. "*Proliferation of weapons of mass destruction and shipping interdiction*", in: *The Oxford Handbook of The Use of Force in International Law*, edited by Marc Weller, Oxford University Press, 2015, pp. 1022-1025.

Becker-Weinberg, Vasco. "Article 224", in: *United Nations Convention on the Law of the Sea: A Commentary*, editado por Alexander Proelss, C.H.Beck, Munique, 2017, p. 1532.

Becker-Weinberg, Vasco. "Article 225", in: *United Nations Convention on the Law of the Sea: A Commentary*, editado por Alexander Proelss, C.H.Beck, Munique, 2017, pp. 1534-1537.

Becker-Weinberg, Vasco. "Article 226", in: *United Nations Convention on the Law of the Sea: A Commentary*, editado por Alexander Proelss, C.H.Beck, Munique, 2017, p. 1540

Becker-Weinberg, Vasco. "Article 228", in: *United Nations Convention on the Law of the Sea: A Commentary*, editado por Alexander Proelss, C.H.Beck, Munique, 2017, p. 1549

Becker-Weinberg, Vasco. "Article 229", in: *United Nations Convention on the Law of the Sea: A Commentary*, editado por Alexander Proelss, C.H.Beck, Munique, 2017, pp. 1553-1554.

Becker-Weinberg, Vasco. "Article 231", in: *United Nations Convention on the Law of the Sea: A Commentary*, editado por Alexander Proelss, C.H.Beck, Munique, 2017 pp. 1557-1560.

Becker-Weinberg, Vasco. "From legal warefare to legal cooperation: the China-Philippines relation in the South China Sea beyond the arbitration", in: CXIX-III, *Il Diritto Marittimo* (2017), pp. 621-646.

Becker-Weinberg, Vasco. "Organização Marítima Internacional", in: *Dicionário Portugal Multilateral,* volume II, editado por Nuno Severiano Teixeira e Alice Cunha, Almedina, Coimbra, 2021.

Becker-Weinberg, Vasco. *Joint Development of Hydrocarbon Deposits in the Law of the Sea* (Springer Verlag: Heidelberg, Nova Iorque, Dordrecht, Londres, 2014)

Becker-Weinberg, Vasco. *Ordenamento e Gestão do Espaço Marítimo Nacional: Enquadramento e Legislação,* Quid Juris, Lisboa, 2016

Beckman, Beckman e Davenport, Tara "The EEZ Regime: Reflections after 30 years". 2012. *In Securing the Oceans for the Next Generation* Papers of the Law of the Sea Institute of Ocean Science and Technology Conference, held in Seoul, Korea, May 2012

Beckman, Robert. "Submarine Cables – A Critically Important but Neglected Area of the Law of the Sea", *ISIL Conference,* Jan 10, New Dehli

Beckman, Robert e Schofield, Clive. "Moving beyond disputes over island sovereignty: ICJ decision sets stage for maritime boundary delimitation in the Singapore Strait", in: 40 *Ocean Development and International Law* (2009), pp. 1-35

Bederman, David. J. "Old Isolationism and the New Law of the Sea: Reflections on Advice and Consent for UNCLOS," *Harvard International Law Journal,* Vol. 49, 2008, 21-27

Bernhardt, J. Peter A. "A schematic analysis of vessel-source pollution: perspective and enforcement regimes in the law of the sea conference", in: 20 *Virginia Journal of International Law* (1979-1980), p. 301.

Blake, Gerald. 1997. Coastal State Sovereignty in the Mediterranean Sea: The Case of Malta. GeoJournal: 173–80.

Blociszewski, Joseph de. "La navigation en haute mer." Lausanne: IJustice et Pace – nstitut de Droit Interntional, September 1927. https://www.idiiil.org/app/uploads/2017/06/1927_lau_03_fr.pdf.

Bowett, D. W. *The Law of the Sea*. Manchester: Manchester Uneversity Press, 1967.

Bowett, Derek W. "The arbitration between the United Kingdom and France concerning the continental shelf boundary in the English Channel and South-Western approaches", in: 49 *British Yearbook of International Law* (1978), pp. 1-29

Boyle, Alan. 2005. Further Development Of The Law Of The Sea Convention: Mechanisms For Change International and Comparative Law Quarterly. P. 563-584, 54, Issue 03: 563-584

Branco, Inês Aguiar. 2020. Solving the potential conflict: high seas marine protected areas and sovereign rights over the continental shelf beyond 200 nautical miles. In Global Challenges and the Law of the Sea. Ed. Marta Chantal Ribeiro, Fernando Loureiro Bastos e Tore Henriksen, 423-442. Springer.

Brilmayer, Lea; Klein, Natalie. *Land and Sea: Two Sovereignty Regimes In Search of a Common Denominator,* (2001). Faculty Scholarship Series. Paper 2523

Brownies' Principles of Public International Law (Oxford University Press: Oxford, 2019)

Bynkershoek, Cornelius. *De Dominio Maris Dissertatio. On The Sovereignty of the Sea.* Washington: Carnegie Endowment for International Peace, 1923. ---. *Quaetionum Juris Publici Libri Duo.* Oxford: Oxford: At Clarendon Press, 1930.

Cabrera Mirassou, Martín. 2014. La competencia consultiva del tribunal internacional del derecho del mar en el contexto del régimen de los océanos. Revista de la Secretaría del Tribunal Permanente de Revisión, 2, N° 4: 107.

Caetano, Marcello. "Introdução." In *Do Justo Império Asiático Português,* I:416. Lisboa: Instituto de Alta Cultura, 1960.

Caminos, Hugo e Cogliati-Bantz, Vincent P. *The Legal Regime of Straits* (Cambridge University Press: Cambridge, 2014

Campos, Aldino S. de; Coelho, Paulo N. 2016. A Delimitação Dos Espaços Marítimos Das Ilhas e Dos Rochedos. In Anuário de Direito Internacional 2014/2015, 65–89. Lisboa: Instituto Diplomático-Ministério dos Negócios Estrangeiros, 2016.

Castañeda, Jorge. Negotiations on the Exclusive Economic Zone. In Essays in International Law in Honour of Judge Manfred Lach, Martinus Nijhoff Publishers

Cawood, F. T.; MacFarlane, A. S. *The Mineral and Petroleum Royalty Bill – Report to National Treasury,* in The Journal of the South African Institute of Mining and Metalurgy, 2003, 213-232

Center for Oceans Law and Policy, University of Virginia, "Part VI", em *United Nations Convention on the Law of the Sea,* Center for Oceans Law and Policy, University of Virginia,

Churchill, R. R. and Lowe, A. V. *The Law of the Sea,* 3ª ed. (Manchester University Press: Manchester, 1999), pp. 119-120.

Codification Division of the Office of Legal Affairs. "Juridical Regime of Historic Waters, Including Bays – Study Prepared by the Secretariat." edited by Yearbook of the International Law Commission, II:1–26, 1962.

Coelho, Paulo N. 2012. O Traçado Das Linhas de Base – O Caso Particular Das Linhas de Fecho e de Base Reta Portuguesas. Lisboa: ADFA.

Coelho, Paulo Neves. O Artigo 76º da Convenção das Nações Unidas sobre o Direito do Mar: A Problemática da Aplicação Técnica de Conceitos Jurídicos pela (in)Controversa Comissão de Limites da Plataforma Continental. Faculdade de Direito da Universidade do Porto, 2017

Colliard, Claude-Albert. *Le Fond des Mers – Aspects juridiques, biologiques et géologiques, Librairie* Armand Colin, 1971

Colombos, C. John. *The International Law of the Sea,* 6th edition, (David McKay Company Inc.: New York, 1967), pp. 114-119

Consiglieri, Jaime F. *Mining Royalty as Compensation not Tax,* in Mining Royalties, International Development Research Centre, 2004

Cortesão, Jaime. *Os Descobrimentos Portugueses.* IV vols. Lisboa: Livros Horizonte, 1975.

Crawford, James. *The International Law Commission's Articles on State Responsibi-*

lity: Introduction, Text and Commentaries (Cambridge University Press: Cambridge, 2005), pp. 204-206

Dantas, Daniela. *Mare Nostrum – Military History and Naval Power in Rome.* Lisboa: Faculdade de Letras da Universidade de Lisboa, 2020. https://www.academia.edu/43037034/Mare_Nostrum_Military_History_and_Naval_Power_in_Rome_2nd_c_BCE_1st_c_CE_2020_PhD_thesis_.

Díaz Galán, Elena. 2019. Las normas del Derecho del Mar sobre la protección del medio marino y el objetivo 14 de la Agenda 2030: Utopía o realidad. HAL. Archiversouverts.fr. HAL https://halshs.archives-ouvertes.fr/halshs-02398888

Dihn, Nguyen Quoc; Daillier, Patrick; Pellet, Alain. Direito Internacional Público, 2ª Edição, Serviço de Educação e Bolsas, Fundação Calouste Gulbenkian

Division for Ocean Affair and the Law of the Sea. 2007. Digest of International Cases on the Law of the Sea. New York: United Nations.

Division for Ocean Affairs and the Law of the Sea. 2000. Handbook on the Delimitation of Maritime Boundaries. New York: United Nations.

Dubner, Barry Hart. *The Law of Territorial Waters of Mid-Ocean Archipelagic States* (Martinus Nijhoff: A Haia, 1976), pp. 29-52.

Dupuy, Pierre-Marie. 1984. Technologie et ressources naturelles, 'nouvelles' et 'partagées'. In Droit et libertés à la fin du XXe siècle: Influence des données économiques et technologiques: études offertes à Claude-Albert Colliard, Dominique Carreau et al. (Coords). 206-230. Paris: Pedone.

Dupuy, R.J. e Vignes, Daniel. 1985. Traité du Nouveau Droit de la Mer, Paris, 1985.

Dupuy, René-Jean; Vignes, Daniel. 1991. A handbook on the new law of the sea. Vol 2, Martinus Nijhoff Publishers, Netherlands.

Dyke, Jon M. Van. "Transit passage through international starits", in: *The Future of Ocean Regime-Building: Essays in Tribute to Douglas M. Johnston*, eds. Aldo Chircop, Ted L. McDorman e Susan J. Rolston (Martinus Nijhoff Publishers: Leiden, Boston, 2009), pp. 177-232;

Dzuerk, Daniel J. 2004. Maritime Agreements and Oil Exploration in the Gulf of Thailand. In Borders and Border Politics in a Globalizing World, ed.Paul Ganster e David E. Lorey, 301–16. Lanham MD: Rowan & Littlefields Publisher.

E. D. Brown, *The International Law of the Sea, Volume I, Introductory Manual* (Dartmouth: Aldershot, Brookfield EUA, Singapura, Sydney: 1994)

Effenterre, Henri van. *A Idade Grega. 550 a 270 a.C.* Lisboa: Dom quixote, 1979.

Elferink, Alex G. 1998. Clarifying Article 121(3) of the Law of the Sea Convention: The Limits Set by the Nature of International Legal Processes. *Boundary and Security Bulletin*, 58–68.

Escobar, Jairo. 2000. Una aproximación a los efectos ambientales generales de la minería de los fondos marinos. CEPAL-SERIE Recursos naturales e infraestructuras No. 6. https://repositorio.cepal.org/bitstream/handle/11362/6413/S00154_es.pdf?sequence=1&isAllowed=y

Escobar, Jairo. 2004. El impacto producido por la actividad minera en los fondos profundos oceánicos sobre los recursos genéticos y el Reglamento para la prospección y exploración de nódulos polimetálicos en la Zona. CEPAL. https://repositorio.cepal.org/bitstream/handle/11362/31913/S0412914_es.pdf?sequence=1

Evans, M. D. "Maritime Boundary Delimitation: Whatever Next', in J. Barret, R. Barnes (Eds.), Law of the Sea: UNCLOS as a Living Treaty, London, British Institute of International and Comparative Law, 2016

Evensen, Jens. *Certain legal aspects concerning the delimitation of the territorial sea of archipelagos* (Doc. A/Conf.13/18), [online: http://legal.un.org/diplomaticconferences/lawofthesea-1958/docs/english/vol_I/17_A-CONF-13-18_PrepDocs_vol_I_e.pdf (julho 2021)]

Fernandes, Luiz Philippe da Costa. (Coord.); Oliveira, Lucimar Luciano de. (Prep.). 2012. O Brasil e o mar no século XXI: relatório aos tomadores de decisão do País. Centro de excelência para o mar brasileiro (CEMBRA). 2. ed., rev. e ampl. Niterói, RJ: BHMN.

Ferrão, Marisa Caetano. A Delimitação da Plataforma Continental além das 200 milhas marítimas, Lisboa, AAFDL, 2009.

Fitzmaurice, Malgosia. 2015. Whaling and International Law. Cambridge University Press

Fonseca, Luís Adão da. *D. João II*. Reis de Portugal 13. Mem Martins: Circulo de Leitores, 2005.

Frammer, Alan M. "The British Hoyering Acts: A Contribution to the Study of contiguous Zone. *Révue Belgue de Droti Interntional*, no. 2 (1982 1981). http://rbdi.bruylant.be/public/modele/rbdi/content/files/RBDI%201981%20et%201982/RBDI%201981%20et%201982%20-%202/Etudes/RBDI%201981-1982.2%20-%20pp.%20434%20%C3%A0%20458%20-%20Alan%20M.%20Frommer.pdf.

Franckx, Erik; Banatar, Marco; Cambou, Dorothée; Janssens, Karen, Mampacy, Helena; Scotcher, Nkeiru; Tran, Thuy Van. 2017. Annex IX Participation by International Organizations. In United Nations Convention on the Law of the Sea. A Commentary. Ed. Proelss, Alexander. 2512-2552. C.H.Beck – Hart – Nomos.

Franckx. Erik; Banatar, Marco. 2017. Article 305. In United Nations Convention on the Law of the Sea. A Commentary. Ed. Proelss, Alexander. 1968-1979. C.H.Beck – Hart – Nomos.

Frankot, Edda. "Medieval Maritime Law from Oléron to Wisby: Jurisdictions in the Law of the Sea." In *Communities in European history: representations, jurisdictions, conflicts, Juan Pan-Montojo and Frederik Pedersen (Eds.)*, 21. Lugarno, Pacinott: Pisa University Press, 2007.

Freestone, David; Elferink, Alex G. Oude. 2005. Flexibility and Innovation in the Law of the Sea: Will the LOS Convention amendment procedures ever be used? In Stability and Change in the Law of the Sea: The Role of the LOS Convention, (edit) Elferink, Alex G. Oude Elferink, 163-216. Martinus Nijhoff: Netherlands

Freitas, Frei Serafim. *De Iusto Imperio Lusitanorum Asiatico*. Vol. 2. Lisboa: Instituto de Investigação Científica, 1983 ---. *Do Justo Império Asiático dos Portugueses*. Vol. 1. Lisboa: Instituto de Alta Cultura, 1952.

Friedman. Andrew. "Submarine Telecommunication Cables and a Biodiversity Agreement in ABNJ: Finding New Routes for Cooperation", *The International Journal of Marine and Coastal Law* 32 (2017) 1-35

Fulton, T. W. *The Sovereignty of the Sea*, Blackwood and Sons Edinburgh, Londres, 1976

Fulton, Thomas Wemyss. *The Sovereignity of the Sea*. Edinburgh: William Blackwood and Sons, 1911.

Giardina, Andrea. 1976. L'International Sea-be Authority: Verso un nuevo esperimento di organizzazione internazionale. RDI. LXI: 247-267.

Gomes, Manuel Januário Costa, 2007, Leis Marítimas, 2ª ed. Almedina.

Gomez, Primitivo Mariño. "Introducción." In *Del Derecho de Presa. Del Derecho de la Guerra y de la Paz*, 67. Madrid: Centro de Estudios Constitucionaless, 1987.

Grimal, Pierre, Jacques Pierre Millote, Marcel Pacaut, and René Raynal. *História Geral da Europa. A Europa das Origens ao Começo do Século XIV*. Vol. 1. Lisboa: Europa-América, 1986.

Groti, Hvgonis. *Mare Liberum, Sive De iure quod Batavis competit ad Indicana commercia Dissertatio*. Ex Officina Elzevitiana, 1608.

Grotius, Hugo. *De Jure Belli ac Pacis Libri Tres, in quibus Jus Nature & Gentium, item Juris Publici praecipua explicantur*. Vol. I. Buffalo-New York: William S. Hein &Co. Inc., 1995. ---. *Mare Liberum*. Polónia, 2012. ---. *O Direito da Guerra e da Paz*. Vol. I. Ijuí: UNIJUI, 2005.

Guedes, Armando M Marques. *Direito do Mar*, Coimbra Editora, 1998, 2ª Edição

Guilfoyle, Douglas. 2015. The high seas. In The Oxford Handbook of the Law of the Sea, ed. Donald R. Rothwell, Alex G. Oude Elferink, Karen N. Scoot e Tim Stephens. Oxford University Press

Guilfoyle, Douglas. 2017. Article 84. In United Nations Convention on the Law of the Sea. A Commentary. Ed. Proelss, Alexander. C.H.Beck – Hart – Nomos

Guilfoyle, Douglas. 2017. Article 89. In United Nations Convention on the Law of the Sea. A Commentary. Ed. Proelss, Alexander. C.H.Beck – Hart – Nomos

Guilfoyle, Douglas. 2017. Article 93. In United Nations Convention on the Law of the Sea. A Commentary. Ed. Proelss, Alexander. C.H.Beck – Hart – Nomos.

Guilfoyle, Douglas. 2017. Article 96. In United Nations Convention on the Law of the Sea. A Commentary. Ed. Proelss, Alexander. C.H.Beck – Hart – Nomos.

Guilfoyle, Douglas. *Shipping Interdiction and the Law of the Sea* (Cambridge 2009); Philipp Wendel, *State Responsibility for Interferences with the Freedom of Navigation in Public International Law* (Springer Verlag: Berlin, Heidelberg, 2007).

Guj, Pietro. *Mineral royalties and other mining-specific taxes*, International Mining for Development Centre.

Harald Brekke, Philip Symonds, "Submarine Ridges and Elevations of Article 76 in Light of Published Summaries of Recommendations of the Commission on the Limits of the Continental Shelf", in *Technical and Legal Aspects of the Regimes of the Continental Shelf and the Area*, Zhiguo Gao, Hawien Zhang, Haisheng Zhang, Jiaobiao Li (Eds.), China Institute for Marine Affairs, China Ocean Press., 2011, 136-161

Hatzfeld, Jean. *História da Grécia Antiga*. Lisboa: Europa-América, 1965.

Healy, Nicholas Joseph. "Maritime law." *Encyclopedia Britannica | Britannica*. Accessed March 28, 2021. https://www.britannica.com/topic/maritime-law#ref39237.

Henkin, Louis. Law for the Sea's Mineral Resources, Institute for the Study of Science in Human Affairs, Columbia University, New York, 1968

Herman, L. L. "The modern concept of the off-lying archipelago in international law", in: 23 *The Canadian Yearbook of International Law* (1985), p. 176.

Heródoto. *Histórias 6. 6*. Lisboa: Ed. 70, 2000. ---. *Histórias. Livro 5*. 5 vols. Lisboa: Ed. 70, n.d.

Hespanha, António Manuel. "Introdução." In *O Direito da Guerra e da Paz*, I:767. Ijuí: Unijui, 2004.

International Hydrographic Organization. 1994. *Hydrographic Dictionary*. 5ª.

Vol. Special Publication Nº 32. Monaco: International Hydrographic Organization. https://www.iho.int/iho_pubs/standard/S-32/S-32-eng.pdf.

International Hydrographic Organization. 2005. Manual on Hydrography-Publication C-13. 1ª ed. Monaco: International Hydrographic Bureau.

International Hydrographic Organization. 2021. Regulations of the IHO for International (INT) Charts and Chart Specifications of the IHO. Ed. 4.9.0. Monaco. https://iho.int/uploads/user/pubs/standards/s-4/S4_V4-9-0_March_2021.pdf.

International Law Association, *Legal Issues of the Outer Continental Shelf*, Berlin Conference (2004), International Law Association

International Law Association, *Legal Issues of the Outer Continental Shelf* Toronto Conference (2006), International Law Association.

International Law Association, *Legal Issues of the Outer Continental Shelf*, Rio de Janeiro Conference (2008), International Law Association

International Law Commission, *Guide to Practice on Reservations to Treaties*, Yearbook of the International Law Commission 2011. Volume II Part Three, 2018. United Nations: New and Geneva. https://legal.un.org/ilc/publications/yearbooks/english/ilc_2011_v2_p3.pdf;

International Law Commission, *Yearbook of the International Law Commission*, Vol. II, 21

International Oceanographic Commission e International Association of Geodesy. 2020. A Manual on the Technical Aspects of the United Nations Convention on the Law of the Sea-1982 (TALOS), C-51. 6.0.0. ed. Monaco: International Hydrographic Bureau. https://iho.int/uploads/user/pubs/cb/c-51/C_51_Ed600_052020.pdf. Acedido em 14 Jun 2020.

International Seabed Authority, *Issues Associated with the Implementation of Article 82 of the United Nations Convention on the Law of The Sea*, Technical Study No: 4, ISA Technical Study Series, Kingston, Jamaica, 2009

International Seabed Authority, *Non-living Resources of the Continental Shelf Beyond 200 Nautical Miles: Speculations on the Implementation of Article 82 of the United Nations Convention on the Law of The Sea*, Technical Study No: 5, ISA Technical Study Series, Kingston, Jamaica, 2010

International Seabed Authority, *Technical Study Nº 12*, ISA Technical Study Series Kingston, Jamaica, 2013

Jaeckel, Aliene L. 2017. The International Seabed Authority and the Precautionary Principle. Balancing Deep Seabed Mineral Mining and Marine Environmental Protection. Leiden-Boston: Brill/Nijhoff.

Jagota, S. P. *Maritime Boundary, in* Developments in International Law Maritime Boundary, Vol. IX, Publication on Ocean Development, Martinus Nijhoff Publishers, 1985

James Crawford, *The International Law Commission's Articles on State Responsibility: Introduction, Text and Commentaries* (Cambridge University Press: Cambridge, 2005)

Jarmache, Élie. La Zone, un concept révolutionnaire, ou un rêve idéaliste?, Annales des Mines- Responsabilité et Environnement. 70: 72.

Jayewardene, Hiran W. *The Regime of Islands in International Law* (Martinus Nijhoff Publishers: Dordrecht, 1990

Jia, Bing Bing. *The Regime of Straits in International Law* (Clarendon Press: Oxford, 1998), pp. 129-167

Jiménez Morán Sotomayor, Fabiola. 2021. La Autoridad Internacional de los Fondos Marinos y la explotación sostenible de la Zona. Anuario Colombiano de Derecho Internacional. 14: 21-25. https://doi.org/10.12804/revistas.urosario.edu.co/acdi/acdi.v14i1

Jones, Erin Bain. *Law of the Sea*. Dallas: Southern Methodist University Press, 1972.

Juste Ruiz, José. 2018. La gobernanza de los *global commons* como patrimonio colectivo en el Derecho internacional. Anuario Español de Derecho Internacional 34: 133-149, DOI: https://doi.org/10.15581/010.34.133-149

Kautilya. *The Arthashastra*. New Dheli, India: Penguin Books, 1987. http://www.cliohworld.net/onlread/5/01.pdf.

Kwiatkowska, Barbara and Soons, Alfred H. A. "Entitlement to maritime areas of rocks which cannot sustain human habitation or economic life of their own", in: 21 *Netherlands Yearbook of International Law* (1990), pp. 139-181.

Kwon, Park Hee e Hui-Gwon Pak. 2000. The Law of the Sea and the Northeast Asia – A Challenge for Cooperation. Dordrecht: Kluwer Law International.

Labourdette, Jean-François. *História de Portugal*. 1a. edição. Lisboa, Portugal: Dom Quixote, 2003.

Lathrop, Coalter G., J. Ashley Roach, e Donald R. Rothwell. 2019. Baselines under the International Law of the Sea. Brill Research Perspectives in the Law of the Sea 2, nº 1–2. https://doi.org/10.1163/24519359-12340005.

Lodge, Michael et al. 2014. Seabed mining International Seabed Authority environmental management plan for the Clarion-Clipperton Zone. A partnership approaches. Marine Policy. 49: 66-67.

Lodge, Michael. "The International Seabed Authority – Its Future Directions", *Legal and Scientific Aspects of Continental Shelf Limits*, Myron H. Nordquist, John Moore, Norton; Heidar, Thomas H. Martinus Nijhoff Publishers, 2004;

Lodge, Michael. 2011. Some Legal and Policy Considerations Relating to the Establishment of a Representative Network of Protected Areas in the Clarion-Clipperton Zone. The International Journal of Marine and Coastal Law. 26: 463-480.

Lodge, Michael. 2017. La Autoridad Internacional de los Fondos Marinos y la explotación minera de los fondos marinos, ONU Crónica, LIV, Números 1 y 2. https://unchronicle.un.org/es/article/la-autoridad-internacional-de-los-fondos-marinos-y-la-explotaci-n-minera-de-los-fondos

Loureiro Bastos, Fernando. 2014. Setting the field for future 'mineral rushes': Some reflections on the international regime for the exploration and exploitation of marine minerals. The exploration of mineral resources in the Area. 30 years after of the signature of the United Nations Convention on the Law of the Sea: The protection of the environment and the future of the Law of the Sea. Coord. Marta Chantal Ribeiro, 120. Coimbra: Coimbra Editora

Loureiro Bastos, Fernando. 2014. Some notes on the Advisory Opinion of 1 February 2011 of the Sea-bed Disputes Chamber. Are we in the presence of a glimpse of the future evolution of the jurisprudence of the International Tribunal for the Law of the Sea? The Contribution of the United Nations Convention on the Law of the Sea to Good Governance of the Oceans and Seas. Dir. José Manual Sobrino Heredia, 357. Napoli: Editoriale Scientifica.

Lowe, John S. "Current Lease and Royalty Problems in the Gas Industry", *Tulsa Law*

Review, Vol. 23, Issue 4, Mineral Law Symposium, Article 1, 1987, 547-572

Madureira, Pedro. 2014. The exploration of mineral resources in the Area. 30 years after of the signature of the United Nations Convention on the Law of the Sea: The protection of the environment and the future of the Law of the Sea. Coord. Marta Chantal Ribeiro, 113-118. Coimbra: Coimbra Editora.

Markus, Till. "Article 46", in: *United Nations Convention on the Law of the Sea: A Commentary*, editado por Alexander Proelss, C.H.Beck, Munique, 2017, pp. 338-347

Marotta-Rangel, Vicente. Le Plateau Continental dans la Convention de 1982 sur le Droit de la Mer, Recueil des cours, Académie de Droit International de La Haye, 194 (1985) 5, pp. 269-428

Martín, Ana G. López. *International Straits – Concept, Classification and Rules of Passage* (Springer Verlag: Berlin, Heidelberg, 2010)

Martins, Ana Maria Guerra. 1993. Algumas notas sobre o regime jurídico da revisão da convenção de Montego Bay. Revista da Ordem dos Advogados. Ano.53, n.3: 609-672

Martins, Ana Maria Guerra. 1993. Algumas notas sobre o regime jurídico da revisão da convenção de Montego Bay. Revista da Ordem dos Advogados. Ano 53, n.3: 609-672

Matz-Lück, Nele. Article 311. In United Nations Convention on the Law of the Sea. A Commentary. Ed. Proelss, Alexander. 2009-2019. C.H.Beck – Hart – Nomos

McDougal, Myres S.; Burke, William T. *The Public Order of the Oceans* (New Haven Press, 1985)

Menezes, Wagner. 2015. Direito do Mar em poucas palavras, Brasília: Fundação Alexandre de Gusmão.

Merêa, Paulo. *Estudos de História do Universitaria. 1: Direito português*. Lisboa: Imprensa Nacional-Casa da Moeda, 2007. ---. "Os Jurisconsultos portugueses e a doutrina do 'Mare clausum.'" In *Novos Estudos de História do Direito*, 186. Barcelos: Companhia Editora do Minho, 1937.

Messiga Kokougan. 2019. La responsabilité internationale des États dans les espaces internationaux: Le cas de la Zone Internationale des Fons Marines. Transforming the Ocean Law by Requirement of the Marine Environment Conservation. Coord. Patrick Chaumette. 343-360. Madrid: Marcial Pons.

Miles, Edward L. *Global Ocean Politics: The Decision Process at the Third United Nations Conference on the Law of the Sea 1973-1982* (Martinus Nijhoff Publishers: A Haia, Boston, Londres, 1998)

Molenaar, Erik J.. 2020. Regional Fisheries Management Organizations. In Global Challenges and the Law of the Sea. Ed. Marta Chantal Ribeiro, Fernando Loureiro Bastos e Tore Henriksen, 81-109. Springer.

Molenaar, Erik Jaap. *Coastal State Jurisdiction over Vessel-Source Pollution* (Kluwer Law International: A Haia, Boston, Londres, 1998)

Molennar, Erik Jaap. 2004. Multilateral Hot Pursuit and Illegal Fishing in the Southern Ocean: The Pursuits of the *Viarsa 1* and the *South Tomi*". International Journal of Marine and Coastal Law, 19, nº 1: 19-42.

Montanelli, Indro. *História de Roma. Da Fundação à Queda do Império*. Lisboa: Ed. 70, 2017.

Moreira, Fátima Castro. "Direito do Mar", in José Alberto Azeredo Lopes (Coord.), *Regimes Jurídicos Internacionais*, Volume I, Universidade Católica Editora, 2020

Moreira, Fátima Castro. "Direito do Mar", in José Alberto Azeredo Lopes (Coord.),

Regimes Jurídicos Internacionais, Volume II, Universidade Católica Editora, Porto, 2020

Moreira, Maria de Fátima Batalha de Castro Moreira. A Plataforma Continental Jurídica: O Aproveitamento de Recursos na Plataforma Continental além das 200 milhas. Tese de doutoramento. Faculdade de Direito da Universidade Católica Portuguesa. Porto. 2013.

Munavvar, Mohamed. *Ocean States: Archipelagic Regimes in the Law of the Sea* (Martinus Nijhoff Publishers: Dordrecht, Boston, Leiden, 1995)

Munoz, José Manuel Lacleta, e Real Instituto Elcano de Estudios Internacionales y Estrategicos. 2005. Las Aguas Del Archipelago Canario En El Derecho Internacional de Mar Actualmente Vigente. https://no0ilcanarias.files.wordpress.com/2012/12/lacleta_pdf.pdf. Acedido em 12 Set. 2020.

Nações Unidas, *The Work of the International Law Comission.* United Nations, 2012. https://legal.un.org/avl/ILC/8th_E/Vol_I.pdf.

Nandan, S.N. and Anderson, D.H. "Straits used for international navigation: a commentary on Part III of the United Nations Convention on the Law of the Sea 1982", in: 60 *British Year Book of International Law* (1989), pp. 159-204.

Nandan, Satya N., Rosenne, Shabtai (eds.), *United Nations Convention on the Law of the Sea – A Commentary,* Vol. VI, Martinus Nijhoff Publishers, The Hague, 1993, 493

Nelson, L. D. M. 2001. Declarations, Statements and 'Disguised Reservations' with Respect to the Convention on the Law of the Sea. International and Comparative Law Quarterly, 50, nº 4: 767-786

Niner, Holly et al. 2018. Deep-Sea Mining with No Net Loss of Biodiversity-an Impossible Aim. Frontiers in Maritime Science. 5 No. 53: 53-65. https://doi.org/10.3389/fmars.2018.00053

Nordquist, Myron (ed.), *New Directions in the Law of the Sea – Documents,* Vol. XI, The British Institute of International and Comparative Law, Ocean Publications, London, 1981

Nordquist, Myron H. "Textual interpretation of article 121 in the UN Convention on the Law of the Sea", in: *Coexistence, Cooperation and Solidarity. Liber Amicorum Rüdiger Wolfrum,* vol. 1, edited by Holger P. Hestermeyer, Doris König, Nele Matz-Lück, Volker Röben, Anja Seibert-Fohr, Peter-Tobias Stoll and Silja Vöneky (Martinus Nijhoff Publishers: Leiden, Boston, 2012), pp. 991-1036

Nordquist, Myron H. 1989. United Nations Convention on the Law of the Sea, 1982: A Commentary. Vol. V, Martinus Nijhoff Publishers, Netherlands

Nordquist, Myron H. et. al. (eds). 2013. United Nations Convention on the Law of the Sea, 1982: A commentary Online. Martinus Nijhoff Publishers.

Nossum, Johan H. 2000. Straight Baselines of Vietnam. Oslo. http://www.gbv.de/dms/spk/sbb/toc/357196708.pdf. Acedido em 12 Dez. 2020.

Noyes, John E. "The Territorial Sea and Contiguous Zone", in Donald R Rothwell, Alex G Oude Elferink, Karen Scott, Tim Stephens (Eds.), *The Oxford Handbook of the Law of the Sea,* Oxford University Press, Kindle Edition, 2015

Nussbaum, Arthur. *A Concise History of the Law of Nations.* New York: Macmillan Cpmpany, 1950.

O'Connell, D. P. "Mid-ocean archipelagos in international law", in: 45 *The British Year Book of International Law* (1971), p. 75

O'Connell, Daniel. 1983. The International Law of the Sea. Edited by I. A. Shearer. Vol. 1. Oxford: Oxford University Press.

Office for Oceans Affairs and Law of the Sea. 1989. Baselines: An Examination of the Relevant Provisions of the United Nations Convention on the Law of the Sea. New York: United Nations.

Otero, Paulo. A. 1988. Autoridade Internacional dos Fundos Narinhos. Análise estrutural e natureza jurídica.Lisboa: AAFDL

Otto, James; Andrews, Cawood, Dogget, Guj, Stermole, Tilton, *Mining Royalties – A Global Study of their Impact on Investors, Government, and Civil Society,* The World Bank, 7 ss.;

Oxman, Bernard. 1981. The Third United Nations Conference on the Law of the Sea: The Ninth Session (1980). American Journal of International Law. Vol. 75, nº 2, P. 211-256. doi:10.2307/220125

Paasivirta, Esa. 2015. The European Union and the United Nations Convention of the Law of the Sea. Fordham International Law Journal, 38, nº 4: 1045-1071

Pardo, Arvid. O Fundo do Mar, in Revista Brasileira de Política Internacional nº 47-48, Especial Direito do Mar, Ano XII, 1969, republicada pelo Instituto Brasileiro de Relações Internacionais, 2004, 7-18

Petrig, Anna. 2015. Piracy. In *The Oxford Handbook of the Law of the Sea,* Oxford University Press, ed. Donald R. Rothwell, Alex G. Oude Elferink, Karen N. Scoot e Tim Stephens. Oxford University Press

Pinto, Álvaro Vieira. 2005. O Conceito de Tecnologia. Rio de Janeiro: Editora Contraponto, v.I e II.

Pltazöder, Renate (Ed) *Third United Nations Conference on the Law of the Sea – Documents,* Vol. I, 1982 Oceana Publications, INC., Dobbs Ferry, New York, 1982.

Pltazöder, Renate (Ed) *Third United Nations Conference on the Law of the Sea – Documents,* Vol. II, 1982 Oceana Publications, INC., Dobbs Ferry, New York, 1982.

Pltazöder, Renate (Ed) *Third United Nations Conference on the Law of the Sea – Documents,* Vol. III, 1982 Oceana Publications, INC., Dobbs Ferry, New York, 1982.

Pltazöder, Renate (Ed) *Third United Nations Conference on the Law of the Sea – Documents,* Vol. IV, 1982 Oceana Publications, INC., Dobbs Ferry, New York, 1982.

Pltazöder, Renate (Ed) *Third United Nations Conference on the Law of the Sea – Documents,* Vol. XI, 1982 Oceana Publications, INC., Dobbs Ferry, New York, 1982.

Pltazöder, Renate (Ed) *Third United Nations Conference on the Law of the Sea – Documents,* Vol. XVI, 1982 Oceana Publications, INC., Dobbs Ferry, New York, 1982.

Pltazöder, Renate (Ed) *Third United Nations Conference on the Law of the Sea – Documents,* Vol. XVIII, 1982 Oceana Publications, INC., Dobbs Ferry, New York, 1982.

Ponte Iglesias, Mª Teresa. 1998. La Zona Internacional de Fondos Marinos como patrimonio común de la humanidad: Un aspiración truncada. Cursos de Derecho Internacional de Vitoria-Gasteiz 1997. 1: 181-205.

Ponte Iglesias, Mª Teresa. 2012. La protección y exploración de la zona internacional de los fondos marinos y oceánicos de una manera ambientalmente responsable. Aportes de la primera opinión consultiva de la Sala de Controversias de Fondos Marinos. Protección de intereses colectivos en el Derecho del Mar y cooperación internacional. Coords. Julio Jorge Urbina y Mª Teresa Ponte Iglesias, 87-90. Madrid: Iustel

Ponte Iglesias, Mª Teresa. 2018. La seguridad marítima en el horizonte 2050: Minería marina y seguridad ambiental. Boletín IEEE. 12: 931-950. Disponible en https://www.ieee.es/Galerias/fichero/

docs_investig/2018/DIEEEINV20--2018SeguridadMaritima.pdf

Prescott, J. R. Victor. 1987. Straight and Archipelagic Baselines. In Maritime Boundaries and Ocean Resources. 38–51. London: Croom Helm.

Prescott, Victor e Schofield, Clive. *The Maritime Political Boundaries of the World*, 2ª edição (Martinus Nijhoff Publishers: Leiden, Boston, 2004)

Prescott, Victor, e Clive Schofield. 2005. The Maritime Political Boundaries of the World. 2ª. ed. Leiden/Boston: Martinus Nijhoff.

Pring-Mill, David. 2018. Saving the Seas: new Technologies to protect the Ocean. https://singularityhub.com/2018/12/15/saving-the-seas-new-technologies-to--protect-the-oceans/#sm.00001orbbcbdyzdwqqka628lta7hy. Acedido em 12 de agosto de 2021.

Proelss, Alexander. 2017. Development and Transfer of Marine Technology. In United Nations Convention on the Law of the Sea: A Commentary, Proelss, Alexander. (ed.). 1764–1812. Bloomsbury Collections. München: Nomos Verlagsgesellschaft.

Programa das Nações Unidas para o Desenvolvimento. (PNUD). Objetivos de Desenvolvimento Sustentável. https://www.br.undp.org/content/brazil/pt/home/sustainable-development-goals.html. Acedido em 12 de agosto de 2021.

Pueyo Losa, Jorge y Ponte Iglesias, Mª Teresa. 2019. El compromiso de la Sala de Controversias de Fondos Marinos en la defensa de la seguridad ambiental de la Zona. El sistema de solución de controversias de la Convención de las Naciones Unidas sobre el Derecho del Mar: contribuciones de su experiencia Comp. Leopoldo M. A. Godio, Buenos Aires: Editorial Universitaria de Buenos Aires.

Rayfuse, Rosemary. 2017. Article 116. In United Nations Convention on the Law of the Sea. A Commentary. Ed. Proelss, Alexander. C.H.Beck – Hart – Nomos

Rayfuse, Rosemary. 2017. Article 118. In United Nations Convention on the Law of the Sea. A Commentary. Ed. Proelss, Alexander. 827-830. C.H.Beck – Hart – Nomos

Rayfuse, Rosemary. 2017. Article 119. In United Nations Convention on the Law of the Sea. A Commentary. Ed. Proelss, Alexander. 830-859. C.H.Beck – Hart – Nomos

Rayfuse, Rosemary. 2017. Article 120. In United Nations Convention on the Law of the Sea. A Commentary. Ed. Proelss, Alexander. 850-857. C.H.Beck – Hart – Nomos

Regime of the High Seas and Regime of the Territorial Sea (Document A/CN.4/97), Report by J.P.A. François, in: 2 *Yearbook of the International Law Commission* (1956), p. 270

Reisman, Michael W., and Gay S. Westerman. 1982. Straight Baselines in Maritime Delimitation. New York: St. Martins Press.

Resende, Garcia de. *Crónica de Dom João II e Miscelânia*. Lisboa: Imprensa Nacional – Casa da Moeda, 1973.

Ribeiro, Manuel de Almeida; Coutinho, Francisco Pereira. *Jurisprudência Resumida do Tribunal Internacional de Justiça (1947-2015)*, D. Quixote, 2016

Ribeiro, Manuel de Almeida. *A Zona Económica Exclusiva*. Lisboa: Universidade Técnica de Lisboa, 1992.

Ribeiro, Marta Chantal. 2010. A criação de AMPs nas zonas da plataforma continental situadas além das 200 mn: Direito do Mar, CPLP e experiência portuguesa pós-'Rainbow', Revista do CEDOUA, 25, ano XIII, nº 1: 23-39

Ribeiro, Marta Chantal. 2013. A importância das "áreas marinhas protegidas" na preservação dos oceanos. In La gobernanza de los mares y oceanos: nuevas realidades, nuevos desafios, coordenadores Jorge Pueyo Losa e Wladimir Brito, 109-123. Santiago de Compostela: Andavira Editora;

Ribeiro, Marta Chantal. 2021. Está o direito penal português preparado para o regresso da pirataria marinha?. In Direito Internacional e Comparado: Trajetória e Perspectivas. Homenagem aos 70 anos do Professor Catedrático Rui Manuel Moura Ramos, coordenação Gustavo Ferraz de Campos Monaco e Maria Rosa Loula, vol. II . Editora Quartier Latin do Brasil: São Paulo.

Roach, J. Ashley e Smith, Robert W. *Excessive Maritime Claims*, 3ª ed. (Martinus Nijhoff Publishers: Lieden, Boston, 2012), pp. 203-218

Roach, J. Ashley, and Smith, Robert W. 1996. United States Responses to Excessive Maritime Claims. 2nd ed. The Heague; Boston; London: Martinus Nijhoff Publishers.

Rodgers, J. 1998. The Continental Shelf of Ireland: The Law And Politics of Delimitation. UCLA Journal of International Law and Foreign Affairs, 3(1), 129-181. http://www.jstor.org/stable/45302086. Acedido em 22 Mai 2020.

Rosenne, Shabtai. 2001. The perplexities of modern international law. General course on public international law. Recueil des Cours, vol. 291, 9-472

Rothwell, Donald e Stephens, Tim. 2016. The International Law of the Sea, 2ª ed.. Bloomsbury

Rouconas, Emmanuel. 1991. Engagements parallèles et contradictoires. Recueil des Cours, vol. 206, 2-288

Salamanca Aguado, M. Esther. 2003. La Zona Internacional de los Fondos Marinos. Patrimonio Común de la Humanidad. 121-183. Madrid: Dykinson.

Salamanca Aguado, Mª Esther. 2006. El régimen jurídico aplicable a la bioprospección de los recursos genéticos de los fondos oceánicos fuera de los límites de la jurisdicción nacional", Revista Española de Derecho Internacional, vol. LVIII 2: 1072-1078.

Salamanca Aguado, Mª Esther. 2019. La política Ambiental de la Autoridad Internacional de los Fondos Marinos: El equilibrio entre la explotación y la conservación del patrimonio común de la humanidad. Revista Catalana de Dret Ambiental. Vol. X Núm. 2: 37-39.

Sassoferrato, Bartolo De. *De ínsula*. Madrid (España): Centro de Estudios Constitucionales, 1979.

Schofield, Clive e Wang, Dustin Kuan-Hsiung. "The regime of islands under UNCLOS: implications for the South China Sea", in: *Maritime Energy Resources in Asia: Legal Regimes and Cooperation*, edited by Clive Schofield (The National Bureau of Asian Research: Seattle, 2012), pp. 61-77.

Schofield, Clive. "The trouble with islands: the definition and role of islands and rocks in maritime delimitation", in: *Maritime Boundary Disputes, Settlement Processes, and the Law of the Sea*, edited by Seoung-Yong Hong and Jon Van Dyke (Martinus Nijhoff Publishers: 2009), pp. 21-37

Scott, James Brown, and Cornelius Bynkershoek. "Introduction." In *De Dominio Maris Dissertatio. On The Sovereignty of the Sea*, 429. Oxford: Oxford University Press, 1923.

Scovazzi, Tullio. 2001. The Baseline of the Territorial Sea: The Practice of Artic States. In The Law of the Sea and Polar Maritime Delimitation and Jurisdiction, ed. Alex G. Elferink e Donald R.

Rothwell, 69–84. Dordrecht: Martinus Nijhoff Publishers.

Selden, John. *Of the Dominion Or Ownership of the Sea. Mare Clausum*. London: Marchamont, 1652.

Socovazzi, Tulio. 2020. The Rights to Genetic Resources beyond National Jurisdiction: Challenges for the Ongoing Negotiations at the United Nations. Ed. Catherine Bonet. 213-237. Leiden-Boston: Brill/Nijhoff.

Sørensen, Max "The territorial sea of archipelagos", in: 6 *Netherlands International Law Review* (1959), p. 320.

Souza, Henrique Santos Costa de. 2018. O Direito do Mar e seus três nós: A regulamentação jurídica dos fundos marinhos internacionais. Belo Horizonte: Arraes Editores.

Stadtmüller, Georg. *Historia del Derecho Internacional Publico. Hasta el Congreso de Viena (1815)*. Madrid: Aguilar, 1961.

Suarez, Suzette S., *The Outer Limits of the Continental Shelf*, Springer, Max-Planck Institut fur auslandasches offentliches recht und volkrrecht, 2008

Symmons, Clive R. "Article 47", in: *United Nations Convention on the Law of the Sea: A Commentary*, editado por Alexander Proelss, C.H.Beck, Munique, 2017, pp. 355-357

Symmons, Clive R. 1979. The Maritime Zones of Islands in International Law. Dordrecht: Brill.

Tadros, Farid; Svensson, Kristina. "Using Taxation to Enable a Fair and Thriving Mining Industrie", *Investment Climate in Practice nº 13*, junho de 2010.

Talmon, Stefan. "Article 121", in: *United Nations Convention on the Law of the Sea: A Commentary*, editado por Alexander Proelss, C.H.Beck, Munique, 2017, pp. 858-861.

Tams, Christian J.. Article 309. In United Nations Convention on the Law of the Sea. A Commentary. Ed. Proelss, Alexander. 1992-2001. C.H.Beck – Hart – Nomos

Tams, Christian J.. Article 310. In United Nations Convention on the Law of the Sea. A Commentary. Ed. Proelss, Alexander. 2001-2008. C.H.Beck – Hart – Nomos

Tams, Christian J.. Article 320. In United Nations Convention on the Law of the Sea. A Commentary. Ed. Proelss, Alexander. 2022. C.H.Beck – Hart – Nomos. Proelss

Tanaka, Yoshifumi. 2015. *The International Law of the Sea*. 2ª ed. Cambridge, United Kingdom: Cambridge University Press.

Tanaka, Yoshifumi. The International Law of the Sea, University of Copenhagen, Third Edition, Cambridge, 2019

Tanaka, Yoshifumi. *The International Law of the Sea*. Cambridge ; New York: Cambridge University Press, 2012.

Taylor, Barry N. e Ambler Thompson. 2008. The International System of Units (SI). Washington: NIST.

Telesetsky, Anastasia. 2020. UN Food and Agriculture Organization: exercising legal personality to implement the UN Convention on the Law of the Sea. In Global Challenges and the Law of the Sea. Ed. Marta Chantal Ribeiro, Fernando Loureiro Bastos e Tore Henriksen, 203-220. Springer.

Tladi, Dire. 2014. The Common Heritage of Mankind and the Proposed Treaty on Biodiversity in Areas beyond National Jurisdiction: The choice between Pragmatism and Sustainability. Yearbook of International Law. 25: 113-132. https://doi.org/10.1093/yiel/yvv060

Treves, Tulio. "The Proceedings Concerning Prompt Release of Vessels and Crews before the International Tribunal for the Law of the Sea", in: 11 *The Inter-*

national Journal of Marine and Coastal Law (1996), p. 184.

Tsamenyi, Martin; Schofield, Clive e Milligan, Ben. "Navigation through archipelagos: current State practice", in: *Freedom of Seas, Passage Rights and the 1982 Law of the Sea Convention*, editado por Myron H. Nordquist, Tommy T. B.Koh, e John Norton Moore (Martinus Nijhoff Publishers: Leiden, Boston, 2009), pp. 424-453

Tucídides. *História da Guerra do Peloponeso.* Lisboa: Edições Sílabo, 2008.

UN Office for Ocean Affairs and the Law of the Sea, Baselines: An Examination of the Relevant Provisions of the UNCLOS, Appendix I (Glossary of Technical Terms), 46, 64, UN Publication series Nº. E.88 V5, (1989

United Nations for Ocean Affairs and the Law of the Sea, *The Law of The Sea*, United Nations for Ocean Affairs and The Law of the Sea, United Nations, Training Manual – Legal Framework, Module I

United States Department of State. 1970. Straight Baselines – Dominican Republic. Limits in the Seas 10. https://www.state.gov/wp-content/uploads/2019/10/LIS-5.pdf. Acedido em 12 Jun 2020.

United States Department of State. 1970. Straight Baselines – United Kingdom. Limits in the Seas 23. https://www.state.gov/wp-content/uploads/2019/10/LIS-23.pdf. Acedido em 12 Jun 2020.

United States Department of State. 1970. Straight Baselines-Ireland. Limits in the Seas. Limits in the Seas 3. https://www.state.gov/wp-content/uploads/2019/10/LIS-3.pdf. Acedido em 12 Jun 2020

United States Department of State. 1974. Straight Baselines – Iceland. Limits in the Seas 34. https://www.state.gov/wp--content/uploads/2019/11/LIS-34.pdf. Acedido em 12 Jun 2020.

United States Department of State. 1987. Developing Standard Guidelines for Evaluating Straight Baselines. Limits in the Seas 106. https://www.state.gov/wp--content/uploads/2019/12/LIS-106.pdf. Acedido em 12 Jun 2020.

Vargas, José A. Mexico and the Law of the Sea: Contributions and Compromises, Martinus Nijhof Publishers, Leiden, 2011

Vázquez Gómez, Eva M. 2019. La protección de la diversidad biológica marina más allá de la jurisdicción nacional. Hacia un nuevo acuerdo de aplicación de la Convención de Naciones Unidas sobre el Derecho del Mar. Revista Electrónica de Estudios Internacionales, https://doi.org/10.17103/reei.37.06

Vicuña, Francisco Orrego. Chile y el derecho del mar, Editorial Andres Bello, Santiago de Chile, 1972

Vicuña, Francisco Orrego.1 La Zone Economique Exclusive, in Recueil des Cours, 1986, IV, Martinus Nijhoff Publishers.

Villiger, Mark E. 2009. Commentary on the 1969 Vienna Convention on the Law of Treaties. Martinus Nijhoff Publishers: Netherlands

Vrancken, Patrick H. P. Article 312. In United Nations Convention on the Law of the Sea. A Commentary. Ed. Proelss, Alexander. 2022. C.H.Beck – Hart – Nomos

Vrancken, Patrick H. P. Article 313. In United Nations Convention on the Law of the Sea. A Commentary. Ed. Proelss, Alexander. 2025. C.H.Beck – Hart – Nomos

Vrancken, Patrick H. P. Article 313. In United Nations Convention on the Law of the Sea. A Commentary. Ed. Proelss, Alexander. C.H.Beck – Hart – Nomos

Warner, Robin. "Implementing the archipelagic regime in the International Maritime Organization", in: *Navigational Rights and Freedoms and the New Law of the Sea*, editado por Donald R. Rothwell e

Sam Bateman (Martinus Nijhoff Publishers: A Haia, Londres, Boston, 2000), pp. 170-187

Watt, Donald Cammeron. First steps in the enclosure of the oceans: The origins of Truman's proclamation on the resources of the continental shelf, 28 September 1945, Marine Policy, Vol. 3, Issue 3, julho de 1979, pp. 211-224.

Wheeler, Brian S. "Deducting post-production costs when calculating royalty: what does the lease provide?", *Appalachian Journal of Law*, Vol. 8, Fev. 2009, 1-34

White, Michael. "Prompt release cases in ITLOS", in: *Law of the Sea, Environmental Law and Settlement of Disputes: Liber Amicorum Judge Thomas A. Mensah*, editado por Tafsir Malick Ndiaye e Rüdiger Wolfrum (Martinus Nijhoff Publishers: Leiden, Boston, 2007), pp. 1025-1052.

Wolfrum, Rudiger. *Essays in Tribute to Douglas M. Johnston,* Martinus Nijhoff Publishers, Leiden, 2009

Zanella, Tiago V. 2015. Os tratados internacionais de direito do mar e seus efeitos sobre terceiros Estados. Revista de Direito Internacional. Vol. 12: 86-107. Brasília

DOCUMENTOS

Acordo Relativo à Implementação da Parte XI da Convenção das Nações Unidas sobre o Direito do Mar, concluído em Nova York, em 29 de julho de 1994

Acts of Conference for the Codification of International Law, Haia, 1930. https://biblio-archive.unog.ch/Dateien/CouncilMSD/C-351-M-145-1930-V_EN.pdf.

Basis of Discussion Drawn Up by the Preparatory Committee for the Codification Conference – 1930.

Convenção de Genebra sobre a Pesca e a Conservação de Recursos Biológicos do Alto Mar o Alto Mar

Convenção de Genebra sobre a Plataforma Continental

Convenção de Genebra sobre o Alto Mar

Convenção de Genebra sobre o Mar Territorial e a Zona Contígua

Convenção de Viena para a Proteção da Camada de Ozônio, de 1985

Convenção-Quadro das Nações Unidas sobre Mudanças Climáticas, de 1992

Convention between Great Britain and France, for defining and regulating the Limits of the Exclusive Right of the Oyster and other Fishery on the Coasts of Great Britain and of France. 2/8/1839. https://play.google.com/books/reader?id=t6U9AQAAMAAJ&pg=GBS.PA982&hl=e Acedido em 31/1/2020

Convention et Statut sur la liberté du transit. Barcelone, le 20 avril 1921." Accessed July 9, 2021. https://treaties.un.org/doc/Publication/UNTS/LON/Volume%207/v7.pdf.

Convention et statut sur le regime international des ports maritimes, et protocole de signature. Signes Genève, le 9 decembre 1923., 1923.

Convention on the Protection of the Underwater Cultural Heritage

Convention Regarding the Measurement and Registration of Vessels Employed in Inland Navigation of 1956

Council Decison of 23 March 1998 concerning the conclusion by the European Comunity of the United Nations Convention of 10 December 1982 on the Law of the Sea and the Agreement of 28 July 1994 relating to the implementation of Part XI thereof (98/392/EC), Official Journal, L 179, 23 de junho de 1998

Declaration on Preserving Maritime Zones in the Face of Climate Change-Related Sea-Level Rise, de 6 de agosto de 2021, disponível para consulta em https://www.forumsec.org/wp-content/uploads/2021/08/Declaration.pdf (31 de agosto de 2021).

Division for Ocean Affairs and the Law of the Sea, Office of Legal Affairs, United Nations[http://www.un.org/Depts/los/LEGISLATIONANDTREATIES/PDFFILES/table_summary_of_claims.pdf

Draft Convention on Law of Maritime Jurisdiction in Time of Peace., 1926. https://www.jstor.org/stable/2212860.

Final Act of the Second United Nations Conference on the Law of the Sea DOCUMENT A/CONF.19/L.15 f. United Nations, April 26, 1960. https://legal.un.org/diplomaticconferences/1960_los/docs/english/vol_1/a_conf19_l15.pdf.

General Assembly Resolution 1105 (XI) – International Conference of Plenipotentiaries to Examine the Law of the Sea." United Nations. Accessed July 9, 2021. https://digitallibrary.un.org/record/207865.

General Assembly Resolution 1307 (XIII) – Convening of a Second United Nation Conference on the Law of the Sea. United Nations, December 10, 1958. https://digitallibrary.un.org/record/207045.

General Assembly, by resolution 2750 C (XXV) – Reservation exclusively for peaceful purposes of the sea-bed and the ocean floor, and the subsoil thereof, underlying the high seas beyond the limits of present national jurisdiction and use of their resources in the interests of mankind, and convening of a conference on the law of the sea. United Nations, December 17, 1970. https://legal.un.org/diplomaticconferences/1973_los/docs/english/res/a_res_2750_xxv.pdf.

General Asssembly Resolution 2467 -A (XXIII) Examination of the question of the reservation exclusively for peaceful purposes of the sea-bed and the ocean floor, and the subsoil thereof, underlying the high seas beyond the limits of present national jurisdiction, and the use of their resources in the interests of mankind." United Nations, December 21, 1968. https://legal.un.org/diplomaticconferences/1973_los/docs/english/res/a_res_2467_xxiii.pdf.

https://treaties.un.org/doc/Publication/UNTS/LON/Volume%2058/v58.pdf.

IMO LEG/MISC.6, 10 September 2008, *Implications of the United Nations Convention on the Law of the Sea for the International Maritime Organization*

Intergovernmental Oceanographic Commission (2005) IOC criteria and guidelines on the transfer of marine technology (CGTMT)/Critères et príncipes directeurs de la COI concernant le transfert de techniques marines (CPTTM). Paris, Fance, UNESCO, 68pp. (IOC Information Document 1203). DOI: http://dx.doi.org/10.25607/OBP-405. https://repository.oceanbestpractices.org/bitstream/handle/11329/856/139193qaa.pdf?sequence=1&isAllowed=y. Acedido em 12 de agosto de 2021.

International Law Commission, Report of the International Law Comission to the General Assembley, UN DOC A/3159 (1956).

Issues with respect to article 4 of Annex II to the United Nations Convention on the Law of the Sea – Background paper prepared by the Secretariat (SPLOS/64 1 may 2001)

Law of the Sea: The Crucial New York Sessions, *Central Intelligence Agency Files, Job 92T00480R, Office of Current Intelligence Files (OPI 16), ER M 76–10461. Confidential; Noforn,* disponível para consulta no Gabinete de História do Departamento de Estado dos EUA, e acessível *online* em history.state.gov, no Volume E-3, Documento 30.

Lease Activities Information, Lease Stipulations Oil and Gas Lease Sale 204, Western Gulf of Mexico, Finaç Notice of Sale, US Department of the Interior Minerals Management Service, Gulf of Mexico OCS Region

Portugal. Decreto – Lei nº 166/201,9 de 31 de outubro, que estabelece o regime jurídico da atividade profissional do marítimo.

Protocolo de Assinatura Facultativa relativo à Regularização Obrigatória de Divergências

Protocolo de Montreal de 1987

Protocolo de Quioto de 1995

Report of the Commission on Marine Science, Engineering and Resources, Our Nation and the Sea, U.S. Government Printing Office 1969

Resolução 67/19, aprovada pela Assembleia Geral das Nações Unidas, a 29 de novembro de 2012

Rules of Procedure: (adopted at Its 20th Meeting on 27 June 1974 and Amended at Its 40th, 52nd and 122nd meetings on 12 July 1974, 17 March 1975 and 6 March 1980 Respectively). New York: United Nations, 1981. UN Doc. A/CoNF.62/30/ Rev.3.

Rules of the Procedure for Meetings of the States Parties (SPLOS/2/Rev.3. 26 July 1995)

United Nations. 1958 *Sea Conference Records,* Vol. VI, 57

United Nations. Document A/48/950. 9 de June 1994, (*Consultations of the Secretary-General on outstandings issues relating to the deep seabed mining provisions of the United Nations Convention on the Law of the Sea – report of the Secretary-General)*

United Nations. Document A/CONF.62/ C.3/L.12 Brazil, Colombia, Congo, Ecuador, Egypt, Gambia, Iran, Jamaica, Liberia, Libyan Arab Republic, Mexico, Morocco, Nigeria, Oman, Pakistan, Pi .ma, Peru, Republic of Korea, Republic of Viet-Nam, Senegal, Somalia, Sri Lanka, Trinidad and Tobago, Tunisia, United Republic of Tanzania, Uruguay, Venezuela and Yugoslavia: draft articles on the development and transfer of technology. https://legal.un.org/diplomaticconferences/1973_los/docs/english/vol_3/a_conf62_c3_l2.pdf. Acedido em 12 de agosto de 2021.

United Nations. Document A/CONF.62/ C.3/L.8 Nigeria: draft articles on the development and transfer of technology. https://legal.un.org/diplomaticconferences/1973_los/docs/english/vol_3/a_conf62_c3_l8.pdf. Acedido em 12 de agosto de 2021.

United Nations. General Assembly Resolution 1803 (XVII), 14 December 1962

United Nations. General Assembly Resolution 2574A (XXIV), 15 December 1969

United Nations. General Assembly Resolution 2625 (XXV), 24 october 1970.

United Nations. General Assembly Resolution 2749 (XXV), 17 December 1970

United Nations. General Assembly Resolution 3281 (XXIX): Charter of Economic Rights and Duties of States. https://investmentpolicy.unctad.org/international-investment-agreements/treaty-files/2778/download. Acedido em 12 de agosto de 2021.

United Nations. General Assembly Resolution 58/240. Oceans and the law of the sea.https://www.un.org/en/development/desa/population/migration/generalassembly/docs/globalcompact/A_RES_58_240.pdf. Acedido em 12 de agosto de 2021.

United Nations. General Assembly Resolution 66/288. The future we want. https://

www.un.org/en/development/desa/population/migration/generalassembly/docs/globalcompact/A_RES_66_288.pdf. Acedido em 12 de agosto de 2021.

United Nations. General Assembly. Oceans and the law of the sea Report of the Secretary-General. https://documents-dds-ny.un.org/doc/UNDOC/GEN/N15/093/76/PDF/N1509376.pdf?OpenElement. Acedido em 12 de agosto de 2021.

United Nations. General Assembly. Oceans and the law of the sea. Report of the Secretary-General. https://undocs.org/en/A/65/69. Acedido em 12 de agosto de 2021.

United Nations. General Assembly. Resolution 44/26, de 20 november 1989, *Law of the Sea*, 3

United Nations. General Assembly. Resolution adopted by the General Assembly 3202 (S-VI). Programme of Action on the Establishment of a New International Economic Order A/RES/S-6/3202. http://www.un-documents.net/s6r3202.htm. Acedido em 12 de agosto de 2021.

United Nations. General Assembly. Resolution adopted by the General Assembly 3201 (S-VI). Declaration on the Establishment of a New International Economic Order A/RES/S-6/3201. http://www.un-documents.net/s6r3201.htm. Acedido em 12 de agosto de 2021.

United Nations. General Assembly. Resolution adopted by the General Assembly [without reference to a Main Committee (A/55/L.10 and Corr.1 and Add.1)] 55/7. Oceans and the law of the sea. https://www.itlos.org/fileadmin/itlos/documents/basic_texts/trust_fund_terms_eng.pdf. Acedido em 12 de agosto de 2021.

United Nations. General Assembly. Resolution adopted by the General Assembly on 23 December 2003 [without reference to a Main Committee (A/58/L.19 and Add.1)]

United Nations. General Assembly. Resolution adopted by the General Assembly on 27 July 2012 [without reference to a Main Committee (A/66/L.56)]

United Nations. General Assembly. Resolution adopted by the General Assembly on 29 December 2014 [without reference to a Main Committee (A/69/L.29 and Add.1)] 69/245. Oceans and the law of the sea. https://undocs.org/A/RES/69/245. Acedido em 12 de agosto de 2021.

United Nations. III United Nations Conference on the Law of the Sea. 139the Plenary Meeting. 27 August 1980. Document A/CONF.62/SR.139.

United Nations. Open-ended Informal Consultative Process on Oceans and the Law of the Sea. https://www.un.org/depts/los/consultative_process/consultative_process.htm. Acedido em 12 de agosto de 2021.

United Nations. Third United Nations Conference on the Law of the Sea 1973-1982 Concluded at Montego Bay, Jamaica on 10 December 1982 Document: A/CONF.62/WP.8/PartIII. https://legal.un.org/diplomaticconferences/1973_los/docs/english/vol_4/a_conf62_wp8_part3.pdf. Acedido em 12 de agosto de 2021.

United Nations. Third United Nations Conference on the Law of the Sea. A/CONF.62/WP.8/Rev.1/Part III Revised single negotiating text (part III). https://legal.un.org/diplomaticconferences/1973_los/docs/english/vol_5/a_conf62_wp8_rev1_ part3.pdf. Acedido em 12 de agosto de 2021.

United Nations. Third United Nations Conference on the Law of the Sea 1973-1982 Concluded at Montego Bay, Jamaica on 10 December 1982 Document: A/CONF.62/WP.10 Informal Composite Negotiating Text. https://legal.un.org/diplomaticconferences/1973_los/docs/english/vol_8/a_conf62_wp10.pdf. Acedido em 12 de agosto de 2021.

United Nations. Third United Nations Conference on the Law of the Sea 1973-1982 Concluded at Montego Bay, Jamaica on 10 December 1982 Document: A/CONF.62/SR.94 94th Plenary meeting. https://legal.un.org/diplomaticconferences/1973_los/docs/english/vol_9/a_conf62_sr94.pdf. Acedido em 12 de agosto de 2021.

United Nations. Third United Nations Conference on the Law of the Sea 1973-1982 Concluded at Montego Bay, Jamaica on 10 December 1982 Document: A/CONF.62/WP.10/Rev.1 Informal Composite Negotiating Text, revision 1. https://legal.un.org/diplomaticconferences/1973_los/docs/english/vol_8/a_conf62_wp10_rev1.pdf. Acedido em 12 de agosto de 2021.

United Nations. Third United Nations Conference on the Law of the Sea 1973-1982 Concluded at Montego Bay, Jamaica on 10 December 1982 Document: A/CONF.62/C.3/SR.22 22nd meeting of the Third Committee. https://legal.un.org/diplomaticconferences/1973_los/docs/english/vol_4/a_conf62_c3_sr22.pdf. Acedido em 12 de agosto de 2021.

United Nations. Third United Nations Conference on the Law of the Sea 1973-1982 Concluded at Montego Bay, Jamaica on 10 December 1982 Document: A/CONF.62/C.3/SR.7 Summary records of meetings of the Third Committee 7th meeting. https://legal.un.org/diplomaticconferences/1973_los/docs/english/vol_2/a_conf62_c3_sr7.pdf. Acedido em 12 de agosto de 2021.

United Nations. Third United Nations Conference on the Law of the Sea 1973-1982 Concluded at Montego Bay, Jamaica on 10 December 1982 Document: A/CONF.62/C.3/L.28 Netherlands: amendments to document A/CONF.62/C.3/L.1. https://legal.un.org/diplomaticconferences/1973_los/docs/english/vol_4/a_conf62_c3_l28.pdf. Acedido em 12 de agosto de 2021.

United Nations. Third United Nations Conference on the Law of the Sea 1973-1982 Concluded at Montego Bay, Jamaica on 10 December 1982 Document: A/CONF.62/C.3/L.31 Texts on items 13 and 14. https://legal.un.org/diplomaticconferences/1973_los/docs/english/vol_4/a_conf62_c3_l31.pdf. Acedido em 12 de agosto de 2021.

United Nations. Third United Nations Conference on the Law of the Sea 1973-1982 Concluded at Montego Bay, Jamaica on 10 December 1982 Document: A/CONF.62/C.3/SR.16 Summary records of meetings of the Third Committee 16th meeting. https://legal.un.org/diplomaticconferences/1973_los/docs/english/vol_2/a_conf62_c3_sr16.pdf. Acedido em 12 de agosto de 2021.

United Nations. Third United Nations Conference on the Law of the Sea 1973-1982 Concluded at Montego Bay, Jamaica on 10 December 1982 Document: A/CONF.62/C.3/L.12/Rev.1 Iraq: revised draft articles on transfer of technology https://legal.un.org/diplomaticconferences/1973_los/docs/

english/vol_4/a_conf62_c3_l12_rev1.pdf. Acedido em 12 de agosto de 2021.

United Nations. Third United Nations Conference on the Law of the Sea 1973-1982 Concluded at Montego Bay, Jamaica on 10 December 1982 Document: A/CONF.62/C.3/SR.31 31st meeting of the Third Committee. https://legal.un.org/diplomaticconferences/1973_los/dtSearch_vol4/Search_Forms/dtSearch.html. Acedido em 12 de agosto de 2021.

United Nations. Third United Nations Conference on the Law of the Sea 1973-1982 Concluded at Montego Bay, Jamaica on 10 December 1982 A/CONF.62/L.4

United Nations. Third United Nations Conference on the Law of the Sea 1973-1982 Concluded at Montego Bay, Jamaica on 10 December 1982 A/CONF.62/C.2/L.47

Unoted Nations. Third United Nations Conference on the law of the Sea. SPLOS/30/INF/1/Ver. 1, 10 February 2021

US Department of State, *Limits in the Seas – Cabo Verde*, No. 129.

US Department of State, *Limits in the Seas – Sao Tome and Principe*, No. 98.

US Department of State, *Limits in the Seas*, No. 112, p. 32.

JURISPRUDÊNCIA

Tribunal Internacional de Justiça

Legality of the Threat or Use of Nuclear Weapons, Advisory Opinion of 8 July 1996, ICJ Reports 1996, p. 242

Case Concerning the Dispute Regarding Navigational and Related Rights (Costa Rica v. Nicaragua), Judgment 13 July 2009, ICJ Reports 2009

ICJ, *Pulp Mills on the River Uruguay (Argentina v. Uruguay), Judgment, I.C.J. Reports 2010*

Case Concerning the Gabčíkovo-Nagymaros *Project* (Hungary v. Slovakia), Judgment of 25 September 1997, ICJ Reports 1997

The Corfu Channel Case (United Kindgom v. Albania), Judgment 9 April 1949, ICC Reports 1949, p. 23.

Case Concerning the Gabčíkovo-Nagymaros *Project* (Hungary v. Slovakia), Julgamento de 25 setembro de 1997

Continental Shelf (Libyan Arab Jamahiriya/ Malta), Judgment, *I.C.J. Reports 1985*, p 13

Fisheries Case (United Kingdom v Norway), 1951, ICJ Reports 116, 160 (dissenting opinion)

International Court of Justice. 1951. Fisheries Case (United Kingdom v. Norway). Judgment. https://www.icj-cij.org/public/files/case-related/120/120-20071008-JUD-01-00-EN.pdf. Acedido em 23 Set 2020.

International Court of Justice. 1992. Land, Island and Maritime Frontier Dispute (El Salvador/Honduras: Nicaragua intervening). Judgment. https://www.icj-cij.org/public/files/case-related/75/075-19920911-JUD-01-00-EN.pdf. Acedido em 22 Set 2020.

International Court of Justice. 2001. Maritime Delimitation and Territorial Questions between Qatar and Bahrain. Judgment. https://www.icj-cij.org/public/files/case-related/87/087-20010316-JUD-01-00-EN.pdf. Acedido em 22 Set 2020.

International Court of Justice. 2007. Case Concerning Territorial and Maritime Dispute Between Nicaragua and Honduras in the Caribbean Sea. Judgement. https://www.icj-cij.org/public/files/case-related/120/120-20071008-JUD-01-00-EN.pdf. Acedido em 22 Set 2020

International Court of Justice. 2009. Maritime Delimitation in the Black Sea (Romania v. Ukraine). https://www.icj-cij.org/public/files/case-related/87/087-20010316-JUD-01-00-EN.pdf. Acedido em 22 Set 2020.

Military and paramilitary Activities in and against Nicaragua (Nicaragua v. United

States of America), Merits, Judgment, *I.C.J. Reports 1986*, p. 14

North Sea Continental Shelf (Federal Republic of Germany v Netherlands) (Federal Republic of Germany v Denmark), ICJ Reports 1969, p.39

Corfu Channel case, Judgment of April 9th, 1949, *I.C.J. Reports 1949*, p. 4.

Applicability of the Obligation to Arbitrate under Section 21 of the United Nations Headquarters Agreement of 26 June 1947, Advisory Opinion, I.C.J. Reports 1988

Fisheries Case, Judgment of 18 December 1951, I.C.J. Reports 1951 (United Kingdom v. Norway), p. 131.

Interpretation of Peace Treaties, Advisory Opinion: I.C.J. Reports 1950

Case concerning Northern Cameroons (Cameroon v. United Kingdom), Preliminary Objections, Judgment of 2 December 1963: I.C.J. Reports 1963, p. 27

Case concerning the Temple of Preah Vihear (Cambodia v. *Thailand), Merits, Judgment of 15 June 1962, I.C.J. Reports 1962*

Aegean Sea Continental Shelf, Judgment, I.C.J. Reports 1978

Maritime Delimitation and Territorial Questions between Qatar and Bahrain (Qatar v. Bahrain), Merits, Judgment, I.C.J. Reports 2001

Tribunal Internacional de Direito do Mar

M/V Saiga (Nº 2) (Saint Vincent and the Grenadines v Guinea) (Judgment) 1999 ITLOS Rep 10, 155

Responsibilities and Obligations of States Sponsoring Persons and Entities with Respect to Activities in the Area, Advisory Opinion, 1 February 2011

The "Tomimaru" Case (Japan v. Russian Federation), Judgment 6 August 2007, ITLOS Reports 2007

The "Monte Confurco" Case (Seychelles v. France), Judgment 18 December 2000, ITLOS Reports 2000

Delimitation of the maritime boundary in the Bay of Bengal (Bangladesh(Myanmar), Judgment, ITLOS Reports 2012, p. 4

Tribunal Arbitral Permanente

Dispute between Argentina and Chile concerning the Beagle Channel, 18 February 1977, Reports of International Arbitral Awards, Volume XXI, pp.53-264, United Nations, 2006.

Permanent Court of Arbitration. 2016. In The Matter of an Arbitration Under the Arbitration Agreement Between the Government of the Republic of Croatia and the Government of the Republic of Slovenia, No. 2012-04 (Arbitral Award July 12, 2016). Final Award. https://pcacases.com/web/sendAttach/2172. Acedido em 14 Jun 2020.

Permanent Court of Arbitration. 2016. The South China Sea Arbitration, No. 2013-19 . Award. https://pcacases.com/web/sendAttach/2086. Acedido em 31 Jun 2020.

Territorial and Maritime Dispute (Nicaragua v Colombia) (Judgment) 2012, *ICJ Reports* 624 (177).

The Grisbådarna Case, Norway v Sweden, Award, (1909) XI RIAA 155, (1910) XVII RGDIP 177, ICGJ 404 (PCA 1909), 23rd October 1909, Permanent Court of Arbitration [PCA], Ad Hoc – Geneva.

Decision of the Court of Arbitration dated 30 June 1977, in: 54 *International Law Reports* (1979), p. 6

Decisão Arbitral, Arbitragem do Mar do Sul da China (Filipinas v República Popular da China), 12 de julho de 2016

Tribunal Permanente de Justiça Internacional

Factory at Chorzów, Merits, Judgment No. 13, 1928, Series A, No. 17

The Case of the S.S. "Lotus" (França v. Turquia), Julgamento de 7 de setembro de 1927, Série A, Nº 10

Case of the Mavrommatis Palestine Concessions, Judgment, 1924 P.C.I.J., Series A, No. 2
Legal status of Eastern Greenland, Judgment, 1933 P.C.I.J. Series A/B, No. 53, p. 46.

Outros tribunais

Supreme Court of Texas, *Texas Oil & Gas Corp. v. Juan M. Vela et al.,* 429 S.W.2d 866 (1968)
Supreme Court of Texas, *Exxon Corporation et al. v. Triphene Middleton et al.,* 613 S.W.2d 240 (1981)
Supreme Court of Montana, *Montana Power Co v. Kravik,* 586 P.2d 298 (1978)
Supreme Court of North Dakota, *West v. Alpar Resources,* 298 N.W.2d 484 (1980)
Supreme Court of Oklahoma, *Tara Petroleum Corp. v. Hughey,* 630 P.2d 1269 (1981)
Supreme Court of Arkansas, O. Porter *Hillard* et al. *v.* J. T. *Stephen et* al., 637 S.W.2d 581 (1982)
Supreme Court of Louisiana, *W. F. Henry Jr, et al. v. The Ballard & Cordell Corp. et al. Milford A. Rogers v. Wiley P. Ballard Jr., et al.,* 418 So. 2d 1334 (1982)

ÍNDICE